教科書にでてくる
おはなし366
WAVE出版

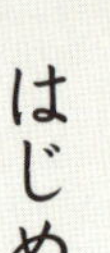
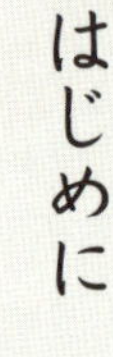

はじめに

子どものころ、教科書は、
学校で授業に使うための道具でした。
自分で選んで読む本とは、ちょっとちがう、
あまり心おどるものではなかったように思います。

ところが、大人になって
教科書を読みかえしてみると、
そのおどろくほどの面白さに圧倒されます。
教科書には、
これから世界に出て生きていこうとする
子どもたちに必要な、あらゆることが、
わかりやすく、けれど、
幼い好奇心をくすぐるように、
書かれているのです。

子どもたちが未来を築いていくときに役立つ
知識・教養、そして、
しなやかで強い心を育むために、

本書の特長 1

知識の宝庫・教科書

教科書には、長い時間の中でもまれ、今まで残ってきたおはなしや情報が、厳選されてのっています。教科書は知識の宝庫なのです。本書では、戦後のあらゆる教科書から、物語やテーマを366個、さらに厳選して掲載しています。

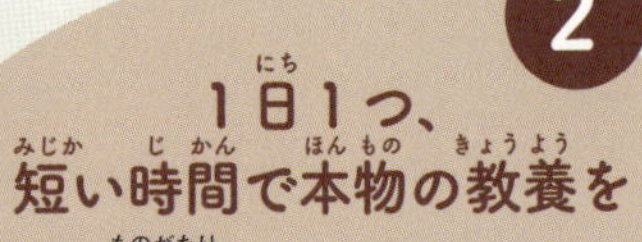

2

1日1つ、短い時間で本物の教養を

1日1つの物語やテーマをとりあげています。読むのにかかる時間は、およそ3分。国語・算数・理科・社会・音楽・美術・家庭科・保健体育――ほぼすべての教科を網羅していますので、1冊読めば、本物の教養がまるごと身につきます。

教科書ほどふさわしい本は、
なかなか見つかりません。

教科書なんて、つまらない？
とんでもない。
学校の授業とは関係なく、
広い世界への扉をひらいてくれる
1冊の本として読めば、
こんなに面白いものはありません。

どうぞ、先入観を捨てて、
ページを繰ってみてください。
あなたの目の前には、
長い時をかけてたくわえられてきた
宝の山があるのですから。

3 知はもちろん、心も育む

掲載しているおはなしの半分近くは、名作といわれる日本・海外の物語です。どれも教養として知っておくべき名作であるとともに、心をふるわせる物語ばかりです。物語からなにを感じたか、親子で話をしてもいいでしょう。より深い読書を楽しむことができるはずです。

5 成長にあわせて、いろいろな読み方を

本文の漢字には、すべてふりがながふってありますので、ひらがなが読めるお子さまであれば、成長や興味の発達にあわせて、1人で読み進められます。

4 イラストと写真でふくらむイメージ

それぞれのページには、内容にあったイラストや写真を掲載しています。文字からではうけとれないものを、イラストや写真から感じとることもできるでしょう。

1月のおはなし

はじめに 2 ／ この本の楽しみ方 16

- 1日 国語 生きる — 新年の1日目は、いのちの輝きを力強くうたいあげる詩を一つ 18
- 2日 国語 わらしべ長者 — 出世話といったら、このおはなし 19
- 3日 算数 0のはじまり — テストで「0点」はいやだけど、「0」もだいじな数字なんですよ 20
- 4日 国語 ルイ・ブライユ — 暗闇に光をもたらした点字の発明者 21
- 5日 理科 太陽 — 地球の生き物の命をささえている星 22
- 6日 国語 ピノキオの冒険 — わがままなピノキオもおじいさんが大好きだったのです 23
- 7日 国語 七草がゆ — 初もうでや鏡びらきとならぶ、お正月の風物詩 24
- 8日 社会 国旗 — 色とりどりの旗は、国の誇りでもあるのです 25
- 9日 国語 スーホの白馬 — 馬頭琴の美しい調べにかくされた悲しいおはなし 26
- 10日 理科 世界の時間 — 日本が朝だと、アメリカは夜? 27
- 11日 算数 いろいろな数字 — 人間は昔から、数字を使っていたんですね 28
- 12日 国語 走れメロス — メロスは人一倍、正義感が強い若者でした 29
- 13日 保健体育 マラソンのはじまり — オリンピックの花形種目、マラソンの誕生秘話は有名です 30
- 14日 国語 かるた — お正月遊びの定番といえば、やっぱりかるたですね 31
- 15日 国語 きき耳ずきん — 動物のことばがわかったら……人間の夢をかなえた物語 32

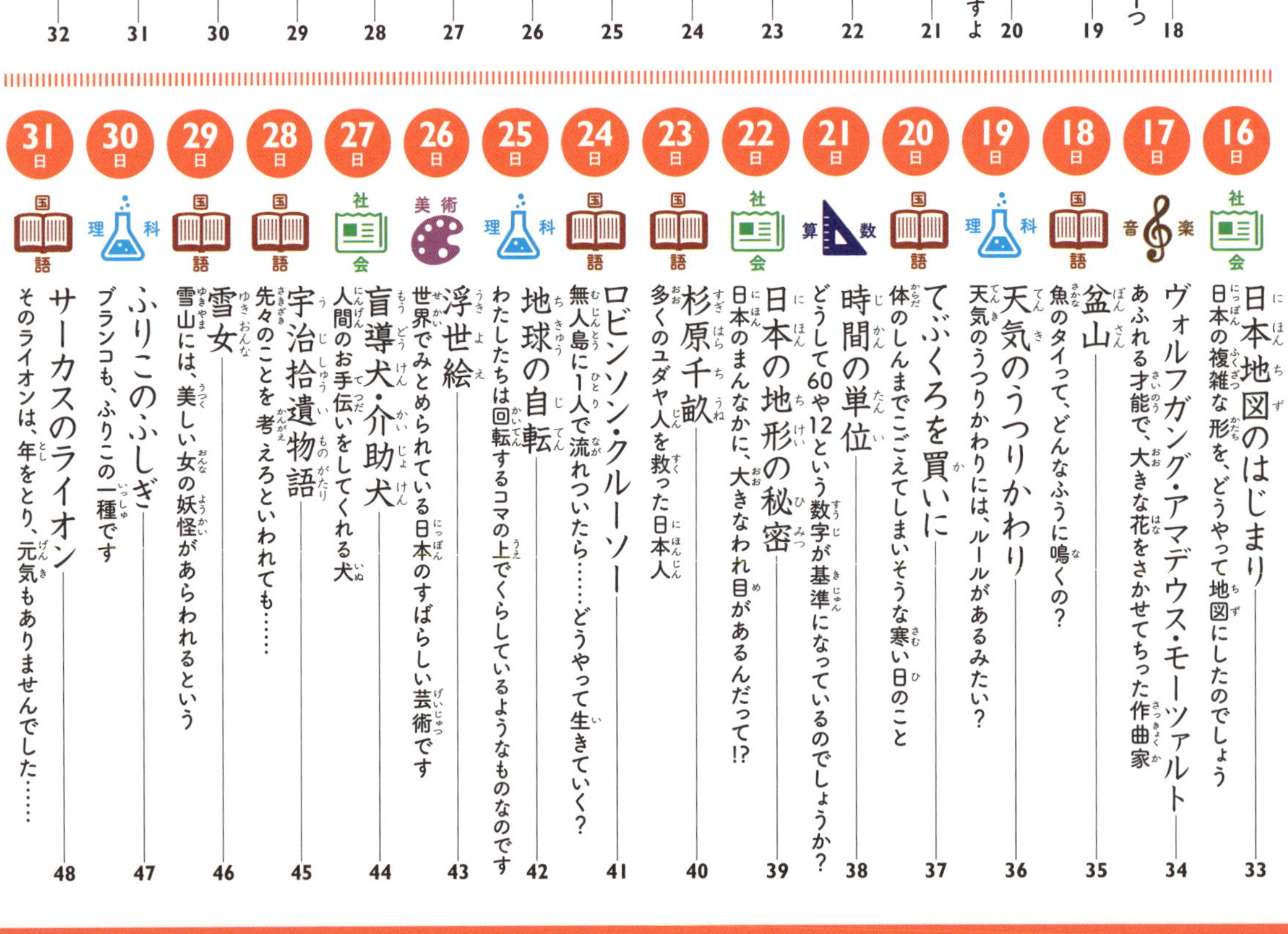

- 16日 社会 日本地図のはじまり — 日本の複雑な形を、どうやって地図にしたのでしょう 33
- 17日 音楽 ヴォルフガング・アマデウス・モーツァルト — あふれる才能で、大きな花をさかせてちった作曲家 34
- 18日 国語 盆山 — 魚のタイって、どんなふうに鳴くの? 35
- 19日 理科 天気のうつりかわり — 天気のうつりかわりには、ルールがあるみたい? 36
- 20日 国語 てぶくろを買いに — 体のしんまでこごえてしまいそうな寒い日のこと 37
- 21日 算数 時間の単位 — どうして60や12という数字が基準になっているのでしょうか? 38
- 22日 社会 日本の地形の秘密 — 日本のまんなかに、大きなわれ目があるんだって!? 39
- 23日 国語 杉原千畝 — 多くのユダヤ人を救った日本人 40
- 24日 国語 ロビンソン・クルーソー — 無人島に1人で流れついたら……どうやって生きていく? 41
- 25日 理科 地球の自転 — わたしたちは回転するコマの上でくらしているようなものなのです 42
- 26日 美術 浮世絵 — 世界でみとめられている日本のすばらしい芸術です 43
- 27日 社会 盲導犬・介助犬 — 人間のお手伝いをしてくれる犬 44
- 28日 国語 宇治拾遺物語 — 先々のことを考えろといわれても…… 45
- 29日 国語 雪女 — 雪山には、美しい女の妖怪があらわれるという 46
- 30日 理科 ふりこのふしぎ — ブランコも、ふりこの一種です 47
- 31日 国語 サーカスのライオン — そのライオンは、年をとり、元気もありませんでした…… 48

2月のおはなし

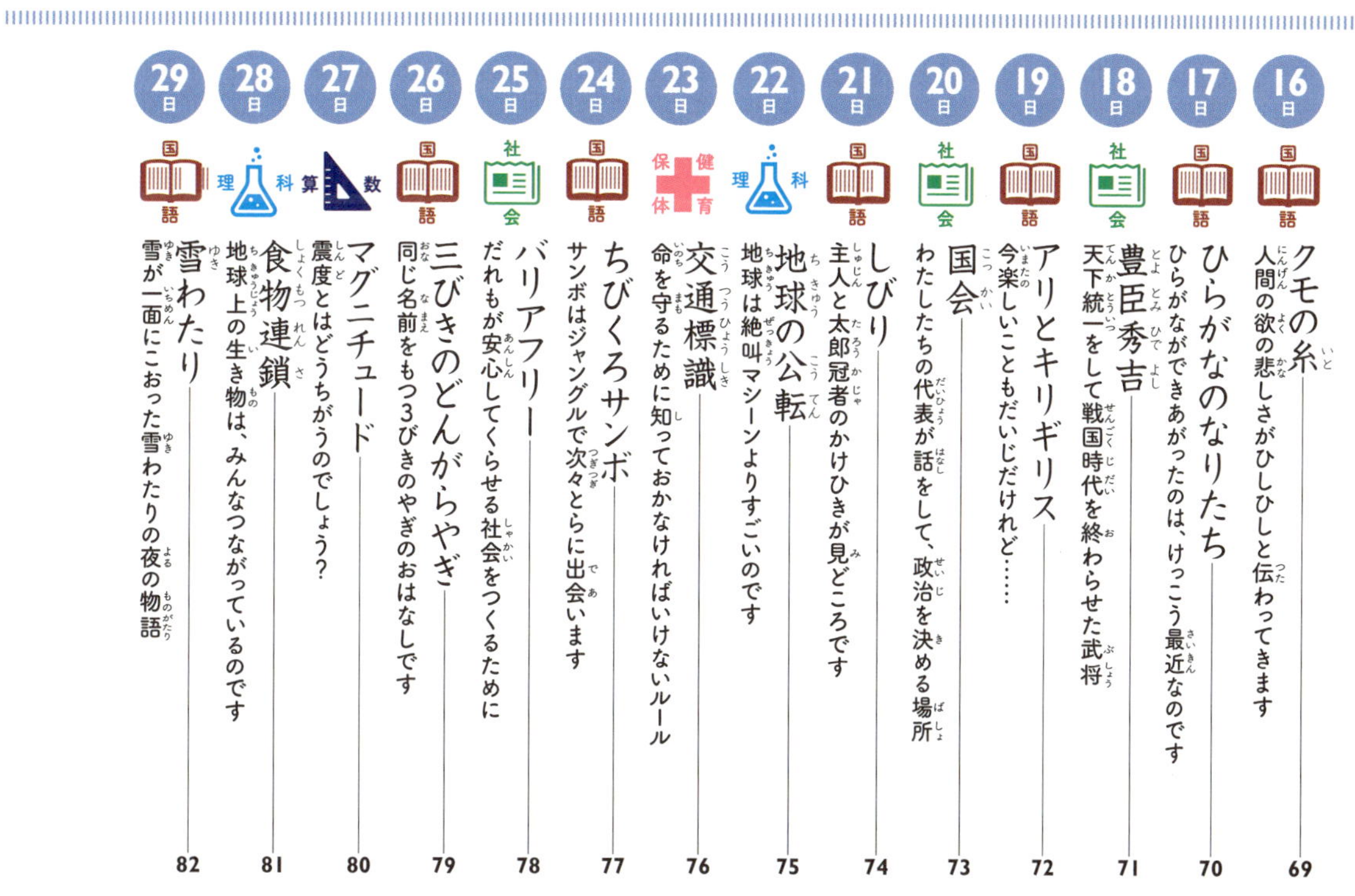

3月のおはなし

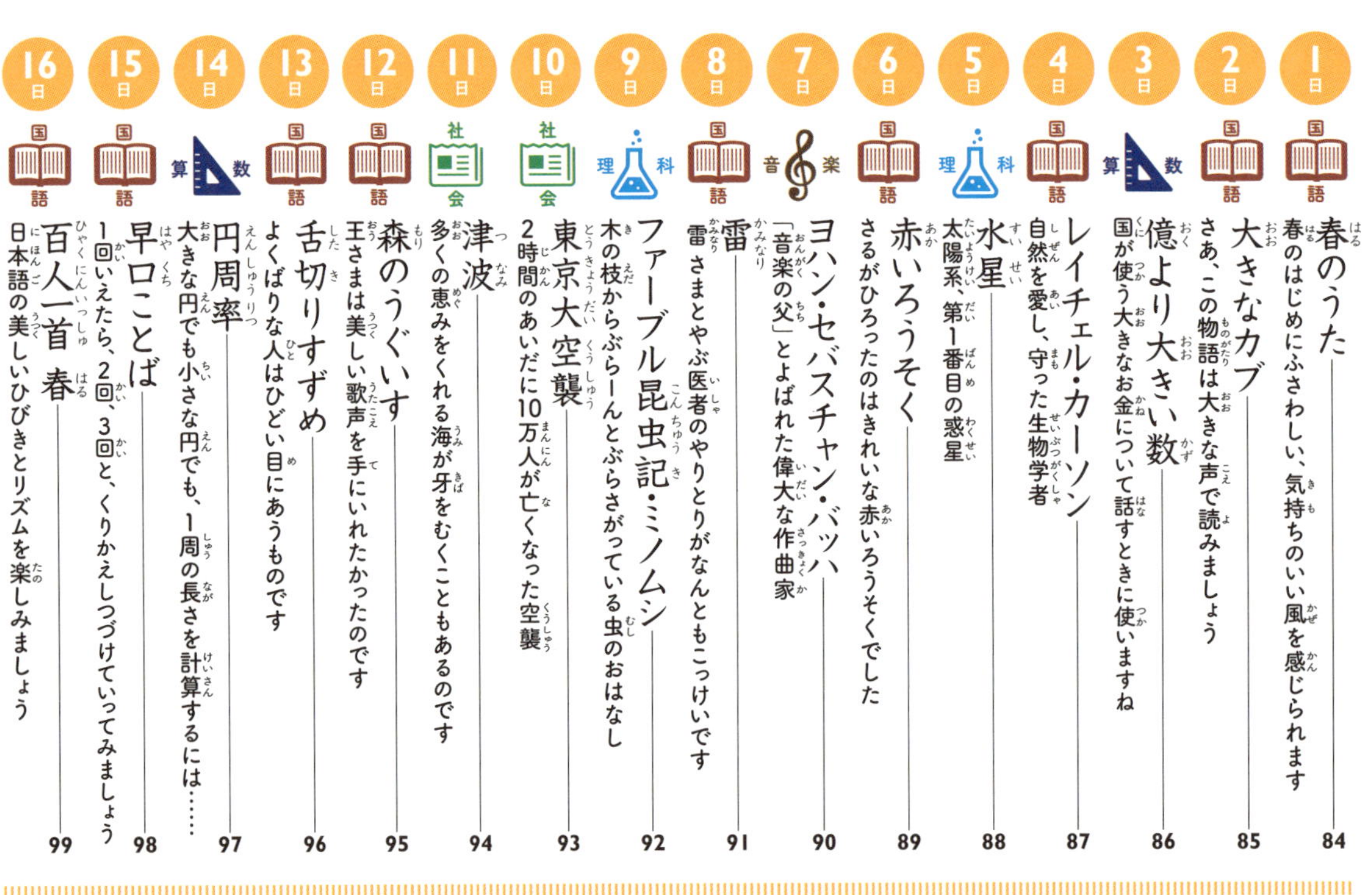

1日 国語 春のうた — 春のはじめにふさわしい、気持ちのいい風を感じられます …… 84
2日 国語 大きなカブ — さあ、この物語は大きな声で読みましょう …… 85
3日 算数 億より大きい数 — 国が使う大きなお金について話すときに使いますね …… 86
4日 国語 レイチェル・カーソン — 自然を愛し、守った生物学者 …… 87
5日 理科 水星 — 太陽系、第1番目の惑星 …… 88
6日 国語 赤いろうそく — さるがひろったのはきれいな赤いろうそくでした …… 89
7日 音楽 ヨハン・セバスチャン・バッハ — 「音楽の父」とよばれた偉大な作曲家 …… 90
8日 国語 雷 — 雷さまとやぶ医者のやりとりがなんともこっけいです …… 91
9日 理科 ファーブル昆虫記・ミノムシ — 木の枝からぶらーんとぶらさがっている虫のおはなし …… 92
10日 社会 東京大空襲 — 2時間のあいだに10万人が亡くなった空襲 …… 93
11日 社会 津波 — 多くの恵みをくれる海が牙をむくこともあるのです …… 94
12日 国語 森のうぐいす — 王さまは美しい歌声を手にいれたかったのです …… 95
13日 国語 舌切りすずめ — よくばりな人はひどい目にあうものです …… 96
14日 算数 円周率 — 大きな円でも小さな円でも、1周の長さを計算するには…… …… 97
15日 国語 早口ことば — 1回いえたら、2回、3回と、くりかえしつづけていってみましょう …… 98
16日 国語 百人一首 春 — 日本語の美しいひびきとリズムを楽しみましょう …… 99

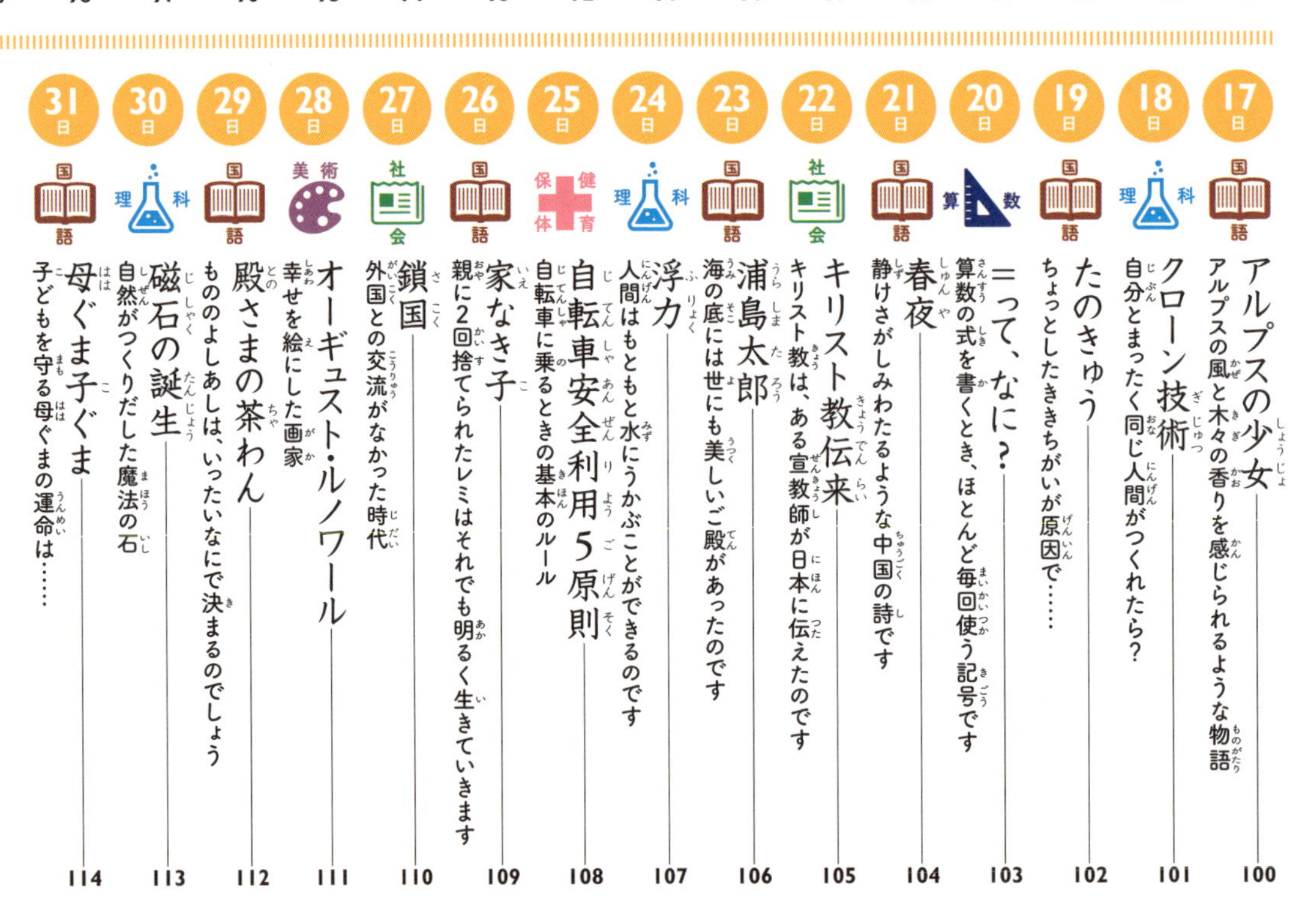

17日 国語 アルプスの少女 — アルプスの風と木々の香りを感じられるような物語 …… 100
18日 理科 クローン技術 — 自分とまったく同じ人間がつくれたら？ …… 101
19日 国語 たのきゅう — ちょっとしたききちがいが原因で…… …… 102
20日 算数 ＝って、なに？ — 算数の式を書くとき、ほとんど毎回使う記号です …… 103
21日 国語 春夜 — 静けさがしみわたるような中国の詩です …… 104
22日 社会 キリスト教伝来 — キリスト教は、ある宣教師が日本に伝えたのです …… 105
23日 国語 浦島太郎 — 海の底には世にも美しいご殿があったのです …… 106
24日 理科 浮力 — 人間はもともと水にうかぶことができるのです …… 107
25日 保健体育 自転車安全利用5原則 — 自転車に乗るときの基本のルール …… 108
26日 国語 家なき子 — 親に2回捨てられたレミはそれでも明るく生きていきます …… 109
27日 社会 鎖国 — 外国との交流がなかった時代 …… 110
28日 美術 オーギュスト・ルノワール — 幸せを絵にした画家 …… 111
29日 国語 殿さまの茶わん — ものよしあしは、いったいなにで決まるのでしょう …… 112
30日 理科 磁石の誕生 — 自然がつくりだした魔法の石 …… 113
31日 国語 母ぐま子ぐま — 子どもを守る母ぐまの運命は…… …… 114

4月のおはなし

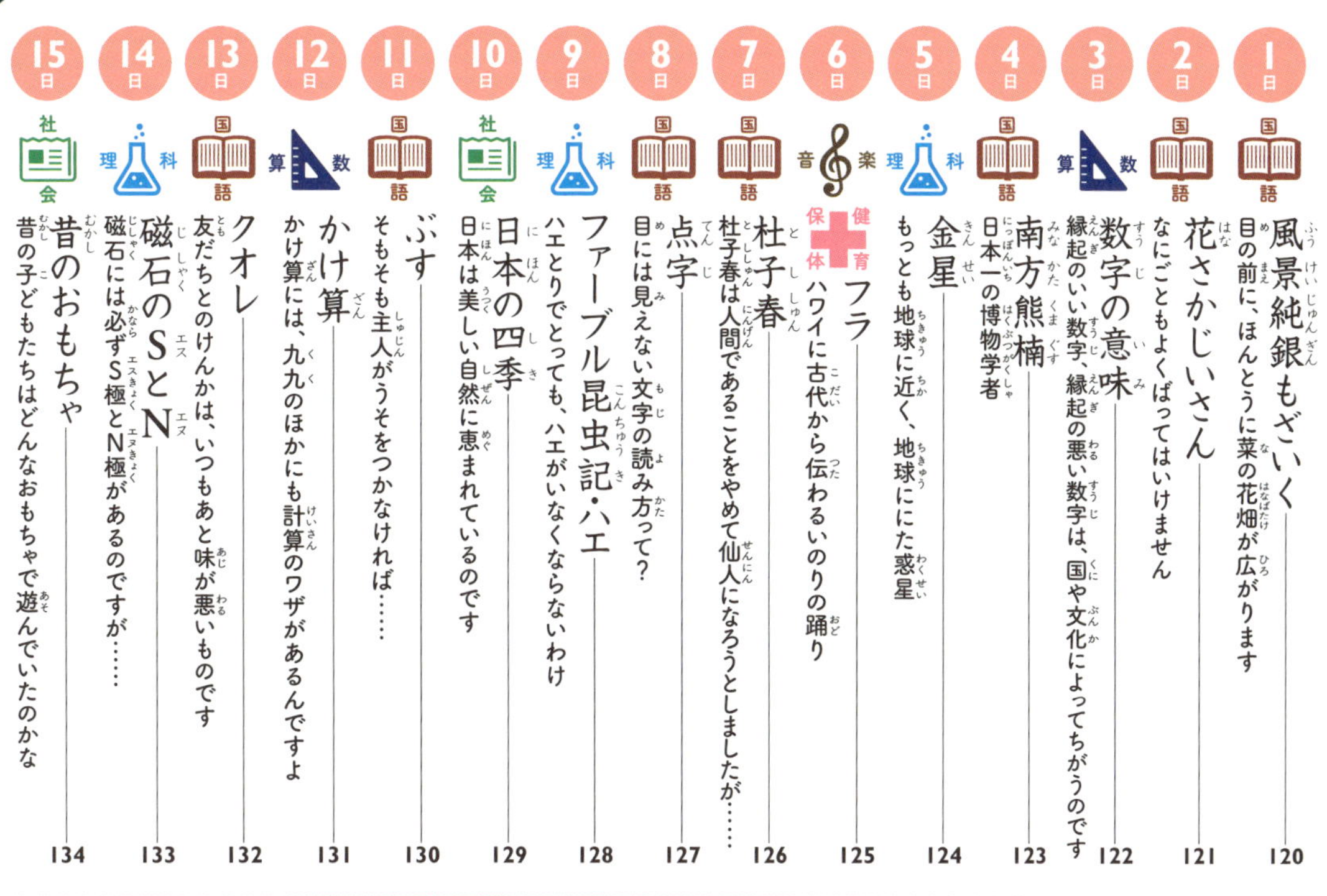

1日 国語 風景純銀もざいく 目の前に、ほんとうに菜の花畑が広がります 120
2日 国語 花さかじいさん なにごともよくばってはいけません 121
3日 算数 数字の意味 縁起のいい数字、縁起の悪い数字は、国や文化によってちがうのです 122
4日 国語 南方熊楠 日本一の博物学者 123
5日 理科 金星 もっとも地球に近く、地球ににた惑星 124
6日 音楽 保健体育 フラ ハワイに古代から伝わるいのりの踊り 125
7日 国語 杜子春 杜子春は人間であることをやめて仙人になろうとしましたが…… 126
8日 国語 点字 目には見えない文字の読み方って？ 127
9日 理科 ファーブル昆虫記・ハエ ハエとりでとっても、ハエがいなくならないわけ 128
10日 社会 日本の四季 日本は美しい自然に恵まれているのです 129
11日 国語 ぶす そもそも主人がうそをつかなければ…… 130
12日 算数 かけ算 かけ算には、九九のほかにも計算のワザがあるんですよ 131
13日 国語 クオレ 友だちとのけんかは、いつもあと味が悪いものです 132
14日 理科 磁石のSとN 磁石には必ずS極とN極があるのですが…… 133
15日 社会 昔のおもちゃ 昔の子どもたちはどんなおもちゃで遊んでいたのかな 134

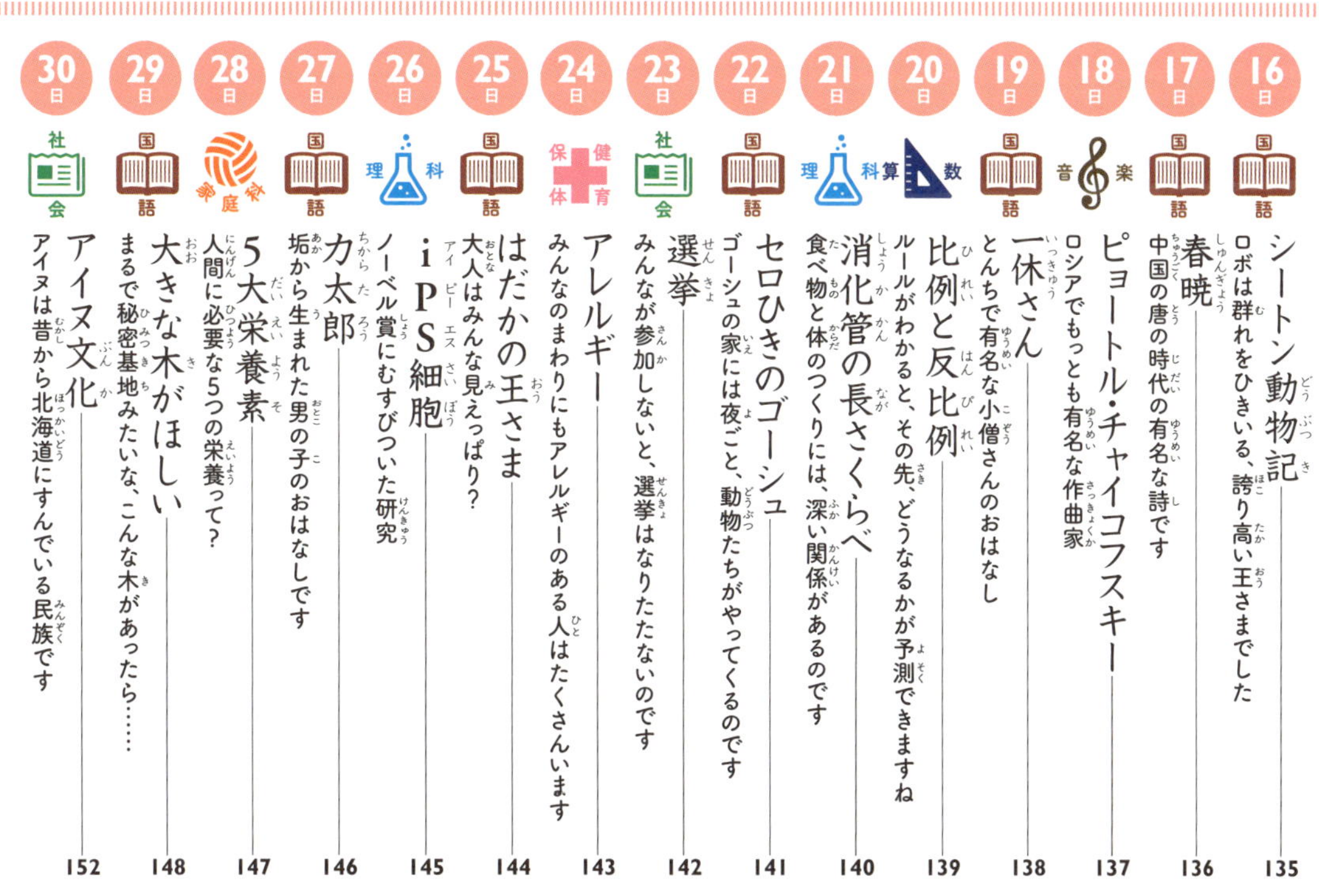

16日 国語 シートン動物記 ロボは群れをひきいる、誇り高い王さまでした 135
17日 国語 春暁 中国の唐の時代の有名な詩です 136
18日 音楽 ピョートル・チャイコフスキー ロシアでもっとも有名な作曲家 137
19日 国語 一休さん とんちで有名な小僧さんのおはなし 138
20日 算数 比例と反比例 ルールがわかると、その先、どうなるかが予測できますね 139
21日 理科 消化管の長さくらべ 食べ物と体のつくりには、深い関係があるのです 140
22日 国語 セロひきのゴーシュ ゴーシュの家には夜ごと、動物たちがやってくるのです 141
23日 社会 選挙 みんなが参加しないと、選挙はなりたたないのです 142
24日 保健体育 アレルギー みんなのまわりにもアレルギーのある人はたくさんいます 143
25日 国語 はだかの王さま 大人はみんな見えっぱり？ 144
26日 理科 iPS細胞 ノーベル賞にむすびついた研究 145
27日 国語 力太郎 垢から生まれた男の子のおはなしです 146
28日 家庭科 5大栄養素 人間に必要な5つの栄養って？ 147
29日 国語 大きな木がほしい まるで秘密基地みたいな、こんな木があったら…… 148
30日 社会 アイヌ文化 アイヌは昔から北海道にすんでいる民族です 152

5月のおはなし

- 1日 国語 **空にぐーんと手をのばせ** 声に出して読んだら、きっと元気がわいてきます 154
- 2日 国語 **寿限無** このありがたい名前、暗記してとなえてみましょう 155
- 3日 社会 **日本国憲法** 日本の基本を決めているとても大切なルールです 156
- 4日 国語 **カタカナのなりたち** カタカナはどんなふうに生まれたのでしょう 157
- 5日 理科 **地球** わたしたちの母なる星 158
- 6日 国語 **やまなし** 水の中の青い世界が目の前に広がる「五月」のくだりより 159
- 7日 音楽 **ヨハネス・ブラームス** 完ぺき主義の作曲家 160
- 8日 算数 **わり算** お菓子やお金をみんなで分けるとき、わり算が役に立ちますね 161
- 9日 国語 **吉四六さん** とんちで有名な吉四六はおっちょこちょいでもありました 162
- 10日 国語 **ローマ字** 日本語をアルファベットであらわすと…… 163
- 11日 社会 **新選組** 江戸時代の終わり、京都の町を警備していた若者たち 164
- 12日 国語 **三びきの子ぶた** 最後に笑うのは、考えが深い子でした 165
- 13日 理科 **ファーブル昆虫記・カマキリ** カマをふりあげた姿はちょっと怖いカマキリですが…… 166
- 14日 国語 **小さな神さまスクナヒコナノミコト** オオクニヌシノミコトに知恵をさずけた 167
- 15日 国語 **赤毛のアン** アンの目にうつる世界はどこまでも美しく楽しいのです 168
- 16日 算数 **図形** 図形の研究は、人間が生活するために必要なものでした 169

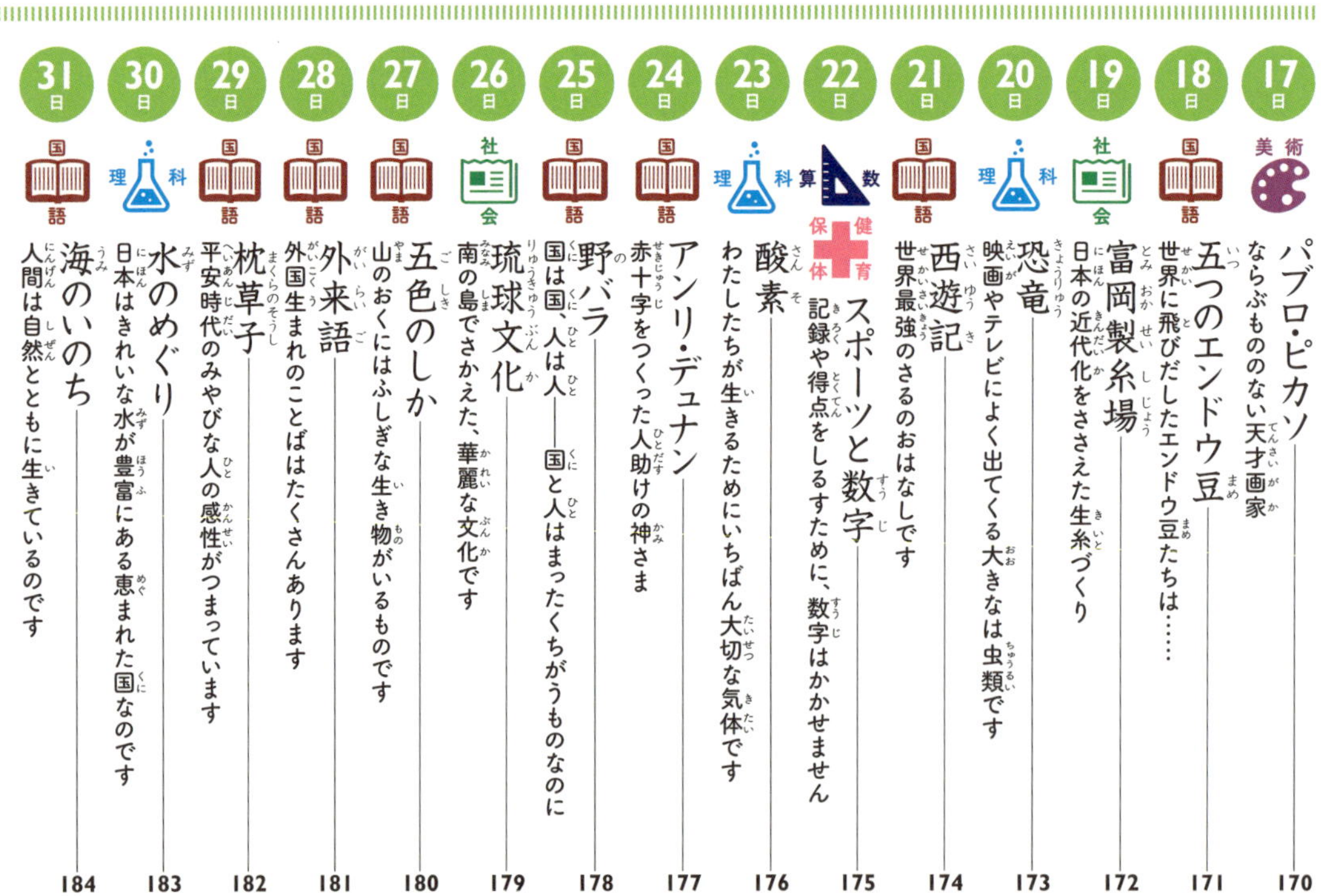

- 17日 美術 **パブロ・ピカソ** ならぶもののない天才画家 170
- 18日 国語 **五つのエンドウ豆** 世界に飛びだしたエンドウ豆たちは…… 171
- 19日 社会 **富岡製糸場** 日本の近代化をささえた生糸づくり 172
- 20日 理科 **恐竜** 映画やテレビによく出てくる大きなは虫類です 173
- 21日 国語 **西遊記** 世界最強のさるのおはなしです 174
- 22日 算数 保健体育 **スポーツと数字** 記録や得点をしるすために、数字はかかせません 175
- 23日 理科 **酸素** わたしたちが生きるためにいちばん大切な気体です 176
- 24日 国語 **アンリ・デュナン** 赤十字をつくった人助けの神さま 177
- 25日 国語 **野バラ** 国は国、人は人――国と人はまったくちがうものなのに 178
- 26日 社会 **琉球文化** 南の島でさかえた、華麗な文化です 179
- 27日 国語 **五色のしか** 山のおくにはふしぎな生き物がいるものです 180
- 28日 国語 **外来語** 外国生まれのことばはたくさんあります 181
- 29日 国語 **枕草子** 平安時代のみやびな人の感性がつまっています 182
- 30日 理科 **水のめぐり** 日本はきれいな水が豊富にある恵まれた国なのです 183
- 31日 国語 **海のいのち** 人間は自然とともに生きているのです 184

6月のおはなし

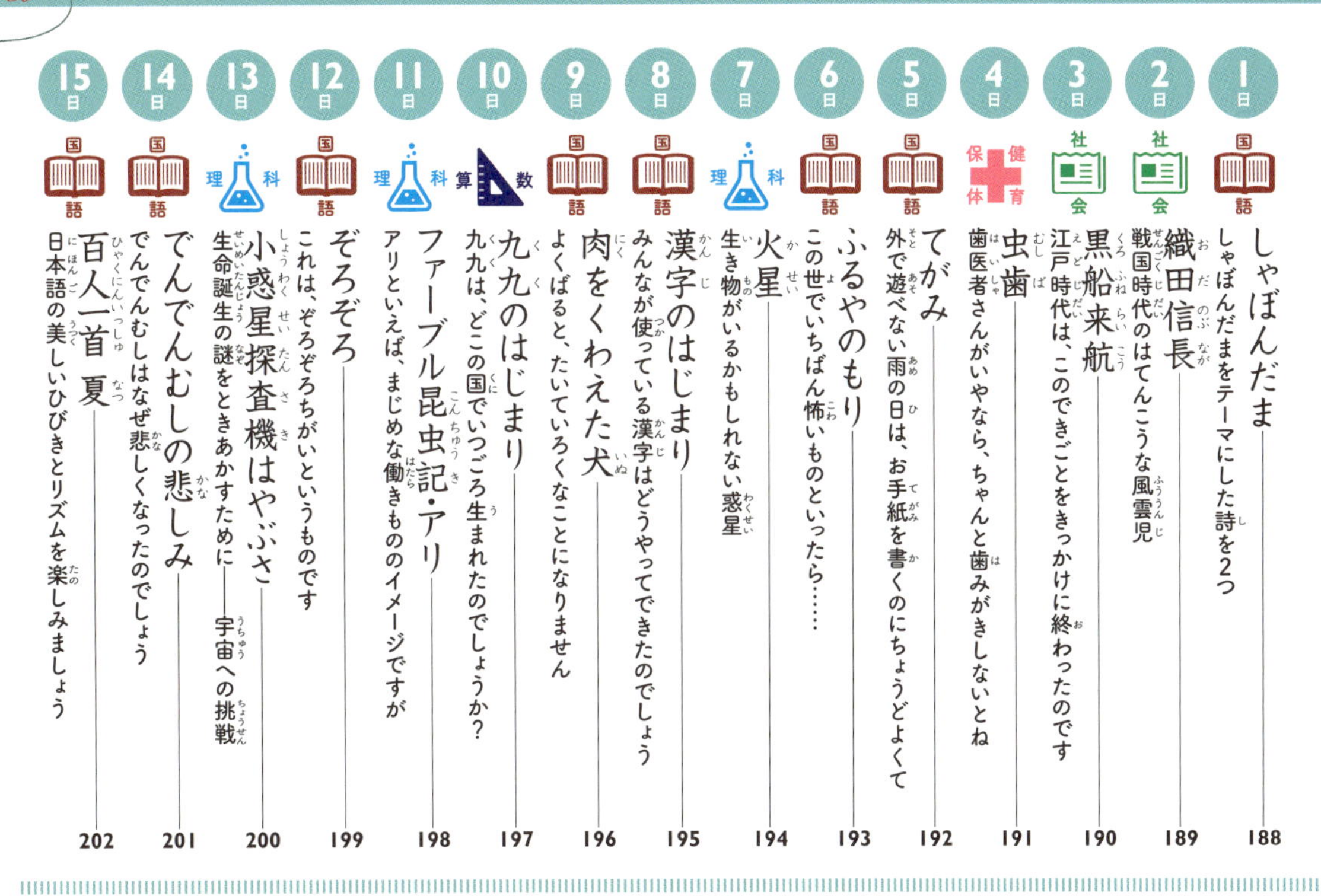

- 1日 国語 しゃぼんだま — しゃぼんだまをテーマにした詩を2つ …… 188
- 2日 社会 織田信長 — 戦国時代のはてんこうな風雲児 …… 189
- 3日 社会 黒船来航 — 江戸時代は、このできごとをきっかけに終わったのです …… 190
- 4日 保健体育 虫歯 — 歯医者さんがいやなら、ちゃんと歯みがきしないとね …… 191
- 5日 国語 てがみ — 外で遊べない雨の日は、お手紙を書くのにちょうどよくて …… 192
- 6日 国語 ふるやのもり — この世でいちばん怖いものといったら…… …… 193
- 7日 理科 火星 — 生き物がいるかもしれない惑星 …… 194
- 8日 国語 漢字のはじまり — みんなが使っている漢字はどうやってできたのでしょう …… 195
- 9日 国語 肉をくわえた犬 — よくばると、たいていろくなことになりません …… 196
- 10日 算数 九九のはじまり — 九九は、どこの国でいつごろ生まれたのでしょうか? …… 197
- 11日 理科 ファーブル昆虫記・アリ — アリといえば、まじめな働きもののイメージですが …… 198
- 12日 国語 ぞろぞろ — これは、ぞろぞろちがいというものです …… 199
- 13日 理科 小惑星探査機はやぶさ — 生命誕生の謎をときあかすために——宇宙への挑戦 …… 200
- 14日 国語 でんでんむしの悲しみ — でんでんむしはなぜ悲しくなったのでしょう …… 201
- 15日 国語 百人一首 夏 — 日本語の美しいひびきとリズムを楽しみましょう …… 202

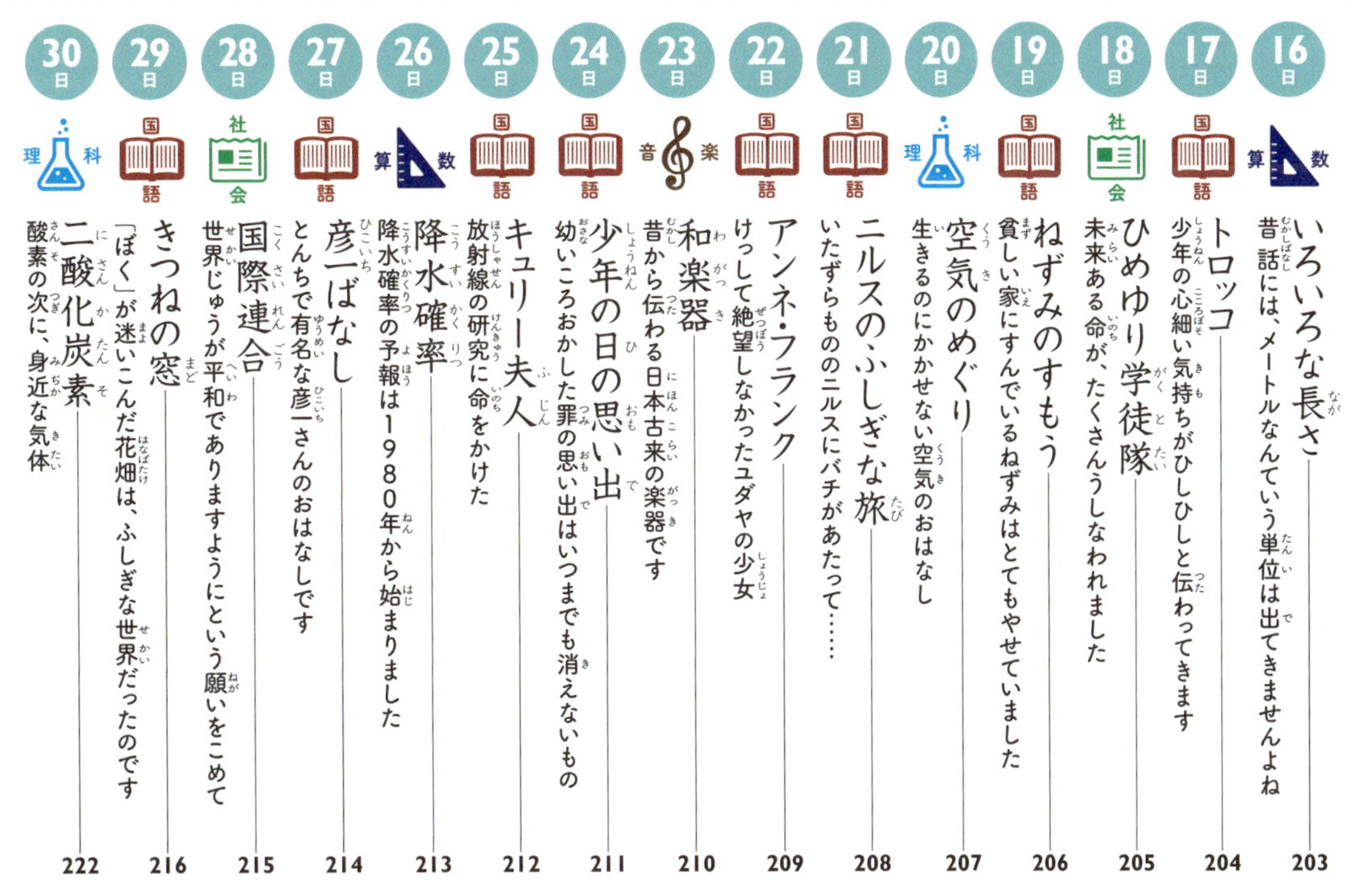

- 16日 算数 いろいろな長さ — 昔話には、メートルなんていう単位は出てきませんよね …… 203
- 17日 国語 トロッコ — 少年の心細い気持ちがひしひしと伝わってきます …… 204
- 18日 社会 ひめゆり学徒隊 — 未来ある命が、たくさんうしなわれました …… 205
- 19日 国語 ねずみのすもう — 貧しい家にすんでいるねずみはとてもやせていました …… 206
- 20日 理科 空気のめぐり — 生きるのにかかせない空気のおはなし …… 207
- 21日 国語 ニルスのふしぎな旅 — いたずらもののニルスにバチがあたって…… …… 208
- 22日 国語 アンネ・フランク — けっして絶望しなかったユダヤの少女 …… 209
- 23日 音楽 和楽器 — 昔から伝わる日本古来の楽器です …… 210
- 24日 国語 少年の日の思い出 — 幼いころおかした罪の思い出はいつまでも消えないもの …… 211
- 25日 国語 キュリー夫人 — 放射線の研究に命をかけた …… 212
- 26日 算数 降水確率 — 降水確率の予報は1980年から始まりました …… 213
- 27日 国語 彦一ばなし — とんちで有名な彦一さんのおはなしです …… 214
- 28日 社会 国際連合 — 世界じゅうが平和でありますようにという願いをこめて …… 215
- 29日 国語 きつねの窓 — 「ぼく」が迷いこんだ花畑は、ふしぎな世界だったのです …… 216
- 30日 理科 二酸化炭素 — 酸素の次に、身近な気体 …… 222

7月のおはなし

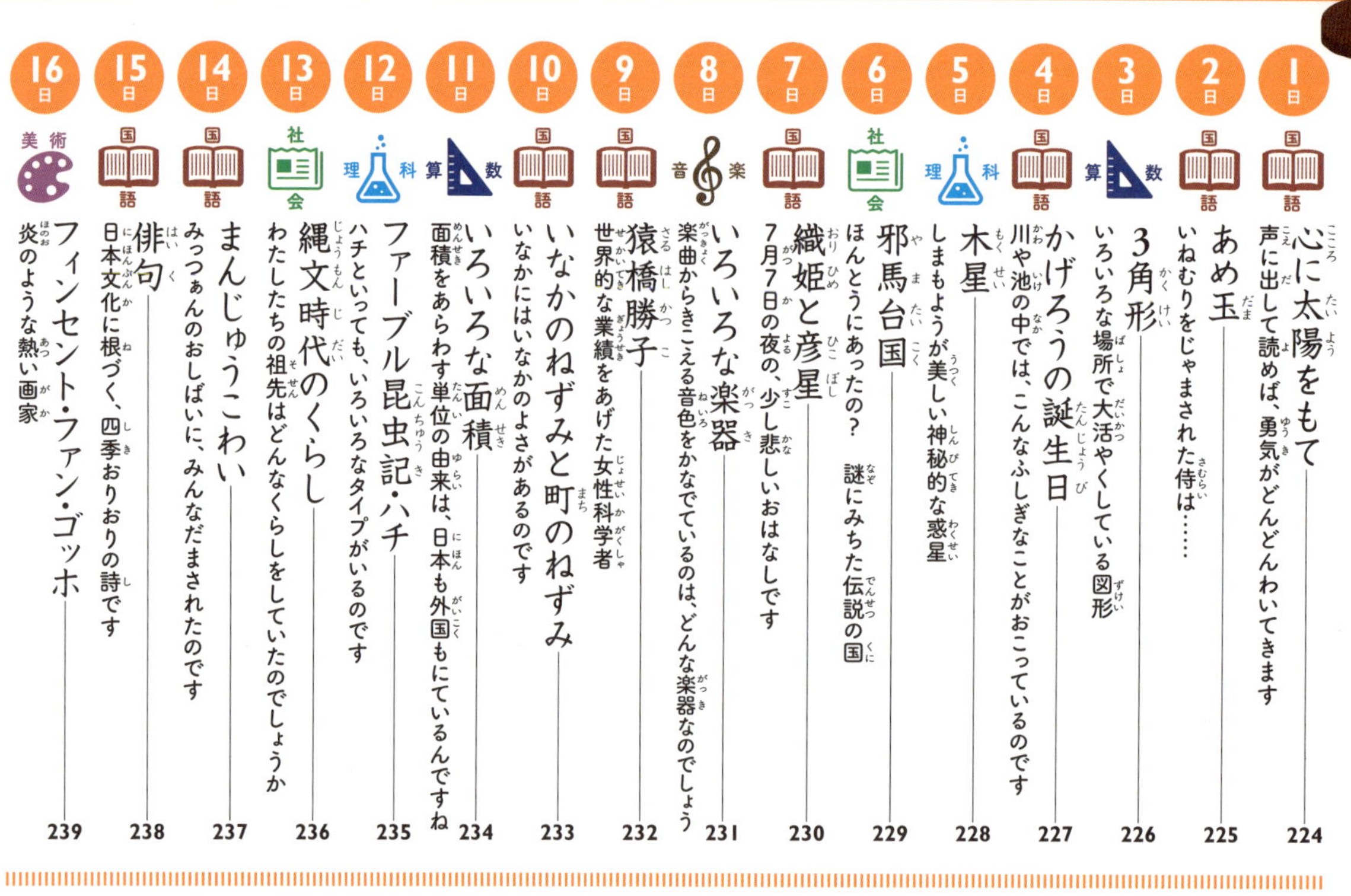

日	教科	タイトル	内容	ページ
1日	国語	心に太陽をもて	声に出して読めば、勇気がどんどんわいてきます	224
2日	国語	あめ玉	いねむりをじゃまされた侍は……	225
3日	算数	3角形	いろいろな場所で大活やくしている図形	226
4日	国語	かげろうの誕生日	川や池の中では、こんなふしぎなことがおこっているのです	227
5日	理科	木星	しまもようが美しい神秘的な惑星	228
6日	社会	邪馬台国	ほんとうにあったの？ 謎にみちた伝説の国	229
7日	国語	織姫と彦星	7月7日の夜の、少し悲しいおはなしです	230
8日	音楽	いろいろな楽器	楽曲からきこえる音色をかなでているのは、どんな楽器なのでしょう	231
9日	国語	猿橋勝子	世界的な業績をあげた女性科学者	232
10日	国語	いなかのねずみと町のねずみ	いなかにはいなかのよさがあるのです	233
11日	算数	いろいろな面積	面積をあらわす単位の由来は、日本も外国もにているんですね	234
12日	理科	ファーブル昆虫記・ハチ	ハチといっても、いろいろなタイプがいるのです	235
13日	社会	縄文時代のくらし	わたしたちの祖先はどんなくらしをしていたのでしょうか	236
14日	国語	まんじゅうこわい	みっつぁんのおしばいに、みんなだまされたのです	237
15日	国語	俳句	日本文化に根づく、四季おりおりの詩です	238
16日	美術	フィンセント・ファン・ゴッホ	炎のような熱い画家	239

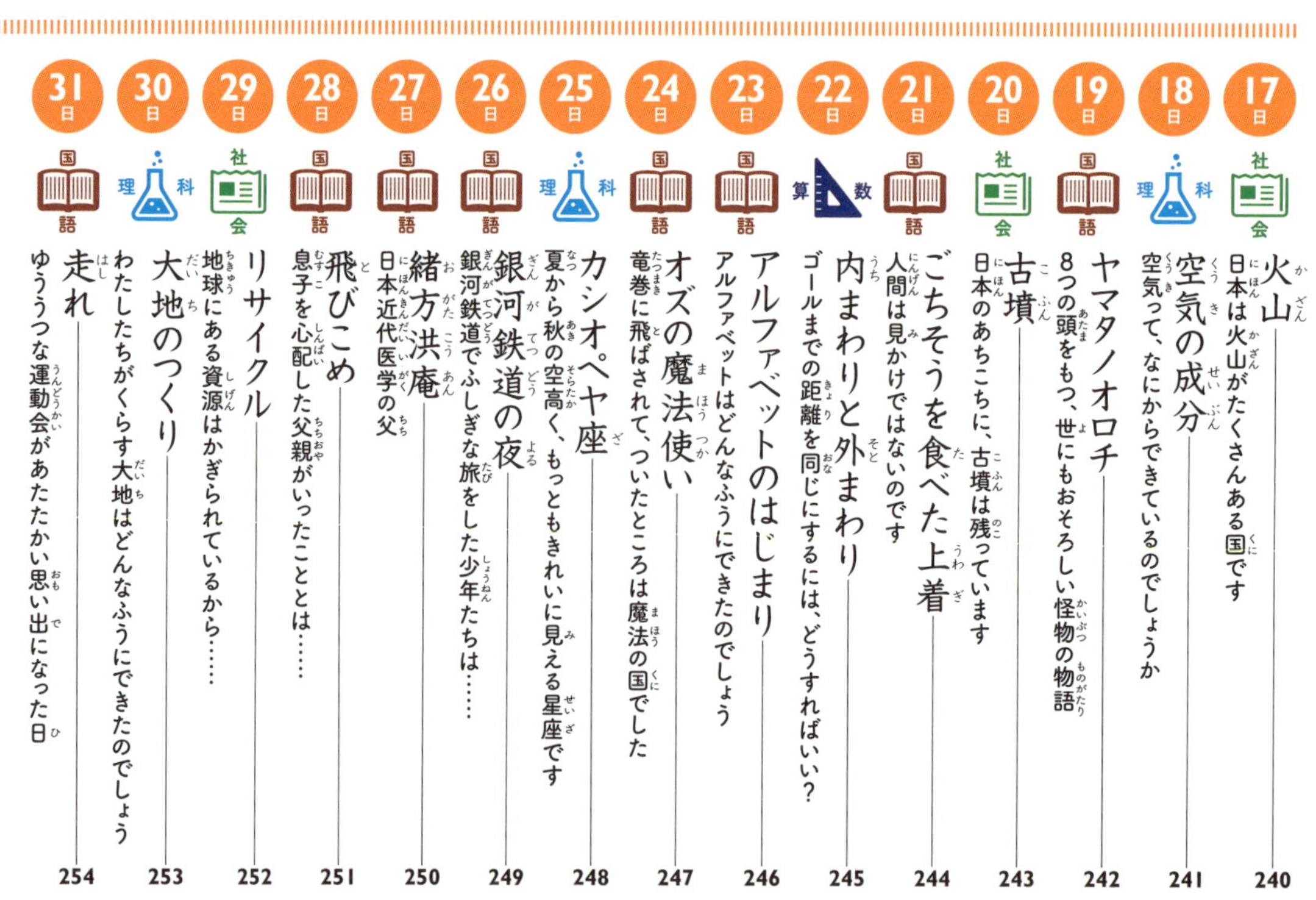

日	教科	タイトル	内容	ページ
17日	社会	火山	日本は火山がたくさんある国です	240
18日	理科	空気の成分	空気って、なにからできているのでしょうか	241
19日	国語	ヤマタノオロチ	8つの頭をもつ、世にもおそろしい怪物の物語	242
20日	社会	古墳	日本のあちこちに、古墳は残っています	243
21日	国語	ごちそうを食べた上着	人間は見かけではないのです	244
22日	算数	内まわりと外まわり	ゴールまでの距離を同じにするには、どうすればいい？	245
23日	国語	アルファベットのはじまり	アルファベットはどんなふうにできたのでしょう	246
24日	国語	オズの魔法使い	竜巻に飛ばされて、ついたところは魔法の国でした	247
25日	理科	カシオペヤ座	夏から秋の空高く、もっともきれいに見える星座です	248
26日	国語	銀河鉄道の夜	銀河鉄道でふしぎな旅をした少年たちは……	249
27日	国語	緒方洪庵	日本近代医学の父	250
28日	国語	飛びこめ	息子を心配した父親がいったこととは……	251
29日	社会	リサイクル	地球にある資源はかぎられているから……	252
30日	理科	大地のつくり	わたしたちがくらす大地はどんなふうにできたのでしょう	253
31日	国語	走れ	ゆううつな運動会があたたかい思い出になった日	254

8月のおはなし

1日 国語 椰子の実 遠い故郷へ思いをはせて 258
2日 国語 花のき村と盗人たち 盗みをするつもりだった盗っ人たちは…… 259
3日 算数 分数の誕生 はるか昔から、みんなでなにかを分けるときに使っていたのですね 260
4日 国語 パンドラのつぼ 人間の世界に、災いと希望があるのはどうして？ 261
5日 理科 土星 うきわのような環が特ちょう的な惑星 262
6日 社会 原子爆弾 広島と長崎に落とされた、人類史上最悪の爆弾 263
7日 国語 マザー・テレサ 傷ついた人によりそいつづけた聖女 264
8日 国語 おおくまぼし 夏の夜空を見あげてごらん 265
9日 理科 ファーブル昆虫記・セミ 鳴き声で夏のおとずれをつげる虫 266
10日 国語 きつねとやぎ きつねがずるいのか、やぎがまぬけなのか 267
11日 保健体育 タバコ もくもくしたタバコの煙はみんなの迷惑です 268
12日 社会 お米づくり 日本のおいしいお米は世界一です 269
13日 国語 仙人 仙人になりたい男はどんな苦労にもたえました 270
14日 国語 宮沢賢治 人を愛し、人から愛された文学者 271
15日 国語 桃太郎 日本でいちばん有名な昔話 272
16日 理科 猛暑日 とても暑い日のめやすです 273

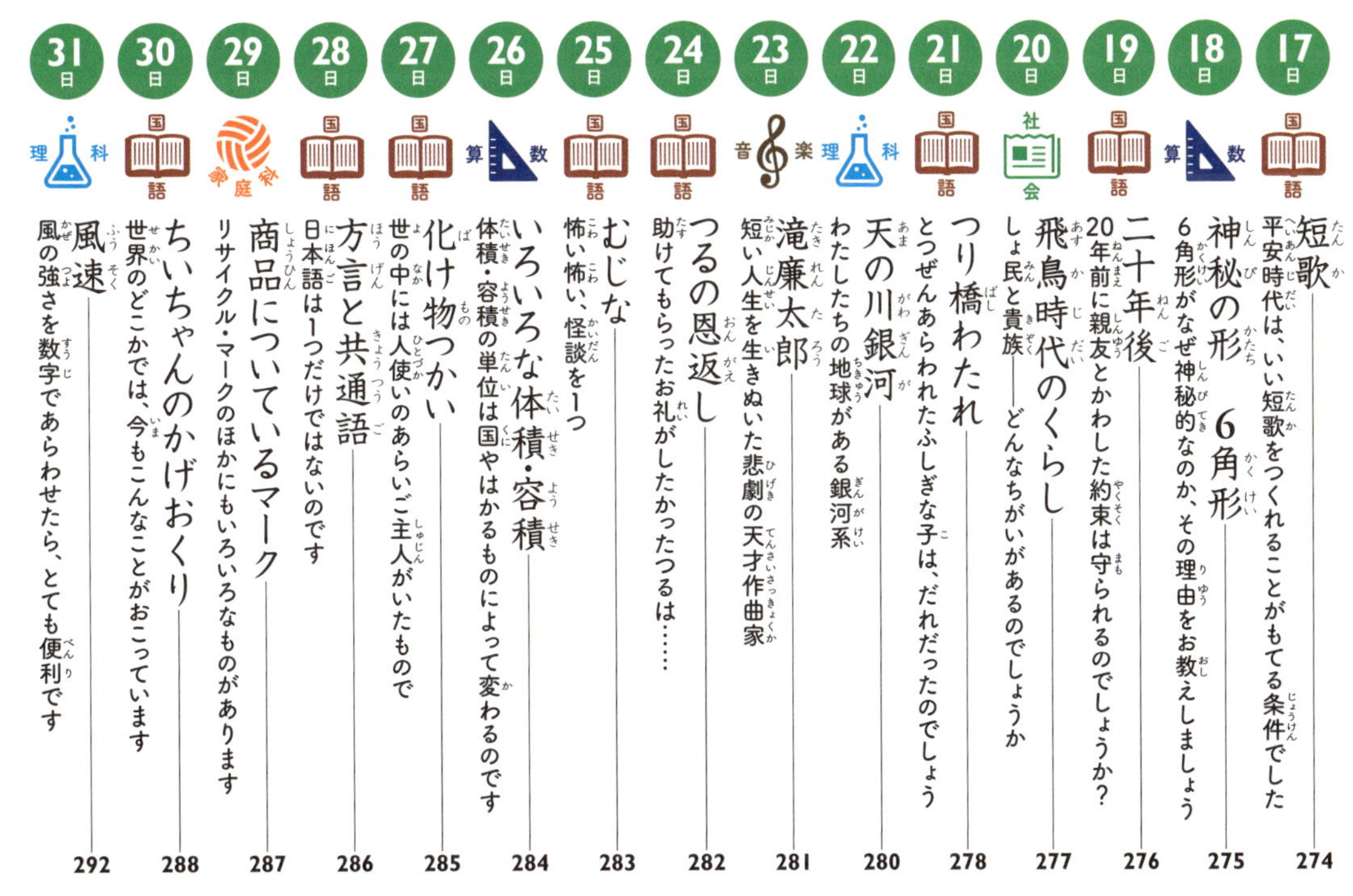

17日 国語 短歌 平安時代は、いい短歌をつくれることがもてる条件でした 274
18日 算数 神秘の形 6角形 6角形がなぜ神秘的なのか、その理由をお教えしましょう 275
19日 国語 二十年後 20年前に親友とかわした約束は守られるのでしょうか？ 276
20日 社会 飛鳥時代のくらし しょ民と貴族――どんなちがいがあるのでしょうか 277
21日 国語 つり橋わたれ とつぜんあらわれたふしぎな子は、だれだったのでしょう 278
22日 理科 天の川銀河 わたしたちの地球がある銀河系 280
23日 音楽 滝廉太郎 短い人生を生きぬいた悲劇の天才作曲家 281
24日 国語 つるの恩返し 助けてもらったお礼がしたかったつるは…… 282
25日 国語 むじな 怖い怖い、怪談を1つ 283
26日 算数 いろいろな体積・容積 体積・容積の単位は国やはかるものによって変わるのです 284
27日 国語 化け物つかい 世の中には人使いのあらいご主人がいたもので 285
28日 国語 方言と共通語 日本語は1つだけではないのです 286
29日 家庭科 商品についているマーク リサイクル・マークのほかにもいろいろなものがあります 287
30日 国語 ちいちゃんのかげおくり 世界のどこかでは、今もこんなことがおこっています 288
31日 理科 風速 風の強さを数字であらわせたら、とても便利です 292

9月のおはなし

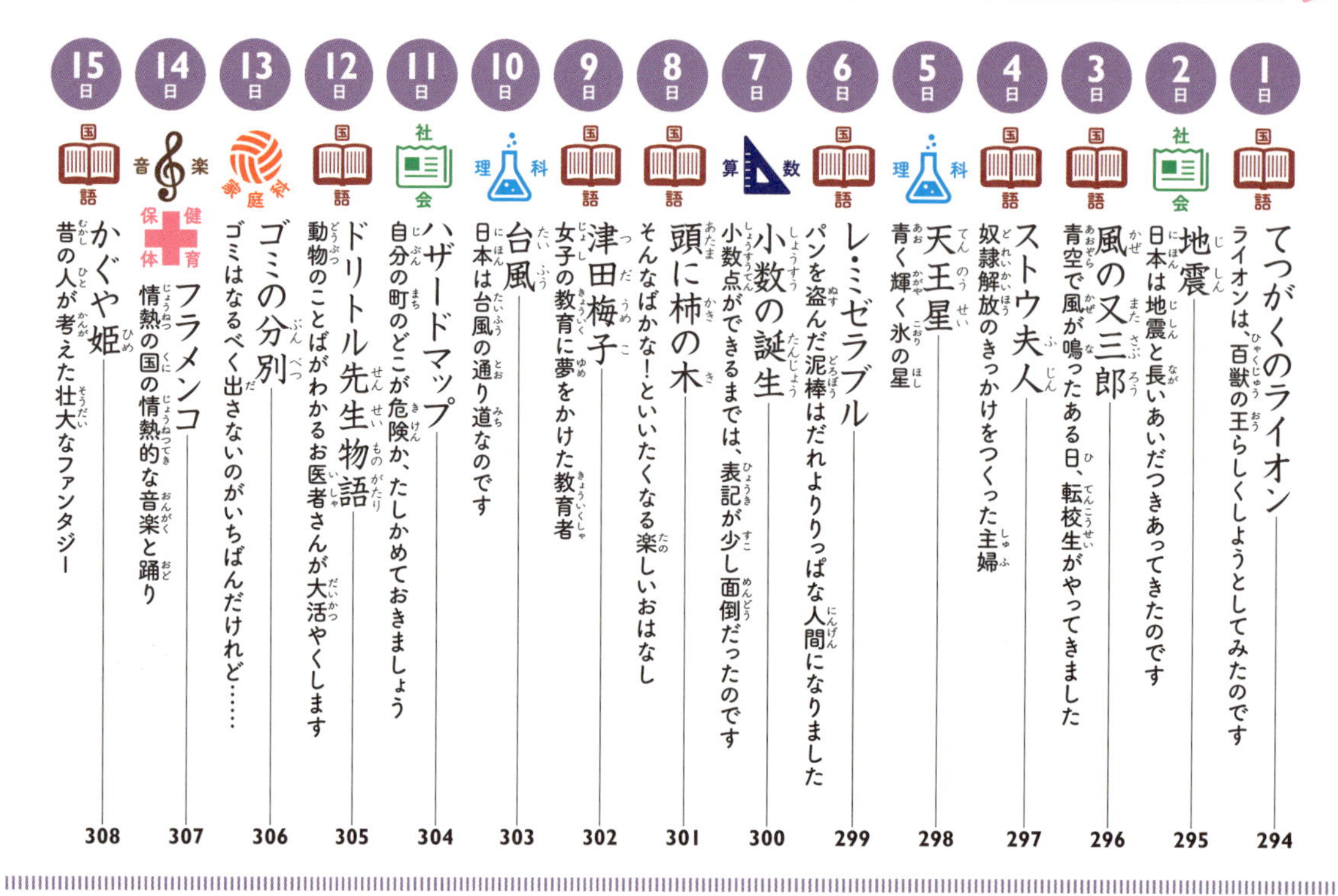

日	教科	タイトル	内容	ページ
1日	国語	てつがくのライオン	ライオンは、百獣の王らしくしようとしてみたのです	294
2日	社会	地震	日本は地震と長いあいだつきあってきたのです	295
3日	国語	風の又三郎	青空で風が鳴ったある日、転校生がやってきました	296
4日	国語	ストウ夫人	奴隷解放のきっかけをつくった主婦	297
5日	理科	天王星	青く輝く氷の星	298
6日	国語	レ・ミゼラブル	パンを盗んだ泥棒はだれよりりっぱな人間になりました	299
7日	算数	小数の誕生	小数点ができるまでは、表記が少し面倒だったのです	300
8日	国語	頭に柿の木	そんなばかな！といいたくなる楽しいおはなし	301
9日	国語	津田梅子	女子の教育に夢をかけた教育者	302
10日	理科	台風	日本は台風の通り道なのです	303
11日	社会	ハザードマップ	自分の町のどこが危険か、たしかめておきましょう	304
12日	国語	ドリトル先生物語	動物のことばがわかるお医者さんが大活やくします	305
13日	家庭科	ゴミの分別	ゴミはなるべく出さないのがいちばんだけれど……	306
14日	音楽・保健体育	フラメンコ	情熱の国の情熱的な音楽と踊り	307
15日	国語	かぐや姫	昔の人が考えた壮大なファンタジー	308

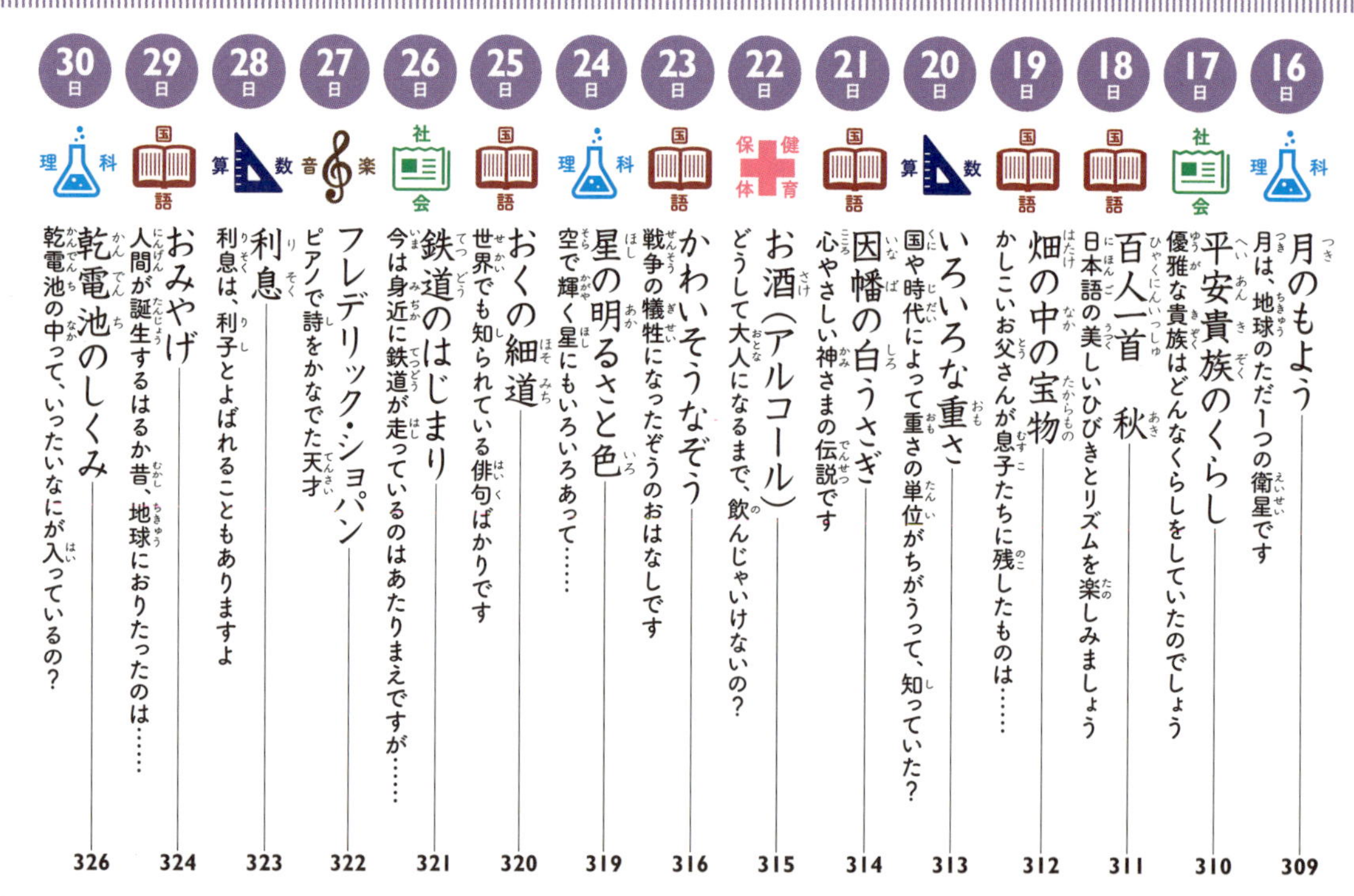

日	教科	タイトル	内容	ページ
16日	理科	月のもよう	月は、地球のただ1つの衛星です	309
17日	社会	平安貴族のくらし	優雅な貴族はどんなくらしをしていたのでしょう	310
18日	国語	百人一首　秋	日本語の美しいひびきとリズムを楽しみましょう	311
19日	国語	畑の中の宝物	かしこいお父さんが息子たちに残したものは……	312
20日	算数	いろいろな重さ	国や時代によって重さの単位がちがうって、知っていた？	313
21日	国語	因幡の白うさぎ	心やさしい神さまの伝説です	314
22日	保健体育	お酒（アルコール）	どうして大人になるまで、飲んじゃいけないの？	315
23日	国語	かわいそうなぞう	戦争の犠牲になったぞうのおはなしです	316
24日	理科	星の明るさと色	空で輝く星にもいろいろあって……	319
25日	国語	おくの細道	世界でも知られている俳句ばかりです	320
26日	社会	鉄道のはじまり	今は身近に鉄道が走っているのはあたりまえですが……	321
27日	音楽	フレデリック・ショパン	ピアノで詩をかなでた天才	322
28日	算数	利息	利息は、利子とよばれることもありますよ	323
29日	国語	おみやげ	人間が誕生するはるか昔、地球におりたったのは……	324
30日	理科	乾電池のしくみ	乾電池の中って、いったいなにが入っているの？	326

10月のおはなし

1日 国語 山のあなた　名翻訳家の美しいことばを楽しんで　328
2日 国語 モハンダス・ガンジー　非暴力で戦いぬいた平和の人　329
3日 国語 くじらぐも　空にうかぶ雲といっしょに遊べたら……　330
4日 算数 メビウスの輪　見ているだけで、目や頭の体操になりそうです　331
5日 音楽 オーケストラ　おおぜいの人が1つになって、音楽をつくりだします　332
6日 理科 海王星　太陽系の中でいちばん遠いところにある惑星です　333
7日 国語 ごんぎつね　ごんはただ、悪いことをしたつぐないをしたかったのです　334
8日 国語 ことわざ　古くからのいいつたえには人生の知恵がいっぱいです　335
9日 国語 チワンの錦　お母さんがたった1つ願ったことは……　336
10日 社会 東京オリンピック　4年に1回のスポーツの世界的なお祭り　337
11日 理科 月のみちかけ　お月さまは毎晩、少しずつ姿を変えているのです　338
12日 国語 平家物語　物語のはじまりの文章をぜひ味わって　339
13日 国語 ランプのじまん　ランプは光り輝く自分がじまんでした　340
14日 社会 明治維新　新しい時代・新しい文化のはじまり　341
15日 算数 グラフの発明　わかりやすくて便利なのに、最初はおこられてしまったなんて！　342
16日 国語 海さちひこと山さちひこ　兄弟の神さまの伝説です　343

17日 美術 レオナルド・ダ・ヴィンチ　なんでもできた万能の天才　344
18日 国語 ひと房のブドウ　少年は友人の美しい絵の具がどうしてもほしかったのです　345
19日 理科 いろいろな雲　空にうかんでいる雲のこと、どれだけ知っていますか　346
20日 国語 三枚のお札　ハエがこの世に生まれた理由は……　347
21日 算数 宝くじがあたる確率　夢がかなう確率ってどのくらい？　348
22日 社会 戦国時代の合戦　戦国時代は多くの武将が活やくしましたが……　349
23日 国語 最後の授業　自分たちの文化への誇りと愛情をかけて　350
24日 国語 野口英世　伝染病の研究にささげた命　351
25日 保健体育 薬物　よくニュースになっている話題です　352
26日 理科 日食　まるで太陽が神さまに食べられちゃったみたい？　353
27日 国語 たぬきの糸車　人を化かさないたぬきもいるのです　354
28日 社会 ゴミのゆくえ　わたしたちが毎日出すゴミはどこへいっているのでしょう　355
29日 国語 二年間の休暇（十五少年漂流記）　無人島に漂着した少年たちの大冒険　356
30日 家庭科 ものの値段　お金は、考えて使わないと、あっというまになくなっちゃう　357
31日 国語 一つの花　戦争がどんどんはげしくなっていったころのおはなしです　358

11月のおはなし

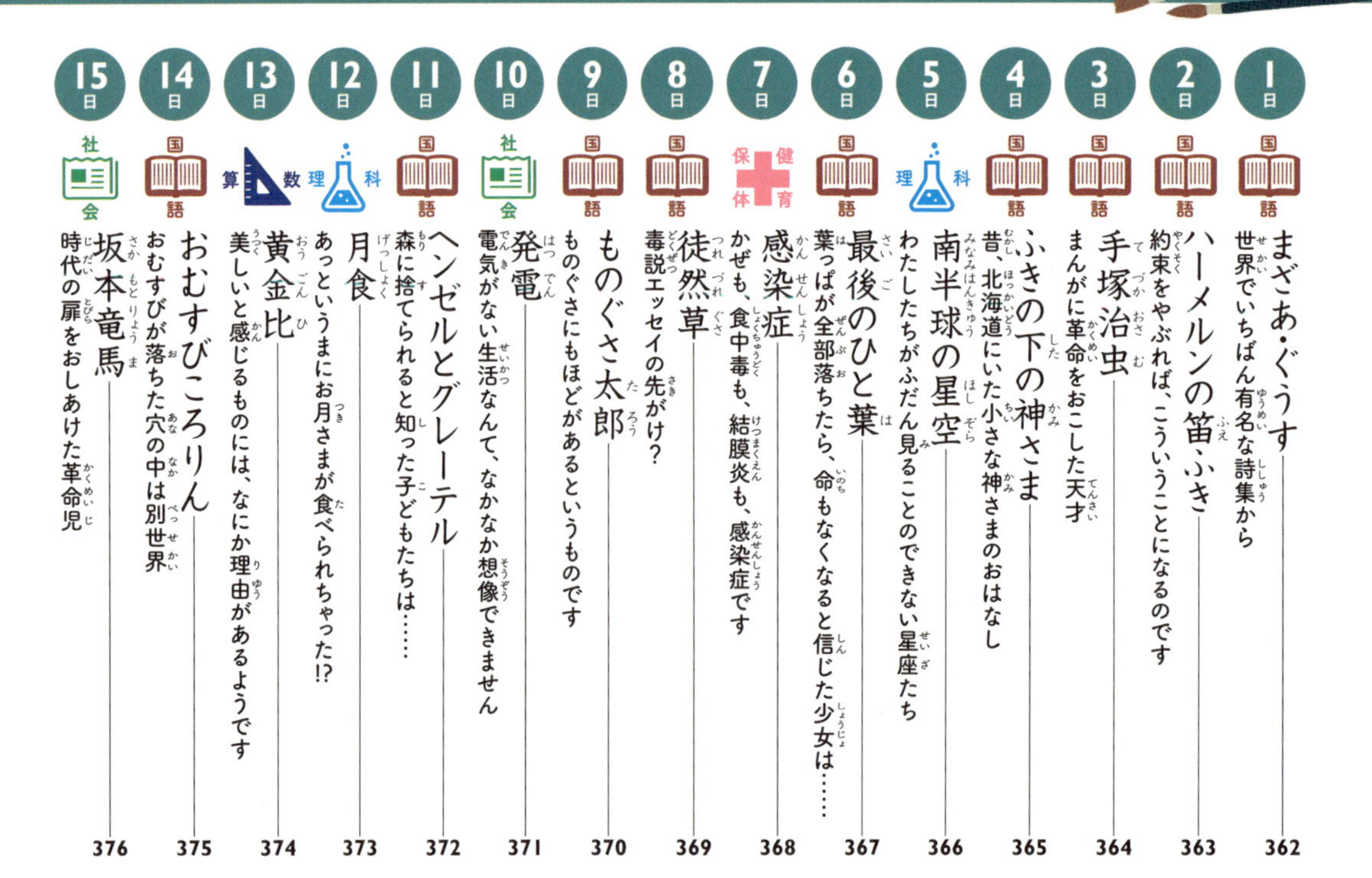

1日 国語 まざあ・ぐうす 世界でいちばん有名な詩集から 362
2日 国語 ハーメルンの笛ふき 約束をやぶれば、こういうことになるのです 363
3日 国語 手塚治虫 まんがに革命をおこした天才 364
4日 国語 ふきの下の神さま 昔、北海道にいた小さな神さまのおはなし 365
5日 理科 南半球の星空 わたしたちがふだん見ることのできない星座たち 366
6日 国語 最後のひと葉 葉っぱが全部落ちたら、命もなくなると信じた少女は…… 367
7日 保健体育 感染症 かぜも、食中毒も、結膜炎も、感染症です 368
8日 国語 徒然草 毒説エッセイの先がけ? 369
9日 国語 ものぐさ太郎 ものぐさにもほどがあるというものです 370
10日 社会 発電 電気がない生活なんて、なかなか想像できません 371
11日 国語 ヘンゼルとグレーテル 森に捨てられると知った子どもたちは…… 372
12日 理科 月食 あっというまにお月さまが食べられちゃった!? 373
13日 算数 黄金比 美しいと感じるものには、なにか理由があるようです 374
14日 国語 おむすびころりん おむすびが落ちた穴の中は別世界 375
15日 社会 坂本竜馬 時代の扉をおしあけた革命児 376

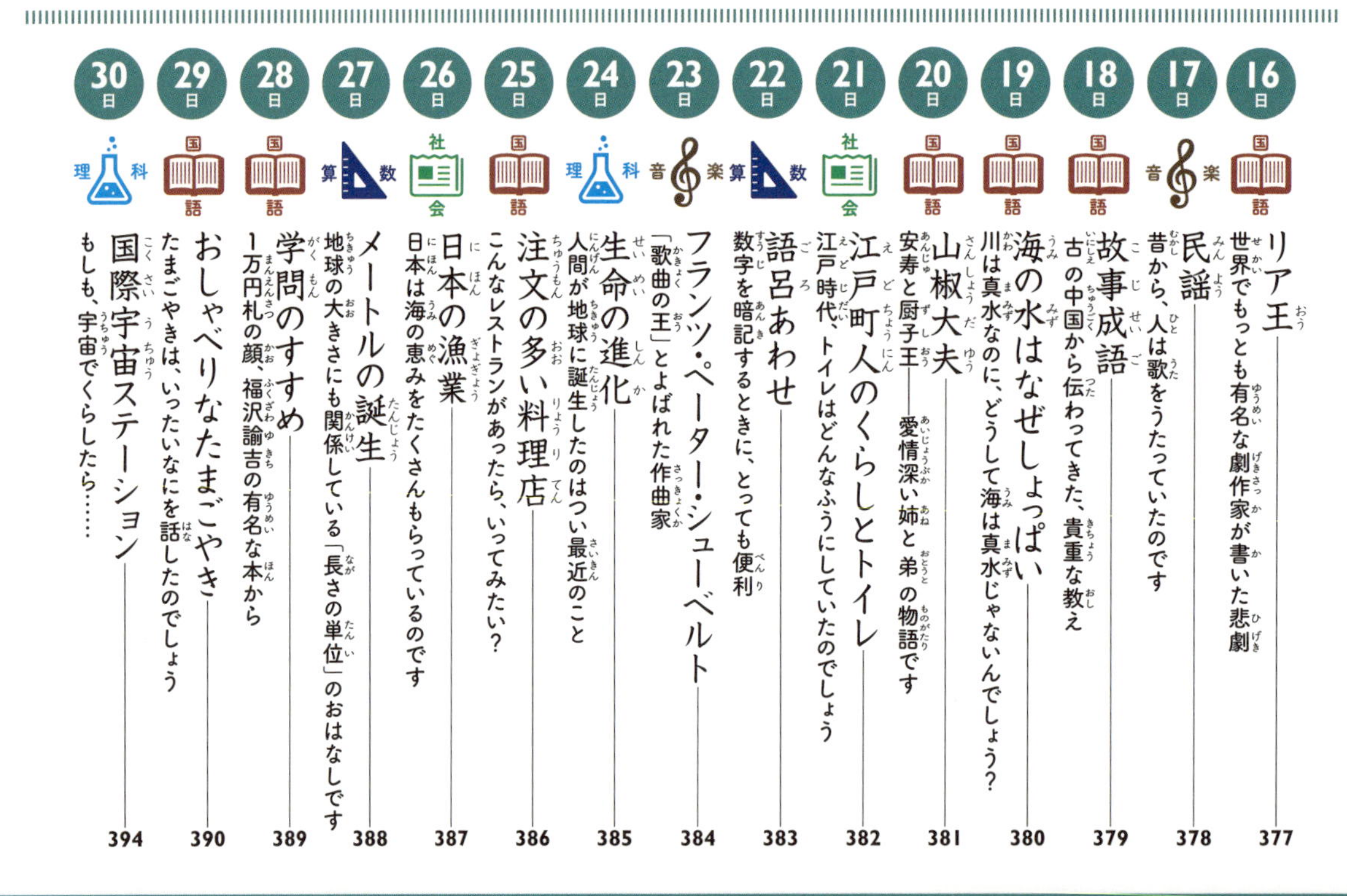

16日 国語 リア王 世界でもっとも有名な劇作家が書いた悲劇 377
17日 音楽 民謡 昔から、人は歌をうたっていたのです 378
18日 国語 故事成語 古の中国から伝わってきた、貴重な教え 379
19日 国語 海の水はなぜしょっぱい 川は真水なのに、どうして海は真水じゃないんでしょう? 380
20日 国語 山椒大夫 安寿と厨子王―愛情深い姉と弟の物語です 381
21日 社会 江戸町人のくらしとトイレ 江戸時代、トイレはどんなふうにしていたのでしょう 382
22日 算数 語呂あわせ 数字を暗記するときに、とっても便利 383
23日 音楽 フランツ・ペーター・シューベルト 「歌曲の王」とよばれた作曲家 384
24日 理科 生命の進化 人間が地球に誕生したのはつい最近のこと 385
25日 国語 注文の多い料理店 こんなレストランがあったら、いってみたい? 386
26日 社会 日本の漁業 日本は海の恵みをたくさんもらっているのです 387
27日 算数 メートルの誕生 地球の大きさにも関係している「長さの単位」のおはなしです 388
28日 国語 学問のすすめ 1万円札の顔、福沢諭吉の有名な本から 389
29日 国語 おしゃべりなたまごやき たまごやきは、いったいなにを話したのでしょう 390
30日 理科 国際宇宙ステーション もしも、宇宙でくらしたら…… 394

12月のおはなし

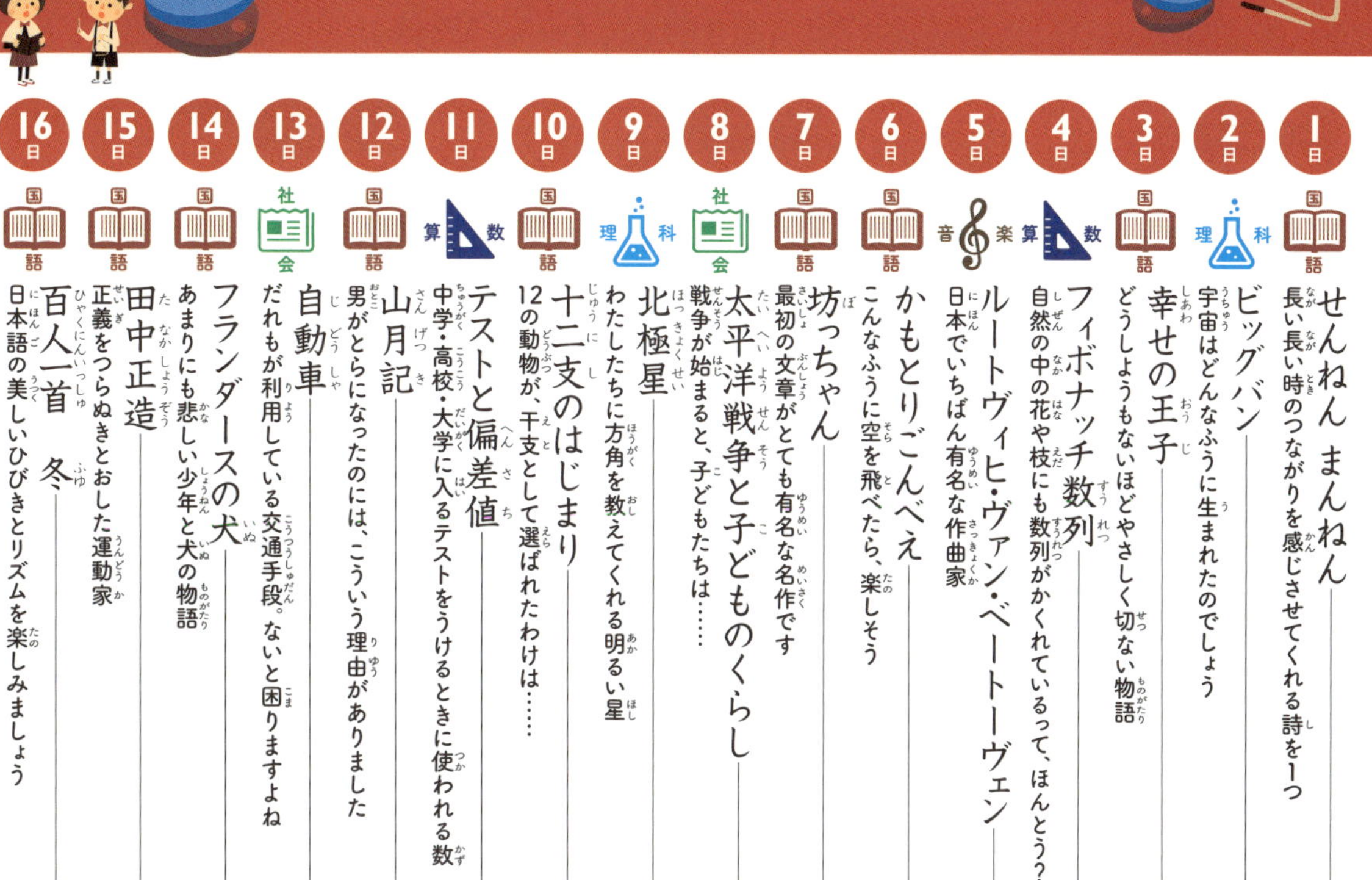

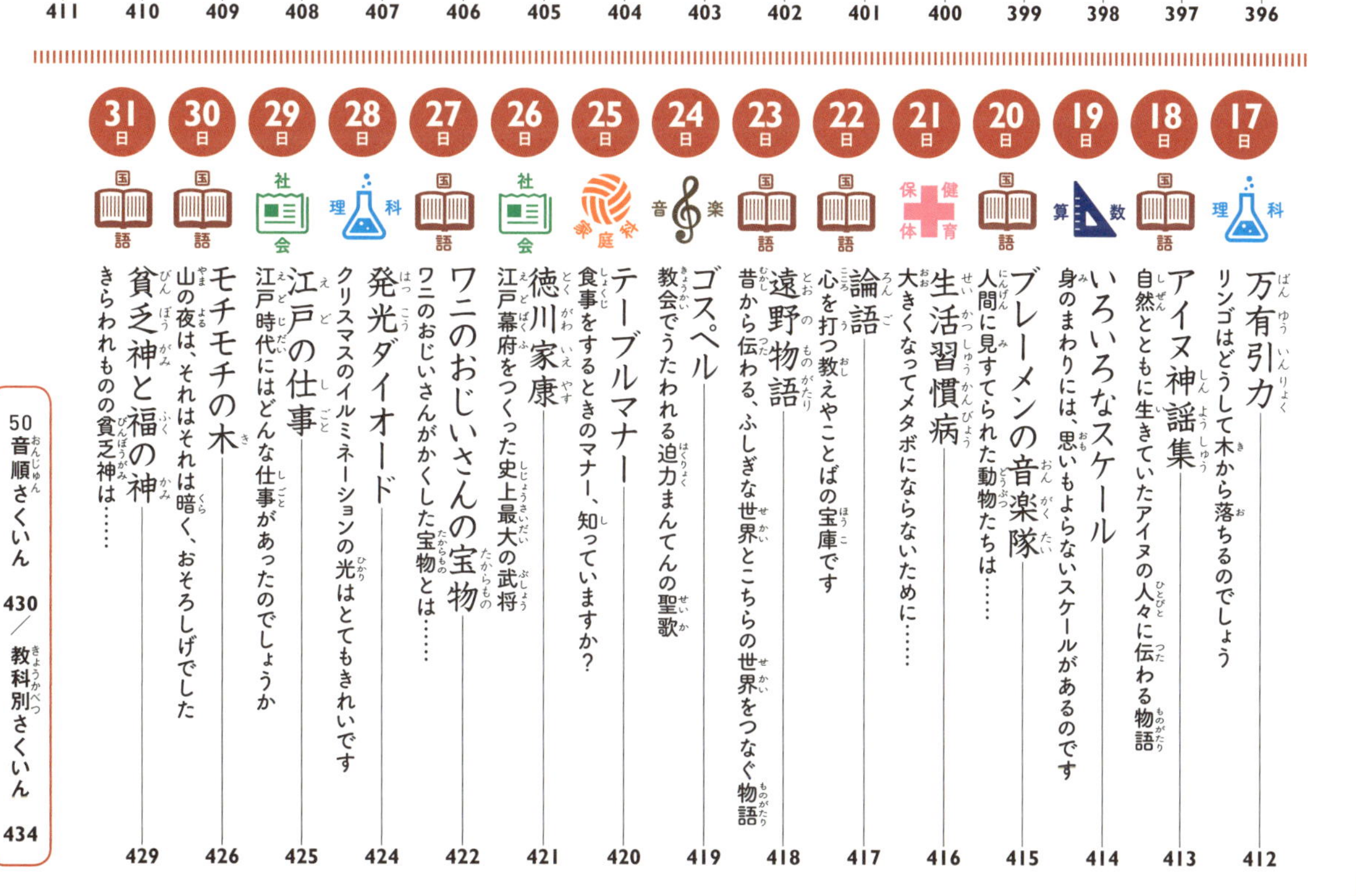

この本の楽しみ方

この本では、みなさんそれぞれに楽しんでもらいやすくするために、いろいろな工夫をしています。
本を読むとき、ヒントにしてみてください。

原典

国語のおはなしで、原作のままのせているものは、原典マークが入っています。

リード

これからどんなおはなしが始まるのでしょう。

タイトル

それぞれの教科から、有名な物語や知っておきたいテーマをよりすぐりました。

ジャンル

国語・算数・理科・社会・音楽・美術・家庭科・保健体育の教科に分かれています。

原典

オニって悪もの？
そんなこと、だれが決めたの？

おにたの帽子

あまんきみこ

2月3日のおはなし

節分の夜のことです。まことくんが、元気に豆まきを始めました。

ぱら　ぱら　ぱら　ぱら

まことくんは、いりたての豆を力いっぱい投げました。

「福はー内。オニはー外」

茶の間も、客間も、子ども部屋も、台所も、玄関も手洗いも、ていねいにまきました。そこで、まことくんは、

「そうだ、物置小屋にも、まかなくっちゃ」

と、いいました。

その物置小屋の天井に、去年の春から、小さな黒オニの子どもがすんでいました。「おにた」という名前でした。

おにたは気のいいオニでした。きのうも、まことくんに、なくしたビー玉をこっそりひろってきてやりました。この前は、にわか雨のとき、ほしものを、茶の間に投げこんでおきました。お父さんの靴をぴかぴかに光らせておいたこともあります。

でも、だれも、おにたがしたとは気がつきません。はずかしがり屋のおにたは、見えないように、とても用心していたからです。

豆まきの音をききながら、おにたは思いました。

（人間っておかしいな。オニは悪いって、決めているんだから。オニにも、いろいろあるのにな。人間も、いろいろいるみたいに）

そして、古い麦わら帽子をかぶりました。角かくしの帽子です。

こうして、かさっとも音をたてないで、おにたは、物置小屋を出ていきました。

粉雪がふっていました。道路も屋根も野原も、もうまっ白です。

おにたのはだしの小さな足が、冷たい雪の中に、ときどきすぽっと入ります。

（いいうちが、ないかなあ）

でも、今夜は、どのうちも、ヒイラギの葉をかざっているので、入ることができません。ヒイラギは、オニの目をさすからです。

小さな橋をわたったところに、トタン屋根の家を見つけました。

おにたの低い鼻がうごめきました。

（こりゃあ、豆のにおいがしないぞ。しめた。ヒイラギもかざっていない）

どこから入ろうかと、きょろきょろ見まわしていると、入り口のドアがあきました。おにたは、すばやく、家の横にかくれました。

女の子が出てきました。その子は、でこぼこした洗面器の中に、雪をすくっていれました。それから、赤くなった小さな指を、口にあてて、はーっと、白い息をふきかけています。

（今のうちだ）

そう思ったおにたは、ドアから、そろりとうちの中に入りました。

知っ得ポイント
オニだからといって悪者とはかぎらないというお話には、ほかに「ないたあかおに」もあります。

54

作者名

国語のおはなしで、だれが書いたものかわかっている作品には作者名が入っています。

日付

1日1話ずつ読み進められるように日付がついています。もちろん、日付を気にしないで好きな順で好きなだけ読むこともできます。

本文

おはなしやテーマを1ページで、わかりやすくまとめています。
1日1ページが基本ですが、国語のおはなしの中には、ページ数にこだわらず、原作をそのままの形で読んでもらえるようにした特別な作品も用意しました。各月に1～2作品ずつありますので、その日は少し時間をかけて楽しんでください。

イラストや写真

楽しいイラストや悲しいイラスト、怖いイラスト、歴史的な写真……さまざまなイラストや写真でイメージをふくらませましょう。

知っ得ポイント

その日のおはなしやテーマにかかわる、ちょっとした情報・知っていると得するような情報をのせています。

1月の おはなし

生きる

谷川俊太郎

新年の1日目は、いのちの輝きを力強くうたいあげる詩を1つ

生きているということ
いま生きているということ
それはのどがかわくということ
木もれ陽がまぶしいということ
ふっと或るメロディを思い出すということ
くしゃみすること
あなたと手をつなぐこと

生きているということ
いま生きているということ
それはミニスカート
それはプラネタリウム
それはヨハン・シュトラウス
それはピカソ
それはアルプス
すべての美しいものに出会うということ
そして
かくされた悪を注意深くこばむこと

生きているということ
いま生きているということ
泣けるということ
笑えるということ
怒れるということ
自由ということ

生きているということ
いま生きているということ
いま遠くで犬が吠えるということ
いま地球が廻っているということ
いまどこかで産声があがるということ
いまどこかで兵士が傷つくということ
いまぶらんこがゆれているということ
いまいまが過ぎてゆくこと

生きているということ
いま生きているということ
鳥ははばたくということ
海はとどろくということ
かたつむりははうということ
人は愛するということ
あなたの手のぬくみ
いのちということ

知っ得ポイント

「廻」は「回」におきかえられることが多い漢字。「廻」には、「めぐる」や「もどる」という意味があります。

わらしべ長者

日本の昔話

出世話といったら、このおはなし

昔々、ある村に貧しい若者がおりました。食べるものにも困っていた若者はお寺におまいりにいきました。お寺に泊まりこんで、お金持ちになれますようにと、何日もいのりつづけたのです。すると、ある夜、夢の中に観音さまがあらわれて、「明日の朝、この寺を出発しなさい。そして、最初に手にふれたものをだいじにするのですよ」といいました。

よく朝、若者は観音さまのいいつけどおり寺を出ましたが、すぐに石につまずいてころんでしまいました。

「いたたたた」

そういいながらおきあがると、いつのまにか手に一本のわらしべをにぎっているではありませんか。すぐに捨てようとしましたが、はっとしてやめました。観音さまのいいつけにはしたがわないといけません。

しばらく歩いていくと、ぶーんとアブが飛んできました。若者はアブをつかまえてわらしべの先にむすびつけ、また歩きだしました。

じきに、小さな男の子と母親にすれちがいました。わらしべにむすばれたアブを見たとたん、男の子が「あれがほしいよう」と泣きだします。若者は男の子にわらしべとアブをあげました。すると、母親がお礼にみかんを三つくれました。わらしべ一本がみかん三つになりました。

しばらくいくと、女の人が木かげでぐったりしていました。のどがかわいて、歩けないというのです。若者は少しでものどをうるおせればと、みかんを三つあげました。女の人はたいそう喜んで、かわりに美しい布を三反もくれました。わらしべ一本が布三反になったのです。

さらに歩いていくと、馬が倒れて、そばで侍が困りはてていました。これから町にいって、馬と布を交換するつもりだったのに、馬が病気で倒れてしまったというのです。気の毒に思った若者は布を侍にあげて、かわりに馬をもらいました。

若者は水をくんできて馬に飲ませ、体をさすってやりました。しばらくすると馬は元気をとりもどし、立ちあがりました。一本のわらしべが馬一頭になったのです。

若者は馬に乗って、進んでいきました。日がくれるころ、りっぱなお屋敷の前を通りました。どうやら主人が旅のしたくをしているようです。すると、若者の馬に目をとめた屋敷の主人が話しかけてきました。

「急な用事でこれから遠い町に旅に出ることになったのだが、手配していた馬がこなくて困っておる。その馬をゆずってくださらんか。かわりに、この屋敷と田畑をおまえさんにあげよう」

屋敷の主人は若者にもらった馬に乗り、あわただしく旅立っていきました。こうしてお屋敷と田畑を手にいれた若者は、わらしべ一本で金持ちになった「わらしべ長者」とよばれるようになったのです。

知っ得ポイント

にたようなおはなしは、イギリスや韓国、インド、ブータンなど世界じゅうにあります。

0のはじまり

テストで「0点」はいやだけど、「0」もだいじな数字なんですよ

0って、なに？

そんなの知ってるよ、という声がきこえてきそうですね。0とは、なにもないという意味。数の中では、基本中の基本のように見えますよね。

0はいろいろなところで基準に使われています。たとえば、新年をむかえるカウントダウンをするときは、5、4、3、2、1、ゼロ！で新しい年になります。0歳といったら、生まれたての赤ちゃんのことですし、海抜0メートルといったら、海の水面と同じ高さだということ。それに、日付が変わって、新しい1日が始まる時間は、0時0分です。

そんなふうに、いろいろなことの基準に使われている0ですが、じつは、0は数字の中でいちばん最後に発明されたのです。指で数をかぞえるときに、0はかぞえられませんよね？　だから、発明がおくれたのです。

0の誕生

0がなかった数千年前の古代では、十の位や百の位など、位ごとに別の数字が使われていました。数のない位をうめるときに使う数字、0がなかったからです。

> **位どりの0**
>
> たとえば、0がなかったら、11と101や110は、どれも同じ数になってしまいます。この、なにもない位をうめるために、0は「ここの位には数がありませんよ」ということをあらわすために使われています。
>
> 11　　1（0）1　　11（0）

はじめて、今のような「数としての0」を発明したのは、インドの人たちでした。それがどのくらい前のことだったかは、いろいろな説がありますが、だいたい今から1400年ぐらい前の620年ごろだといわれています。そのときはじめて、0の働き――位どりをしたり、数がなにもないことをしめしたり、なにかの基準になったりすること――が、発明されたのです。

知っ得ポイント

0って、なにも「ない」のに、「ある」と発明されたのがすごいですね。0の発明で、数学の表現は劇的に広がりました。

国語

ルイ・ブライユ

(1809～1852年　フランス)伝記

暗闇に光をもたらした点字の発明者

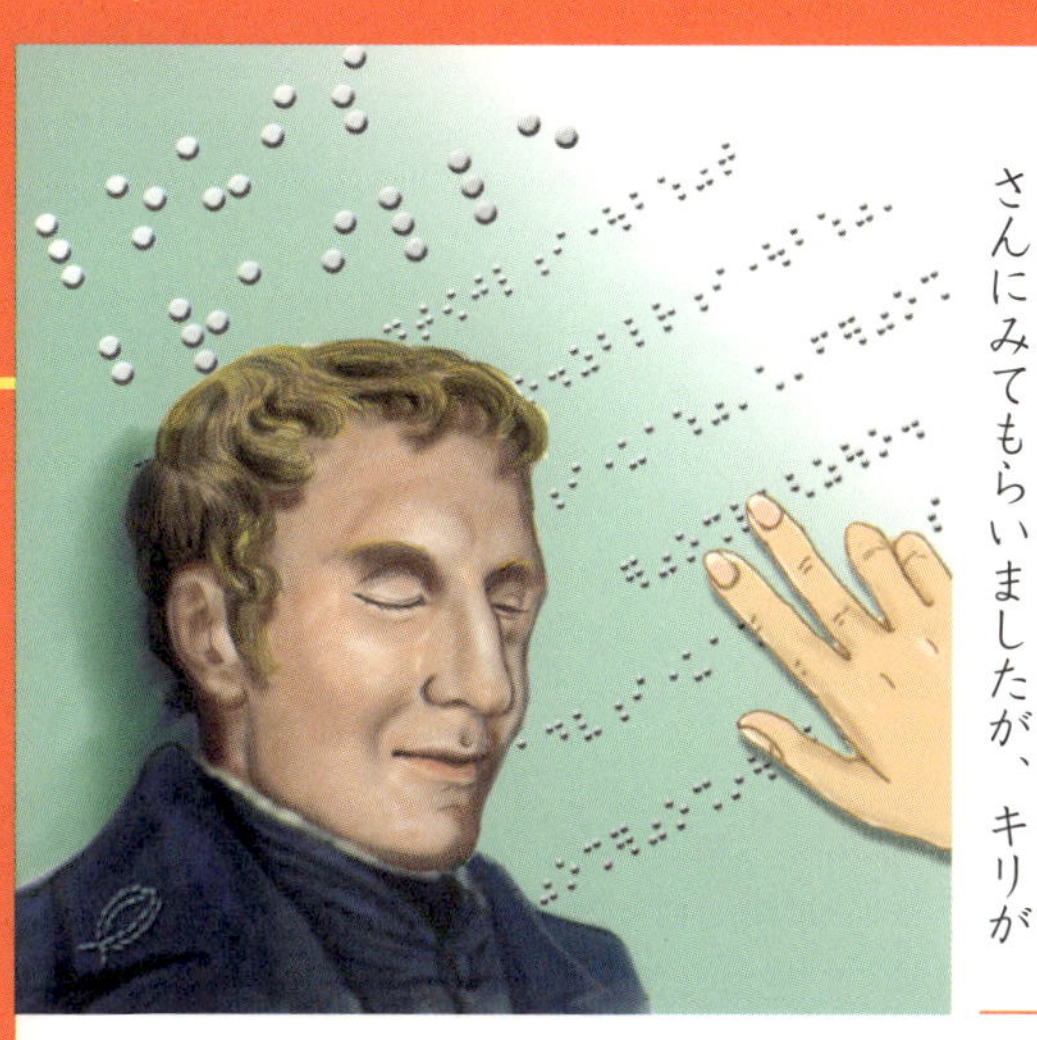

今からおよそ二百年前、フランスの小さな村で、かわいらしい男の子が生まれました。男の子はルイという名前をつけられて、すくすくと大きくなりました。お父さんが馬具をつくる職人で、家のそばの小屋を仕事場にしていたので、ルイはいつもそこで遊んでいました。革や木がたくさんあって、おもちゃがわりにちょうどよかったのです。

ところが、三歳になったある日、仕事場で遊んでいたルイは、ころんだひょうしに、あやまって、先がするどくとがっているキリを左目につきさしてしまいます。すぐにお医者さんにみてもらいましたが、キリがささった目は手のほどこしようがありませんでした。さらに悪いことに、右目にもばい菌が入って、まもなく、両目とも見えなくなってしまったのです。

目が見えなくなって、ルイは本を読むことができなくなりましたが、それでも勉強をつづけました。村の牧師さんや学校の先生から、勉強を教えてもらいました。自分が知らないことを学ぶのは、とても楽しかったのです。ルイは世界のふしぎに驚き、もっといろいろなことを知りたいと思うようになりました。そして、家族にたのんで本を読んでもらって、どんどん知識を吸収していきました。

そのようすを見ていた学校の先生が、ルイを、パリの盲学校(目が不自由な子どもが学ぶ学校)に推薦してくれることになったのです。

ルイは十歳のとき、寮に入って、盲学校で勉強することになりました。家を出るのはとても心細かったけれど、勉強をしなければ、小さな世界で、いろいろな人に守られて生きていくしかないのだと、ルイにはわかっていたのです。勉強をすれば、世界はきっとひらけていくと、信じていたのです。

そうしてルイは盲学校に入り、勉強にはげみました。盲学校の教科書には、「うきだし文字」が使われていました。指でもりあがった文字をたどって、その形を読みとるのです。でも、文字の形を指で読みとるのは時間がかかります。

軍隊で使う夜間文字というものもありました。紙に、棒で点や線のあとをつけて、ことばや文章をあらわすのですが、種類が多くて、とても複雑でした。

もっとかんたんに、速く、読めたらどんなにいいだろう。ルイはずっとなにかいい方法はないだろうかと考えていました。そして、一生けんめい考えているうちに、六個の点の組みあわせで、アルファベットを全部あらわす方法を思いついたのです。

こうして、点字はできあがりました。それは、ルイ本人だけでなく、目が不自由なすべての人たちの世界をいっきに広げることに役立ったのです。

知っ得ポイント

日本も最初アルファベットの点字を使っていましたが、その後、ひらがなの点字がつくられました。

太陽

地球の生き物の命をささえている星

地球にいちばん近い恒星

太陽は、わたしたちの地球にいちばん近い恒星です。恒星というのは、自分で光り輝いている星です。夜、空を見あげたとき、きらきら輝いている星のほとんどは恒星です。地球をはじめとした惑星は、岩石や金属、またはガスのかたまりでできていますが、恒星は、とても熱いガスでできていて、そのガスが爆発して輝いているのです。

太陽もガスでできています。４分の３が水素で、あとはヘリウムなどです。水素の原子と原子が太陽の内側でぶつかって、別の原子ができる（核融合といいます）とき、すさまじいエネルギーを出します。そのエネルギーが表面に伝わって、熱と光がはなたれるのです。

太陽は、46億年前に生まれました。恒星の寿命は、どれだけの量のガスでできているかにかかっています。ガスを核融合で使いはたしてしまったら、温度がさがり、ゆっくりと死をむかえるか、大きな爆発をおこします。太陽の寿命は、あと50億年くらいと考えられています。

太陽のいろいろ

太陽の直径はだいたい１４０万キロメートル、地球の１０９倍です。体積は地球の１３０万倍です。太陽の中に、地球が１３０万個入るのです。

夏、日なたにいると、とても暑いし、あっというまに日焼けしますよね。太陽から、地球はおよそ１億５０００万キロメートルはなれています。遠くはなれた地球でもそんなに影響があるのですから、太陽自体の熱はどれだけあるのでしょう。

太陽の中心の温度はなんと１６００万度もあるのです。表面は６０００度ですが、表面のまわりにあるコロナとよばれるガスの部分は１００万度もあります。ちょっと想像できない熱さですね。

太陽の光は、地球までおよそ８分でとどきます。でも、太陽の中心ではなたれた光が、太陽の表面にたどりつくには、１００万年かかるといわれています。ですから、今、わたしたちがあびている日光は、１００万年前にはなたれた光なのです。

知っ得ポイント

「大」に「・」がつくと、「大よりもっと大きい」という意味。だから太陽には「太」の字が使われているのです。

国語

ピノキオの冒険

カルロ・コッローディ

わがままなピノキオも おじいさんが大好きだったのです

　昔々、イタリアの小さな町で人形づくりをしていたおじいさんが、ことばをしゃべる魔法の木を手にいれました。おじいさんは前から、人間みたいなあやつり人形をつくりたいと思っていたので、さっそくその木で人形をつくりました。すると、できた人形はまるで人間の子どものように、歩いたり、しゃべったりできたのです。おじいさんはとても喜んで、人形にピノキオという名前をつけて、自分の子どものようにかわいがりました。

　ところが、このピノキオはわがままでなまけんぼう。働くことも、勉強もしないで、いたずらばかりしておじいさんを困らせました。

　ある日、お客さんから人形の代金をもらったピノキオは、きつねにだまされてお金をまきあげられ、木につるされてしまいます。動けずにいるピノキオの前に、森の妖精があらわれました。

「おじいさんのだいじなお金はどうしたのですか？」

「え……と、なくしちゃったんだ」

　ピノキオがだまされたといえなくて、うそをつくと、鼻が少しのびました。そのあとも、鼻は、ピノキオがうそをつくたび、のびました。

「これからは、うそをつくと、そうやって鼻がのびますよ。でも、いい子にしていたら、ほんとうの人間にしてあげましょう」

「いい子って、どうすればいいの？」

「しっかり働くのです。そしてなにより、おじいさんを大切にしなさい」

　ピノキオはいい子になる約束をしました。ところが、ある日、友だちにさそわれるまま、おもちゃの国にいってしまいます。そしてそこで、何日も遊びつづけたのです。

　約束をやぶった罰として、ピノキオは海にしずめられ、サメに飲みこまれました。サメのおなかに入ったピノキオは驚きました。そこに、おじいさんがいたのです。何日も帰ってこないピノキオを心配して、あちこちさがしまわっているときに、サメに飲まれてしまったのです。

　二人は力をあわせてサメのおなかから逃げだしました。ところが、今度は、おじいさんが病気になってしまいました。ピノキオはくる日もくる日も、夜も眠らずに看病しました。おじいさんをうしなってしまうかもしれないと思ったとき。はじめて、おじいさんがどんなに大切な人なのかがわかったのです。ピノキオが必死に看病したおかげで、おじいさんは元気になりました。

　そんなある夜のこと、夢の中にあの森の妖精が出てきていいました。

「今までしてきた悪いことは、全部ゆるしてあげましょう。そして、わたしから、ごほうびをあげましょう」

　次の日、目をさますと、ピノキオは人間の子どもになっていました。それからは、おじいさんを手伝って、幸せにくらしたということです。

知っ得ポイント

ピノキオの「ピノ」には松という意味があります。木から生まれた男の子という意味の名前なのですね。

初もうでや鏡びらきとならぶ、
お正月の風物詩

七草がゆ

七草がゆということばをきいたことがある人は多いでしょう。毎年食べているよという人もたくさんいるかもしれませんね。七草がゆとは、文字どおり、七つの種類の草が入ったおかゆのことです。

七草がゆは、無病息災（病気をしないで、元気にくらせること）を願って、一月七日に食べます。この風習は、奈良時代に中国から伝わってきて、江戸時代には全国に広まったといわれています。

では、七草というのは、どんな植物のことなのでしょう？　ここでいう七草とは、春の七草として知られている「セリ・ナズナ・ゴギョウ・ハコベラ・ホトケノザ・スズナ・スズシロ」のことです。きいたことのない名前もありますか？　ゴギョウは今でいうハハコグサ、ハコベラはハコベ、スズナはカブ、スズシロはダイコンのことです。この春の七草は、早春のころ一早く芽を出すことから、邪気をはらうと考えられていたのです。いわば、おまじないのようなものですね。

七草がゆはおなかにとてもやさしく、消化もいいので、お正月にごちそうをたらふく食べたあとの胃を休ませてあげるには、もってこいの食べ物なのですよ。

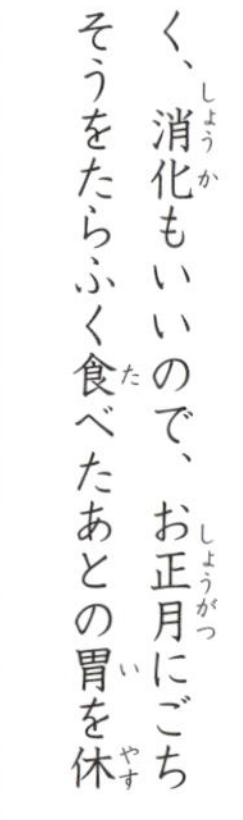

■七草がゆのレシピ（4人分）

［材料］

お米	1合
水	1リットル
七草	お店で売っているパック1つ
塩	ひとつまみ

［おかゆのつくり方］

1. お米はといで、水を切る。
2. なべ（土なべがあると、なおよい）に水と米をいれてふたをし、強火にかける。ふっとうしたら、弱火にして、ぐつぐつ30～40分。
3. そのあいだに、七草の下ごしらえをする。ダイコンとカブは葉の部分をとり、うすぎりにして、お湯で2～3分ゆでる。葉の部分は、ほかの七草といっしょに、さっとお湯でゆで、水気をしぼって、食べやすい大きさに切る。
4. おかゆができたら、塩をひとつまみと七草をいれてまぜて、できあがり。

＊七草の下ごしらえをしないときは、食べやすい大きさに切って、おかゆがたきあがる5分くらい前になべにいれて煮ればOK。

セリ
ナズナ
ゴギョウ
ハコベラ
ホトケノザ

知っ得ポイント

秋の七草は、「ハギ、キキョウ、クズ、フジバカマ、オミナエシ、オバナ（ススキ）、ナデシコ」です。

国旗

色とりどりの旗は、国の誇りでもあるのです

国のシンボル

世界じゅうの国は、それぞれ国のシンボルになる旗を決めています。旗は、その国がだいじにしているものや、理想としているもの、その国のなりたちなどを、色やかんたんなマークであらわしています。

たとえば、日本の国旗の日の丸。日本ははるかな昔から太陽を神聖なものとして考えていました。国の名前も、「日の出づるところ→日の本」からきています。ですから、まんなかに太陽をおいたデザインになっているのです。

アメリカの国旗は、星条旗とよばれています。13本ある横線は、独立したときの州の数を、50ある星は現在の州の数をあらわしています。

日本

アメリカ

よく使われる色・マーク

国旗にはよく使われる色やマークがあります。

いちばんよく使われている色は赤です。赤い色がなにをあらわしているかは、国によってちがうのですが、日本と同じ太陽や、勇気、情熱、国民などをあらわします。

ほかに多い色は、青や緑、白です。青は海や川、空、自由などをあらわし、緑は国土や豊かな自然などをあらわしています。また、緑はイスラム教の色でもあります。白は平和や友情、希望などをあらわします。

緑と黄色、赤の3色の組みあわせは、「アフリカの色」として、アフリカの国々の国旗によく使われています。

アフリカの色

マークでいちばん多いのは星です。星はイスラム教や共産主義のしるしですし、自由をあらわしています。ほかに王家をあらわす盾や、キリスト教のシンボルの十字、イスラム教のシンボルの三日月などもよく使われています。

同じような色やマークが使われるので、とても似ている国旗もあります。たとえば、インドネシアとモナコとポーランドです。インドネシアとモナコの国旗は、たてと横の比率がちがうだけで、色とデザインはいっしょです。そして、ポーランドはインドネシアやモナコと、上下の色が逆です。ほかにも似ている国旗はたくさんあるので、調べてみると面白いですよ。

インドネシア

モナコ

ポーランド

知っ得ポイント

四角い国旗のたてと横の比率はばらばらですが。国連やオリンピックなどではたて2：横3に統一されています。

馬頭琴の美しい調べにかくされた
悲しいおはなし

スーホの白馬

モンゴルの昔話

1月9日のおはなし

　みなさんは馬頭琴という楽器を知っていますか？　馬の頭が柄のはしにほられている、ギターのような楽器です。馬頭琴の誕生には、悲しい物語があるのです。

　モンゴルの大草原に、スーホという少年がおばあさんと二人でくらしていました。スーホの仕事は羊の世話。とても貧しかったけれど、おばあさんを助けながら、一生けんめい働いていました。

　ある日、スーホは生まれたての白い子馬が草原に倒れているのを見つけ、うちにつれてかえりました。スーホがだいじに育てたので、白馬はだれもが見とれるようなりっぱな馬になりました。スーホと白馬はどこへいくにもいっしょでした。

　ある春のこと、王さまが馬の速さを競う大会をひらくことになりました。一等になったものは、なんとお姫さまと結婚できるというのです。友だちにすすめられて、スーホも大会に出ることになりました。

　さて、大会の日、うしろの馬を大きく引きはなして先頭を走ってくるのは――スーホをのせた白馬です！

　スーホはさっそく、王さまの前につれていかれました。ところが、スーホの貧しい身なりを見た王さまは、お姫さまと結婚させるという約束をあっさりやぶり、銀貨を三枚なげつけたのです。

「おまえにはこれでじゅうぶんだ。その馬をおいて、さっさと帰れ！」

「馬を売るつもりはありません」

　スーホがことわると、おこった王さまは家来に命令してスーホをたたきのめし、白馬をとりあげてしまいました。

　みごとな馬を手にいれてうれしくてしかたない王さまは、そのうち馬に乗ってみたくなりました。ところが、馬にまたがろうとしたそのとき、白馬が急に立ちあがり、大きくはねたのです。地面にたたきつけられ、王さまはかんかんです。

「あんな馬、殺してしまえ！」

　家来たちのはなつ矢が馬に次々とささります。白馬は何本も矢をさしたまま、走って逃げていきました。

　スーホが白馬のことを思いながら眠りにつこうとしていると、外から物音がきこえました。ふしぎに思い、戸をあけてみると、血だらけの白馬がいるではありませんか！　白馬はひどい傷を負い、ふらふらになりながらも、大好きなスーホのもとへ帰ってきたのです。スーホは一本一本、矢をぬいて、必死に看病しましたが、よく朝、白馬は息たえました。

　スーホは悲しみに打ちひしがれました。そんなある夜、夢の中に白馬があらわれました。

「私の皮や骨、毛を使って、楽器をつくってください。そうすれば、これからずっといっしょにいられます」

　スーホはさっそくいわれたとおり、楽器をつくりました。これが馬頭琴です。その美しく切ない調べは、少年と白馬の愛情と絆を感じさせてくれるはずです。

知っ得ポイント

モンゴルではモリン・ホール（馬の楽器）とよばれる馬頭琴は、大地のようにあたたかい音を出す楽器です。

世界の時間

日本が朝だと、アメリカは夜？

時間が移動する？

外国のサッカーの試合をテレビで見るとき、時間が夜中だったりして、困ったことはありませんか？　ドイツで夜の7時から始まる試合を日本で見ようとすると、はじまりは夜中の2時。これは、日本とドイツのあいだに時差（場所によって時間がちがうこと）があるからです。

地球が自転しているのは知っていますね。太陽のほうをむいている地球のかた側は昼ですが、反対側は夜です。太陽の光があたっている地域は、地球の自転にあわせてどんどん西へ移動していくので、朝もどんどん西に移動していきます。

ですから、日本から西へむかうと、早い時間にもどっていくのです。ドイツは日本から西へむかって、地球を4分の1くらいいった位置にあるので、その分、日本より早い時刻になるのです。

世界標準時

時間は昔、それぞれの国や地域で、勝手に決められていました。でも、国どうしの行き来がたくさんおこなわれるようになると、ばらばらの時間では都合が悪いことが出てきたので、基準になる時間が決められることになったのです。

今、世界の時間は、イギリスにあるグリニッジ天文台を通る経度（北極と南極をむすぶたての線）0度の線を基準にして、決められています。ここを基準にして、経度を15度進むごとに、1時間、時間がずれていくことに決められたのです。

どうして15度なのでしょう？　地球は1日かけて自転していますね。つまり、24時間かけて、360度まわっているのです。だから、360度を24でわって、1時間に15度となったわけです。

今、世界は、24の時間帯にわけられています。そして、時間の基準になっているグリニッジ天文台のちょうどまうら——経度180度のところに、日付変更線があります。線といっても、じっさいに線が引かれているわけではありません。この想像上の線を西から東にまたぐと、日付が1日、進むのです。

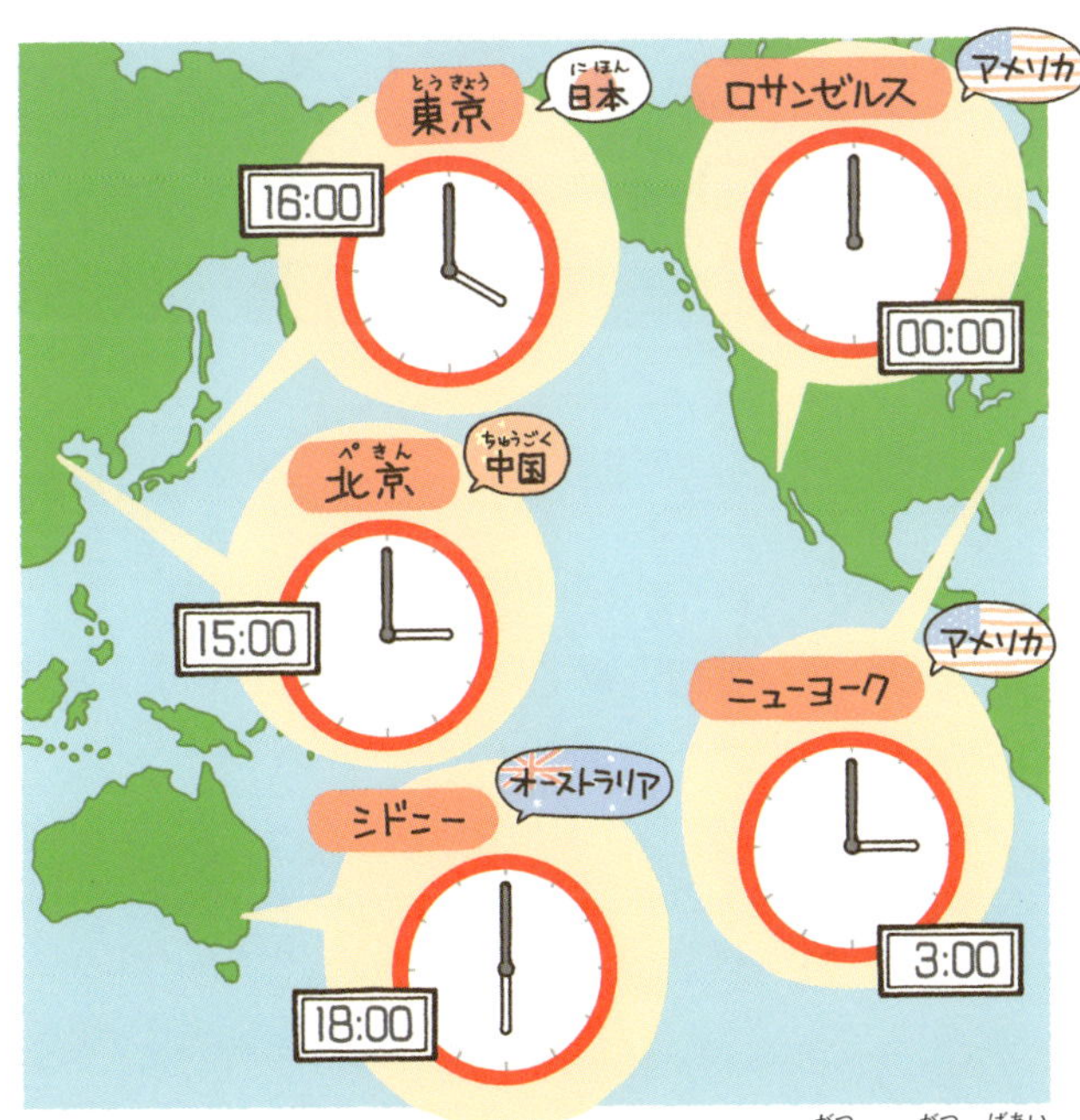

※3月～10月の場合

知っ得ポイント

経度はイギリスが強かった時代に決められたので、イギリスを通る線が0度になったのです。

いろいろな数字

算数

人間は昔から、数字を使っていたんですね

今、日本でよく使われているのはアラビア数字と漢数字。

アラビア数字というのは、0、1、2、3、4、5、6、7、8、9の10個の数字のこと。たった10個の数字で、あらゆる数をあらわせるから、とても便利です。アラビア数字は、インドで生まれて、アラビアを通って、ヨーロッパに伝わりました。今ではほとんど世界じゅうで使われています。

漢数字は、一、二、三、四、五、六、七、八、九の数字と、十や百、千という単位をあわせて使います。中国で生まれた数字です。

壱、弐、参……という字も、日本では数字として使うことがあります。これは大字といって、戸籍やご祝儀袋など、ちゃんとした文書を書くとき、ほかの数字とまちがえないように、漢数字のかわりに使うのです。

数字には、ほかにもたくさんあります。たとえば、エジプト数字は、今から5000年以上前に、エジプトで生まれた数字。ものの形からつくられていて、一の位は棒、十の位は家畜の足かせ、百の位はロープ、千の位ははすの花、万の位は指をかたどっています。

●エジプト数字

今から4000年ぐらい前のバビロニア（今のイランのあたり）では、くさび形の数字を使っていました。

●バビロニア数字

昔のギリシャでは、ギリシャ文字の小文字のアルファベットを使って、数字をあらわしていました。この数字は今もギリシャで使われることがあります。

●ギリシャ数字

古代のローマでは、ローマ文字の大文字を数字にあてはめて使っていました。この数字は今でもヨーロッパで使われていますし、日本でも時計の文字盤などで見かけることがありますね。

●ローマ数字

知っ得ポイント

漢数字の0は〇（アラビア数字と少し形がちがいます）と書きます。「零」というのは、大字なのです。

国語

走れメロス

太宰治

メロスは人一倍、正義感が強い若者でした

その朝、メロスは村をたち、はるばるシラクスという町にやってきました。メロスは妹と二人ぐらしでしたが、その妹が結婚することになり、結婚式に必要なものを買いに、町までやってきたのです。用事をすませたメロスは、幼なじみのセリヌンティウスをたずねることにしました。

町を歩いていると、やけに暗くて静かなことが気になりました。通りすがりのおじいさんに理由をたずねたところ、「王さまは人を殺します」というではありませんか。王さまは人を信じられず、気にさわるとすぐに殺してしまうというのです。

そんなひどい王さまは生かしておけないと思ったメロスは、城にいきますが、すぐつかまってしまいます。

人の心を疑うということは、とてもはずかしいおこないだと、メロスはうったえますが、王さまはきく耳をもちません。メロスははりつけの刑にかけられることになりました。

そこでメロスは、三日だけ時間をくれとたのみます。愛する妹の結婚式をなんとかやりとげたかったからです。

「私は必ず三日目の日ぐれまでに帰ってきます。三日後に帰ってこなかったら、友人のセリヌンティウスをかわりに殺してください」

王さまの前につれてこられたセリヌンティウスは事情をきくと、だまってうなずきました。

メロスはひと晩走りつづけて村にもどり、一日で結婚式の準備をして、次の日式をとりおこない、三日目の朝、つかれた体にむちを打って、町にむかって走りだしました。

野をかけ、豪雨のせいでごうごうと流れる川を泳いでわたり、王さまの命令でおそいかかってきた山ぞくから逃げきり、ひたすら走りました。

しかし、ついにつかれきって、体が動かなくなってしまいます。

もうじゅうぶんだ、私はがんばった——草原に横になったメロスはあきらめて、目をとじました。

ふと水の流れる音がきこえて、メロスははっとしました。おきあがって水をひと口飲んだら、自分はやりとげられるはずだという希望がわいてきました。だいじょうぶ、歩ける。私を待っている人のために。走れ!

太陽が地平線に消えようとしたとき、メロスは刑場に走りこみました。

「待て! その人を殺してはならぬ」

かすれた声でさけびながら、セリヌンティウスのもとへかけよります。

「セリヌンティウス、私をなぐれ。私は途中で一度あきらめかけた」

「メロス、私をなぐれ。私はたった一度だけ、ちらと君を疑った」

二人はたがいをそれぞれなぐると、ひしとだきあいました。王さまは静かに二人に近づくと、顔を赤らめてこういいました。

「おまえたちはわしの心に勝った。どうかわしもなかまにいれてほしい」

群衆は声をあげて喜んだのでした。

知っ得ポイント

原文の最初は「メロスは激怒した。」という文章で始まります。この書き出しはたいへん有名なんですよ。

マラソンのはじまり

保健体育

**オリンピックの花形種目
マラソンの誕生秘話は有名です**

マラソンの誕生

マラソン誕生のきっかけは、今からおよそ2500年前。当時、ペルシア帝国とギリシャは戦争をしていました。とても大きな国だったペルシアが、ギリシャも自分のものにしようと、攻撃をしかけていたのです。

その戦争のさいちゅう、ペルシア軍は、ギリシャのマラトンという場所にせめいりました。兵士の数もペルシアが有利。ギリシャが負けるだろうと思われていたのですが、むかえうったギリシャ軍はなんと、捨て身の戦いぶりで勝つことができたのです。

そのニュースを、少しでも早くギリシャの大都市アテネの人たちに知らせようと、1人の若い兵士がアテネにむかって走りだしました。マラトンからアテネまでの距離はおよそ37キロメートル。休むことなく走りつづけた兵士は、アテネにつくと「喜べ、勝った」とだけいいのこして、息たえたといわれています。

この伝説を記念して、1896年にアテネでひらかれた第1回オリンピックで、マラソンが競技種目になったのです。

どうしてそんな距離？

今までの説明を読んで、あれ？　マラソンの距離って、37キロだっけ？と思った人がいるかもしれません。そう、今のマラソンの距離は42・195キロと決まっています。

マラソンの距離は最初のころのオリンピックでは、だいたい25マイル（約40キロ）でした。それが42・195キロになったのは、ロンドンでおこなわれた第4回オリンピックがきっかけでした。

ロンドンのオリンピックで、最初に決まっていたコースに、女王さまが文句をいって、スタート地点とゴール地点を変えさせたのです。

結局、そのときのコースは、女王の子どもたちが見学できるように、ロンドン郊外の女王のお城の庭からスタートし、ゴールはスタジアムのロイヤルボックス——女王の席の目の前になりました。そのときの距離が、42・195キロ。

この距離が、その後の第8回パリ・オリンピックから、マラソンの正式な距離として決められたのです。わがままな女王さまがいなかったら、きっとマラソンの距離はちがっていたことでしょう。

知っ得ポイント

今までの最速記録は、ケニアのデニス・キメットが2014年にベルリン大会で出した2時間2分57秒です。

かるた

お正月遊びの定番といえば、やっぱりかるたですね

　みなさんも、かるたで遊んだことはあるでしょう。かるたの札には、読み札と、とり札があります。遊びを始めるときは、まず、とり札を表にむけてならべます。そして、読み手が一枚ずつ読み札を読みあげ、ほかの人たちが、それと対になったとり札をとりあうのです。最後にいちばんたくさん札をとった人が勝ちになります。

　かるたはそんなふうに、札（カード）を使う遊びですが、ただ遊ぶだけでなく、短歌やことわざを学べるゲームでもあるのです。

　大きく分けると、かるた遊びには二種類あります。一つは、百人一首かるたで、もう一つは、いろはかるたです。

　百人一首かるたというのは、百人一首とよばれる百個の短歌を使ったかるたです。短歌というのは、三十一文字でつくられた歌のこと。とり札には、そのおしまいのほうの十四字が書かれています。ですから、短歌をおぼえておけば、読む人が短歌を読みはじめたとき、すぐにとり札をさがせるのです。

　百人一首かるたの歴史は古く、平安時代におこなわれていた「貝あわせ」という遊びがはじまりだといわれています。貝あわせとは、二枚貝を二つに分けて、一つの貝のかたわれをさがす遊びで、そのうち、貴族たちが貝に歌や絵をかいて遊ぶようになりました。今のように札を使って遊ぶようになったのは、江戸時代に入ってからです。

　いろはかるたというのは、小さな子でも、ひらがなさえ読めれば遊べるかるたです。読み札には、ひらがな四十七文字のそれぞれから始まることわざが書かれています。ことわざというのは、昔から伝わる知恵や教えのことです。たとえば、「犬も歩けば棒にあたる」とか「花よりだんご」などです。

　とり札のほうには、文章のいちばんはじめのひらがな一文字（たとえば「い」という字）と、文章にあった絵がかかれているのです。いろはかるたの歴史は浅く、江戸時代の終わりころ始まったといわれています。

知っ得ポイント

「かるた」ということばは、じつはポルトガル語で、「カード」という意味です。

動物のことばがわかったら……
人間の夢をかなえた物語

きき耳ずきん

日本の昔話

昔、一人の若者が海辺を歩いていたときのこと。タイが一ぴき、浜に打ちあげられて、バタバタもがいて苦しんでいました。若者はタイを助けて、海にはなしてやりました。

しばらく浜辺をぶらぶらしたあとで、若者は家にもどることにしました。そのとき、うしろからだれかが話しかけてきました。ふりかえると、なんと、海にうかんでいるクラゲがしゃべっています。

「今あなたが助けてくれたタイは、竜宮のお姫さまだったのです。王さまがお礼をしたいといっていますので、竜宮まできてください」

若者は驚きましたが、面白そうなので、クラゲに乗って、竜宮にむかいました。途中で、クラゲがいいました。

「お礼になにがほしいときかれたら、〈きき耳ずきん〉がほしいとお答えなさい。動物や草花のことばがわかるずきんです。きっと役に立ちますよ」

若者は竜宮でたいそうなもてなしをうけました。そして帰りぎわ、「なにかほしいものはないか」ときかれました。

クラゲにいわれたとおり、「きき耳ずきんがほしい」と答えると、王さまはちょっと困った顔をしましたが、お姫さまの命の恩人の願いはことわれないと、ずきんを若者にくれました。

陸にもどった若者は、さっそくずきんをかぶりました。すると、木の上から、すずめたちのおしゃべりがきこえてきました。

「人間って、ほんとうにばかよね」

「ほんとよね。あの川のまんなかにある石が金のかたまりだって気づかないで、みんなふんづけてるんだから」

まさか、と思いながら若者が石を調べてみると、なんと、たしかにその石は金のかたまりだったのです。

今度は、もっと大きな声がきこえてきました。家の屋根にとまっていたカラスです。

「お城のお姫さまが病気らしいね」

「ああ。あれはね、お城の屋根を直したときに、大工がまちがってヘビを柱にしばりつけちゃってね、そのヘビの呪いなのさ。ヘビをはなしてやったら、すぐによくなるのにねえ」

若者はすぐにお城にいって、お姫さまの病気の原因は、屋根の柱にしばりつけられたヘビだと教えてやりました。

お城の屋根を調べてみると、たしかに死にかけたヘビがしばりつけられていました。ヘビをはなしてやると、お姫さまはみるみるうちに元気になりました。

お城の殿さまはたいそう喜んで、若者をお姫さまのむこにむかえました。若者はそれからお城でずっと幸せにくらしたということです。

知っ得ポイント

動物のことばをわかる人間が登場する物語はたくさんあります。『ドリトル先生』シリーズはとても有名ですね。

社会

日本地図のはじまり

日本の複雑な形を、どうやって地図にしたのでしょう

1月16日のおはなし

地図づくりの計画

日本全国の正確な地図ができたのは、江戸時代の終わりごろだといわれています。地域ごとの位置がわかるような地図は昔からありましたし、江戸時代に入ってまもなく、幕府が支配している地域の地図はつくられていましたが、じっさいにはかってつくったものではありませんでした。そのため、正確な地図というものは、なかったのです。

正確な地図をつくろうという計画がもちあがったのは、1800年ごろ。そのとき、幕府は正しい暦をつくろうとしていました。正しい暦をつくるために、地球の大きさや日本の正しい緯度や経度を知る必要があったのです。

正確な地図をつくるためには、日本じゅうを測量してまわらなければいけません。その測量の仕事をかってでたのが、天文学を勉強していた伊能忠敬という人です。

歩いて歩いて歩きつづける

伊能忠敬は、まず、北海道の地図をつくることにしました。北海道にむけて旅だったときの伊能忠敬の年齢はなんと55歳。もともと伊能忠敬は商人で、50歳で仕事を引退したあと、天文学を学びはじめたのです。55歳で歩いて全国をまわろうというのですから、驚きますね。

北海道をはかってまわり、江戸にもどったのは、半年後でした。そのあとは、伊豆、東北の太平洋側、東北の日本海側、東海、北陸、近畿、中国、四国、九州と、順にまわっていきました。測量の旅は10回におよび、長いときは2年近くも旅に出ていました。最後に測量したのは伊能忠敬が71歳のときです(それは江戸の町の測量でした)。

長い時間をかけた測量が終わると、ようやく日本全国の地図づくりにとりかかりました。けれど、そのあいだに伊能忠敬は具合が悪くなり、地図の完成を見る前に、73歳で亡くなります。その後、弟子たちがあとを引きつぎ、地図は伊能忠敬が死んでから3年後に完成しました。地図の製作にかかった時間はおよそ20年。とほうもない長い時間がかかりましたが、ついに、日本という国の正確な姿が明らかになったのです。

知っ得ポイント

伊能忠敬が歩いた距離はおよそ4万キロメートル。地球を1周したのと同じ距離です。

ヴォルフガング・アマデウス・モーツァルト

（1756～1791年　オーストリア）

あふれる才能で、大きな花をさかせてちった作曲家

音楽

1月17日のおはなし

天才少年

モーツァルトはまだ小さなころから、てってい的な音楽教育をうけていました。モーツァルトのお父さんも音楽家だったのですが、そのお父さんが息子の才能に気づき、早くから教育をうけさせたのです。

モーツァルトはすぐに、天才少年だとさわがれるようになりました。なにしろ、5歳でメヌエット、8歳のときには交響曲を作曲していたのです。演奏もとても上手だったので、6歳のころからピアニストとして、お父さんといっしょに、ヨーロッパのあちこちに演奏旅行にいっていました。

当時はお金持ちにスポンサーになってもらい、お金をもらって曲をつくったり、演奏したりするのがふつうでした。ですから、モーツァルトは、スポンサーをさがすために旅してまわっていたのです。よその国で、すばらしい音楽にふれる機会も多く、小さな少年にはいい勉強にもなりました。

そんな旅の途中の有名なエピソードがあります。オーストリアにいって、女王さまの前で演奏したときのこと。モーツァルトはころんでしまい、助けおこしてくれた王女さまに「大きくなったらお嫁さんにしてあげる」といったことがありました。なんと、その王女さまは、のちにフランス王妃になったマリー・アントワネットだったのです。

やんちゃな一面も

天才ピアニストとしても有名だったモーツァルトですが、もっともすばらしい才能を見せたのは、作曲でした。「トルコ行進曲」や「アイネ・クライネ・ナハトムジーク」はとても有名なので、みなさんもきいたことがあるでしょう。モーツァルトがつくった曲は900曲以上もあるのです。

アイデアが次々とわいてきて、交響曲もあっというまに書きあげていたそうです。モーツァルトの曲をきくと、曲のようすがころころ変わって、アイデアがあふれていたことがうかがえます。

そんなモーツァルトですが、冗談も大好きでした。とくに下品な冗談が好きで、「おれのおしりをなめろ」という歌までつくったことがあるのですよ。

モーツァルトは35歳という若さでこの世を去りました。亡くなる前は、生活も苦しく、たくさんの借金をかかえていました。お金がたくさんもらえる仕事が少なくなったのに、派手にお金を使ってしまっていたからです。最後は、病気にかかり、高熱の中で亡くなりました。モーツァルトの最後は幸せとはいえないものでしたが、彼のつくる音楽は、楽しさと幸せにあふれていたのです。

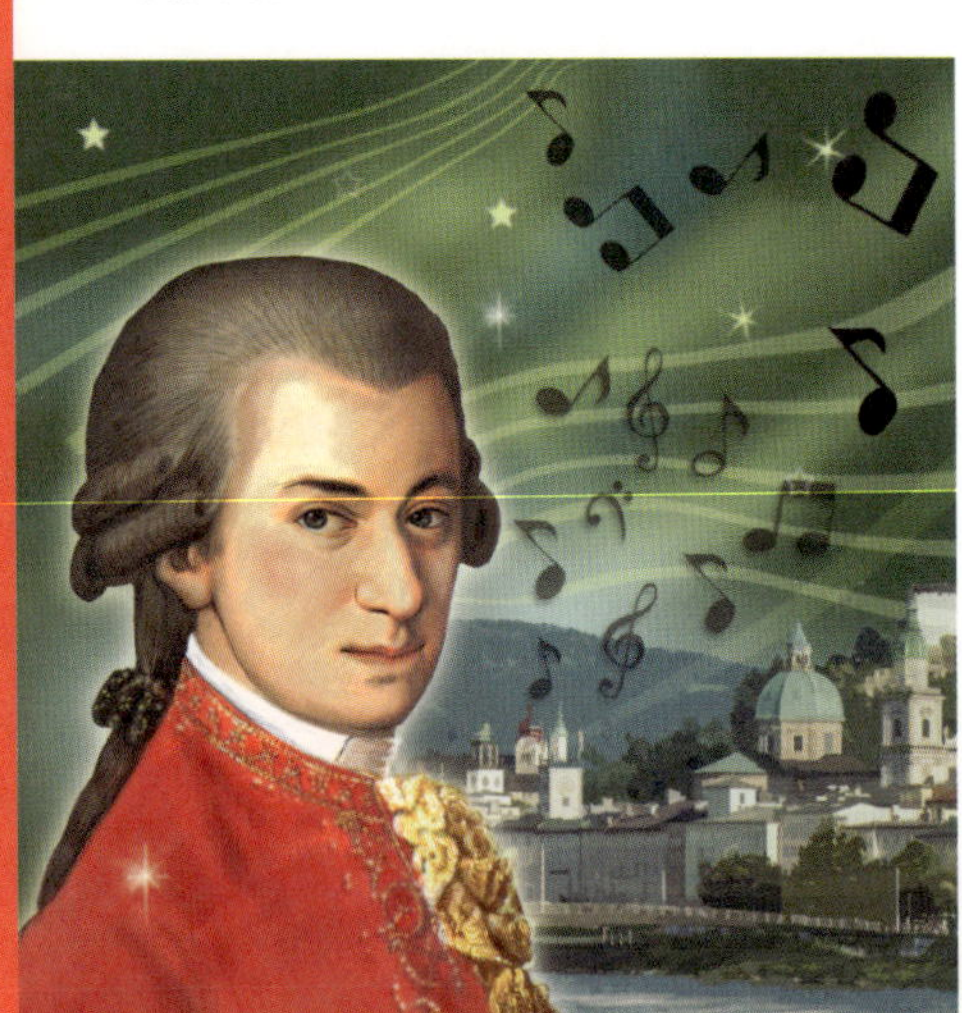

知っ得ポイント

モーツァルトの死の原因にはいろいろうわさがあります。中には、同じ音楽家に毒殺されたという説も。

国語

盆山

狂言

魚のタイって、どんなふうに鳴くの？

昔、盆山という、お盆の上に箱庭をつくったようなものがはやったことがありました。これはそのころのおはなしです。

　ある夜、一人の男が、ぶつぶつ文句をいいながら、大きな屋敷の中をうかがっておりました。

「あんなにたくさん盆山をもっているくせに、わたしがいくらほしいとたのんでも、一つもくれないとは、なんとケチなやつじゃ。今日は、ひそかにしのびいって、一つか二つ、とってきてやろう。

　ほら、この垣根をやぶれば、庭に入れそうだ。こんなこともあろうかと、のこぎりをもってきたのだ」

ずか。ずか、ずか、ずか、ずか。

ずか。ずか、ずか、ずか、ずか。

男は垣根を切ると、切れ目に手をかけて、引きさきました。

めり。めり。めりめりめりめり。

　あまりに大きな音が出たので、男は耳をふさぎました。

「これはまずい。屋敷のものにきかれてしまったのではないか」

　だが、人の声もしないし、さわぐようすもないところを見ると、だいじょうぶだったか」

　男は垣根をこえて、庭に入っていきました。庭にはたくさんの盆山がならべられていました。

「おお、どれもみごとじゃ。これにしようか。いや、こちらにしようか」

　すると、屋敷の主人が刀を手に

「泥棒が入ったぞ！」

と、かけつけてくるではありませんか。男は盆山のかげにかくれました。

　ところが、盆山なんて小さいものですから、主人からは丸見えです。

「ふふん、あれでかくれたつもりか。あいつは前から、盆山をくれとしつこかったやつだな。よし、ここはからかってやろう」

　主人は男にきこえるように

「おや、泥棒かと思ったら、あそこにいるのは人ではないな」

「やれやれ、よかった。わたしだとばれてはいないようだ」

　男はほっとひと安心。

「あれは犬だな。犬ならきっと、人間の声をきいて、ほえかかってくるだろうな」

　それをきいた男は、犬のふりをしてほえました。

「びょう。びょうびょうびょう」

「おや、犬かと思ったら、ちがったようだ。さるだったか。さるなら、さるらしい鳴き声がきこえるだろう」

　男がさるの鳴き声をまねします。

「きゃあきゃあきゃあきゃあ」

「ほう、さるかと思ったら、ちがった。タイだったか。次はきっとタイらしい鳴き声がきこえてくるにちがいない」

　男はもちろん、タイの鳴き声などきいたことがありません。こうなったら、やぶれかぶれです。

「たいたい。たいたい。たいたい」

　男はほうほうのていで逃げていきましたとさ。

知っ得ポイント

狂言は、今からおよそ700年前にできたおしばい。セリフのいいまわしがとても独特で面白いのです。

天気のうつりかわり

天気のうつりかわりには、ルールがあるみたい？

天気予報を見る

天気はわたしたちのくらしにとても大きな影響があります。だから、テレビのニュースでは必ずといっていいほど天気予報が流されます。天気はとてもだいじな情報なのです。

天気予報を見ると、「晴れ」や「くもり」「雨」などと、天気が発表されますね。天気の区別はどんなふうにしているのでしょうか。

快晴　雲の量が空全体の10パーセントぐらいまでのとき。

晴れ　雲の量が、空全体の20から80パーセントぐらいまでのとき。

くもり　雲の量が空全体の90パーセントぐらいよりたくさんあるとき。

雨　雨がふっているとき

雷雨　雷が鳴ったり、いな光りがするとき。

※パーセントというのは、全体を100と考えたとき、そのうちどれくらいあるかを0〜100の数字であらわしたものです。

天気予報では、朝や、夜、午前や午後など、時間帯による天気も発表されます。天気は時間ごとにうつりかわっていくからです。

天気が移動する？

天気予報では、「天気は西からくだり坂です」などとよくいわれます。これは、西のほうから天気が悪くなるという意味なのですが、どうして、いつも「西から」なのでしょう？

日本では、天気はたいてい、西から東にうつりかわっていきます。これは、日本の空の上のほうで、西から東へ流れる風（偏西風といいます）がふいているからなのです。この風は上空5000メートル以上のところでふいているので、地上では感じることができません。地上では北風がふいていても、空のとても高いところでは、西から東に風がふいているのです。これは、地球が東むきに回転しているから。地球全体で大気が西へ動いているからです。

この風に乗って、低気圧や高気圧、雲などは、西から東へ移動します。だから、天気は西から東にうつりかわっていくのです。ちなみに、偏西風のスピードはだいたい時速37キロメートルです。この数字を使って計算すれば、雲がどう動くかが予想できるのですね。

知っ得ポイント

台風は南からやってきますが、日本の近くにくると、やっぱり偏西風の影響をうけて、東よりに進みます。

てぶくろを買いに

新美南吉

体のしんまで
こごえてしまいそうな寒い日のこと

寒い寒い冬が、きつねの親子がすむ森へやってきました。

ある朝、巣穴から子どものきつねが外に遊びに出てきました。外では、ゆうべふったまっ白な雪がどっさりつもっていました。

ほら穴へもどってきた子ぎつねは「おかあちゃん、おててが冷たい。おててがちんちんする」といって、ボタン色になった手を母さんぎつねの前にさしだしました。

母さんぎつねは、夜になったら町までいって、坊やのおててにあう毛糸のてぶくろを買ってやろうと思いました。

暗い暗い夜が、森をつつみにやってきました。親子のきつねは巣穴から出ました。

「坊や、おててをかたほうお出し」と母さんぎつねがいいました。

母さんぎつねがしばらくにぎっていると、その手はかわいい人間の子どもの手になりました。

「これは人間の手よ。いいかい、坊や、町へいったら、帽子屋さんの戸をとんとんたたくんだよ。そうすると、中から人間がすこうし戸をあけるからね、その戸のすきまから、こっちの人間の手をいれてね、『この手にちょうどいいてぶくろちょうだい』っていうんだよ。わかったね」

そういって、母さんぎつねは、もってきた白銅貨を、人間の手のほうににぎらせました。子ぎつねは、町の灯を目あてに、雪のふりつもった野原をよちよち歩いていきました。

帽子屋がありました。

子ぎつねがとんとん戸をたたくと、戸がすこうしだけあいて、光の帯が道の白い雪の上に長くのびました。

子ぎつねは光に驚いて、まちがったほうの手をすきまからさしこんでしまいました。

「この手にちょうどいいてぶくろちょうだい」

帽子屋さんは、おやおやと思いました。きつねの手にあうてぶくろをくれだって？ これはきっと木の葉で買いにきたにちがいありません。

「それなら、先にお金をください」

子ぎつねはすなおに、にぎってきた白銅貨を二つ帽子屋さんにわたしました。帽子屋さんがお金をかちあわせてみると、チンチンといい音がしました。本物のお金です。帽子屋さんは子ども用のてぶくろを子ぎつねの手にもたせてやりました。子ぎつねはお礼をいって、もときた道を帰りました。

「おかあちゃん、人間って、ちっともこわかないや。ぼく、まちがえてほんとうのおてて出しちゃったの。でも帽子屋さん、ちゃんとこんなにあたたかいてぶくろくれたもの」

こぎつねはてぶくろのはまった両手をパンパンやってみせました。

母さんぎつねは「まあ」とあきれたあとで、「ほんとうに人間はいいものかしら。ほんとうに人間はいいものかしら」とつぶやきました。

知っ得ポイント

この物語の原典では帽子のことを「シャッポ」といっています。これはフランス語からもってきたことばです。

時間の単位

どうして60や12という数字が基準になっているのでしょうか？

1分は何秒？

みなさんが算数で計算をするとき、数の位は、いくつごとに区切っていますか？

そう、数は10ごとに位を変えますよね。こんなふうに、10ごとに次の位に進むことを、十進法とよびます。世界のほとんどの国で、数字にまつわることは、たいてい十進法が使われています。

ところが、生活に密着した、とてもだいじなところで、十進法ではないルールが使われています。

それは、時間です。1分は60秒。1時間は60分。そして、午前は12時間、午後も12時間。1日は24時間です。分や時間は60という数字が基準になっていて、1日を区切っているのは12という数です。

時間だけ、10で区切られていないので、はじめて時間を習うとき、こんがらがってしまう子が多いのです。では、どうして、時間は十進法ではないルールを使っているのでしょうか。

時間は古代の暦から

時間の単位を決めたのは、古代バビロニア（今のイラクのあたり）の人たちです。今から4000年以上前に、古代バビロニアの人たちは、暦をつくりました。そのとき、十二進法という、12でくりあがるルールをもとにしたのです。だから、1日は24（12×2）時間になりました。では、分や秒はどうでしょう？　分や秒は60で区切っています。つまり、六十進法を使っているわけです。

地球が1周まわると、1日ですね。じっさいは地球がまわっているわけですが、わたしたちが太陽を見ると、東から出て、空のてっぺんを通り、西にしずみ……円を描いて動いています。古代バビロニアの人たちは、1周の角度は360度だということを発見していました。ですから、それをもとに、円を描いている太陽の動きを観測して、どんどん時間を細かくしていって、分や秒という単位を考えだしたのです。

知っ得ポイント

昔の日本では月の動きをもとにしたり、日の出・日の入りをもとにした方法で時間をあらわしていました。

社会

日本の地形の秘密

日本のまんなかに、
大きなわれ目があるんだって!?

かくれた地形

日本の本州のちょうどまんなかには、とても深い溝があります。溝なんて見えないじゃないか、と思う人は多いでしょう。それもそのはず、その溝には岩石がつまっていて、うまっているのです。うまっているだけではなくて、溝の上には、大きな山まであるのです。

深い溝は「フォッサマグナ」とよばれています。フォッサマグナとは、ラテン語で「大きな裂け目」という意味です。

フォッサマグナは、東日本と西日本を分ける境界になっています。では、どこにあるかというと、西のはしは、新潟県の糸魚川と、静岡県の静岡を結ぶ線。東のはしは、うまっているもののせいではっきりとはわからないのですが、だいたい新潟県の柏崎と千葉県を結ぶ線になるのではないかと考えられています。

そのあたりを地図で見てみましょう。焼山、浅間山、八ヶ岳、富士山、箱根山、天城山……と、火山がつらなっています。深い溝は、火山からふきだした溶岩や灰と、岩石や土砂でうもれてしまったのです。

フォッサマグナはいつできたの?

フォッサマグナはいつごろ、どんなふうにできたのでしょうか。

フォッサマグナの外側は、5億5000万年前から6500万年前にできた地層です。そして、内側は、2500万年前より新しい地層です。

日本は、2500万年ほど前からユーラシア大陸の一部が移動してできたといわれています。このとき、日本のまんなかに深い溝ができたのだと考えられるのです。

そして、溝を通って、地球の地下深くからマグマがふきでて、火山がつくられたり、自然に土砂や岩石がつもって、溝をうめていったのです。

では、フォッサマグナの深さはどれくらいあるのでしょうか。地面をほって調査してみたところ、地下6000メートルほっても、まだ古い地層にたどりつかなかったそうです。ということは、溝の深さは6000メートル以上あるということ。わたしたちの足もとにそんなに深い溝があるなんて、驚きますね。

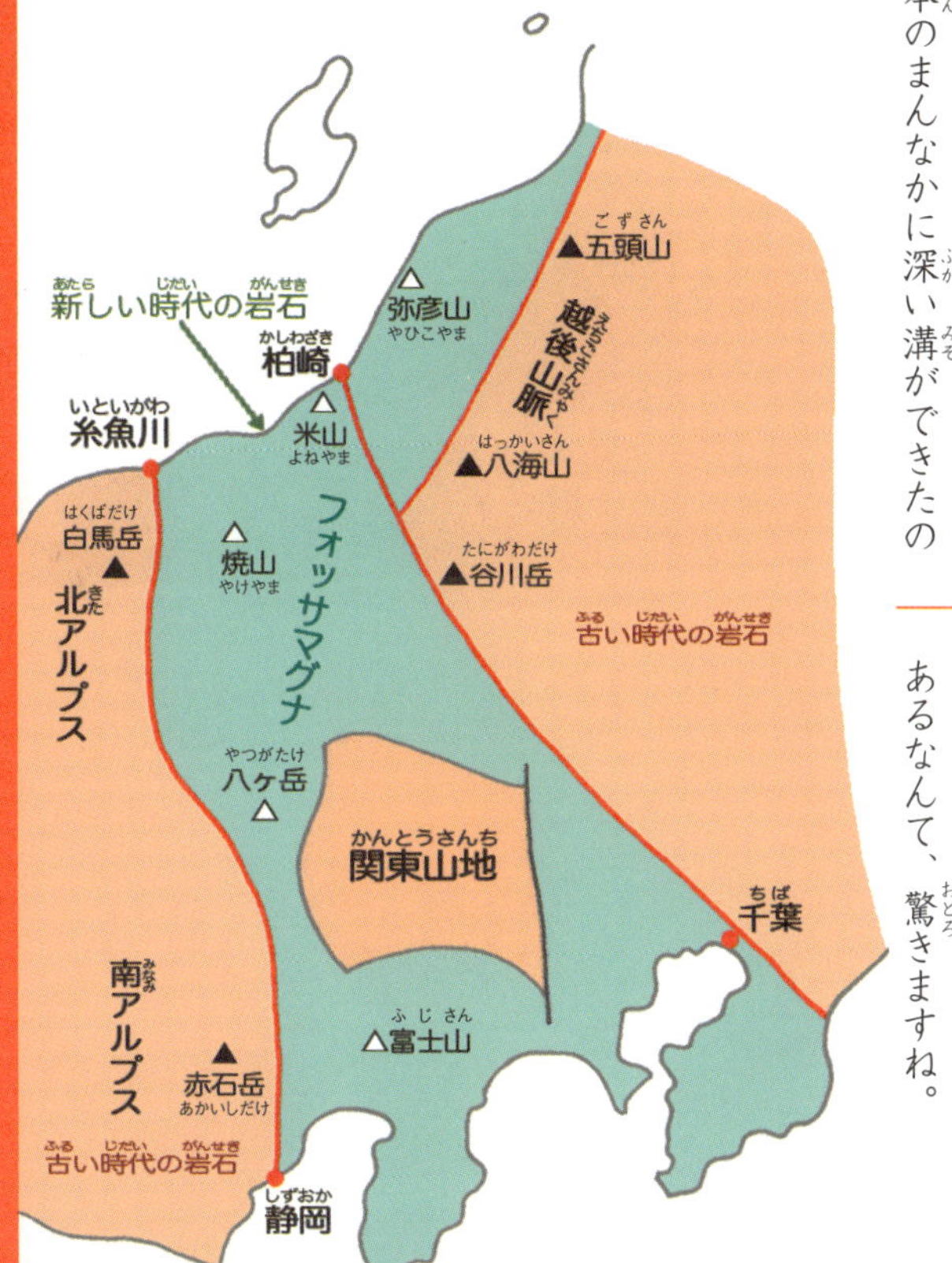

知っ得ポイント

フォッサマグナという名前をつけたのは、ナウマン象の化石を発見したことで有名なナウマン博士です。

多くのユダヤ人を救った日本人

杉原千畝

伝記（1900～1986年　日本）

杉原千畝は、いまからおよそ七十年前、第二次世界大戦が始まる少し前から戦争が終わるまで、リトアニアというヨーロッパの国で領事をつとめていました。領事というのは、外国でくらして、その国にいる日本人を守り、日本との貿易や商売を手助けする外交官です。

杉原千畝が領事として派遣されたとき、ヨーロッパではあちこちで小さな戦いがおこっていました。リトアニアはソ連（今のロシア）とポーランドにはさまれているのですが、そのポーランドは、ドイツに乗っとられていました。ドイツを支配していたのは、ヒトラーという男がリーダーをつとめるナチスという政党です。ヒトラーは、ドイツ人こそが世界でもっともすぐれた人種だと考えていました。人間に優劣をつけ、ユダヤ人や障がいがある人を排除しようとしたのです。ドイツはデンマークやオランダ、ベルギー、フランス、と次々に攻めいっていきました。

リトアニアは、ドイツに支配されるのをふせぐために、ソ連と手を組むことにしました。ソ連兵が続々やってきて、町は重苦しいふんいきにつつまれました。そんなとき、ユダヤ人がたくさん、日本領事館におしかけてきました。ドイツに占領されたポーランドから逃げてきたのです。ナチスにつかまったら、強制収容所に送られて殺されてしまいます。彼らに残されたゆいいつの生きのびる方法は、ソ連を東に横断したあと、日本を経由して太平洋をわたり、アメリカに逃げるというものでした。

小さな子どもの手を引いた人、赤ちゃんをかかえたお母さん――日本を通過していいとみとめるビザ（許可証）を発行してほしいと必死にたのんできます。ビザくらい、すぐに出してあげればいいではないか、と思いますか？　ところが、ことはそうかんたんではありません。そのとき、日本はドイツと同盟をむすんでいたのです。ドイツから逃げてきたユダヤ人を助ければ、ドイツにはむかい、日本政府の決めたことに反することになります。

でも、この人たちを助けてあげたい……。どうしても見すごせなかった杉原は、ビザを発行したいという手紙を外務省に送ります。けれど、外務省からの返事は「ノー」でした。

杉原は悩み、苦しみます。そして、苦しんで出した答えは――命令にそむいてビザを発行することでした。

その日から、杉原は毎日三百通、一か月以上、ビザを書きつづけました。手が痛くて動かなくなっても、マッサージをして書きつづけました。杉原が出したビザは六千枚をこえます。その数はそのまま、杉原が救ったユダヤ人の命の数なのです。

戦後、杉原は、ユダヤ人がつくったイスラエル国から「正義の人」賞をさずけられました。政府の命令より命を優先させた杉原のおこないは、まさしく正義だったのです。

知っ得ポイント

命令にそむいたことで、杉原は戦後、外務省をクビになります。名誉が回復されたのはその44年後でした。

国語

ロビンソン・クルーソー

ダニエル・デフォー

無人島に1人で流れついたら……どうやって生きていく？

ロビンソン・クルーソーは小さいころからとにかく船と冒険が大好きで、小さいころから船乗りになると決めていました。そんなロビンソンが夢をかなえて船乗りになり、アフリカにむかう船に乗っていたときのこと、港を出て十二日目に、はげしい嵐にまきこまれ、船が岩に乗りあげてしまいました。

「船からはなれろ！　あっちの島まで逃げるんだ！」

船長がさけびます。ロビンソンはほうほうのていで陸に泳ぎつきました。けれど、あたりを見まわしても、だれもいません。助かったのは、ロビンソンだけ。ロビンソンは岸にあがって倒れこみ、そのままぐっすり眠りこんでしまいました。

あくる日、ロビンソンは自分たちが乗ってきた船がまだ岩場に引っかかっているのを見つけました。

また嵐がくる前に、必要なものを運んでこよう。でも、船のところまでいくボートがないな……。

困ったロビンソンがふと浜辺を見ると、板や木ぎれ、ロープが打ちあげられています。

これは使えるぞ！

ロビンソンは板や木ぎれを海にうかべると、手際よくロープでくくって、いかだをつくりました。そして、船までいって、食べ物や大工道具、服や武器を島に運んできました。

さあ、それからは島の探検です。おくのほうまで歩いていってみましたが、人の気配はありません。ここは無人島のようです。それはつまり、助けがくるまで一人で生きていかなくてはいけないということです。

まずは、雨や風がしのげる家が必要です。崖の下にちょうどいいくぼみがあったので、ロビンソンはそのまわりに壁をつくり、上に板をならべて屋根にしました。中には柱を立ててハンモックをつるして寝床にしました。もうこれで、嵐がきてもだいじょうぶ。近くにはきれいな水がこんこんとわきでる泉もあります。

さらにおくにいったところには豊かな森があって、果物がたくさん実っていました。草原にはやぎもたくさんいました。これで、肉もミルクも、バターやチーズだって手に入ります。もちろん、海には魚がうようよ。

朝はしぼりたてのやぎのミルクを飲み、昼は果物や魚をとり、夜には魚や肉を焼いて食べ、デザートに果物をいただく……そんな生活を、ロビンソンは何年もつづけました。

そんなある日、ロビンソンは浜辺に足あとを見つけました。かなり大きな、人間の足あとです。

じつはこの島のまるきり反対側に、近くの島の住民がやってきては、捕虜を処刑したりしていたのです。ロビンソンはそのうちの一人を助けだし、いっしょに生活することになるのですが……ロビンソンが島でくらしたのは二十八年間にもおよびました。そのあいだのくわしいおはなしはまた今度。

知っ得ポイント

南米の沖あいには、昔無人島だった「ロビンソン・クルーソー島」という島があります。

地球の自転

理科

わたしたちは回転するコマの上で
くらしているようなものなのです

地球はまわる

地球がぐるぐるコマのようにまわっているのは知っていますね。地球は1日かけて、1回転しています。これを地球の自転といいます。

北極と南極をつらぬく棒があると想像してみてください。地球はその棒を軸にして、東むきにまわっています。北極から見ると、時計と反対方向にまわっています。

地球がまわっているので、わたしたちがいる側が太陽のほうをむくと、昼間になり、反対の側をむくと、夜になるのです。だから、昼と夜が交互にやってくるのです。

どうして、地球はまわっているのでしょう？

これは、地球が誕生したときのことが大きくかかわっています。もともと地球は、宇宙にただよっていたちりが、回転しながら生まれたのです。宇宙には回転を止める摩擦のようなものがないので、地球は今もまわりつづけているのです。じつは、地球だけでなく、太陽やほかの惑星の多くも、自転しているのですよ。

地球は暴走族？

地球はどのくらいのスピードでまわっているのでしょう。地球にすんでいるわたしたちは、地球がまわっていることなんて、まったく感じませんし、1日にたった1回転なんですから、きっとゆっくりなんじゃないかなと思いますか？

じつは、地球は時速1700キロメートルの超高速でまわっているのです。秒速にしたら、465メートルです。飛行機のスピードがだいたい秒速250メートルといわれていますから、どれだけすごいスピードかわかりますね。

そんなに速いスピードで動いているのに、地球の上にいるわたしたちはふりおとされることもありませんし、地面が動いていることも感じません。なぜなのでしょう？

それは、わたしたちも、地球と同じスピードで動いているから。地球のまわりにあるものは、空気もふくめ、地球といっしょに動いているのです。

知っ得ポイント

音の速さは、空気の温度や気圧などの条件で変わりますが、およそ秒速340メートルだといわれています。

美術

浮世絵

世界でみとめられている日本のすばらしい芸術です

浮世絵ってどんな絵？

浮世絵の「浮世」ということばには、時代によっていろいろな意味があります。たとえば、平安時代は「憂き世」といって、つらく苦しい世の中を意味していました。そのうち字が「浮く」に変わって、江戸時代には、「今どき」とか「今っぽい」という意味になりました。

ですから、江戸時代にはやった浮世絵というのは「今どきの絵」という意味で、その時代の世の中を描いた絵のことをさすのです。

浮世絵には決まった形はありません。肉筆で描かれた絵もあれば、版画になったものもあります。最初は黒一色でしたが、だんだん色あざやかな絵も出てきました。描かれているものも、風景や人気役者、美人、町でくらす人々のようすなど、さまざまでした。肉筆で描かれた絵は1枚しかないので高価でしたが、版画は何枚も刷れるので、ふつうの人たちが気軽に買って楽しんでいました。浮世絵はふつうの人たちの文化だったのです。

有名な浮世絵師

浮世絵を描く人を浮世絵師といいます。浮世絵師の中には、人気があって、外国でも高く評価されている人が何人もいます。

菱川師宣
「見返り美人」の絵がとても有名な絵師。浮世絵師第1号ともいえます。

喜多川歌麿
上品で優雅な美人画で人気。

東洲斎写楽
歌舞伎の役者の絵で有名。役者の特ちょうを大げさに描きました。

東洲斎写楽の役者の絵

葛飾北斎
富士山を、いろいろな角度から描いた富嶽三十六景が有名。「北斎漫画」という、スケッチのようなまんがも描きました。

歌川広重
東海道の名所を描いた東海道五十三次が有名。

歌川国芳
中国の物語を描いた「水滸伝」シリーズで人気。

富嶽三十六景

知っ得ポイント

ゴッホやマネ、モネなどの画家をはじめ、ドビュッシーなどの作曲家も浮世絵から大きな影響をうけました。

盲導犬・介助犬

社会

人間のお手伝いをしてくれる犬

盲導犬

盲導犬のことは知っている人も多いでしょう。目の見えない人・見えにくい人のかわりに、まわりを見て、歩くお手伝いをする犬のことです。障害物をさけたり、段差や角を教えたり、安全に歩くためのお手伝いをしているのです。

盲導犬になるには、テストに合格しなくてはいけません。小さいころから、盲導犬になるための訓練をうけるのですが、合格するのはほんの一部。盲導犬になると、10歳くらいまで働きつづけます。

盲導犬は、目の不自由な人の体の一部です。ですから、いっしょに電車やバスに乗ったり、お店などに入ることができると、法律でみとめられています。ペットとはまったくちがうのです。でも、まだそれを知らない人もいて、お店などに入るのをことわれてしまうこともあります。

介助犬

介助犬は、おもに、手や足が不自由な人のお手伝いをする犬のことです。必要なものをもってきたり、車いすを引っぱったり、靴やくつしたをぬがせたり……電話が鳴れば、受話器をとって、介助している人のところまでもっていったりします。

介助犬も、盲導犬と同じように、介助している人の体の一部です。ですから、人と同じように電車にもバスにも乗れますし、デパートやレストランなどにも入れます。

盲導犬や介助犬を見かけたら

町で盲導犬や介助犬を見かけることもたくさんあるでしょう。そんなとき、ぜひみなさんに守ってもらいたいことがあります。盲導犬や介助犬は、外にいるときは、いっしょにいる人の安全を守るという、とてもだいじなお仕事をしています。ですから、犬の気をそらすようなことをしてはいけないのです。

●してはいけない3つのこと

①声をかけたり、じっと前から見たり、口笛を鳴らしたりしない。

②食べ物を見せたり、あげたりしない。

③盲導犬をなでたり、さわったりしない。自分のペットとあいさつさせようと近づけたりしない。

犬たちが働きやすいように静かに見守るのがルールです。そして、もし盲導犬や介助犬をつれている人が困っているようだったら、まずは「なにかお手伝いしましょうか」と、声をかけてください。

知っ得ポイント

今、日本には盲導犬が約970頭、介助犬が約70頭いて、ほとんどがレトリーバーという種類の犬です。

国語

宇治拾遺物語

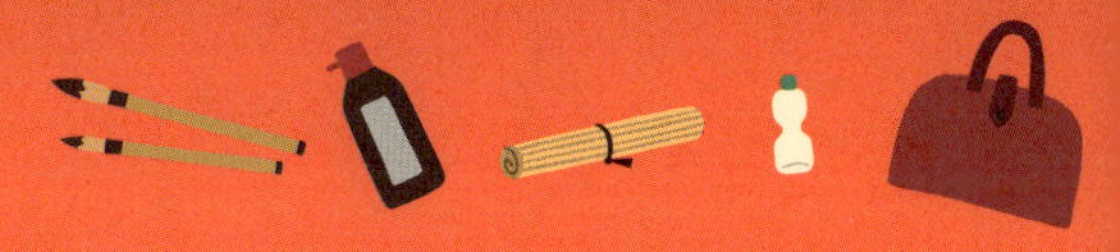

先々のことを考えろといわれても……

1月28日のおはなし

のちの千金

今は昔、中国に荘子という人がいました。荘子はりっぱな人物で、みんなから尊敬されていましたが、とても貧しいくらしをしていました。

ある日、とうとう食べるものがなくなったので、となりの家に、食べ物を分けてもらいにいきました。今日食べるだけの食べ物を分けてほしいとお願いすると、となりの家の人は

「あと五日たてば、千両のお金が手に入りますから、それをさしあげましょう。あなたのようなりっぱな人に、わずかばかりの食べ物をあげるだけなんて、はずかしくてできません」

といいました。

それをきいた荘子は、こんな話をしました。

「きのう、道を歩いていたら、だれかによばれて立ちどまりました。ふりかえっても、だれもいません。でも、よく見ると、道のくぼみにできた小さな水たまりに、大きなフナがいたのです。小さな水たまりににあわないほど大きなフナだったので、どうしたのかとたずねてみたら、フナは、『私は川の神さまのお使いで、湖にいくところです。それが、飛びそこねて、ここに落ちてしまったのです。もうのどがかわいて、死にそうです。なんとか助けてくれませんか』というではありませんか。

助けてやりたいと思ったわたしは、こう答えました。

『わたしはこれから二日かけて湖にいくところです。あなたをつれていって、その湖にはなしてあげましょう』

すると、フナはがっかりした顔をしたのです。『そんなに待てません。私は今、たった一ぱいの水がほしいのです。今、のどをうるおしたいのです』と。

フナがいったことは、今、わたしがいいたいことと同じです。今、食べるものがなければ、わたしは生きることができないのです。死んでしまったら、のちの千金など、もらっても意味がないのですよ」

こうして、「のちの千金」ということばは有名になりました。「のちの千金」というのは、今このときに必要な助けをあとでしようとしても、むだだという意味です。

宇治拾遺物語は、今からおよそ八百年ほど前につくられた物語集です。ありがたい話や、おかしな話、おそろしい話、悲しい話など、さまざまな物語が百九十七話、入っています。物語の舞台も、日本、中国、インドとさまざま。昔話として有名になった『舌切りすずめ』『こぶとりじいさん』や『わらしべ長者』なども、もとは宇治拾遺物語に入っていた物語なのです。

知っ得ポイント

『宇治拾遺』という題名は、「『宇治大納言物語』からもれた物語を集めた」という意味です。

雪女

雪山には、美しい女の妖怪があらわれるという

小泉八雲（ラフカディオ・ハーン）

昔、山のふもとに、きこりと弟子の巳之吉がすんでいました。ある冬、山からもどってくる途中で、二人はひどい吹雪にみまわれました。二人は必死に、山の中腹にある小屋にたどりつきました。小屋には火鉢もふとんもなかったので、二人は着ていた服を頭からかぶって、床にごろんと寝ころびました。

その夜中。顔に冷たいものがふれた気がして、巳之吉は目をさましました。見れば、戸があいて、雪がふきこんでいます。その雪のまんなかに、白い着物を着た女が立っていました。まっ白な肌に黒く長い髪――ぞっとするほど美しい女です。

女はきこりの近くへいくと、ふわりとおおいかぶさり、息をふうっとふきかけました。そして、くるりと巳之吉のほうにふりかえりました。

巳之吉はさけぼうとしましたが、声が出ません。女がこちらへすーっとすべるようにやってきます。恐怖でこおりつく巳之吉に、女はほほえみながら話しかけました。

「おまえもこの男と同じ目にあわせてやろうと思ったけれど、かわいそうだから助けてやろう。けれど、今日見たことは、だれにも話してはいけないよ。もし話したら……おまえの命をもらいにいくよ」

女が出ていったあと巳之吉がきこりのもとにいくと、きこりは氷のように冷たく、かたくなっていました。

次の年の冬、巳之吉は山で知りあった娘を嫁にもらいました。名前はお雪。名前のとおり、肌はすきとおるようにまっ白で、たいそう美しい娘でした。子どももたくさんできて、巳之吉は幸せな生活を送りました。ふしぎなことに、お雪は年をとっても若いころと変わらず、いつまでも美しいままでした。

ある晩、子どもたちが寝たあと、縫い物をしているお雪の若く美しい顔を見ながら、巳之吉は吹雪の夜のできごとを思い出していました。

「こうしておまえの顔を見ていると、昔のふしぎなできごとを思い出すんだ。おまえにとてもよくにた女に会ったんだよ」

お雪は縫い物に目を落としたまま

「あら、その話きかせてくださいな」

といいました。

巳之吉は、吹雪の晩におこったできごとを全部きかせてやりました。

「あれは人ではなかった。雪女さ。おまえににて、白く、美しい女だったけれど……」

お雪はすっと立ちあがり、巳之吉のほうを悲しそうに見つめました。

「その女は私だよ。話をしたら命はもらうと、あれほどいったのに。でも、むこうで寝ている子どもたちのために、おまえの命をもらうのはやめておくよ。もし子どもたちを不幸な目にあわせたら、そのときこそ命をもらうからね」

そういうと、お雪は吹雪となって、姿を消してしまったのでした。

知っ得ポイント

作者はギリシャ生まれ、イギリス国籍の新聞記者でしたが、40歳のときに来日、その後日本にすみつきました。

理科

ふりこのふしぎ

ブランコも、ふりこの一種です

ふりこのルール

ブランコをこいで、しばらく休んでも、ブランコはいったりきたり、同じ動きをくりかえしますね。ひもなどの先におもりをつるして、ふれるようにすると、おもりはいったりきたり、同じ動きをくりかえします。これがふりこです。ブランコは、ふりこのしくみを利用してつくられているのです。

ふりこには、ふしぎなルールがあります。まず、ふりこは、ひもの長さが同じだったら、大きくふれているときも、小さくふれているときも、いってかえってくる時間は同じだということです。

ガリレオの発見

それに気づいたのは、「それでも地球はまわっている」ということばで有名な、イタリアの科学者、ガリレオ・ガリレイです。

まだ19歳の大学生だったときのこと。ガリレオは、ピサにある大聖堂の礼拝に参加しました。なにげなく、天井からつりさげられているランプを見ると、ランプは風で、大きくゆれたり、小さくゆれたりをくりかえしていました。そのとき、ガリレオは、大きくゆれても小さくゆれても、ランプがいってもどってくる時間が同じなのではないかと気づいたのです。そして、自分の脈を数えて、それをたしかめたのです。

そのあと、ひもの長さが同じだったら、ふりこが往復する時間は、ふれ方が大きくても小さくても同じだということのほかに、ひもを長くすると、ふりこが往復する時間は長くなり、短くすると、時間は短くなることもわかりました。

ふりこのルールは、ブランコだけでなく、さまざまなところで利用されています。

たとえば、メトロノームがそうです。メトロノームは、一定のリズムをきざんで、それにあわせて楽器や歌の練習をできるようにした道具です。メトロノームのおもりの位置を上にしたり下にしたりすることで、リズムのスピードを変えられるので、ちがう速さの曲を練習できるのです。

知っ得ポイント

ブランコで立ちこぎをすると、ふりこのひもが短くなるのと同じ効果があるので、ブランコの動きが速くなります。

サーカスのライオン

川村たかし

原典 そのライオンは、年をとり、元気もありませんでした……

町はずれの広場に、サーカスがやってきた。ライオンやとらもいれば、おばけ屋敷もある。ひさしぶりのことなので、見物人がぞくぞくとやってきた。

「はい、いらっしゃい、いらっしゃい。オーラ、オーラ、お帰りはこちらです」

寒い風をはらんだテントがハタハタと鳴って、サーカス小屋は、まるで海の上を走るほかけぶねのようだった。

ライオンのじんざは、年とっていた。ときどき耳をひくひくさせながら、テントのかげの箱の中で、一日じゅう眠っていた。眠っているときは、いつもアフリカの夢を見た。夢の中に、お父さんやお母さんや兄さんたちがあらわれた。草原の中を、じんざは風のように走っていた。

自分の番がくると、じんざはのそりと立ちあがる。箱はテントの中にもちこまれ、十五枚の鉄の格子戸が組みあわされて、ライオンの舞台ができあがる。

舞台のまんなかでは、丸い輪がめらめらと燃えていた。

「さあ、はじめるよ」

ライオン使いのおじさんが、チタン、チタッとむちを鳴らすと、じんざは火の輪をめがけてジャンプした。うまいものだ。二本でも三本でも、燃える輪の中をくぐりぬける。おじさんがよそ見しているのに、じんざは三回、四回とくりかえしていた。

夜になった。お客が帰ってしまうと、サーカス小屋はしんとした。ときおり、風がふくような音をたててとらがほえた。

「たいくつかね。寝てばかりいるから、いつのまにか、おまえの目も白くにごってしまったよ。今日のジャンプなんて、元気がなかったぞ」

おじさんがのぞきにきていった。じんざが答えた。

「そうともさ。毎日、同じことばかりやっているうちに、わしはおいぼれたよ」

「だろうなあ。ちょっとかわってやるから、散歩でもしておいでよ」

そこで、ライオンは人間の服を着た。わからないように、マスクもかけた。靴をはき、てぶくろもはめた。

ライオンのじんざはうきうきして外へ出た。

「外はいいなあ。星がちくちくゆれて、北風にふきとびそうだなあ」

ひとり言をいっていると、

「おじさん、サーカスのおじさん」

と、声がした。

男の子が一人立っていた。

「もう、ライオンは眠ったかしら。ぼく、ちょっとだけ、そばへいきたいんだけどなあ」

じんざは驚いて、もぐもぐたずねた。

「ライオンが好きなのかね」

「うん、大好き。それなのに、ぼくたち昼間サーカスを見たときは、なんだかしょげていたの。だから、おみまいにきたんだよ」

じんざは、ぐぐっと胸のあたりが熱くなった。

「ぼく、サーカスが好き。おこづかいためて、またくるんだ」

「そうかい、そうかい、きておくれ。ライオンもきっと喜ぶよ。でも、今夜はおそいから、もうお帰り」

じんざは男の子の手を引いて、家まで送っていくことにした。

男の子のお父さんは、夜のつとめ

知っ得ポイント

動物や人間が曲芸を観客に見せるサーカスは、今から数千年前の古代エジプトで生まれたといわれています。

があって、留守。お母さんが入院しているので、つきそいのために、お姉さんも夕方から出かけていった。

「ぼくは留守番だけど、もうなれちゃった。それより、サーカスの話をして」

「いいとも。ピエロはこんなふうにして……」

じんざが、ひょこひょことおどけて歩いているときだった。暗い溝の中に、ゲクッと足をつっこんだ。

「あいたた。ピエロも暗いところは楽じゃない」

じんざは、くじいた足にタオルをまきつけた。すると、男の子は首をかしげた。

「おじさんの顔、なんだか毛がはえてるみたい」

「う、ううん。なあに、寒いので毛皮をかぶっているのじゃよ」

じんざは、あわててむこうをむいて、帽子をかぶりなおした。

男の子のアパートは、道のそばの石垣の上にたっていた。じんざが見あげていると、部屋に灯がともった。高い窓から顔を出して、

「サーカスのおじさん、おやすみなさい。明日ライオン見にいっていい？」

「きてやっておくれ。きっと喜ぶだろうよ」

じんざが下から手をふった。

次の日、ライオンのおりの前に、ゆうべの男の子がやってきた。じんざは、タオルをまいた足をそっとかくした。まだ、足首はずきんずきんと痛かった。夜の散歩もしばらくはできそうもない。

男の子は、チョコレートのかけらをさしだした。

「さあ、お食べよ。ぼくと半分こだよ」

じんざは、チョコレートは好きではなかった。けれども、目を細くしてうけとった。じんざはうれしかったのだ。

それから男の子は、毎日やってきた。

じんざは、もう眠らないで待っていた。やってくるたび、男の子はチョコレートをもってきた。そして、お母さんのことを話してきかせた。じんざは乗りだして、うなずいてきいていた。

いよいよ、サーカスが明日で終わるという日、男の子は息をはずませて飛んできた。

「お母さんがね、もうじき退院するんだよ。それにおこづかいもたまったんだ。明日サーカスにくるよ。火の輪をくぐるのを見にくるよ」

男の子が帰っていくと、じんざの体に力がこもった。目がぴかっと光った。

「……ようし、明日、わしは若いときのように、火の輪を五つにしてくぐりぬけてやろう」

その夜ふけ……。

だしぬけに、サイレンが鳴りだした。

「火事だ」

と、どなる声がした。うとうとして

いたじんざははねおきた。
風にひるがえるテントのすきまから外を見ると、男の子のアパートのあたりが、ぼうっと赤い。ライオンの体がぐうんと大きくなった。

じんざは、古くなったおりをぶちこわして、まっしぐらに外へ走りでた。足の痛いのも忘れて、昔、アフリカの草原を走ったときのように、じんざはひとかたまりの風になってすっとんでいく。

思ったとおり、石垣の上のアパートが燃えていた。まだ消防車がきていなくて、人々がわいわいいいながら荷物を運びだしている。

「中に子どもがいるぞ。助けろ」
と、だれかがどなった。
「だめだ。中へは、もう入れやしない」

それをきいたライオンのじんざは、ぱっと火の中へ飛びこんだ。
「だれだ、あぶない。引きかえせ」

うしろで声がしたが、じんざは一人でつぶやいた。
「なあに、わしは火になれていますのじゃ」

けれども、ごうごうとふきあげる炎は階段をはいあがり、煙はどの部屋からもうずまいてふきでていた。

じんざはやっとのことで、男の子の部屋までたどりついた。

部屋の中で、男の子は気をうしなって倒れていた。じんざはすばやくだきかかえて、外へ出ようとした。けれども、表はもう、炎がぬうっと立ちふさがってしまった。

石垣の上の窓から首を出したじんざは、思わず身ぶるいした。高いので、さすがのライオンも飛びおりることはできない。

じんざは力のかぎりほえた。

ウォーッ

その声で気がついた消防車が下にやってきて、はしごをかけた。のぼってきた男の人にやっとのことで子どもをわたすと、じんざは両手で目をおさえた。煙のために、もうなんにも見えない。

見あげる人たちが声をかぎりによんだ。
「早く飛びおりるんだ」

だが、風に乗った炎はまっ赤にアパートをつつみこんで、火の粉をふきあげていた。ライオンの姿はどこにもなかった。

やがて、人々の前に、ひとかたまりの炎がまいあがった。そして、炎はみるみるライオンの形になって、空高くかけあがった。ぴかぴかに輝くじんざだった。もう、さっきまでのすすけた色ではなかった。

金色に光るライオンは、空を走り、たちまち暗闇の中に消えさった。

次の日は、サーカスのおしまいの日だった。けれども、ライオンの曲芸はさびしかった。おじさんは一人で、チタッとむちを鳴らした。

五つの輪はめらめらと燃えていた。だが、くぐりぬけるライオンの姿はなかった。それでも、お客は一生けんめいに手をたたいた。

ライオンのじんざがどうして帰ってこなかったかを、みんなが知っていたので。

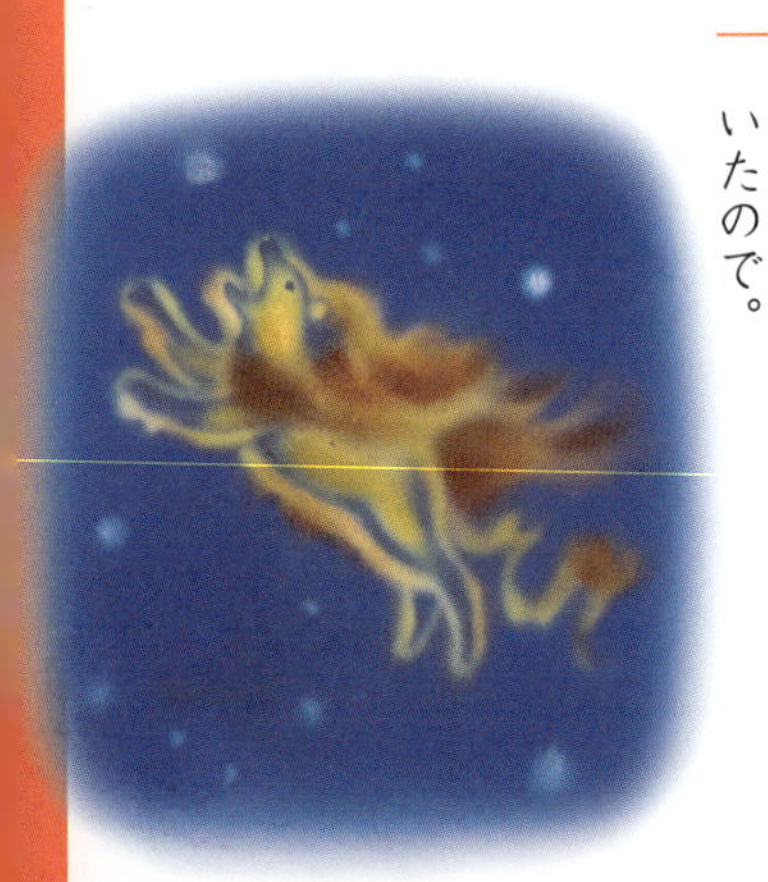

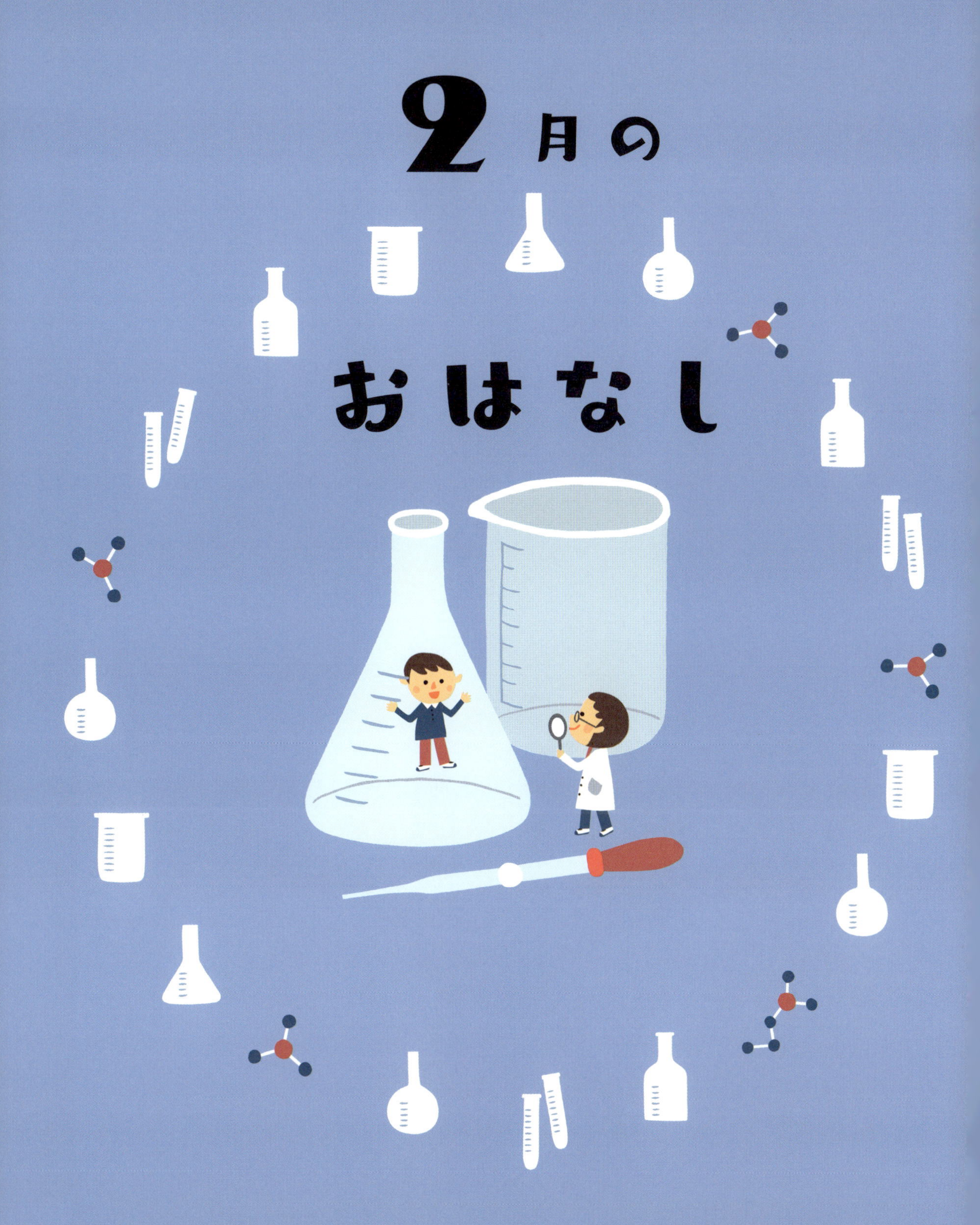
2月の
おはなし

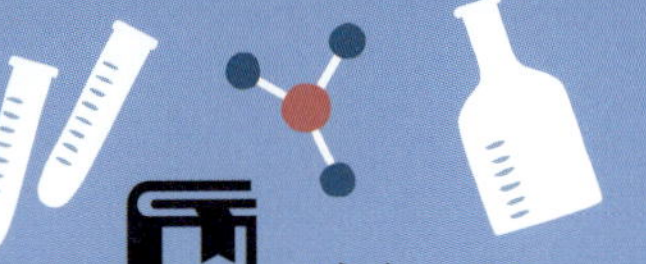

わたしと小鳥とすずと

原典　勇気と誇らしさをもらえる詩を1つ

金子みすゞ

わたしが両手をひろげても、
お空はちっともとべないが、
とべる小鳥はわたしのように、
地面をはやくは走れない。

わたしがからだをゆすっても、
きれいな音はでないけど、
あの鳴るすずはわたしのように、
たくさんなうたは知らないよ。

すずと、小鳥と、それからわたし、
みんなちがって、みんないい。

知っ得ポイント

金子みすゞは26歳という若さでこの世を去りますが、生きているあいだに500以上もの詩を書きのこしました。

算数

0より小さい数

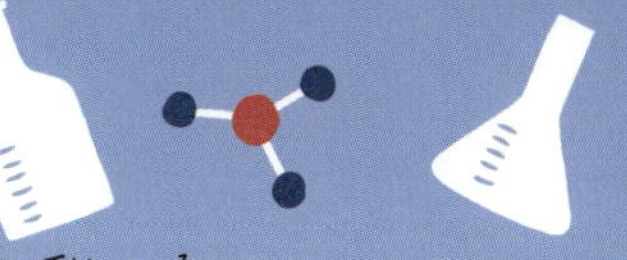

冷凍庫の温度設定を見たことがありますか？

0より小さい？

冬、天気予報でその日の予想気温を発表するとき、よく「マイナス5度」とか「マイナス10度」なんていうことばをききます。

「マイナス」というのがなにか知っていますか？

マイナスがなにか知らなくても、たぶんとっても寒いんだろうということはわかりますよね。「マイナス5度」といったら、0度より5度分気温が低いということをあらわしているのです。

また、沈下（地下水をたくさんくみすぎたりしたせいで、地面がどんどん低くなっていくこと）がおきている地域では、地面の高さが「海抜マイナス2メートル」になったりして問題がおきていますが、海抜マイナス2メートルというのは、海面より2メートル、土地が低いことをあらわしています。

つまり、マイナスは、0より小さいことをあらわしているのです。0がいちばん小さい数ではないのです。

マイナスは「－」という記号であらわします。ひき算のときの「ひく」をあらわす記号といっしょです。

大きくなると小さくなる？

ここで質問です。

1と10では、どちらが大きいですか？

「そんなのかんたんだよ」という声がきこえてきそうですね。そう、1と10だったら、10のほうが大きいです。ふつうは、数字が大きければ大きいほど、その数字があらわす数は大きくなります。でも、それは、0より大きい数のときだけ。

0より小さい数の世界では、数字が大きければ大きいほど、その数字があらわす数は小さくなります。

たとえば、マイナス1とマイナス10では、マイナス10のほうが小さいのです。天気予報で、青森がマイナス1度で、札幌がマイナス10度と発表されたら、札幌のほうがずいぶん寒いのだとわかります。

そして、0より大きい数が無限にあるように、0より小さい数も無限にあるのです。

知っ得ポイント

水は0度でかたまりはじめて氷になります。マイナス15度くらいになるとシャボン玉もこおるそうですよ。

原典

オニって悪もの？
そんなこと、だれが決めたの？

おにたの帽子

あまんきみこ

節分の夜のことです。

まことくんが、元気に豆まきを始めました。

ぱら　ぱら　ぱら　ぱら

まことくんは、いりたての豆を力いっぱい投げました。

「福はー内。オニはー外」

茶の間も、客間も、子ども部屋も、台所も、玄関も手洗いも、ていねいにまきました。そこで、まことくんは、

「そうだ、物置小屋にも、まかなくっちゃ」

と、いいました。

その物置小屋の天井に、去年の春から、小さな黒オニの子どもがすんでいました。「おにた」という名前でした。

おにたは気のいいオニでした。きのうも、まことくんに、なくしたビー玉をこっそりひろってきてやりました。この前は、にわか雨のとき、ほしものを、茶の間に投げこんでおきました。お父さんの靴をぴかぴかに光らせておいたこともあります。

でも、だれも、おにたがしたとは気がつきません。はずかしがり屋のおにたは、見えないように、とても用心していたからです。

豆まきの音をききながら、おにたは思いました。

（人間っておかしいな。オニは悪いって、決めているんだから。オニにも、いろいろあるのにな。人間も、いろいろいるみたいに）

そして、古い麦わら帽子をかぶりました。角かくしの帽子です。

こうして、かさっとも音をたてないで、おにたは、物置小屋を出ていきました。

粉雪がふっていました。道路も屋根も野原も、もうまっ白です。

おにたのはだしの小さな足が、冷たい雪の中に、ときどきすぽっと入ります。

（いいうちが、ないかなあ）

でも、今夜は、どのうちも、ヒイラギの葉をかざっているので、入ることができません。ヒイラギは、オニの目をさすからです。

小さな橋をわたったところに、トタン屋根の家を見つけました。

おにたの低い鼻がうごめきました。

（こりゃあ、豆のにおいがしないぞ。しめた。ヒイラギもかざっていない）

どこから入ろうかと、きょろきょろ見まわしていると、入り口のドアがあきました。おにたは、すばやく、家の横にかくれました。

女の子が出てきました。その子は、でこぼこした洗面器の中に、雪をすくっていれました。それから、赤くなった小さな指を、口にあてて、はーっと、白い息をふきかけています。

（今のうちだ）

そう思ったおにたは、ドアから、そろりとうちの中に入りました。

知っ得ポイント

オニだからといって悪者とはかぎらないというお話には、ほかに「ないたあかおに」もあります。

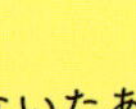

そして、天井のはりの上に、ねずみのようにかくれました。

部屋のまんなかに、うすいふとんがしいてあります。寝ているのは、女の子のお母さんでした。

女の子は、新しい雪でひやしたタオルを、お母さんの額にのせました。すると、お母さんが、熱でうるんだ目をうっすらとあけて、いいました。

「おなかがすいたでしょう？」

女の子は、はっとしたようにくちびるをかみました。でも、けんめいに顔を横にふりました。そして、

「いいえ、すいてないわ」

と答えました。

「あたし、さっき、食べたの。あのねえ……、あのねえ……、お母さんが眠っているとき」

と、話しだしました。

「知らない男の子が、もってきてくれたの。あったかい赤ごはんと、うぐいす豆よ。今日は節分でしょう。だから、ごちそうがあまったって」

お母さんは、ほっとしたようにうなずいて、またとろとろ眠ってしまいました。すると、女の子が、ふーっと長いため息をつきました。

おにたは、なぜか、背中がむずむずするようで、じっとしていられなくなりました。それで、こっそりはりを伝って、台所にいってみました。

（ははあん――）

台所は、かんからかんにかわいています。米つぶひとつありません。ダイコンひと切れありません。

（あのちび、なにも食べちゃいないんだ）

おにたは、もう夢中で、台所の窓のやぶれたところから、寒い外へ飛びだしていきました。

それからしばらくして、入り口をとんとんとたたく音がします。

（今ごろ、だれかしら？）

女の子が出ていくと、雪まみれの麦わら帽子を深くかぶった男の子が立っていました。そして、ふきんをかけたおぼんのようなものをさしだしたのです。

「節分だから、ごちそうがあまったんだ」

おにたは一生けんめい、さっき女の子がいったとおりにいいました。

女の子はびっくりして、もじもじしました。

「あたしにくれるの？」

そっとふきんをとると、温かそうな赤ごはんとうぐいす色の煮豆が湯気をたてています。

女の子の顔が、ぱっと赤くなりました。そして、にこっと笑いました。

女の子がはしをもったまま、ふっとなにか考えこんでいます。

「どうしたの？」

おにたが心配になってきくと、

「もうみんな、豆まきすんだかな、と思ったの」

と答えました。

「あたしも豆まき、したいなあ」

「なんだって？」

おにたは飛びあがりました。

「だって、オニがくれば、きっとお母さんの病気が悪くなるわ」

おにたは手をだらんとさげて、ふるふるっと悲しそうに身ぶるいしていいました。

「オニだって、いろいろあるのに。オニだって……」

氷がとけたように、急におにたがいなくなりました。あとには、あの麦わら帽子だけが、ぽつんと残っています。

「へんねえ」

女の子は立ちあがって、あちこちさがしました。そして、

「この帽子、忘れたわ」

それを、ひょいともちあげました。

「まあ、黒い豆！　まだあったかい……」

お母さんが目をさまさないように、女の子はそっと、豆をまきました。

「福はー内。オニはー外」

麦わら帽子から黒い豆をまきながら、女の子は、

（さっきの子は、きっと神さまだわ。そうよ、神さまよ……）

と、考えました。

（だから、お母さんだって、もうすぐよくなるわ）

ぱら　ぱら　ぱら　ぱら

ぱら　ぱら　ぱら　ぱら

とても静かな豆まきでした。

ジョン万次郎
(1827〜1898年 日本)伝記

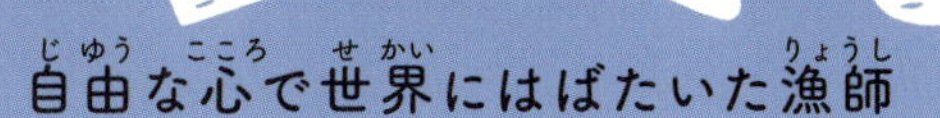

自由な心で世界にはばたいた漁師

江戸時代、日本は外国との貿易や交流をきびしく制限していました。そんな時代に、日本人としてはじめてアメリカでくらし、日本とアメリカのかけ橋になったのが、ジョン万次郎です。

万次郎は、土佐藩(今の高知県)の貧しい漁村で生まれました。お父さんを早くに亡くしたので、幼いころから漁師として働いていました。十四歳のお正月に漁に出たときのこと、万次郎の乗った船が、大嵐にまきこまれます。何日も海を漂流して、たどりついたのは無人島でした。万次郎たちは島に上陸し、そこにいた渡り鳥を食べ、雨水を飲んで、なんとか生きながらえていました。

漂流から五か月、もう助からないのでは……とみんなが思いはじめたとき、船が沖をいくのが見えました。

「おーい！　助けてくれえ！」

必死にさけんで、船をよびよせたのはよかったのですが、乗っている人たちを見て、万次郎はぎょっとしました。それはアメリカの船で、乗っていたのは青い目の異人たちだったのです。

幸運なことに、ホイットフィールド船長をはじめ船員はみんないい人で、万次郎たちをもてなしてくれました。とくに船長は万次郎のことを気にいって「ジョン万」とよび、息子のようにかわいがってくれました。船長をしたっていた万次郎も、ハワイで仲間と別れ、船長についてアメリカにいくことにしたのです。

アメリカでは船長の農場を手伝いながら、学校にかよいました。自由と平等がいきわたっているアメリカのくらしに、万次郎は感動しました。身分によってできることがかぎられてしまう日本とはまったくちがっていたからです。日本だったらとうていできない勉強に、万次郎は一生けんめい打ちこみました。

勉強をひととおり終えた万次郎は、捕鯨船に乗って、世界の海をまわります。そのあいだに、日本に帰ろうと決意するのです。自分が広い世界で学んだことを、日本の人たちに伝えたかったのです。

万次郎が帰国したころ、ちょうどアメリカのペリーが黒船で日本にやってきました。日本にもっと外国とつきあうよう、せまりにきたのです。アメリカについての知識が必要になった幕府は、万次郎に侍の身分をあたえ、アメリカで見て、きいて、学んだことを教えさせました。

その後も、万次郎は、通訳をしたり、翻訳したり、日本ではじめての英会話本を書いたり、船の設計をしたり、学校の教授になったりと、さまざまな分野で活やくしました。

何か月も漂流するという絶対絶命のできごとを乗りきって、ことばもまったく通じない場所で生きぬいた万次郎。どんな状況でもあきらめない気持ちや、好奇心と前に進みつづける意志が、万次郎の人生を豊かなものにしたのでしょう。

知っ得ポイント

万次郎の英語はきいたままの英語。たとえば、ウォーターはワラ、レッドはウレと発音していたんですって。

太陽系

銀河系のすみにあるわたしたちの世界

太陽のまわりをまわる天体

地球が太陽のまわりをまわっているのは知っていますね？　地球のほかにも、あと7つの惑星や、それより小さい天体やちりなど、いろいろなものが、太陽の重力に引っぱられながら、そのまわりをまわっています。太陽と、そのまわりをまわっている8つの惑星や小さい天体・ちりなどをまとめて「太陽系」といいます。太陽系の範囲は、太陽の重力がとどくまで。だいたい半径1光年ぐらいで、円盤のような形をしていると考えられています。

8つの惑星は、太陽に近いほうから、水星、金星、地球、火星、木星、土星、天王星、海王星の順にならんでいます（順番は、「水・金・地・火・木・土・天・海」と語呂あわせするとおぼえやすいですよ）。全部、同じむきにまわっています。

以前は、この8つのほかに冥王星も惑星と考えられていましたが、太陽系の惑星の基準が新しく決められたときに、惑星からはずされて、「準惑星（惑星ではないけれど、惑星にとても近いもの）」となりました。でも、じつは今、海王星のはるか外側に、もう1つ、惑星があるのではないかといわれています。もしほんとうにそんな惑星があるとしたら、太陽のまわりをおよそ2万年かけて1周している計算になるそうです。

太陽系はどうやって生まれたの？

太陽系は、太陽の誕生とともに生まれました。46億年前、銀河系の中で、ちりやガスが集まって、星雲という集まりができました。その集まりがどんどん圧縮されていった結果、太陽ができたのです。

太陽ができると、まわりにあったちりやガスは、その重力に引っぱられながら、太陽を中心にしてまわりはじめました。ちりは衝突をくりかえしながら、どんどん大きくなっていきました。そんなふうにしてできたのが、地球や水星、金星、火星のような、岩石でできた惑星です。ガスが集まってできたのが、木星や土星、天王星、海王星のような惑星なのです。

太陽
土星
木星
小惑星帯
火星
地球
金星
水星

知っ得ポイント

1光年は、光が1年で進む距離。およそ9兆5000億キロメートルです。

音楽

サンバ

ついついステップをふみたくなるリズムです

陽気な音楽と踊り

2016年、リオでおこなわれたオリンピックの開会式を見ましたか？ リズミカルで陽気な音楽にあわせて、カラフルな衣装を着たダンサーたちが、小きざみにステップをふんでいたでしょう？ あれが、サンバです。

サンバは、ブラジルで生まれた音楽と踊りのこと。4分の2拍子という、とても速いリズムの音楽と、それにあわせて、腰を細かくふりながらステップをふむ踊りです。

はなやかで楽しいイメージが強いサンバですが、誕生には、奴隷たちの苦しみがかかわっていました。

サンバの誕生

サンバの音楽が誕生したのは、今から200年くらい前の1800年代。ブラジルの北のほうにあるバイーアという港町だといわれています。バイーアには、アフリカから、たくさんの奴隷がつれられてきていました。その奴隷たちがもちこんだ音楽が、ブラジルにあった音楽とまじりあって、サンバが生まれたのです。

その後、1900年ごろになると、奴隷制度がなくなったために、バイーアだけでなく、ブラジルのあちこちにいた奴隷たちが、リオへ移りすみはじめました。そして、リオでサンバはどんどん発展していったのです。

サンバの踊りには、決まったふりつけはありません。たいてい、その場で即興で踊ります。音楽は、昔は弦楽器でかなでられていたようですが、今は打楽器がメイン。さまざまな種類の打楽器で複雑なリズムをつくりあげています。

音楽の中で、ホイッスルがピーピー鳴っているのがよくきこえますが、あれはじつは指揮者が鳴らしています。ホイッスルの音で、音楽の指揮をとっているのです。

そして、サンバといえば、やはりカーニバルが有名です。カーニバルでは、おおぜいでチームを組んで、サンバを踊りながらパレードします。パレードするだけでなく、曲や踊りの内容によって、チームごとに順位を競うのです。

カーニバルの中でもとくに有名なのは、リオでおこなわれるカーニバルで、毎年、2月にあります。参加者だけで、なんと2万人以上。サンバ・チームも、1軍、2軍、3軍と、レベルが分かれていて、チームによっては1000人以上メンバーがいます。作曲や衣装、山車の製作、練習……1年がかりで準備するそうですよ。

知っ得ポイント

サンバのカーニバルは、日本でも、東京の浅草で、毎年8月におこなわれています。

雪がふる、寒い寒い夜のおはなし

かさじぞう

日本の昔話

昔、ある村はずれに、じいさまとばあさまがすんでおりました。二人は仲よく楽しくくらしていましたが、たいそうな貧乏で、お正月用のおもちも買えないほどでした。

「もう年が明けるというのに、お金がなくて、もちも買えんなあ」

「そうじゃなあ。なにか売るもんでもあればええがなあ」

家の中を見わたしてみると、夏にかりとったわらのたばがありました。これはいい、と二人はわらで、かさを五つこしらえました。そうして、じいさまはかさを売りに町にいきました。町は年こしの買い物をする人でいっぱいです。でも、みんな、かさなんぞには目もくれません。

「かさはいらんかねえ。かさはいらんかねえ」

じいさまは声をはりあげましたが、かさは一つも売れません。じきに雪もふってきました。じいさまはあきらめて、家に帰ることにしました。

家に帰る途中も、雪ははげしくふりつづきました。じいさまが道の辻にさしかかったとき、道ばたに立っているおじぞうが、雪にまみれているのが見えました。

「ありゃありゃ、これじゃ、さぞ冷たかろう」

じいさまはおじぞうにつもった雪をはらい、体をなでてやりました。

「そうじゃ、かさをかぶせたら、少しは雪もふせげるじゃろう」

じいさまは売れのこったかさを一つ一つおじぞうにかぶせていきました。おじぞうは六つあったので、最後の一つには、自分がかぶっていたぼろぼろのかさをかぶせました。

「こんなもんで、すまんのう」

家に帰ると、ばあさまが出むかえてくれました。「おつかれさまでした。して、もちは買えたかね?」

「いやあ、かさが一つも売れんでな、もちも買えんかった」

そして、じいさまはおじぞうが雪にまみれていたのでかさをかぶせてきたという話をしました。

すると、ばあさまは「それはよいことをしなすった」と喜びました。そして二人は、食べるものもないし寒いから、と、ずいぶん早いうちからふとんに入ったのです。

その夜中。なにやら外から、重いものを引きずるようなみょうな音と、歌い声がきこえてきました。

じぞうさんに　かさくれた
じさまと　ばさまの
家は　どこじゃ

歌は家の前でとぎれ、ほどなく、

どっすん　どっすん

と、なにか重たいものをおろす音がきこえました。じいさまとばあさまがおきて戸をあけると、かさをかぶったおじぞうたちが、からになったそりを引いて帰っていくところでした。家の前には、おもちや米、野菜が山のようにつまれていました。こうして、じいさまとばあさまはいい年をむかえることができたのでした。

知っ得ポイント

かさじぞうの物語は日本全国で語りつがれていて、地方によってじぞうの数や結末が少しずつちがいます。

国語

いろは歌

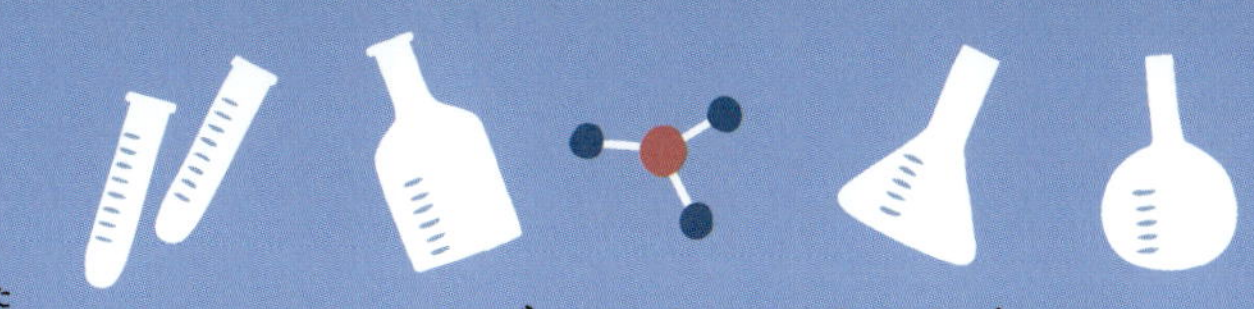

歌になっていると、おぼえやすいかもしれません

今、わたしたちがひらがなを習うときは、「あいうえお　かきくけこ　さしすせそ……」という五十音表を使いますね。

でも、昔の人は、ひらがなを使った歌をつくって、おぼえていました。それが「いろは歌」です。この歌は、四十七文字のひらがなをそれぞれ一回ずつ使って、できています。

いろは　にほへと　ちりぬるを
わかよ　たれそ　つねならむ
うゐの　おくやま　けふ　こえて
あさき　ゆめみし　ゑひも　せす

＊今、「ゐ」はなくなって「い」と同じに、「ゑ」は「え」になっています。

この歌を漢字や濁音を使ってあらわすと、こんなふうになります。

色はにほへど　ちりぬるを
わが世たれぞ　常ならむ
有為の奥山　今日こえて
浅き夢見じ　酔ひもせず

歌の意味は、いろいろなとらえ方があるようですが、いちばん一般的な意味は、こんなふうに考えられています。

どんなに美しくさきほこる花も、いつかは必ずちってしまいます。そのように、この世で変わらずにいられるものなど、なにもいないのです。

うつろいやすいこの世から、ときはなたれましょう。

そうすれば、はかない夢を見たり、酒や夢に酔ったりして、心をまどわされることもなくなるのです。

知っ得ポイント

「ドレミファソラシド」を日本独特のよび方で「ハニホヘトイロハ」とあらわすこともあります。

冬の星座 オリオン座

理科

冬の夜空でいちばん美しく輝く星座です

2月9日のおはなし

天の狩人

冬の夜空を見あげると、横に3つきれいにならんだ星が見えます。それがオリオン座のまんなか――オリオンのベルトだと考えられている部分です。

ベルトを中心にするように、5つの星が5角形をつくっています。それがオリオンの肩と足、頭になります。肩からは腕がふりあげられ、手の先にはこん棒がにぎられているように見えます。

オリオン座は、古代のメソポタミアでは「天の狩人」とよばれ、ギリシャでも狩人の星座と考えられていました。日本では、「つづみ星」などとよばれていました。

オリオンのベルトの下には、ぼうっと赤く輝く星があります。これは、オリオン大星雲という大きな星雲です。この星雲には、生まれたばかりの赤ちゃん星がいくつかあります。さらに、今でも星が生まれているので、天文学者たちは、オリオン大星雲を観察して、星の誕生の謎をさぐろうとしているのです。

オリオンの物語

オリオンというのは、ギリシャ神話に出てくる狩人の名前です。

オリオンは、海の神さまポセイドンの息子でした。海はオリオンにとって庭のようなもので、オリオンは海の上を自由に歩きまわることができました。

また、オリオンはとてもハンサムで、力が強い青年でした。海の神さまの息子で、力もあり、見た目もいいのですから、うぬぼれやにならずにはいられません。オリオンは自分が強いことを鼻にかけて、自慢してしまう悪いくせがありました。

「この世界で、おれはどんなものより強い。おれこそ最強だ」

オリオンがそんなことをいっているのを耳にした神々はおこり、1ぴきのサソリをオリオンのもとにつかわします。そしてオリオンは、そのサソリにさされて死んでしまうのです。

今でもオリオンはサソリを怖がって、サソリ座が東の空にのぼってくると、あわてて西の地平線にしずんでいくのですよ。

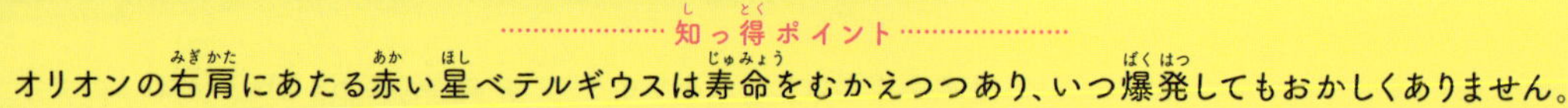
知っ得ポイント

オリオンの右肩にあたる赤い星ベテルギウスは寿命をむかえつつあり、いつ爆発してもおかしくありません。

社会

いろいろな世界地図

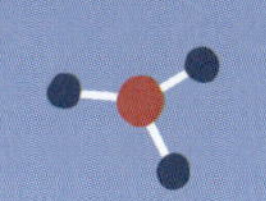

世界地図といっても種類はさまざまです

球を平面にする

みなさんはいつも、どんな世界地図を見ていますか？　世界地図といっても、じつはいろいろな種類があります。そして、それぞれにいいところと悪いところがあるのです。

地図にいいところと悪いところがあるなんて、おかしいですか？　でも、しょうがないのです。それは、地球がボールみたいな球体だから。球体を平面にしなくてはいけないので、いろいろ無理が出てしまうのです。

たとえば、角度を正確にあらわそうとすると、距離や面積が正確でなくなってしまったり、面積を正確にあらわそうとすると、距離や角度が正確でなくなったり……。

なにを正確にあらわすかによって、地図の種類がちがうのです。

メルカトル図法の地図

１５００年代に、メルカトルという人が考えた地図です。この図法だと、ある地点と別の地点を結ぶ角度が正しくあらわされるため、船で航海するときに使われます。ただ、面積はかなり不正確。赤道の近くの国の面積は小さく、北極や南極に近づくにつれて、面積は大きくなります。たとえば、メルカトル図法の地図だと、グリーンランドはとても広く、オーストラリア大陸より大きく見えますが、じっさいはオーストラリアの３分の１もないのです。

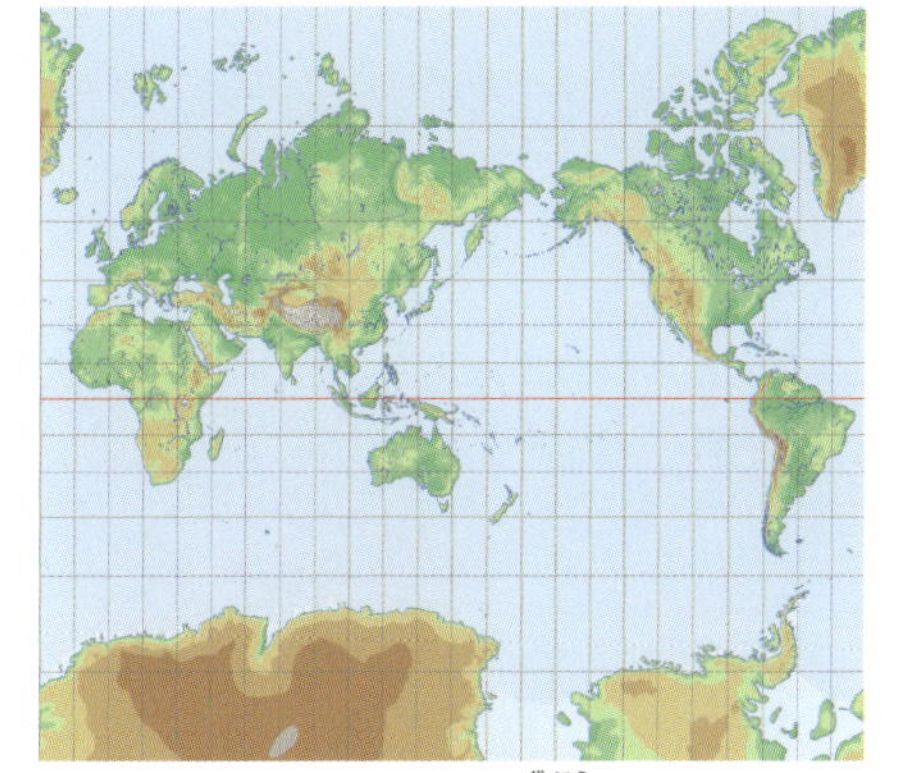
メルカトル図法

モルワイデ図法の地図

１８００年代にモルワイデという人が考えた地図です。面積を正確にあらわすために、地図をだ円形にしました。面積は正しいのですが、距離や方角は正確ではありません。

正距方位図法の地図

円形をしています。地図のまんなかの地点とほかの地点をむすぶ線の距離と方角が正しいので、飛行機が飛ぶときの進路や方角を見るために使われます。

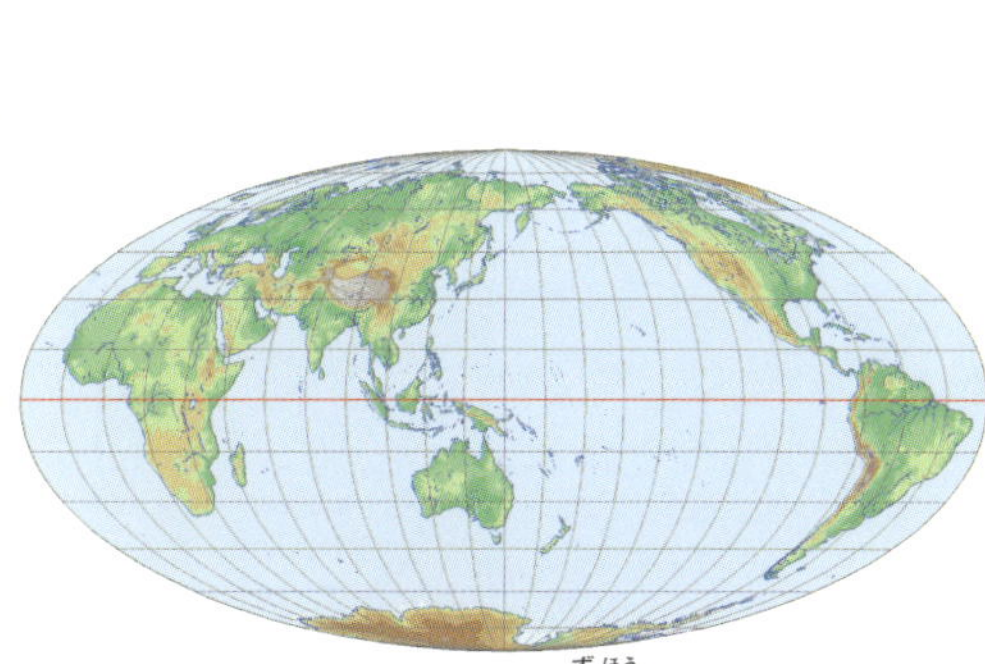
モルワイデ図法

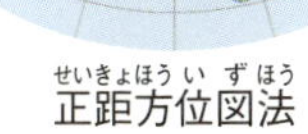
正距方位図法

知っ得ポイント

ヨーロッパで使っている世界地図では、日本が東のはじにあるので、日本は「極東」にある国といわれるのです。

トーマス・アルバ・エジソン

世界の発明王

伝記（1847～1931年　アメリカ）

エジソンの名前は、みなさんもきっときいたことがあるでしょう。エジソンは、電球や蓄音機（音を録音したり再生したりできる機械）、活動写真（映画の元祖）など、人の役に立つものをたくさん思いついてつくったので、発明王とよばれています。エジソンのおかげで、わたしたちの生活はずいぶん便利になりました。

社会に大きな貢献をしたエジソンですが、じつは、なんと小学校も出ていないのです。入学してすぐのことです。「1＋1＝2」というたし算を、先生がねんどのかたまりを使って教えてくれたとき、エジソンは「ねんどのかたまり一個と一個をあわせれば、大きいかたまりが一個できるだけじゃないか」と、考えたのです。どうしても納得できなかったエジソンは自分の意見を曲げずに、先生にあきれられました。

その後も、学校で教わることがことごとく納得できず、文句ばかりいっていたので、しまいに先生から「おまえの脳はくさっている」とまでいわれてしまいます。結局、エジソンは三か月で小学校をやめて、前に先生をしていた母親に勉強を教わることになりました。エジソンの母親は、息子が納得いくまで根気よく説明をくりかえしました。また、息子の気がすむまで、家でいろいろ実験もさせました。そのおかげで、エジソンはどんどん化学や物理が得意になっていったのです。

その後、エジソンは、働きながら、勉強と実験をつづけました。そして生きているあいだに、千三百以上もの発明をしました。発明ときくと、アイデアを思いつくだけかと思ってしまいますが、そうではありません。エジソンの発明は、どれ一つとして、かんたんなものはありませんでした。

たとえば、電球の発明では、長時間もつフィラメント（電気を流し、光をはなつ部分）をさがすのに、六千種類もの材料をためしました。身のまわりにある材料を手あたりしだいためしましたが、いい材料は見つかりません。けれど、たまたま家にあった扇子の骨組みを使ったら、なんと二百時間、電球は光をはなちつづけたのです。それまでの材料では四十五時間くらいしかもちませんでしたから、すごい記録です。エジソンはその後、世界じゅうからあらゆる竹をとりよせて、ようやく日本の京都で、千時間以上もつ竹を見つけたのです。

エジソンの有名なことばに、「天才は九十九パーセントの汗と、一パーセントのひらめきから生まれる」というものがあります。このことばどおり、エジソンはどんな困難があってもあきらめず、自分の好奇心がみたされるまで、実験や挑戦をくりかえして、発明王になったのです。

知っ得ポイント

エジソンは、自分の発明の権利を守るためによく裁判をおこしていたので、「訴訟王」ともよばれています。

＋と－

算数

算数の計算を学ぶとき、最初に出てくる記号ですね

2月12日のおはなし

たし算とひき算

＋と－という記号を知らない人はいませんね。みんな算数の教科書や電卓で見ているでしょう。

みなさんがよく知っているとおり、＋は、1たす1のように、数をたす計算をするときに「たす」をあらわす記号として使います。英語を使って「プラス」とよぶときもあります。

－は、2ひく1のように、ある数と数の差を計算するときに「ひく」をあらわす記号として使います。「マイナス」とよぶこともあります。

たし算もひき算も、とても古くからありましたから、昔から、「たす」をあらわす記号や「ひく」をあらわす記号はあったようです。

たとえば、5000年くらい前のエジプトでは、こんな記号を使っていました。

おもしろい形の記号でしょう？ このころのエジプトでは、モノの形で文字をあらわしていました。この記号は、人間の足なのです。そして、足のむきが文字や数が書かれる方向と同じだと「たす」で、逆だと「ひく」をあらわしました。

＋と－の誕生

わたしたちが使っている＋と－の記号ができたのは、わりあい最近のことです。

－は、もともとはただの線でした。船乗りがたるに入った水を使ったとき、「水はここまで残っているよ」と知らせるために、水の高さのところで線を引いたのです。これが－のはじまりです。

反対に、そのたるに水をつぎたしたときに、前に引いた横線にたての線をいれて消しました。これが＋のはじまりだといわれています。

－のはじまりは、マイナスの頭文字「m」を速く、くずして書いていたら－になったという説もあります。

また、＋のほうは、「～と」という意味のラテン語「et」を筆記体（et）にして速く書いていたら、＋になったともいわれています。

知っ得ポイント

乾電池にも＋と－があります。出っぱっているほうが「プラス」、たいらなほうが「マイナス」です。

うぐいすの宿

日本の昔話

山で道に迷うと、ふしぎなことがおこるものです

昔、さびしい山道を旅の商人が歩いていました。あちこちの村にいっては、品物を売ってまわっているのですが、山で道に迷ってしまったのです。歩いているうちに、梅の香りがする場所に出ました。見ると、つぼみをつけた梅の木が立っています。

　商人がぼうっと見とれていると、木のかげから、四人の娘が走りでてきました。

「旅のおかた、道に迷ったのですか。私たちの家でお休みになるといいですよ。さあ、どうぞこちらへ」

　つかれていた商人はありがたく娘たちの家へいきました。家はとてもりっぱな屋敷で、倉も四つありました。屋敷から、娘たちの母親が出てきました。

「私たちは女だけでくらしているので、とても心細いのです。どうぞ好きなだけ泊まっていってくださいな」

　ごちそうやお酒のもてなしをうけて、商人は大喜びです。その日からずっと、屋敷に泊まりつづけて、楽しくくらすようになりました。

　季節が冬から春になってしばらくしたころ、母親と娘たちが一日、家をあけることになり、商人は留守番をたのまれました。

「もしひまをもてあまして退屈でしたら、倉をのぞいてもいいですよ。ただし、四つ目の倉だけは、けっしてのぞかないでくださいね」

　五人が出かけてしまうと、商人はさっそくたいくつでしかたなくなりました。

「よし、倉をのぞいてみるか」

　一つ目の倉に入ると、そこには夏の景色が広がっていました。白い砂浜に波が打ちよせ、青い空には入道雲がうかんでいます。

　あまりの美しい景色に感動した商人はすぐに二つ目の倉の扉をあけました。

　二つ目の倉の中には、秋の景色が広がっていました。赤や黄色に色づいた葉が、川面を流れていきます。空には赤トンボが飛んでいます。

　商人は次に三つ目の倉をあけました。三つ目の倉の中は冬でした。まっ白な雪がしんしんとふって、一面を輝く白にそめあげています。

「なるほど、では、四つ目の倉は春にちがいないな」

　そう思った商人はいてもたってもいられなくなりました。桜の景色はどれほど美しいことでしょう。少しだけなからかまわないだろうと、商人は母親との約束をやぶって、四つ目の倉をあけました。

　中は思ったとおり、春の景色が広がっていました。ふと見ると、木に五羽のうぐいすがとまっています。その中の一羽がさあっと飛んできたかと思うと、母親の声でいいました。

「約束をやぶったのですね。私たちとのくらしはもうおしまいです」

　はっと気づくと、春の景色も倉も消え、商人は娘たちとはじめて会った梅の木の横に立っていたのでした。

知っ得ポイント

「見てはいけない」といわれたのに見てしまってたいへんなことになるという物語は昔話にたくさんあります。

理科

動物の赤ちゃん

動物の赤ちゃんの形や大きさは、さまざまです

2月14日のおはなし

卵？　赤ちゃん？

動物の赤ちゃんには、まず卵で生まれるものと、人間のように、お母さんの体の中で大きくなってから生まれてくるものがいます。

たとえば、メダカなどの魚や、はとなどの鳥は、卵で生まれますね。そして、卵の中で大きくなってから、からをやぶって出てきます。じつは、動物の多くは、卵で生まれてくるのです。

卵で生まれる動物も、鳥のように一度に数個の卵しかうまないものもいれば、一度に何千個も卵をうむものもいるなど、さまざまです。1回にいちばんたくさんの卵をうむのは、魚のマンボウだといわれています。マンボウは2億から3億の卵をうむのです。そのうち、大人になれるのは1、2ひきだそうです。

赤ちゃんいろいろ

ほ乳類のほとんどは、お母さんのおなかの中で大きくなってから、赤ちゃんとして生まれてきます。でも、その大きさや、お母さんのおなかの中にいる期間はさまざまです。

人間の赤ちゃんは、だいたい10か月お母さんのおなかの中ですごしてから生まれてきます。身長は50センチメートルくらいで、体重は3キログラムくらいです。生まれてから半年は自分でおきあがることはできません。歩けるようになるまでに1年かかります。

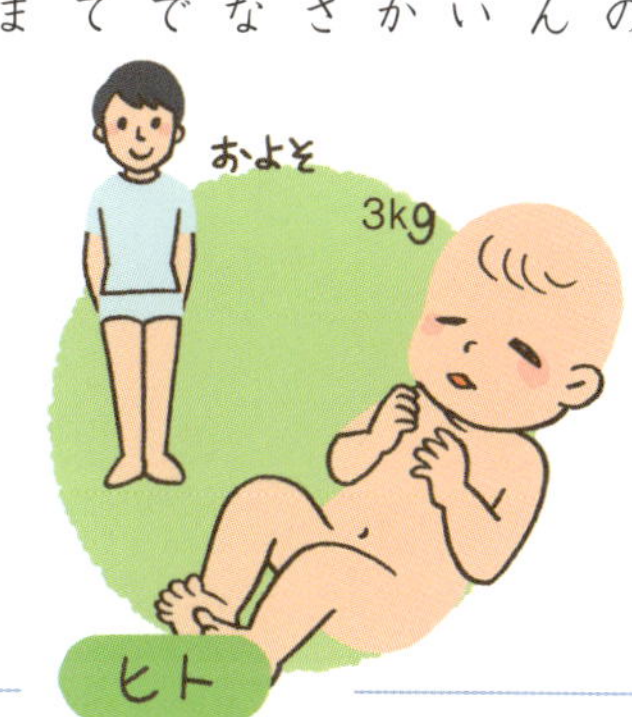

馬は11か月くらいで生まれてきますが、生まれたてで50キロも体重があります。そして、生まれて1時間もしないうちに、立って歩くのです。

およそ50kg
ウマ

親にくらべて小さく生まれてくるのはパンダです。パンダはだいたい4か月くらいで、100グラムぐらいの大きさで生まれます。お母さんのおなかに長いあいだいることで有名なのはぞうです。ぞうは2年近くもお母さんのおなかの中にいて100キロまで大きくなってから生まれてきます。

およそ100g
パンダ

でも、いちばん変わっているのはカンガルーではないでしょうか。カンガルーの赤ちゃんはなんと10グラムで生まれます。そして生まれるとすぐに、お母さんの袋によじのぼって入り、そこで半年から1年すごすのです。

およそ10g
カンガルー

知っ得ポイント

魚類の中でも、生きた化石といわれるシーラカンスは、母親のおなかの中で卵からかえって生まれてきます。

夕やけ

国語

森山京

原典 まっ赤にそまった夕やけの空が目にうかびます

きつねの子が新しいズボンをはきました。

色は、前のと同じ赤ですが、ひとまわり大きくて、ポケットが二つもついています。

「いいな。とってもいい」

きつねの子は、うっとりしました。小川の水に姿をうつしてうっとりしました。水遊びをしようかと思いましたが、ズボンをよごしたくなかったので、やめました。


お昼すぎ、草原へ出かけていくと、くまの子と、うさぎの子に会いました。

きつねの子は、どっちかが、ズボンに気がついてくれるといいのにと、思いました。けれど、二ひきとも、遊ぶことに夢中で、ズボンには、少しも気がつきませんでした。

なかまいりして遊ぶうちに、きつねの子も、ズボンのことを忘れてしまい、ころげまわったり、とびはねたりしました。

やがて、夕方がきて、空一面、火のような夕やけが広がりました。


「空がまっ赤だね」

「きつねくんのズボンの色だね」

くまの子と、うさぎの子が、きつねの子のほうを見ました。そして、

「あ、そのズボン」

「新しいズボンだね」

口々に声をあげました。

「うん、ちょっとおっきいけど」

きつねの子は、両手をポケットにつっこんで、にっこりしました。

「いいよ。とってもいい」

くまの子がいうと、うさぎの子もうなずきました。

三びきは、夕やけの下を、肩をならべて帰りました。

長い影ぼうしが、あとからついていきました。

知っ得ポイント
童謡「夕やけこやけ」の曲は、全国のたくさんの町で、家に帰る時間の合図として、夕方に流されています。

国語

クモの糸

芥川龍之介

人間の欲の悲しさがひしひしと伝わってきます

ある日のこと、お釈迦さまが極楽の蓮池のほとりをぶらぶら歩いていらっしゃいました。池にさく蓮の花はみんなまっ白で、なんともいえないよい香りがしていました。

お釈迦さまは足を止め、蓮の葉のあいだから、ふと池の下のようすをごらんになりました。池の下は地獄の底です。死人がわたる三途の川や、針の山がはっきり見えるのです。

お釈迦さまは、地獄の底にいるカンダタという男に目をとめました。カンダタは人を殺したり、家に火をつけたり、悪いことをたくさんしてきた大泥棒でした。けれど、たった一度だけ、よいことをしたのです。

深い林の中を通っていたとき、カンダタは小さなクモが道ばたにいるのに気づきました。思わずふんでしまおうとしましたが、「小さくても命あるものにちがいはないから、むやみに命をとるのはやめよう」と思いなおし、クモを助けてやったのです。

お釈迦さまは、よいことをしたカンダタを地獄から助けてやろうと考えました。ちょうど、蓮の葉にクモが糸をはっています。お釈迦さまはクモの糸をそっと手にとり、地獄の底へまっすぐにおろされました。

カンダタは地獄の血の池で、ほかの悪党といっしょにういたりしずんだりしていました。ふと上を見ると、遠い遠い天上から、銀色のクモの糸が細く光りながら、するするとこちらへおりてきます。

あの糸をのぼっていけば、きっと地獄からぬけだせる。極楽にいけるにちがいない。

カンダタは喜び、すぐに両手で糸をつかむと、上へ上へのぼっていきました。けれど、地獄と極楽のあいだはあまりにはなれています。つかれきったカンダタは途中でひと休みして、下を見おろしました。すると、なんということでしょう。数えきれない悪人がクモの糸をあがってくるではありませんか。自分一人の重さでも切れそうなクモの糸が、あんなにたくさんの人間の重みにたえられるわけがありません。糸が切れたら、自分はまた地獄へまっさかさまです。カンダタはあわてて、大声でさけびました。

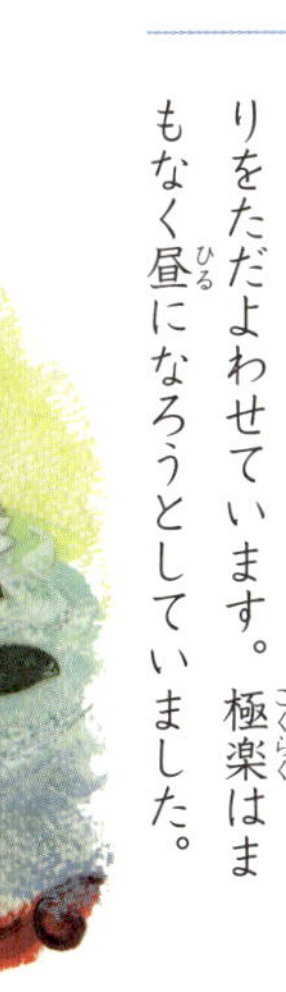

「こら、悪人ども。このクモの糸はおれのものだぞ。おりろ、おりろ」

そのとたん、今までなんともなかったクモの糸が、ぷつりと音をたてて切れました。カンダタはコマのようにくるくるまわりながら地獄の底へ落ちていきました。あとには、クモの糸がきらきら光りながら、空のまんなかにたれているばかりです。

お釈迦さまは蓮池のふちから、その一部始終を見ていましたが、カンダタが血の池の底へしずんでいくのを見とどけると、悲しそうな顔をして、またぶらぶら歩きはじめました。蓮池の白い花は変わらずによい香りをただよわせています。極楽はまもなく昼になろうとしていました。

知っ得ポイント

『クモの糸』は、大文豪芥川龍之介がはじめて子どもむけに書いた作品です。

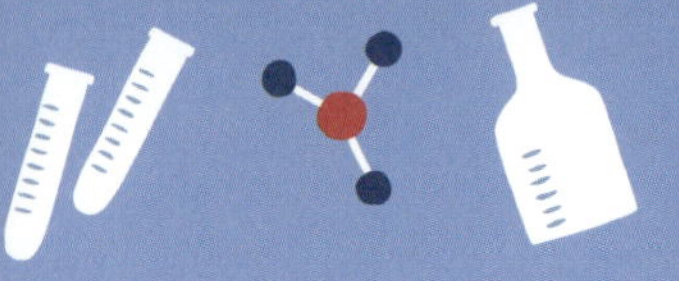

ひらがなのなりたち

ひらがなができあがったのは、けっこう最近なのです

みなさんが使っているひらがなは、いつごろ、どのようにできたか知っていますか。

もともと、日本には文字というものがありませんでした。昔の日本人は、中国から入ってきた漢字を、意味とは関係なく、読み方だけあわせて使っていたのです。たとえば、「あ」という音をあらわしたいと思ったら、「あ」という読み方をする漢字を書いていたのです。

でも、漢字は画数も多いし、書くのがいちいちたいへんです。短歌がたくさんよまれるようになった平安時代、だんだん、漢字をくずして書く人たちがふえてきました。この漢字をくずして書いた文字が、ひらがなのもとになったのです。

だからひらがなは、みんなかんたんな形で、時間をかけないで書けるのですね。

けれど、明治時代まではまだ、ある一つの音をあらわすのに、いろいろな字が使われていました。明治の終わりごろ、同じ音は同じ字であらわそうと決められたのです。そんなわけで、ひらがなが正式にできたのは、今からたった百年ちょっと前のことなのです。

ひらがなのもとの漢字はどの字なのかは、表を見てみてください。

あ	い	う	え	お
安	以	宇	衣	於
か	き	く	け	こ
加	幾	久	計	己
さ	し	す	せ	そ
左	之	寸	世	曽
た	ち	つ	て	と
太	知	川	天	止
な	に	ぬ	ね	の
奈	仁	奴	祢	乃
は	ひ	ふ	へ	ほ
波	比	不	部	保
ま	み	む	め	も
末	美	武	女	毛
や		ゆ		よ
也		由		与
ら	り	る	れ	ろ
良	利	留	礼	呂
わ	ゐ		ゑ	を
和	為		恵	遠
ん				
无				

知っ得ポイント

平安時代の前に、意味とは関係なく音だけあらわすために使われていた漢字は、万葉がなとよばれています。

社会

豊臣秀吉

（1537～1598年　日本）

天下統一をして戦国時代を終わらせた武将

2月18日のおはなし

貧しい家の子

今から400年以上も昔、日本はまだ1つの国ではなく、たくさんの小さな国に分かれて、戦をしていました。それを1つの国にまとめたのが、豊臣秀吉です。

といっても、豊臣秀吉は、もともとても身分の低い家に生まれました。小さいころから、えらい武士になりたいと思っていた秀吉は、若いときはいろいろな仕事をして、17歳のころから、尾張国（今の愛知県）をおさめていた織田信長につかえました。

秀吉はまず、ぞうりとりとして働きはじめました。ぞうりとりというのは、殿さまが出かけるときにぞうりを用意する役目のことです。下っぱがする仕事です。でも、そんな仕事でも、秀吉は真剣にとりくんだのです。つねに準備しておいて、信長が出かけるときは、いつでもすぐにぞうりを出しました。雪の日、ぞうりをふところに入れてあたためておいたこともあります。そういう仕事ぶりが信長にみとめられて、秀吉はしだいに大きい仕事をまかされるようになりました。どんな仕事でも考え、工夫して、どんどん出世していきました。ひと晩で城をつくったという伝説まであるくらいです。

そして、織田信長が天下統一を目の前にして、部下の明智光秀に暗殺されたとき、秀吉はだれよりも早く行動をおこし、信長の仇をうって、天下統一をはたしたのです。

考えをめぐらした政治

天下をとったあと、秀吉は、天下をうまくおさめるために、さまざまな工夫をして政治をおこないました。

まず、田畑の大きさをくわしく調べる検地をして、できたお米をきちんと国におさめさせるようにしました。

次に刀狩りをおこなって、農民から刀をとりあげました。農民に反乱をおこさせないようにするためです。

さらに、バテレン追放令というものを出して、キリスト教の宣教師を処刑したり、日本から追いだしたりしました。

こうして、秀吉は武士と農民の身分をきっちり分け、税金を確保し、外国の教えを禁止して、自分の支配をやりやすくしたのでした。

秀吉は、62歳のときに病気で亡くなります。その後は、徳川家康が天下をとり、徳川家の支配が長くつづくのですが、その土台をつくったのは秀吉だったといえるのです。

知っ得ポイント

豊臣秀吉はその見かけから、織田信長をはじめいろいろな人に「さる」とよばれていました。

アリとキリギリス

国語

今楽しいこともだいじだけれど……

イソップ

ある夏の暑い日、地面の上を、アリが行進していました。なにやら体より大きなものをかついで、せっせと運んでいます。

「よいしょ、よいしょ」

「よっこらせ、よっこらせ」

地面から熱気があがってきて、たいへんな暑さの中、アリたちは汗をかきながら、食べ物を自分たちの家へ運んでいたのです。

草かげで楽しく歌をうたっていたキリギリスが、そんなアリたちのようすを見て、声をかけてきました。

「アリさん、こんなに暑い日に、いったいなにをしているんだい？」

「やあ、キリギリスさん。わたしたちは、寒い冬にそなえて、食べ物を家に運んでいるんですよ」

「寒い冬？　なにをいってるんだい、まだこんなに暑いのに。今からそんな先のことを考えるなんて、ばかばかしいよ」

キリギリスはちょっとアリをばかにしました。

でも、アリたちは気にしません。

「キリギリスさん、そちらこそ、なにをいっているんですか。冬なんて、あっというまにやってくるんですよ。そして、冬になったら、食べ物なんてなくなってしまうんですよ」

アリたちはそういうと、またせっせと食べ物を運びはじめました。

「こんなに暑い日に、汗水たらして、ばかばかしいにもほどがあるよ。ぼくは思いきり夏を楽しむさ」

キリギリスはまた、楽しそうにうたいはじめました。

やがて夏が終わり、秋がきました。それでも、キリギリスは毎日うたい、踊り、遊んでいました。アリたちはあいかわらず、冬にそなえて一生けんめい働いていました。

そしてついに、寒い冬がやってきました。野原の草はかれはて、木々の葉は落ち、もう食べ物などどこにもありません。しまいには雪までふってきて、地面をすっぽりおおってしまいました。

「ああ、おなかがすいたなあ……」

寒さにふるえながら、キリギリスは何日も雪の中を歩いていました。

ふと気づくと、前方に明るい光が見えました。アリたちの家です。キリギリスが窓から中をのぞきこんでみると、テーブルの上にたくさんの食べ物がありました。キリギリスは扉をたたいてたのみました。

「アリさん、食べ物を少し分けてくれませんか。おなかがすいて、死にそうなんです」

アリたちはききました。

「どうして冬がくる前に、じゅんびしておかなかったんですか？」

「歌をうたうのにいそがしくて、じゅんびなんてできなかったんですよ」

「だったらしかたないですね。これからもずっと歌をうたっていればいいじゃないですか」

アリは冷たくそういいはなつと、バタンと扉をしめました。

知っ得ポイント

もとは「アリとセミ」でしたが、セミのいない北の地方に伝えられるときにキリギリスに変えられました。

国会

わたしたちの代表が話をして、政治を決める場所

国会の仕事

国会というのは国の議会です。国会議員が話しあいをして、国のさまざまなことを決める場所です。

そして、国会議員というのは、わたしたち国民の代表です。日本でいちばんえらいのは国民で、国をどうするのか決めるのは国民ですが、全員が集まって話をすることはできないので、それぞれの地域で代表を決めて、代表に話をしてもらうしくみになっているのです。

国会の仕事でいちばん大切なのは、法律を決めること。新しい法律をつくったり、古い法律をやめたり、変えたりします。

国の予算を決めるのもだいじな仕事です。次の年に、国民から集めた税金をどんなことに使うかを話しあって決めています。

それから、総理大臣を決めるのも国会です。総理大臣は国会議員が、自分たちの中から選挙で選ぶのです。総理大臣が決まったら、その人がそれぞれの大臣を決めます（大臣は国会議員の中から選ばなくてもいいことになっています）。総理大臣と大臣をあわせたものを内閣とよびます。内閣は、国会が決めたことにしたがって、政治をおこなっています。

2つの国会

国会には、衆議院と参議院、2つの議会があります。国会は国のだいじなことを決めるところなので、いろいろな立場から話ができるよう、2つに分けられているのです。

国会がひらかれている国会議事堂を正面から見ると、まんなかに塔があって、左と右に建物がありますね。むかって左側が衆議院、右側が参議院です。では、衆議院と参議院、なにがちがうのでしょう？

衆議院議員も参議院議員も国民の選挙で選ばれますが、それぞれ議員でいる期間は4年と6年でちがいます。選挙が多い分、衆議院のほうがより国民の意見を代表しているといえるかもしれません。

そのため、衆議院のほうが参議院より、少し大きい力があたえられているのです。たとえば、総理大臣を決めるとき、衆議院と参議院の意見がちがったら、衆議院が選んだ人が総理になります。予算を決めるときもまず衆議院で話しあいをはじめ、衆議院がOKを出してはじめて、参議院で話しあうことになっているのです。

知っ得ポイント

今、衆議院議員の人数は475人、参議院は242人です。両方とも少しずつへっています。

しびり

狂言

主人と太郎冠者のかけひきが見どころです

これは、昔、あるところでおこったおはなし。

ある町の屋敷に、太郎冠者という召使いが働いておりました。ある日、太郎冠者は、主人に買い物をたのまれますが、なんとも気のりがしません。いつも自分ばかり、用を命ぜられるのが、気にくわないのです。

そこで、太郎冠者は、名案を思いつきます。そうだ、病気のふりをすればよいのではないか。さっそく

「あいたあいた、あいたあいた、あいたあいた」

と、痛がっておりますと、主人が

「これはどうしたこと。太郎冠者、なんとした」

と、心配して声をかけてきました。

「しびりが切れました」

「しびりほどのことを大げさにいうものじゃ。どれどれなおしてやろう」

主人はちりをひろって太郎冠者の額になすりつけました。しびりをとく、おまじないのようなものです。でも、太郎冠者は一歩も引きません。

「わたくしのしびりは親ゆずりのしびりですから、そんなものではなおりませぬ」

「親ゆずり？」

「わたくしの親には、子がたくさんおります。兄どもは、田や山、家財をゆずられました。わたくしは末子でしたので、なにもゆずるものがなく、しびりをゆずりうけたのです」

「また変わったものをゆずりうけたな」

けれど、主人もばかではありません。太郎冠者が仮病を使っていることなど百もしょうち。ですから、自分もひと芝居うつことにしたのです。

「おお、おじうえがわたしたちにごちそうをふるまってくれるとな。ああ、だが、残念なこと。太郎冠者はしびりが切れているので、いけぬだろう。しかたない、太郎冠者だけ留守番していてもらおうか」

太郎冠者にもきこえるよう、大きな声で一人芝居をしてみせたところ、さっそく太郎冠者がやってきて

「いえいえ、わたしもまいります」

「しかし、具合が悪いのであろう？」

「そこは、親ゆずりのしびりですから、よくわけをいってきかせれば、わかるのです。しびりよ、しびりよ。今日はなんとしてもご主人さまのおともをしなければならぬ。今日ばかりはなおってくれ。――ほい」

「今の、ほい、とはなんじゃ？」

「しびりがなおると返事したのです」

「して、具合は？」

「はい、もうだいじょうぶです」

太郎冠者が立って歩きまわってみせると、主人は、

「ならば、どこにでもいけるな。おじうえのごちそうの話はうそじゃ。買い物にいってまいれ」

「買い物ときいたら、またしびりが、あいた、あいた、あいた」

太郎冠者がその後、主人にしかられたことは、いうまでもありません。

知っ得ポイント

「太郎冠者」は狂言でもっとも重要な役柄の1つ。使用人①という役まわりで、演目によって性格はさまざま。

地球の公転

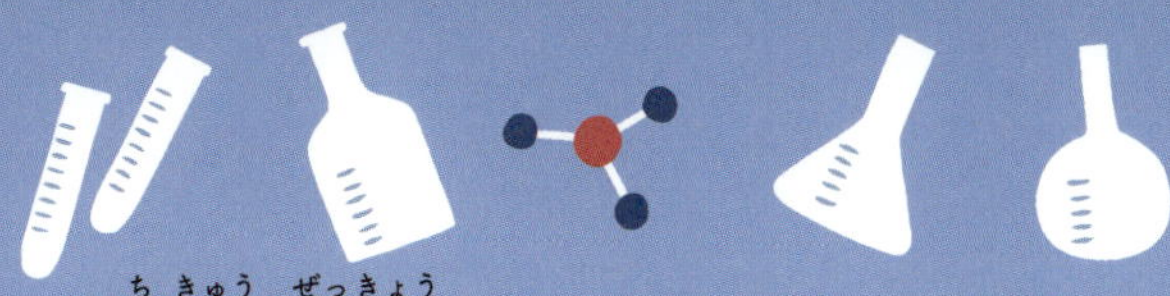

地球は絶叫マシーンよりすごいのです

宇宙を進む地球号

「それでも地球はまわっている」と、昔、ガリレオという天才科学者がいったように、地球は太陽のまわりをまわっています。今は、あたりまえの知識ですが、昔は、太陽が地球のまわりをまわっていると考えられていました。ほかの星の動きを観察した結果、地球のほうが動いているとわかったのです。地球が太陽のまわりをまわっていることを公転といいます。約1年かけて、1周しているのです。

では、地球はどのくらいのスピードで動いているのでしょうか。

地球が太陽のまわりをまわるスピードは、時速10万キロメートル。秒速にすると、28キロメートルです。ちょっと想像ができないスピードですね。「1」と数えるあいだに、たとえば、東京からだと横浜まで、大阪からだと神戸くらいまでいってしまう速さです。スペースシャトルでさえ、秒速8キロメートルなのですから、地球の速さといったら、ものすごいのです。

春夏秋冬があるわけは？

日本には四季があります。そして、夏は暑くなり、冬は寒くなります。この季節によって気温がちがう原因は、地球の公転に関係しているのです。

地球は、自転しながら太陽のまわりをまわっています。自転は、北極と南極をつらぬく軸を中心にまわっているのですが、この軸が、まっすぐではなく、かたむいているのです。ですから、地球が太陽のまわりをまわっているとき、ある場所では、光が真上からあたるけれど、別の場所だと、光がななめからしかあたらないということがおきます。真上からあたれば、光をたくさんうけることができて、気温もぐんぐんあがります。反対にななめからしかあたらなければ、光の量も少なく、気温もあがりません。こうして、夏は暑く、冬は寒くなるのです。

夏と冬があるのは、地球が太陽のまわりを、だ円を描いてまわっているからだと考える人がいますが、そうではありません。だ円の軌道で、地球がいちばん太陽に近づくときと、いちばんはなれたときでも、それほど距離に差はないのです。

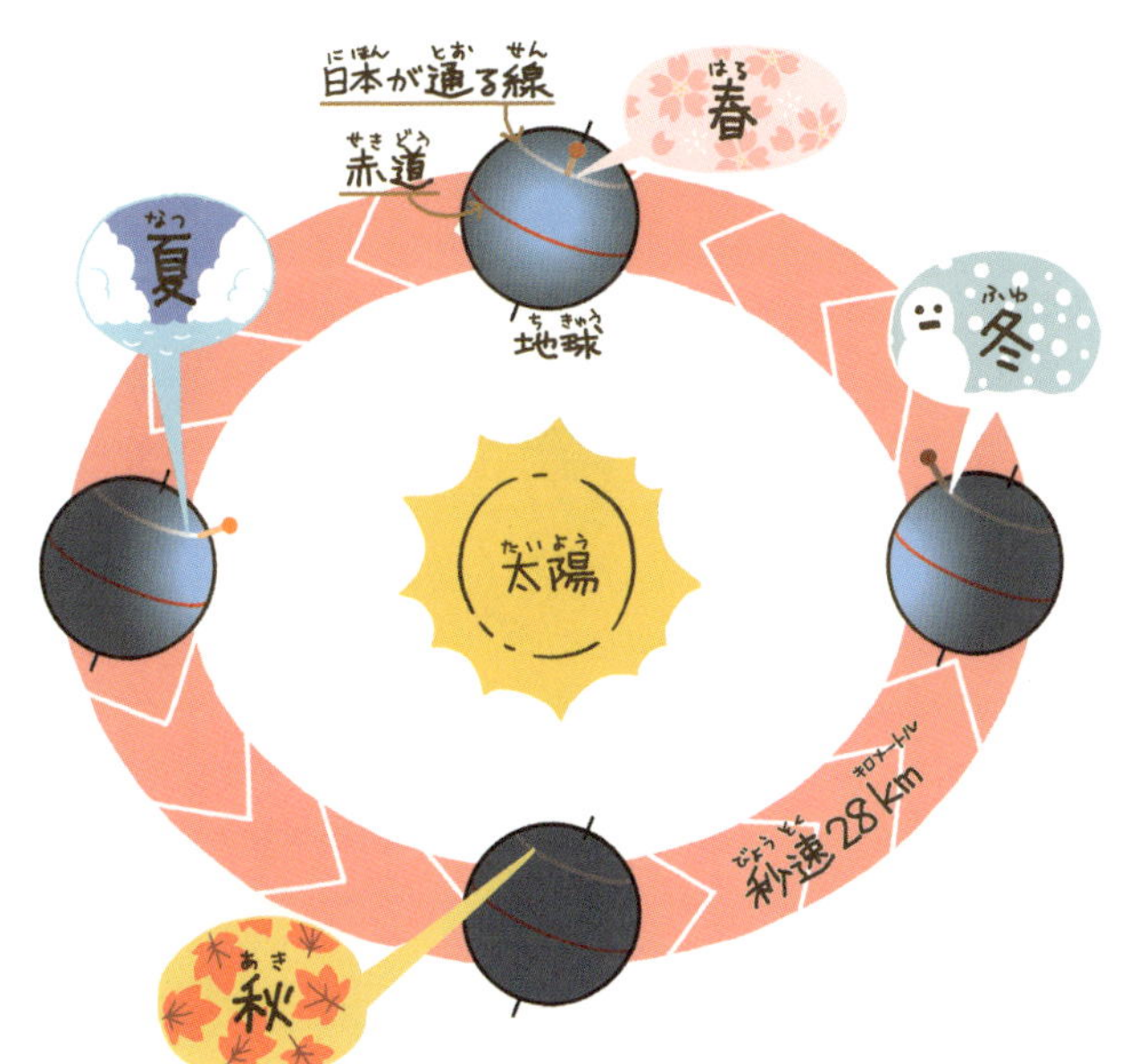

知っ得ポイント

地球が自転する軸は、およそ23度かたむいています。

交通標識

道のあちこちにある標識

道を歩いていると、あちこちに標識があるのが目に入りますね。標識には、その道を使う人に守ってもらいたいルールや、注意が書かれています。

ここにあげているのは、とくによく見かけるだいじな標識です。それぞれどんな意味か、知っていますか？

●止まれ
必ずいったん止まって、左右の安全を確認します。

●徐行
すぐに止まれる速度でゆっくり進みます。

●通行止め
歩行者も車も自転車も、通れません。

●自転車通行止め
自転車は通れません。

●車両通行止め
車は通れません。

自転車も車

車両通行止めなんて、自分には関係ないと思いますか？　でも、自転車に乗っているときは、車両通行止めの道を通ることはできません。自転車も車だからです。ですから、自転車も、車と同じ標識を守らなくてはいけません。ただし、標識の下に「自転車は除く」と書いてあるときは別です。

●車両進入禁止
車はその先に進めません。
＊「自転車を除く」と書いていないときは自転車もだめです。

●一方通行
車は、矢印の方向にしか進むことができません。

●歩行者専用
歩行者以外は通れません。

●自転車および歩行者専用
自転車と歩行者以外は通れません。

●自動車専用
自動車以外の歩行者、バイク、自転車は通れません。

●自転車横断帯
自転車に乗ったまま横断してもよい場所です。

知っ得ポイント
日本の交通標識は日本独自のものですが、国連標識という世界的な標識を参考にしています。

ちびくろサンボ

ヘレン・バンナーマン

サンボはジャングルで次々とらに出会います

2月24日のおはなし

ある村に、サンボという男の子がいました。お父さんの名前はジャンボ、お母さんはマンボといいます。マンボはサンボに、赤い上着と青いズボンをつくってくれました。ジャンボは市場で、緑のかさと紫の靴を買ってくれました。みんなに見せびらかしたくなったサンボは、それを全部身につけて、出かけていきました。

少しいくと、一頭のとらが目の前にあらわれました。

「ぼうず、おまえを食ってやる！」

「それはかんべんしてください。かわりのこの赤い上着をあげるから」

サンボの上着を着たとらは「これでおれも、ジャングル一りっぱなとらだ」といって、いなくなりました。

もう少しいくと、別のとらがあらわれてほえかかってきました。

「食ってやるからかくごしろ！」

「それはかんべんしてください。かわりのこの青いズボンをあげるから」

サンボのズボンをはいたとらは「これでおれも、ジャングル一りっぱなとらだ」と、去っていきました。

またもう少しいくと、また別のとらがあらわれて「食っちまうぞ！」といいました。サンボが靴をあげると、とらは靴を耳にかぶせて、うれしそうにいってしまいました。

残っているのは緑のかさだけ。なのに、やっぱり、またとらがあらわれて、だいじなかさにしっぽをまきつけて、もっていってしまいました。

上着もズボンも靴もかさもとられ、サンボは泣きながら歩いていました。すると、とらのうなり声がきこえてきます。サンボは木のかげにかくれて、のぞいてみました。なんと、さっきの四頭のとらが、木の下でにらみあっているではありませんか。

赤い上着を着たとら、青いズボンをはいたとら、紫の靴をかぶったとら、緑のかさにしっぽをまきつけたとら。どのとらも「おれがジャングル一だ！」とゆずりません。とっくみあいの大ゲンカをしています。そのうち、それぞれがとなりのとらのしっぽにかみついて、木のまわりをまわりはじめました。

ぐるぐるぐるぐる。

すごいいきおいでまわるので、上着もズボンも靴もかさもふきとばされてしまいました。サンボはすぐに全部ひろって家に帰りました。

とらたちのまわるスピードはすさまじく、そのうち、足が見えなくなり、顔や体まで見えなくなりました。しまいには全部とけて、バターになってしまったのです。

そこに通りかかったのがジャンボです。「こいつはいいバターだぞ」と、ジャンボはバターをもちかえりました。マンボは大喜びで、バターを使ってパンケーキを焼いてくれました。

さて、そのパンケーキ。マンボは二十七枚、ジャンボは五十五枚食べました。でもね、サンボは百六十九枚も食べたんですって。

知っ得ポイント

サンボという名前や物語の内容が黒人を差別しているとして、「ちびくろサンボ」は長いあいだ、批判されました。

バリアフリー

だれもが安心してくらせる社会をつくるために

人にやさしい町

バリアフリーということばは、テレビや新聞などでもたくさん見たりきいたりすることがあるでしょう。バリアというのは「じゃまなもの、なにかをするときにさまたげになるもの」という意味で、フリーは「ない」ということ。バリアフリーというのは、「じゃまになるものがない」という意味です。

家の中でも、町に出ても、人によってはとてもじゃまになるもの――バリアがあります。たとえば、お年よりや足の不自由な人、ベビーカーをおしている人には、階段や地面のでこぼこはバリアになります。目の不自由な人には、信号のある交差点がバリアになってしまいます。

今、そんなバリアをとりのぞいて、だれもが安心してくらせる町をつくろうと、さまざまなとりくみがされています。

バリアフリーのマーク

バリアフリーを人に知ってもらって、広めるために、さまざまなマークがつくられています。あなたのすんでいる町には、どんなマークがありますか？

障がい者が利用しやすい建物や場所だということをあらわす世界共通のマーク。（車いすに乗った人にかぎっているわけではありません）

身体に障がいがある人が運転している車だということをあらわすマーク。このマークをつけた車の近くで無理な運転をすると、罰せられます。

耳が不自由な人が運転している車だということをあらわすマーク。このマークをつけた車の近くで無理な運転をすると、罰せられます。

目の不自由な人が利用しやすい建物や場所だということをあらわす世界共通のマーク。信号機などによくついています。

耳がきこえにくいことをあらわすマーク。耳が不自由な人は、見た目でわかりにくいので、外出したときなど、まわりの人に知らせるために使われます。

ほじょ犬をつれて入っていいですよということをあらわすマーク。ほじょ犬とは、盲導犬・介助犬などのこと。ペットとはちがいます。ほじょ犬はきちんと訓練をうけていて、障がいがある人の体の一部として働いています。

町でこんなマークを見かけたとき、まわりに気をくばれるようになるといいですね。

知っ得ポイント

障がいの有無にかかわらず、すべての人が使いやすいようつくられたものをユニバーサル・デザインといいます。

三びきのどんがらやぎ

ノルウェーの昔話

同じ名前をもつ3びきのやぎのおはなしです

昔々、あるところに、三びきのやぎがいました。名前はどんがらやぎ。三びきはおいしい草をおなかいっぱい食べて、まるまる太ろうと、山のお花畑にいくことにしました。でも、山道の途中、滝のような川をこえなくてはなりません。その川にかかる橋の下には、おそろしいトロルがすんでいるのです。二つの目がお皿のように大きくて、鼻は火かき棒のように長いトロルです。

まず、小さいやぎが橋をわたりはじめました。

とっ、とっ、とっとっと。

その足音をききつけて、トロルが顔を出しました。

「だれだ？　とっとっと、と、おれさまの橋をわたるのは？」

「おいらさ、小さいどんがらやぎさ」

「よしよし。今、そっちにいって、おまえを食ってやろう」

「やめて、やめて！」小さいやぎは小さい声でいいました。「おいらなんか食べても、食べた気がしないよ。大きいやぎが、すぐにくるからさ」

「そうか。それなら、とっととゆけ！」

小さいやぎは橋をわたりきりました。

しばらくして、中くらいのやぎが橋をわたりはじめました。

とん　とん　とんとんとん。

その足音をききつけて、トロルがあらわれました。

「だれだ？　とんとんとんっと、おれさまの橋をわたるのは？」

「ぼくだよ、中くらいのどんがらやぎだよ」

「おお、きたきた。今そっちにいって、おまえを食ってやろう」

「待って、待って」中くらいのやぎは中くらいの声でいいました。「ぼくじゃ、ものたりないんじゃない？もっと大きいやぎが、すぐにくるよ」

「そうか、よしよし。それなら、とんとんいけ！」

そこへ、大きいやぎが橋をわたってきました。

どん　がら　どんどんどん！

大きいやぎは重たくて、橋もぎいぎいきしみます。

「だれだ？　どんどんがらがら、おれさまの橋をわたるのは？」

「俺だ！　大きなどんがらやぎだ！」大きいやぎは大きい声でいいました。声までがらがらです。

「待っていたわい。そっちにいって、おまえを食ってやろう」

「くるなら、こい！」

大きいやぎは、どーんとトロルに体あたりすると、とがった角でトロルの目をえぐり、かたいひづめでトロルをどしどしふんづけて、骨も身もこなごなに打ちくだきました。それから、川めがけて、ひょいっとトロルをほうりなげました。そうして、山のお花畑にのぼっていきました。

三びきは食べて、食べて、動けなくなるくらい、まるまると太りました。きっと今でも、まるまると太っているはずですよ。

知っ得ポイント

トロルは北欧の昔話に出てくる妖精。大きいのや小さいのなど、物語によって姿かたちはさまざまです。

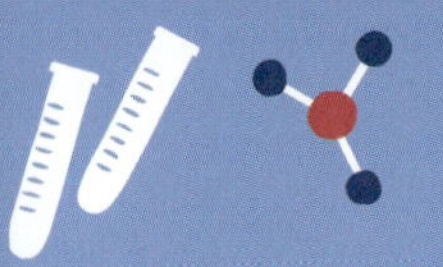

マグニチュード

震度とはどうちがうのでしょう？

震度とちがうものさし

地震がおこったとき、いろいろな場所の震度といっしょに、マグニチュードという数字が発表されるのを知っていますか？　震度というのは、どのくらいゆれたかをあらわす数字で、場所によってちがいます。地震がおこった場所の近くでは大きくゆれますが、遠くはなれた場所ならそんなにゆれませんよね。ですから、その2つの場所では、ちがう震度になるわけです。

ところが、マグニチュードは、地震の規模（どれくらい大きいかということ）をあらわすもので、1つの地震に1つしかありません。

電球の光でたとえてみましょう。電球はたくさん電気を使うものほど明るく輝きます。電球を買うとき、パッケージに○○ワットと書かれているのを見たことがあるかもしれませんが、そのワットが、電気を使う量をあらわしています。電球のパワーのようなものです。これが地震でいえば、マグニチュードにあたります。そして、電球の明るさが震度です。電球の近くで、光は強いですが、遠くはなればはなれるほど、光は弱くなるでしょう。もちろん、電球のパワーが大きければ、光はより遠くまでとどきます。

マグニチュードのはかりかた

震度はゆれを数字にしたものです。では、マグニチュードはどうやってはかるのでしょうか？

じつは、マグニチュードは計算して出している数字です。計算方法はちょっとむずかしいので、みなさんは高校で習うことになるでしょう。

マグニチュードは今、1から10まで決められています。マグニチュードが1ふえると、計算によると、地震の規模は32倍になります。2ふえると、32×32で、およそ1000倍になるのです。

人間が地球に誕生してからおこった地震で、もっとも大きいものは、1960年に南米でおこったチリ地震です。このときのマグニチュードは9・5でした。30年以内におこるかもしれないといわれている南海トラフ大地震のマグニチュードは8～9だと予測されています。

知っ得ポイント

2016年の熊本地震はマグニチュード7.3、2011年の東日本大震災はマグニチュード9.0でした。

食物連鎖

地球上の生き物は、みんなつながっているのです

地球の生き物

わたしたちは、毎日、食べ物を食べていますね。食べ物を食べなければ、栄養がとれず、体を動かすエネルギーもなくなり、やがて生きていられなくなるでしょう。

これは人間だけにかぎりません。すべての生き物は、栄養をとらないと生きていけないのです。

人間はいろいろなものを食べます。野菜や、肉、魚……ほかの生き物を食べることで、栄養をとっています。

たとえば、カレーを考えてみましょう。カレーには、牛肉、にんじんや玉ねぎが入っています。牛肉として人間に食べられる牛は、草を食べて生きています。にんじんや玉ねぎ、そして牛のえさになっている草は、土から栄養をとって大きくなっています。

その養分は、植物や動物の死がいやふんなどから、できています。こうして、生き物たちは、食べることを通して、つながっているのです。食べ物を通して鎖のようにつながっているので、「食物連鎖」といいます。

生き物のつながり

生き物たちは、たとえばこんなふうにつながっています。

●陸上
植物→こん虫→鳥→肉食の動物
→草食の動物
→動物の死がいや、かれた植物
→土の中の生き物や微生物によって分解→植物が成長するための栄養となる

●水中
藻などの植物→ミジンコなどのプランクトン→小さい魚→大きな魚→魚の死がいやかれた植物→水中の生き物や微生物によって分解→植物が成長するための栄養となる

植物、動物、微生物……地球上の生き物はすべて、つながっているのです。たとえば、わたしたちが植物を全部とってしまったら、それをえさにしているこん虫や草食の動物がへり、鳥や肉食の動物もへっていくでしょう。

そのように、ある生き物がへったら、つながりのバランスがくずれて、生き物全体に影響が出てしまうのです。

知っ得ポイント

バランスがくずれても、それほど大きくくずれなければ、長い時間をかけてつりあいはもとにもどれます。

雪わたり

国語

雪が一面にこおった雪わたりの夜の物語

宮沢賢治

2月29日のおはなし

お日さまがかたくこおった雪をぎらぎらてらしていた日のこと。

四郎とかん子は小さな雪靴をはいて、野原に出ました。雪が一面こおっているから、いつもは歩けない畑の中でも、野原の上でも、好きなほうへどこまででもいけるのです。

「堅雪かんこ、凍み雪しんこ。きつねの子は嫁ほしい、ほしい」

二人は森にむかってさけんでみました。森はしいんとしていましたが、やがて「凍み雪しんしん、堅雪かんかん」と、子ぎつねが出てきました。

二人と一ぴきはさっそくいろんな話をしました。子ぎつねは紺三郎という名前でした。きつねはうさぎのふんをだんごにして人間に食べさせるときいていた四郎たちは、紺三郎に「きつねが人をだますというのはほんとうなの？」ときいてみました。

「だましませんとも」紺三郎はそういうと、次に雪がこおった晩に幻燈会があるから、そこへおいでと二人をさそいました。幻燈会ではおだんごがふるまわれるのです。

青白い満月がのぼった晩。雪はチカチカ青く光り、かたくこおっています。

今夜はきつねの幻燈会です。森のおくに、きつねの学校の生徒が集まっていました。ピーと笛が鳴り、紺三郎が出てきてていねいにおじぎをしました。

「これから幻燈会をやります。今夜は大切なお客さまがありますから、静かにしてください。けっしてクリの皮を投げたりしてはいけません」

みんな喜んで手をたたきました。

始まった幻燈は、お酒に酔った人間たちがなにかを食べている写真ばかりでした。

幻燈がお休みになり、かわいらしいきつねの子がきびだんごをのせたお皿をもってきました。きつねの学校の生徒がみんなこっちをむいて「食うだろうか。ね、食うだろうか」なんてひそひそ話しあっています。

四郎はかん子にいいました。

「ね、食べよう。紺三郎さんがぼくらをだますなんて思えないよ」

そして二人はきびだんごを食べました。そのおいしいこと。ほっぺたも落ちそうです。そのようすを見たきつねの学校の生徒は喜んで、みんな踊りあがってしまいました。

やがて幻燈会が終わる時間になると、紺三郎がまた出てきました。
「みなさん、今晩の幻燈はこれでおしまいです。今夜みなさんは深く心にとめなければならないことがあります。それは、きつねのつくったものをかしこい人間のお子さんが食べてくださったことです。みなさんはこれからも、うそをつかず、人をだまさず、きつねの悪い評判をなくしていきましょう」
きつねの生徒はみんな感動して両手をあげ、ワーッと立ちあがりました。そしてキラキラ涙をこぼしたのでした。

……知っ得ポイント……

雑誌で発表されたこの物語は、宮沢賢治のデビュー作でした。

3月の

おはなし

原典
春のはじめにふさわしい、
気持ちのいい風を感じられます

春のうた

草野心平

ほっ　まぶしいな。
ほっ　うれしいな。

みずは　つるつる。
かぜは　そよそよ。
ケルルン　クック。
ああいいにおいだ。
ケルルン　クック。

ほっ　いぬのふぐりがさいている。
ほっ　おおきなくもがうごいてくる。

ケルルン　クック。
ケルルン　クック。

知っ得ポイント

この詩の主人公は、カエルです。長い冬眠からさめて、地上に出てきたときのことばなのです。

大きなカブ

ロシアの昔話

さあ、この物語は大きな声で読みましょう

昔々、あるおじいさんが、畑にカブをうえました。そして毎日

「大きくなあれ。あまくなあれ。大きくなあれ。あまくなあれ」

と声をかけながら、ていねいに育てました。するとカブは、りっぱに育ち、見たこともないほど大きくなったのです。

ついにカブをぬく日がやってきました。おじいさんはカブのくきをにぎり、かけ声をかけて、引っぱりました。

「よっこらせ、どっこらせ」

ところが、カブはびくともしません。よし、もう一度、やれ、もう一度、と何度やっても、カブはしっかりうわったまま。そこで、おじいさんはおばあさんをよんできました。

おばあさんがおじいさんを引っぱって、おじいさんがカブを引っぱります。

「よっこらせ、どっこらせ」

けれども、カブはぬけません。よし、もう一度、やれ、もう一度、と何度やっても、ぬけません。そこで、おばあさんは孫娘をよんできました。

孫娘がおばあさんを引っぱって、おばあさんがおじいさんを引っぱって、おじいさんがカブを引っぱります。

「よっこらせ、どっこらせ」

それでもカブはぬけません。よし、もう一度、やれ、もう一度、と何度やっても、ぬけません。そこで、孫娘は犬をよんできました。

犬が孫娘を引っぱって、孫娘がおばあさんを引っぱって、おばあさんがおじいさんを引っぱって、おじいさんがカブを引っぱります。

「よっこらせ、どっこらせ」

まだまだ、カブはぬけません。よし、もう一度、やれ、もう一度、と何度やってもぬけません。そこで、犬は猫をよんできました。猫が犬を引っぱって、犬が孫娘を引っぱって、孫娘がおばあさんを引っぱって、おばあさんがおじいさんを引っぱって、おじいさんがカブを引っぱります。

「よっこらせ、どっこらせ」

どうにも、カブはぬけません。よし、もう一度、やれ、もう一度、と何度やってもぬけません。そこで、猫はねずみをよんできました。

ねずみが猫を引っぱって、猫が犬を引っぱって、犬が孫娘を引っぱって、孫娘がおばあさんを引っぱって、おばあさんがおじいさんを引っぱって、おじいさんがカブを引っぱります。

「よっこらせ、どっこらせ。それ、もうひとつ。よっこらせ、どっこらせ。もうひとつおまけに、よっこらせ、どっこらせ」

すると、

すぽーん！

とうとうカブはぬけました。

めでたし、めでたし。

知っ得ポイント

この物語は、ロシアのウクライナに昔から伝わる民話。有名なロシア民話にはほかに「イワンのばか」があります。

億より大きい数

国が使う大きなお金について話すときに使いますね

数の単位

大きな数の単位をあげてみてといわれたら、みなさんはどれくらい大きな単位を思いつきますか？

百万？　一千万？　億という単位は知っていますか？

たとえば、日本にすんでいる人の数は、1億2千万人ぐらいといわれています。世界にすんでいる人の数は、おおよそ40億人です。

一の単位から順番にあげていくと、

一→十→百→千→万→十万→百万→千万→億

となります。

億より大きい数

では、億より大きい単位はなんでしょう？

億より位が1つ大きいのが、十億で、その次が百億、またその次が千億。そして、その次が、「兆」です。

日本の国で使われるお金（国家予算）の話をするときに、この「兆」という単位が出てきます。

では、兆より大きな単位はあるのでしょうか？

もちろんあります。十兆、百兆、千兆ときて、次は「京」です。コンピュータのニュースなどで、もしかしたらきいたことがあるかもしれません。

コンピュータのニュースで出てくる「京」はスーパーコンピュータの名前です。計算を1秒あたり1京回おこなえる力があるので、「京」という名前になったのです。

【大きい数】

100000000000000000000000000000000000000000000000000000000000000000000

無量大数　不可思議　那由他　阿僧祇　恒河沙　極　載　正　澗　溝　穣　杼　垓　京　兆　億　万　一

知っ得ポイント

数の単位をあらわす漢字は中国から伝わってきたもので、大きな単位には仏教用語が使われています。

レイチェル・カーソン

（1907～1964年　アメリカ）伝記

自然を愛し、守った生物学者

今からおよそ五十年前、アメリカで一冊の本が出版されました。本のタイトルは『沈黙の春』。そのとき世界でたくさん使われていた殺虫剤や除草剤などの化学物質が、自然を破壊するおそれがあるということを書いた本です。このまま人間が化学物質を使いつづけていたら、いつの日か、鳥のさえずりも、虫の羽ばたきもきこえない春がやってくるだろう――タイトルの『沈黙の春』には、そういう意味がこめられているのです。

この本を書いたのが、レイチェル・カーソンです。レイチェルは、アメリカのいなかで生まれました。家は農家で、まわりを森や野原にかこまれていました。そんな緑がたくさんあるところで育ったレイチェルは、小さいころから、自然の中で遊んでいました。自然とともに生きていたのです。この経験が、レイチェルの人生を決めたといっていいでしょう。

レイチェルはまた、本を読むことも好きでした。たくさんの本を読むうちに、自分でも物語を書くようになり、大学の文学部へ進学します。当時、女子が大学へいくことはとてもめずらしいことでした。女子に高い教育は必要ないと考えられていた時代だったのです。どちらかというと貧しい農家の出身だったレイチェルは、奨学金をもらって大学に進み、一生けんめい勉強します。そして、勉強するうちに、生物学のおもしろさに夢中になるのです。幼いころ感じた自然のふしぎへの驚きが、ふたたび目ざめたのでした。

レイチェルはその後、生物学者になり、漁業局という海の生物について調査する政府の機関で働きながら、雑誌やパンフレットなどに記事を書くようになりました。作家志望だったレイチェルが書く記事はとてもわかりやすく、読者の興味を引きつける文章だったため、本を書いてみたらどうかという依頼もまいこむようになりました。

漁業局には、政府がおこなっている研究や調査の報告書がとどきます。レイチェルはそうした報告書を読んでいるうちに、農薬がおそろしい毒性をもっていて、自然環境や生物に害をおよぼしていることに気づき、だまっていられなくなりました。農薬の害について記事や本を書くことは、大きな薬品会社や農薬使用をすすめている政府を敵にまわすことを意味します。本を書いている途中、多くの妨害もうけました。それでも、レイチェルは書きつづけたのです。自然とともに生きてきた人間として、生物学者として、どうしても声をあげなければいけないと思ったからです。

こうして出版された『沈黙の春』はあっというまにベストセラーとなって、世界じゅうで翻訳されました。そして、わたしたちに自然と環境について、考えさせるきっかけをつくったのです。

知っ得ポイント

『沈黙の春』はアメリカだけで150万部売れ、世界20か国以上で出版されました。

太陽系、第1番目の惑星

水星

太陽にいちばん近い惑星

水星は太陽系の惑星の中で、太陽にいちばん近いところにあります。だから、地球からはちょっと見えにくいのです。水星を見たかったら、朝、太陽がのぼる東の空のとても低いところか、夕方、太陽がしずむ西の空の低いところを観察してみましょう。

水星とは、どんな星なのでしょうか。まず、水星には大気がほとんどありません。温度をやわらげてくれる大気がないために、表面の温度は、太陽のほうをむいている昼間は439度にまであがり、太陽の反対側をむく夜では、マイナス160度までさがります。

今、昼間といいましたが、じつは、水星の昼間と夜は、少し変わっています。

水星は太陽のまわりを約88日でまわります。また、59日かけて、自転しています。このことから計算してみると（太陽がのぼってしずむまでを1日とするなら）、水星の1日は176日だということがわかります。なんと、1日のほうが、1年より長いのです。そして、昼間の時間は88日間、夜の時間も88日間あるのです。

たくさんの穴

水星は地球と同じように、岩石と金属からできていますが、海のような水はありません。かわりに、クレーター（ほかの天体とぶつかってできた穴ぼこのこと）がたくさんあります。昔、たくさんのいん石が水星にぶつかったのですね。

いちばん大きいクレーターは、「カロリス盆地」とよばれていて、直径約1300キロメートル（水星の半径の半分）もあります。カロリス盆地のちょうど反対側には、谷や山などが複雑にいりくんだ地形があります。この地形も、カロリス盆地をつくったいん石の衝突でできたと考えられています。衝突したときの力が、波のように水星の表面を伝わって、反対側でぶつかったのです。このときぶつかったいん石がもう少し大きかったら、水星はこなごなにくだけちっていたと考えられているのですよ。

知っ得ポイント

水星の直径はおよそ4800キロメートルで、体積は地球の5.5パーセントしかありません。

国語

赤いろうそく

新美南吉

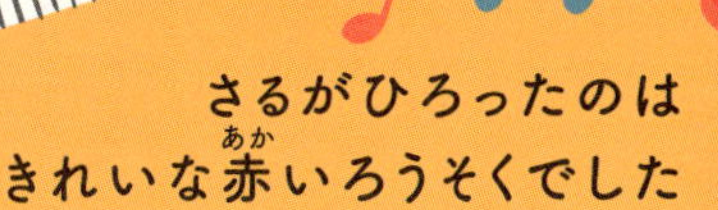

さるがひろったのは
きれいな赤いろうそくでした

山から里のほうへ遊びにいったさるが、一本の赤いろうそくをひろいました。赤いろうそくはたくさんあるものではありません。それで、さるは赤いろうそくを花火だと思いこんでしまいました。さるはひろった赤いろうそくをだいじに山へもってかえりました。

山ではたいへんなさわぎになりました。なにしろ花火などというものは、いのししにしてもうさぎにしても、亀にしても、いたちにしても、たぬきにしても、きつねにしても、まだ一度も見たことがありません。その花火をさるがひろってきたというのです。

「ほう、すばらしい」

「これはすてきなものだ」

いのししやうさぎや亀やいたちやたぬきやきつねはおしあいへしあいして、赤いろうそくをのぞきました。

「そんなに近よったら爆発するぞ」

さるは花火というものが、どんなに大きな音をして飛びだすか、そしてどんなに美しく空に広がるか、みんなに話してきかせました。そんなに美しいものなら見たいものだとみんなは思い、その晩、山のてっぺんにいって打ちあげてみることになりました。みんなは、夜の空に星をふりまくようにぱあっと広がる花火を目にうかべて、うっとりしました。

さて、夜になりました。みんなはわくわくと山のてっぺんにやってきました。さるはもう赤いろうそくを木の枝にくくりつけています。

いよいよ花火を打ちあげることになりました。しかし困ったことに、だれも花火に火をつけようとしません。みんな花火を見ることは好きでしたが、火をつけにいくことは、好きでなかったのです。

これでは花火はあがりません。

そこでくじを引いて、火をつけにいくものを決めることになりました。第一にあたったのは亀でした。

亀は元気を出して、花火のほうへいきましたが、そばまでいくと首が自然に引っこんでしまって出てきませんでした。

そこでくじがまた引かれて、今度はいたちがいくことになりました。いたちは亀よりはいくぶんましでした。首を引っこめてしまわなかったからです。けれど、いたちはひどい近眼でした。だから、ろうそくのまわりをきょろきょろとうろついているばかりなのです。

とうとういのししが飛びだしました。いのししはまったくいさましいけだものでした。いのししは花火のそばまでいくと、ほんとうに火をつけてしまいました。

みんなはびっくりして、草むらに飛びこみ、耳をかたくふさぎました。耳ばかりでなく、目もふさいでしまいました。

しかし、ろうそくは、ぽんともいわずに静かに燃えているばかりでした。

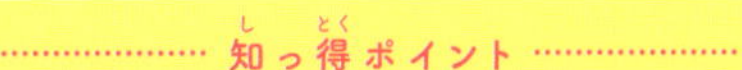

知っ得ポイント

新美南吉は学校の先生をしながら物語を書いていましたが、結核のため29歳という若さで亡くなりました。

ヨハン・セバスチャン・バッハ

「音楽の父」とよばれた偉大な作曲家

（1685〜1750年　ドイツ）

苦労した音楽人生

バッハは、8人兄弟の末っ子として生まれました。お父さんは音楽家の一族の出身で、親せきはみな音楽家でした。ですから、バッハも幼いころから、お父さんやお兄さんから音楽を学び、才能をみとめられていました。

ところが、バッハが9歳のときにお母さんが、次の年にはお父さんが亡くなってしまいます。両親ともいなくなってしまったバッハたちは、ばらばらに親せきにあずけられることになり、バッハはいちばん上のお兄さんのもとに引きとられました。

しばらくお兄さんのところで音楽を学んでいたバッハですが、そんなにお兄さんにあまえてはいられません。結局、14歳のときに、お兄さんの家を出て、教会の合唱団に入ったのです。そこで給料をもらいながら、音楽の勉強をつづけました。

数年後、変声期をむかえて、合唱団にいられなくなると、今度はバイオリニストとして雇ってもらいました。バッハはのちにオルガンやピアノのような鍵盤楽器で有名になりますが、そのころはバイオリンがうまかったのです。

18歳になると、バッハは宮廷楽団から、バイオリニストとしての仕事をもらうことができました。けれど、ときどき、代役でオルガンをひくことがあり、オルガン奏者としての才能を花ひらかせ、世の中にみとめられていきます。

その後、バッハは教会や宮廷楽団など転々としながら、オルガンをひいたり、指揮をしたりという仕事をもらいました。そのかたわらで作曲をしていったのです。

死後、有名に

でも、バッハのつくる曲はどちらかというと地味でした。世の中の人が好きな派手な音楽ではなかったので、それほど人気は出ませんでした。

今でこそ、バッハはブラームスやベートーベンとともに、ドイツを代表する作曲家といわれていますが、生きているあいだは、そんなに有名でも人気が高かったわけでもありませんでした。オルガンがうまい音楽家だという評価しかされていなかったのです。

バッハの曲が世の中にみとめられて人気が出るようになったのは、死後80年もたってからです。メンデルスゾーンという有名な音楽家がバッハの「マタイ受難曲」という作品を公演したことがきっかけで、バッハの曲はたくさんの人にきかれるようになったのです。

バッハの曲はみなさんもどこかできいたことがあるでしょう。「メヌエット」「小フーガト短調」「G線上のアリア」などはとくに有名です。

知っ得ポイント

バッハの息子たちも有名な音楽家になり、その中の1人は小さいころのモーツァルトに音楽を教えました。

国語

雷

狂言

雷さまとやぶ医者のやりとりがなんともこっけいです

3月8日のおはなし

昔々、都にやぶ医者がおりました。やぶなので、患者もやってきません。そこで、やぶ医者は、医者が少ないという東の国へいくことにしました。都を出発して、広い野原を歩いていると、

ぐわら　ぐわら　ぐわら

ぴかーり

大きな雷の音がきこえてきたと思ったら、

どーん

と、目の前に人が落ちてきました。

「いたたた……。おい、わしの目の前にいるおまえ、おまえは何者だ」

「わたしは、これから東の国にいこうとしている医者でございます」

「医者というのは、体の具合の悪いところをなおすもののことだな。それはよかった。わしは雷なのだが、うっかり足をふみはずして、天からここまで落ちてきた。落ちたひょうしに、腰をいためた。おい、医者、腰をなおしてくれ」

雷さまを治療したことなどない医者は、無理ですといいたかったのですが、雷が怖くてさからえません。

「では、針を腰にさしてみましょう。さあ、横になってください」

横になった雷の腰に、やぶ医者は針を立てました。

「はっし」

「あ、いたた。いたた」

「はっし　はっし」

「あ、いたた　いたた。早くぬいてくれ」

「さあ、ぬきました。腰はどうですか」

「針とは痛いものだな。だが、腰はすっかりなおったようだ。助かった。では、天へ帰るとするか」

雷が天へ帰ろうとするので、医者は引きとめました。

「治療した代金をください」

「それは無理じゃ。今、お金のもちあわせがないのでな」

「そういわれても、代金をもらわないと、わたしも生活できません」

「おお、そうじゃ。では、次の夕立のとき、おまえのところに落ちて、代金をしはらってやろう」

「なんと。きくだけで、ぞっとします。代金は今、ちょうだいします」

「なんとききわけの悪い。では、お金のかわりに、望みをかなえてやろう。なにか望みはないか」

「なるほど。では、こうしましょう。今年はみんな、雨がふりすぎたり、雨がふらなかったりで、作物がとれず、おかげで、わたしも治療代がとれませんでした。だから、しばらく、そんなことがないようにしてください」

「それはかんたん。雨など、わしの思うままだ。これからは、ほどよく雨がふるようにしてやろう」

「ありがとうございます」

こうして雷は、元気よく天へ帰っていきました。

ぴかーり　ぴかーり

ぐわら　ぐわら

知っ得ポイント

狂言では、「ぐわらぐわら、ぴかーり」などの擬音もセリフになっています。声に出して読むと面白いですよ。

ファーブル昆虫記・ミノムシ

木の枝からぶらーんとぶらさがっている虫のおはなし

アンリ・ファーブル

理科

ミノムシのみのづくり

生まれたてのミノムシの子どもを何びきか、ガラスの器にいれて、タンポポの茎をいれてみるという実験をしました。

ミノムシはさっそくタンポポのあら毛をかきあつめ、みごとな着物をつくりました。

次は、ほうきの先をちぎって、あたえてみました。この材料でも、ミノムシはりっぱな着物をつくりました。

次は、すいとり紙を細く切ってあたえてみると、それでも着物をつくりあげました。

コルクせんをあたえてみたときは、コルクをけずりとって、ぶつぶつした着物をつくりました。どうやら、ミノムシはかわいていて、軽く、けずりやすい植物なら、どんなものでも着物の材料にしてしまうようです。

では、動物からとったものや、金属ではどうなのでしょう?

まず、ガの羽を細長く切って、2ひきのミノムシがいるガラスの器にいれてやりました。1ぴきはその日のうちに、羽できれいな着物をつくりました。でも、もう1ぴきは1日たっても、なにもしようとしませんでした。

次は金属です。鉄くずの上に4ひきのミノムシをおいてやると、1日すぎても、なにもしませんでした。ところが、よく日、そのうちの1ぴきが、鉄くずで着物をつくってやろうと決心するのです。このミノムシは、ぴかぴか光る着物をつくりあげました。けれど、とても重たいので、よろよろとしか歩けなくなってしまいました。かわいそうな子です。

ミノムシは、着物が着たくてたまらないのです。その思いは、食べ物を食べたいという気持ちより強いのです。

あるとき、1ぴきのミノムシが、とてもあらい毛のはえたタンポポを食べていました。このミノムシは青い部分は食べて、白いあら毛を着物の材料にしているのです。

そこで、この子をタンポポから引きはがし、2日ほどエサをあたえないでおきました。それから、葉の上にのせてみました。すると、おなかがすいているはずなのに、このミノムシは葉っぱには目もくれないで、白いあら毛をかきとると、着物をつくろうとしはじめたのです。ミノムシにとっては、食事よりもまず着物。着物ができないと、食事のことは考えられないというわけなのです。

ほうきの先　すいとり紙　コルク　鉄くず

知っ得ポイント

ミノムシは、ガの幼虫です。幼虫が「みの」のような巣をまとっているのです。

東京大空襲

2時間のあいだに10万人が亡くなった空襲

3月10日のおはなし

史上最大の空襲

空襲というのは、空からおこなわれる攻撃──飛行機から爆弾を落として、地上にある建物などをこわすことです。今からおよそ70年前、日本がアメリカやイギリスなどと戦争をしていたとき、日本の大きな町は、アメリカ軍から何回も空襲をうけました。

中でもいちばんひどい被害が出たのが、1945年3月10日に東京でおこなわれた空襲です。なんと、1回の空襲で、10万人もの人が亡くなったのです。核爆弾を使わないふつうの爆弾でこれだけの死者が出るのは、史上最大といっていいでしょう。この空襲のことを東京大空襲とよんでいます。

火事をねらった無差別攻撃

ふつう、空襲でねらうのは、兵器をつくっている工場などです。一般の人がすんでいる家などはねらいません。でも、東京大空襲では、東京の江東区と墨田区全体に、爆弾がばらまかれました。その地域全体に、小さな工場がちらばっていたからだといわれています。使われたのは、焼夷弾。焼夷弾の中には、火を出す薬剤が入っていて、爆発すると火をふいて、あたりを焼きつくすのです。そのころ日本の家はほとんど木でできていたので、焼夷弾など落とされたら、ひとたまりもありません。アメリカ軍はそれをねらったのです。

3月10日の深夜0時。300機をこえるB29戦闘機が、東京の上空にあらわれて、爆撃を始めました。爆撃していた時間は、およそ2時間。その日はちょうど風が強くふいていて、次から次へ落とされる爆弾で、東京はあっというまに火の海になりました。

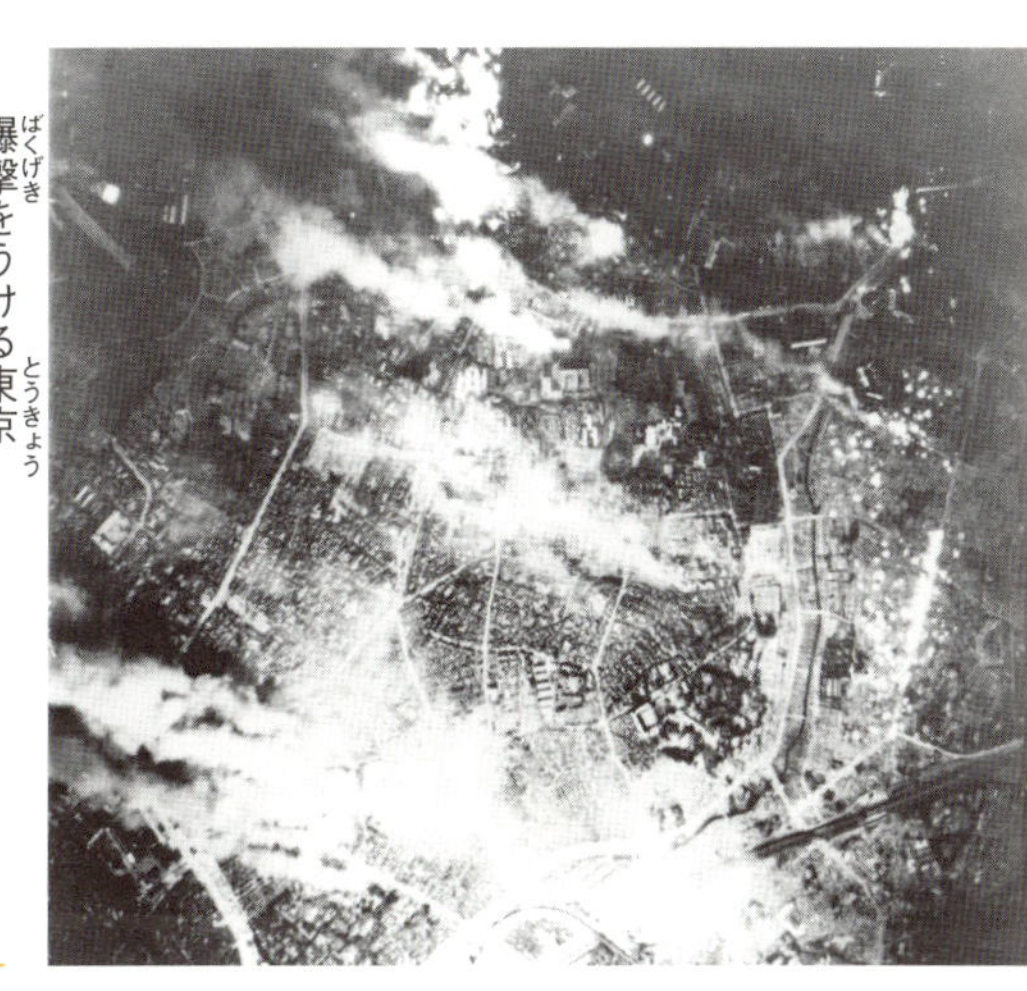

爆撃をうける東京

そうして、子どもも大人も、おじいさんもおばあさんも、区別なく10万人の人が焼け死んだのです。死んだ人の多くは、だれだかわかりませんでした。男の人なのか女の人なのかわからない死体もたくさんあったそうです。

空襲はそのあとも、戦争が終わるまで、たくさんおこなわれました。東京だけでなく、200をこえる町でおこなわれて、全体で60万人もの人が亡くなったのです。

焼け野原になった東京

知っ得ポイント

東京は何度も空襲をうけましたが、アメリカは皇居だけはねらわないようにしていました。

津波

社会

多くの恵みをくれる海が牙をむくこともあるのです

津波がおこるしくみ

津波はたいてい地震によっておこります。火山の噴火や、海の近くでの山くずれなどでおこることもありますが、ここでは地震によっておこる津波のしくみを見てみましょう。

海底の下で大きな地震がおこると、海底がもりあがったり、しずんだりします。すると、海底の動きによって、大きな波がおこります。この波が、地震が起こったところを中心に、360度まわりに伝わっていって岸におしよせます。これが津波です。

津波は海が深いところではジェット機なみのスピード（時速800キロメートル）で伝わり、浅くなると、自動車や自転車なみのスピードになります。そうなると、うしろからやってきた波が追いついてきて、波の高さはどんどん高くなるのです。

陸の近くでおそくなるといっても、時速40キロメートルほど。ふつうの人が走って逃げることはできません。ですから、津波がくるかもしれないという予報が出たら、すぐに高いところに逃げなければいけないのです。

遠くまで伝わる津波

津波の被害でみなさんがよくおぼえているのは、2011年3月11日の東日本大震災でおこった津波でしょう。地震がおこったあと、早いところでは30分で巨大な津波がおしよせました。津波の高さは10メートルから30メートル。津波警報は出ていましたが、最初に予測された波の高さは3メートルでした。結果、津波で命を落とした人、行方不明になった人は、1万8000人以上になりました。

地震のゆれはとどかないのに、津波だけやってくることもあります。1960年に南米のチリでおこった大地震のときは、日本ではゆれは感じませんでした。日本とチリはとてもはなれていますから、当然ですよね。でも、地震のおよそ22時間後、北海道から沖縄まで、2～6メートルの津波がおしよせたのです。そして、死者・行方不明者が142人も出てしまいました。このときから、遠くはなれた海で地震がおこったときも、各国と連絡をとりあって、警報を出すシステムができたのです。

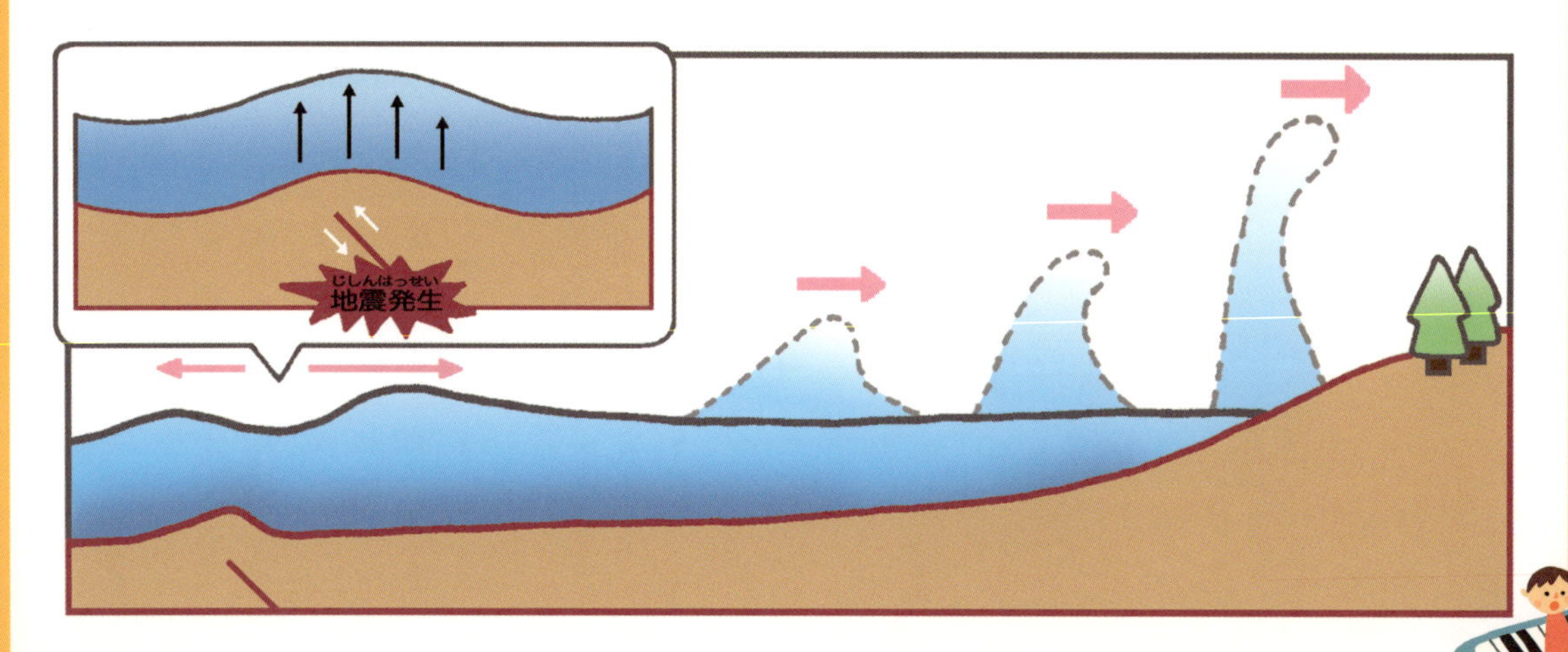

知っ得ポイント

「ツナミ」ということばは、世界共通。世界で通じる、数少ない日本語の1つです。

森のうぐいす

アンデルセン

王さまは美しい歌声を手にいれたかったのです

昔々、とてもりっぱで美しい宮殿にすんでいる王さまがいました。宮殿にはとても広い庭と、森や湖までありました。その森に、とても美しい声でうたう一羽のうぐいすがいました。そのうぐいすの声をきいた人たちは、みんな感動するのです。そして、「うぐいすの歌声は世界一美しい。宮殿より美しい」と、口々にほめたたえるのでした。

そのうわさが、とうとう王さまの耳にも入りました。

「なんと、私の宮殿の森にすむうぐいすの声が、世界一美しいだと？　私はきいたことがないぞ。すぐにそのうぐいすとやらをつれてまいれ」

王さまの命令で、うぐいすは宮殿でうたうことになりました。はじめてうぐいすの声をきいた王さまは、その美しさに心をふるわせ、ぽろぽろ涙をこぼしました。

「なんというすばらしい歌声なのだろう。どうかこれからは私のそばでうたっておくれ」

こうしてうぐいすは宮殿にすみ、毎日王さまのためにうたうことになったのです。

そんなある日、王さまのもとに贈り物がとどきました。美しい声でうたう機械じかけの鳥でした。金の体に宝石もちりばめられていて、見かけもたいそうりっぱです。王さまはすっかり気にいって、毎日何度もネジをまいて、機械の鳥にうたわせました。

王さまが機械の鳥の歌ばかりきいていたので、うぐいすは宮殿を出て、ひっそりと森へ帰っていきました。

ある晩、王さまがいつものように機械の鳥にうたわせていると、とつぜん、歌がぷつんと止まりました。機械がこわれたのです。

王さまはひどくがっかりしました。そして、みるみる元気がなくなっていき、ついに病気になってしまったのです。病気はどんどん重くなりました。宮殿の人たちが、王さまはもう助からないだろうとうわさしはじめたころ、とうとう死神が枕もとにやってきました。

「おまえの命をいただきにきたぞ」

そのとき窓の外から、美しい歌声がきこえてきました。王さまが病気だときいたうぐいすが、王さまのためにうたいにやってきたのです。

うぐいすの歌声に、死神までうっとりしました。そして、うぐいすがうたうにつれて、死神の姿はうすくなっていき、しまいには消えてしまいました。

「ありがとう、うぐいすや。私を助けにきてくれたのだね。ほうびになんでもやろう。なにがいいかね？」

礼をいう王さまに、うぐいすは答えました。

「いいえ、ごほうびなら、もうもらっています。はじめて王さまの前でうたったとき、王さまの涙という宝物をいただきました」

そして、またうたいにきますと約束して、森へ帰っていったのです。

知っ得ポイント

うぐいすが鳴きはじめるのは早春なので、「春つげ鳥」ともよばれています。美しく鳴くのはオスだけです。

舌切りすずめ

国語

よくばりな人はひどい目にあうものです

日本の昔話

昔、あるところにおじいさんとおばあさんがいました。ある日、山へしばかりにいったおじいさんは、帰ってくるとき、傷ついたすずめを見つけました。羽から血が出て、飛べないようすです。

かわいそうに思ったおじいさんは、すずめを家に連れてかえり、傷の手当をしてやりました。すずめはすぐに元気になりましたが、おじいさんになつき、山に帰ろうとはしませんでした。おじいさんもすずめがかわいくてしょうがなかったので、いっしょにくらすことにしました。

それが、おばあさんには面白くありません。おじいさんがすずめばかりかわいがるからです。そんなある日、おじいさんが留守にしているあいだに、すずめが洗濯のりを全部なめてしまいました。おばあさんはかんかんです。

「こんな悪さをする舌はこうだ」

と、すずめの舌をはさみでちょきんと切ってしまいました。すずめは泣きながら逃げていきました。

家に帰ってきたおじいさんはその話をきくと、たいそう悲しんで、次の日、すずめをさがしに出かけます。

かわいいすずめ
舌切りすずめ
すずめのお宿はどこにある

うたいながら、野をこえ、川をこえ、竹やぶの前にきたときです。おくから小さな声がきこえてきました。

「すずめのお宿はここですよ。さあ、どうぞお入りなさい」

おじいさんが竹やぶに入ると、舌切りすずめがあらわれました。すずめはおじいさんに親切にしてもらったお礼をいうと、ごちそうでおじいさんをもてなしました。そして、おじいさんが帰るとき、おみやげをくれたのです。

「小さなつづらと大きなつづら、どちらがいいですか」

おじいさんは、力もそんなにないからと、小さなつづらを選びました。

家へ帰ってつづらをあけると、なんと中から大判・小判やお宝がざくざく出てきました。おじいさんは大喜びです。ところが、おばあさんはそれだけでは満足しませんでした。

「ふん。どうせだったら大きいつづらをもらってくればいいのに」

おばあさんは一人ですずめのお宿にいくと、あいさつも、舌を切ったおわびもしないで、こういいました。

「おみやげの大きなつづらをとりにきたよ。さあ、さっさと出しとくれ」

すずめは大きなつづらをおばあさんにわたしました。

「帰るまで、あけてはいけませんよ」

おばあさんはつづらをしょって、家へむかいました。一歩歩くごとに、つづらはどんどん重くなります。どんな宝が入っているのか見たくてがまんできなくなったおばあさんは、つづらをあけてしまいました。すると、中から化け物がぞろぞろ出てきたのです。おばあさんはすっかり腰をぬかしてしまいましたとさ。

知っ得ポイント

つづらというのは、ふたのついたカゴのこと。もともとは、ツヅラフジという植物からつくっていたそうです。

算数

円周率

大きな円でも小さな円でも、1周の長さを計算するには……

3月14日のおはなし

円って、なに？

みなさんの身のまわりには、たくさん円がありますよね。5円玉や10円玉、お皿、時計……。

円はとてもかんたんな形です。ただの丸です。でも、鉛筆だけもって、なんの道具も使わずに円を描こうとすると、かんたんに描けないことがわかります。きれいな円を描くのって、むずかしいでしょう？

円は、中心から、同じ距離にある点がたくさん集まってできた図形です。この中心から円までの距離が、半径。円の上にある2つの点を、中心を通ってむすんだ線が直径です。そして、円の1周の長さを円周といいます。

円周を直径でわると、必ず同じ数になります。これが、円周率とよばれるものです。円周を求めたいときは、直径に円周率をかければ、かんたんに答えがわかるのです。

無限の円周率

直径に円周率をかければ、かんたんに円周がわかるといいましたが、じつは、それがちょっとたいへん。

というのは、円周率は無限につづくからです。

円周率は小学校の5年生ぐらいで教わりますが、そのときは、3・14で習うことが多いようです。でも、ほんとうは、3・14で終わりではないのです。3・14のかわりに、πという記号を使って、円周率をあらわすこともあります。

今、円周率はなんと、22兆の桁まで計算されています。コンピュータが発達したおかげで、そんな桁まで計算して出すことができたのです。

22兆以上もある円周率ですが、それを暗記してやろうと挑戦する人たちが世界じゅうにいます。今のギネス記録は、2015年にインドのシャルマさんという人が達成した、70030桁だそうです。

【円周率はどこまでもつづく】

3.14159265358979323846264338327950288419716939937510582097494459230781640628620899862803482534211706798214808651328230664709384460955058223172535940812848111745021………

……………… 知っ得ポイント ………………

3月14日は、円周率の最初の3桁と同じ数字がならぶので、「円周率の日」になっています。

早口ことば

国語

1回いえたら、2回、3回と、くりかえしつづけていってみましょう

早口ことばは、ことば遊びの一つです。早口ことばがいつごろできたのかは、はっきりわかっていませんが、江戸時代、歌舞伎で演じられた「外郎売り」のせりふは、古い早口ことばとして有名です。外郎というのは薬の名前。外郎売りのせりふは、薬がどんなによくきくかを説明するもので、長いせりふを流れるような早口でいい立てて評判になりました。

外郎売りのせりふには、たとえば、こんな早口ことばが出てきます。

あかさたなはまやらわ
おこそとのほもよろを
一つへぎへぎに、
へぎほしはじかみ
盆まめ、盆米、盆ごぼう、
つみたで、つみまめ、つみ山椒、
書写山の社僧正、
粉米のなまがみ、粉米のなまがみ、
こん粉米の小生がみ、
繻子ひじゅす、繻子、繻珍、
親も嘉兵衛、子も嘉兵衛、親かへい子かへい、子かへい親かへい、
古栗の木の古切口

新しく生まれた早口ことばにも、日本語のもつリズムを楽しめることばがたくさんあります。

生麦生米生卵

赤パジャマ黄パジャマ茶パジャマ

青巻紙赤巻紙黄巻紙

除雪車除雪作業中

この釘はひきぬきにくい釘だ

東京特許許可局許可局長

かえるぴょこぴょこ三ぴょこぴょこ
ぴょこあわせてぴょこぴょこ
六ぴょこぴょこ

お綾や親におあやまり
お綾やお湯屋にいくと
八百屋においい

この竹垣に竹立てかけたのは竹立てかけたかったから竹立てかけた

歌うたいがきて歌うたえというが
歌うたいくらい歌うまければ
歌うたうが
歌うたいくらい歌うまくないので
歌うたわぬ

坊主がびょうぶに上手に
坊主の絵を書いた

客が柿食や飛脚が柿食う
飛脚が柿食や客も柿食う
客も飛脚もよく柿食う客飛脚

新進シャンソン歌手総出演
新春シャンソンショー

瓜売りが瓜売りにきて　瓜売りのこし　うり売り帰る　瓜売りの声

知っ得ポイント

「東京特許許可局」という機関は、じっさいにはありません。

百人一首 春

日本語の美しいひびきとリズムを楽しみましょう

3月16日のおはなし

百人一首は、百人のすぐれた歌人の短歌を一つずつ集めたものです（短歌というのは、三十一文字でつくられた歌のことです）。とくに有名なのは、今から八百年以上前の平安時代の終わりに藤原定家という人が集めた「小倉百人一首」でしょう。その中から、春の歌をしょうかいします。どれもたいへん有名な歌ですね。

花の色は　移りにけりな
いたづらに
我が身世にふる　ながめせしまに
小野小町

いつまでもふりつづく長雨をぼんやりながめているうちに、いつのまにか、花の色もすっかり色あせてしまいました。
（わたしの美しさも、その花の色のように、あせてしまいました）

君がため　春の野にいでて
若菜つむ
わが衣手に　雪はふりつつ
光孝天皇

あなたのために春の野に出て若菜をつんでいたら、春だというのに雪がふってきて、わたしの着物の袖にも雪がかかってしまいました。
（それでも、あなたのことを思いながら、若菜をつんだのですよ）

久方の　光のどけき　春の日に
しづ心なく　花のちるらむ
紀友則

日の光がふりそそいでいるのどかな春の日だというのに、どうして落ちついた心もなく、桜の花はちっていくのでしょう。

人はいさ　心も知らず　ふるさとは
花ぞ昔の　香ににほひける
紀貫之

あなたの心はどうかわかりませんが、昔からなじみのこの里では、梅の花は昔のままの香りで美しくさきにおっています。
（あなたの心も昔のままだといいのですが）

いにしへの　奈良の都の　八重桜
けふ九重に　にほひぬるかな
伊勢大輔

昔、奈良の都でさきほこっていた八重桜が、今日はこの宮中で、いっそう美しくさきほこっていますね。

知っ得ポイント
小野小町は平安時代に宮廷につかえていた女官。楊貴妃・クレオパトラとともに世界3大美人の1人です。

アルプスの少女

アルプスの風と木々の香りを感じられるような物語

ヨハンナ・シュピリ

一歳のとき両親を亡くし、親せきの家をたらいまわしにされていたハイジは、五歳のときに、アルプスの山小屋にすむおじいさんにあずけられることになりました。

アルプスの山を、ハイジはすぐに好きになりました。まわりの人たちからは怖がられているおじいさんも、ハイジにはやさしくしてくれました。しぼりたてのやぎのお乳はとてもおいしいし、ほし草でできたベッドの寝心地は最高です。おまけに、ベッドがおいてある屋根裏部屋の天窓からは、満点の星空が見えるのです。羊かいのペーターとも、ペーターのおばあさんとも友だちになりました。おばあさんは目が見えないのですが、なんでも知っていて、ハイジにいろいろなことを教えてくれるのです。アルプスの山で、ハイジは幸せなくらしを送っていました。

ところが、三年ほどたったとき、おばさんがやってきて、ハイジを大きな町にあるお屋敷につれていきました。そのお屋敷のおじょうさま、クララの話し相手として、雇われたのです。足が不自由なクララは車いすで生活していて、病気がちでした。でもハイジと友だちになってからは、どんどん元気になっていきました。

反対に、ハイジの元気はどんどんなくなっていきました。ハイジはアルプスの山が、おじいさんが、恋しかったのです。山をふく風や木々の香り、はだしで草原をかけるときの草のやわらかさに空の青さ——ビルで空がせまくなっている町にいると、苦しくてたまらなかったのです。

ハイジは山に帰ったら、ペーターのおばあさんにあげようと、やわらかい白パンをこっそりひきだしにためていました。やわらかいパンが食べてみたいといっていたおばあさんに、おみやげにもちかえると約束していたのです。ところが、ある日、お手伝いにそれを見つかり、ひどくしかられてしまいます。そのうえ、パンはかちかちになっていました。

ハイジは夢遊病という病気になって、夜中に屋敷の中をふらふらさまよい歩くようになってしまいました。夢の中で、山に帰っていたのです。そのようすを見たクララのお父さんはハイジを山へ帰すことにしました。

クララはさびしくてたまりませんでしたが、山に帰らなければハイジの病気はなおらないのです。

ハイジはとうとうアルプスの山に帰ってきました。

「おじいさん！　ただいま！」

ハイジは、いつものように山小屋の前に座ってパイプをふかしていたおじいさんにとびつきました。

「ハイジ、帰ってきてくれたのか」

おじいさんの目から涙があふれます。

「うん！　ただいま、わたしの山！　わたし、帰ってきたよ」

「おかえり」というように、ハイジのほおを山の風がすっとなでました。

知っ得ポイント

物語の舞台のモデルになったスイスのマイエンフェルトには、今、ハイジ村やハイジの家があるそうです。

理科

クローン技術

自分とまったく同じ人間がつくれたら？

3月18日のおはなし

クローンは昔からあった？

「クローン」というのは、同じ遺伝子をもつ細胞や生き物のことです。遺伝子というのは、生き物の設計図のようなもの。設計図が同じだったら、同じものができますよね？ それを利用して、遺伝子を使って、もとの細胞や生き物と同じものをつくろうとするのが、「クローン技術」です。

たとえば、木の枝をおって、土にさしておくと、そこから根が生え、すくすくと大きな木に育つことがあります。この育った木は、おった枝がついていた木の「クローン」です。こんなふうに、植物の世界では、クローン技術はずいぶん前からあったのです。

動物のクローン

ニュースなどで最近話題になっているのは、動物のクローン、つまり動物のコピーをつくろうとしている技術のことです。

動物の中ではじめてクローンがつくられたのは、ウニでした。その後、魚やカエルなどのクローンがつくられて、今では、人間と同じほ乳類のクローンづくりも成功しています。

1996年、1頭の羊の体からとった細胞をもとに、羊がつくられました。ほ乳類の体からとった細胞を使ってクローンがつくられたのは、このときがはじめて。ドリーと名前がつけられたその羊は6歳まで生きました。そのあとドリーの遺伝子から4頭の羊がつくられたり、犬や馬など、さまざまな動物のクローンがつくられたりしています。

クローンができたら、どんなことに役だつでしょう？ たとえば心臓の病気になったら、まったく同じ心臓をつくって交換できるかもしれませんし、同じねずみがたくさんいたら、薬の効果をくらべる実験などがしやすくなるかもしれません。

反対に、クローンができることで、悪い影響もあるかもしれません。力が強くて大きな人間をたくさんつくって、力仕事をたくさんさせようとしたり、自分のコピーをつくろうとする人もいるかも……クローン技術をどのように使うか、人間は真剣に考えないといけないのです。

ドリー

まったく同じ遺伝情報

知っ得ポイント

ルパン3世の映画『ルパン対複製人間』には、くりかえし人生を生きているクローン人間が登場します。

たのきゅう

日本の昔話

ちょっとしたききちがいが原因で……

　昔、たのきゅうという名前の旅役者がいました。たのきゅうが自分の家から山を一つこえた村で芝居をしたときのこと。母親が病気になったという知らせがとどいたのです。


　たのきゅうが急いで家にもどろうとすると、村の人たちが止めました。

「これから出発したら、山の峠をこえるころには、日がくれてしまう。夜になると、あの峠にはおそろしいうわばみが出て、人間をのみこんでしまうのだよ」


　けれど、たのきゅうは母親が心配でならなかったので、すぐに出発することにしました。急ぎ足で進みましたが、山の峠にさしかかるころには、すっかり日もくれ、あたりは暗くなってしまいました。


　たのきゅうが山道で休んでいると、むこうから、白いひげのおじいさんがすーっと近づいてきました。

「よくきたな。おまえさん、名はなんという」

「たのきゅうと申します」

「なに、たぬきといったか」

　相手は「たのきゅう」を「たぬき」とかんちがいしているようです。


「なんだ、たぬきが人間に化けているのか。じつはわしも、化けているのだ。わしはうわばみなのだ。わしはいろんなものに化けられるが、おまえさんはほかに、なにに化けられる？」


　たのきゅうはさっとうしろをむいて、芝居で使う化粧道具と衣装を出すと、早変わりで女になってみせました。

「ほほう、なかなかうまいものだな。して、おまえさん、この世で苦手なものはあるかい」

「そうですねえ。わたしは小判が苦手です」

「ほう、小判が。わしはタバコのヤニが苦手じゃ。体につくとしびれてしまうからな」


　たのきゅうはうわばみと別れ、すぐに山をおりると、村人たちに、うわばみはタバコのヤニが苦手だと教えてやりました。村人たちはさっそく、たばこのヤニをかき集めました。そしてあくる日、峠へいくと、うわばみの巣に投げこんだのです。

「うわあああああ」

　大きな悲鳴をあげて、うわばみが巣から逃げだします。うわばみは川まで逃げて、体からヤニを洗いおとし、なんとか命は助かりました。

「ちきしょう、さてはあのたぬきがしゃべったな。こうなったらしかえししてやる」


　苦手なものは小判だと、たのきゅうがいっていたのをおぼえていたうわばみは、小判をたくさん集めて、たのきゅうの家にいき、窓から投げいれてやったのです。

「うははは。これでたぬきのやつもおだぶつだろうよ」

　もちろん、たのきゅうは大喜び。投げいれられた小判で、すえながく幸せにくらしましたとさ。

知っ得ポイント
この昔話は「田能久」という落語になりました。落語では、田能村にすむ久兵衛さんが主人公です。

=って、なに？

算数の式を書くとき、ほとんど毎回使う記号です

=のはじまり

算数で、なにか式を書くとき、必ずといっていいほど使うのが、この記号です。日本では等号とよばれています。式の中に出てくるときは、「は」と読みますね。たとえば、1+1=2は、「1たす1は2」と読みます。

英語では「イコール」と読みます。「イコール」は「等しい」「同じ」という意味。つまり、この記号の左側と右側は等しい、同じだということをあらわす記号なのです。

等号ができたのは、ごく最近のこと。1557年に、イギリスの数学者レコードが『知恵の砥石』という数学の本を書きました。その本の中で、はじめて=が使われたといわれています。

どうして=を使ったのかときかれたレコードは、「長さが同じ2本の平行線ほど等しいものはほかにないから」といっています。

このとき使われた=は線がずいぶん長かったようで、=の長さはそのあと少しずつ短くなりました。けれど、レコードが生みだした=は、そのときはほかの人たちにあまり広まりませんでした。

ですから、その後、フランスの有名な哲学者で数学者のデカルトは、自分で等しいことをあらわす記号をつくって、式の中で使っていました。デカルトの考えた等号はこんな形です。

∝

=のほうは、イギリスの数学者トーマス・ハリオットが使うようになり、その後、世界じゅうに広がっていったのです。

=のなかま

=にはいくつかなかまがあります。全部知っていますか？

≠　等しくないということをあらわします。

≒　ほぼ同じということをあらわします。

≡　合同だということをあらわします。

知っ得ポイント

平行線とは、どこまでのばしてもまじわらない2本以上の線のことです。

春夜

蘇軾

静けさがしみわたるような中国の詩です

春宵　一刻　値　千金
花に　清香　有り
月に　陰　有り
歌管　楼台　声　細細
鞦韆　院落　夜　沈沈

これは、今からおよそ九百年前に、中国の詩人が書いた詩です。声に出して読んでみると、リズムがとてもきれいですね。

それぞれのことばの意味はこのようになります。

春宵　春の夜
千金　とても高価なこと
歌管　歌声と笛の音
鞦韆　ブランコ
院落　屋敷の中庭
夜沈沈　夜が静かにふけて
　　　　ゆくさま

詩をわかりやすい日本語にしたら、こんなふうになります。

春の夜のひとときは、千金のねうちがあるほどすばらしいものです。
かぐわしい花の香りがただよい、月はぼうっとかすんで、あわい光を投げかけてきます。
歌や笛の音が、屋敷の中に細く、かすかにひびいていて、

ブランコのある中庭では、夜が静かにふけていきます。

春の夜が、なんとも味わいがあって、心地いいのは、昔も今も、日本でも中国でも、変わらないのでしょう。

知っ得ポイント

蘇軾は、その父、弟とも、高級官僚であり文学者で、あわせて「3蘇」とよばれ、とても有名でした。

社会

キリスト教伝来

キリスト教は、ある宣教師が日本に伝えたのです

3月22日のおはなし

ポルトガルの宣教師

日本にキリスト教が伝わったのは、1549年のこと。フランシスコ・ザビエルというポルトガル人が薩摩(今の鹿児島県)にやってきて、広めたのです。

ザビエルは、キリスト教を世界じゅうに広める活動をしていたイエズス会のメンバーでした。中国にキリスト教を伝えようと旅をしているときに、フィリピンで1人の日本人に会います。青年はアンジロウ(ヤジロウともいわれています)という名前で、薩摩出身でした。アンジロウの話をきいたザビエルは、日本でキリスト教を広めたいと考え、アンジロウに案内してもらって、薩摩にやってきたのです。

ザビエルは京都にいったり、山口で教会をつくったりと、キリスト教を広める活動を2年ほどしたあと、日本を去りました。

その後、あとをつぐ宣教師たちがやってきて、国じゅうにキリスト教は広まっていきました。宣教師を通じて、ポルトガルと貿易をおこない、鉄砲や火薬など手にいれるために、キリスト教に入った武将もいました。とくに九州、その中でも長崎は、キリスト教がさかんになりました。

キリスト教の禁止

豊臣秀吉が天下をとると、その状況はがらりと変わりました。秀吉は国を支配するときに、キリスト教がじゃまになると考えたのです。

秀吉はバテレン追放令を出しました。バテレンというのは、ポルトガル語の「パードレ」からきていることばで、宣教師という意味です。追放令を無視して活動をしていた宣教師や信者たちがとらえられて処刑されたこともありました。

秀吉が亡くなって徳川家康の時代になったあとも、キリスト教は禁止されたままでした。江戸時代、キリスト教を信じる人は、仏教などを信じているふりをしながら、キリスト教を信仰していました。こういう人たちを「かくれキリシタン」とよびます。

キリスト教の禁止がとかれるのは、それから250年以上たったあと、明治時代になってからでした。

知っ得ポイント

日本に残っているザビエルの肖像画は頭のてっぺんをそった髪型をしていますが、じっさいはちがったようです。

浦島太郎

日本の昔話

海の底には世にも美しいご殿があったのです

昔、ある海辺に浦島太郎という若い漁師がすんでいました。ある日、太郎が浜辺を歩いていると、子どもたちが大きな亀をつかまえて、つついたりけったりして、いじめていました。

「かわいそうじゃないか。いじわるはおやめ」

太郎が注意しても、子どもたちはききません。

「では、わたしにこの亀を売っておくれ」

太郎はお金をはらって亀をゆずりうけると、亀を海に逃がしてやりました。

次の日のこと。太郎が海でつりをしていると、海の中からきのうの亀が姿をあらわしたのです。

「きのうは助けていただき、ほんとうにありがとうございました。竜宮城の乙姫さまが、あなたにお礼をしたいといっています。どうぞいっしょにきてください」

「竜宮城とはめずらしい。どんなところかちょっとだけ、いってみよう」

太郎は亀の背に乗って、海の中を進んでいきました。やがて、りっぱなお城につきました。門のところで、美しい乙姫さまが、太郎を出むかえてくれました。

「ようこそおいでくださいました。ごちそうを用意してありますから、どうぞゆっくりしていってください」

太郎の前にたくさんのごちそうがならべられました。目の前で、タイやヒラメが美しい舞いを踊ります。まるで極楽のような世界です。

あっというまに、一月がすぎ、二月がすぎ……気づかないあいだに、三年がたってしまいました。太郎もそろそろ、家に残してきた両親に会いたくなりました。

太郎がいとまをつげると、乙姫さまはおみやげに箱をくれました。

「これは玉手箱です。どうぞおもちかえりください。でも、けっしてあけてはいけませんよ」

太郎は亀の背にのり、もとの浜辺へ帰りました。そしてさっそく自分の村にもどりました。けれど、なんだかようすがおかしいのです。すれちがうのは、みんな知らない顔ばかり。自分の家すら見つかりません。

太郎は近くにいた人にききました。

「浦島太郎の家を知りませんか？」

「浦島太郎？　あの五百年前に行方知れずになったという伝説の？」

太郎は驚きました。竜宮での三年は、こちらの世界では五百年にあたっていたのです。両親も、親しかった友だちも、みんな亡くなっていたのです。

一人ぼっちになった太郎はとほうにくれて、乙姫さまの注意も忘れ、玉手箱をあけてしまいました。すると、中からまっ白い煙が出てきて、太郎はみるみるしわだらけのおじいさんになってしまったのです。そのあと、太郎を見た者はだれもいないということです。

知っ得ポイント

玉手箱は小物をいれる箱のこと。浦島太郎の話から、秘密のものという意味でも使われるようになりました。

理科 浮力

人間はもともと水にうかぶことができるのです

体が軽くなる？

お風呂に入ると、体が軽くなるような気がしませんか？　プールの中で、体から力をぬいて横になれば、水にうかびますよね？　（どうしてもしずんじゃうという人は、怖くて体に力が入っているから、うかないのです）。

これは、浮力のせい。

ふつう、わたしたちは地球に引っぱられています。陸上で、力をぬいて横になれば、地面に落ちますよね。これは、わたしたちが下にむかって、地球に引っぱられているから。

浮力というのは、水のような液体の中で、下にむかって地球に引っぱられる力と逆むきに、上へおされる力のことです。上へおされる力が働くので、水の中で、わたしたちの体は軽く感じられるのです。

どのぐらい軽くなるかというと、わたしたちの体がおしのけた水の重さと同じだけ。たとえば、同じ体重の人でも、体が小さい人と大きい人では、おしのける水の量がちがうので、うける浮力の大きさは変わります。

アルキメデスが発見

浮力は、今から2千年以上も前にアルキメデスという数学者が発見しました。

あるときアルキメデスは、王さまから、王冠がほんとうに金だけでできているか、銀がまざっていないか確認してほしいとたのまれます。

どうすれば、銀がまぜられていないか調べられるだろうと考えながらお風呂に入ったアルキメデスは、お風呂に入ると体が軽くなることに気づき、ひらめいたのです。

水の中で人間の体が軽くなるなら、王冠も軽くなるはず。そして、王冠が金だけでできているなら、同じ重さの金のかたまりも、王冠と同じだけ軽くなるはずだ。もし王冠に銀がまざっていたら、同じ重さの金のかたまりとは軽くなる度合がちがうはずだ！

たしかめる方法を思いついたアルキメデスは「ユーレカ！（わかったぞ！）」とさけぶと、お風呂から飛びだして、はだかで町を走っていったといわれています。

知っ得ポイント

真水より、塩が入っている水のほうが、たくさんの浮力をえられます。プールより海のほうがうきやすいのです。

自転車安全利用5原則

自転車に乗るときの基本のルール

自転車は車といっしょ

みなさんは自転車に乗っていますか。歩くより速いし、ラクだし、ちょっとはなれた場所へいくには、自転車はとても便利な乗り物ですね。

でも、同時に、ルールを守らなければ、とても危険な乗り物になってしまいます。自転車は車だということを知っていますか？　日本の法律では、自転車は車両。車と同じなのです。車を運転するには、テストをうけて合格しなければいけません。でも、自転車に乗るのに、テストはありません。自転車には、だれでも乗ることができます。だれでも乗れるからこそ、1人1人がルールを守って、安全に注意しながら乗らなければいけないのです。

だいじな5つのルール

自転車に乗るときに守らなければいけないだいじなルールが5つあります。

■自転車は車道が原則。歩道は例外。

前に説明したように、自転車は車ですから、車道を走るのが基本です。でも、13歳になっていない子どもは歩道を走っていいことになっています。車が多いところや道のはばがせまいところで車道を走るのはとても危険ですから、小学生のうちは歩道を走りましょう。

■車道は左側。

車道を走るときは、必ず左側を走ります。

■歩道では歩行者が優先。

歩道を通るときは、車道よりを走ります。歩いている人のじゃまになりそうなときは、止まりましょう。

■安全ルールを守る。

・2人乗りはしません。
・自転車同士、横にならんで走りません。
・夜はライトをつけます。
・信号は必ず守ります。
・「止まれ」の標識があるところや、道に「止まれ」と書いてあるところでは、必ず止まって、安全確認をします。左右が見えにくい交差点をわたるときも、止まって安全確認をしましょう。

■小学生はヘルメットをかぶりましょう。

このほか、かさをさしながらの運転もしてはいけません。雨のときはカッパを着るか、自転車に乗るのはやめましょう。

絶対にやってはいけないのは、スマホやゲーム機を見ながら、いじりながらの運転です。イヤホンをつけての運転もしてはいけません。

ルールを守らないと、自分だけでなく、まわりの人にもとても危険です。自転車に乗るときは、自分が危ない乗り物に乗っていることを忘れないようにしてください。

知っ得ポイント

自転車の事故がいちばん多いのは夕方から夜にかけての時間。黄昏どきがいちばん危ないのです。

家なき子

エクトール・マロ

親に2回捨てられたレミはそれでも明るく生きていきます

今から百年以上も昔、フランスのいなかに一人の男の子がいました。名前はレミ。お父さんは遠くの町に出かせぎにいっていたので、レミは大好きなお母さんと、貧しいけれど、仲よくくらしていました。

ところが、お父さんがケガをして家にもどってきてから、生活はがらりと変わってしまいます。お父さんは帰ってくるなり、レミのことを冷たい目で見て、こういったのです。

「おまえはおれのほんとうの子どもじゃない。道に捨てられていたんだ」

赤ん坊のレミがとても高そうな服を着ていたから、いつか金持ちの親が引きとりにくるんじゃないかと思って、ひろって育てていたというのです。でも親はいつまでたってもこないし、もうこれ以上、レミを養う気はない、とお父さんはいいました。

よく朝、お母さんが留守のあいだに、ビタリスという旅芸人のおじいさんがレミをつれにきました。レミは旅芸人に売りとばされたのです。レミはお母さんに別れもいえないまま、家を出ていくことになりました。

レミの仲間は、ビタリスじいさんと三びきの犬と一ぴきのさるです。おじいさんはやさしい人で、字や歌、楽器やおしばいを一から教えてくれました。レミもいつのまにか旅芸人のくらしになれて、町で拍手とお金をもらえるようになりました。

そんなある日、船の上からレミをよぶ声がしました。病気の少年が芸を見たがっているというのです。アーサーというその少年は、母親のミリガン夫人と、船で夏休みをすごしていました。レミの芸をニ人はとても気にいって、レミはアーサーと兄弟のように仲よくなりましたが、旅芸人はやはり旅をするのが仕事です。二人に別れをつげて、レミはまたなかまとともに出発しました。

やがて冬になりました。その冬の寒さはとてもきびしく、年をとっていたさるや犬が次々に死んでしまいます。ついには、ビタリスじいさんまでが道ばたに倒れ、そのまま冷たくなってしまいました。今までやさしく生きるすべを教えてくれたおじいさんがいなくなって、レミは悲しみのどん底につきおとされました。けれど、おじいさんの分まで芸をして、残ったなかまの面倒を見ることがいちばんの恩返しなのだと、旅をつづけることにしたのです。

おじいさんという盾がなくなって、レミにはさらにたくさんの苦労がふりかかりました。悪い大人にだまされたり、つかまりかけたり……いろいろな経験をくぐりぬけ、レミは旅芸人として一人前になりました。そんなとき、驚くべき事実がわかりました。なんと、レミはミリガン夫人の子どもで、アーサーのお兄さんだったのです。仲が悪かった親せきがレミをさらって、捨てたのです。

レミの旅は終わりました——ようやくほんとうの家を見つけたのですから。

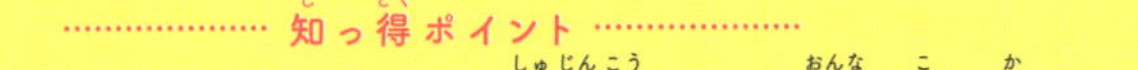

知っ得ポイント

この物語は日本でアニメーションになりましたが、主人公のレミは女の子に変えられました。

鎖国

社会

外国との交流がなかった時代

外国の文化は悪？

鎖国って、なんでしょうか？　鎖国の「鎖」はくさりという意味です。鎖国とは、国をくさりでがんじがらめにすること。つまり、外に対して、国をとざすことです。

日本では、江戸時代、およそ２００年ものあいだ、鎖国をしていました。そのあいだ、外国との貿易や交流を制限していたのです。

どうしてそんなことをしていたのでしょう？

幕府はまず、キリスト教をてってい的に禁止したかったのです。キリスト教では、神さまの下で人間はみんな平等だと教えています。そんな教えは、将軍がいちばんえらくて、武士が農民や商人を支配していた日本では、都合が悪かったのです。

また、外国の船が入ってきやすい西日本の大名が貿易で豊かになることを止めたかったという理由もあります。

そんな理由から、幕府は１６１３年にキリスト教を全面的に禁止しました。そして、１６１６年には外国の船が入っていい港を平戸と長崎だけにしました。さらに、１６３３年には奉書船（奉書という、幕府が出した許可証をもった船）以外の船は海外にいってはいけないとし、その２年後には、日本人は海外にいってもいけないし、海外から帰ってきてもいけないことにしたのです。

１６３９年には、日本にきていいのは、オランダと中国の船だけにしました。しかも、きていい港は長崎の出島だけに限定したのです。

鎖国のいい点・悪い点

幕府が鎖国をした目的は、うまく達せられたといっていいでしょう。幕府に都合の悪いキリスト教の教えは広がることがありませんでした。それに、外国との貿易でもうけることができたのは幕府だけ。だからこそ、江戸幕府は２６０年という長いあいだ、つづくことができたのです。それに、外国の文化が入ってこなかったために、浮世絵や歌舞伎など日本独自の文化がたくさん発展しました。ヨーロッパの国に侵略されずにすんだのも、鎖国のおかげかもしれません。

でも、反対に、外国の進んだ文化や技術が入ってこなかったために、進歩から大きくとりのこされました。

知っ得ポイント

出島は扇形をした人工の島で、広さは1.5ヘクタール。だいたい甲子園球場と同じくらいでした。

美術

オーギュスト・ルノワール

（1841～1919年　フランス）

幸せを絵にした画家

印象派の代表者

　ルノワールの絵はとても有名なので、みなさんも見たことがあるでしょう。明るくてやさしい色使いと、せんさいでかろやかな筆使いが特ちょうの、やわらかな絵です。光のうつりかわりを絵に表現しています。ルノワールが描くそうした絵は「印象派」とよばれています。ルノワールは印象派を始めた画家の１人なのです。

　でも、印象派は最初、ほとんど人気が出ませんでした。ルノワールが描いた女の人の絵など、評論家たちから、体がくさっているみたいだといわれたそうです。でも、ルノワールをはじめとした印象派の画家たちは、その描き方をつづけ、だんだん人々から評価され、人気も出るようになったのです。

絵を楽しんだルノワール

　幸せを感じさせてくれる絵を描くルノワールは、どんな人生を歩んだのでしょうか？

　ルノワールは、小さいときから、絵を描くのがとても好きでした。ですから、13歳で陶器に絵を描く人の弟子になり、陶器工房で仕事を始めたのです。けれど、そのうち機械が多く使われるようになると、陶器の絵も、機械で印刷するようになり、ルノワールのつとめていた工房はつぶれてしまいました。

　でも、それがいいチャンスだったのです。その後、ルノワールは仕事でためたお金で美術学校に入学しました。そこではじめて、ちゃんと絵の勉強をすることができました。そして、少しずつ絵を描いては、コンクールなどに応募するようになりました。

　絵を描きはじめたころは、なかなか人気も出なかったので、肖像画を描いて、お金をもらっていたこともあります。そのうち、少しずつファンがふえていきました。そして最後には多くの人に愛されて、政府から勲章をもらうほどにまでなったのです。

　年をとるにつれて、ルノワールはリウマチという病気のために、どんどん体や指が動かなくなっていきました。それでも、指のあいだに絵筆をはさんでもらいながら、死ぬ直前まで絵を描きつづけました。

　そこからもわかるとおり、ルノワールは絵がほんとうに好きでした。絵を描くのが楽しくてたまらなかったのです。ルノワールの絵から、それが伝わってきませんか？

『ムーラン・ド・ラ・ギャレット』

知っ得ポイント

代表的な絵に『ムーラン・ド・ラ・ギャレット』や『船遊びをする人々の昼食』『浴女たち』などがあります。

殿さまの茶わん

ものの よしあしは、いったい なにで 決まるのでしょう

小川未明

昔、ある国に有名な陶器を売るお店がありました。その店の陶器のすばらしさは、ほかの国まで知れわたり、遠くから品物を買いにくる人までおりました。

そのお店に、あるとき身分の高いお役人がやってきて、殿さまのためにとっておきの茶わんをつくってほしいといいました。殿さまのための茶わんをつくるなんて、とても名誉なことです。店の主人は喜んで、いっとう上等な茶わんをつくりました。

店の主人は、羽織・はかまを着こみ、ご殿に茶わんをもっていきました。殿さまは茶わんを手にとってたずねました。

「茶わんのよしあしは、なんで決まるのだ？」

「すべて陶器は、軽くうすいものが上等とされています。あつくて重い茶わんは、まことに品がないものです」と、役人が答えます。

なるほど、殿さまが手にもっている茶わんは、とてもうすく、もっているのを忘れるほど軽いものでした。殿さまはだまってうなずき、その日から、食事にはその茶わんを使うようになりました。

茶わんには、熱いものがいれられるものです。ですから、殿さまは、その茶わんを使うようになってからというもの、食事のときにたいへん苦しい思いをするようになりました。殿さまはとてもがまん強い人でしたから、泣きごとや文句はいいませんでしたが、毎日食事のたびに茶わんを見ると、顔をくもらせるようになったのです。

あるとき、殿さまは山の中の農家に泊まることになりました。農家の人は、せいいっぱいのおもてなしをしました。ぜいたくなものはありませんでしたが、殿さまは農家の人の親切を心からありがたく思いました。

季節は秋の終わりでしたから、夕食には体があたたまるようにと、熱い汁が出されました。でも、茶わんがぶあつかったので、手が焼けるようなことはありませんでした。

殿さまはこのとき、思ったのです。いくら軽くてうすい上等な茶わんでも、使うときにわずらわしかったら、ばからしいではないか、と。

そのぶあつい茶わんはだれがつくったものかたずねると、農家の人は、「ただの安物の茶わんでございます。名もない職人がつくったのでしょう」と答えました。

「名はなくとも感心な人間だ。茶わんには熱いものをいれることを心えている。だから、使うものは安心して食事ができるのだ。有名な職人でも、その親切な心がけがなかったら、なんの役にも立たないのだよ」

殿さまはご殿に帰ると、陶器の店の主人をよんで、同じことをいいました。それからその店は、厚手の茶わんをつくるふつうの店になったということです。

知っ得ポイント

小川未明の童話はほとんど短編ですが、それは未明がとても短気でせっかちだったからだとか。

理科

磁石の誕生

自然がつくりだした魔法の石

3月30日のおはなし

磁石の誕生

Uの字の形をした磁石、みなさんも見たことがありますよね。鉄をくっつける働きをする磁石ですが、いつごろ、どんなふうに生まれたのでしょうか。

磁石は、今から5000年も前に、発見されたといわれています。ギリシャのマグネシアという場所で、鉄を引きつける石が見つかったのです。自然の中でできた磁石です。

英語で磁石のことをマグネットといいますが、その名前は、磁石がはじめて見つかった場所からとったのですね。

天然の磁石は、中国でも発見されました。とくにたくさん磁石があったのが「慈州」という場所だったので、鉄をひきつける石は「慈石」と呼ばれるようになりました。日本語の「磁石」も、そこからきた名前です。

方位磁石の誕生

磁石は鉄を引きつける働きをしますが、ほかにもっと、みなさんが使う働きがありますね。

そう、磁石は方位をしめしてくれる働きをします。磁石に方位をしめす力があることに気づいたのは、中国の人でした。

方位磁石がいつごろできたかは、はっきりしていませんが、1000年ごろの中国では、航海するときに指南魚というものが使われていたのはたしかです。

指南魚というのは、魚の形をした木に磁石をうめこんで、水の上にうかべて使う方位磁石です。水の上にうかべると、魚の口が南をさすようにつくられていたので、「南を指す魚＝指南魚」とよばれていました。

ただ、指南魚だと、海があれて船がゆれたときに、うまく使えませんでした。その後、方位磁石は、上からつるすタイプのもの、回転する針を箱にとりつけるタイプのものなど、どんどん改良されていきました。方位磁石の発達のおかげで、ヨーロッパの国々は海をわたって遠い大陸をおとずれるようになり、世界の交流が活発になったのです。

知っ得ポイント

日本のお札は磁気インクで印刷されているので、強力な磁石を近づけると、くっつくそうです。

母ぐま子ぐま

原典 子どもを守る母ぐまの運命は……

椋鳩十

1

日本アルプスのふもとの大きな林の中でした。南むきのけいしゃの穴の中に、大きなくまが眠っておりました。

右の肩のはげは、昨年狩人に、弾を打ちこまれた傷あとです。左の耳のさけているのは、一昨年、五ひきの狩り犬に、かまれたときの名残の傷であります。こうして、いくども、あやうい目からのがれたこのくまは、この山きっての大きいくまでありました。

冬のあいだは、ぐっすり、くまは穴の中で眠っているのです。冬ごもりのあいだにできた二ひきの子ぐまは、ときどき、思い出したように目をひらいては、お母さんぐまのお乳にかぶりつくのでありました。

ドドド、ドドドと、春の雪どけのなだれの音がきこえてきます。

なだれの音は、ねざめ前のお母さんのやさしい歌のように、くまの心に気持ちよくひびいてくるのでした。お母さんぐまは、そのなだれの音をききながら、大きなあくびをしました。そして息をすいこんだひょうしに、春のにおいが、胸の中いっぱいに流れこんできました。

春のにおいをかぐと、お母さんぐまは、パッチリと目がさめました。

穴の入り口から顔を出してみると、まだ雪は残っておりましたが、金色のあたたかい太陽が、山いっぱいにふりそそいで、木の芽が、ぷくっとふくらみかけておりました。

にわかに、おなかがすいてきました。

お母さんぐまは、二ひきの子どもをつれて、下手の沼地のほうにおりていきました。そして、そこの雪を、お母さんぐまは大急ぎで、かきわけました。と、雪の下から、目にしみるような美しい緑の玉が、いくつも、いくつもあらわれてきました。それは、くまが冬眠からさめたときに、まず第一番に食べるフキノトウでした。フキノトウを食べると、くまの胃はひりひりして気持ちよくなるのです。そして、もうかたい物でもなんでも、食べてもだいじょうぶになるのです。

お母さんぐまは、そばの大石に両手をかけて、ぐいともちあげました。

石の下には、赤い沢ガニがもぞもぞしていました。これも、くまの大好きな食べ物です。

子ぐまは、人間の赤ちゃんのように、ぺたんとおしりをついてすわって、両手で沢ガニをつまんで食べました。カニの一ぴき一ぴきがそのまま、自分の肉になっていくほどおいしい味でした。

ひと冬、食べ物をとらなかったくまたちは、夢中でごちそうにありついていました。と、とつぜんお母さんぐまは、ウウウと、きげん悪い声でうなって、顔を高くあげました。

風は、山のけだものたちの味方です。その風が、犬のにおいを運んできました。それは一ぴきや二ひきの犬のにおいではありません。狩人の手から、いくどものがれた、このお母さんぐまは、犬のにおいが、どんなに危険であるかということを、よく知っておりました。林をつっきって、岩山の中に逃げこまなければなりません。お母さんぐまは、二ひきの子ぐまをせきたてて、走りはじめました。

ところが、悪いことに、しばらく

知っ得ポイント

冬眠からさめたくまはおなかがすいているので、とても危険。春の山にいくときは注意が必要なのです。

いくと、とけかけた雪のあいだから、イタドリの芽がつくつくと出ているのです。

　イタドリの芽は、春のくまにとっては、なによりのごちそうなんです。子ぐまたちは、それを食べはじめました。

　お母さんぐまは、気が気ではありません。子ぐまのおしりを、鼻の先で、おしまくっても、少しいっては、もぐもぐ、少しいっては、もぐもぐと、やらかすのです。

　くまの足あとを見つけたらしい犬の鳴き声が、ワンワンワンときこえてきます。えらいいきおいで、ぐんぐん近づいてきます。

　これは、とんでもないことになってしまいました。

2

　お母さんぐまは、子ぐまのまわりを二、三回ぐるぐるまわって、困ったように、ウウ、ウウとうなりました。が、とつぜん、子ぐまの耳を、ガチとかじりました。子ぐまは驚いて、クンクン鳴きました。

　その子ぐまの頭を、お母さんぐまはポコンポコンと前足でたたいたのでした。それは、どんなことがあっても、動かずに、じっとはらばっておいでという合図なのです。

　子ぐまは、お母さんの態度から、大きな危険を感じて、今度は、おとなしく、その場にじっとしゃがみこみました。

　お母さんぐまは、大急ぎで、いやなにおいのするほうに進んでいきました。自分から、危険なものの中に、飛びこんでいくようなものです。小高い高みにのぼって、ワアオーとお母さんぐまは、大きな声でほえました。

　それは、四ひきのたくましい狩り犬が、こちらに、まっしぐらに走ってくるのが見えたからです。そのあとに二人の狩人が銃をかまえてついてきます。パッと銃の先から、火をはいたかと思うと、ダダダアン、大きな音がしました。お母さんぐまは、左のほおに焼けつくような痛さを感じました。弾がかすめて通ったのです。お母さんぐまは、そこにつっ立ったまま、ウウとうなりました。

　二人目の男が銃をかまえました。お母さんぐまは、ぱっと体をかわしました。プツリ、くまのあとの大木に弾がつきささりました。犬どもは、二十メートル近くまでせまってきました。

　そのとき、お母さんぐまはくるりとうしろを見せると、ものすごいいきおいで子ぐまのかくれているのとは反対の方向に逃げだしました。

　こうして、お母さんぐまは、自分のほうに、狩人や狩り犬の注意をむけて、子ぐまを助ける計略です。これは、森のけだものたちが、よくやる手です。けれど、このために、まかりまちがえば命を落としてしまうのです。

　今度は、犬とくまのあいだが、ぐんぐんはなれていきます。

　狩人たちは、小高い丘にかけのぼ

りました。そこに立って、ピイピイと口ぶえをふた声ふき鳴らしました。そして、にっこり笑って、いいました。

「もうこれで、しめこの山さ」

「そうさ、とびっきりの犬どもだ、一時間もすれば、この近くに追いこんでくるからな」

「うん、あの四ひきのやつにかかって逃げおおせたやつは、まだ一ぴきもねえからな」

二人の狩人は自信たっぷりで銃をかまえて、待ちうけているのでした。

3

一時間走りました。二時間走りました。が、四ひきの犬は、どこまでも追いかけてきます。今まで、狩人や狩り犬の、たくみな計略を見やぶっては、今日まで生きのびてきた、力強い大ぐまでしたけれども、なにしろ、今朝、冬眠からさめたばかりです。へとへとにつかれてきました。

犬とのあいだが、今度は、ぐんぐんせばまってきます。お母さんぐまのつかれたのを見ると、四ひきの犬はふた手に分かれました。そして、はさみうちにして、ワンワンと、火のつくようにほえたてます。

いっぽうに逃げれば、子ぐまのほうに近づきます。だから、もういっぽうの、犬のすきまをぬって、逃げるよりほかに道がありません。どうも、今逃げる方向は、くまにとっては、気が進みませんでした。野のけだものの本能は、危険なものを、するどくかぎとるものです。けれど、四ひきの猛犬とかみあうことをさけるならば、その方向にむかって逃げなければなりません。

イバラのやぶをくぐり、ネズミサシ林をつきぬけて走りました。と、お母さんぐまは、胸がむかむかして、はきっぽいような、いやな気持ちになりました。

それは春のそよ風が、かしどりの声といっしょに、人間のにおいを運んできたからです。森のけだものにとっては、人間のにおいほどいやなものはありません。

とくに、犬に追いまわされているときに人間のにおいに近づけば、完全に命がなくなるにちがいありません。お母さんぐまは、いくどもの経験でそのことはちゃんと知っております。

もう、どうしようもありません。とつぜん、ふりむくと、犬にむかってウアア、と大きい口をあけてほえつきました。

犬どもは、たじたじと、うしろにさがりましたが、さすがに、狩人の自慢した猛犬です。ぐるっと大ぐまをとりかこんで四方からワンワンうるさくほえつきながら、せまってくるのです。

ブドウ色をしていた美しいお母さんぐまの瞳は、つかれといかりのために血のように赤くなってきました。

ウ、ブルブル。うしろからしのびよった犬が、お母さんぐまの耳に

かみつきました。

　お母さんぐまは、ひと声ほえると、それをたたきおとしました。

　それと、いっしょでした。三びきが一度に、背中に、おなかにかみついてきました。じーん、と熱いような痛みが、体じゅうに伝わってきます。

　お母さんぐまは、気が遠くなりそうでした。が、二ひきの子ぐまのことを考えました。

「死んではいけない。死んではいけない」

　お母さんの本能が、くまの脳みそのおくのほうでさけびました。

　お母さんぐまは、とてもとても想像のできないような元気を出して、両手を、口を、むちゃくちゃにふりまわし、動かしてはねまわりました。

4

　二人の狩人は、朝から、昼すぎまで待ちましたが、遠くで、犬の鳴き声をきいただけで、犬の姿もくまのかげも、見ることができませんでした。

「どうも、おかしいぞ」

「ことによると、子もちぐまだったかもしれないぞ。だとすると、死んでも、子ぐまの近くのほうには逃げないことがよくあるからな」

「ちげえねえ、一つ近くをさがしてみるかな」

　こんなことをいって、二人の狩人は、くまの足あとをたどって、沼地のほうに出かけました。

「おい、おい、あの黒いものはなんだい」

「おお、よちよち歩きのくまの子だぞ」

「こいつは、ありがてえ、親ぐまよりこいつのほうがいいぞ」

「そうさなあ、生けどりにして、見せものに売りつければ、すげえものだぜ」

「しっかり、たのんだぜ」

「よしきた」

　二人の狩人は、子ぐまのほうにかけつけました。

　野のけだものというやつは、しんぼう強いものです。お母さんぐまのいいつけたとおり、お母さんぐまのくるまで、じっとしゃがんでおりました。が、お母さんぐまのかわりに、二人の人間がやってきたのです。いかになんでも、これでは、じっとしているわけにはいきません。二ひきの子ぐまは、よたこら逃げだしました。

「なあに、逃がすものか」

　狩人は銃をおっぽりだすと、両手を広げて、追いまわしました。そして、一本のクヌギの根元に追いつめました。

　子ぐまは、かわいらしい目のくり玉を、くりんくりんさせて、ふるえていました。

「さあ、どうだ」

二ひきの子ぐまは、あっけなく、人間の手につかまってしまいました。が、さすがに子どもでも猛獣の子どもです。ゆだんを見すまして、その手にかみつきました。

「あっ、チチチ……」

思わず、手をはなしたひょうしに、二ひきの子ぐまは、そばのクヌギの木に、かけのぼってしまいました。

「なあに、そんなことしてもだめだぞ」

「そうだ、こんな細い木など、切りたおすに五分間もかからぬからな」

狩人は、山刀をぬいて、バシリバシリと切りかかりました。

ウワアア、あたりの空気が、ぴりぴりするほどものすごい声です。

二人の狩人は、飛びさがって驚きました。そして、うしろをふりかえってみると、四ひきの狩り犬をことごとく打ちたおして、肩からおなかから、傷だらけになった大ぐまが、あと足で、すっくと立ちあがり、二人を目がけて、飛びかかろうとしているのです。大きくあけた口は、火をはくかと思われるほどまっ赤です。

「ワアアアア」

二人は悲鳴をあげて、シラカバの木のてっぺんまでよじのぼりました。と、お母さんぐまは、その木の下に、四つ足をふんばって立つと、二人を見あげて、またひと声ほえたてました。

「助けてくれーい」

狩人は、シラカバのてっぺんで悲鳴をあげました。

クーン、クンクン。

クヌギの木からおりた子ぐまが、鼻を鳴らしました。するとお母さんぐまは、子ぐまに近づいて、その頭をぺろぺろなめてやりました。それから、狩人のいる木をにらみつけると、天もとどろけとばかり、もうれつな声でうなりました。そして、二ひきの子ぐまを引きつれると、よろよろする足をふみしめ、ふみしめ、岩のほうに去っていきました。

二人の狩人は、木の上で顔を見あわせて、ほっと、ため息をつきました。

「それにしても、おまえは、へんちきりんな声を出して、助けを求めたぜ」

「助けを求めたのは、おまえのほうだった」

「そうかもしれねえが、なんだおまえ、狩人らしくもなく涙まで出したじゃねえか」

「あれは、鼻水というものだ」

「へえ、鼻水が目から出るものかな」

「あのくれえ、びっくりすりゃあ、目の玉からだって出るさ」

「うむ、おれも、ほい、こんなにびっくりしたことあ、生まれてはじめてだったわい」

4月の おはなし

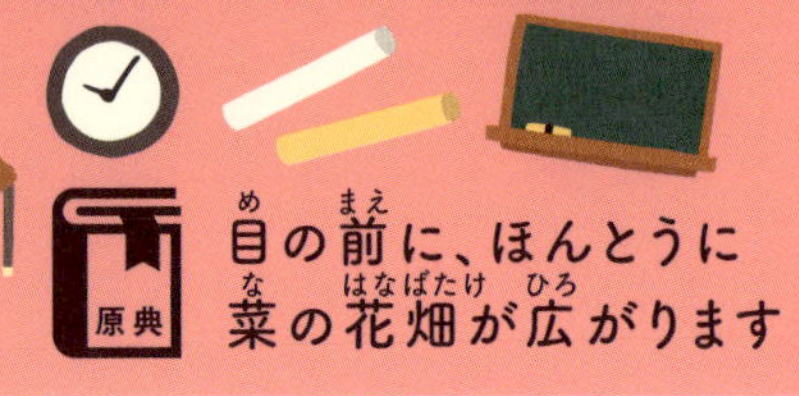

原典

目の前に、ほんとうに菜の花畑が広がります

風景 純銀もざいく

国語

山村暮鳥

いちめんのなのはな
いちめんのなのはな
いちめんのなのはな
いちめんのなのはな
いちめんのなのはな
いちめんのなのはな
いちめんのなのはな
かすかなるむぎぶえ
いちめんのなのはな

いちめんのなのはな
いちめんのなのはな
いちめんのなのはな
いちめんのなのはな
いちめんのなのはな
いちめんのなのはな
いちめんのなのはな
ひばりのおしゃべり
いちめんのなのはな

いちめんのなのはな
いちめんのなのはな
いちめんのなのはな
いちめんのなのはな
いちめんのなのはな
いちめんのなのはな
いちめんのなのはな
やめるはひるのつき
いちめんのなのはな。

知っ得ポイント

題名の「もざいく」とは、小さなピースをよせあつめて、大きな絵やもようをつくる方法のことです。

花さかじいさん

日本の昔話

なにごともよくばってはいけません

昔々、ある村に正直で人のいいおじいさんとおばあさんがおりました。二人はシロという名前の犬をとてもかわいがっておりました。ある日、そのシロが、庭先で急にほえはじめました。

「ここほれ、わんわん。ここほれ、わんわん」

シロがいるところをほってみると、おやまあ、大判小判がざくざく出てくるではありませんか。

それを、となりのよくばりじいさんが見ていたのです。よくばりじいさんは無理やりシロをつれてくると、首になわをつけて、庭じゅうを引きずりまわしました。

「さあ、どこをほればいい?」

シロが「わん」と鳴いたあたりをほってみましたが、出てきたのは、われたかわらや茶わんの破片ばかり。おこったよくばりじいさんはシロを殺してしまいました。

シロのなきがらを返された正直者のおじいさんは泣きながら庭にシロをうめ、そこに小さな松の木をうえました。

松の木があっというまに大きくなったので、おじいさんは木でうすをつくってもちをつくことにしました。

「おもちをお墓にそなえたら、シロもきっと喜ぶだろう」

さっそくうすをつくって、もちをつくと――おやまあ、きねをふりおろすたび、うすの中から大判小判がざくざく出てくるではありませんか。

それをまた、となりのよくばりじいさんが見ていました。じいさんは無理やりうすをかりていくと、もちをつきはじめました。ところが、きねをふりおろすたびに、うすからは牛や馬のふんがどろどろとあふれだしました。おこったよくばりじいさんは、うすを燃やしてしまいました。

灰になってもどってきたうすを見て、正直者のおじいさんはたいそう悲しみました。シロのかわりに大切にしようと思っていたからです。

そのとき、やわらかい風がふいてきて、灰を空にまいあげました。灰は空中を飛んでいって、かれていた桜の木にかかりました。すると、おやまあ、かれ木に花がぱあっとさきほこったではありませんか。

「おお、これはきっとシロからの贈り物にちがいない」

おじいさんは木にのぼると、

「かれきに花をさかせましょう」

といって灰をまき、まわりの木々にみごとな桜の花をさかせました。

そこへ、殿さまの行列が通りかかりました。季節はずれの桜の花に、殿さまは大喜び。大判小判のほうびをおじいさんにくれました。

それを見ていたよくばりじいさん。残っていた灰を無理やりとりあげると木にのぼり、次に殿さまの行列がやってきたときに、まきちらしました。ところが、花はさきもしません。おまけにまいた灰が殿さまの目に入り、よくばりじいさんは罰として牢屋にいれられてしまいましたとさ。

知っ得ポイント

この物語、犬の名前がポチになっていることもあります。ポチという名前は明治時代になってから広まりました。

数字の意味

縁起のいい数字、縁起の悪い数字は、国や文化によってちがうのです

数の意味？

自分のラッキーナンバーをもっている人はいますか？　誕生日の日にちの数字や、なんとなく、その数字が関係しているといいことがおこるとか、番号を選ぶときについ選んでしまう数字のことです。

人間は昔から、そんなふうに数字に意味をもたせてきました。そうした意味は、数字がもともともつ「数」とはあまり関係ありません。

とくに、縁起がいい意味や悪い意味がある数字は、世界のあちこちにあります。ある場所では縁起が悪いとされている数字が、別の場所では幸運をあらわす数字だと考えられていることもあります。

たとえば、日本では「４」という数字は縁起が悪いとされています。病院では、４階をなくして、３階の次はいきなり５階になっているところもあります。

４という数字は「し」と読むこともあって、それが「死」を思いおこさせるからです。同じように49は「死苦」を連想させるので、縁起が悪いと考えられています。

文化のちがい・意味のちがい

中国でも、４は「死」の音とにているので、不吉だとされています。14もそう。でも、アメリカでは、14はラッキーナンバー7の倍の数なので、よりラッキーな数だと思われています。中国でラッキーな数は８です。８は富と成功を意味しているのです。８８８はさらに幸運の数字として、電話番号などにしたがる人が多いそうですよ。

ロシアでは、３が幸運な数です。だから、ロシアの人はあいさつのキスを３回するそうです。

イタリアでは、17はとても縁起が悪い数字です。ローマ数字のXⅦをならべかえると、ＶＩＸＩという、人生の終わりという意味のことばになるからです。

数字の意味には宗教も大きく影響しています。キリスト教では、13が不吉な数。キリストが亡くなったのが13日の金曜日だったのと、キリストを裏切ったユダという人物が最後の晩餐で座ったのが13番目の席だったからです。それに、６６６は悪魔の数と考えられています。

知っ得ポイント

神社では、「ご縁がありますように」と願うために、おさい銭に5円玉をいれる人がいます。

南方熊楠

(1867年～1941年　日本)伝記

日本一の博物学者

南方熊楠は、江戸幕府が終わるその年、和歌山県の商人の家に生まれました。二歳までことばをしゃべらなかったり、大病をして死にかけたりと、まわりの人をずいぶん心配させた子どもでした。

まともに育つのか心配されていた熊楠でしたが、本は大好きで、家にあった中国の書物をこっそり読みふけって、小学校に入る前に、ほとんどの漢字はおぼえてしまいました。小学校に入ると、今度は百科事典を読んで暗記し、全部写してのけたそうです。百五巻もある百科事典は五年かかりましたが、五十巻の植物図鑑は一年で写しきりました。「神童熊楠」の名前は、町じゅうに知れわたっていました。

熊楠はその後、中学に進みましたが、成績はひどいものでした。自分の関心のない教科は完全に無視していたからです。数学のテストなどは白紙で出しました。テストでいい点をとったからといって、なんにもならないと思っていたのです。

かわりに、興味のあることには、とことん熱中しました。英語の図鑑を、辞書をかた手に読みこんだり、何日も山へ入って植物の採集にあけくれることもありました。ようするに、学校はきらいだけれど、勉強は大好きだったのです。

熊楠はその後、大学へ入る前にいく予備学校に入学しますが、すぐにやめると、今度はなんと、親を説得してアメリカへいきました。もちろんアメリカでも、大学の授業におとなしく出ることはなく、図書館の本をかたっぱしから読み、近くの森や山で採集をくりかえしました。とくに菌類と地衣類の標本はたくさん集めました。中にはとてもめずらしい新種もあって、そのおかげで、熊楠の名前は世界に知られるようになりました。

でも、それで満足しないのが熊楠です。今度はイギリスにわたり、そこで採集に熱中しました。さらに、その博識ぶりが、大英博物館の館長に気にいられ、熊楠は博物館の手伝いをしながら、館内の資料を自由に見ることをゆるされたのです。

また、イギリスにいるあいだに、『ネイチャー』という自然科学誌が星座についての論文を募集しているのを知った熊楠は、辞書をひきながら英文を書いて、応募してみました。すると、これが名のある教授や天文学者をさしおいて、みごと最優秀賞を受賞。熊楠が一流の知識をもっていることが証明されたのです。

熊楠はその後帰国しますが、日本でももちろん採集と研究をつづけました。政府が全国の小さい神社をつぶそうとしたときは先頭を切って反対し、神社のまわりに広がる森や林、そこにすむ小さな生き物たちを守りぬきました。これは、日本ではじめての自然保護運動といえるものです。

知っ得ポイント

南方熊楠の脳は、大阪大学医学部でホルマリンにつけられて保存されています。

理科

金星

もっとも地球に近く、地球ににた惑星

美の女神ビーナス

金星は太陽系の惑星の中で、太陽に2番目に近い惑星です。英語の名前は「ビーナス」。美の女神と同じ名前で、その美しさで有名な星なのです。

日本でも昔から、夕方、西の空に見える金星を「宵の明星」、明け方の東の空に見える金星を「明けの明星」とよんで、その金色に光り輝く美しさをたたえてきました。

けれど、地球から見えるその美しさとは反対に、金星にはきびしい環境が広がっています。

まず、金星には水がありません。からからにかわいた、岩だらけの星なのです。表面の温度は、470度もあり、空にはぶあつい雲がたれこめています。

しかもその雲は、濃硫酸のつぶからできているのです。硫酸は、さわったら、あっというまに手がとけてしまう危険な液体です。

さらに、金星には、火山がたくさんあります。火山がまだ活動しているかどうかはわかっていないのですが、最近の調査で、表面の温度が急に800度まであがった場所があることがわかり、火山が噴火したのではないかと考えられています。

金星の自転と公転

金星は太陽のまわりを、およそ224日かけてまわっています。自転はとてもゆっくりで、243日もかかります。自転のほうが、太陽のまわりを1回まわるより時間がかかるのです。

太陽がのぼってからしずむまでを1日と考えるなら、金星の1日はおよそ117日。金星では、昼が58日つづいて、その後、夜が58日つづきます。

また、金星の自転は、地球とは逆方向です。太陽は西からのぼって東へしずむのです。太陽系のほかの惑星は地球と同じ方向に自転しているので、逆方向にまわっているのは金星だけです。どうして金星だけ逆方向にまわっているか、原因はよくわかっていないのですが、昔、いん石などが衝突して、そのはずみで回転方向が変わったのではないかと考えられているようです。

知っ得ポイント

金星は、地球の「悪魔の双子」といわれ、また悪魔の王の名前から「ルシファー」ともよばれています。

フラ

ハワイに古代から伝わるいのりの踊り

やわらかで美しい音楽と踊り

みなさんも一度は、フラダンスという踊りを見たことがあるのではないでしょうか。フラダンスとは、音楽にあわせてステップをふみながら、美しく手を動かす、ゆったりとした踊りです。日本ではフラダンスとよばれることが多いですが、ほんとうは「フラ」という名前です。フラは、ハワイに古くから伝わる伝統舞踊で、踊りだけではなく、歌や曲など、すべてのことをさします。

フラの歴史

古代のハワイの人たちは文字を使っていなかったので、フラがいつから始まったのか、ちゃんとしたことはわかっていません。フラの誕生にはいろいろな伝説があります。

ハワイの人たちはもともと、タヒチやマルケサス諸島からわたってきたといわれています。そのとき、フラのもとになる踊りや音楽もいっしょにわたってきて、ハワイらしいものに育っていったと考えられています。

そのころのフラは、神にささげる神聖な踊りでした。ハワイの人たちは、自然をうやまい、おそれる気持ちや感謝の気持ちを踊りにこめて、神さまに伝えようとしたのです。

フラの特ちょうは、美しい手の動きです。先ほどもいったように、古代のハワイには文字がなかったので、神さまへの感謝やいのりを手のジェスチャーであらわしたのです。ですから、それぞれの手の動きに意味があります。踊るときは、形をまねるだけではだめで、その動きの意味をちゃんとわかっていなければいけないのです。

神話によると、フラをはじめて踊ったのは、女神ラカだそうです。そのときかなでられた音楽は、いのりのことばをとなえるような歌と打楽器だけでした。今、みなさんが見るフラとは、ずいぶんちがうイメージですね。

今も昔ながらのスタイルで踊られるフラは残っています。そして、それとは別に、現代的なフラも踊られています。現代的なフラでは、太鼓だけでなく、ウクレレなどの音楽にあわせて、はなやかに踊られます。

昔のハワイでは、選びぬかれた人が特訓をうけてようやく人前で踊ることをゆるされましたが、今では、フラはハワイを代表する文化の1つとして、世界じゅうで親しまれています。

知っ得ポイント

フラを踊るときは、花の首かざり（レイ）を身につけます。レイには、魔よけや開運の意味があるのです。

杜子春

芥川龍之介

杜子春は人間であることをやめて仙人になろうとしましたが……

ある春の夕ぐれ、唐の都は西の門の下で、杜子春という若者がぼうっと空をながめていました。金持ちの家に生まれたものの、お金を使いはたして、とほうにくれていたのです。そこへ老人が話しかけてきました。

「夕日の中に立つと、おまえの影ができる。影の頭にあたるところを夜中にほってみるがいい」

いわれたとおりにすると、金銀財宝が山のように出てきました。大金持ちになった杜子春のところには毎日、たくさんの人がやってきて、飲めや歌えやの大さわぎをするようになりました。けれど、すぐに財宝は底をつきました。そうなると人々は杜子春に見むきもしません。杜子春がまた西の門の下にぼうっと立っていると、あの老人があらわれました。

杜子春はいいました。

「お金持ちにだけいい顔をする人間というものがいやになりました。あなたは仙人なのでしょう？　どうか私を弟子にしてください」

たしかに老人は峨眉山にすむ仙人でした。老人は杜子春を峨眉山につれていき、絶壁の下に座らせました。

「魔物がやってくるだろうが、私がもどるまで、けっして声をあげてはいけない。少しでも声を出したら、仙人にはなれないと思いなさい」

仙人のいったとおり、ぞくぞくと魔物がやってきました。しまいには山の神まであらわれましたが、なにをきいても杜子春が返事をしないので、おこって、ついには杜子春を殺してしまいます。

杜子春の魂は、地獄へと落ちました。剣の山や血の池地獄、灼熱地獄……あらゆる苦しみを味わわされましたが、杜子春はけっして声をあげませんでした。

やがて、二頭の馬がつれられてきました。馬の顔を見て、杜子春は息が止まりそうになりました。死んだ父と母の顔をしていたのです。えんま大王があらわれて、つめよります。

「なぜ峨眉山にいたかいわないと、こいつらを痛い目にあわせるぞ」

オニたちが鉄のムチで馬を打ちはじめます。馬は苦しそうに血の涙を流しながらいいました。

「私たちはどうなってもいいから、おまえは幸せになるんだよ」

なつかしい母の声をきいたとたん、杜子春は馬にかけよってだきつき、泣きながらさけびました。

「お母さん！」

気がつくと、杜子春は夕ぐれの中、あの西の門の下に立っていました。そばにいた老人が静かにいいました。

「もしあのままだまっていたら、おまえの命をうばおうと思っていたよ。さあ、おまえはこれからどうする？」

「私は……人間らしい正直なくらしをするつもりです」

「泰山の南のふもとにある家と畑をおまえにやろう。今ごろは、桃の花が一面にさいているだろう」

老人はゆかいそうにいって、去っていきました。

知っ得ポイント

唐とは、昔の中国の名前。この物語は、中国の昔話を、芥川龍之介が子どもむけに語りなおしたものです。

国語

点字

目には見えない文字の読み方って？

4月8日のおはなし

エレベータに乗ったとき、階数が書いてあるボタンの横に、小さな点がうきでたところがあるのを見たことがありますか？　駅の切符売り場でも、同じようなものがあります。

あの小さな点が、点字です。目の不自由な人が、目のかわりに指を使って読むための字です。

点字ができたのは、今からおよそ百八十年前。フランスのルイ・ブライユという、目の不自由な少年が考えだしたのです（ルイ・ブライユのおはなしはこの本の21ページにのっています）。

日本ではそれまで、ひらがなや漢字をそのままうきださせたものを指でさわって読むという方法をとっていましたが、複雑な形を指で読みとるのはたいへんで、みんな苦労していました。ですから、ルイ・ブライユの点字ができてからは、日本語をローマ字であらわすという方法もとられるようになりました。でも、やはりそれでは不便です。そこで、日本語の五十音を点字であらわす研究が始まったのです。

ルイ・ブライユがつくった点字は、たて三つ、横二つの六つの点からできています。たった六つの点で、たくさんの種類の字をあらわしているのです。たくさんといっても、アルファベットは二十六文字。それに数字や記号をくわえたとしても、それほど多くはありません。

それにひきかえ、日本語の場合、ひらがなは四十六文字あります。くわえて「が」や「ぢ」などの濁音や、「ぱ」や「ぴ」のような半濁音、促音とよばれる小さな「っ」や、「パーティ」の「ー」のような記号まであります。

これを全部、たった六つの点であらわそうというのですから、それはたいへんな苦労がありました。もちろん、もっとたくさんの点を使えば、かんたんなのですが、たくさん点を使ったら、指先でいっぺんにさわることができなくなります。

日本語の点字を考えだしたのは、石川倉次という盲学校の先生ですが、石川先生も、最初は八つの点を使おうとしていたようです。

このように、日本で使われている点字は、だれもが字を読めるようにしたい、不便を感じないようにしたいというさまざまな人の思いから、工夫を重ねてできあがったのです。

点字は今、わたしたちの生活の中にどんどん広がっています。家の中にもきっと、どこかに点字があるはずです。

たとえば、炊飯器や洗濯機。「すたーと」や「きる」などの点字がついています。食べ物でも、ソースの容器には「そーす」という点字がついてます。家の中をいろいろさがしてみてください。

知っ得ポイント

お札にも、種類がわかるように、それぞれうきでたしるしがついています。お札の下のすみについていますよ。

ファーブル昆虫記・ハエ

ハエとりでとっても、ハエがいなくならないわけ

アンリ・ファーブル

アンリ・ファーブル

キンバエの卵

ハエを見たことがない人はいないでしょう。ハエは、家の中でも、外でも、ぶんぶんうるさく飛びまわっています。

よく見るハエのなかまに、キンバエというハエがいます。金と緑がまじった色で、きらきらしているので、とてもきれいな虫に見えます。

ところが、このキンバエ、くさったものやきたないものが大好きなのです。キンバエは、くさったものを食べて、生きているのです。ですから、卵をうむのも、くさったものやきたないものがあるところです。

キンバエの産卵のようすを見てみましょう。

地面に、数日前に死んだもぐらが、ぺちゃんこになっていました。そこに、8ぴきものキンバエがぶんぶん飛びまわっています。見ていると、1ぴきずつ、もぐらの体の下に入りこんで、しばらくすると出てきます。1ぴきが出てくると、外で待っていた別のハエが中に入っていきます。

中で卵をうんでいるのです。ハエは一度に全部の卵をうむわけではありません。100個から200個の卵をうむことを、何回かくりかえします。1ぴきのハエがうむ卵の数は1000個近くになるのです。

もぐらの体の下から出てきたハエは、しばらくそこで休み、また卵をうみたくなるまで待ちます。そしてまた、自分の順番がくると、卵をうみに、もぐらの体の下に入っていくのです。こんなふうに、ハエたちは何日もかかって卵をうみます。

では、じっさいにどんなふうに卵をうんでいるのでしょう。もぐらの体をもちあげてみると……。

お母さんバエのおしりの先から、産卵管という、卵が通る管がのびています。そして、その管の先から、白くて小さい卵が出てきます。卵の上にまた卵と、次々にうみつけられていくのですが、なんと、そのまわりをアリがうろうろしていて、卵を次から次へ、もちさっていくではありませんか。

だいじな卵が盗まれていっても、ハエのお母さんは、かまわず卵をうみつづけます。

卵を少ししかうまない虫は、だいじな卵がほかの生き物にもっていかれないよう、きちんと見張りをしますが、たくさん卵をうむハエにとっては、数十個盗まれても、かまわないのかもしれません。

さて、数日後、もぐらをもちあげてみたら、卵がかえって、数えきれないほどの白い幼虫——ウジがいました。ウジは、もぐらのくさった死体を食べて、大きくなるのです。そして、茶色いさなぎになり、羽化して大人のハエになるのです。

知っ得ポイント

約1億年前の琥珀から、ハエの化石が見つかっています。ハエは恐竜が生きていたころから地球にいたのです。

日本の四季

日本は美しい自然に恵まれているのです

四季があるのは日本だけ？

春には新しい芽が出て、花がさきはじめ、冬眠していた虫や動物が目をさまします。

夏は、太陽がふりそそぎ、たっぷりの日で農作物を育ててくれます。山は青々とした草でおおわれます。

秋には、夏のあいだ育った実がたっぷりみのります。木の葉は黄色や赤、あざやかな色にそまります。

冬は空気がすみわたり、朝早い土の下には、氷の宮殿のようなしもばしらができます。雪がふればあたりをまっ白につつみこみます。

わたしたちは小さいころから、こんな四季のすばらしさを身近に感じます。つい、四季がある国は日本だけだと思ってしまいますが、じつは四季がある国はたくさんあります。だいたい温帯にある国であれば、春夏秋冬があります。

四季があるのは、地球と太陽の動きに関係があります。地球は1年間でひとまわり、太陽のまわりをまわっています。そのとき、少しかたむいた状態でまわっているので、場所によって太陽からうける光の量がちがうのです。日本がある場所に光がたくさんあたると夏になり、あまり光があたらない時期は冬になります。だから、日本と同じような緯度（赤道からどれだけはなれているかをしめす数字です）にある場所は、日本のような四季があるのです。

それでも日本の四季はとくべつ

でも、日本ほど、はっきりとしている国はありません。四季の気候の変化がはっきりとしている国はありません。

なぜなら世界のほとんどの国は大陸にあるからです。大陸では気候の変化があまりありません。日本はまわりを海にかこまれた島国だから、気候が大きく変化するのです。

日本の場合、同じ場所でも、季節によってさく花・育つ草木はちがいます。夏は海や川で水遊びができる場所で、冬は雪遊びができたりします。季節ごとに表情がちがうのですね。

「日本の四季」はそれ自体が風物でもあり、文化でもあるのです。

知っ得ポイント

日本は南北に細長いので、場所によって季節の時期やようすはちがいます。それでもそれぞれ四季はあるのです。

ぶす

狂言

そもそも主人がうそをつかなければ……

　これは昔のおはなし。ある屋敷の主人が、遊びに出かけるあいだ、召使いの太郎冠者と次郎冠者に留守番をさせることにしました。ところが、留守番をさせようにも、主人には気がかりなことがあったのです。そこで、主人は名案を思いつきます。

「やい、太郎冠者に次郎冠者」

「はあ、なんでしょう」

「今日は大切な用事があって出かけるから、そのあいだ、大切なものの番をしていてもらいたい」

「ははあ、かしこまりました」

「あれを見よ。あれはぶすといって、あちらからふく風にあたっただけで、たちまち命をうしなうほどの大毒なのだ」

　見ると、しっかりひもをかけられたいれものがおいてあります。

「そんな大毒を、ご主人さまはどのようにあつかっていたのですか」

「あれは大毒だが、主に悪さはしないから、だいじょうぶなのだ」

「すると、あれは生き物なのですか」

「いかにもそのとおり。あぶないから、けして近よるなよ。わかったな」

　そういいのこして、主人は出かけていきました。

　残された二人は、ちょっと納得できません。

「あちらからふいてきた風にあたっただけで命がないというのに、主だけ平気というのは、おかしくないか」

「たしかに、合点がいかぬな」

「なあ、あのぶすとやらをそっと見てみないか」

「なんということを！　風にあたっただけで命がないというのに――」

「風にあたらぬように、こちらからあおいでみようではないか」

　二人はさっそく、風をおこしながらぶすに近づき、ふたをあけました。

「なにやら黒いものが見える。なにやらわからんが、うまそうじゃ」

　太郎冠者が次郎冠者が止めるのもきかずに、その黒いものを口にいれたところ――

「なんと、これは砂糖じゃ！　やあ、うまいうまい」

「砂糖だと。だったら、わたしも」

　二人はあらそうようにぶすを食べつづけ、すっかりたいらげてしまいました。さあ、これはたいへんです。どうやってご主人さまにいいわけをすればいいでしょう。

　すると、太郎冠者は主人がだいじにしているかけ軸をやぶり、茶わんをわったのです。そして、次郎冠者に泣きまねをするようにいいました。

　帰ってきた主人は、おいおい泣いている二人を見て、びっくりぎょうてん。わけを問いただすと

「すもうをとっているうちに、うっかりかけ軸をやぶり、茶わんをわってしまいました。これはもう死んでおわびするしかないと、ぶすを食べたのですが、なかなか死ねないのです。なんともじょうぶな体ですなあ」

「ええい、ふざけたことを！」

　主人がたいそうおこるので二人はほうほうのていで逃げていきました。

知っ得ポイント

当時、砂糖はたいへんな貴重品だったのです。「ぶす」は今でいうトリカブトのこと。

かけ算

かけ算には、九九のほかにも計算のワザがあるんですよ

かけ算の記号

かけ算は、みんな知っているように、ある数をもう1つの数の分、くりかえし足していく計算のこと。たとえば、2×3だったら、答えは2を3回足した数、または、3を2回足した数になります。

かけ算をあらわす記号は、バッテンみたいな形の×です。この記号は、1631年に、イギリスの数学者オートレッドが、『数学の鍵』という本の中で使ったのが最初だといわれています。×は、キリスト教の十字架をななめにした形なのです。

×が広まるまでは、ただの「・」がよく使われていたようです。今でも、アルファベットが入る式を書くときなどは、Xとまちがえやすいので、「・」を使うことがあります。

かけ算のワザ

1桁のかけ算なら、九九をおぼえていればかんたんですが、2桁以上だと、計算がとても面倒です。

そんなとき、数学者たちは、計算をかんたんにするために、いろいろなワザを使います。

【ワザいろいろ】

- ある数に4をかける場合

その数をまず2倍にしてから、もう一度2倍にする。

- ある数に11をかける場合

その数をまず10倍にしてから、もう一度その数をたす。

- インド式

これは、線を引くだけで、2桁以上のかけ算がかんたんにできてしまうという方法です。

[14×23の場合]

①14の十の位は1なので、まず1本の線をななめに引く。少しはなれたところに、一の位の本数分の線を平行に引く。

②①の線とまじわるように、23の十の位の2本の線を引き、あいだをおいて平行に一の位の3本の線を引く。

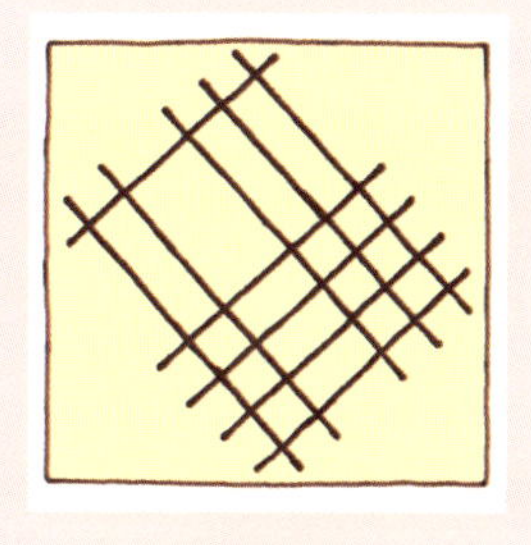

③左から、重なりあった点の数をかたまりごとに数えると――

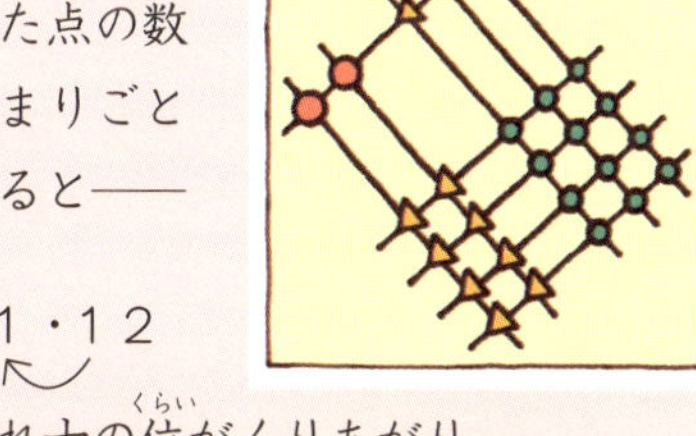

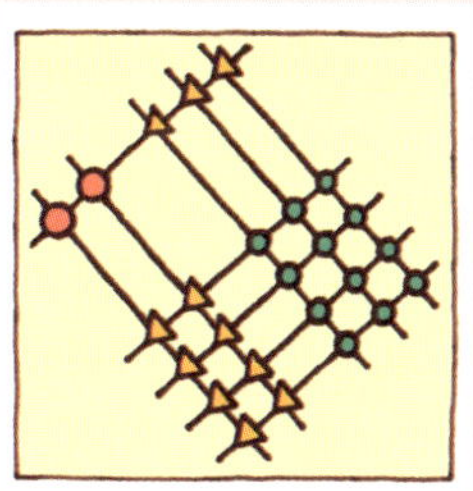

2・11・12

それぞれ十の位がくりあがりとなり、322になります。

知っ得ポイント

9のかけ算の答えは、すべての桁の数をたすと必ず9になります。例：9×7＝63の、6と3を足すと9。

友だちとのけんかは、
いつもあと味が悪いものです

クオレ

エドモンド・デ・アミーチス

国語

争い

ぼくがコレッティとけんかしたのは、コレッティの成績がいいからって、うらやんだりしたからじゃない。けっして、そうじゃない。でも、ぼくのほうが悪かったんだ。

コレッティは、ぼくのとなりに座っている。ぼくは、ノートに字の練習をしていた。すると、となりの席のコレッティが、ひじでついてきたので、ぼくはインクをたらしてしまった。おかげでノートがよごれてしまった。

ぼくがおこると、コレッティはにこにこしながら答えた。

「わざとしたんじゃないよ」

ぼくはコレッティの人柄をよく知っていたのだから、そのことばを信じるべきだった。けれど、コレッティが笑ったのが気にいらなかった。そこで、少したってから、ぼくもコレッティをひじでついて、一ページだめにしてやった。そうしたら、コレッティはまっ赤になって、

「きみはわざとやったな」

といいながら、かた手をふりあげたが、先生に見られたので、引っこめた。けれど、こうつけくわえていった。

「外で待ってるぞ」

ぼくはいやな気持ちになった。いかりはもうすっかり消えていた。そうだ、コレッティがわざとあんなことをするはずがないのだ。

あんなにおこらなければよかった。でも、どうしてもあやまることができなかった。ぼくは横目でコレッティをそっと見た。そして、心の中で「勇気を出せ」と自分に命じた。けれども、「ごめんなさい」ということばは、のどにつかえてしまうのだ。

コレッティもときどき、こっちを横目で見てきた。そして

「外で待ってるからな」

とくりかえした。

とうとう帰る時間になった。ぼくが通りに出ると、コレッティがうしろからついてきた。ぼくは立ち止まって、じょうぎをもって待っていた。コレッティが近づいてくる。ぼくは、じょうぎをふりあげた。

「ちがうんだ、エンリーコ」

と、コレッティはやさしくほほえみながら、じょうぎを手ではらいのけた。

「前のように、仲よしになろうよ」

コレッティはぼくの手をかたくにぎりしめていった。

「もう、けんかなんかよそうよ、ね」

「うん、よそう、よそう」

と、ぼくは答えた。

こうして、ぼくたちははればれして別れた。けれど、家に帰ってからも、ぼくの心の中には、

「ぼくのほうが悪かったんだから、ぼくのほうから先に手をさしのべなくちゃいけなかったんじゃないか」

という後悔が、いつまでもいつまでも残った。

知っ得ポイント

クオレはイタリア語で「心」という意味。有名な「母をたずねて三千里」はこの物語の中のエピソードです。

理科

磁石のSとN

磁石には必ずS極とN極があるのですが……

S極とN極

わたしたちの身のまわりではいろいろなところで磁石が使われています。

磁石の働きは、みんな知っているとおり、方位を教えてくれたり、金属をくっつけること。そして、そのくっつける力は、極とよばれる、磁石のはしっこがいちばん強いのです。

極には、S極とN極がありますね。SやNは、なにをさしているか知っていますか？

SはSouth、つまり南のことで、NはNorth、北のことです。昔の人が方位磁石を使ったとき、南をさすほうをS、北をさすほうをNとよぶことにしたのです。

でも、どうして磁石は方位をさすのでしょうか。

2つの磁石を近づけると、S極とN極がくっつきますね。磁石のN極が北をさすのは、地球の北極に引きよせられるから。北極に引きよせられるなんて、そこに大きな磁石でもあるのでしょうか？

地球は大きな磁石

磁石のN極が北をむくのは、北極そのものがS極だから。じつは、地球は大きな磁石なのです。

地球のまんなかには、核とよばれるところがあります。核は金属でできていて、内側はかたまっていますが、外側はどろどろにとけた液体になっています。火山が爆発すると、どろどろの溶岩が流れでてきますよね。あんなふうに熱でどろどろにとけた金属が、かたい金属のまわりでぐるぐると動いているのです。その動きのせいで、電気がおこります。そして、電気が磁石の力をつくりだしているのです。

その磁石の力はとても大きいので、地球のどこにいても、感じることができるわけです。

今、地球のS極とN極は少しずつずれています。じつは、地球の長い歴史の中で、S極とN極は何回もいれかわっているのです。このままS極とN極はずれていって、何千年、何万年後かには、きっと今と逆になることでしょう。

北極

南極

知っ得ポイント

リニア・モーターカーには、磁石のS極とN極の引きよせあったり、反発しあったりする力が利用されています。

昔のおもちゃ

昔の子どもたちはどんなおもちゃで遊んでいたのかな

いちばん古いおもちゃ

いちばん古くからあって、今も残っているおもちゃは、なんといっても、ビー玉でしょう。ビー玉は、今から何千年も前の紀元前（西暦0年より前）のエジプトで生まれたといわれています。遺跡から見つかっているのです。

日本には、今から1200年ぐらい前の平安時代に入ってきましたが、子どもの遊びになったのは、明治時代。そのときはガラス玉ではなくて、泥の玉を使っていました。ガラス玉になったのは、明治時代の終わり。そこからいっきに人気になったのです。

聖徳太子も遊んでいた？

お手玉は今から1400年以上も前に、中国から伝わってきたといわれています。そのころのお手玉は袋に豆をいれたようなものではなく、石や水晶でできていて、石名取玉とよばれていました。形も球だったり、立方体だったりしたようです。

今は女の子の遊びになっていますが、昔は男女の区別なく遊ばれていました。聖徳太子が遊んだ石名取玉はなんと今も残っています。

それは、たて横高さがそれぞれ1センチメートルくらいの立方体で、16個あります。

遊び方は、まず全部の玉を床にばらまき、その1つを空中に投げ、玉が落ちてくる前にほかの玉をひろって、落ちてくる玉もキャッチするというもの。今の遊び方とは少しちがいますね。

ほかにも、けん玉やコマ、ヨーヨーのような昔のおもちゃは今でも遊ばれています。コマは平安時代にはもうあったそうですが、一般の子どもが遊ぶようになったのは江戸時代になってから。

もともとのコマは木でできていますが、その後、昭和時代になると、鉄でできた小さなコマ「ベーゴマ」ができて、大人気になりました。ベーゴマをさらに進化させて、自分だけのコマをつくれる「ベイブレード」も登場しました。

けん玉やヨーヨーは江戸時代に日本に入ってきました。けん玉はフランスで、ヨーヨーはとても昔の中国で生まれたといわれています。

知っ得ポイント

ビー玉という名前は「ビードロ玉」の短縮形といわれています。ビードロはガラスを意味するポルトガル語です。

国語

シートン動物記

アーネスト・トンプソン・シートン

ロボは群れをひきいる、誇り高い王さまでした

4月16日のおはなし

狼王ロボ

アメリカの南西部にあるコランポー高原に、「ロボ」とよばれる狼のボスがいました。ロボは子分をひきつれて牧場をおそっては、牛を殺していました。殺した牛の数は五年で二千頭。それも、値段の高い牛ばかりねらうのです。

困りはてた牧場の人たちは、ロボの首に千ドルという賞金をかけて、なんとか退治しようとしました。

まず狼狩りの名人タナリーが十数頭の猟犬をつれてロボ退治に出かけました。けれど、猟犬はあっというまにかみころされてしまいます。タナリーはもう一度挑戦しましたが、やっぱり失敗に終わりました。

次の年には、別の狼狩り名人がやってきて、毒や罠をしかけましたが、かしこいロボはすべて見やぶりました。

そして、動物学者のシートンがよばれることになったのです。岩山や谷にかこまれたコランポー高原では、犬や馬を使って狼を追いつめるのはむずかしそうです。シートンは毒と罠を使うことに決めました。人間のにおいがつかないよう気をくばって、毒をしみこませたエサと罠をしかけたのですが、ロボに見やぶられました。なんてかしこい狼でしょう。

それからは、シートンとロボの知恵くらべになりました。これ以上、牧場で被害を出すわけにはいきません。シートンも必死でした。ある日、若い牛をエサにして罠をしかけると、美しい雌狼がかかりました。ロボの奥さんのブランカでした。助けを求めて、ブランカが鳴くと、どこからかロボの返事がきこえてきます。ロボの声はとても悲しそうでした。

しばらくしてブランカが死ぬと、気持ちがゆれうごいたせいでしょうか、ロボが罠にかかりましたが、ついにやったと思われましたが、ロボは罠から足をぬいて逃げました。

シートンは、ありったけの罠をしかけ、その全部にブランカのにおいをつけました。ロボはブランカのにおいを追いかけるのに夢中になったのでしょう、四本すべての足を罠にかまれてしまいました。

ロボは力をふりしぼって、罠からのがれようとしました。たてがみをさかだて、うなり、さけびました。……けれど、なにをしてもむだでした。ついにロボは人間につかまったのです。あごと足をしばられて、ロボは牧場に運ばれました。

食べ物があたえられても、ロボはまったく口にしようとしませんでした。そして、「狼には狼の誇りがあるのだ」といわんばかりに、ぎらぎらした目で人間たちをにらみつけるばかりでした。

よく日の朝、ロボは眠るように死んでいました。シートンはロボの狼としての誇りとブランカへの愛情を思いながら、そのなきがらをほうむってやったのでした。

知っ得ポイント

この狼王ロボとの出会いをきっかけに、シートンは動物記を書くようになりました。

中国の唐の時代の有名な詩です

春暁

孟浩然

春眠不覚暁
処処聞啼鳥
夜来風雨声
花落知多少

これは、今からおよそ千三百年ほど前に、中国の詩人が書いた詩です。日本人に読みやすい形にすると、こんなふうになります。

春眠　暁をおぼえず
処処　啼鳥をきく
夜来　風雨の声
花落つること　知る多少

さらに、わかりやすい日本語にすると、こんなふうになります。

春の夜はあたたかくて、とても気持ちよく眠れるので、日がのぼって朝になったのも気づきませんでした。

目がさめると、あちらこちらで、鳥の鳴く声がきこえています。

きのうの夜はずっと雨や風の音がしていたけれど、花はどれくらいちってしまったのでしょう。

最初の行の「春眠　暁をおぼえず」という言葉は、とても有名で、今も春の朝、気持ちよくてなかなかおきられないとき、よく使われています。たいてい、朝寝坊したのを、気持ちのよい春の朝のせいにしていいわけするときに使われていますが、もともとは、春の朝の気持ちよさをうまくいいあらわしたものだったのですね。

知っ得ポイント
作者の孟浩然は、ろくに仕事もせず一生ぶらぶらしていた人ですが、いい詩を書くことで尊敬されていました。

ピョートル・チャイコフスキー

(1840～1893年　ロシア)

ロシアでもっとも有名な作曲家

遅ざきの作曲家

チャイコフスキーは、ロシアの工場で有名な町に生まれました。お父さんは鉱山の技師でした。両親とも音楽が好きで、チャイコフスキーも小さいころピアノを習わせてもらっていました。チャイコフスキーは幼いころから音楽の才能を見せていました。4歳でお母さんにおくる曲をつくっていたほどです。

けれど、お父さんにはチャイコフスキーを音楽家にするつもりはありませんでした。チャイコフスキーは法律を勉強する学校にいれられて、そのまま卒業すると、役人になったのです。

でも、チャイコフスキーは大好きだった音楽をあきらめられませんでした。そんなとき、新しい音楽学校ができたことを知り、仕事をしながら、その学校にかようことにしたのです。チャイコフスキーが21歳のときでした。

学校で音楽を学ぶうち、チャイコフスキーはどんどん音楽にのめりこんでいき、結局、役人の仕事は数年でやめました。そして、音楽家への道を進みはじめるのです。

新しいバレエ音楽の誕生

優秀な成績で音楽学校を卒業したチャイコフスキーはモスクワの音楽学校で先生の仕事をもらい、働きながら作曲をするようになりました。ロシアに古くからある音楽をとりいれたチャイコフスキーの曲はとても人気になりました。

そんなとき、バレエの舞台用に曲をつくってほしいという仕事がまいこみます。そのころ、バレエ音楽というものは、踊りの引きたて役で、音楽としてはどうでもいいものだと考えられていました。チャイコフスキーは、「音楽と踊りが一体となってこそすばらしい舞台になる」と考え、それまでとはちがった曲をつくりました。ところが、チャイコフスキーがつくった曲は踊りにあっていないといわれ、結局、使ってもらえなかったのです。

それにこりたのでしょう、チャイコフスキーはしばらく、バレエ音楽にはかかわらないでいました。けれど、それから10年後、別のバレエ音楽をつくる機会がめぐってきました。「眠れる森の美女」と「くるみ割り人形」です。その舞台がみごとに大成功をおさめたのです。その後「白鳥の湖」もたいへんな人気が出ることとなりました。

でも、チャイコフスキー自身は「白鳥の湖」の成功を見ることができませんでした。その数年前に、53歳という若さで急死してしまったからです。ロシアの皇帝はチャイコフスキーの死をいたみ、国葬をして大作曲家を天国へ送りだしました。

知っ得ポイント

チャイコフスキーの死の原因は、生水を飲んだことにより、コレラにかかったからだと考えられています。

一休さん

日本の昔話

とんちで有名な小僧さんのおはなし

昔、あるお寺に、とてもかしこい小僧さんがいました。名前は一休といいます。

一休がいるお寺には、ちょくちょく、近所のご隠居さんが、おしょうさんと碁をうちにやってきました。ところが、このご隠居さん、一度やってくると、碁に夢中になって、なかなか帰らないのです。朝早くからお寺の仕事がある小僧さんたちは大迷惑です。ご隠居さんが帰らないうちは、勝手に寝てしまうわけにはいきませんからね。

なんとか、ご隠居さんがお寺にこなくなるようにできないものかと考えた一休は、いい方法を思いつきました。近ごろ、寒くなってきたので、ご隠居さんはけものの皮でできた上っぱりをはおっていました。そこで、一休はお寺の入り口にはり紙をしたのです。

けものの皮は、寺に入るべからず

その日の夕方、またご隠居さんがやってきました。はり紙を見たご隠居さんは、ははあ、これは自分を寺にいれないために、一休が考えたのだなと、すぐに気づきました。一休をだしぬく方法を、ご隠居さんは考えて、いいいいわけを思いつきます。そして、知らん顔をして、お寺に入っていきました。

寺にやってきたご隠居を見て、一休はあわてて話しかけました。

「ご隠居さん、入り口のはり紙をごらんにならなかったんですか。生き物を殺してとった皮は、お寺に入れないのですよ。無駄な殺生をすることは、仏さまがゆるさないのです」

するとご隠居さんはこういったのです。

「おや、おかしいね。お寺には太鼓があるじゃないか。太鼓はけものの皮でできているだろう。太鼓がいいというなら、わしのこの上っぱりだって、かまわないはずだよ」

いいかえされた一休はちょっと考えてから、

「わかりました。少し待っていてください」

といって、寺のおくから太鼓のばちをもってきました。

「ご隠居さん、太鼓は毎日、朝晩と、罰をあたえられて、ばちでたたかれているのです。ですから、ご隠居さんもそれほどお寺に入りたいとおっしゃるなら、さあ、ばちでたたかせてください」

これにはさすがのご隠居さんもまいってしまいました。

「一休にはかなわん」

と、家に帰っていきましたとさ。

知っ得ポイント

室町時代に実在した型やぶりな僧、一休宗純が、この一休さんのモデルになったといわれています。

算数

比例と反比例

ルールがわかると、その先、どうなるかが予測できますね

身のまわりにある比例・反比例

比例と反比例ということばを知っていますか？　小さい子はまだ習っていないかもしれませんね。比例というのは、2つのことがらで、いっぽうがふえたり、大きくなったりすると、もうかたほうも、それと同じ割合でふえたり、大きくなったりすること。たとえば、長方形の横の長さが2倍、3倍になれば、長方形の面積も2倍、3倍になります。これが比例です。

反比例はそれと反対で、いっぽうがふえたり大きくなったりすると、もういっぽうは同じ割合で、へったり小さくなったりすることです。たとえば、面積が12平方センチメートルと決まっている長方形のたての長さが2倍、3倍になれば、横の長さは1/2、1/3になります。これが反比例です。

比例と反比例は、わたしたちの身のまわりにたくさんあります。

ランニングするとき、長い時間走れば、ふえた時間分、遠くまでいけますね。これは比例。

遅刻しそうなとき、学校まで2倍のスピードで歩いていけば、かかる時間は半分になりますね。これはどちらでしょう？

比例っぽいもの反比例っぽいもの

でも、身のまわりには、ちゃんとした比例・反比例ではなく、比例っぽいものや反比例っぽいものもたくさんあります。じつはそちらのほうが多いかもしれません。

たとえば、勉強する時間とテストの点数の関係。長い時間勉強すれば、テストでいい点数をとれますが、2倍の時間勉強したからといって、テストの点数が2倍になるわけではありません。

また、ダイエットと体重の関係。ダイエットを長い期間すればするほど、体重はへりますが、2倍の期間ダイエットをしたからといって、体重が2倍へるわけではありません。

こんなふうに、比例っぽいもの、反比例っぽいものは生活の中にたくさんあります。みなさんも自分の身のまわりで、比例・反比例や、比例っぽいもの・反比例っぽものをさがしてみてください。

知っ得ポイント

お菓子をみんなで分けるとき、人数がふえると、1人分の量はどうなるでしょう。これは比例？　反比例？

消化管の長さくらべ

食べ物と体のつくりには、深い関係があるのです

人間の消化管

わたしたちが食べ物を食べるとき、まず口でかんで、細かくしますね。細かくなった食べ物は食道を通って、胃に運ばれます。胃で、もっと細かくどろどろにされた食べ物は、そのあと小腸や大腸で、栄養分や水分を吸収されます。この、口から大腸まで、食べ物から栄養をとりこむ一本の管になっているしくみを消化管といいます。

人間の食道はだいたい25センチメートルくらいで、胃は20センチメートルくらい。小腸は6～7メートルで、大腸は1・5メートルくらいあるといわれています。消化管をあわせると、およそ9メートル。身長の5～6倍もあるのです。

そんなに長い管がおなかの中にどうやっておさまっているのでしょう。いちばん長い小腸は、くねくねと曲がりながらおなかの下のほうにおさまっています。じつは小腸は、人間が生きているときは、筋肉がぎゅっとしまっているので、2～3メートルにまでちぢんでいるのです。だから、あんなにせまいおなかの中にすっぽり入っていられるのですね。

草食？ 肉食？

消化管は、もちろん人間だけにあるものではありません。犬や魚などほかの動物にも、人間とにたような消化管があります。

消化管の長さは、どんな食べ物を食べているかによってちがいます。

たとえば、犬の消化管の長さは、身長の5～6倍で、人間の割合とほぼ同じ。ライオンは、身長の4倍くらいです。

それにくらべて、牛は身長の20倍、羊は25倍にもなるといわれています。

このちがいは食べ物によるものです。ライオンは肉食の動物ですね。そして、人間や犬は雑食の動物です。反対に牛や羊は、草食の動物。

草（植物）は、肉や魚より、消化や吸収がしにくい食べ物です。消化にも長い時間がかかります。ですから、その分、草を食べる動物の消化管は長くなっているのです。なんと、牛の消化管は60メートルくらいもあるのだそうですよ。

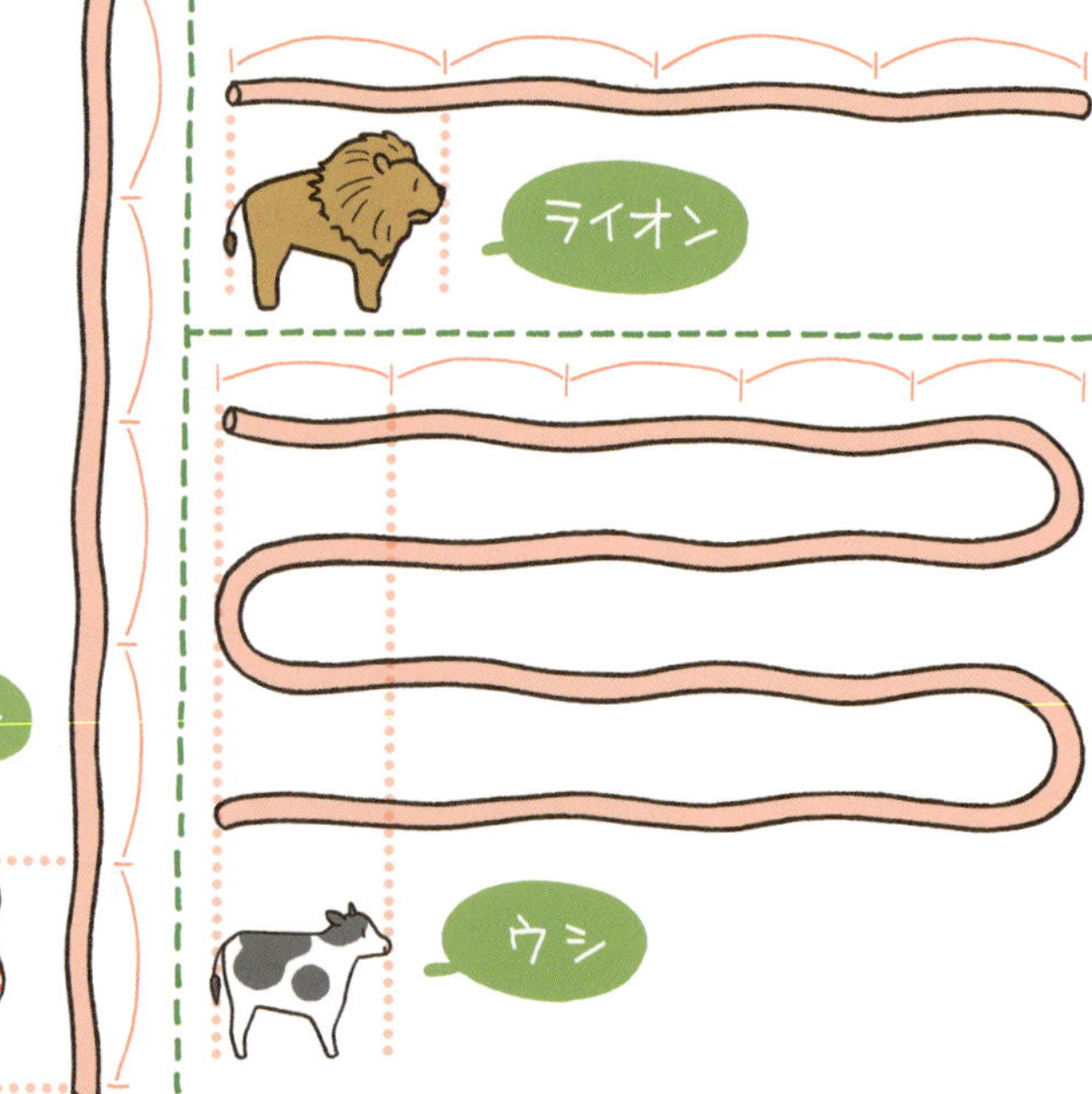

知っ得ポイント

肉をよく食べる外国人の腸は日本人より短いという話はデマです。腸の長さはあまり変わりません。

セロひきのゴーシュ

宮沢賢治

ゴーシュの家には夜ごと、動物たちがやってくるのです

4月22日のおはなし

　ゴーシュは町の活動写真館でセロをひく係でした。けれどもなかまのうちでいちばんへたくそで、いつも楽長にいじめられるのでした。

「君の演奏はまったくだめだよ、ゴーシュくん。演奏会まであと十日しかないというのに、どうするんだ」

　ゴーシュは家に帰ると、演奏会用の曲をひきました。なんべんもなんべんも、ごうごうごうごうひきつづけました。すると夜中に三毛猫がやってきて、トロイメライをひいてほしいといいました。そして、おみやげだといって、ゴーシュの畑からとってきたトマトをさしだしたのです。

　自分の畑のトマトを出されたゴーシュはおこって、嵐のようないきおいでインドのとら狩りの曲をひきました。猫の目からぱちぱち火花が出てきます。「先生、もうたくさんです。やめてください」と、猫は逃げていきました。

　次の晩はかっこうがきました。

「先生、どうかドレミファを教えてください。歌の練習をしたいのです」

　しつこくたのまれたゴーシュがセロでドレミファをひいてやると、かっこうは喜んでカッコウカッコウとさけびました。ひけばひくほどかっこうのほうがうまいように思えて、ゴーシュは「こんなばかなことをつづけていられるか。出ていかないと食っちまうぞ」と、かっこうをひどくおどかしました。かっこうはあわてて逃げていきました。

　次の晩はたぬきの子がやってきて、ゴーシュのセロにあわせて、棒をぽんぽんたたきました。

　次の晩は野ねずみの親子がやってきて、青いクリの実をおいてちゃんとおじぎをしていいました。

「先生、この子は死にそうでございます。なおしてやってくださいまし。ここらのものは病気になると、先生のセロをきいて、なおします」

　ゴーシュがセロをひきおわると、子ねずみは元気よく走りだしました。

　それから六日目の晩、ゴーシュたちの音楽団は公演で、いい演奏をすることができました。ホールでは拍手が鳴りやまず、アンコールを求めています。楽長は困りました。今したばかりのすばらしい演奏のあとでは、なにをやったってだめだからです。そこで楽長はゴーシュを舞台におしやりました。

　ゴーシュは舞台のまんなかに出ると、やけっぱちになって、猫がきたときのように、ものすごいいきおいでインドのとら狩りをひいてみせました。観客はしいんとなってきいています。けれど曲が終わると、ゴーシュは楽長から、十日のあいだにずいぶんうまくなったものだと、ほめられたのです。

　その晩、家へ帰ったゴーシュは水をがぶがぶ飲みました。そして、遠くの空を見ながら「ああ、かっこう。あのときはすまなかったなあ。おれはおこったんじゃなかったんだ」といいました。

知っ得ポイント

セロというのは、チェロのこと。バイオリンのなかまで、低い音を出す楽器です。

選挙

みんなが参加しないと、選挙はなりたたないのです

選挙って、なあに？

みなさんも学校で、委員や係を決めるとき、投票をすることがあるのではないでしょうか。

たとえばクラス委員を決めるときに何人か候補がいる場合は、クラスの人たちがそれぞれ、だれに委員になってもらいたいか名前を書いて投票して、たくさんの人に名前を書いてもらった人が委員になりますね。このしくみを選挙といいます。

ニュースなどで「選挙」というときは、国会議員や、県や都などの議員、市や町の議員を選ぶことをいいます。国会議員や、町の議員は、国や町のさまざまなことを決める仕事をしています。法律などのだいじなルールや、わたしたちがおさめている税金をどう使うかなど決めているのです。

わたしたちがそれぞれ意見を出しあって決められればいいのですが、そんなたくさんの人数で話しあいなどすることはできません。ですから、選挙でわたしたちの代表を選んで、代表者たちで話しあいをして、決めてもらっているのです。

何歳から投票できるの？

選挙では性別や職業などに関係なく、だれでも投票できるのですが、年齢制限があって、18歳以上からと決まっています。つい最近までは20歳以上でしたが、これから日本をつくっていく若い人たちの意見がとりこめるように、年齢が引きさげられたのです。

ただ、若い人たちのあいだでは、選挙にいく人が少ないことが問題になっています。国会議員の選挙で、投票にいく人は、20歳代の人たちでは平均3分の1くらいです。「投票してもなにも変わらないから」「よくわからないから」いかないのだそうです。

もちろん、自分が投票した人が選ばれないこともありますし、候補者の意見のちがいがわかりにくいこともあるでしょう。でも、投票しないのは、「どんなルールを決められても、税金をなにに使われてもかまいません」といっているようなものです。選挙にいくのは、自分たちのためなのです。選挙にいかない3分の2の人たちが、もし全員、選挙にいったら……結果はまったく変わるかもしれませんよね。

知っ得ポイント

選挙に立候補できるのは、衆議院議員は25歳以上、参議院議員は30歳以上、県や町の議員は25歳以上です。

保健体育

アレルギー

みんなのまわりにもアレルギーのある人はたくさんいます

4月24日のおはなし

いろいろなアレルギー

「アレルギー」ということばは、学校でもよくきくでしょう。給食で、みんなと同じものが食べられないクラスメイトもいるのではないですか。それは、ある特定の食べ物にアレルギーがあるからです。アレルギーがあるものを食べてしまうと、おなかが痛くなったり、じんましんが出たり、食べたものをはいたり、いろいろな症状が出ます。ひどいときは意識をうしなったりすることもあります。死んでしまうことだってあるのです。食べ物の好き嫌いとはぜんぜんちがうのです。

食べ物のほかにも、アレルギーをおこすものはたくさんあります。よくきくのは、花粉症です。花粉症は、植物の花粉が原因で、目がかゆくなったり、鼻水が出たりするアレルギーです。

子どもに多いアレルギーでは、ぜんそくやアトピー性皮ふ炎があります。ぜんそくは、ダニやほこり、カビなどが原因でせきが出たり、息をするときにゼーゼーしてしまうアレルギー。アトピー性皮ふ炎は、ダニやほこり、それに食べ物などが原因で、皮ふがじゅくじゅくしたり、赤くてかゆいブツブツができたりするアレルギーです。

アレルギーはどうしておこるの？

アレルギーは、体を守るしくみがかんちがいをしておこる病気です。

わたしたちの体に、ウイルスや細菌のような悪者が入ってくると、免疫という、体を守るしくみが働いて、悪者と戦うための武器（抗体）をつくります。そして、次に同じ悪者が入ってきたとき、その武器を使って戦い、悪者をやっつけるのです。かぜをひくと熱が出たりするのは、免疫が悪者と戦っている証拠です。

その免疫が、たとえば卵など、悪者ではないものを悪者だとかんちがいして、戦おうとしてしまうのがアレルギーです。そして、戦っている証拠として、おなかが痛くなるとか、じんましんが出るとか、いろいろな症状が出るのです。

ですから、アレルギーにはだれでもなる可能性があります。今は平気でも、大人になってから急にアレルギーが出ることもあるのです。

アレルギーでだいじなのは、知ること。自分にどんなアレルギーがあるのか、なにが原因なのか、症状を出さないようにするにはどうすればいいのか——ちゃんと知っていれば、アレルギーは怖い病気ではないのです。

知っ得ポイント

今は、日本人の2人に1人にアレルギーがあって、その割合はこれからふえていくだろうといわれています。

はだかの王さま

アンデルセン

大人はみんな、見えっぱり？

昔、ある国に、ちょっと見えっぱりな王さまがいました。ある日、機織り職人を名のる二人の男が王さまをたずねてきました。二人はとても腕がいい職人で、世界一美しい布を織ることができるというのです。

「その世界一の布でつくった服を、ぜひ王さまに着ていただきたいのですが、ひとつ問題がありまして」

「ふむ、問題とは？」

「その布は、愚か者にはけっして見えないのです」

「そんなこと、問題ない。わしに見えないはずはないからな」

王さまはたくさんのお金を男たちにわたし、すぐに仕事にとりかかるように命じました。男たちはさっそく、機織り機をいそがしく動かしはじめました。でも、ちゃんと機織りしているわけではありません。織るふりをしているだけなのです。

そうとは知らない王さまは布を早く見たくてしかたありません。でも、布が見えなかったら……と思うと、怖くて、自分で見る勇気が出ませんでした。そこで、大臣に布を見てくるように命じます。

大臣が男たちの仕事場にいくと、

「見てください、美しいでしょう？」

と、なにかを見せられたのですが、なんにも見えません。自分が愚か者だと思われたくない大臣は、

「なんとみごとな布でしょう」

といって、王さまにも、美しい布でしたと報告しました。

大臣に見えたのならだいじょうぶだろうと、王さまは自分で布を見にいきました。ところが、布は見えませんでした。あたりまえです、最初から布などないのですから。でも、王さまは、自分が愚か者だと思われたくないので、

「たいへん気にいった。次のパレードにまにあうよう服を仕立ててくれ」

と命じました。

さて、パレードの日。

男たちはありもしない服を王さまに着せるふりをしました。りっぱな服を着たつもりの王さまが、人々の前に姿をあらわします。

人々はぎょっとしました。でも、愚か者だと思われるわけにはいきませんから、みんな口々に、

「なんと、りっぱなおめしものだ」

「あんな美しい服、見たことないぞ」

と、ほめました。

そのとき、小さな子どもがいったのです。

「王さまったら、はだかんぼうだ！」

それをきいた大人たちは、あっと思いました。そうか、やっぱり王さまははだかなんだ。

「わたしも服なんて見えないわ」

「王さまははだかなんだ！」

その声は、王さまにもきこえました。でも、ここで自分がはだかだということをみとめるわけにはいきません。だから、王さまは最後までパレードをつづけたのです。

知っ得ポイント

この物語は、もともとはスペインの民話。もとの物語で王さまははだかだといったのは、黒人の奴隷でした。

理科

iPS細胞

ノーベル賞にむすびついた研究

4月26日のおはなし

魔法の細胞

二〇一二年、京都大学の山中伸弥教授がノーベル生理学・医学賞を受賞しました。ｉＰＳ細胞の研究がみとめられたのです。

新聞やテレビでたくさんとりあげられたｉＰＳ細胞ですが、どんな細胞なのか、そもそも、細胞ってなんなのか、知っていますか。

細胞というのは、わたしたちの体をつくっている小さなつぶのようなものです。

わたしたちの体は、最初は１つの細胞からできています。それがどんどん分かれていって、たくさんの細胞になります。そして、その細胞が、手になったり、足になったり、心臓になったりして、人間の体ができあがるのです。

その最初の細胞は、どんな細胞にでもなることができます。ｉＰＳ細胞とは、それと同じように、体のいろいろな細胞になることができる細胞なのです。また、ｉＰＳ細胞はいくらでもふやすことができます。

ｉＰＳ細胞のゆくえ

ｉＰＳ細胞はどんなふうにつくられたのでしょう？

山中教授はまず、人間の細胞をまだ体のあらゆる細胞になれる状態にもどすことができる遺伝子を見つけました。そして、その遺伝子を、人間の皮ふの細胞にいれて、ｉＰＳ細胞をつくることに成功したのです。

ｉＰＳ細胞ができたあとは、どうでしょう。ｉＰＳ細胞は、どのように使われるのでしょうか。

今では、ｉＰＳ細胞から脳の細胞や心臓の細胞など、さまざまな細胞をつくれるようになっています。そのような細胞を、病気の人やケガがある人の体にいれることで、助けられるようになると考えられています。たとえば、心臓に重い病気がある人は、自分の皮ふから細胞をとってｉＰＳ細胞をつくり、それを心臓の細胞に変化させることができるようになるのです。心臓の移植を待ちつづけるようなことをしなくてもよくなるかもしれません。早くそんな日がくるといいですね。

ヒトの皮ふ細胞からつくったiPS 細胞のけんび鏡写真

知っ得ポイント

ｉPS細胞の最初のｉが小文字なのは、iPodのように世界じゅうに広がってほしいからという願いからです。

力太郎

日本の昔話

垢から生まれた男の子のおはなしです

昔々、ある村に一度もお風呂に入ったことのないおじいさんとおばあさんがいました。そんなおじいさんとおばあさんが、はじめてお風呂に入ることになりました。お風呂に入って体をこすると、山のような垢がとれました。あんまりたくさんとれたので、おばあさんは垢をこねて、赤ちゃんの人形をつくりました。

「ああ、これが本物の赤ん坊だったらなあ」

子どもがいなかったおじいさんとおばあさんは、その人形を見て、心からそう思ったのでした。

すると、驚いたことに、人形がたちまち生き生きと輝きはじめ、本物の赤ん坊になったのです。

二人はその赤ん坊をたいそうかわいがりました。赤ん坊はよく食べ、みるみるうちに大きくなりました。とてもたくましくなったその子は「力太郎」と名づけられました。

十五歳になったとき、力太郎は修行に出るから、重さが百貫ある金棒をつくってほしいとおじいさんにたのみました。なけなしのお金をはたいて、おじいさんは重さ百貫の金棒をつくってくれました。

金棒をかついで力太郎が歩いていくと、次々と岩をくだいている大男に会いました。

「おれは国でいちばんの力もちだ。おまえ、おれの子分になれ」

そういわれたら力太郎もだまっていられません。

「この金棒を三回まわせたら、子分になってやろう。もしまわせなかったら、おまえがおれの子分になれ」

金棒を一回しかまわせなかった岩男は力太郎の子分になりました。

しばらくいくと、今度はお堂を背負った男に会いました。

「おれは国でいちばんの力もちだ。おまえ、おれの子分になれ」

「この金棒を三回まわせたら、子分になってやろう。もしまわせなかったら、おまえがおれの子分になれ」

金棒を二回しかまわせなかったお堂男は、力太郎の子分になりました。

三人で進んでいくと、道で娘がしくしく泣いていました。きけば、今から化け物への生贄になるのだといいます。娘が生贄にならないと、村がつぶされるというのです。

「おれたちが化け物を倒してやろう」

三人は化け物のもとへとむかい、まずは岩男が戦いをいどみました。けれど、岩男はあっさり化け物にのみこまれてしまいました。次のお堂男も同じです。最後は力太郎の番です。力太郎は金棒をいきおいよくまわし、化け物をひとふりで倒すと、おなかに飛びのって、力いっぱいふんづけました。すると、それまで化け物にのみこまれた人たちが次々にはきだされたのです。

村を守った力太郎は、娘と結婚し、おじいさんとおばあさんをよびよせて、いつまでも幸せにくらしたということです。

知っ得ポイント

人間の皮ふは、できてから、およそ1か月で垢になります。人間の一生分の垢の量は約20キロなんですって。

5大栄養素

人間に必要な5つの栄養って？

だいじな栄養素

食べ物の栄養は、大きく5つのグループに分けられます。どのグループも、人間にとってとてもだいじな栄養です。

まず1つ目のグループは、たんぱく質です。たんぱく質は、わたしたちの体をつくる栄養素。筋肉や骨、内臓や血液や皮ふや髪の毛や爪など、体のすべてをつくる材料になっています。たんぱく質が入っている食べ物は、肉や魚、卵・大豆などです。

2つ目は炭水化物。炭水化物はわたしたちの体と脳を動かす栄養素です。わたしたちが1日に必要なエネルギーの多くは、炭水化物からとっています。炭水化物が入っているのは、ごはんやめん、パン、砂糖などです。

3つ目は脂質。脂質も炭水化物と同じように、わたしたちの体を動かすエネルギーのもとになります。体温を保つ働きもしています。脂質が入っている食べ物は、バター、マーガリン、植物油、肉の脂身などです。

4つ目は、無機質。体をつくる材料になったり、体の調子をととのえています。無機質の中でもとくに大切なのは、骨や歯をつくるカルシウムと、血液を通して体じゅうに酸素を送る鉄です。

カルシウムが入っている食べ物は、牛乳や海藻、小魚など。鉄が入っているのは、レバーや赤身の肉や魚、ほうれんそうなどです。

5つ目の栄養はビタミンです。ビタミンはほかの栄養素の働きを助けて、体の調子をととのえたり、エネルギーになったり、成長をうながしたりします。ビタミンが入っているのは、緑黄色野菜や果物などです。

バランスよくが基本

上の絵では、5つの栄養素を、どんな働きをするかによって、3つの色で分けています。体をつくる働きが赤、体を動かすエネルギーになるのが黄色、そして、体の調子をととのえる働きをするのが緑色です。このどれが欠けても、だめなのです。どれか1つだけたくさんとるのもよくありません。1日のうちにバランスよく、とるようにしましょう。苦手な食べ物があるときは、同じ栄養素のグループの、別の食べ物をかわりに食べるなど、工夫できるといいですね。

知っ得ポイント

たんぱく質や炭水化物、脂質やビタミンは、体の中でもつくれますが、無機質だけはつくることができません。

大きな木がほしい

佐藤さとる

原典

まるで秘密基地みたいな、こんな木があったら……


「大きな大きな木があるといいな。ねえ、お母さん」

　窓から顔を出して、かおるがいいました。

「おや、まあ、どうしてなの」

　庭先で、洗たくものをほしていたお母さんは、手を動かしながらこたえました。外は、ほんとにいい天気です。

「どうしてって、ねえお母さん。大きくて高い高い木に、のぼってみたいと思わない？」

　そうねえ、と首をかしげてから、お母さんはいいました。

「でも、あぶなくないかしら」

「あぶなくなんかないよ。ぼく、あぶなくないように、いろいろ考えたんだ」

「ふふふ」

　お母さんは、ちょっと笑いました。〝いろいろ考えたんだ〟なんて、かおるが生意気ないい方をしたので、おかしかったのです。

　昔、お母さんも、かおるくらいの小さな女の子だったころ、木のぼりをしたことがありました。

　かおるのいうような、大きな木にのぼったわけではありません。それでも、お母さんは、とてもうれしかったことを、今でもよくおぼえています。

　それで、あたりをぐるっと見まわして、かおるにいいました。

「ほんとうに、木のぼりができるような大きな木が、お庭にあるといいわねえ」

　せまいちっぽけな庭には、ちっぽけな木が、たった三本しかありません。ツツジが二本と、ヤツデが一本です。とても木のぼりはできません。

「ぼく、大きな木がほしいなあ」

　かおるはため息をつきました。かおるの考えている大きな木は、こんなすてきな木だったからです。

　ううんと太くて、もちろん、かおる一人で、手をまわしたくらいでは、かかえられないような太い木です。お父さんとお母さんと、それに妹のかよちゃんにも手伝ってもらって、やっとかかえられるような、そんな大きな木でなくてはいけないのです。

「だから、どうしたって、はしごがいるんだ」

　かおるは、そう思います。みきが太すぎて、のぼれないからです。

　まずいちばん下の枝まで、はしごをかけなくてはいけません。ぐらぐらするとあぶないので、はしごは、枝にしっかりしばっておくのです。

　そこの枝から、もう一つ上の枝へも、短いはしごをとりつけます。

　二つ目の枝にのぼると、木のみきに、ぽっかりほらあながあいているのです。

知っ得ポイント
熱帯雨林の地域では、じっさい、木の上の家＝ツリーハウスで生活している部族がたくさんいるようです。

ちょうど、かおるがもぐりこめるぐらいの大きさです。

そこに入ると、ほらあなは、ずっと上のほうにつづいています。

「ほらあなの中にも、はしごをつけてあるんだよ」

かおるは、まるで今その木にのぼっているような気持ちになって、わくわくしてくるのです。

ほらあなの中のはしごを、せっせとのぼると……。

おや、いきなり小さなかわいい部屋の中に、ひょっこり入ってしまいます。

「ここはね、枝が三つに分かれていて、その枝に、丸たんぼうをわたして、なわでしばりつけて、その丸たんぼうの上に板をならべて、釘でとめて、その板の上に、ぼくの小屋をつくってあるのさ」

かおるの小屋の中には、すみっこに、台所があります。水も出るし、こんろもおいてあります。部屋のまんなかには、テーブルが一つと、小さいいすが一つあります。

かおるは、ここで、ホットケーキを焼いて、食べたりするのです。

「ぼく、ホットケーキなら、一人でできるんだ」

もしも、ホットケーキがじょうずに焼けないとしたら、こげるかもしれません。こげれば、煙が出るでしょう。そこで、えんとつもつけてあるのです。

「かよちゃんも、つれてきてやろうかな」

かおるは、ふと考えました。

かよちゃんは、まだ三つですから、はしごは、のぼれないかもしれません。そこで、ブランコのようなつりかごを、つくることにしました。ハンドルをまわすだけで、かよちゃんは、小屋の中まで楽にのぼれるでしょう。

この部屋のとなりに、もう一つ、小さな部屋をつくって、ここにはベッドをおきましょう。

さて、これでおしまいというわけではありません。小屋の外には、また、上へのぼるはしごがあるのです。

そのはしごをのぼると、上の枝のつけねにある、ちっちゃな穴が、見えてきます。かおるの手が、やっと入るくらいの穴です。

「こんにちは」

かおるは声をかけます。ここは、りすの親子の家なのです。

りすも、かおるの声をきくと、必ず（留守でないときは）飛びだしてきます。

「こんにちは、かおるさん」

そういって、ていねいにあいさつをかえします。だって、この木はかおるの木ですからね。

かおるの木をかりて、家をつくらせてもらっているのは、りすだけではありません。

鳥のかけすとやまがらがいます。

かけすは二羽だけですが、やまがらは、たくさんいます。何羽いるのか、かおるも、まだ数えたことはあ

りません。

はしごをのぼりつめると、手すりのついた、見晴らし台があります。

ここまでくると、もう木のみきは、だいぶ細くなっています。

やまがらたちは、かおるを見つけると、チーチー鳴きながら、飛んできます。

「いい天気ですね」

そんなことを、いっているみたいです。

見晴らし台からは、遠くの山が見えます。町も、ちらちら見えています。自動車が、カブトムシみたいに、小さく見えます。

大きな木のてっぺんに近いので、ずっと遠くまで、見わたせるのです。

風が、さっとふいてきて、かおるの髪の毛を、そよがせます。葉っぱも、サワサワと音をたてるでしょう。

もちろん、こんなに高いところですから、少しはゆれるかもしれません。

それでも、かおるは平気です（男の子ですからね）。手すりに、しっかりつかまっていれば、安心です。

「ぼく、鳥になったみたいだ」

ほんとうに、そんなすてきな気分です。

「わあい」

かおるは、大きな声をあげます。この見晴らし台にのぼったら、かおるでなくたって、きっとそうするでしょう。

「わあい」

大きな木のことを、ずっと考えていたかおるは、思わず、ほんとうに声を出してしまいました。

「ねえ、お母さん。ぼくの大きな木の話、きいてよ」

かおるは、また、お母さんをよびました。お母さんは、洗濯ものをほしおわって、家の中に入るところでした。昼寝をしていたかよちゃんが、おきたようです。

「かおるちゃん、ちょっと待ってね。今お母さん、いそがしいのよ。あとでゆっくりきかせてね」

しかたがありません。かおるは、庭に出て、空をながめました。

もうじき、夏になります。白い雲がぽっかりぽっかり、流れていきます。

「夏になったら……」

かおるは、空をながめながら、また考えました。

夏――。大きな木の上の、かおるの小屋は、さぞすずしいでしょう。

もしかすると、小屋の中で、セミが鳴くかもしれません。トンボも、遊びにくるかもしれません。

夏がすぎれば、秋になります。

まわりの木は、葉っぱが黄色くなって、落ちてしまうでしょう。でも、かおるの木は、一年じゅう、葉っぱが落ちない木です。

モミジの葉っぱや、イチョウの葉っぱが、小屋の中まで、まいこんでくるでしょう。そうすると、かけすが、おそうじを手伝いにくるかもしれません。

かけすは、めずらしいものを集めるくせがありますから、ついでに、かおるの落としたビー玉や、えんぴつや、ボタンなどをひろって、もっていってしまうかもわかりません。冬――。冷たい北風。きっと雪もふるでしょう。

　雪のふる日は、木の上のかおるの小屋にもストーブをつけたほうが、いいかもしれません。

　えんとつから、煙がもくもく出たら、りすがクルミをもって、あたりにくるかもしれません。

　そして、また、あたたかい春がくるのです。

　かおるの木は、どんな花がさくのでしょうか。かおるにもよくわかりません。赤い花か、白い花か、黄色い花か……。

　みんないっしょにさいたら、ずいぶんきれいでしょうね。

　りすも、かけすも、やまがらたちも、花のいいにおいをかいで、うっとりするかもしれません。

「そんな大きな木があるといいなあ」

　かおるは、ううんと、手を上にあげました。そして、今考えた、すてきな大きな木の絵を、かいてみようと思いました。

　――その日、お父さんが帰ってきたとき、かおるは、自分でかいた大きな木の絵を見せながら、話しました。

「ほら、お父さん。このはしごをのぼって、このはしごをのぼって、ここが木のほらあなに入るところで、ここからまた、木の中のはしごをのぼると、ぼくの小屋につくんだよ」

「うん、うん。すてきだな」

　お父さんは、とても面白がって、きいてくれました。

「そういえば、お父さんも昔、かおると同じようなことを、考えたことがあったっけ」

「ふうん」

　かおるは目を輝かせました。

「そんな大きな木があったの」

「いや、やっぱりなかったよ。残念ながら」

「そうかあ」

　うなずきながら、かおるは、お父さんをなぐさめました。

「ねえ、お父さん。大きくなる木をうえようよ。大きくなったら、二人でその木の上に、小屋をつくろうよ」

「うん、うん。そりゃいい考えだ」

　お父さんは、にこにこ笑って、そうこたえたのです。

　次の日曜日、お父さんとかおるは、ほんとうに木をうえました。マテバシイという、とても大きくなる木だそうです。今は、かおるの背の高さくらいしかない、小さな木ですが。

アイヌ文化

社会

4月30日のおはなし

アイヌは昔から北海道にすんでいる民族です

「人間」という名前の民族

アイヌは、もともと昔から、北海道や樺太地方にすんでいました。海や川で魚をとったり、山でしかやくまをとったりして、くらしていたのです。

アイヌ語で「アイヌ」は「人間」という意味です。人間に対して、神さまのことは「カムイ」とよんでいました。アイヌの神さまは、みなさんが考える神さまとはちょっとちがっています。アイヌの人たちは、自然の中にあるものにはすべて、神さまがやどっていると考えていました。

中でも、くまは、アイヌの人にとって、とてもだいじな神さまでした。アイヌの人たちは、くまのことを、神さまが肉と毛皮をまとって、人間の世界にやってきた姿だと考えていました。その肉と毛皮は、神さまから人間へのプレゼントだと考えたのです。ですから、肉と毛皮をもらったあと、魂を神さまの世界へ送りかえす「くま送り」という儀式をしていたのですよ。

アイヌは文字をもたなかったので、たしかな記録は残されていません。でも、かわりにユーカラとよばれる口伝えの物語が残されています。

また、北海道の地名の多くは、アイヌ語の名前に漢字をあてはめたものです。たとえば、サッポロは「乾燥した広大な大地」という意味のアイヌ語です。オタルは「砂だらけの川」、クシロは「通り道」、シレトコは「大地の突端」、ノボリベツは「にごった川」などなど……こうして見てみると、北海道は古くからアイヌの土地だったのだということがよくわかります。

アイヌと大和

地名ではアイヌのことばがしっかり残っていますが、そのほかではなかなかアイヌ文化を感じることがないかもしれません。それは、江戸時代に入って、北海道が大和民族に支配されるようになっていったとき、アイヌが大切にしていた文化が禁止されたり、差別されたりしたからです。明治時代になるととくに、大和民族のことばや文化、風習をおしつけられるようになったので、アイヌ文化はどんどんすたれてしまいました。

ただ、1980年ごろから、アイヌ文化をほりおこして、残していこうというとりくみが始まりました。音楽や美術の分野でも、世界にアイヌの文化が発信されるようになってきたのです。

くま送り（イオマンテ）のようす

知っ得ポイント

アイヌの神さまの1人がコロボックル。小さくて、いたずら好きの神さまです。

5月の おはなし

空に ぐーんと 手を のばせ

原典 声に出して読んだら、きっと元気がわいてきます

新沢としひこ

空に　ぐーんと　手を　のばせ
わたぐも
すじぐも
かきわけて
でっかい　おひさま
つかまえろ

海に　ぐーんと　手を　のばせ
大波
小波
かきわけて
でっかい　くじらを
つかまえろ

横に　ぐーんと　手を　のばせ
だれかと　しっかり
手を　つなげ
ぐるっと
地球を
かかえちゃえ

知っ得ポイント

日本語ではひらがなに「ー」は使わないとされているため、「ぐーん」が「ぐうん」になっている教科書もあります。

国語

寿限無

落語

このありがたい名前、暗記してとなえてみましょう

名前には親の願いがこめられているものです。あるとき熊さんの家に男の子が生まれました。さて、どんな名前をつけたらいいのか、なかなかいいアイデアが出てきません。そこで、熊さんはお寺のおしょうさんに相談することにしました。

「では、どんな願いをこめたいかい」

そうきかれた熊さんは、よくよく考えて、こういいました。

「とにかく長生きして、死なない名前にしてください」

「死なない名前ねえ。では、鶴は千年、亀は万年ということわざがあるから、鶴太郎とか亀太郎は？」

「千年万年とかぎりがあるのはいやですよ。名前に亀がつくっていうのも、いつも頭をちぢこませるみたいでよくないね」

「では、お経のことばで、寿限無というのはどうだい。ことぶき――つまりめでたいことが、かぎりなしという意味じゃよ」

「そりゃいいですね。ほかにはないんですか？」

「五劫のすりきれはどうじゃ。三千年に一度、天女がまいおりて岩を衣でわずかになでるんじゃが、その岩がすりきれるまでの時間を劫という。それが五つあるんだから、数えきれないほどの時間じゃろう」

「ほかには？」

「海砂利水魚。海の砂利、海の魚はとりきれないほどあるという意味じゃ。水行末、雲来末、風来末というのは、水や雲や風のゆくすえははてがないという意味で、めでたいことばじゃ。一つでもかけたら困るのじゃのう。あとは、じょうぶでめでたいといわれる木が、やぶらこうじのぶらこうじ。昔、パイポという国にシューリンガンとグーリンダイという王と妃がいて、ポンポコピーとポンポコナーという姫が生まれた。その家族四人、信じられないほど長生きしたといわれておる。それに、長く久しい命という意味だと、長久命。わしが息子につけるなら、長助とでもするかな。さて、この中から気にいったものをつけなさい」

ところが熊さんは選ぶことができません。いっそみんなつけちまえ、とたいへん長い名前になりました。

名前のおかげか、この男の子、かぜ一つひかずにすくすく元気に育ちました。大きくなったら、とうぜんいたずらもたくさんします。そんなとき、お母さんが、

「こら！　寿限無寿限無、五劫のすりきれ、海砂利水魚の水行末、雲来末、風来末、食う寝るところにすむところ、やぶらこうじのぶらこうじ、パイポパイポパイポのシューリンガン、シューリンガンのグーリンダイ、グーリンダイのポンポコピーのポンポコナーの長久命の長助、お待ち！」

とさけんでも、いいおわるころにはどこかにいってしまいます。

親の願いはかなうようでかなわない、ということでございます。

知っ得ポイント

早口ことばが面白い寿限無は、落語では前座のおはなしとして演じられています。

日本国憲法

日本の基本を決めているとても大切なルールです

憲法というのは、国が守らなくてはいけないルールを定めたものです。国民が守らなくてはいけない法律とは、意味がちがうものです。

今の日本国憲法は1946年5月3日から使われるようになりました。第2次世界大戦のあと、それまでの憲法を、民主主義と平和主義にしたがったものに変えたのです。

だいじな3つのポイント

日本国憲法でもっともだいじなルールは3つあります。

まず1つ目。国民主権。それまでの憲法では、天皇が主権者（国の政治を決める人）でしたが、日本国憲法では、国会が政治を決め、法律を決めることになっています。国会は、国民が選んだ議員でつくられます。国会議員はわたしたち国民の代表なのです。天皇は「日本の国民の象徴」になりました。

2つ目。平和主義。よくニュースでとりあげられている第9条で定められています。9条では、戦争をしないこと、そして、戦力をもたないことを決めています。ここまでてってい的に平和をめざす憲法をもっている国は世界でもほかにありません。

3つ目。基本的人権の尊重。人にはそれぞれ権利があります。そして、その権利は、性別や職業などに関係なく、尊重されます。人間の権利は「おかすことのできない永久の権利」としていつまでも大切にしなければいけません。

憲法というと、自分たちが守らなければいけない決まりなのかと思いがちですが、じつは、憲法というのは、わたしたちの権利を守ってくれるものなのです。

人間の歴史の中では、一部の人が国を支配して、国民に苦しい思いをさせることがたくさんありました。憲法とは、ときに国民の自由をうばう怪物になってしまう国家を見はったり、しばったりする役目をはたしているのです。

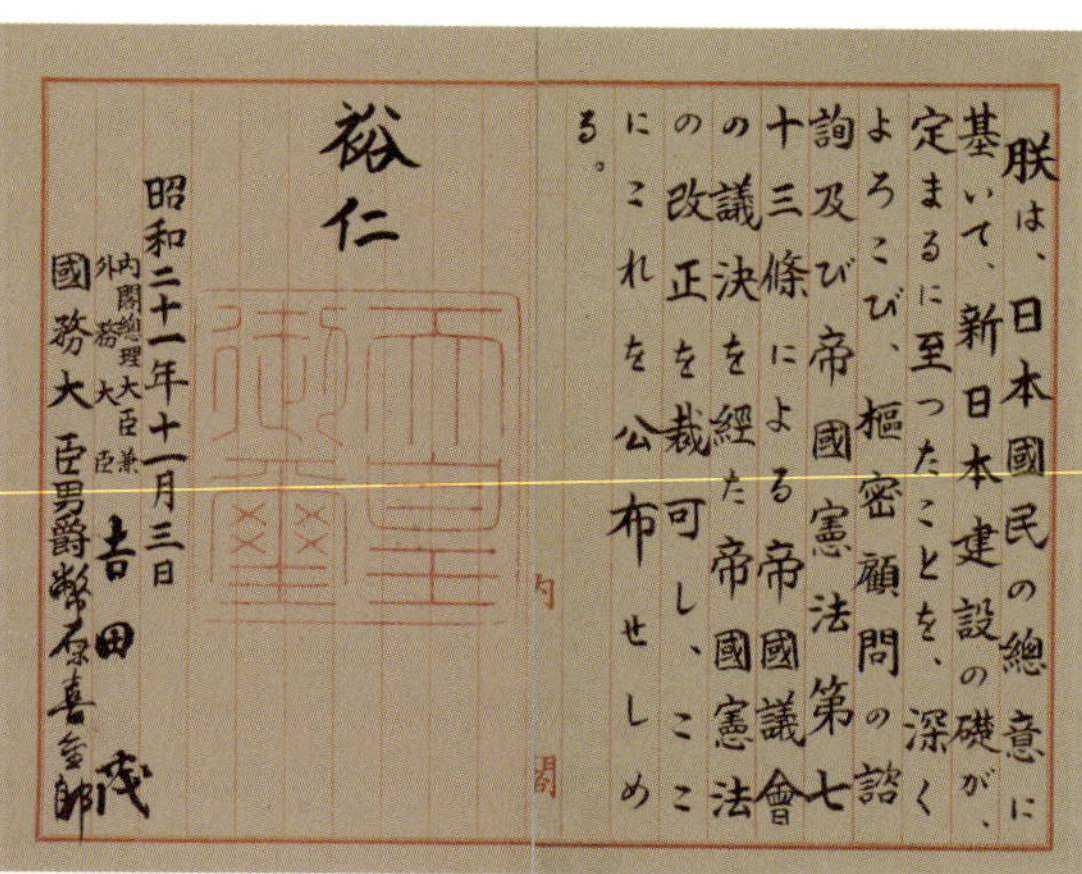

朕は、日本國民の總意に基いて、新日本建設の礎が、定まるに至つたことを、深くよろこび、樞密顧問の諮詢及び帝國憲法第七十三條による帝國議會の議決を經た帝國憲法の改正を裁可し、ここにこれを公布せしめる。

裕仁

昭和二十一年十一月三日

内閣總理大臣兼外務大臣 吉田茂

國務大臣 男爵 幣原喜重郎

司法大臣 木村篤太郎

内務大臣 大村清一

文部大臣 田中耕太郎

農林大臣 和田博雄

國務大臣 齋藤隆夫

遞信大臣 一松定吉

商工大臣 星島二郎

厚生大臣 河合良成

國務大臣 植原悦二郎

運輸大臣 平塚常次郎

大藏大臣 石橋湛山

國務大臣 金森德次郎

國務大臣 膳桂之助

日本国憲法の原本。天皇の署名と公印、大臣たちのサインがあります。

知っ得ポイント

憲法を変えるためには、国会議員の3分の2以上の賛成と、国民投票で半分以上の国民の賛成が必要です。

カタカナのなりたち

カタカナはどんなふうに生まれたのでしょう

みなさんが使っているカタカナは、いつごろ、どんなふうにできたか知っていますか？　ひらがなと同じようなころ、同じように生まれたのでしょうか？

じつは、カタカナはひらがなの兄弟みたいなもの。ひらがなと同じように、漢字から生まれたのです。生まれたのは、ひらがなより少し前です。

カタカナは、おもにお坊さんたちがつくりだしたといわれています。お坊さんたちが、漢字で書かれた中国の本や文章を読むときに、文章の横に、読み方として小さく書いたのです。

そのころ、日本語の五十音は、音が同じ漢字を使ってあらわされていました。「あ」という音をあらわすときは、「あ」と読む漢字――たとえば、阿という字を使っていました。

文章の横のせまいスペースに漢字を書くのはたいへんです。ですから、お坊さんたちは、漢字の一部だけをとりだして使いました。これが、カタカナのもとになったのです。

明治時代まではまだ、ある一つの音をあらわすのに、いろいろな字が使われていました。明治の終わりごろ、同じ音は同じ字であらわそうと決められたのです。そんなわけで、カタカナが正式にできたのは、ひらがなと同じで、今からたった百年ちょっと前なのです。

カタカナはもともとお坊さんが中国の本を読むためにつくったため、勉強にむいた字だと考えられていました。ですから、六十年ぐらい前までは、ひらがなよりカタカナを先に習っていたのです。それぞれのもとの漢字はどの字なのかは、表を見てみてください。

ア	阿	イ	伊	ウ	宇	エ	江	オ	於
カ	加	キ	機	ク	久	ケ	介	コ	己
サ	散	シ	之	ス	須	セ	世	ソ	曽
タ	多	チ	千	ツ	川	テ	天	ト	止
ナ	奈	ニ	仁	ヌ	奴	ネ	祢	ノ	乃
ハ	八	ヒ	比	フ	不	ヘ	部	ホ	保
マ	末	ミ	三	ム	牟	メ	女	モ	毛
ヤ	也			ユ	由			ヨ	與
ラ	良	リ	利	ル	流	レ	礼	ロ	呂
ワ	和	ヰ	井			ヱ	恵	ヲ	乎
ン	尓								

知っ得ポイント

カタカナは、おもに外来語や擬音語、動物や植物の正式な名前（学術名）をあらわすときに使われています。

地球

理科

わたしたちの母なる星

地球の内側

わたしたちがすんでいる星――それが地球です。

「地球は青かった」

これは、はじめて宇宙にいって、地球を外側から見た飛行士ガガーリンのことばですが、このことばどおり、地球は青い、美しい星です。地球の表面は岩石でできていますが、その70パーセントは海におおわれています。その海の青が宇宙からきれいに見えるのですね。

表面は海と陸地でできていますが、では、地球の中はどうなっているのでしょうか。

地球の内側は、岩石と金属でできています。中のようすを考えるには、卵の中を想像してみてください。卵は、まわりをかたいからでおおわれていて、白身があって、中心に黄身があります。地球もそれと同じです。外側はかたい岩石でおおわれていて（地殻とよばれています）、わたしたちはその上でくらしています。その内側には、熱い岩石でできたマントルがあります。マントルの温度は外側のほうでは１０００度くらい、中心に近いところでは、３５００度にものぼります。この熱のせいで、マントルは少しずつ動いています。マントルが動くので、外側をおおっている地殻はわれて、いくつかの板（プレート）になりました。プレートも少しずつ動いて、わたしたちがくらす陸地を、長い時間かけて移動させているのですよ。

そして地球の中心には、金属でできた核があります。中心の温度は５０００度もあるといわれています。

地球の誕生

地球が誕生したのは、太陽が生まれた46億年前ごろです。

太陽が生まれたときに、そのまわりをまわっていたちりが集まって小さな惑星ができました。その後、小さな惑星同士がぶつかりあい、そのとき、とても高い熱が発生しました。その熱が惑星をとかして、1つにしました。このぶつかりあいをくりかえして、地球のもとになる惑星ができました。とけあっていく中で、重い金属は内側にしずんで核になり、比較的軽い岩石は外側にういて、マントルや地殻になったのです。

知っ得ポイント

地球は、英語でアース、ギリシャ語でガイア、ラテン語でテラ。どれも「大地」という意味をもっています。

やまなし

宮沢賢治

水の中の青い世界が
目の前に広がる「五月」のくだりより

二ひきのカニの子どもらが青白い水の底で話していました。

「クラムボンは笑ったよ」

「クラムボンはかぷかぷ笑ったよ」

「クラムボンははねて笑ったよ」

なめらかな天井を、つぶつぶ暗い泡が流れていきます。

「クラムボンは笑っていたよ」

「クラムボンはかぷかぷ笑ったよ」

つぶつぶ泡が流れていきます。カニの子どもらもぽつぽつとつづけて五、六つぶ、泡をはきました。

つうと銀の腹をひるがえして、魚が頭の上をすぎていきました。

「クラムボンは死んだよ」

「クラムボンは殺されたよ」

「それならなぜ殺された」

兄さんのカニは、弟のひらべったい頭に、右の脚の二本をのせながらいいました。

「わからない」

魚がまたつうともどって、下流のほうへいきました。

「クラムボンは笑ったよ」

「笑った」

にわかにパッと明るくなり、日光の黄金が水の中にふってきます。魚がそこらじゅうの黄金の光をくちゃくちゃにして、また上流のほうへのぼり、しばらくしてまたもどってきました。今度はゆっくり落ちついて、ただ水に流されながら、口を環のように丸くしてやってきます。

「お魚は……」

そのときです。にわかに天井に白い泡がたって、青光りのぎらぎらする鉄砲弾のようなものが、いきなり飛びこんできました。

兄さんのカニははっきりとその青いものの先がコンパスのように黒くとがっているのを見ました。と思ううちに、魚の白い腹がぎらっと光っていっぺんひるがえり、上のほうへのぼったようでしたが、それっきりもう青いものも魚の形も見えず、光の黄金の網はゆらゆらゆれ、泡はつぶつぶ流れました。

二ひきはまるで声も出ず、いすくまってしまいました。

お父さんのカニが出てきました。

「どうしたい。ぶるぶるふるえているじゃないか」

「お父さん、今おかしなものがきたよ。青くてね、光るんだよ。はじがこんなに黒くとがっているの」

「ふうん。そいつは鳥だよ。かわせみというんだ。安心しろ。おれたちにはかまわないんだから」

「お父さん、お魚はどこへいったの」

「魚か。魚は怖いところへいった」

「怖いよ、おとうさん」

「いいいい、だいじょうぶだ。心配するな。そら、カバの花が流れてきた。ごらん、きれいだろう」

泡といっしょに、白い花びらが天井をたくさんすべってきました。

「怖いよ、お父さん」

光の網はゆらゆら、のびたりちぢんだり、花びらの影は静かに砂をすべりました。

知っ得ポイント

「クラムボン」の正体については、光や泡、アメンボなど、いろいろな説がありますが結論は出ていません。

ヨハネス・ブラームス

音楽

完ぺき主義の作曲家

(1833〜1897年　ドイツ)

ドイツのがんこもの

ブラームスは、バッハ(Bach)、ベートーヴェン(Beethoven)とならんで、ドイツの3大B(頭文字がBから始まる3人の巨匠という意味)といわれている作曲家です。

学校の音楽の授業では、ハンガリー舞曲第5番がとりあげられることが多いでしょう。そのほかに、「4つの交響曲」、「ヴァイオリン協奏曲」、「ハイドンの主題による変奏曲」などが有名です。

たいへんな完ぺき主義者だったため、一度書いた楽譜も、気にいらないと燃やしてしまったそうです。そのため、1つの曲を書きあげるのにたくさんの時間がかかりました。交響曲第1番はできあがるのになんと20年以上かかったといわれています。ですから、残された作品の数はそれほど多くありません。

貧しい家の出

ブラームスのお父さんは町の劇場でコントラバスをひいている音楽家でした。家もせまい集合住宅で、とても裕福とはいえない家庭でした。けれど、ブラームスの両親は教育熱心で、ブラームスは7歳ごろから音楽も習わせてもらいます。そして、すぐにピアノの演奏で才能をはっきして、「天才少年」とよばれるようになるのです。

才能をみとめられたブラームスは、りっぱな作曲家につき、ピアノや作曲を学びました。いっぽうで、貧しい家をささえるために、酒場やダンスホールなどでピアノをひいてお金をかせいでいました。

ブラームスはもうそのころから作曲を始めていて、たくさん曲を書いていましたが、楽譜をぜんぶ燃やしてしまったので、今は残っていません。残っている作品でいちばん古いのは、18歳のときにつくった「スケルツォ変ホ短調」というピアノの曲です。(スケルツォというのは、「じょうだん」というような意味で、ちょっとした軽い曲のことをいいます)。

その後、ブラームスは20代の終わりごろから音楽の都ウィーンにうつりすみ、作曲に力を入れるようになりました。そして36歳のときにつくった「ハンガリー舞曲集」で、大きな名声を手に入れるのです。

それからブラームスは作曲に専念。「交響曲第1番」をはじめ、今日ブラームスの代表曲とよばれるさまざまな曲をつくりました。

ちなみに、ブラームスは56歳のとき、トーマス・エジソンにたのまれて、「ハンガリー舞曲第1番」を蓄音機に録音しました。これは歴史上はじめての録音だといわれています。

知っ得ポイント

ブラームスの曲として知られる「ハンガリー舞曲」は、もともとロマ民族の音楽をブラームスが編曲したもの。

わり算

お菓子やお金をみんなで分けるとき、
わり算が役に立ちますね

5月8日のおはなし

わり算の記号

わり算というのは、ある数が、もうひとつの数の何倍にあたるか計算することです。4は2の何倍か計算するとき、式は、4÷2と書いて、「4わる2」と読みます。

わり算の記号÷は、今から500年くらい前、ロンドンの金融街で、半分という意味の記号として使われはじめました。（「4÷」と書いてあったら、2という意味でした。）

わり算の記号として使ったのは、スイスのラーンという数学者です。ラーンが1659年に書いた本の中で、はじめて÷をわり算の記号として使いました。

これは、分数を形にしたものです。分数の分母と分子を分ける線が、まんなかの線で、分母と分子をそれぞれ「・」であらわしたのです。

その後、÷はヨーロッパで使われるようになり、とくにアイザック・ニュートンがよく使ったために、広まりました。

わり算の記号はほかにもあって、国によっては、ちがう記号を使っています。ほかの記号としては、たとえば「／」があります。コンピュータのプログラムをつくるときなどは、この記号を使っています。

わり算のワザ

わり算をするとき、かんたんに計算するためのワザがたくさんあります。いくつかしょうかいしてみましょう。

・ある数が3でわれるかどうかたしかめたいとき

それぞれの位の数をたしてみる。出た答えが3でわれるなら、もとの数も3でわれる。

・右のルールで3でわれることがたしかめられた数で、一の位が偶数だったら、その数は6でもわれる。

・最初のルールは、9の場合もあてはまる。つまり、それぞれの位の数をたして出た答えが9でわれれば、もとの数も9でわれるということ。

知っ得ポイント

わり算の答えは「商」といいます。ちなみに、かけ算の答えは「積」。たし算なら「和」、ひき算なら「差」です。

吉四六さん

日本の昔話

口も底もないつぼ

昔、豊後国（今の大分県）に、おっちょこちょいで有名な吉四六さんという人がいました。

ある日、吉四六さんは、母親にたのまれて、梅ぼしをいれるつぼを買いにいくことになりました。

「買う前に、傷がないかどうか、よくたしかめておくれよ」

母親に念をおされて、吉四六さんはせともの屋にいきました。

「すみません、つぼが一つほしいんですが」

「そこにならべてあるから、勝手に見ておくれ」

せともの屋のおかみさんは、帳簿をつけるのにいそがしかったので、そう吉四六さんにいいました。

店の中にはたくさんつぼがならんでいました。どれも、口を下にして、ふせてならべてあります。吉四六さんは首をかしげました。

「おや、ここにあるつぼは、みんな口がないぞ」

つぼが裏返しにされていることに、吉四六さんは気づかないのです。

「すみません、ここにあるつぼは、ぜんぶ口がないみたいなんですけど」

おかみさんにいいました。おかみさんは帳簿づけでいそがしかったので、顔もあげずに、

「つぼを裏返してみてくださいな」

といいました。

吉四六さんはいわれたとおり、つぼを裏返して、びっくりしました。

「なんだ、このつぼは。底がぬけてるじゃないか！」

ならべてあるつぼをぜんぶ裏返してみましたが、どのつぼも底がぬけています。あたりまえですよね、そちら側がつぼの口なんですから。

吉四六さんはただただ、あきれるばかりです。

「こんな不良品を買って帰るわけにはいかないぞ！」

吉四六さんはあきらめて、家に帰りました。手ぶらで帰ってきた息子を見て、母親はききました。

「どうしてつぼを買ってこなかったんだい？」

「だって、お母さん、あのせともの屋にあるつぼは、どれも、口もなければ、底もなかったんですよ。あんな不良品を買うのは、そうとうなおっちょこちょい者だけですよ」

吉四六さんは、誇らしげにそういいましたとさ。

知っ得ポイント

吉四六さんのモデルは、豊後国の村の名主だった初代廣田吉右衛門といわれています。

ローマ字

日本語をアルファベットであらわすと……

ローマ字ってなに？

外国で「ローマ字」というと、昔ローマ帝国で使われていた文字のことをさしますが、日本で「ローマ字」というと、日本語をアルファベットであらわす方法のことをさします。

アルファベットというのは、英語やフランス語・ドイツ語など、おもにヨーロッパのことばで使っている文字のことです。26文字あって、それぞれの文字は音をあらわしています。その26文字を組みあわせて、日本語の50音をあらわすのが、ローマ字です。

ローマ字ができたのは、今からおよそ５００年前の戦国時代だと考えられています。キリスト教を広めにポルトガルからやってきた宣教師たちが、ローマ字を使って、日本語をあらわしたのです。

その後、ローマ字は江戸時代にもオランダ人たちによって使われていましたが、ローマ字を使うのは、外国人か、日本人でも学者など、ほんのかぎられた人たちだけでした。

２とおりあるローマ字

今、わたしたちが使っているローマ字には２とおりあるのを知っていますか？

１つは、明治時代に来日したアメリカ人のヘボンさんが和英辞典をつくったときに使用したローマ字（ヘボン式）。

もう１つは、日本人がつくった訓令式というものです。これは、ヘボン式が英語の発音をもとにしていて日本語をあらわすのに都合が悪い点があったためにつくったものです。日本ではこの訓令式を正式なローマ字として使っていました。

ところが第２次世界大戦のあと、アメリカから、地名や標識には、外国人にわかりやすいヘボン式を使うようにいわれたため、人名や地名などはヘボン式であらわすようになったのです。

みなさんが小学校で習うローマ字は訓令式ですから、地名の標識や駅の看板、パスポートの名前など見たときに、習ったローマ字とちがうと思うことがあるかもしれません。

たとえば、「し」は訓令式だと「si」ですが、ヘボン式だと「shi」になります。「つ」は訓令式だと「tu」ですが、ヘボン式では「tsu」、「ふ」は訓令式で「hu」ヘボン式で「fu」、「じゃ」は訓令式で「zya」ヘボン式で「ja」、「おう」は訓令式で「ô」ヘボン式で「ō」になるのです（「おう」については、これとは別に「oh」と書く場合もあります）。

学校でならったのとちがうよ！
姓 / Surname
SUZUKI
名 / Given name
TAKASHI
JAPAN PASSPORT

知っ得ポイント

ヘボンは医者で、横浜で診療所をひらきながら、塾で教育もおこなっていました。

新選組

江戸時代の終わり、京都の町を警備していた若者たち

壬生の狼？ 暗殺集団？

テレビドラマや映画、本などによく登場する新選組。みなさんも名前をきいたことがあるでしょう。でも、なにをした人たちなのか、どんな人たちだったのか、知っていますか？

新選組の仕事は、将軍と京都の町を警備すること。

江戸時代の終わり、幕府はそれまで国をとじて外国との交流を制限していたのですが、アメリカから開国をせまられて、外国との交流をまた始めようとしていました。それに不満をもった若者たちが、幕府を倒して、外国と戦争しようという運動を始めたのです。新選組はそうした若者たちをとりしまり、運動の中心地だった京都の治安を守るために結成されました。とりしまりはきびしく、多くの若者を斬ってまわったので、あれくれものの暗殺集団と思われることも多く、京都の人たちからは壬生狼（壬生は新選組の本部があった場所。壬生にいる狼という意味）とよばれ、おそれられていました。

武士になりたかった若者たち

幕府を守ろうとしていた新選組ですが、その中心になった人たちは武士ではありません。リーダーだった局長の近藤勇は、農家の3男、副長の土方歳三も農家出身です。近藤勇は、剣の腕を見こまれて剣術家の養子となりました。土方歳三は、近藤勇のいた道場に通っていたのです。のちに新選組のおもなメンバーになる人たちはその道場に出入りしていました。

近藤勇も、土方歳三も、小さいころから武士にあこがれていました。昔だったら、農民が武士になるなんてできませんでしたが、江戸時代の終わりのころは、身分制度もそれほどきびしくなく、手柄を立てたり、力がみとめられれば、身分をこえて武士になることができたのです。

あこがれていたからでしょう、新選組のルールにはまず、「武士道にそむかないこと」があげられています。そして、違反したら、すぐに切腹させられました。幕府が倒されることがはっきりしたあとも、最後まで幕府を守ろうと戦いつづけたのも、主君に忠義をつくす武士道のあらわれだったのかもしれません。

知っ得ポイント

土方歳三の生家の庭には、歳三が小さいころ、武士になる願いをこめてうえた竹が今でも生えています。

三びきの子ぶた

イギリスの昔話

最後に笑うのは、考えが深い子でした

昔々あるところに、ぶたのお母さんが三びきの子どもとくらしていました。三びきはまだ小さかったのですが、家が貧しかったので、それぞれ一人立ちさせることになりました。

「おまえたち、これからは自分で家をつくってくらすんだよ」

いちばん年上の子ぶたは、たった一日でわらの家をたてました。

まんなかの子ぶたは木の枝を使って、二日で家をたてました。

末っ子の子ぶたはレンガで家をたてようとしましたが、レンガを一つ一つつみあげなければならないので、時間がかかってしかたありません。三日たっても家はできませんでした。

「おまえ、まだ家がつくれないのか」

年上の子ぶたがばかにします。

「ほんとにぐずでのろまだなあ」と、まんなかの子ぶたもいいました。

でも、末っ子の子ぶたは気にしません。「ぼくは、じょうぶで強い家をつくりたいんだ」と、こつこつ家をつくりつづけました。

そんなある日、狼がわらの家にやってきて、ドアをたたきました。

「やあやあ、やさしい子ぶたくん。おれを中にいれてくれないか」

「やだね、いれてなんかやらないよ」

おこった狼は「こんな家、ふきとばしてやる！」というと、

ふう、ぷう、ぶうっ！

わらの家をふきとばし、子ぶたをぺろりと食べてしまいました。

狼は次に、木の家にやってきました。

「やあやあ、かわいらしい子ぶたくん。おれを中にいれてくれないか」

「やだね、いれてなんかやらないよ」

ふう、ぷう、ぶうっ！ 狼はまた木の家をふきとばし、子ぶたをぺろりと食べてしまいました。

最後に、狼は、ちょうどできあがったレンガの家にやってきました。

「やあやあ、おいしそうな子ぶたくん。おれを中にいれとくれ」

「やだね、いれてなんかやらないよ」

狼は今度も家をふきとばそうとしました。**ふう、ぷう、ぶうっ！**

ところが、レンガの家はびくともしません。もう一度、**ふう、ぷう、ぶうっ！** それでも、家はほんの少しもゆれません。

「おまえなんかにふきとばされるもんか。くやしかったら、自分で中に入ってきたらどうだ」

狼はかんかんです。「えんとつからおりて、おまえを食ってやる！」

狼はさっそく、えんとつのてっぺんにのぼりましたが――**つるん！**

足をすべらせて、まっさかさま。

えんとつの下のだんろでは、子ぶたが大きななべでぐらぐらお湯をわかしていました。狼が落ちてきたのを見て、さっとふたをあけると、

ぼっちゃーん！

狼はみごとになべの中に落ちたのです。かしこい子ぶたはさっとふたをとじ、ぐつぐつ煮こんで食べてしまいましたとさ。

知っ得ポイント

兄ぶたたちは末っ子の子ぶたの家ににげて助かるというバージョンのおはなしもあります。

ファーブル昆虫記・カマキリ

カマをふりあげた姿はちょっとこわいカマキリですが……

アンリ・ファーブル

カマキリの巣立ち

カマキリの卵は7月のなかばごろ、太陽のてりつける午前中にかえります。卵からかえった赤ん坊たちは、巣のまんなかにある出口から出てきます。

赤ん坊はまず、体を半分外に出します。この赤ん坊はまだカマキリの形をしていません。顔はすきとおり、丸みがかっていて、ぴくぴく動いています。黄色っぽい体はうすい膜でつつまれていて、その膜の下に黒い目や、口や、足などがはっきり見えます。ちょっと見たところでは、セミの赤ん坊によくにていますし、魚のようでもあります。

カマキリの赤ん坊が、もし長い足や触覚やカマをもって生まれてきたら、外に出てくることはできないでしょう。だから、赤ん坊は魚のような形で、全身が袋につつまれて出てくるのです。

カマキリの赤ん坊は、2~3日かけて、順々にはいだしてきます。あとからうみつけられた卵から、先にかえっていくのです。赤ん坊が次々に巣立ちするようすには、目をうばわれます。1ぴきがはいだしてくると、われもわれもとはいだしてきて、出口はあっというまにカマキリの赤ん坊でいっぱいになり、たいへんなさわぎです。出口からはいだしたカマキリは、ほんのわずかしか、巣のあたりにとどまりません。20分もしないうちに、カマキリの子たちはちりぢりになっていきます。巣はひっそり静まりかえりますが、2、3日あとにまた次のグループがはいだしてきます。こうして、1グループずつ巣立ちをして、巣はからっぽになるのです。

ときどき、カマキリの巣の上にアリがやってきます。カマキリの赤ん坊はアリのお気にいりのエサなのです。アリは巣を食いやぶることができないので、赤ん坊が外に出てくる瞬間を待っていて、赤ん坊が顔を出したとたん、おなかをくわえて、自分の巣に運んでいくのです。カマキリは一度に何百個も卵をうみますが、アリという敵がいるために、そのうちのごくわずかしか、生き残ることができません。

けれど、カマキリの赤ん坊がアリにおそわれるのは、ほんのちょっとのあいだだけです。外に出て空気にふれて、体がしまり、足もしっかりして、幼虫の姿になれば、もうだいじょうぶ。そうなれば、カマキリの子たちは、アリのあいだをうれしそうに歩きまわります。アリはカマキリの子たちに道をあけてやります。もうつかまえようとはしません。そんなとき、カマキリの子は前足を胸に引きよせて、いばっているように見えるのです。

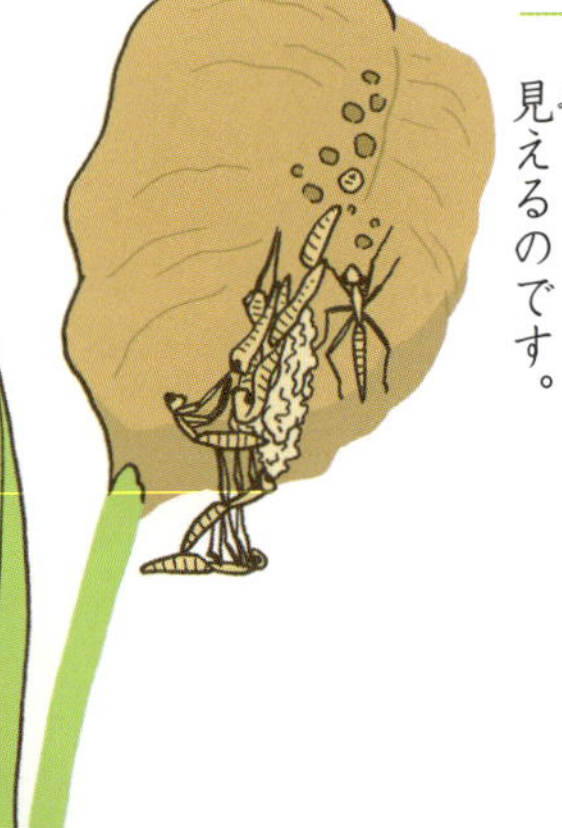

知っ得ポイント

ぶじに大人になれたカマキリの寿命はおよそ1年。冬の寒さの中では、生きられません。

小さな神さま スクナヒコナノミコト

国語

日本神話

オオクニヌシノミコトに知恵をさずけた

昔、オオクニヌシノミコトという神さまが出雲の国の浜辺を歩いていました。すると、海の遠くのほうから、

「おうい。おうい」

とよぶ声がきこえてきました。

見ると、豆つぶのような小さな船に、だれかが乗ってこいでいます。

「あれはだれだい？」

オオクニヌシノミコトはおともにききましたが、だれも知りません。

足もとに生えている草にきいてみたところ、草は、

「わたしのそばに立っている木にきいてみてください」

と答えました。それなら、と、木にきくと、

「知りません。鳥にきいてください」

といいました。鳥にきくと、鳥は

「田んぼのかかしにきいてください」

といいました。かかしにきくと、

「あの船に乗っているのは、スクナヒコナノミコトです」

と答えました。

スクナヒコナノミコトといえば、知恵があることで有名な神さまです。

オオクニヌシノミコトが浜辺にもどってみると、あの小さな船が岸についたところでした。中から、虫の皮の着物を着た神さまがおりてきました。背が小指の先ほどしかありません。

オオクニヌシノミコトはスクナヒコナノミコトを自分の屋敷に案内しました。スクナヒコナノミコトは、オオクニヌシノミコトに、家に窓をつけて明るくすることを教えました。草で着物をつくることや、馬のひづめに鉄をうつことも、そのほかにもいろいろなことを教えました。

何日もたったある日、スクナヒコナノミコトが

「そろそろ家に帰ります」

といいだしました。

「どうしてですか。どうぞ、いつまでもここにいてください」

オオクニヌシノミコトは熱心にたのみます。

「それでは、むこうの山の上までかけくらべをして、あなたが勝ったら、ここに残りましょう」

スクナヒコナノミコトがそう申でたので、二人はかけくらべをすることになりました。スクナヒコナノミコトは荷物をかついで、オオクニヌシノミコトはかた足で走ります。

合図とともに、二人が走りだしました。かた足でとんとん調子よく走っていたオオクニヌシノミコトでしたが、途中でくたびれたのでしょう、スピードが落ちて負けてしまいました。

山の上につくと、スクナヒコナノミコトはそばに生えていたアワの茎にぶらさがりました。すると、茎はいったん曲がってたれさがったと思ったら、すぐにぴーんともとにもどったのです。そのはずみで、スクナヒコナノミコトは空高く飛びあがり、姿が見えなくなってしまいました。

知っ得ポイント

スクナヒコナノミコトは、「一寸法師」のモデルになりました。

アンの目にうつる世界は
どこまでも美しく楽しいのです

赤毛のアン

ルーシー・モンゴメリ

カナダの東にうかぶプリンス・エドワード島。緑がいっぱいのこの美しい島の小さな駅に、女の子が一人、ぽつんと座っていた。がりがりの体にきゅうくつな灰色の服を着て、小さな顔には驚くほどたくさんそばかすがちっている。でも、なにより目を引くのは、三つ編みにしたまっ赤な髪だ。女の子はひどく緊張した顔で、だれかを待っているようだった。

　そこへ、おじいさんが馬車でやってきた。マシュウという名前のそのおじいさんは、気が強くて仕切り屋のマリラという妹とくらしていた。二人とももう年で、農作業もつらくなってきたので、孤児院から子どもを引きとって、家の手伝いをさせながら育ててやろうと決めたのだった。今日は孤児院からくるはずの子どもを駅にむかえにきたのだ。

　マシュウは駅を見わたしたが、女の子が一人いるだけで、ほかにはだれもいない。孤児院にたのんだのは男の子のはずだけれど……。

　すると、女の子が話しかけてきた。

「あの、マシュウ・クスバートさんですか？　お会いできてとてもうれしいです。もうむかえにきてくださらないんじゃないかと心配で心配で。だって、美しいなんてことばじゃとてもいいあらわせないほどきれいな、こんな島でくらせるなんて夢みたいだと思っていたんですもの。もし夢だったらどうしようって。もしだれもむかえにきてくれなかったら、私、線路におりて、むこうのあの桜の木にのぼって、夜をあかそうと思っていたの。今日きてくれなくても、朝になったらきっときてくれる――ね、そうでしょう？　そんなふうに考えていたところだったんです」

　顔を輝かせていっきにしゃべる女の子にむかって、マシュウは、女の子じゃなくて男の子がほしかったんだとはとてもいえなかった。それに、きらきらした瞳のその子が少し気にいってもいた。

　だが、マリラは、つれてかえったその子（アンという名前だということがわかった）に、はっきり、人ちがいだといったのだ。とたんにアンは大粒の涙をうかべてさけんだ。

「ああ、やっぱり！　やっぱり夢だったんだ。だれも私のことなんてほしがらないんだ。私をほしいといってくれる人なんていないんだ！」

　アンの両親は、アンが生まれてまもなく熱病にかかって死んでしまい、その後、アンはほうぼうで子守やお手伝いをしながらくらしてきた。今まで一度も愛情をかけられたことがないのに、ひねくれないで、毎日の小さな喜びに感動しながら生きてきたらしいアンに、マリラは同情したし、感心もした。だから、アンを引きとって、いっしょにくらすことにしたのだ。アンの喜びようといったら、ただごとではなかった。

　こうして、赤毛のアンは、マシュウとマリラの家、グリーンゲイブルズでくらすことになったのだ。

知っ得ポイント

グリーンゲイブルズのモデルになった作者のいとこの家は、今もプリンス・エドワード島にあります。

図形

図形の研究は、人間が生活するために必要なものでした

身のまわりにある形

わたしたちは、算数の時間に、いろいろな形について学びます。3角形、4角形、円……。

こうした形は、わたしたちの身のまわりにたくさんあります。わたしたちは、いろいろなものの形にかこまれているといってもいいくらいです。だから、ふだんはだれも、形のことなど考えたりしませんよね。でも、算数で形について勉強すると、ただ線を引いただけに見えるかんたんな図形にも、いろいろなルールがあって、驚かされます。

いったい、いつ、だれが、どうして、図形について考えてみようとしたのでしょうか？

図形の研究

図形についての研究は、算数の勉強の中でも、いちばん古くに始まりました。

そのはじまりは、今から5000年以上前の、古代エジプトだったと考えられています。昔、エジプトではナイル川がしょっちゅう洪水をおこして、大きな被害が出ていました。

ナイル川が洪水をおこさないように、また、洪水をおこしたあと、あれてしまった農地などをもとにもどすために、エジプト人は工事をしました。その工事をするときに、土地を測量することが必要になり、図形の研究が進んだのです。面積を計算したり、角度や距離を知るために、研究されたのです。

図形の研究は、そのあと、ピラミッドの建設や、星の調査などに使われて、どんどん発展していきました。エジプトのピラミッドを見たことがありますか？　4角の石が、きれいな4角すいの形につみあがっているでしょう？　図形の知識があったから、あんなにきれいな形をつくることができたのです。

図形の研究を始めたのは、エジプト人でしたが、わたしたちが学校で習っている、図形の考えやルールを発見したのは、古代ギリシャ人です。図形について考える算数のことを日本語では「幾何」といいますが英語だと「ジオメトリー」。これは「地球の計測」という意味の古代ギリシャ語です。このことからも、図形の研究のルーツがわかりますね。

知っ得ポイント

「図」は英語でFigure（フィギュア）。フィギュアスケートは、もともとは氷の上に図形を描く競技だったのです。

パブロ・ピカソ

（1881〜1973年　スペイン）

ならぶもののない天才画家

へんてこな絵？

ピカソの絵を見たことがありますか？　ピカソのもっとも有名な絵は、キュビズムという、いろいろな角度から見たものを1つの絵にする描き方で描かれています。ふつうに見たままを描いた絵とはずいぶんちがうので、変な絵だなと思う人もいるかもしれません。

でも、ピカソは、キュビズムだけではなく、さまざまな描き方で絵を描いています。それぞれ、時代ごとに描き方を変えているので、描き方によって「○○の時代」という名前で分けられています。時代ごとの絵のちがいは、同じ人が描いたとは思えないほどです。

青の時代

19歳のとき、親友が自殺したことに大きなショックをうけ、絶望や苦しみをテーマに、青色をたくさん使って絵を描いた時代。

バラ色の時代

恋人ができたことが影響して、明るい色で絵を描くようになった時代。サーカスや、家族、子どもなどをよく描いた。

アフリカ彫刻の時代

アフリカの彫刻の影響を強くうけた時代。

キュビズムの時代

ものをいろいろな角度から見た絵を描いた。絵の常識を変えた時代。

新古典主義の時代

妻と息子をモデルにした絵をたくさん描いた。

シュルレアリスム（超現実主義）の時代

化け物のようなイメージをよく描いた。

ゲルニカの時代

ナチス・ドイツがスペインのゲルニカを爆撃したことに抗議する大作『ゲルニカ』などを描いた。ゲルニカは反戦のシンボルになった。

晩年の時代

油絵の具や・水彩絵の具・クレヨンなどを使い、カラフルな絵を描いた。

ピカソは死ぬまで、絵を描きつづけました。一生をつうじて描いた絵は、2万点にものぼるといわれています。どの絵も、エネルギーにあふれているのですよ。

ところで、ピカソのほんとうの名前を知っていますか？　ピカソのほんとうの名前は、パブロ・ディエゴ・ホセ・フランシスコ・デ・パウラ・ファン・ネポムセーノ・マリーア・デ・ロス・レメディオス・シプリアノ・デ・ラ・サンティシマ・トリニダード・ルイス・イ・ピカソといいます。あまりにも長いので、省略して、パブロ・ピカソと名のっていたのです。

知っ得ポイント

ピカソが8歳のときに描いたリンゴの絵がじょうずすぎたため、それを見た父は、絵を描くのをやめました。

国語

五つのエンドウ豆

アンデルセン

世界に飛びだしたエンドウ豆たちは……

5月18日のおはなし

エンドウ豆が五つ、さやの中にならんでいました。最初小さかった豆も、どんどん大きくなって、ふくらんで、色もあざやかになっていきました。

そんなある日、さやがぐらぐらゆれだしました。だれかが引っぱって、さやをもごうとしているのです。さあ、いよいよ外に出られるぞ、と豆たちが思ったそのとき、

パチン！

さやがわれて、五つぶのエンドウ豆はいっせいに外へ飛びだしました。ついた先は男の子の手のひら。男の子は、エンドウ豆を一つぶ一つぶ、豆鉄砲につめ、飛ばしはじめました。

一つ目の豆は

「広い世界へ飛んでいくぞ！」

と空へむかって飛んでいきました。

「私はおひさままでいくわ！」

豆は次々に飛んでいきます。とうとう五番目の豆の番になりました。

「ぼくはどこにいっても、一生けんめいがんばるぞ！」

五番目の豆は一直線に飛んでいったかと思うと、一つの窓の下の板のわれ目にすぽんと落ちました。ちょうど土があったので、いいクッションになりました。

その窓がある家には、貧しいお母さんと病気の女の子がすんでいました。昼間はお母さんが仕事にいってしまうので、女の子はいつもひとりぼっちで寝ていました。女の子の病気はとても重かったのです。

ある朝、女の子は窓のすぐ外に、なにか緑色のものが見えていることに気がつきました。「お母さん、あの緑色のものはなあに？」

お母さんは窓をあけてみました。

「まあ、かわいいエンドウ豆の芽よ。板のわれ目から芽を出しているわ」

お母さんはエンドウ豆がよく見えるように、女の子のベッドを窓ぎわに移動してあげました。それから、女の子は毎日、ベッドからエンドウ豆をながめてすごしました。

「お母さん、今日はおひさまがたくさんあたったから、エンドウ豆がぐんぐん大きくなったのよ」

女の子はお母さんが仕事からもどってくると、そうやってエンドウ豆の話をしました。

「わたしもエンドウ豆のように元気に、大きくなりたい」

そして、女の子はエンドウ豆にはげまされるように、少しずつ元気になっていったのです。

やがてエンドウ豆はうすもも色の花をさかせました。女の子はおきあがって窓をあけ、そっと花びらにふれました。

「わあ、なんてきれいなんでしょう」

元気になった女の子を見て、お母さんは喜びました。

「このエンドウ豆はきっと、あなたの病気がよくなるように神さまがうえてくださったのね」

うれしそうな二人を見て、エンドウ豆もとても幸せな気持ちでした。

知っ得ポイント

エンドウ豆の熟しきっていないものがグリーンピース。熟したものをあまく煮るとうぐいす豆になります。

富岡製糸場

日本の近代化をささえた生糸づくり

世界遺産になった工場

２０１４年、富岡製糸場は世界遺産と国宝になりました。富岡製糸場は、明治時代の日本をささえた生糸産業のシンボルです。ですから、大切な歴史の遺産に選ばれたのです。

富岡製糸場ができたのは、明治５年です。明治時代になる前、日本は外国との交流をほとんどしていませんでした。外国ではそのあいだ、科学が発展して、技術が進み、便利な機械がたくさんつくられていたのに、日本にはまったくそんな技術が入ってきませんでした。

明治になって、外国との交流を始めた政府は、技術力や国の力のあまりの差におどろきました。そこで、「富国強兵・殖産興業」というスローガンをつくり、国の力を強くしようとしたのです。

「富国強兵・殖産興業」というのは、産業を育ててお金をもうけ、外国に負けない軍隊をつくりましょうという意味です。

生糸をつくる

まず、生糸をつくって輸出する産業に力を入れることになりました。

生糸ってなにか知っていますか？生糸は、絹の糸のもとになるものです。カイコという虫は、サナギになるとき、糸をはいて繭をつくります。繭の中でサナギになるためです。そのカイコがはく糸が生糸です。繭から糸をとる仕事をする場所が製糸工場とよばれるところです。

政府は外国から人をよんで、ほかのお手本になる製糸工場をつくりました。それが、富岡製糸場です。富岡製糸場には、糸をとる最新の機械が３００台いれられました。働き手は若い女の子たちです。全国から応募で集まった女の子たちが、外国人の指導者に教えてもらって、生糸のとり方を学びました。一人前になると、地元に帰って、生糸のとり方をほかの人たちに教えました。こうして、質のいい生糸が日本のあちこちでとられるようになり、生糸の輸出は大幅にふえていきました。製糸業のおかげで日本は豊かになり、その後、ほかの産業がどんどん発展していったのです。

上州富岡製糸場之図（明治９年）

知っ得ポイント

このころはあちこちにカイコのエサになるクワの畑がありました。地図記号にクワ畑があるのはその名残です。

理科

恐竜

映画やテレビによく出てくる大きなは虫類です

5月20日のおはなし

恐竜が生きた時代

恐竜は今から2億3000万年ほど前に地球に登場し、6500万年前に急に姿を消しました。そのあいだの1億6500万年、地球は恐竜に支配されていたのです。

恐竜には、草食のものと肉食のものがいます。草食の恐竜はたいてい大きく、動きはそれほど速くありません。恐竜がいたころの地球には、たくさんの木や草がおいしげっていました。その豊かな植物のおかげで、草食の恐竜はどんどん大きくなっていきました。中には、頭からしっぽまで、20メートルをこえる恐竜もたくさんいたのです。いちばん大きい恐竜の1つは、セイスモサウルスで、全長35メートルくらいあったようです。

肉食の恐竜は、わりあい小柄で、すばやい動きをしました。狩りをして獲物をしとめるので、速く動く必要があったのです。肉食恐竜の中でいちばん有名なのは、最強といわれるティラノサウルスでしょう。ティラノサウルスが登場したのは、恐竜が生きていた時代の終わりのほうです。全長は10メートルちょっとで、肉食の恐竜としては最大でした。以前は、すごいスピードで走るといわれていましたが、最近、じつは走れなかったことがわかりました。恐竜のじっさいの姿は土にうまっている骨などの化石から推測するしかないので、わかっていないことも多いのです。

ティラノサウルス

羽が生えてたかも？

はでな色だったかも？

恐竜の子孫

恐竜はは虫類なので、トカゲのようなざらざらした肌をしていると思いがちですが、中には羽毛が生えている恐竜もいました。ティラノサウルスも子どものときは、体が羽毛におおわれていたと考えられています。

羽毛の生えた恐竜がいたということは、つい最近発見されました。この発見で、鳥が恐竜の子孫だということがはっきりしました。羽毛の生えた恐竜たちは、鳥に姿を変えて、今でも生きているのです。恐竜は6500万年前に絶滅したといわれていますが、じつは、絶滅したわけではなかったのですよ。

知っ得ポイント

恐竜の英語の名前はdinosaurus。dinoはおそろしい、saurusはトカゲという意味です。

西遊記

中国の昔話

世界最強のさるのおはなしです

昔々、中国の花果山という山のてっぺんに、大きな岩がありました。この世に天地ができてから、パワーをたくわえつづけていたので、岩にはふしぎな力がやどっていました。そして、ある日、石の卵をうみおとしたのです。しばらくすると、石の卵がわれて、中から石のさるがうまれました。このさるがじつにすごいさるで、力があるのはもちろん、知恵も度胸もあるのです。さるは孫悟空と名のるようになりました。

孫悟空は仙人に弟子入りして、変化の術や、きんと雲という雲をあやつって空を飛ぶ術など、たくさんの術をおぼえました。如意棒という武器も自由自在にあやつれるようになりました。

「おれさまは世界一だ。だれにも負けないぞ！」

孫悟空はすっかり調子に乗って、あろうことか、お釈迦さまに勝負をいどみます。

お釈迦さまは右手を出すと、悟空にいいました。

「わたしのこの手のひらから、外に出てみせなさい」

「へっ、そんなのおちゃのこだ！」

悟空はきんと雲にのって、すごいスピードで飛んでいきました。ずいぶん遠くまで飛んでいくと、桃色の柱が五本たっているのが見えました。

なるほど、これが世界のはてだなと思った悟空は、まんなかの柱に、

悟空見参！

と書くと、おしっこまでひっかけて、お釈迦さまのもとにもどりました。

「孫悟空、おまえは結局、わたしの手のひらから出ていないのですよ。おまえの世界など、ちっぽけなものだと、思いしりなさい」

なんと、お釈迦さまの中指には「悟空見参！」という文字が。五本の柱はお釈迦さまの指だったのです。悟空は罰として五行山という山の下で、石の箱にとじこめられました――いつか西にむかうお坊さまがここを通るから、それまでに心をいれかえて、旅のおともをするようにという予言とともに。

それから五百年後。

三蔵法師というお坊さんが、はるか西にある天竺をめざしていました。国があれていたので、天竺へいってお釈迦さまからありがたいお経をもらってくるよう命じられたのです。

五行山にさしかかったとき、

「お坊さまあー、助けてください――」

という声がきこえてきました。

見ると、石の箱にさるがとじこめられています。

「乱暴をした罰でとじこめられていたが、心をいれかえた。旅のおともをさせてくれ」

とさるがいうので、三蔵法師は悟空を助け、旅にくわえてやりました。

このあとは、かっぱの化け物、ぶたの化け物、猪八戒と、かっぱの化け物、沙悟浄が旅のおともにくわわって、一行はおそろしい妖怪たちと戦いながら、天竺をめざすことになるのですが、その話はまた今度。

知っ得ポイント

おはなしに出てくる天竺はインドのこと。悟空が下じきになった五行山は、ベトナムにあります。

算数 保健体育

スポーツと数字

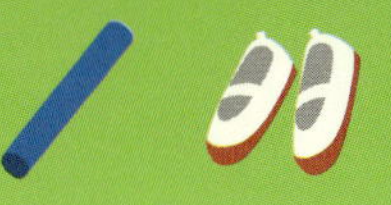

記録や得点をしるすために、数字はかかせません

5月22日のおはなし

活やくする数字

スポーツは数字と強いむすびつきがあります。陸上など、スピードや距離を競うものは、数字で記録をあらわしますね。

体操やフィギュアスケートなどは、演技を採点して、その点数を競います。昔、体操は10点満点で、フィギュアスケートは6点満点で採点されていました。ところが、どんどんむずかしい技が出てきたため、10点や6点のうちにはおさまりきらなくなったのです。今はどちらの競技も満点はありません。むずかしい技を完ぺきにおこなえば、点数はどんどんふえるようになっています。

得点の数え方

2つのチームで試合をして、点をとりあうスポーツもあります。野球、サッカー、バスケットボール、バレーボール、卓球など、みなさんになじみのあるスポーツが多いでしょう。

点のとり方にもいろいろあります。ゴールやシュートを決めるごとに1点ずつ、得点していくのがいちばん多いですが、たとえば、ラグビーやバスケットボールでは、得点の方法によって、もらえる点数がちがいます。ラグビーでは、相手の陣地のゴールにボールをもちこめば（トライ）5点、ボールをけって相手のゴールバーをこえると2点や3点と決められています。バスケットボールではゴールから遠いところからシュートすれば高い点数がもらえますね。点をとる方法のむずかしさを、点数を変えることであらわしたわけです。

ほかに、テニスではとても変わった得点の数え方をします。1回ポイントをとったら、15点、2回とったら30点、3回とったら40点、4回とったら、1ゲーム先取、ということになっています。この点数の数え方は、昔、コートに時計をおいて、時計で点数をあらわそうとしたからだといわれています。60分を4つに分けて考えて、1ポイントとるごとに、時計の針を15分ずつ進めたのです。ですから、15、30、45、60（＝1ゲーム）になったのですね。45が40になったのは、そのほうがいいやすかったからだそうですよ。

知っ得ポイント

テニスの点数は15＝フィフティーン、30＝サーティ、40＝フォーティ、0はラブと読みます。

酸素

理科

わたしたちが生きるためにいちばん大切な気体です

わたしたちをとりまく空気

わたしたちをとりまいている気体は、空気とよばれています。

空気がなければ、人間は呼吸ができなくなって、死んでしまいます。「空気がなければ」といいましたが、じっさいに人間の呼吸に必要なのは、空気の中にある酸素という気体です。空気は、酸素や二酸化炭素、ちっ素など、いくつかの気体が集まってできているのです。

でも、昔は、空気の中にいろいろな気体が入っているとはわかっていませんでした。空気の正体は、多くの科学者が実験や観察をくりかえして、つきとめられていったのです。

酸素の発見

酸素も、そんなふうにして発見されました。発見されたのは、今からおよそ250年前。ジョセフ・プリーストリーというイギリス人が発見したといわれています。

プリーストリーは趣味で科学の実験をしていました。あるとき、さびた水銀を燃やしたプリーストリーは、発生した気体を集めて、その中にろうそくをいれてみました。すると、ろうそくの炎がとても大きくなったのです。同じように、その気体の中にねずみをいれると、元気に走りまわりだしました。この気体が酸素だったのです。

プリーストリーは、また、植物が酸素をつくることも発見しました。当時、密閉された空間では、ものは燃えないことや、動物が生きられないことがわかっていました。プリーストリーは、植物も生きられないと考えて、ガラス壺を逆さにしたところに植物をいれておくという実験をしました。ところが、植物は生きつづけたのです。

その中に火のついたろうそくをいれると、ろうそくは燃えつづけ、ねずみをいれると、ねずみは生きつづけました。この実験から、植物が酸素を出していることがわかったのです。

プリーストリーはこのほかに、ソーダ水を発明したことでも知られています。いろいろなことに興味をもって実験したことが、発見や発明にむすびついたのですね。

知っ得ポイント

空気の中の酸素が3パーセントへるだけで、人間は体に異常が出ます。もっとへると、命の危険があります。

国語

アンリ・デュナン

(1828〜1910年　スイス) 伝記

赤十字をつくった人助けの神さま

5月24日のおはなし

アンリ・デュナンは、今から二百年近く前に、スイスで生まれ、慈悲深い両親に育てられました。両親は「貧しい人や困っている人を助けるのはあたりまえ」という考えのもち主だったので、アンリの中にも、小さいころからその考え方がしみついていたのでしょう。

子どものころのアンリは、落ちこぼれでした。学校の勉強についていけなかったので、十三歳で退学。そのあとは家庭教師に勉強を教えてもらい、なんとか銀行に就職します。銀行で働く人は、当時はエリート中のエリートでした。

あるとき、アンリは銀行の仕事で、しばらくアフリカ大陸のアルジェリアにいくことになりました。アルジェリアはそのときフランスの植民地で、いろいろ開発がおこなわれていたのです。そこで見たものに、アンリは大きなショックをうけました。現地の人たちは、西洋人たちからひどい差別をうけて、生きるのがやっとという貧しいくらしをしていたのです。

この人たちを助けなければいけない！

そう決意したアンリは、すぐに銀行をやめて、アルジェリア人が働ける食品工場をつくります。けれど、アルジェリアでは水が不足していて、食品をつくるときに必要な量の水を手にいれられず、工場の運営はうまくいきません。困ったアンリは、水を使う権利をもらうために、フランス皇帝に交渉することにしました。そして、そのときオーストリアと戦争中だった皇帝のところへいったのです。

そのとき見た戦場のようすが、またアンリの人生を変えることになりました。戦場では、四万人をこえる兵士が死亡し、傷つき、倒れ、まるで地獄のようでした。血を流して苦しんでいる人を前にしたら、敵も味方もありません。アンリは傷ついた兵士を、敵・味方の区別なく助けました。そして、そのときの経験を本に書いて、世界じゅうの人たちに知らせたのです。

この本がきっかけとなって、すべての傷ついた人を助ける国際的な組織「赤十字」が誕生しました。同時に、「戦場では敵・味方の区別なく助け、また助けている人を攻撃しない」という条約（ジュネーブ条約）もできました。アンリの考えが人々の共感をえて、世界を変えることができたのです。

そうした活動がみとめられて、アンリは第一回のノーベル平和賞をもらいました。また、赤十字の旗のデザインは、スイスの国旗の赤と白の色をいれかえたものですが、これは、アンリへの敬意をあらわしているのです。

知っ得ポイント

いくつかのイスラム教の国では、十字のマークを使わず、別のマークで赤十字をあらわしています。

野バラ

小川未明

国は国、人は人——

国と人はまったくちがうものなのに

　大きな国と、それより少し小さい国がとなりあっていました。国境には、境を定める石があって、それぞれの国から一人ずつ兵士がつかわされて、その石を守っていました。

　大きな国の兵士は老人で、小さな国の兵士は青年でした。最初、二人はろくに話もしませんでしたが、いつしかとても仲よくなりました。

　ちょうど国境のところには、野バラがしげり、朝早くからミツバチがやってきました。二人はミツバチの羽音でおこされ、一日を始めるのでした。

　青年は老人から、しょうぎを教えてもらい、のどかな午後には二人でよくしょうぎをさしました。はじめは負けてばかりだった青年も、そのうち老人にときどき勝てるようになるほど、上達しました。

　冬がくると、老人は家族がすむ南のほうに帰りたがりました。けれど、老人と別れたくない青年は引きとめ、老人はもうしばらく国境に残ることにしました。やがて冬が去って、春になりました。

　そのころ、この二つの国が戦争を始めたのです。そうなると、今まで仲よくくらしていた老人と青年も、敵同士ということになります。

「おまえさんと私は今日から敵同士だ。私はこれでも少佐だから、私の首をもってゆけば、おまえさんは出世できる。だから、私を殺しなさい」

と、老人がいいました。

　青年はあきれた顔をしました。

「どうしてあなたと私が敵同士なんですか。敵はほかになければいけません。戦争はずっと北のほうでおこなわれています。私はそこへいって戦いますよ」

　そういいのこして、青年は去っていきました。

　国境には老人だけが残されました。青年がいなくなってから、老人はぼうっとさびしい毎日をすごしていました。戦争の音は、遠いここまではきこえてこなかったのです。
　ある日、旅人が国境を通りかかりました。老人が戦争についてたずねると、旅人は「小さな国が負けて、その国の兵士はみな殺しになった」といいました。老人は、青年も死んでしまったのかと心配になり、うつむいて座っているうちに、眠ってしまいました。ふと気づくと、遠くからおおぜいの人がくる気配がします。見れば、一列の軍隊でした。その先頭で馬に乗っているのは——あの青年です。青年は老人の前にくると、だまっておじぎをして、バラの花の香りをかぎました。
　老人はなにか話しかけようとして、そこで目がさめました。それはまったくの夢だったのです。それから一月ほどすると、野バラはかれてしまいました。その年の秋、老人は兵士をやめ、南のほうに帰っていきました。

知っ得ポイント
国同士の戦争に老人と青年の友情が引きさかれる物語です。小川未明は日本のアンデルセンとよばれています。

琉球文化

南の島でさかえた、華麗な文化です

琉球って、どこ？

琉球とは、沖縄の古いよび方です。昔、今の奄美大島や沖縄諸島、先島諸島は、大きな王国に支配されていました。その王国でさかえた貴族たちの文化と、ふつうの人たちの生活に根づいた文化、2つをあわせて琉球文化とよんでいます。

琉球の島々には、もともと九州地方からわたった人たちがすんでいたと考えられています。琉球の人々はまず小さな国をつくっていたのですが、1400年ごろ、大きな王国ができました。王国は外国との貿易をたくさんおこなって、とてもさかえました。琉球王国は、1879年、日本の明治政府が武力を使って日本国にくみいれるまでつづきました。

そのあいだ、中国と日本の文化に影響をうけながら、独特の文化がつくられていったのです。そして、その文化は今も大切に残され、つづいています。

文化の特ちょう

いちばんすぐにわかるのは、ことばでしょう。沖縄の方言は、共通語とずいぶんちがいます。沖縄では沖縄のことを「ウチナー」、沖縄以外の日本のことを「ヤマト」とよびます。沖縄のことばは「ウチナーグチ」、共通語は「ヤマトゥグチ」とよんでいます。

建築も、独特です。南の島の気候にあったつくりをしていて、お城などは装飾があでやかで、色もあざやかです。

信仰も、沖縄独自のものが残っています。シーサーはみなさんもきいたことがあるでしょう。シーサーは「家の守り神」だと考えられていて、屋根や門、玄関などにおかれています。魔よけの役割をはたしています。シーサーの名前は「獅子」からきているそうです。

音楽も特ちょう的ですね。沖縄の音楽でよく使われる三線という楽器は、中国から伝わってきたものです。三線は沖縄をへて、本州にわたり、三味線になりました。三線と三味線の音色をくらべると、三線はやわらかくて、三味線ははっきりした音を出すようです。

ほかにも、お盆の時期に踊られる踊り、エイサーや、ゴーヤやシークワーサーなどを使った食べ物、民族衣装など、琉球独自の文化はたくさんあります。

首里城

知っ得ポイント

シーサーにはオスとメスがいます。口をあけているほうがオスで、とじているほうがメスだそうですよ。

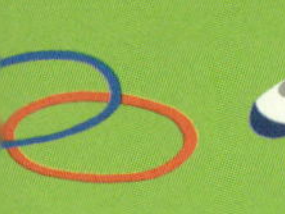

五色のしか

日本の昔話

山のおくにはふしぎな生き物がいるものです

国語

5月27日のおはなし

　昔、ある山おくに、体が五色のしかが、からすといっしょにくらしていました。人の目につかないようにしていたので、だれも五色のしかが山にいることを知りませんでした。

　ある日、山のふもとの川に一人の男が落ちて、おぼれていました。

「だれか、助けてくれ！」

　悲鳴をききつけたしかは、ほうっておけずに、ざぶんと川に飛びこんで、男を助けてやりました。

「ありがとうございます。あなたは命の恩人だ。この恩をどう返したらいいでしょう」

「恩だなんて。ただ、わたしがこの山にいることをだれにもいわないでください。人が知ったら、みな、このめずらしい色の皮をとりに、やってくるでしょうから」

　男はかたく約束して、帰っていきました。そして、約束を守り、だれにもしかのことはいいませんでした。

　それからずいぶん月日がすぎたある日、その国のお妃が、五色のしかの夢を見ました。そして、王さまに、「五色のしかがどこかにいるはずだから、つかまえてきてほしいとたのんだのです。だいじな妃のたのみをきかないわけにいきません。王さまはさっそく

「五色のしかをさがしてきた者には、金・銀を好きなだけあたえよう」

というおふれを出しました。

　前にしかに助けてもらった男は、そのおふれを見て、欲に目がくらんでしまいました。王さまのもとにいくと、しかの居場所を知っているといったのです。

　男は先頭に立って、王さまと狩人たちをしかのいるところへ案内しました。その話をからすからきいたしかは観念して、王さま一行の前に姿をあらわしました。狩人たちがいっせいに弓矢をかまえます。ですが、それを王さまが止めました。

「待て。しかが自分からやってきたのだ。なにかわけがあるのだろう。話してみよ」

　王さまにうながされて、しかは裏切った男にむかって話しだしました。

「あなたはわたしが命を助けてあげたとき、この恩をどう返したらいいかとききました。わたしは、わたしの居場所をだれにも教えないでほしいとお願いしました。あなたはその約束を守るといったのに、今、わたしの命をうばう手伝いをしています。あなたが川でおぼれていたとき、わたしは自分の命も考えずに、あなたを助けたのに。あなたはそれをもう忘れてしまったのですか」

　それをきいた王さまは涙を流しながらいいました。

「しかよ、おまえは動物だというのに、なんと情け深い心をもっているのだろう。それにひきかえ、この男は人間でありながら、欲に目がくらんで良心を忘れてしまったのだ」

　その後、王さまは男を罰し、国じゅうに「今後、しかをとってはならない」というおふれを出したのです。

知っ得ポイント

七夕のたんざくや、こいのぼりのふきながしも五色。これらは、中国の五行思想からきたものです。

外来語

国語

外国生まれのことばはたくさんあります

外来語って、知っていますか。そう、文字どおり、外から来たことばのことです。外国から日本に入ってきたことばのことですが、外国といっても、中国から入ってきたことばは日本語にとけこんでいるので、ふつうは中国以外の外国、たいていは西洋の国をさします。

日本語の中で、外来語はたいていカタカナであらわされるので、すぐにわかります。

コンピュータ、ケーキ、ハンバーガー、ルール、サッカー……数えあげたら、きりがありません。

ただ、とても古い時代に日本にきたことばには、ひらがなや漢字であらわされているものもあります。かぼちゃ、かるた、いくら、かっぱ、金平糖、天ぷら……こうしたことばは、一見、日本語に思えますが、じつは外来語なのです。

カタカタの外来語にもいろいろあります。もともとそのことばが生まれた国と同じ意味で使われている外来語が多いのですが、日本では少し意味がちがっていたり、別のことばとあわさって日本独特のことばに生まれかわっていたりもします。

コンビニ、ハイタッチ、サラリーマン、ガソリンスタンド、コンセント、サイン、タレント、ホッチキス……こうした外来語は、じつは日本独特のことばです。コンビニは「コンビニエンスストア」ということばを短くちぢめてしまったことば。サラリーマンは、サラリー（給料）とマン（人）を組みあわせたことばです。ですから、外国で使っても、意味が通じないのです。

ただ、コスプレやカラオケのように、日本独特の外来語でも、今は世界で通用するものもあります。コスプレもカラオケも、日本の文化の1つとして、外国に広まったからです。

では、日本語の中でそのまま外国で使われていることばはないのでしょうか？

もちろん、たくさんあります。とくに、日本の文化や食べ物、自然に関係したことばは、そのまま世界じゅうで使われていることが多いです。

- **食べ物に関係したことば**
  すし　わさび　てりやき
- **文化に関係したことば**
  まんが　着物　ふとん　数独
- **自然に関係したことば**
  津波　台風

ほかに、最近では、「もったいない」という日本語も、外国で使われることがあります。「もったいない」という考え方も、日本文化の1つなのです。

知っ得ポイント
カルテやガーゼなど、病気や医学にかかわる外来語は、ドイツからきたものが多いです。

枕草子

清少納言

平安時代のみやびな人の感性がつまっています

春はあけぼの。
やうやう白くなりゆく山ぎわ、少し明かりて、
紫だちたる雲の細くたなびきたる。
夏は夜。月のころはさらなり。
やみもなお、ほたるの多く飛びちがいたる。
また一つ二つなど、
ほのかにうち光りてゆくもおかし。
雨などふるもおかし。
秋は夕ぐれ。夕日のさして
山の端いと近うなりたるに、
からすの寝どころへいくとて、
三つ四つ、二つ三つなど
飛びいそぐさえあわれなり。
まいて雁などの連ねたるが、
いと小さく見ゆるは、いとおかし。
日いりはてて、風の音、虫の音など、
はたいうべきにあらず。
冬はつとめて。
雪のふりたるはいうべきにもあらず、
霜のいと白きも、またさらでも
いと寒きに、火など急ぎおこして、
炭もてわたるも、いとつきづきし。
昼になりて、ぬるくゆるびもていけば、
火桶の火も白き灰がちになりてわろし。

春はなんといっても明け方がいいです。だんだんあたりが白みはじめ、山の少し上の空が少し明るくなって、紫っぽい雲が、細くたなびいているのがなんともいえません。

夏はなんといっても夜がいいです。月が出ていればもっとよいですが、まっくらな中をほたるがたくさん飛びかっているのはすてきです。ほんの一、二ひき、ほのかに光りながら飛んでいるのも味わいぶかいです。雨がふるのも、いいものです。

冬は早朝がいいです。雪がつもっているのはもちろん、霜がまっ白におりているのも、またそうでなくても、たいへん寒いときに、火を急いでおこして、炭火を運んでいくのも、いかにも冬の朝らしい光景です。昼になってだんだん寒くなくなってくると、火ばちの炭火も白く灰をかぶって、みっともないですね。

秋はなんといっても夕ぐれがいいです。夕日が山のはしに近づいていくころ、からすが巣に帰ろうと、三羽、四羽、二羽、三羽と急いで飛んでいく姿も、心引かれます。まして、雁が列をつくって飛んでいくのが遠くに小さく見えるのはとてもすてきです。日がすっかりしずんで、風の音や虫の声がきこえてくるのが味わいぶかいのは、いうまでもありません。

知っ得ポイント

文中の「をかし」は知性的な美しさをあらわすことば。『枕草子』は「をかしの文学」といわれています。

理科

水のめぐり

日本はきれいな水が豊富にある
恵まれた国なのです

5月30日のおはなし

水はどこからやってくる？

わたしたちが生きていくうえで、水はとても大切なものです。今、わたしたちは、水道の蛇口をひねれば、水をすぐに手にいれることができますね。

水道から出てくる水は、ほとんど、浄水場からやってきます。浄水場は、川や湖などから水をとって、人が飲めるようにきれいにするところです。

では、川の水はどこからやってくるのでしょう？　川は山から流れてきます。山からわきだした水が、どんどん合流して、そこに雨などがあわさって、大きな流れになっていくのです。

では、山からわきだす水はどこからきたのでしょう？　これも、もとは雨なのです。雨が地面にしみこんで地下水となり、それがわきでたものが川のもとになっています。

雨は空にある雲からふってきますね。では、雲がなにからできているかというと、水蒸気です。海や川、湖など、地上にある水が、太陽の光にあたためられて水蒸気になり、空へのぼって雲になったのです。

海や川の水が蒸発して、雲をつくり、雨となって、また地上にふりそそぎ、海や川となる――こんなふうに、水はめぐっています。水は姿を変えながら、空と陸、海のあいだをいったりきたりしているのです。

地球上の水

地球には、およそ13億4000万立方キロメートルの水があるといわれています。そのほとんど、97パーセントが海の水です。残りの3パーセントが、塩の入っていない水（淡水）で、川や湖、地下水などです。でも、そのうちのほとんどは、氷河や、地下深くにあるので、わたしたちには使えません。わたしたちが生活するために使える水は、そのうちのごくわずか。地球上にある水のうちの0・01パーセントだけなのです。そのかぎられた水を、みんなでうまく使っていかなければいけません。

日本は1年にふる雨の量が多い国だといわれています。でも、人口も多いので、1人あたりの雨の量を計算すると、じつは世界平均より少なくなってしまうのですよ。

知っ得ポイント
地球全体にふる雨の量は1年でおよそ500兆トン。蒸発する水の量も500兆トンくらいです。

海のいのち

国語

原典 人間は自然とともに生きているのです

立松和平

父もその父も、その先ずっと顔も知らない父親たちがすんでいた海に、太一もまたすんでいた。季節や時間の流れとともに変わる海のどんな表情でも、太一は好きだった。

「ぼくは漁師になる。おとうといっしょに海に出るんだ」

子どものころから、太一はこういってはばからなかった。

父は、もぐり漁師だった。潮の流れが速くて、だれにももぐれない瀬に、たった一人でもぐっては、岩かげにひそむクエをついてきた。二メートルもある大物をしとめても、父は自慢することなくいうのだった。

「海の恵みだからなあ」

不漁の日が十日間つづいても、父はなにも変わらなかった。

ある日父は、夕方になっても帰らなかった。からっぽの父の船が瀬で見つかり、仲間の漁師が引き潮を待ってもぐってみると、父はロープを体に巻いたまま、水中でことされていた。ロープのもういっぽうの先には、光る緑色の目をしたクエがいたという。

父のもりを体につきさした瀬の主は、何人がかりで引こうとまったく動かない。まるで岩のような魚だ。結局、ロープを切るしか方法はなかったのだった。

中学校を卒業する年の夏、太一は、与吉じいさに弟子にしてくれるようたのみにいった。与吉じいさは、太一の父が死んだ瀬に、毎日一本づりにいっている漁師だった。

「わしも年じゃ。ずいぶん魚をとってきたが、もう魚を海に自然に遊ばせてやりとくなっとる」

「年をとったのなら、ぼくをつえのかわりに使ってくれ」

こうして太一は、無理やり与吉じいさの弟子になったのだ。

与吉じいさは、瀬につくや、小イワシをつり針にかけて水に投げる。それから、ゆっくりと糸をたぐっていくと、ぬれた金色の光をはねかえして、五十センチもあるタイがあがってきた。バタバタ、バタバタと、タイがあばれて尾で甲板を打つ音が、船全体を共鳴させている。

太一は、なかなかつり糸をにぎらせてもらえなかった。つり針にえさをつけ、あがってきた魚からつり針をはずす仕事ばかりだ。つりをしながら、与吉じいさはひとりごとのように語ってくれた。

「千びきに一ぴきでいいんだ。千びきいるうち一ぴきをつれば、ずっとこの海で生きていけるよ」

与吉じいさは、毎日タイを二十ぴきとると、もう道具をかたづけた。

季節によって、タイがイサキに

知っ得ポイント
クエは大きいものだと1メートル以上あります。高級魚として有名で、とてもおいしいそうです。

なったりブリになったりした。

弟子になって何年もたったある朝、いつものように同じ瀬に漁に出た太一にむかって、与吉じいさはふっと声をもらした。そのころには与吉じいさは船に乗ってこそきたが、作業はほとんど太一がやるようになっていた。

「自分では気づかないだろうが、おまえは村一番の漁師だよ。太一、ここはおまえの海だ」

船に乗らなくなった与吉じいさの家に、太一は漁から帰ると毎日魚をとどけにいった。真夏のある日、与吉じいさは暑いのに毛布をのどまでかけて眠っていた。太一はすべてをさとった。

「海に帰りましたか。与吉じいさ、心から感謝しております。おかげさまでぼくも海で生きられます」

悲しみがふきあがってきたが、今の太一は自然な気持ちで顔の前に両手をあわせることができた。父がそうであったように、与吉じいさも海に帰っていったのだ。

ある日、母はこんなふうにいうのだった。

「おまえが、おとうの死んだ瀬にもぐると、いついいだすかと思うと、わたしはおそろしくて夜も眠れないよ。おまえの心の中が見えるようで」

太一は、あらしさえもはねかえす屈強な若者になっていたのだ。太一は、そのたくましい背中に、母の悲しみさえも背負おうとしていたのである。

いつもの一本づりで、二十ぴきのイサキを早々ととった太一は、父が死んだあたりの瀬に船を進めた。

いかりをおろし、海に飛びこんだ。はだに水の感触が心地よい。海中に棒になってさしこんだ光が、波の動きにつれ、輝きながら交差する。耳にはなにもきこえなかったが、太一は壮大な音楽をきいているような気分になった。とうとう父の海にやってきたのだ。

太一が瀬にもぐりつづけて、ほぼ一年がすぎた。父を最後に、もぐり漁師がいなくなったので、アワビもサザエもウニもたくさんいた。はげしい潮の流れに守られるようにして生きている二十キロぐらいのクエも見かけた。だが太一は興味をもてな

かった。

　追いもとめているうちに、ふいに夢は実現するものだ。

　太一は海草のゆれる穴のおくに、青い宝石の目を見た。

　海底の砂にもりをさして場所を見うしなわないようにしてから、太一は銀色にゆれる水面にうかんでいった。息をすってもどると、同じところに同じ青い目がある。瞳は黒い真珠のようだった。刃物のような歯がならんだ灰色のくちびるは、ふくらんでいて大きい。魚がえらを動かすたび、水が動くのがわかった。岩そのものが魚のようだった。全体は見えないのだが、百五十キロはゆうにこえているだろう。

　興奮していながら、太一は冷静だった。これが自分の追いもとめてきたまぼろしの魚、村一番のもぐり漁師だった父をやぶった瀬の主なのかもしれない。太一は鼻づらにむかってもりをつきだすのだが、クエは動こうとはしない。そうしたままで時間がすぎた。太一は、永遠にここにいられるような気さえした。しかし、息が苦しくなって、またうかんでいく。

　もう一度もどってきても、瀬の主はまったく動こうとせずに太一を見ていた。おだやかな目だった。この大魚は自分に殺されたがっているのだと太一は思ったほどだった。これまで数かぎりなく魚を殺してきたのだが、こんな感情になったのははじめてだ。この魚をとらなければ、ほんとうの一人前の漁師にはなれないのだと、太一は泣きそうになりながら思う。

　水の中で太一はふっとほほえみ、口から銀のあぶくを出した。もりの刃先を足のほうにどけ、クエにむかってもう一度笑顔をつくった。

「おとう、ここにおられたのですか。また会いにきますから」

　こう思うことによって、太一は瀬の主を殺さないですんだのだ。大魚はこの海のいのちだと思えた。

　やがて太一は村の娘と結婚し、子どもを四人育てた。男と女二人ずつで、みんな元気でやさしい子どもたちだった。母は、おだやかでみちたりた、美しいおばあさんになった。

　太一は村一番の漁師でありつづけた。千びきに一ぴきしかとらないのだから、海のいのちはまったく変わらない。巨大なクエを岩の穴で見かけたのにもりをうたなかったことは、もちろん太一は生涯だれにも話さなかった。

6月の

おはなし

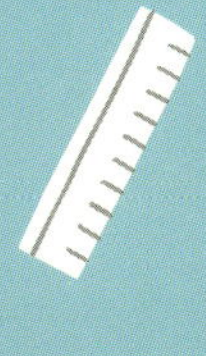

しゃぼんだま

原典　しゃぼんだまをテーマにした詩を2つ

ジャン・コクトー／野口雨情

シャボン玉

ジャン・コクトー
堀口大学　訳

シャボン玉の中へは
庭は入れません
まわりをくるくるまわっています

しゃぼん玉

野口雨情

しゃぼん玉　飛んだ
屋根まで飛んだ
屋根まで飛んで
こわれて消えた

しゃぼん玉　消えた
飛ばずに消えた
生まれてすぐに
こわれて消えた

風　風　ふくな
しゃぼん玉　飛ばそ

知っ得ポイント

野口雨情は、娘が生後わずか1週間で亡くなったときにこの詩を書いたといわれています。

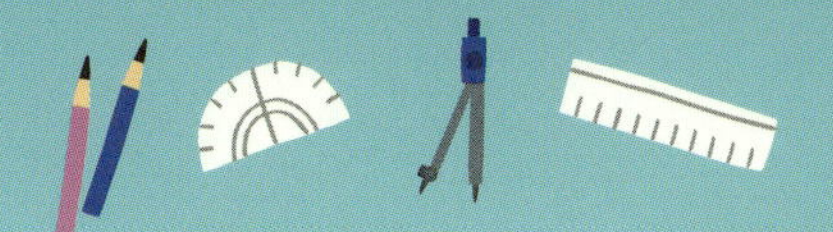

社会

織田信長

（1534～1582年　日本）

戦国時代のはてんこうな風雲児

尾張のうつけ

ドラマやまんが、ゲームでも有名な織田信長。じっさいはどんな人で、なにをしたのでしょう。

織田信長が生まれたのは、今から450年以上も前の尾張国（今の愛知県）。尾張を支配していた織田家のあととりでした。ところが信長は、若いころから、することがきてれつで、まわりの人からは「尾張のうつけ（ばかもの）」とよばれていたのです。ふつうはお風呂に入るときに着るペラペラの着物をふだん着にして、かた袖をぬいだままにしていたり、髪の毛も毛先をツンツン立て、派手な色の糸でゆったりしていました。身分を気にしなかったので、町民の若者たちと、柿などかじりながら町中をほっつき歩いていたそうです。

信長が18歳のときにお父さんが亡くなってしまうのですが、お葬式のとき、信長はいつもの奇妙な格好でやってきて、焼香用の灰を投げつけて帰っていったといいます。まるで、今でいうチンピラみたいな若者でした。

天下統一へむかって

しかし、そんなうつけの顔は、まわりをだまして油断させるための計画だったともいわれています。それほど、尾張国をついでからの信長はりっぱなリーダーとなりました。才能をはっきして、国を豊かにし、領土を広げていったのです。

織田信長の名前を有名にしたのは、桶狭間の戦いでしょう。強大な力をもっていた今川氏が、2万5000人もの大軍をひきいて、尾張国に攻めいってきたとき、信長はわずか3000人くらいの兵をつれて、大雨がふる中、敵の大将がいる本陣に攻撃をかけたのです。大将をうちとられた今川軍は、戦う気をうしなって、あっというまに負けてしまいました。

この合戦から、織田信長は天下統一へむかって一歩一歩進んでいったのです。

そんなふうに、むかうところ敵なしと思われていた信長でしたが、家来だった明智光秀に裏切られてしまいます。そして、京都の本能寺という寺に攻めこまれ、そこで自害しました。これが有名な「本能寺の変」です。あともう少しで、天下統一というところで、命を落としたのです。

知っ得ポイント

本能寺の変の11日後、明智光秀は豊臣秀吉の軍に負け、逃げる途中、農民にやりでさされて亡くなりました。

江戸時代は、
このできごとをきっかけに終わったのです

黒船来航

黒い船

嘉永6年（1853年）6月3日の夕方、今の神奈川県浦賀の沖あいに大きな黒い船が4隻あらわれました。日本人がよく見ていた帆船とはまったくちがう、蒸気船という船でした。船の外がわは黒くぬられ、えんとつからもくもくと煙をはいていました。そのようすから、日本人はやってきた船を「黒船」とよんだのです。

浦賀は見物人でいっぱいになりました。大砲をつんでいた黒船が、空砲をうつと、見物人たちは最初は怖がったものの、危険がないとわかってからは、とても喜んだそうです。勝手に小船で近くまでいく人もいました。

このときのようすをうたった短歌があります。

「泰平の眠りをさます上喜撰　たった四杯で夜も眠れず」

上喜撰とはお茶の名前です。たった4杯お茶を飲んだだけなのに、（お茶に入っている、眠くなくなる成分のせいで）夜眠れないという意味と、たった4隻、蒸気船がきただけなのに、心配で夜も眠れないという意味をかけているのです。

黒船の目的

黒船に乗っていたのは、マシュー・ペリーというアメリカ人でした。将軍にアメリカの大統領からの手紙をわたしにやってきたのです。内容は、日本に、アメリカと通称条約をむすべと要求するものでした。

通商条約とは、おたがいの国を行き来したり、おたがいの国にすむことや、自由に商売することをみとめる約束です。

ただ、アメリカがむすぼうとしている条約は、日本に不利なものでした。ペリーが大きな船を4隻もしたがえてやってきたのは、日本をおどして怖がらせるためでした。そうすれば、日本は不利な条約もことわれないだろうと考えたのです。

幕府はすぐに返事はできないと答え、1年後に返答すると約束しました。

1年後、約束どおり、ペリーはやってきて、日本とアメリカのあいだに通商条約がむすばれました。

このできごとをめぐる幕府の弱い態度に腹を立てた若者たちは、幕府を倒そうという運動をおこしました。そして、その運動がじっさいに幕府を倒すことにつながっていったのです。

ペリーが横浜に上陸するときの警備のようすを描いた瓦版（新聞）

知っ得ポイント

このできごとから、それまでの常識をこえる新しいものがあらわれると、それを「黒船」とよぶことがあります。

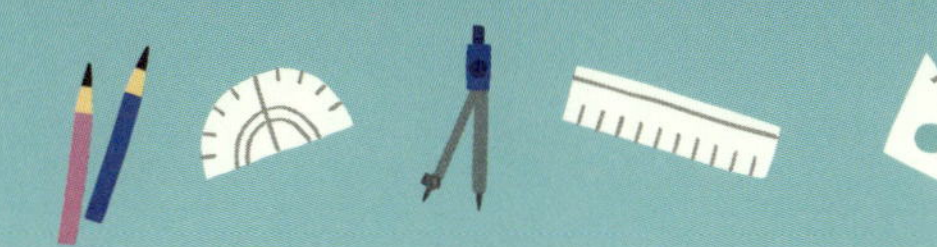

保健体育

虫歯

歯医者さんがいやなら、ちゃんと歯みがきしないとね

虫歯ができるわけ

みなさんには虫歯がありますか？ 虫歯ができると、歯医者さんにいって、なおしてもらわないといけません。歯医者さんって、大きな音をたてる機械があって、ちょっと怖いです。なるべく、虫歯ができないようにしたいですよね。虫歯がどうしてできるかわかれば、きっと虫歯予防もしやすくなるはずです。

虫歯は、虫歯菌というばい菌と糖分がいっしょになって歯に穴をあけたものです。

わたしたちの口の中には、虫歯をつくるばい菌がいるのです。それが、食べ物に入っている糖分といっしょになると、「プラーク」というものに変わります。プラークというのは白くてねばねばしたもので、歯にぺったりくっついて、少しずつ歯をとかして穴をあけてしまうのです。

ごはんを食べたあと、歯をみがかないで寝てしまうと、朝おきたときに、口の中がねばねばしていませんか？ そのとき、口の中ではプラークがたくさんできているのです。

虫歯を予防するために

虫歯ができないようにするには、まずは①プラークをたくさんつくらないようにすること、そして、②できたプラークをとることがだいじです。

①プラークをたくさんつくらないようにする

プラークは虫歯のばい菌と糖分がいっしょになるとできるといいましたね。だったら、かんたん。糖分の量をへらせばいいのです。だらだらあまいものを食べていると、そのあいだずっと、プラークがふえつづけていくのです。だから、おやつは時間を決めて、あまいものを食べるのはそのときだけにしましょう。

②できたプラークをとる

プラークをとるには、歯みがきをていねいにする以外に方法はありません。

歯みがき粉が苦手だったら、無理に歯みがき粉を使う必要はありません。じつは、つばには虫歯のばい菌を殺す力があるのです。だから、なにもつけない歯ブラシでみがいても、つばがたくさん出ていれば、歯をきれいにすることができるのですよ。

生まれつき、つばが少ない人やつばの力が弱い人は虫歯になりやすいのだそうです。それに、もともと歯が弱くて、穴があきやすい人もいます。虫歯のばい菌が多い人・少ない人もいます。そんなふうに虫歯になりやすい人は、①と②をがんばってつづけてみましょう。

知っ得ポイント

6月4日は、64（むし）→「虫」歯から、虫歯予防の日に決められています。

原典

外で遊べない雨の日は、お手紙を書くのにちょうどよくて

てがみ

国語

森山京

朝から雨です。

きつねの子は、一人でぽかんとしていました。

「だれかに手紙を書こうかな」

うさぎさんや、くまさんや、たぬきさんとは、きのう遊んだばかりです。

「そうだ、ねずみさんがいい」

ねずみさんには、もう何日も会っていません。

ねずみさんは、足をけがして、外へ出られないのです。

「なにを書こうかな」

雨の音をききながら、きつねの子は、いっしょうけんめい考えました。

遠足にいったこと。

池で遊んだこと。

おべんとうを食べたこと。

書きたいことは、いっぱいあります。

でも、きつねの子は、まだそんなにたくさんの字を書くことができません。

そこで、

なおったら　また　あそぼう。
　きつね

と書きました。

窓の外を見ると、空が少し明るくなってきています。

「雨がやんだら、ねずみさんのところへとどけにいこう。ぼくが郵便屋さんになって」

きつねの子は、手紙をながめて、にっこりしました。

知っ得ポイント

大人が手紙を書くときは、いくつかルールがあります。書きはじめには決まったあいさつを入れたりするのです。

ふるやのもり

日本の昔話

この世でいちばん
怖いものといったら……

昔々、あるところに、おじいさんとおばあさんがいました。雨がしとしとふる夜のこと、泥棒がこの家の屋根に身をひそめていました。このうちでかっている馬を盗もうというのです。同じように馬をねらう狼もやってきて、戸の外から中をうかがっていました。

家の中では、おじいさんとおばあさんが、この世でいちばん怖いものについて話をしていました。

「やっぱり、泥棒がいちばん怖いじゃろう」とおじいさんがいいました。屋根できいている泥棒は、にやりと得意そうな顔になりました。

「いえいえ、狼もおそろしいですよ」とおばあさんがいうと、戸の外にいた狼が、ふふふ、とうれしそうな笑い声をあげました。

ところが、「あ、忘れていたぞ。いちばん怖いのはふるやのもりだった」おじいさんが急にいいました。

すると、おばあさんも「ああ、そうでした。ふるやのもりがいちばんおそろしいですね」と返したのです。

ふるやのもりとは、古い家の雨もりのこと。でも、そうとは知らない泥棒と狼は、この世にそんなにおそろしいものがいるのかと驚きました。

「今夜あたり、やってきそうだね」とおじいさんがいうので、狼はぞっとしました。泥棒もぞっとしてあとりをうかがうと、下になにやら動物がいます。そう、それは狼だったのですが、泥棒は子馬だとかんちがいして、屋根からその背中に飛びおりたのです。狼がびっくりしたのなんの。

「ふ、ふるやのもりだ！」

あわてて逃げだしましたが、なんとかふりおとそうとしますが、泥棒は、ふりおとされてはたまらないと必死にしがみつきます。ひと晩かけて狼がようやく背中の上のものをふるいおとすと、泥棒は道ばたの穴に落ちました。

そこへさるがやってきました。

「狼さん、青い顔をしてどうしたの？」とたずねます。

狼がふるやのもりの話をすると、さるは興味をもちました。

「そんな化け物の話ははじめてです。どれ、どんなやつかたしかめてやりましょう」

そういって、さるは長いしっぽを穴にいれました。

泥棒はさるのしっぽを縄だとかんちがい。これで外に出られると、思いきり引っぱりました。

「うわあ、ふるやのもりにつかまれた」

さるはけんめいに足をふんばります。泥棒が引っぱり、さるがふんばり……ついにしっぽがぷつんと切れました。

しっぽが切れたさるは、そのひょうしに前につんのめり、顔を赤くすりむきました。その日から、さるの顔は赤く、しっぽは短くなったということです。

知っ得ポイント

この物語のように狼が悪者になっている日本の昔話は少なく、むしろいい狼の話が多いのです。

火星

生き物がいるかもしれない惑星

近くて赤い惑星

昔から、火星には生き物がいるのではないかと期待されてきました。また、地球からいきやすく、太陽系の惑星の中では、いちばん人間がすめる可能性が高い星なので、火星への移住計画などもとりあげられてきました。だからでしょう、火星はＳＦ小説や映画にもたくさん登場しています。わたしたちにとって、もっとも親しい惑星といえるかもしれません。

火星は地球のすぐ外側をまわっている、岩石でできた惑星です。表面にある岩石の中には、酸化鉄がふくまれています。酸化鉄というのは、かんたんにいうと、サビのことです。鉄が赤くさびているのを見たことがあるでしょう？

じつは、火星には少しだけ酸素があって、その酸素が地面を酸化しているのです。だから、火星は赤く見えるのですね。

火星人はいるのか？

地球と火星は、おとなり同士というだけでなく、にているところがたくさんあります。

火星の大きさは、地球の半分くらいですが、火星の１日は24時間37分で、地球とほとんど同じです。四季の変化もあります。

地球と同じように、火山もあります。昔は海もありました。川や雨が流れたあとも、地面に残っているのです。

また、火星には、地球の北極や南極と同じように、極冠とよばれる氷もあります。

地球とちがうのは、まず大気です。昔は大気もたくさんあったようですが、重力が小さいため（地球の３分の１）宇宙空間にちってしまい、今はうっすらとしか大気はありません。その大気のほとんどは二酸化炭素ですから、人間が火星におりたったとしたら、１分も生きていられないでしょう。

さらに、表面の温度も、平均マイナス43度で、最低温度になるとマイナス１４０度にまでさがってしまいます。人類の火星移住は、なかなかむずかしそうですね。

知っ得ポイント

2015年には、火星の表面にまだ水が流れていることを、NASAがつきとめました。

漢字のはじまり

みんなが使っている漢字は
どうやってできたのでしょう

漢字のほとんどは、昔、中国から伝わってきました。でも、そもそも、漢字はいつごろ、どんなふうに生まれたのでしょうか。

文字としての漢字が生まれたのは、古代の中国。三千年以上前だと考えられています。

それまでは、絵や記号を使って、ものをあらわしていたものが、どんどんかんたんに、わかりやすくなっていって、文字になったのです。

それぞれの漢字がどのように生まれたのか、例をあげて見てみましょう。

●ものの形からできた漢字

「山」は、山の形からできました。

山

「人」は、人間の形からできました。

「木」は、木の形からできました。

木

このように、その形から漢字が生まれたものもあります。では、形がないものをあらわす漢字は、どのように生まれたのでしょう？

形であらわせないものは、たとえば、点や線などのしるしをもとにしたり、すでにある字を組みあわせたりしてできました。

●しるしからできた漢字

「上」や「下」は、上や下にものがあることをしめすしるしからできました。

上　下

「三」などの数字は、その数だけ線をひいてつくられました。

三

●二つの字の意味を組みあわせた漢字

「岩」
山と石を組みあわせてできました。

「晴」
日と青を組みあわせてできました。

新しい漢字を習ったら、どんなふうに生まれた字なのか、考えてみると、おのずとその漢字の意味もわかって、面白いですよ。

知っ得ポイント

漢字はもともと中国から伝わってきたものですが、ほんの少しだけ、日本でつくられた漢字もあります。

肉をくわえた犬

イソップ

よくばると、
たいていろくなことになりません

昔々、ある国のある町でおこったできごと。

ある肉屋の前で、犬がよだれをたらしながら、じっと店先の肉を見ていました。

ああ、おいしそうな肉だなあ。そういえば、もう何日も、肉なんて食べてないな……おなかもすいたなあ。

肉屋のおじさんが、店先から姿を消したそのとき――

よし、もらってしまおう！

犬はさっと肉をくわえると、全速力で走りだしました。

「あ、犬め！　待てえ！」

気づいた肉屋のおじさんが追いかけてきましたが、つかまるわけにはいきません。犬は走って走って、ずいぶん遠くまで逃げていきました。

そして、町はずれの川のほとりまでやってきました。

ここまでは、肉屋のおじさんだって追いかけてはこないだろう。

犬はほっとして、走るのをやめました。

川には橋がかかっています。犬は橋をわたりはじめました。橋のまんなかまできたとき、ふと川を見おろすと、犬が一ぴき、こちらを見ていました。この犬も、肉をくわえています。

なんであんなに、じーっとぼくのことを見てるんだ。

そう思った犬は、

「うー」

とうなってみました。

すると、川の犬も

「うー」

とうなりかえしてきます。

川の中の犬は、水にうつった自分だったのです。でも、犬はそうとは気づかず、ほかの犬がいると思いこんでいました。

あいつの肉もおいしそうだな。よし、おどかして、あの肉もとってしまえ。

そう思った犬はさらに

「うーうー」

とうなりましたが、川の中の犬も

「うーうー」

とうなりかえしてきます。

なんだ、生意気なやつめ。ぼくをおどして、肉を横どりするつもりか。

いらっとした犬は、「その肉をこっちによこせ！」という気持ちをこめて

「わん！」

とほえました。

そのとたん、くわえていた肉は川の中へ。

よくばりな犬はただぼうぜんとして、ゆらゆら流れていく肉をずっと見送っていました。

知っ得ポイント

鏡や水面にうつった自分を自分だとわかるのは、人間のほかはさるやぞうぐらいだといわれているようです。

九九のはじまり

九九は、どこの国でいつごろ生まれたのでしょうか？

九九のルーツ

小学校で必ず暗記させられる九九。段ごとにテストがあったりして、苦労した人もいるのではないでしょうか。

九九は日本独特のものだと思っている人も多いようですが、じつは九九が生まれたのは古代の中国。なんと、今から2500年以上も前の、紀元前700年ごろだといわれています。このときの九九は、1×1から始まる今とちがって、9×9から始まっていたので、「九九」とよばれるようになったのです。

九九は、今から1300年以上も前の奈良時代には、もう日本に伝えられていたようです。

その証拠が、数年前に奈良時代の都だった平城京の跡地から発見されました。平城京の官庁があったあたりで、「一九如九」（1×9＝9という意味）と書かれた木の札が発見されたのです。官僚が計算を勉強するために使っていたのでしょう。

また、平安時代につくられた子どもむけの教科書に、九九はのっています。平安時代の子どもたちも、九九を勉強していたなんて、驚きですね。

江戸時代には、庶民のあいだにも広まっていて、寺子屋など、町人の子どもが勉強する場所でも教えられていたのです。

外国の九九

九九はアジアだけでなく、ヨーロッパなど、世界のあちこちにあります。日本では九九は9の段で終わりですが、もっとたくさんの段がある国もあるようです。インドでは、最低でも20段勉強するそうで、なかには99段まで勉強する学校もあります。99×99まで暗記していたら、計算もあっというまにできてしまうでしょうね。

九九をおぼえるのはたいへんですが、日本の九九は「にいちがに、ににんがし、にさんがろく……」と語呂合わせをしていて、リズムがいいので、暗記もちょっぴり楽なのです。外国だと、ただただ数字をおぼえるだけなので、なかなかおぼえられず、九九を暗唱できる人は少ないんですって。

知っ得ポイント

奈良時代の「万葉集」の中では、81を「くく」と読んだり、16を「しし」と読んだり、ことば遊びをしています。

ファーブル昆虫記・アリ

アリといえば、
まじめな働きもののイメージですが

アンリ・ファーブル

奴隷を使うアリ

「アリとキリギリス」という有名なおはなしに出てくるアリは、とてもまじめで働きもの。エサをさがしては、せっせと巣に運んでいる姿が思いうかびます。

でも、ヨーロッパには、まったく働かないアリがいるのです。それが、アカサムライアリ。アカサムライアリは、自分で子どもを育てることも、食べ物を集めてくることもできません。なんと、目の前にある食べ物を自分の口にいれることさえ、できないのです。そういうことは全部、奴隷にやらせるのです。

奴隷になるのは、クロヤマアリ（日本でも、庭や公園などでよく見る、黒いアリです）。アカサムライアリはどんなふうに、クロヤマアリを奴隷にしたてあげるのでしょう。

アカサムライアリたちは、夏になると、列をつくってよく遠くまで出かけていきます。幅20センチ、長さ5、6メートルにもなる大きな列です。アリの数は500ぴきはいるでしょう。

なにをしにいくのかというと、クロヤマアリの巣をさがしているのです。

いったんクロヤマアリの巣が見つかると、アカサムライアリの群れは次々と巣の中に入っていきます。500ぴきのアリがどんどん入ってくるのですから、たいへんです。

アカサムライアリたちは、繭がならんでいる部屋をさがしあて、繭をくわえてもちだそうとします。

クロヤマアリも、だいじな繭をだまってうばわれるわけではありません。なんとかアカサムライアリを撃退しようと、戦いをいどみます。けれど、アカサムライアリたちは強くて、とても歯が立たないのです。アカサムライアリたちは、クロヤマアリをくわえては、巣からほうりだします。殺しはしません。殺してしまったら、もう奴隷になる子どもをうんでもらうことができなくなるからです。

繭をうばったアカサムライアリたちは、また列をつくり、きた道をもどります。とてもふしぎなことに、帰りは必ず、きた道を少しもそれることなくもどるのです。くるときに曲がりくねった道を通ってきたら、そのとおりに曲がりくねりながら帰るのです。

さて、うばわれてきた繭たちはその後、どうなるでしょう。繭からかえったクロヤマアリたちは、アカサムライアリたちのために、一生けんめい働くのです。そして、1年から2年で、死んでいきます。ですからアカサムライアリは、どんどん奴隷をつかまえてこなければいけないのです。

知っ得ポイント

日本にも、アカサムライアリのなかま、サムライアリがいて、クロヤマアリを奴隷にしています。

ぞろぞろ

落語

これは、ぞろぞろちがいというものです

昔、江戸の浅草に、小さなお稲荷さんがありました。そのそばに、おじいさんとおばあさんがやっているこれまた小さなお茶屋がありました。

ある日、おじいさんがさんぽに出かけたときのこと、道ばたにのぼりが落ちているのに気づきました。

「おや、これはお稲荷さんののぼりだぞ。子どもたちが遊びでもちだして、ほっぽったまんまにしたんだな。よし、とどけてやるか」

おじいさんはお稲荷さんにのぼりをとどけて、ついでにおまいりをしました。

「お稲荷さん、のぼりが落ちていたので、おとどけしましたよ。あたしはこの近くのお茶屋のあるじでございます。これからちょくちょくまいらせてもらいます」

おじいさんは茶屋に帰って、おばあさんにその話をしました。

「まあ、それはいいことをしましたね。きっとご利益がありますよ」

すると、ぽつぽつ雨がふりだして、お客さんがかけこんできました。

「雨がやむまで休ませてもらおう。お茶をいれておくれ」

おじいさんもおばあさんも、さっそくご利益があったと大喜びです。そのうち雨があがりました。お客は帰ろうと外に出ましたが、道がぬかるんでいてどろどろです。

「はきものをよごしたくないな。わらじは売ってないのかい？」

「ちょうど、売れ残っているのが一足ありますよ。八文いただきます」

おじいさんは天井からぶらさがっていたわらじをとって、お客にわたしました。お客が帰ると、またすぐに別のお客が入ってきました。

「この店に、わらじはあるかい？」

「すみません、今ちょうど売れたばかりで――」

おじいさんはそこではっとしました。天井から、さっきとったはずのわらじがぶらさがっているのです。ふしぎに思いながらお客にわらじをわたし、天井を見ると、なんということでしょう、天井裏から新しいわらじがぞろぞろおりてきます！

この「ぞろぞろわらじ」がたいそう評判になって、お茶屋は大はんじょうするようになりました。

そのようすを、お茶屋の前にある床屋のあるじが見ていました。どうしてはんじょうしたのか、わけをおじいさんにたずねると、お稲荷さんのご利益というじゃありませんか。床屋のあるじはさっそくお稲荷さんに出かけて、おさい銭を投げいれておまいりしました。

「あっしの店も、お茶屋みたいにぞろぞろはんじょうしますように！」

店にもどると、さっそくお客がきていました。あるじは大喜びです。

「ああ、これからお客がぞろぞろくるにちがいない！」

さて、あるじがお客のひげをつうっとそると――なんと、そったあとから新しいひげがぞろぞろ！

知っ得ポイント

お稲荷さんというのは、赤い鳥居と神さまの使いのきつねが特ちょう的な神社のことです。

小惑星探査機 はやぶさ

理科

生命誕生の謎をときあかすために――宇宙への挑戦

「5、4、3、2、1……0！」

2003年5月9日、小さな小惑星探査機が、宇宙にむかって打ちあげられました。これがはやぶさです。

はやぶさの目的は、太陽系にある「イトカワ」という小さな惑星までいって、そのかけらをもってかえってくること。イトカワは、太陽系ができた46億年前のままの状態で残っているので、そのかけらを研究すれば、太陽系や生命誕生の謎がわかるかもしれないのです。

イトカワは長さ500メートルというとても小さな惑星で、しかも、1秒30キロメートルというすごいスピードで太陽のまわりをまわっています。広い宇宙の中を、そんなに高速で動いている「点」にたどりつかなければいけないのです。

はやぶさは、宇宙に出ると、ソーラーパネルを広げました。太陽の光を電気にかえ、その力で動くのです。はやぶさのおもな動力は、4つのイオンエンジンです。1つのイオンエンジンは1円玉を動かすくらいのパワーしかありませんが、空気のない宇宙では、それでも少しずつスピードをあげて進むことができるのです。

はやぶさの旅はトラブルだらけでした。イオンエンジンも、姿勢をコントロールする部品もこわれました。2年かけてイトカワにつき、かけらをとろうとしたときも、地表にぶつかって身動きができなくなりました。燃料もれをおこして、電気がつくれなくなったことも、地球との交信ができなくなったこともありました。でも、そのたびに3億キロはなれた地球から、科学者たちがはやぶさに指令を送って、立てなおしてきたのです。

そして、出発してから7年後、予定より3年も遅れて、はやぶさは地球の目の前に帰ってきました。4つあったエンジンは1つしか動かず、機体はもうボロボロです。残った仕事は、イトカワのかけらが入ったカプセルをぶじに地球に送りとどけること。はやぶさ自身は地球へ突入するときの高熱で燃えつきる運命です。

地球への突入が開始された直後――ぱあっと輝く光が空に走りました。はやぶさが燃えつきた瞬間です。

カプセルはどうなったでしょう？　カプセルは目標地点のどまんなかに送りとどけられていました。はやぶさはその使命をしっかりはたして、静かに燃えつきたのです。

知っ得ポイント

はやぶさの大きさは、ちょっと大きめの冷蔵庫くらいです。

でんでんむしの悲しみ

新美南吉

でんでんむしはなぜ悲しくなったのでしょう

一ぴきのでんでんむしがありました。

ある日、そのでんでんむしは、たいへんなことに気がつきました。

「わたしは今までうっかりしていたけれど、わたしの背中のからの中には、悲しみがいっぱいつまっているではないか」

この悲しみはどうしたらよいでしょう。

でんでんむしは、お友だちのでんでんむしのところにやっていきました。

「わたしはもう、生きていられません」

と、そのでんでんむしは、お友だちにいいました。

「なんですか」

と、お友だちのでんでんむしはききました。

「わたしは、なんという不幸せな者でしょう。わたしの背中のからの中には、悲しみがいっぱいつまっているのです」

と、はじめのでんでんむしが話しました。

すると、お友だちのでんでんむしはいいました。

「あなたばかりではありません。わたしの背中にも、悲しみはいっぱいです」

それじゃしかたないと思って、はじめのでんでんむしは、別のお友だちのところへいきました。

すると、そのお友だちもいいました。

「あなたばかりじゃありません。わたしの背中にも、悲しみはいっぱいです」

そこで、はじめのでんでんむしは、また別のお友だちのところへいきました。

こうして、お友だちをじゅんじゅんにたずねていきましたが、どの友だちも同じことをいうのでありました。

とうとう、はじめのでんでんむしは気がつきました。

「悲しみは、だれでももっているのだ。わたしばかりではないのだ。わたしは、わたしの悲しみをこらえて生きなきゃならない」

そして、このでんでんむしは、もうなげくのをやめたのであります。

知っ得ポイント

でんでんむしは、こん虫ではなくて貝のなかまです。からの中には、内臓がつまっているのです。

百人一首 夏

百人一首は、百人のすぐれた歌人の短歌を一つずつ集めたものです（短歌というのは、三十一文字でつくられた歌のことです）とくに有名なのは、今から八百年以上前の平安時代の終わりに藤原定家という人が集めた「小倉百人一首」でしょう。その中から、夏の歌をしょうかいします。

春すぎて　夏来にけらし　白妙の
衣ほすてふ　天の香具山
持統天皇

春はすぎ、いつのまにか夏がきてしまったようです。香具山には、あのようにまっ白な着物がほされているのですから。

夏の夜は　まだ宵ながら
明けぬるを
雲のいづこに　月宿るらむ
清原深養父

夏の夜は、まだまだ始まったばかりと思っているのに明けてしまいました。まだ空にあるはずの月は、いったい雲のどのあたりに宿をとっているのでしょう。

風そよぐ
ならの小川の
夕暮は
みそぎぞ夏の
しるしなりける
従二位家隆

すずしい風がナラの葉をふきわたっています。ならの小川（京都の上賀茂神社のそばを流れる川）の夕方は、すっかりと秋のような気配だけれど、川辺の禊はらいを見ると、まだ夏なのですね。
＊禊はらいは、川の水などで身を清め、けがれを払いおとす行事のこと。

ほととぎす　鳴きつる方を
ながむれば
ただ有明の　月ぞ残れる
後徳大寺左大臣

ほととぎすの鳴き声がきこえたので、声がするほうに目をやってみましたが、ほととぎすはもうおらず、空には有明の月が残っているばかりでした。

知っ得ポイント
百人一首の中に季節をよんだ歌は40近くありますが、夏の歌は4つしかありません。

算数

いろいろな長さ

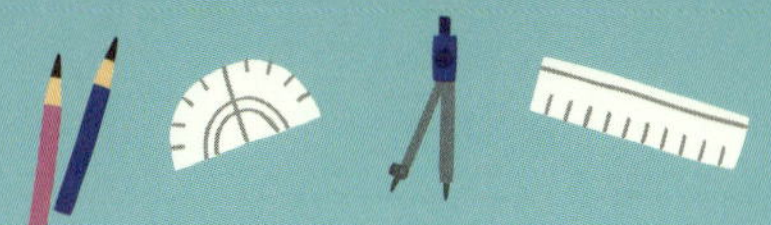

昔話には、メートルなんていう単位は出てきませんよね

一寸法師の背の高さ

知っている長さの単位を教えてくださいといわれて、まず頭に思いうかぶのは、どんな単位ですか。センチメートルでしょうか。

わたしたちの身長をあらわすときは、メートルやセンチメートルを使いますね。もっと長いもの、たとえば、どこかの町までの距離について話すときは、キロメートルという単位を使いますし、もっと短いもの、虫の大きさなどあらわすときは、ミリメートルを使います。

けれど、昔、日本ではまったく別の単位を使っていました。そのうちのいくつかは、まだ残っています。

昔話の一寸法師。身長が1寸しかなかったという男の子の物語です。1寸は、およそ3センチメートルです。だから、一寸法師は身長3センチメートルだったということになります。1寸の10倍が、1尺です。尺八という楽器がありますが、あれは長さが1尺8寸（およそ54センチメートル）だったから、尺八という名前がついたといわれています。

外国の長さの単位

メートルは、世界じゅうで使われていますが、国によっては、ほかの単位を使うこともあります。

みなさんが乗っている自転車はどのくらいの大きさですか？　自転車の大きさは、タイヤの直径であらわすのですが、そのとき「インチ」という単位を使います。1インチは約2・5センチメートルです。

ほかにも、フィートやヤード、マイルなどの単位があります。

フィートは大人の男の人の足の大きさからできた単位で、約30センチメートル。1ヤードは約91センチメートル。ゴルフの試合など見ていると、カップまでの距離をヤードであらわしていますよね。マイルは、もっと長い距離で、約1・6キロメートルです。飛行機の「マイレージ」ということばをきいたことがありますか？　あれは、飛行機でたくさん距離を移動すると、移動したマイルの分だけ特典がうけられるサービスのことなのです。

知っ得ポイント

テレビ画面のサイズは、対角線の長さをインチであらわしたもの。インチはジーンズや靴のサイズにも使われていますよ。

トロッコ

芥川龍之介

少年の心細い気持ちがひしひしと伝わってきます

小田原と熱海のあいだに鉄道の工事が始まったのは、良平が八歳のときだった。良平は毎日、村はずれの工事現場を見にいった。土砂の運搬をするトロッコが見たかったのだ。

山をおりてくるときは、土工がトロッコの上に立ち、はんてんをひるがえしながら走ってくる。そして終点で土をぶちまけ、今度はトロッコをおしてもどっていく。自分もなんとかトロッコに乗ってみたいと良平は思っていた。

ある日、また良平が現場にいくと、いつものいかつい土工たちではなく、若い男たちがトロッコをおしていた。この人たちなら、しかられないかも。そう思った良平はトロッコに近づいていった。

「おじさん、おしてやろうか？」

「おお、おしてくれよ」

良平は力いっぱいおしはじめた。そのうち線路のこうばいは楽になってきた。良平は、「もうおさなくていいよ」といわれるのが怖かった。

「いつまでもおしていていい？」

「いいとも」

線路はゆるやかな坂になったり、急になったり、下りになったり、のぼりになったりをくりかえしながら、どこまでもつづいた。みかん畑をこえ、竹やぶをぬけ、雑木林を通り、急な坂をのぼりきったら、高い崖のむこうに広々とした海がひらけた。

そのとき急に、良平は遠くにきすぎたことが気になってきた。もうそろそろもどってくれればいいのにと思うが、トロッコはどんどん先に進みつづける。茶店で二回休けいしたが、もどる気配はない。

すると、休けいを終えて茶店から出てきた土工がいった。

「おまえはもう帰んな。おれたちはむこうで泊まるから」

良平はあっけにとられた。もうまもなく暗くなること、前に遠出したときより、今日は三倍も四倍も遠くにきていること、その距離を今からたった一人で歩いて帰らなくてはいけないこと。そういうことが一瞬でわかったのだ。良平は土工たちにおじぎをすると、どんどん線路伝いに走りだした。

良平は無我夢中で走った。ぞうりもぬぎすて、涙をこらえ、走りに走った。夕日ももう消えかかっている。

遠い夕闇の中に村はずれの工事現場が見えたときは思わず泣きそうになったが、こらえて村へと走った。

家々にはもう電灯の光がついている。家の中へかけこんだとき、良平はわっと泣きださずにいられなかった。泣き声に心配した家族が集まってきたが、良平はわけも話さず、ただ大声で泣きつづけた。

今、良平はりっぱな大人で、妻子もおり、仕事もしているが、ときどき、とてもつかれたとき、あのときのことを思いだす。そんなとき、良平の前にはうす暗い坂道がのびているのだ。

知っ得ポイント

トロッコというのは、かんたんな線路の上に人力で走らせる手おし車。おもに土砂など運ぶのに使います。

ひめゆり学徒隊

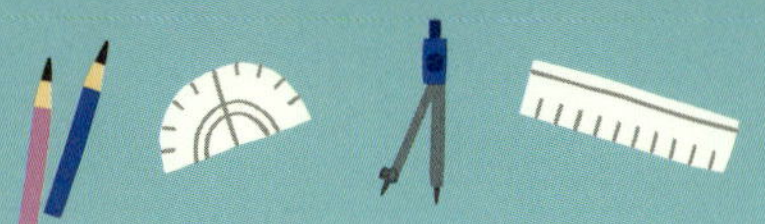

未来ある命が、たくさんうしなわれました

沖縄戦の犠牲者

今からおよそ70年前、日本は中国やアメリカと戦争をしていました。戦争は5年ほどつづきましたが、日本の国土の中で、敵の軍隊が上陸して戦いがおこなわれたのは、沖縄だけです。飛行機から爆弾を落とされて攻撃された場所はたくさんありますが、じっさいに兵隊が上陸して戦闘がおこなわれたのは、沖縄だけなのです。

そのため、沖縄では軍人でもないふつうの人たちが戦闘にまきこまれ、たくさん犠牲になりました。沖縄での戦争で亡くなった人は20万人以上。そのうち、一般の人たちの数は９万５０００人にものぼります。

学徒隊におこったこと

１９４５年３月の終わり、アメリカ軍は、まもなく沖縄に上陸しようとしていました。日本の兵隊も沖縄にいましたが、アメリカ軍がおよそ54万人いたのに対して、日本軍は約９万人と、とても足りませんでした。そこで、男子学生は兵隊と同じような仕事をするために、女子学生はけがをした兵隊の看護のお手伝いをするために、戦場にかりだされることになりました。そのうち、沖縄師範学校女子部と第一高等女学校から沖縄陸軍病院に送られた生徒２２２名、先生18名を、ひめゆり学徒隊とよんでいます。

ひめゆり学徒隊が活動した病院は、小高い丘にほられた横穴のどうくつでした。外に出れば、爆弾が飛んでくるようなところです。そんな中、少女たちは、傷をおった兵隊の看護を、昼も夜も一生けんめいおこなっていたのです。

アメリカ軍の攻撃はどんどんはげしくなっていきました。そのため、5月25日、日本軍は南へしりぞくことを決めました。ひめゆり学徒隊もけがをした兵隊たちといっしょに移動しました。歩けない兵隊は、病院におきざりにされました。アメリカ軍は追ってきましたが、日本軍は最後の一人まで戦えと命じ、降伏をゆるしませんでした。

6月18日、とつぜん、ひめゆり学徒隊に解散命令がくだされます。沖縄本島の南のはしで、敵が近づき、弾もどんどん飛んでくる中、避難していたどうくつから出されることになったのです。逃げる途中で、たくさんの生徒が命を落としました。アメリカの兵隊につかまったらひどい目にあわされると教えこまれていたので、自ら命をたってしまった人もいました。

ひめゆり学徒隊２４０名のうち、亡くなったのは１３６名にものぼります。

沖縄師範学校の野田校長先生とひめゆり学徒

知っ得ポイント

沖縄のすべての学生のうち、沖縄の戦争で亡くなったのは、約2,000人といわれています。

貧しい家にすんでいるねずみは
とてもやせていました

ねずみのすもう

日本の昔話

昔々、あるところに、おじいさんとおばあさんがおりました。二人ともとても気持ちがやさしかったのですが、たいへん貧しいくらしをしていました。

そんなあるとき、おじいさんがいつものように山でしばかりをしていると、

「はっけよい　のこった　のこった」

という小さな声がきこえてきました。

どこからきこえてくるのだろうと、ふしぎに思ったおじいさんがあたりをさがすと、草むらのかげで、二ひきのねずみがすもうをとっているではありませんか。一ぴきは丸々と太ったねずみで、もう一ぴきはがりがりにやせています。

「おや、あのねずみには見おぼえがあるぞ」

おじいさんがよく目をこらして見ると、やせているほうは、おじいさんの家にすみついているねずみでした。何度すもうをとっても、やせたねずみは負けて、地面にころがされています。

「あれ、まあ。うちには食べるものがあまりないから、あんなにやせて、力も出んのだろう」

かわいそうに思ったおじいさんは、家に帰ると、おばあさんに相談しました。

「そりゃあ、かわいそうだ。では、おもちをついてやりましょう。おもちは力のもとですからね」

こうして、おじいさんとおばあさんはねずみの家におもちをいれてやることにしました。

家にもどって、おもちを見つけたねずみは大喜び。さっそく食べて、次の日、また太ったねずみとすもうをとることにしました。すると、今度は、何度すもうをとっても、勝ちつづけることができたのです。

やせたねずみが急に強くなったことをふしぎに思った太ったねずみは、わけをたずねました。

「じつはね、おじいさんとおばあさんが、おもちを食べさせてくれたんだ」

太ったねずみはうらやましくてなりません。

「いいなあ。うちはお金持ちだけれど、おもちなんて、めったに食べさせてもらえないんだ」

「じゃあ、うちにきてみるかい？」

そのようすを見ていたおじいさんは、家に帰って、またおもちをついてやりました。おばあさんはねずみたちのために、まわしをぬってやりました。

太ったねずみの喜んだことといったら。お礼に、家からもってきた小判をたくさんおいて帰りました。おじいさんとおばあさんはそのおかげで、お金持ちになれたんですって。めでたし、めでたし。

知っ得ポイント

はっけよいは「八卦良い」がもとで、のこったは「残った」――まだ勝負はついていないという意味だそうです。

理科

空気のめぐり

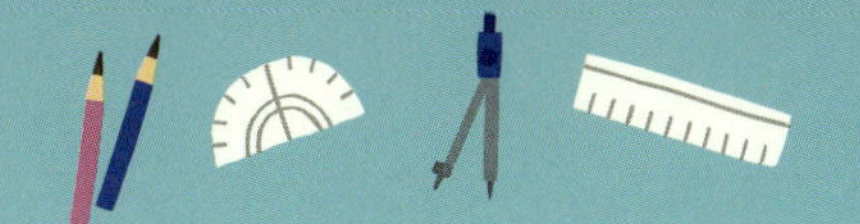

生きるのにかかせない空気のおはなし

6月20日のおはなし

生命に必要なもの

わたしたち人間は、空気がないと生きていけません。わたしたちは、おきているときも、寝ているときも、呼吸をして、空気の中にふくまれている酸素を体にとりいれて、生きているのです。

呼吸をしているのは、人間だけではありません。犬や鳥のようなほかの動物も、草や木のような植物も、呼吸をしています。そして、酸素をとりいれて生きているのです。

酸素がなければ、動物も植物も生きていけないのですね。でも、そんなふうにみんなで酸素を使っていたら、酸素はなくなってしまわないのでしょうか。

酸素がなくならないのには、わけがあります。じつは、植物が酸素をつくってくれているのです。植物は、太陽の光があたると、空気の中の二酸化炭素をとりいれて、酸素をつくって出してくれるのです。これを光合成といいます。そのおかげで、空気の中にある酸素はなくならないですんでいるのです。植物の働きのおかげで、地球にいる動物たちは、呼吸をして、生きつづけていられるのですね。

植物に感謝

人間にはどれくらいの酸素が必要なのでしょうか。体の大きさによってちがいはありますが、人間はだいたい、1日400から500リットルの酸素をすうといわれています。2リットルのペットボトル200本以上です。1人でそれだけ必要なのですから、世界じゅうの人間の数を考えると、たいへんな量ですね。

1年で考えると、1人につき、おおよそ15万リットルが必要になります。重さにすると214キログラムです。

では、植物が二酸化炭素をとりいれて出す酸素の量はどれくらいなのでしょう。植物によってちがうので、かんたんに計算はできないのですが、だいたいふつうの杉の木で、1年20～30キログラムだそうです。

この数字だけ見ても、動物が生きていくのに、どれだけ植物が必要かわかりますね。

知っ得ポイント

湖や海にうかんでいる藻なども、光合成をして、酸素をたくさんつくっています。

ニルスのふしぎな旅

いたずらもののニルスにバチがあたって……

セルマ・ラーゲルレーフ

ニルスはスウェーデンにすむ十三歳の男の子。いたずらで、勉強やお手伝いは大きらい。それに、動物をいじめたりする悪ガキでした。ところが、小人のおじいさんにいじわるをしたとき、反対に魔法をかけられて、小人にされてしまいます。

あわてておじいさんをさがしましたが、どこにも姿はありません。猫や牛にきいてみても、今までいじわるされてきたしかえしとばかりに、けられたり、つつかれたり、だれも助けてくれません。ぼくはもうこの家ではくらせないのか……ニルスはとほうにくれて、庭に出ていきました。

空には、がんの群れが気持ちよさそうに飛んでいます。と思ったら、急にまいおりてきて、池にいるがちょうたちをからかいはじめました。

「やあ、きみらも鳥なら、ぼくらといっしょにいかないかい？」

人間にかわれているがちょうは、飛び方を知りません。ほとんどのがちょうは無視をしていましたが、若い白がちょうのモルテンだけは

「ぼくもいきたい！　いきたい！」

と、空にまいあがろうとしています。大切にしているがちょうがいなくなってしまったら、家族も悲しむにちがいないと思ったニルスは、あわててモルテンにしがみついて止めようとしました。けれど、小人の力ではどうしようもありません。モルテンはついにニルスをくっつけたまま、大空にまいあがってしまいました。

風がびゅうびゅうふきつけてきます。ニルスは怖くて目をぎゅっととじていましたが、おそるおそる下をのぞくと、緑の麦畑や、黄色く葉がそまった森、青くきらめく川が広がっていました。空をゆく鳥たちの会話もきこえてきます。

「北の国は春めいてきましたか？」

「いやいや、まだ水は冷たいですよ」

ニルスはだんだん気分がよくなってきました。ところがそれとは反対に、モルテンはどんどん弱って、ふらふらしはじめました。飛びなれていないので、体力が限界なのです。もう墜落してしまう――というところで、がんの群れは湖におりたちました。モルテンは地面におりたとたんばったり倒れ、死んだように動きません。ニルスは心配でたまらなくなりました。こんな気持ちになったのは、生まれてはじめてです。

なんとか水を飲ませてやらないと。ニルスは力をふりしぼって、少しはなれた湖面まで、モルテンをおしていきました。くちばしが湖面にふれたとたん、モルテンはがぶがぶ水を飲み、そのまま湖を泳いでいって、草や虫を食べはじめました。もうすっかり元気です。そして、しばらくするともどってきて、ニルスの前に、魚をポトンと落としました。

「これを食べなよ。さっきのお礼だ」

前はニルスにいじめられたこともあったモルテンですが、二人はこうして友だちになり、力をあわせて冒険に乗りだすことになったのです。

知っ得ポイント

2015年まで、スウェーデンのお札には、モルテンに乗ったニルスが印刷されていました。

国語

アンネ・フランク

（1929〜1945年　ドイツ）伝記

けっして絶望しなかった
ユダヤの少女

　みなさんは『アンネの日記』という本を知っていますか？　あれは、アンネ・フランクというユダヤ人の少女が十三歳になった誕生日から二年間、書きつづけた日記です。日記は一九四四年八月一日でとつぜん終わります。そのページから先はまっ白です。なぜ、日記はとつぜん終わったのでしょう？　いったい、アンネになにがあったのでしょうか？

　アンネはドイツで生まれました。お父さん、お母さん、三つ上のお姉さんの四人家族です。一家は平和で幸せな毎日を送っていました。ところが、「ナチス」という政党がドイツを支配するようになったとたん、生活はめちゃくちゃになったのです。

　ナチスはヒトラーという男をリーダーにしていた政党です。ヒトラーは、自分たちがいちばんすぐれていて、自分たちと「ちがう」ものは生きている価値がないと考えたのです。たとえば、肌の色が白くない人や、ことばがすらすらしゃべれない人、足が悪い人、そして、アンネたちユダヤ人も。

　ヒトラーの命令で、ユダヤ人は自由に学校へいけなくなり、お店で買い物できなくなり、公園で遊べなくなり……ついにはとらえられ、強制収容所というところにいれられて、そこでつらい仕事をさせられたり、殺されたりするようになります。

　アンネの一家はまずオランダに逃げ、その後、隠れ家に身をひそめてくらすことにしました。ちょうどアンネが十三歳の誕生日をむかえたころです。隠れ家は、アンネの父親が経営していた会社のおくにありました。入り口の扉を本棚でかくし、そのおくに部屋があることがわからないようにしたのです。窓という窓も全部ふさぎました。

　アンネたちは足音をたてないよう、大声を出さないよう、一日じゅう気を使って生活しました。窓もないせまい部屋で、たくさんの人といっしょにすごす生活は苦しくてしかたありませんでした。でも、生きているだけでいい、生きていれば、希望はあると思って、がまんしたのです。

　けれど、一九四四年八月一日、ナチスが隠れ家にやってきて、アンネたちはつかまりました。ですから、日記はそこでとぎれているのです。つかまる三日前にアンネが日記に書いたことばをごしょうかいしましょう。

「私はずっとさがしているんです。こうなりたいと思っている自分にどうやったらなれるのか、その方法をずっとさがしているんです。きっとそうなれるはずだと思うから。」

　ナチスにつかまったあと、アンネは収容所に送られ、食べ物も満足にあたえられず、板ばりのせまい寝床で寒さにふるえながら生きていましたが、もう少しで戦争が終わるというときに、病気になって死んでしまいます。でもきっと、アンネは最後まで生きる望みをもちつづけていたにちがいありません。

知っ得ポイント

アンネの日記は、アンネの父親の会社で働いていた人に隠れ家で発見され、戦後、父親に手わたされました。

和楽器

昔から伝わる日本古来の楽器です

日本文化の音

和楽器というのは、古くから日本に伝わる伝統音楽を演奏するときに使う、さまざまな楽器のことです。ピアノやバイオリンなどは、明治時代に西洋から入ってきた楽器です。

和楽器の歴史はとても古く、中には千数百年も前に生まれたものもあるのです。

どんな楽器があるのか、しょうかいしてみましょう。

たたいて音を出すもの

・大太鼓

和太鼓ともよばれています。祭りやお囃子などで使われます。

・しめ太鼓

大太鼓より小さい太鼓で、いろいろなサイズがあります。

・つづみ

砂時計のような形をした胴体の両面に皮をはって、そこをたたきます。能の舞台で音楽をかなでるときなどに使われます。

息をふいて音を出すもの

・篠笛

竹でつくられていて、竹笛ともよばれます。横にむけてふく笛で、歌舞伎やお祭り、お囃子など、いろいろな場所で使われます。

・尺八

竹でつくられたたて笛で、長さが1尺8寸（およそ54センチメートル）あるので、尺八とよばれています。ふく人の息づかいによって、いろいろな音をかなでます。

指やバチでつまびいて音を出すもの

・こと

長細いこうらのような板に13本の弦がはってある楽器です。柱という山型の道具で音の高さを調節して、右手にはめた爪で弦をはじいて音を出します。

・三味線

中国の三弦という楽器が、沖縄で三線になり、その三線が大阪に伝わって、三味線になりました。3本の弦をおさえて音の高さを調節しながら、大きめのバチで弦をはじいて音を出します。和楽器の代表ともいえる楽器で、いろいろなところで使われています。

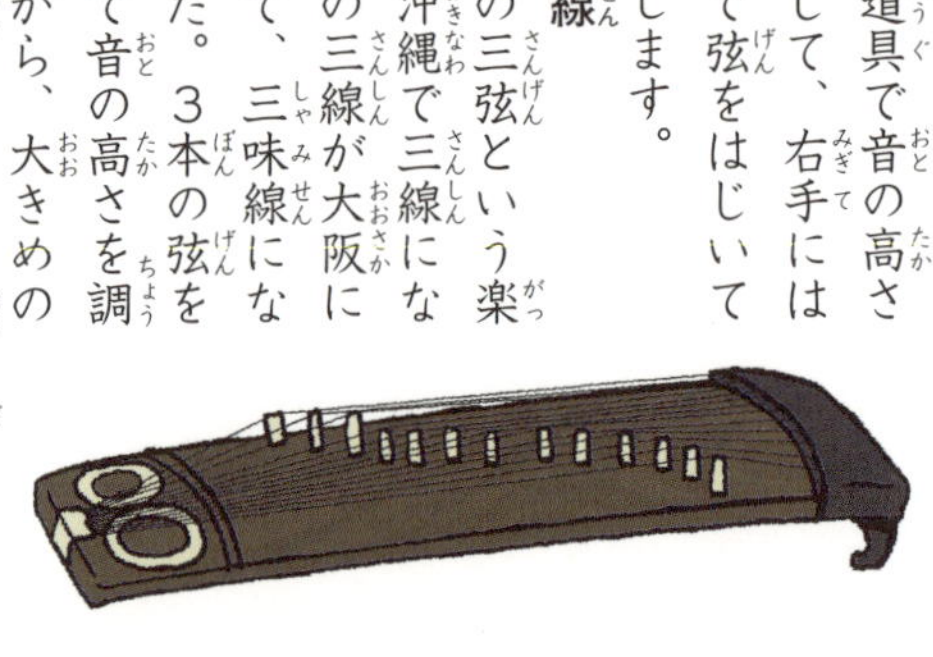

ほかにも和楽器はいろいろあります。雅楽といわれる、日本でいちばん古い音楽では、またちがう特別な楽器を使います。和楽器の世界はとても広いのです。

知っ得ポイント

三線の胴はヘビの皮をはってつくられますが、三味線の胴は猫や犬の皮でつくられています。

少年の日の思い出

ヘルマン・ヘッセ

幼いころおかした罪の思い出はいつまでも消えないもの

今でも、美しい蝶を見ると、心がざわめき、少年のころ、はじめてアゲハ蝶にしのびよったときに感じた、あのうっとりした気持ちになる。そして、あるできごとを思い出すのだ。

ぼくはまだ小さいころ、蝶集めを始めた。朝早くから夜まで、森や野山をかけまわり、夢中になって蝶を集めていた。まるで宝をさがすように、蝶をさがしていたものだ。とってきた蝶は、つぶれた段ボール箱に、ピンでとめてならべていた。ほかの子はガラスのふたがある木箱とか飼育箱とか、りっぱなものをもっていたから、ぼくははずかしくて、自分のコレクションを自慢することもできなかった。

でも、あるとき、とてもめずらしい青いコムラサキをつかまえたのだ。だれかに見せびらかしたくなったぼくは、となりにすんでいたエーミールに、つい見せてしまった。エーミールは本物の優等生で、欠点のないのが欠点というやつだった。すごいやつだと思う反面、ぼくはエーミールのことをねたんでいたのだと思う。

蝶を見せると、エーミールはめずらしいことはみとめたものの、保管のしかたが悪いとか、触覚が曲がっているとか、足がかけているとか、批判をしてきた。ぼくは傷ついて、二度とだれかに蝶を見せることをしなくなった。

それから二年たったころ、エーミールがクジャクヤママユをさなぎからかえしたといううわさをきいた。ぼくはとても興奮した。クジャクヤママユはそのとき、なによりもほしいと思っていた蝶だったからだ。

ひと目蝶を見たかったぼくは、となりをたずねていった。声をかけてもだれも出てこなかったけれど、どうしても蝶を見たかったので、エーミールの部屋まで入っていった。

蝶はすばらしく美しかった。この宝を自分のものにしたい――誘惑に負けて、ぼくは生まれてはじめて盗みをはたらいてしまった。蝶をポケットにいれて、階段をおり、戸口に立った。でもそこで、われにかえった。ぼくはすぐに引きかえして、蝶をポケットから出した。そのとき、どんな不幸がおこったかを知った。蝶はつぶれてしまっていたのだ。

その日の夜、ぼくはエーミールにあやまりにいった。エーミールはしばらくぼくをじっと見つめてから、「つまり、君はそんなやつだということだな」といっただけだった。おわびにぼくの蝶のコレクションを全部あげると申しでたが、エーミールは、ぼくのコレクションは前に見て知っているし、今日のできごとで、ぼくがどんなに雑に蝶をとりあつかうかわかったから、いらない、と冷たくいいはなった。

ぼくはエーミールのもとを立ち去った。そして、家に帰ると、段ボール箱の蝶を一つ一つとりだして、指でこなごなにつぶしたのだった。

知っ得ポイント

作者のヘルマン・ヘッセはドイツを代表する作家。『車輪の下』という作品がもっとも有名です。

放射線の研究に命をかけた

キュリー夫人

伝記（1867〜1934年　フランス）

キュリー夫人の名前を知らない人はいないでしょう。放射線の研究をみとめられて、女性としてはじめてノーベル賞を受賞した科学者です。

さらに、キュリー夫人は、最初のノーベル賞をもらってから八年後、今度はラジウムなど新しい元素を発見したことで、ふたたびノーベル賞を受賞しました。当時、ノーベル賞を二回ももらった人はいませんでした。大きな賞を二回ももらうなんて、恵まれた科学者だと思うかもしれません。けれど、キュリー夫人はたいへんな苦労をしながら、研究をしていたのです。

キュリー夫人は、幼いころから勉強が大好きで、大学に進みたいと思っていました。ところが、そのときキュリー夫人がすんでいたポーランドでは、女の子は大学にいくことができませんでした。大学で勉強するには、外国へいくしかなかったのです。キュリー夫人は七年間、必死に働いてお金をため、パリにわたり、大学で物理学を学びました。屋根裏部屋にすみ、貧しいくらしをしながら、食べることも眠ることも忘れるほど、勉強に熱中したのです。そして、いちばんの成績で大学を卒業しました。

大学を出たあとは、科学者だったピエールと結婚して、二人で机をならべて、毎日、研究しました。研究にはたくさんのお金がかかります。二人とも教師をしてお金をかせぎ、そのすべてを研究に使いました。いつもお金と時間が足りない――そうした毎日でした。そんなあるとき、ベクレルという物理学者が「ウランから出るX線のような光」を発見したという論文を読みました。キュリー夫人はとても興味をもち、その光について研究することにしたのです。

やがて、その光を出すものが一つの元素だということがわかりました。キュリー夫人はその元素にラジウムという名前をつけて、夫のピエールとともにそれをとりだす研究にとりかかりました。何トンものウランを、ひたすら煮つめていったのです。研究を始めてから五年後、ようやく、青く光るラジウムをとりだすことに成功しました。そして、ピエールとベクレルとともに、ノーベル物理学賞を受賞したのです。

けれど、その直後、とても悲しい出来事がおこりました。ピエールが交通事故で亡くなったのです。キュリー夫人は悲しみをまぎらわすように研究にうちこみ、数年後、ラジウムをめぐる研究が評価されて、史上初の二度目のノーベル賞を、今度は化学で受賞します。

長いあいだに大量の放射能をあびたため、キュリー夫人はさまざまな病気をわずらい、命を落とします。キュリー夫人が使っていたノートや本からは、今でも放射線が出ているため、防護服を着なければ、さわることもできないのだそうです。

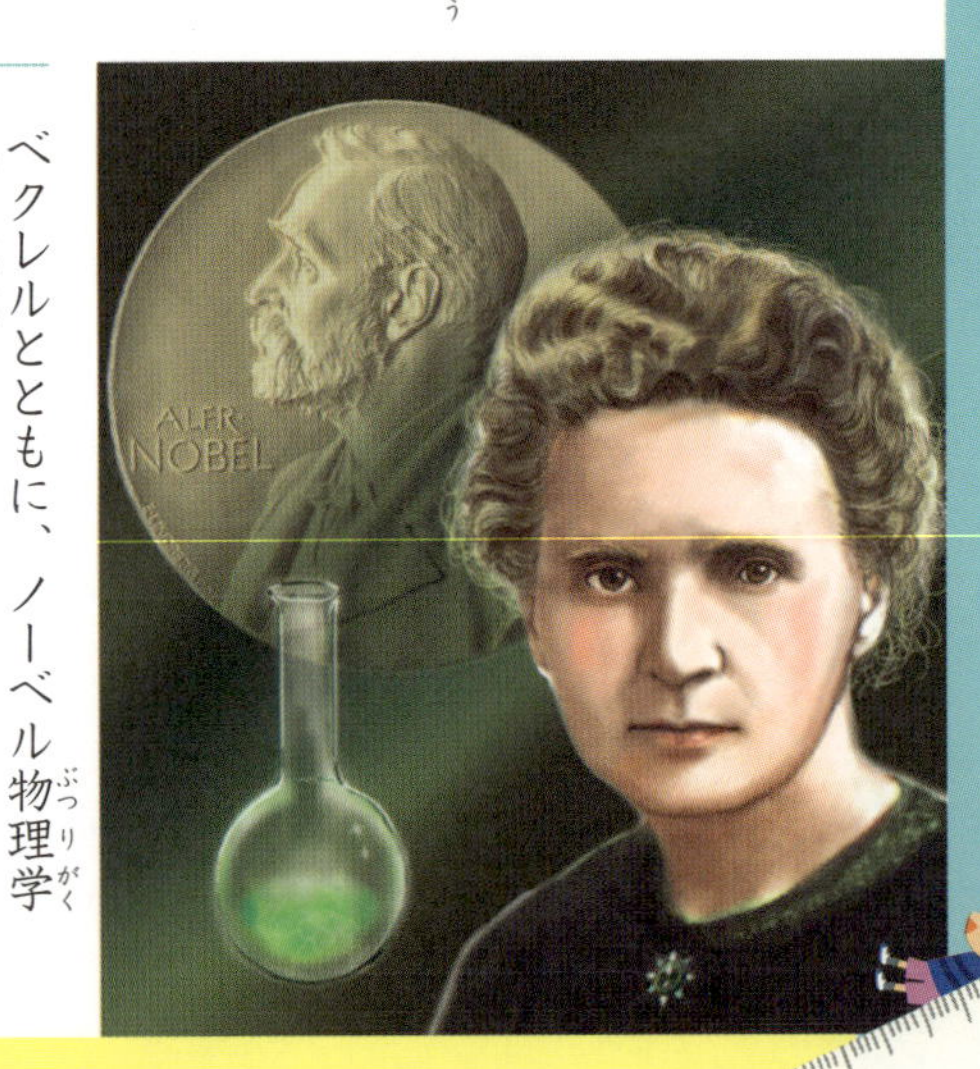

知っ得ポイント

キュリー夫人の娘のイレーヌも科学者となり、ノーベル賞を受賞しています。

降水確率

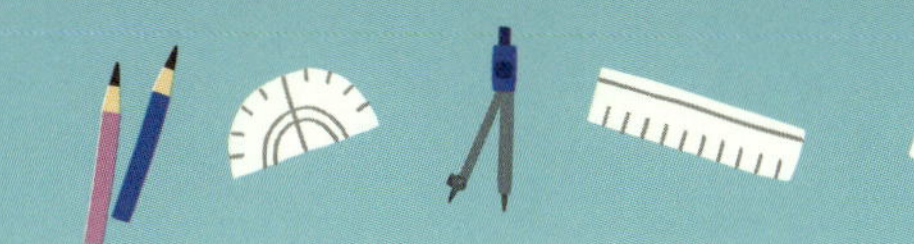

降水確率の予報は1980年から始まりました

雨がふる？　ふらない？

天気予報をきくと、よく、「今日の降水確率は○○パーセントです」ということばを耳にします。降水確率というのは、ある一定の場所で、1ミリメートル以上の雨がふる可能性がどのくらいあるかということ。降水確率が高かったら、そのとき雨がふっていなくてもかさをもっていこうと考えたり、洗濯ものを外にほすのをやめたり、準備できますよね。

ちなみに、1ミリメートルの雨がどのくらいかというと、たて横1メートルの箱に、1時間のあいだに深さ1・0ミリメートル〜1・9ミリメートルの水がたまるくらいの量です。こういわれても、ぴんとこないかもしれませんね。1ミリメートルの雨は、かさがなくてもがまんして歩けるけれど、かさがあったらさすぐらいの雨です。なんとなく感じはわかりますか？

では、降水確率とは、どのようにして出しているのでしょう？　この確率は、前に雲や風など空のようすが同じような状況だったとき、雨がどのくらいふったのかという情報をもとに、出しています。かんたんにいうと、それまでの経験にてらしあわせて、出しているのです。

かさをもっていくべきか？

降水確率30パーセントというのは、30パーセントという予報が10回発表されたとき、そのうちの3回は1ミリメートル以上の雨がふるということです。60パーセントだったら、10回のうち6回は雨がふるということ。4回はふらないわけです。

60パーセントの予報が出ていたら、あなたならどうしますか？　荷物が多い日だったら、かさをもっていかないかもしれませんし、お気に入りの服を着ていたら、30パーセントの確率でもかさをもっていくかもしれませんね。

また、降水確率は1ミリメートル以上の雨がふる確率なので、どれだけたくさんの雨がふるかとか、どれだけ長いあいだ雨がふるかとは関係ありません。確率が90パーセントでも、少ししかふらないこともありますし、50パーセントのときでも長い時間たくさんふることだってあるのです。

知っ得ポイント

降水確率0パーセントというのは、確率が5パーセントもない場合。まったくの0ではありません。

彦一ばなし

国語

日本の昔話

とんちで有名な彦一さんのおはなしです

天狗のかくれみの

　昔々、ある山に天狗がいました。天狗は、着ると姿を消すことができるという「かくれみの」をもっていました。

　山のふもとの村にすむ彦一はそのうわさをきいて、どうしてもかくれみのがほしくなりました。それがあれば、酒屋にいって、ただで酒が飲めると考えたのです。

　ある日、彦一は竹筒をもって山へのぼると、山のてっぺんで竹筒をのぞき「うわあ、この千里眼はすごいな。京の都から、海のむこうの国までなんでも見えるぞ」とさけびました。

　すると、どこからか声がしました。

「わしにも見せてくれんかね」

「そういうあなたは天狗だな。それは無理だね。なにしろこの千里眼は世界に一つだけの宝物なんだ」

　天狗は千里眼を見たくてたまりません。

「ちょっとだけ、見せてくれ。おまえさんの望みはなんでもかなえてやるから」とたのみました。

「そこまでいうなら、そうだ、かくれみのとなら、とりかえてやるよ」

　彦一がそういうと、天狗は姿をあらわし、喜んでかくれみのを彦一にわたしました。彦一はすぐにかくれみのを着て、姿を消しました。

　さて、天狗のほうは、千里眼をいくらのぞいても、なんにも見えません。ようやくだまされたことに気づいたときは、もうあとのまつり。彦一はどこにもいませんでした。

　かくれみのを着た彦一はさっそく酒屋にいって、たらふく酒を飲みました。もちろんだれにも気づかれませんから、飲みほうだいです。彦一は毎日のように酒屋にかよいました。

　ところが、そんなある日、毎日仕事もしないでほっつき歩いている彦一に腹を立てたお嫁さんが、彦一が寝ているあいだにかくれみのを燃やしてしまったのです。

　彦一はあわててかまどにいきましたが、みのはすっかり灰になっていました。けれど、彦一はへこたれません。

「待てよ、この灰も使えるんじゃないかな」

　灰を体じゅうにぬってみたら、なんと姿がすっかり消えたのです。そこで、彦一はまた酒屋に出かけていきました。

　ところが、酒屋で酒を飲んでいると、酒で口のまわりの灰がとれてしまいました。

「あ、口だけの化け物がいるぞ！」

　酒屋は大騒ぎです、彦一はあわてて逃げだしましたが、店の客たちも追ってきました。逃げるほどに汗が出て、体についた灰が流れおちていきます。しまいにとうとう、まるはだかの彦一があらわれました。彦一は酒屋の主人につかまって、ひどいおしおきをうけましたとさ。

知っ得ポイント

姿を消せることから、かくれみのは「人の目をだますときに使うもの」という意味で使われるようになりました。

国際連合

社会

世界じゅうが平和でありますようにという願いをこめて

ニューヨークにある国連本部

国連って、なに？

国際連合（国連）は、1945年に生まれました。国連をつくろうという考えは、その年までおこなわれていた第2次世界大戦の最中に出てきていました。戦争をしていたからこそ、平和をもたらし、将来の戦争を防止するようなしくみが必要だと考えたのです。すべての国が協力すれば、世界の平和は実現するという考えから、国連は誕生したのです。国連の目的は4つあります。

1　全世界の平和を守ること。
2　国どうしの友好関係を発展させること。
3　貧しい人々の生活をよりよいものにし、飢えと病気、そして字が読めない人をなくし、おたがいの権利と自由を尊重すること。
4　それぞれの国がこうした目的を達成できるよう、中心となって手助けすること。

国連ができたとき、参加していた国は51か国でしたが、今は193か国が参加しています。日本は1956年に参加しました。

国連って、なにをしているの？

国連には6つのおもな機関がありますが、その中でももっとも重要なのは、国連総会です。総会には、国連に入っている国全部が集まって、さまざま問題について話しあいます。毎年9月からその年の終わりまでひらかれます。

次に重要なのは、安全保障理事会。総会ではあらゆる問題が話しあわれますが、安全保障理事会では、平和と安全の問題だけとりあげます。アメリカ・イギリス・フランス・ロシア・中国の5か国が常任理事国、あと10か国は非常任理事国で、2年ごとに総会で選ばれます。常任理事国の5か国には、拒否権があります。重要なことがらを決めるときは、必ず5か国の賛成が必要で、1か国でも反対すれば、そのことがらは決まらないのです。5か国だけに大きな力をもたせるのは平等ではないと、以前から批判されています。

国際連合をつくることが決まったサンフランシスコ会議

知っ得ポイント

国連では、アラビア語、中国語、英語、フランス語、ロシア語、スペイン語が公用語として使われています。

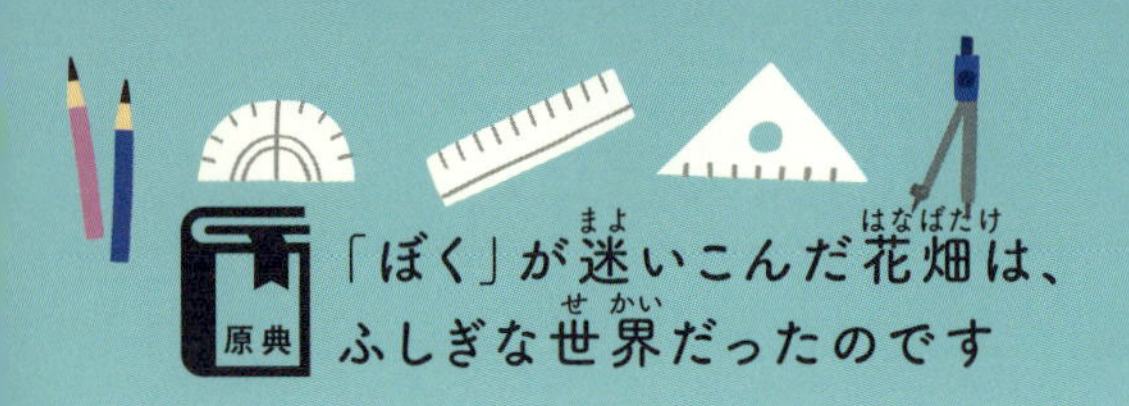

「ぼく」が迷いこんだ花畑は、ふしぎな世界だったのです

原典

きつねの窓

安房直子

国語

6月29日のおはなし

いつでしたか、山で道に迷ったときの話です。ぼくは、自分の山小屋にもどるところでした。歩きなれた山道を、鉄砲をかついで、ぼんやり歩いていました。そう、あのときは、まったくぼんやりしていたのです。昔大好きだった女の子のことなんかを、とりとめなく考えながら。

道を一つ曲がったとき、ふと、空がとてもまぶしいと思いました。まるで、みがきあげられた青いガラスのように……。すると、地面も、なんだか、うっすらと青いのでした。

「あれ？」

一瞬、ぼくは立ちすくみました。まばたきを、二つばかりしました。ああ、そこは、いつもの見なれた杉林ではなく、広々とした野原なのでした。それも、一面、青いキキョウの花畑なのでした。

ぼくは息をのみました。いったい、自分は、どこをどうまちがえて、いきなりこんな場所にでくわしたのでしょう。だいいち、こんな花畑が、この山にはあったのでしょうか。

（すぐ引きかえすんだ）

ぼくは自分に命令しました。その景色は、あんまり美しすぎました。なんだか、そらおそろしいほどに。

けれど、そこには、いい風がふいていて、キキョウの花畑は、どこまでもどこまでもつづいていました。このまま引きかえすなんて、なんだかもったいなさすぎます。

「ほんのちょっと休んでいこう」

ぼくは、そこに腰をおろして、汗をふきました。

と、そのとき、ぼくの目の前を、ちらりと白いものが走ったのです。ぼくは、がばっと立ちあがりました。キキョウの花がザザーッと一列にゆれて、その白い生き物は、ボールが転げるように走っていきました。

たしかに、白ぎつねでした。まだ、ほんの子どもの。ぼくは、鉄砲をかかえると、そのあとを追いました。

ところが、その速いことといったら、ぼくが必死で走っても、追いつけそうにありません。ダンと一発やってしまえば、それでいいのですが、できれば、ぼくはきつねの巣を見つけたかったのです。そして、そこにいる親ぎつねをしとめたいと思ったのです。けれど、子ぎつねは、ちょっと小高くなったあたりへきて、いきなり花の中にもぐったと思うと、それっきり姿を消しました。

ぼくは、ぽかんと立ちすくみました。まるで、昼の月を見失ったような感じです。うまいぐあいに、はぐらかされたと思いました。

このとき。うしろで、

「いらっしゃいまし」

と、変な声がしました。驚いてふりむくと、そこには小さな店があるのでした。入口に、“染め物　ききょう屋”と、青い字の看板が見えました。そして、その看板の下に、こんの前かけをした子どもの店員が一人、ちょこんと立っていました。ぼくには、すぐわかりました。

（ははあ、さっきの子ぎつねが化けたんだ）

すると、胸のおくから、おかしさが、くつくつとこみあげてきました。ふうん、これは一つ、だまされたふりをして、きつねをつかまえてやろうと、ぼくは思いました。そこで、せいいっぱい、あいそ笑いをして、

「少し休ませてくれないかね」

といいました。すると、店員に化け

知っ得ポイント

キキョウの花ことばは、「永遠の愛」。けれど、キキョウは今、絶滅危惧種に指定されています。

た子ぎつねは、にっこり笑って、

「どうぞ、どうぞ」

と、ぼくを案内しました。

店の中は、土間になっていて、シラカバでこしらえたいすが、五つもそろっているのです。りっぱなテーブルもあります。

「なかなかいい店じゃないか」

ぼくはいすに腰かけて、帽子をぬぎました。

「はい、おかげさまで」

きつねは、お茶をうやうやしく運んできました。

「染め物屋だなんて、いったい、なにを染めるんだい」

ぼくは、半分からかうようにききました。すると、きつねは、いきなりテーブルの上の、ぼくの帽子をとりあげて、

「はい、なんでもお染めいたします。こんな帽子も、すてきな青に染まります」

と、いうのです。

「とーんでもない」

ぼくは、あわてて帽子をとりかえしました。

「ぼくは、青い帽子なんか、かぶる気はないんだから」

「そうですか、それでは」

と、きつねは、ぼくの身なりを、しげしげと見つめて、こういいました。

「そのマフラーは、いかがでしょう。それとも、靴下はどうでしょう。ズボンでも、上着でも、セーターでも、すてきな青に染まります」

ぼくは、いやな顔をしました。こいつ、なんだって、やたらに人の物を染めたがるんだろうと、腹が立ちました。

けれど、それはたぶん、人間もきつねも同じことなのでしょう。きつねはきっと、お礼がほしいのでしょう。ようするに、ぼくを、お客としてあつかいたいのでしょう。

ぼくは、一人でうなずきました。それに、お茶までいれてもらって、なにも注文しないのも悪いと思いま

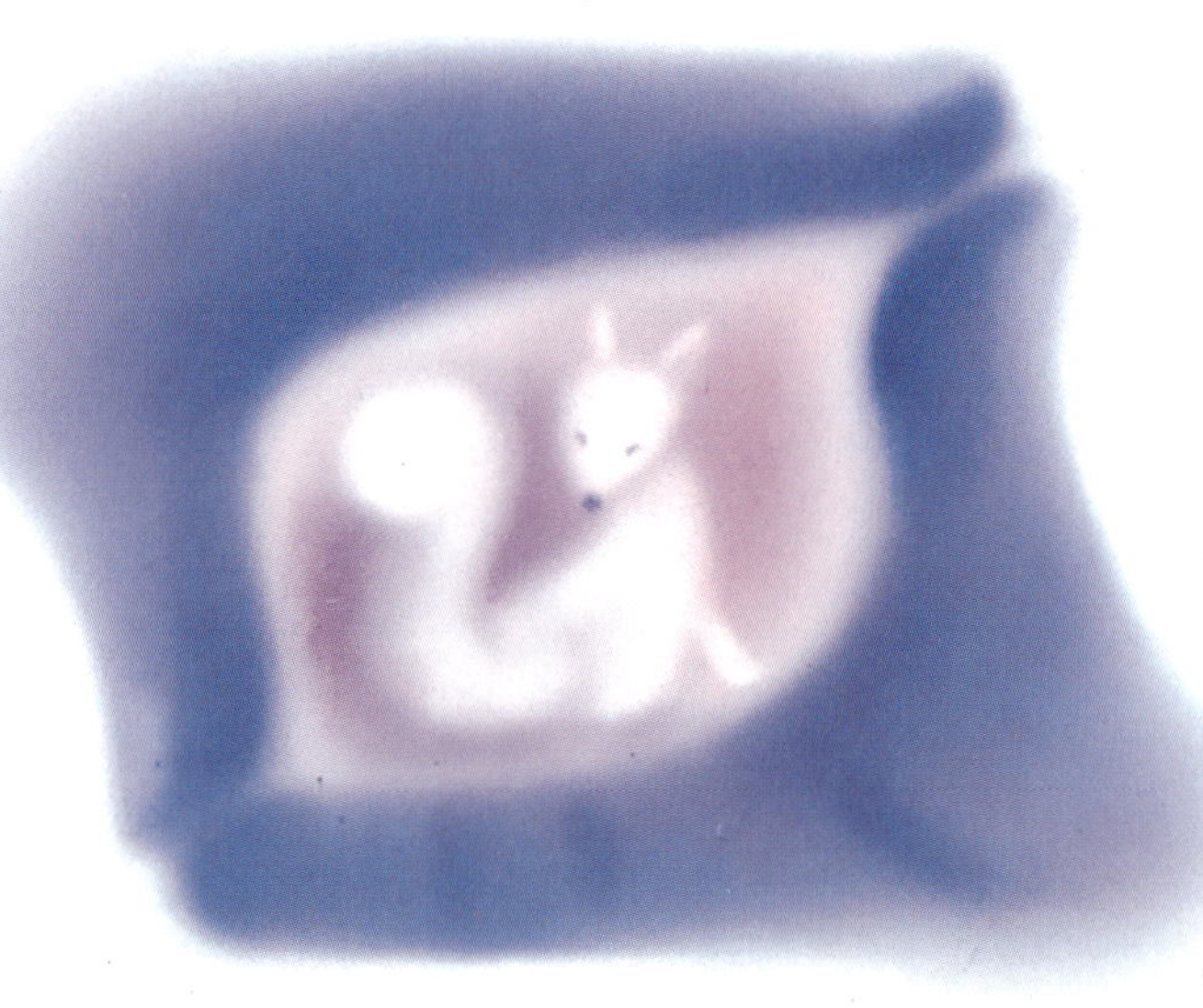

した。そこで、ハンカチでも染めさせようかと、ポケットに手をつっこんだとき、きつねは、とっぴょうしもなくかん高い声をあげました。

「そうそう、お指をお染めいたしましょう」

「お指？」

ぼくはむっとしました。

「指なんか染められてたまるかい」

ところが、きつねは、にっこり笑って、

「ねえ、お客さま、指を染めるのは、とてもすてきなことなんですよ」

というと、自分の両手を、ぼくの目の前に広げました。

小さい白い両手の、親指と人さし指だけが、青く染まっています。きつねは、その両手をよせると、青く染められた四本の指で、ひし形の窓をつくってみせました。それから、窓を、ぼくの目の上にかざして、

「ねえ、ちょっと、のぞいてごらんなさい」

と、楽しそうにいうのです。

「うう？」

ぼくは、気の乗らない声を出しました。

「まあ、ちょっとだけ、のぞいてごらんなさい」

そこで、ぼくは、しぶしぶ窓の中をのぞきました。そして、仰天しました。

指でこしらえた、小さな窓の中には、白いきつねの姿が見えるのでした。それは、みごとな母ぎつねでした。しっぽをゆらりと立てて、じっと座っています。それは、ちょうど窓の中に、一枚のきつねの絵が、ぴたりとはめこまれたような感じなのです。

「こ、こりゃ、いったい……」

ぼくは、あんまりびっくりして、もう声も出ませんでした。きつねは、ぽつりといいました。

「これ、ぼくの母さんです」

「……」

「ずうっと前に、ダーンとやられたんです」

「ダーンと？　鉄砲で？」

「そう。鉄砲で」

きつねは、ぱらりと両手をおろして、うつむきました。これで、自分の正体がばれてしまったことも気づかずに、話しつづけました。

「それでもぼく、もう一度母さんに会いたいと思ったんです。死んだ母さんの姿を、一回でも見たいと思ったんです。これ、人情っていうもの

でしょ」

　なんだか悲しい話になってきたと思いながら、ぼくは、うんうんと、うなずきました。

「そしたらね、やっぱりこんな秋の日に、風がザザーッってふいて、キキョウの花が声をそろえていったんです。あなたの指をお染めなさい。それで窓をつくりなさいって。ぼくは、キキョウの花をどっさりつんで、その花の汁で、ぼくの指を染めたんです。そうしたら、ほーら、ねっ」

　きつねは、両手をのばして、また、窓をつくってみせました。

「ぼくはもう、さびしくなくなりました。この窓から、いつでも、母さんの姿を見ることができるんだから」

　ぼくは、すっかり感激して、何度もうなずきました。じつは、ぼくもひとりぼっちだったのです。

「ぼくも、そんな窓がほしいなあ」

　ぼくは、子どもような声をあげました。すると、きつねは、もううれしくてたまらないという顔をしました。

「そんなら、すぐにお染めいたします。そこに、手を広げてください」


テーブルの上に、ぼくは両手をおきました。きつねは、花の汁の入ったお皿と筆をもってきました。そして、筆にたっぷりと青い水をふくませると、ゆっくり、ていねいに、ぼくの指を染めはじめました。やがて、ぼくの親指と人さし指は、ききょう色になりました。

「さあ、できあがり。さっそく、窓をつくってごらんなさい」

　ぼくは、胸をときめかせて、ひし形の窓をつくりました。そして、それを、おそるおそる目の上にかざしました。

　すると、ぼくの小さな窓の中には、一人の少女の姿がうつりました。花柄のワンピースを着て、リボンのついた帽子をかぶって。それは、見おぼえのある顔でした。目の下に、ほくろがあ

ります。

「やあ、あの子じゃないか！」

　ぼくはおどりあがりました。昔、大好きだった、そして、今はもう、けっして会うことのできない少女なのでした。

「ね、指を染めるって、いいことでしょ」

　きつねは、とても無邪気に笑いました。

「ああ、すてきなことだね」

　ぼくは、お礼をはらおうと思って、ポケットをまさぐりました。が、お金は一銭もありません。ぼくは、きつねに、こういいました。

「あいにく、お金が、ぜんぜんないんだ。だけど、品物なら、なんでもやるよ。帽子でも、上着でも、セーターでも、マフラーでも」

　すると、きつねはこういいました。

「そんなら、鉄砲をください」

「鉄砲？　そりゃちょっと……」

　困るなと、ぼくは思いました。が、たった今手にいれた、すてきな窓のことを思ったとき、鉄砲は、少しもおしくなくなりました。

「ようし、やろう」

　ぼくは、気前よく、鉄砲をきつねにやりました。

「毎度、ありがとうございます」

　きつねは、ぺこっとおじぎをして、鉄砲をうけとると、おみやげに、なめこなんかくれました。

「今夜のおつゆにしてください」

　なめこは、ちゃんと、ポリ袋にいれてありました。

　ぼくは、きつねに帰りの道をききました。すると、なんのことはない、この店の裏側が杉林だというのです。林の中を二百メートルほど歩いたら、ぼくの小屋に出るのだと、きつねはいいました。ぼくは、彼にお礼をいうと、いわれたとおり、店の裏手へまわりました。すると、そこには、見なれた杉林がありました。秋の陽が、キラキラとこぼれて、林の中は、あたたかく静かでした。

「ふうん」

　ぼくは、とても感心しました。すっかり知りつくしているつもりだったこの山にも、こんな秘密の道があったのでした。そして、あんなすばらしい花畑と、親切なきつねの店と……すっかりいい気分になって、ぼくは、ふんふんと鼻歌を歌いました。そして、歩きながら、また両手で窓をつくりました。

　すると、今度は、窓の中に雨がふっています。細かい霧雨が音もなく。

　そして、そのおくに、ぼんやりと、なつかしい庭が見えてきました。庭に面して、古い縁側があります。その下に、子どもの長靴が、ほうりだされて、雨にぬれています。

（あれは、ぼくのだ）

　ぼくは、とっさにそう思いました。すると、胸がドキドキしてきました。ぼくの母が、今にも長靴をかたづけに出てくるのじゃないかと思ったからです。かっぽう着を着て、白いてぬぐいをかぶって。

「まあ、だめじゃないの。出しっぱなしで」

　そんな声まできこえてきそうです。庭には、母のつくっている小さい菜園があって、青ジソがひとかたまり、やっぱり雨にぬれています。ああ、あの葉をつみに、母は庭に出てこないのでしょうか……。

　家の中は、すこうし明るいのです。電気がついているのです。ラジオの音楽にまじって、二人の子どもの笑い声が、とぎれとぎれにきこえます。あれは、ぼくの声、もう一つは、死んだ妹の声……。

ふーっと、大きなため息をついて、ぼくは両手をおろしました。なんだか、とても切なくなりました。子どものころの、ぼくの家は焼けたのです。あの庭は、今はもう、ないのです。

それにしても、ぼくはまったくすてきな指をもちました。この指はいつまでも大切にしたいと思いながら、ぼくは、林の道を歩いていきました。

ところが、小屋に帰って、ぼくがいちばん先にしたことは、なんだったでしょう。

ああ、ぼくは、まったく無意識に、自分の手を洗ってしまったのです。それが、長いあいだの習慣だったものですから。

いけない、と思ったときは、もうおそすぎました。青い色は、たちまち落ちてしまったのです。洗いおとされたその指で、いくらひし形の窓をこしらえても、その中には、小屋の天井が見えるだけでした。

ぼくはその晩、もらったなめこを食べるのも忘れて、がっくりとうなだれていました。

次の日、ぼくは、もう一度きつねの家にいって、指を染めなおしてもらうことにしました。そこで、お礼にあげるサンドイッチをどっさりつくって、杉林の中へ入っていきました。

けれど、杉林は、いけどもいけども杉林。キキョウの花畑など、どこにもありはしないのでした。

それからというもの、ぼくは、いく日も山の中をさまよいました。きつねの鳴き声が、ちょっとでもきこえようものなら、そして林の中を、カサリと動く白い影でもあろうものなら、ぼくは、耳をそばだてて、じっとその方向をさぐりました。が、あれっきり、一度もぼくは、きつねに会うことはありませんでした。

それでも、ときどき、ぼくは、指で窓をつくってみるのです。ひょっとして、なんか見えやしないかと思って。きみは変なくせがあるんだなと、よく人に笑われます。

二酸化炭素

酸素の次に、身近な気体

二酸化炭素の発見

わたしたち人間は酸素をすって、かわりに二酸化炭素を出しています。今、そんなことはだれでも知っています。でも、昔は、空気の中にいろいろな気体が入っていることや、わたしたちが呼吸でなにをすっているのかなんて、だれも知りませんでした。空気の正体は、多くの科学者が実験や観察をくりかえして、つきとめられていったのです。

二酸化炭素は、今から260年以上前に、イギリスの科学者ブラックが発見しました。

ブラックは、石灰石を燃やすと、謎の気体が出てくることに気づきます。さらに、石灰石に塩酸をかけても同じ気体が出てくることや、気体が出てきたあとは、石灰石が軽くなっていることに気づくのです。ブラックは、その気体が石灰石の中に「固定」されていた空気だと考え、「固定空気」と名まえをつけました。これが、二酸化炭素です。

ブラックは、その後、固定空気を石灰水にとかすと、石灰水が白くにごることを発見しました。

ところが、石灰水は、ほうっておいても、また、人間が息をふきこんでも、白くにごるのです。そこでブラックは、固定空気が、まわりの空気の中や、人間がはく息にもふくまれていることをつきとめたのです。

二酸化炭素は危険？

わたしたちをとりまく空気の中に、二酸化炭素は0.03パーセントしかふくまれていません。わたしたちがはく息の中には4〜5パーセントふくまれています。ふえた分は、わたしたちが呼吸で出したのです。

もし、空気の中にある二酸化炭素がふえて、息の中にふくまれる割合と同じになってしまったら、わたしたちは頭痛がしたり、めまいがしたり、具合が悪くなってしまいます。7パーセントにでもなったら、気をうしなってしまいます。そして、二酸化炭素が25パーセントをこえるようなところに入ったら、数時間で死んでしまいます。二酸化炭素そのものに害はありませんが、空気の中にふえると、とても危険なのです。

知っ得ポイント

二酸化炭素は、地球温暖化の原因の1つ。二酸化炭素がふえると、地球にとってもよくないのです。

7月のおはなし

心に太陽をもて

ツェーザル・フライシュレン作／山本有三訳

心に太陽をもて。
あらしがふこうと、
ふぶきがこようと、
天には黒雲、
地には争いがたえなかろうと、
いつも、心に太陽をもて。

くちびるに歌をもて。
軽く、ほがらかに。
自分のつとめ、
自分のくらしに、
よしや苦労がたえなかろうと、
いつも、くちびるに歌をもて。

苦しんでいる人、
なやんでいる人には、
こう、はげましてやろう。
「勇気をうしなうな。
くちびるに歌をもて。
心に太陽をもて。」

知っ得ポイント

中国とのあいだの戦争が始まろうとしている暗い時代に、この詩は訳されて発表されました。

国語

あめ玉

新美南吉

いねむりをじゃまされた侍は——

春のあたたかい日のこと、わたし舟に二人の小さな子どもをつれた女の旅人が乗りました。

舟が出ようとすると、

「おうい、ちょっと待ってくれ」

と、土手のむこうから手をふりながら、侍が一人走ってきて、舟に飛びこみました。

舟が出ると、侍は舟のまんなかにどっかり座りこみました。ぽかぽかあたたかいので、そのうちにいねむりを始めました。黒いひげをはやして、強そうな侍が、こっくりこっくりするので、子どもたちはおかしくて、ふふふと笑いました。

お母さんは口に指をあてて、

「だまっておいで」

といいました。侍がおこってはたいへんだからです。

子どもたちはだまりました。

しばらくすると、一人の子どもが、

「母ちゃん、あめ玉ちょうだい」

と手をさしだしました。

すると、もう一人の子どもも、

「母ちゃん、あたしにも」

といいました。

お母さんはふところから、紙の袋をとりだしました。ところが、あめ玉はもう一つしかありません。

「あたしにちょうだい」

「あたしにちょうだい」

二人の子どもは、両方からせがみました。あめ玉は一つしかないので、お母さんは困ってしまいました。

「いい子たちだから待っておいで。むこうへついたら買ってあげるから」

といってきかせても、子どもたちは、ちょうだいよう、ちょうだいよう、とだだをこねます。

いねむりをしていたはずの侍は、ぱっちり目をあけて、子どもたちがせがむのを見ていました。

お母さんは驚きました。いねむりをじゃまされたので、このお侍はおこっているのにちがいない、と思ったのです。

「おとなしくしておいで」

お母さんはなだめても、子どもたちはききません。

すると侍が、すらりと刀をぬいて、お母さんと子どもたちの前にやってきました。

お母さんはまっ青になって、子どもたちをかばいました。いねむりのじゃまをした子どもたちを、侍が斬りころすと思ったのです。

「あめ玉を出せ」

と、侍はいいました。

お母さんはおそるおそるあめ玉をさしだしました。

侍はそれを舟のへりにのせ、刀でぱちんと二つにわりました。

そして、

「そうれ」

と、子どもたちに分けてやりました。

それから、またもとのところに帰って、こっくりこっくり眠りはじめました。

知っ得ポイント

わたし舟は、橋がかけられない場所で川などをわたるための方法。江戸時代にはたくさん使われていました。

3角形

算数

いろいろな場所で大活やくしている図形

7月3日のおはなし

じょうぶな図形

3角形というのは、3本の線と3つの角でできている形です。みなさんの身のまわりでは、どんなところに3角形がありますか？

算数の授業で使う、3角じょうぎは3角形ですね。屋根の形にも3角形っぽいものがあります。

橋にも3角形はたくさん使われています。

4角形や5角形など、ほかの形は、おされたらかんたんにつぶれたり、くずれたりしてしまいます。けれど、3角形は、棒自体がおれないかぎり、つぶれることはないのです。とてもじょうぶなので、橋や、そのほかの建物にたくさん使われているのです。

役に立つ図形

3角形は昔から、測量するときにも使われていました。ふくざつな形の土地の面積も、3角形に区切ってはかれば、かんたんに出せるのです。木の高さなども、直角3角形を使えば、木にのぼらないで出すことができます。

右の図のように、木のてっぺんと地面がちょうど45度の角度になる位置に棒をさします。すると、棒の位置から木までの距離が、そのまま木の高さになるのです。

どうしてでしょう？ 木のてっぺんと、木の根元、そして棒の位置の3点をむすんでみると、3角形ができますね。木は地面から直角に立っていて、棒のある位置の角は45度なので、3角形の内角の和のルールによって、残った角も45度になります。

この3角形、どこかで見たことはありませんか？ そう、3角じょうぎの1つです。じょうぎを見るとわかりますが、直角をはさんだ辺は同じ長さになっています。つまり、この3角形は、直角2等辺3角形なのです。ですから、木の根元から棒までの距離と、木の高さが、同じになっているのです。

3角形はほかにも、みなさんがよく知っているものに使われています。3Dです。3Dというのは、みなさんも映画やゲームでよく目にする立体映像のことです。

じつは3Dの映像は、小さな3角形でつくりあげているのです。もちろん、じっさいの映像ではわかりません。映像の質によってちがうようですが、たとえば、ゲームの1つのキャラクターは、1万から2万個の3角形を使ってつくられているそうです。

知っ得ポイント

夜空を見あげてみると、ひときわ明るい星が3つあるはず。それをつなげると3角形――「夏の大3角形」になります。

国語

かげろうの誕生日

ヴィタリー・ビアンキ

川や池の中では、
こんなふしぎなことがおこっているのです

これは水の世界のおはなし――三つの奇跡のおはなしです。

水の世界では、空気のかわりに水があり、水面が空です。雨や雪はふりません。あられがふるときも、水の底まではいきつかず、水の中をふらふらただよったあと、空（水面）へまいもどります。そして、とけるまで、空にうかんでいるのです。

ところがある日、奇跡がおこりました。

夏も終わりのある日。その日は、いいお天気で、水の空も、銀色にかがやいていました。すると、とつぜん、空からあられがふってきました。細かい細かいあられでした。

小さなあられは、水の中をまいおりて……ふしぎなことに、水の底までいきついたのです。水の底にじっとして、いつまでたってもとけません。これが一つ目の奇跡です。

水の中の生き物たちはびっくりしました。でも、すぐに、砂や泥があられをうめてしまったので、あられのことなど忘れてしまいました。

そうして、冬がきて、春がやってきました。すると、水の底に、小さな怪物のようなものが次々とあらわれました。毛むくじゃらで、しっぽがあって、よごれたブラシみたいな生き物です。小さな怪物は泥に穴をほって、そこにすみ、少しずつ大きくなっていきました。

こうして千日がたちました。あのあられがふった日から三年がたっていました。

とつぜん、小さな怪物たちはうじゃうじゃと穴から出てきて、上へ上へとのぼっていきました。そして岸にあがり、ぴくぴくふるえだしたかと思うと、背中の皮がやぶれて、中から、それは美しい虫があらわれたのです。オレンジのもようがあるなめらかな体に大きな目、透明であみのような羽、細くきれいな尾――そうです、かげろうです。これが二つ目の奇跡です。

かげろうは空高くまいあがり、ふぶきとなって、一日踊りつづけました。太陽の光をあびて、くるくると踊りぬいたのです。

やがて太陽がしずむと、かげろうたちはいっせいに水に落ち、死にました。たった一日の命です。でも、かげろうはこの短いお祭りのために――太陽の光とたわむれながら、すんだ空気の中で踊るために、三年間、水の世界で生きてきたのです。

かげろうは水に落ちたとき、小さな小さな卵をまきちらしました。そして、水の世界では、ちょうど三年前のあの日のように、細かい細かいあられがふりました。あられは泥におおわれ、また小さな怪物が生まれてくるでしょう。怪物はまた水の底で、じっとしているでしょう。けれど、三年がすぎたころ、また美しいかげろうになって、空にまいあがるでしょう。こうして、喜びはつづいていくのです。それが、三つ目の奇跡なのです。

知っ得ポイント

ビアンキはロシアの児童文学作家。動物文学で有名で、動物の物語を200以上書いています。

木星

理科

しまもようが美しい神秘的な惑星

太陽系でいちばん大きい惑星

木星は、太陽に近いほうから数えて5番目にある惑星です。星の直径は14万2984キロメートルで、地球の11倍。大きさでいえば、地球が1300個は入ります。太陽系でいちばん大きな惑星なのです。

木星は地球とはずいぶんちがう惑星です。地球は岩石や金属でできていますが、木星はガスでできているのです。ガスのほとんどは、水素とヘリウムです。そして、星のまわりはアンモニアやメタンでできた雲でおおわれています。

写真などで見ると、木星に茶色っぽいしまもようがありますね。あれは雲がつくっているもようなのです。

木星は1周10時間というスピードで自転しています。そのせいで、東むきにふく風と、西むきにふく風がつくりだされているのです。赤道のあたりでは秒速約100メートルの西風が、そのとなりの地帯では東風がふいています。西風と東風がふいている地帯が交互にあるので、雲も風にしたがってならび、あのようなしまもようができているのです。

よく木星を観察すると、大きな斑点が見えることがあります。あれは大赤斑とよばれる渦まきです。長さが約2万4000キロメートルもあって、地球が2個ならぶほどの大きさがあります。もう160年以上、時計と反対の方向に、渦をまきつづけているのですよ。

衛星がたくさん

木星には、衛星（惑星のまわりをまわっている天体）が67個も発見されています。太陽系の惑星の中ではいちばん多いのです。いくつかしょうかいしてみましょう。

ガニメデ 水星より大きく、太陽系の衛星の中では最大。

カリスト 氷におおわれていて、大きなクレーターがある。

イオ 火山がたくさんあって、噴火をくりかえしている。

エウロパ 表面の氷の下に海がある。

この4つは、ガリレオ・ガリレイに発見されたので、ガリレオ衛星とよばれています。

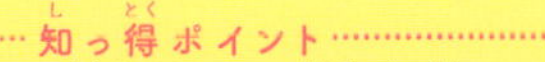

知っ得ポイント

ホルストが太陽系の惑星をテーマに作曲した『惑星』という組曲の中で、「木星」はいちばん人気があります。

邪馬台国

ほんとうにあったの？　謎にみちた伝説の国

謎の女王と謎の国

邪馬台国は、はるか昔、西暦200年ごろに日本にあったとされる国です。邪馬台国には、卑弥呼という女王がいて、その卑弥呼が国をおさめていたといわれています。

でも、どこに邪馬台国があったのか、卑弥呼とはどんな人だったのかは、謎につつまれています。ほとんど記録が残っていないのです。

邪馬台国と卑弥呼についてわかっているのは、中国の歴史書の中で書かれていることだけです。『三国志』という歴史書の中で、日本について書かれている部分を「魏志倭人伝」といいます。「倭」というのが、そのころの日本の名前です。

魏志倭人伝に書かれている日本の説明は、２０００字ぐらい。たいした量ではありません。だから、くわしいことがわからないのです。

邪馬台国はどんな国？

魏志倭人伝の中にどんなことが書かれているかというと――。

そのころ、日本には30くらいの小さな国がありました。その中に、女王、卑弥呼がおさめる邪馬台国があったのです。ほかの国にくらべて、邪馬台国は大きかったようです。

卑弥呼は、魏（中国のこと）に贈り物を送って、かわりに、「倭の王」だとみとめてもらいました。

卑弥呼は女王になってから、一度も人々の前に姿をあらわしませんでした。宮殿のおくに引きこもり、そこで神のお告げをきいて、国をおさめていました。占いをして、ものごとを決めていたのです。

魏志倭人伝には、そのころの人々のくらしぶりについても書かれています。それによると――。

ほとんどの男性はいれずみをしていました。いれずみは、国や身分によってちがっていたようです。みんな、はだしで生活して、冬でも野菜を食べていました。ほかに、魚や貝をとって食べていました。

服は大きな布のまんなかに穴をあけて、そこから頭を出して着る貫頭衣が多かったようです。カイコを育てて、糸もとっていました。

魏志倭人伝には、邪馬台国へのいき方も書いてあるのですが、「南へ〇〇里」とか「海を〇日進む」という書き方なので、邪馬台国がどこにあったかははっきりしません。

知っ得ポイント

邪馬台国の場所は、九州の北部か近畿地方だったという説が有力です。西のほうだったことはたしかのようです。

織姫と彦星

中国の昔話

7月7日の夜の、少し悲しいおはなしです

昔、まだ多くの神さまが天上にいたころのお話です。

いちばんえらい神さまだった天帝には、一人、娘がいました。名前は織姫といい、布を織るのがたいそうじょうずでした。

織姫は空を流れる天の川のほとりにくらし、毎日毎日、布を織っていました。

天帝は、毎日休むことなく働いている織姫をかわいそうに思い、よい婿を見つけて、織姫に引きあわせました。牛かいをしていた彦星です。

彦星はやさしくて、働き者だったので、織姫はすぐに彦星のことを好きになりました。彦星も織姫のことがとても好きになり、二人は結婚することになりました。

ところが、結婚したとたん、二人は自分たちだけで時間をすごすようになり、仕事をしなくなってしまったのです。

そのうち、天から布がなくなり、牛たちはやせほそっていきました。そのようすを見ていた天帝は、ついに二人に命令します。

「織姫は天の川の東の岸で、彦星は西の岸で、別々にくらしなさい」

二人はたいへん悲しみました。天の川はとても広い川です。川をわたるすべもありません。岸のあちらとこちらにはなれていたら、話をすることも、顔を見ることもできないのです。

こうして二人は、はなれてくらすようになりました。けれど、今度はあまりにも悲しくて、仕事が手につかなくなってしまったのです。

そのようすを見ていた天帝はまた二人にいいました。

「一年に一日、七月七日の夜だけは、天の川の水をへらしてげよう。そのときだけ、川をわたって、二人で会うがいい」

二人はそれから、七月七日の夜だけを楽しみにして、仕事に精を出すようになりました。

これが、七夕のもとになった織姫と彦星の伝説です。

七月七日は、みんなが晴れることを願いますね。それは、その日、晴れていなければ、川の水は引かず、織姫と彦星は川をわたることができないからなのです。けれど、じつは、雨がふっても、二人は会っているのだといわれています。

雨がふったら、どこからか、かささぎの群れが飛んできて、翼を広げてつながって、橋をつくってくれるのだそうです。七月七日の夜は、雨がふってもふらなくても、空を見あげてみてください。

知っ得ポイント

七夕は、中国の織姫と彦星伝説と、日本のお盆の風習の一部がむすびついてできた行事です。

いろいろな楽器

楽曲からきこえる音色をかなでているのは、どんな楽器なのでしょう

楽器というのは、音を出す道具のことです。みなさんも音楽の授業でよく使いますよね。楽器の分け方にはいろいろあります。地域で分ける方法（和楽器・西洋楽器）もありますし、音の出し方で分ける方法もあります。ここでは、音の出し方で分けてみます。

弦楽器

弦をはじいたり、こすったり、たたいたりして音を出す楽器です。楽器でいうと、バイオリンやビオラ、チェロやコントラバスなどがあります。バイオリンがいちばん小さくて、順に大きくなっていきます。そして、出す音も、バイオリンがいちばん高く、順に低くなっていきます。琴や三味線も弦楽器です。

管楽器

管楽器は吹奏楽器ともいいます。英語でいうと、ウインド・インストロメント（風の楽器）。空気をふきこんで、その振動で音を出す楽器です。楽器でいうと、リコーダーやフルート、クラリネット、トランペット、サクソフォン、トロンボーン、ホルン、チューバ、篠笛、尺八などがあります。

管楽器はさらに、木管楽器と金管楽器に分けることができます。昔は、楽器の材料が木か金属かで分けていましたが、今は、音の出し方によって分けていて、唇をふるわせて音を出すものが金管楽器、それ以外のものが木管楽器になるのです。

金管楽器は、トランペットやトロンボーン、チューバなど。木管楽器は、クラリネットやオーボエ、サクソフォン、フルートなどです。サクソフォンやフルートは明らかに金属でできていますが、唇をふるわせて音を出すわけではないので、木管楽器に分けられます。

打楽器

文字どおり、打ったり、たたいたりして音を出す楽器です。打楽器の歴史はとても古く、今から2000年以上も前の紀元前からあるといわれています。

世界のいろいろな地域に、その地域どくとくの打楽器があるのです。

オーケストラで使う打楽器にも、小太鼓、大太鼓、シンバル、ティンパニ、もっきん、てっきん、タンバリン、タムタム、コンガ、ボンゴなど、たくさんの種類があります。

鍵盤楽器

鍵盤を使って音を出す楽器。ピアノやオルガンなどです。

知っ得ポイント

ピアノは、打楽器でもあるし弦楽器でもあります。打弦楽器とよばれることもある楽器です。

猿橋勝子

国語

世界的な業績をあげた女性科学者

伝記（1920～2007年　日本）

みなさんは第五福竜丸事件を知っていますか？　太平洋で漁をしていた漁船、第五福竜丸が、アメリカがおこなった水爆実験によってふった「死の灰」をかぶり、放射能をあびた事件です。猿橋勝子はこのとき、「死の灰」の化学分析をまかされました。そして、その後も、核実験で出た放射能が大気や海をどのように汚染するかを研究しつづけました。

当時、アメリカは、海での核実験は安全だといっていました。実験で大量に出る放射能も、海水でうすめられるので、人間がすんでいる場所まではとどかないとしていたのです。

ところが、猿橋が日本のまわりの海水をとって放射能の量を調べた結果、非常に高い値がはじきだされました。アメリカが発表していた数字の十～五十倍です。もちろん、アメリカは、その値はまちがいだと反論してきました。日本の科学者のいうことなど信用できないというのです。

そこで、猿橋たちは、アメリカの原子力委員会に、日本の科学者とアメリカの科学者が、それぞれ同じ海水を使って、放射能をはかりあいましょうと、申しいれました。どちらの数字が正しいか、それではっきりします。

猿橋は一人でアメリカの研究所にいって、およそ一年かけて、測定をおこないます。完全にアウェーでの戦いでした。その中で、猿橋はだれもが感心するほど熱心に働いて、正確な測定をしました。そして、アメリカの科学者たちに、日本側の出した数値が正しいことをみとめさせたのです。これで、核実験はどこでおこなおうと安全ではないことが証明され、核実験はやめるべきだという声が強くなっていきました。

猿橋のこの執念は、いったいどこからきているのでしょう。それは、小学校六年生のときに猿橋がいったこのことばにあらわれています。

「一生けんめい勉強して、社会に役立つ人になりたい」

この思いが、猿橋が科学の道に進み、研究をつづけた原点でした。じつは猿橋の両親は、女子に高等教育は必要ないと考えていたため、猿橋も高校を出たあと、一度、就職したのです。けれど、もっと人の役に立つために勉強をしたいという気持ちが強く、仕事をしながらお金をためて、大学に入りなおしたのでした。

猿橋は、自分の信じる道を進むためなら、あきらめずにがんばりつづけることができる人でした。自分の権利やいい分を声高に主張するのではなく、熱心に研究にとりくみ、こつこつ実績をあげることで、まわりの人を納得させていきました。だからこそ、猿橋は、日本が誇る女性科学者として、多くの人に尊敬されているのです。

知っ得ポイント

第五福竜丸は保存され、東京都江東区の夢の島公園にある展示館に今も展示されています。

いなかのねずみと町のねずみ

イソップ

いなかにはいなかのよさがあるのです

いなかにすむねずみと、町にすむねずみが友だちになりました。

　ある日、いなかのねずみが町のねずみをさそいました。

「いなかはいいところだよ。せっかく友だちになったのだから、ぼくのうちに遊びにおいでよ」

　町のねずみは喜んで、いなかのねずみの家に遊びにいきました。

　いなかのねずみはいそいそと、たくさんのごちそうを準備して、町のねずみの前にならべました。大麦と小麦、草の根っこ、木の実……山や野原でとれたごちそうです。

　ところが、それを見た町のねずみは、驚きました。

「これがごちそうだって？　きみはほんとうのごちそうというものを知らないんだね。町のぼくの家に遊びにくるといいよ。本物のごちそうを食べさせてあげよう」

　いなかのねずみは、町のねずみについて町にいきました。町のねずみがすんでいるのは、大きなお屋敷の中の、食べ物がしまってある部屋です。部屋には、果物、パン、お菓子、チーズ、お砂糖……おいしそうなものがたくさんあります。

「これはすごいごちそうだね。町って、すばらしいね」

　いなかのねずみはすっかり感心していました。

「いっぱい食べるといいよ。さあ、どうぞ」

「いただきます！」

　いなかのねずみがチーズをかじろうとしたそのとき――

　ぎぃぃー。

　部屋の扉があいて、だれかが入ってきたのです。

「人間だ！　逃げろ！」

　町のねずみはあわてて壁のわれ目に逃げこみました。人間に見つかったら、殺されてしまいます。いなかのねずみもびっくりして、壁のわれ目に飛びこみました。町のねずみといなかのねずみが、壁の裏でふるえていると、人間はまもなく部屋から出ていきました。

「もうだいじょうぶ。いってしまったよ。さあ、ごちそうにもどろう」

　二ひきがごちそうのところにもどり、食べようと口をあけると――

　ぎぃぃー。

　また部屋の扉があいたのです。

「逃げろ！」

　ねずみたちはまた壁のわれ目に逃げました。しばらくすると、人間はまた出ていきました。

「もうだいじょうぶ。今度こそ、ごちそうにありつこう」

　町のねずみはいいましたが、いなかのねずみはかぶりをふりました。

「ぼくはいなかに帰るよ。ごちそうはたしかにおいしそうだけど、ぼくはびくびくしながら食べたくない。いなかでのんびり、ゆっくりくらすほうがいいや」

　いなかのねずみはそういうと、胸をはっていなかに帰っていきました。

知っ得ポイント

ねずみが主人公のイソップ童話には、ほかに「ねずみの相談」や「ライオンとねずみ」などがあります。

いろいろな面積

面積をあらわす単位の由来は、日本も外国もにているんですね

田んぼの広さ

知っている面積の単位を教えてくださいといわれて、まず頭に思いうかぶのは、どんな単位ですか？平方センチメートルでしょうか。たて10センチメートル横5センチメートルの4角形の面積は10×5で50平方センチメートルになると、算数で教わりますね。

でも、わたしたちの身のまわりには、面積をあらわすいろいろな単位があります。

たとえば、部屋の広さをあらわすときは、畳という単位を使います。畳というのは、文字どおり、畳のこと。畳1枚の広さを単位にしているのです。

この畳2つ分の広さが、坪です。坪は、土地の広さをあらわすときに使います。昔は田んぼの広さをあらわすために使われていた単位で、1坪は、大人1人が1日に食べるお米がとれる田んぼの広さでした。

田んぼや畑から生まれた単位には、ほかに、畝、反という単位があります。畝は、30坪の広さで、反は10畝です。昔、反はお米1石がとれる田んぼの広さをあらわしていました。お米1石というのは、大人1人が1年間に食べる量。1反の広さの田んぼがあれば、大人1人を養えたわけです。とてもわかりやすかったのですね。

面積の単位には、ほかに、アールやヘクタールがあります。アールはたて10メートル×横10メートルの広さ。ヘクタールはたて100メートル×横100メートルの広さです。

外国の長さの単位

平方メートルなどは世界じゅうで使われていますが、イギリスやアメリカでは、エーカーという単位も使われています。くまのプーさんの物語にも、100エーカーの森という場所が出てきます。

エーカーというのは、およそ4000平方メートルで、昔、牛に鋤をひかせて畑をたがやしていたとき、1日に牛がたがやせる広さを1エーカーと決めました。

日本でも外国でも、面積の単位は、昔、畑や田んぼなどの広さをあらわす必要から生まれたことが多いのですね。

知っ得ポイント

紙の面積は、A4とかB4のように、AやBなどの単位を使ってあらわすことがあります。

理科

ファーブル昆虫記・ハチ

アンリ・ファーブル

ハチといっても、
いろいろなタイプがいるのです

7月12日のおはなし

虫を狩るハチ

ハチというと、みなさんはミツバチを思いうかべると思います。ミツバチは、集団でくらして、花の蜜や花粉を集めて、エサにしています。ところが、ハチのなかまには、ほかの虫を狩って、それをエサにしているものもいるのです。

コブツチスガリは、そんなハチの一種です。コブツチスガリのエサは、ゾウムシです。ゾウムシというのは、かたい羽のある甲虫のなかまです。口のところが長くて、ぞうの鼻のように見えるので、ゾウムシという名前なのです。

コブツチスガリはゾウムシを狩っては、巣に運んでいきます。コブツチスガリの巣は、たいてい崖にあります。崖を横むきにほって穴をあけて、巣にしているのです。巣はいくつかの小さな部屋に分かれていて、そこにゾウムシをたくわえています。

コブツチスガリはゾウムシとほとんど同じくらいの大きさですが、ゾウムシのほうがはるかに重く、体はかたい羽でおおわれています。コブツチスガリはどうやって、ゾウムシを狩るのでしょうか？

コブツチスガリはゾウムシを狩るといっても、殺すわけではありません。殺してしまったら、巣でたくわえているあいだに、みるみるくさって、幼虫に食べさせることができなくなってしまうからです。

コブツチスガリは、ゾウムシの運動神経をまひさせて動けなくした状態で、巣に保管して、少しずつ食べていくのです。でも、運動神経をまひさせるなんてことが、どうやったらできるのでしょう？

コブツチスガリは、まずゾウムシの背中をあしでおさえつけ、胸の関節をひらかせます。そして、おなかを曲げて、おしりについた針をゾウムシにさすのです。ちょうど前あしと中あしのあいだにある、よろいのつぎ目のところです。目にもとまらぬ早わざで、ゾウムシは、あっというまに、ぴくりとも動かなくなります。そして、コブツチスガリは、動かなくなったゾウムシをだきかかえて、飛びたっていくのです。

何度観察しても、コブツチスガリは、ゾウムシの同じ場所を針でつきさします。どうもその場所に秘密があるようです。

調べてみると、コブツチスガリが針をさすその場所は、ゾウムシの神経が集まったところでした。じつは、虫には、運動をつかさどる神経の集まりが3つあります。その3つがそれぞれどれだけ近い場所にあるかは、虫によってちがいます。ゾウムシは、その3つがとても近いので、1か所さすだけで、体全部が動かなくなってしまうのです。コブツチスガリはそれを知っているから、ゾウムシばかりねらうのです。

知っ得ポイント

コブツチスガリが狩るもう1つの獲物がタマムシです。タマムシも同じ位置に3つの神経の集まりがあるのです。

縄文時代のくらし

わたしたちの祖先はどんなくらしをしていたのでしょうか

土器がつくられた時代

縄文時代は、今からおよそ1万3000年前から、2500年ぐらい前までのことをいいます。

縄文時代の前は石器時代とよばれていて、地球は氷河期のなごりで、とても冷えていました。それからあたたかくなっていくにしたがって、動物や植物にも変化が出てきました。

日本も、縄文時代のはじめはまだ、大陸にくっついていました。縄文時代が始まるころ、少しずつ大陸からはなれはじめて、なかごろには完全な島国になりました。

気候や地形が変わるのにあわせて、人間の生活もずいぶん変わっていきました。道具がふえて、土器もつくられるようになりました。土器には、縄でもようがつけられていたので、そこから、この時代を「縄文」時代とよぶようになったのです。

家の誕生

縄文時代はまだ、植物を育てて実をとるという農業がありませんでした。ですから、人々は狩りをしたり、つりをしたり、木の実をとったりして、食べ物にしていました。石をけずって矢の先につけ、狩りをしたり、動物の骨からつり針をつくってつりをしたりしていました。身近にあるものをうまく使って、生活していたのですね。

そして時間がたつとともに、それまではあちこち移動しながら生活していた人たちが、家をつくってすむようになりました。地面に浅い穴をほって、柱をたて、その上に木や草で屋根をつくった、かんたんな家です。こうした家は「たて穴式住居」とよばれています。

床のまんなかには火をおこすところがありました。そこで料理をしたり、寒いときはあたたまったりしたのです。このころは、木と木をこすりあわせて、火をおこしていました。

家にすむようになった人たちは、少しずつ、まとまってすむようになり、部落ができました。部落のまんなかには広場がつくられて、そこでいっしょに仕事をしたりしていたと考えられています。狩りも共同でするようになりました。協力して生活をするようになっていったのです。

知っ得ポイント

縄文時代の人は自然の恵みをうけ、安全にくらせるよう、土偶（土人形）をつくっていのりをささげていました。

まんじゅうこわい

落語

みっつぁんのおしばいに、みんなだまされたのです

　今日は町のよりあいだということで、若いもんが集まって、むだ話に花をさかせておりました。そのうち話題もつきてきて、自分のいちばん怖いものを白状しようじゃないかということになりました。

「やっぱり、わたしはクモが怖いね。壁にはりついて、こそこそ動きまわっているのを見ると、ぞっとするよ」

「おれは、ヘビがいやだね。にょろにょろしてて、舌をしゅーっと出すところなんか、だめだ」

「あっしは、アリが行列をつくって家の中を歩いているのを見ると、逃げたくなるね」

　それぞれ、怖いものがあるようで、話はたいへんもりあがっております。ところが、一人、部屋のすみでしらっとしているものがおりました。みっつぁんです。なんだかみんなをばかにしたようすです。

「よお、みっつぁん、さっきからだまってるけど、おまえは怖いものはないのかい？」

「おれかい。おれは怖いものなんてないね。クモだろうが、ヘビだろうが、アリだろうが、腹の上をはわせたって、ぜんぜんへっちゃらさ」

　そんなはずはあるものかと、みんながしつこくきいても、「ない」の一点ばり。ところが最後に、一つだけ怖いものがあると白状しました。

「おや、なんだい、それは？」

「まんじゅうだよ」

　みっつぁんはかぼそい声でそう答えると、気分が悪くなったらしく、となりの部屋に休みにいきました。

　これをきいたみんなは大笑い。ちょっといたずらしてやろうと、町じゅうのまんじゅうを買いあつめてきました。うす皮まんじゅうに、茶まんじゅう、酒まんじゅうに草まんじゅう、クリまんじゅう、紅白まんじゅう……よりどりみどりのまんじゅうが、お皿にこんもりもられました。

　みんなはお皿ごと、寝ているみっつぁんの枕もとにおきました。あとはみっつぁんがおきるのを待つだけです。いったいどんな顔をするやら、とみんなはわくわくしていました。

　すると、とつぜん、みっつぁんのさけび声がひびきわたりました。

「うぎゃあ！　まんじゅうだ！　こ、怖いよー。助けてくれえ！」

　もう、みんなは大笑いです。ところが……、

「うわー。まんじゅうだ！　こわーい！　うまー、じゃなくて、こわーい！　うまーい！」

　なんだか、ようすがへんです。みんながとなりの部屋をのぞいてみると。みっつぁんはにこにこしながら、まんじゅうを両手にもち、口いっぱいにほおばっていました。

「なんだ、おまえ、だましたな！　みっつぁん、おまえはほんとうはなにが怖いんだ？」

「えーと、いまは、熱いお茶かな」

知っ得ポイント

大阪のほうでは、みっつぁんの本名はさとうみつたろう（砂糖蜜太郎）というんですって。

俳句

日本文化に根づく、四季おりおりの詩です

俳句というのは、日本で昔からつくられている短い詩です。

5　7　5
やせがえる　負けるな一茶　これにあり
小林一茶

このように、俳句はふつう、五・七・五の音でできています。そして、必ず、季節をあらわす「季語」が入っています。この俳句では、「かえる」が季語で、春をあらわしています。

この俳句は、カエル同士がけんかをしているのを見物していたときにつくられたといわれています。やせて弱いほうのカエルを応援している詩なのですね。

そのほかの春の俳句

菜の花や　月は東に　日は西に
与謝蕪村

（菜の花畑が広がっている。空を見ると、東では月がのぼり、西では夕日がしずんでいく）

夏の俳句

青がえる　おのれもペンキ　ぬりたてか
芥川龍之介

（青ガエルが、ぬれて光っている。まるでペンキぬりたてのようだ）

青梅の　しり美しく　そろいけり
室生犀星

（梅の木では、青い実が美しくそろって実っている）

秋の俳句

名月を　とってくれろと　泣く子かな
小林一茶

（空に満月が輝いていて、子どもが月をとってくれと、泣いてだだをこねている）

柿食えば　鐘が鳴るなり　法隆寺
正岡子規

（奈良にきて、名物の柿を食べていたら、有名な法隆寺の鐘の音がきこえてきた）

冬の俳句

遠山に　日のあたりたる　枯野かな
高浜虚子

（遠くの山にだけ日があたり、目の前には、かれた野原が広がっている）

冬の蝶　さても　小さくなりつるよ
北原白秋

（夏にあんなに美しく羽ばたいていたチョウチョウが、冬になっても生き残っているが、その姿のなんと弱々しいことか）

知っ得ポイント
俳句と同じように17音の詩に、川柳があります。川柳は、季語にこだわらず、おかしみをあらわしています。

美術

フィンセント・ファン・ゴッホ

(1853〜1890年　オランダ)

炎のような熱い画家

7月16日のおはなし

波乱万丈の人生

ゴッホは日本でもっとも知られている画家の1人でしょう。教科書にももちろん出てきますし、絵は何十億円で売り買いされています。中にはオークションをされて、100億円をこえている絵もあるのです。

でも、驚くことに、ゴッホの絵が評価されるようになったのは、ゴッホが死んでから。生きているあいだ、ゴッホの絵はまったく売れませんでした。売れた絵はたった1枚だけ、値段も10万円ちょっとです。じつは、ゴッホの人生は失敗だらけ。不幸を絵に描いたような人生だったのです。

小さいときから、ゴッホは少し変わった子でした。中学も途中でやめました。働きだしてからも、長つづきはしませんでした。16歳で働きはじめた画商のところは、4年つづきましたが、失恋して仕事に身が入らなくなってから、クビになりました。聖職者になろうと思いたって、勉強を始めたものの、勉強がとてもたいへんで、途中で投げだしてしまったこともあります。でも、神さまの教えを広める仕事をしたかったので、ベルギーの炭坑へいって、伝道活動をしたこともありました。たいへんな熱意をもって仕事をしたので、仕事ぶりがみとめられていましたが、そのうちあまりに熱心になりすぎて「伝道師としての威厳をそこねた」と、伝道師協会から破門されてしまいます。

自画像

情熱の画家へ

そのころから、ゴッホは絵を描きたいと思うようになりました。そして、ほとんど独学で、絵を描くようになったのです。それが26歳くらいのときです。お金をかせいでいなかったので、弟から仕送りをしてもらいました。そのあとも、死ぬまで弟に面倒を見てもらっていたのです。

けれど、ゴッホはその後もいく先々で問題をおこしました。精神病院にいれられたこともあります。手をさしのべてくれた友人たちもみんなゴッホのもとから去っていきました。でも、ゴッホは、どんなことがあっても絵を描くことだけはやめませんでした。絵を評価されなくても、生活が苦しくても、ただただ描きつづけたのです。

ゴッホの絵には、悩みや苦しみなどが、はげしくぬりこめられているといわれています。ゴッホの絵は、ゴッホの魂のさけびなのです。

知っ得ポイント

ゴッホは自画像をたくさん描きました。モデルを雇うお金がなかったためと、練習のためと考えられています。

日本は火山がたくさんある国です

火山の国

火山って、なんだか知っていますか？　火山とは、マグマをふきだす山・ふきだしてできた山のことです。地球の表面の下には、マントルという熱い岩でできた部分があります。そのマントルがとけたのがマグマです。

日本は火山が多い国として有名です。日本には、「活火山」とよばれる火山が110個もあるのです。活火山というのは、「およそ1万年以内に噴火した火山、または今も活発な活動をしている火山」のことです。

昔は、休火山とか死火山という名前もあって、長いあいだ活動していない火山は活火山とはいわれていなかったのですが、長いあいだ活動していない火山が噴火することがあったため、名前のつけ方が変わったのです。火山の寿命は50～100万年といわれているので、1万年くらい、たいして長い時間ではないのです。日本の活火山の数は、世界の活火山の7パーセントにものぼります。

注意が必要な火山

活火山の中でも、とくに注意が必要な火山は、気象庁が24時間ずっと監視をしています。

そして、その中でもとくに警戒が必要な火山は、5つの警戒レベルを決めて、レベルごとに警報などを出すことになっています。

レベル1　活火山であることを忘れないで行動しましょう。
レベル2　火口の近くへの立ち入りを制限。
レベル3　山へのぼることを制限。
レベル4　まわりにすんでいる人たちは避難の準備をします。
レベル5　まわりにすんでいる人たちはすぐに避難します。

24時間、監視している山は50個、警戒レベルを決めている山は38個あります。富士山もその中の1つです。富士山は、1707年に大噴火をしました。そのときは、遠くはなれた江戸でも火山灰が10センチメートルつもったといわれています。富士山の年齢はおよそ10万歳。まだ若い活火山なのです。

知っ得ポイント

溶岩というのは、地表に出てきたマグマのことです。

空気の成分

空気って、なにからできているのでしょうか

空気はほとんどちっ素？

わたしたちをとりまいている気体は、空気とよばれています。

では、空気はいったいなにからできているのでしょうか？

人間は呼吸して、空気から酸素をとりいれているんだから、空気はほとんど酸素でできているんじゃない？　そう思う人は多いと思います。

空気は、いろいろな気体が集まってできています。でも、いちばん多い気体は、酸素ではありません。

空気にふくまれている気体は、多い順に、

ちっ素（78パーセント）
酸素（21パーセント）
二酸化炭素（0・03パーセント）
そのほか（1パーセント）

となっています。

酸素より、ちっ素のほうがはるかに多いのです。

つきあいが悪い気体

どうして空気の中にいちばんちっ素が多いか説明しようとすると、地球の誕生にまでさかのぼります。

地球が誕生したとき、大気はなく、真空のような状態でした。そこに、火山の噴火などでふきだしたガスがたまって、大気をつくっていったのです。

火山ガスというのは、ほとんど水蒸気で、そのほかに、二酸化炭素やちっ素、硫黄などからできています。地球では、その大部分をしめる水蒸気が雨になってふり、海をつくったのです。そして、二酸化炭素やちっ素などが残されました。

そのうちの二酸化炭素も、海にとけたり、植物たちにとりこまれて酸素に変わったりして、大気にはちっ素がたくさん残ったのです。ちっ素は、なかなかほかのものにとけたり、むすびついたりしないので、そのまま残っているのですね。

空気の中のちっ素は、酸素の燃えやすい性質をおさえるという、とても大切な役割をもっています。酸素はとても燃えやすい気体なので、もし空気からちっ素がへって、酸素がふえたら、ちょっと火花が出ただけで、爆発したり、燃えあがったり、とても危険なことになってしまうのです。

知っ得ポイント
ちっ素は、わたしたちの体をつくっているたんぱく質にも、必ずふくまれています。

8つの頭をもつ、
世にもおそろしい怪物の物語

ヤマタノオロチ

国語

日本神話

それはそれははるか昔、天上の神々の国に、スサノオという神さまがおりました。スサノオはとても乱暴で、神々の国で何度も大あばれしたために、ついに天上から追いだされてしまいます。

　地上におりたスサノオが、出雲の国をとぼとぼと歩いていると、一軒の家がありました。中から、大きな泣き声がきこえてきます。ようすがおかしいことが気になったスサノオが中をのぞくと、おじいさんとおばあさんが、一人の美しい娘をだきしめて、おいおい泣いているではありませんか。わけをたずねると、おじいさんが泣きながら話しだしました。

「この家にはほんとうは八人の娘がいたのですが、ヤマタノオロチという怪物に、毎年一人ずつさらわれて、今はこの子だけになってしまいました。でも、この子も、明日、ヤマタノオロチがさらいにきてしまいます。それが悲しくて、泣いているのです」

　きけば、ヤマタノオロチは、頭としっぽが八つずつある、おそろしい怪物で、一年にいちどやってきては、田畑をあらし、食べ物を食いつくし、娘をさらっていくというのです。

　こんなに美しい娘がさらわれるなんて、そんなむごいことをだまって見すごすわけにはいかないぞ。

　スサノオはヤマタノオロチを退治してやろうと心に決めました。けれど、そんなにすごい怪物と、ふつうに戦っても、勝ち目はありません。スサノオは作戦を立てました。

　スサノオは、強いお酒を八つの樽になみなみとそそぎ、家のまわりにならべました。ヤマタノオロチの八つの頭を同時に酔っぱらわせて、そのすきにやっつけてやろうという計画です。

　さて、よく日、おじいさんのいうとおり、ヤマタノオロチがやってきました。八つの頭は、家のまわりにならべられた樽に気づくと、すぐに顔を樽につっこんで、ごくごくと酒を飲みはじめました。そして、ふらふらになるまで酔っぱらったのです。

　そこへ、スサノオが剣を手に登場し、ヤマタノオロチの心臓をひとつき。おそろしい怪物は、息たえました。

　はじめて人の役に立つことをしたスサノオは、残った娘さんの手をとっていいました。

「わたしは、今までずんぶん乱暴をはたらいてきました。しかし、美しいあなたと出会って、はじめて、すがすがしい、なごやかな気持ちになりました。どうかわたしと結婚してください」

　こうして、スサノオは娘と結婚し、りっぱな神さまとして出雲の国を平和におさめたそうです。

知っ得ポイント

ゴジラに登場する、3つの頭をもつ怪獣キングギドラのモデルは、ヤマタノオロチです。

古墳

日本のあちこちに、古墳は残っています

日本の古墳いろいろ

古墳というのは、かんたんにいうと、昔のえらい人のお墓です。えらい人が、自分の力の大きさを知らしめるために、大きなお墓をつくったのです。ですから、1つのお墓に1人しかほうむられていません。日本では、今からおよそ1700年前から1300年前、たくさんの古墳がつくられました（この時代を古墳時代とよんでいます）。今、日本では、16万個以上の古墳が確認されています。

古墳の中には、石室という場所があって、そこに棺がおかれていました。棺の中には、遺体のほかに、その人の身のまわりのもの――たとえば、鏡、玉などの装身具、剣や刀などの武器がおさめられました。棺のまわりには、やり、農工具、土器など、お葬式のときに使われたものがおかれ、古墳の上の地面にはたくさんの埴輪がならべられていました。

古墳の形はさまざまです。有名なのは前方後円墳。4角と円をあわせた形の古墳です。日本でいちばん大きい大仙稜古墳もこの形です。4角と4角をあわせた前方後方墳というのもあります。

円形の円墳は全国でいちばんよく見られます。ほかにも4角形の方墳、6角形の六角墳、8角形の八角墳など、形はいろいろなのです。

世界の古墳

古墳はもちろん、日本だけのものではありません。えらい人が大きなお墓をつくりたがるのは、世界共通なのです。

世界でとくに有名な古墳が3つあります。まず、エジプトのピラミッド。ピラミッドはエジプトの王さまのお墓です。なかでもクフ王のピラミッドは有名で、高さは約150メートル。200万個の大きな石をつみあげてつくられています。

次は、秦（今の中国）の始皇帝のお墓です。お墓自体も大きくりっぱですが、お墓をとりかこむように、土でできた戦車が100台以上、馬が600体、等身大の武士の人形が8000体近くならべられていたのです。まるで地下に巨大な宮殿があるようです。

3つ目が日本の大仙稜古墳です。大仙稜古墳は、全長が500メートル近くあります。面積は東京ドーム2個分くらい。面積だけでいったら世界最大級です。

知っ得ポイント

大仙稜古墳は昔、仁徳天皇のお墓だと考えられていましたが、だれのお墓かはっきりしていないそうです。

ごちそうを食べた上着

国語

人間は見かけではないのです

トルコの昔話

昔、トルコの国にホジャという働き者の男がいました。ある秋の夕方、ホジャは急いで道を歩いていました。これから、近所のハリルさんのところでパーティがあるのです。時間にまにあいそうもないので、ホジャはブドウ畑で働いていたかっこうのまま、ハリスさんの家にいきました。

なんとかパーティの時間にまにあったホジャは、きている人たちに、にこにこあいさつしながら、部屋に入っていったのですが、どうしたことか、みんな知らんぷり。ホジャとは反対のほうをむいてしまいます。

おかしいなと思っていると、ハリスさんが、召使いをしたがえて部屋に入ってきました。パーティがとうとう始まるのです。ハリスさんはお客さんたちを次々に、テーブルに案内していきます。けれど、ホジャには知らん顔。ホジャの前をすどおりして、ほかのお客を案内するのです。

ホジャはたまらなくなって、ハリルさんに話しかけました。

「ハリルさん、あなたのところのブドウは大きくて、りっぱですね。うちの畑のブドウとはえらいちがいだ」

それでも、ハリルさんは無視を決めこんでいます。

ホジャはまわりの人たちをよく見てみました。みんな、りっぱな服を着ています。顔もぴかぴかに洗いあげています。ホジャはこっそりハリルさんの家を出ると、自分の家に帰りました。そして、急いで体を洗い、いっとう上等の服に着がえたのです。

りっぱな見かけになったホジャが、ハリルさんの家に入っていくと、そこにいたお客さんたちは、みんな、ホジャにむかってうやうやしくおじぎをしました。お手伝いさんにていねいに案内されて、部屋に入っていくと、ハリルさんがいすから立って、出むかえてくれました。

ホジャの前に、さっそくごちそうがならべられます。ホジャはまず、いちばんおいしそうな肉をひと切れつまむと、口にもっていかずに、上着のポケットにいれました。

「さあ、たくさんお食べ、上着くん」

肉の次は、チーズ、ピクルスにピラフ……と、どんどんポケットにつっこんでいきます。そのたびに「たくさんお食べ、上着くん」とくりかえすのです。みんなびっくりしてそのようすをながめていましたが、やがてハリルさんがききました。

「ホジャさん、いったいなにをしているんです？」

すると、ホジャはこう答えたのです。

「ハリルさん、さっきわたしがみすぼらしい服を着ていたら、あなたはわたしをテーブルに案内してくれなかったでしょう。ところが、上等の服を着てきたら、たいそうなおもてなしをしてくれた。ということは、きみが招待したのは、わたしじゃなくて、この服だったということなんじゃないのかい」

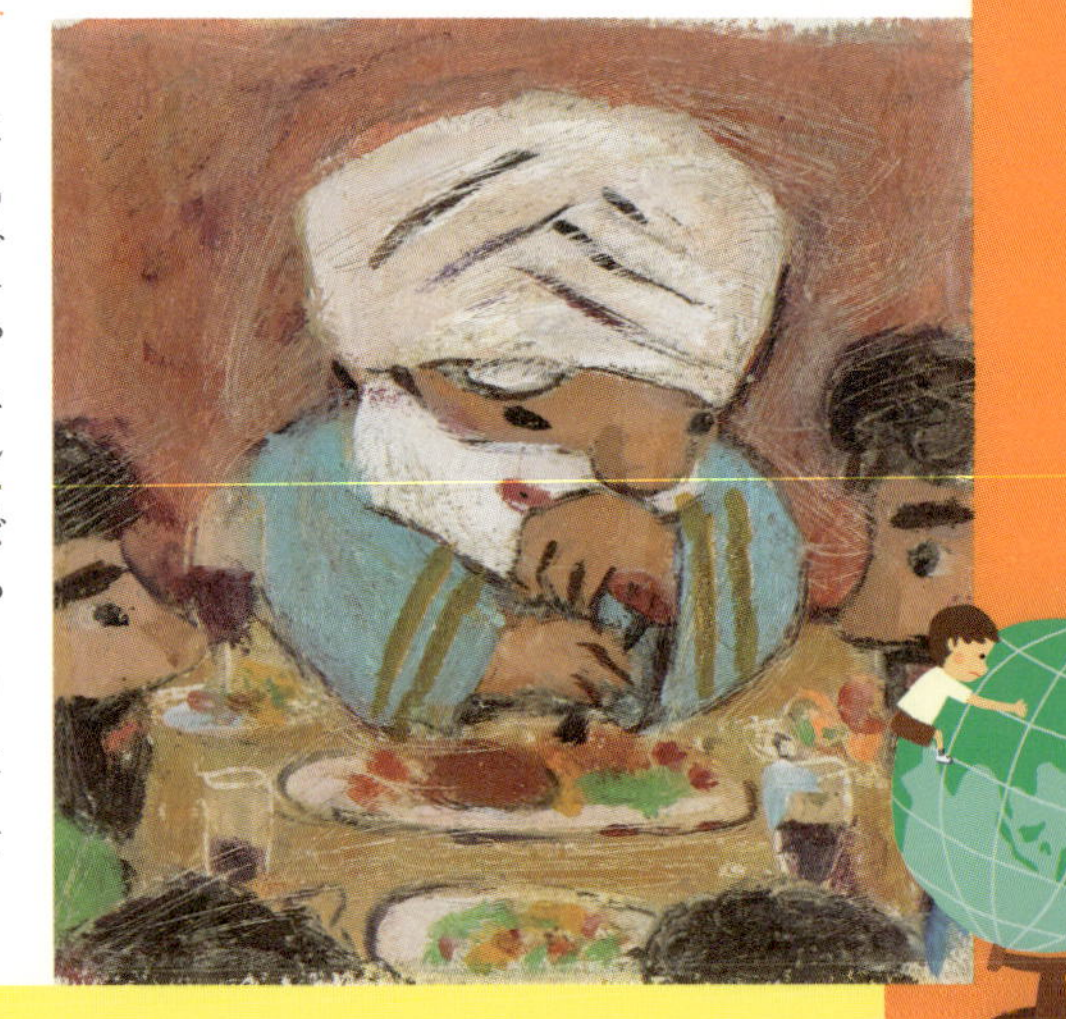

知っ得ポイント

トルコの昔話の主人公は、たいていホジャという名前。ホジャのおはなしはたくさん語りつがれています。

算数

内まわりと外まわり

ゴールまでの距離を同じにするには、どうすればいい？

7月22日のおはなし

トラックの内と外

たいていの学校の運動場には、トラックがありますね。トラックといっても、車ではありませんよ。2本の直線がカーブした線でつながっている道すじのことです。かけっこやリレー、マラソンなどで、ぐるぐる走りますよね。

あのトラックの内側のコースと外側のコース、1周の距離はどうなっているでしょう？　みなさん、なんとなくわかっているかもしれませんが、内側より、外側のコースのほうが、長くなっています。

かけっこで直線のコースを走るとき、スタートの位置はみんな同じです。オリンピックの100メートル走でも、みんな一直線にならんでスタートします。でも、トラックを走るかけっこのときは、運動会でもオリンピックでも、内側のコースより外側のコースの人のほうが、ずいぶん先に進んだ場所からスタートします。外側のコースのほうが距離が長いので、ゴールまで同じ距離になるように、スタートの位置で調整しているのです。

内と外、どれくらいちがうの？

では、どれくらいスタートの位置をずらせばいいのでしょう？　たとえば100メートル走だったら、ゴールの位置からそれぞれ100メートルはかって、スタート位置を決めればいいでしょう。

でも、じつは、算数を使えば、計算でその距離を出すことができるのです。なにを使うかというと、円周の計算方法です。

トラックの直線の距離は内と外、変わりませんね。問題は、カーブしているところです。こんなコースでかけっこをする場合で考えてみましょう。コースのはばは1メートルとします。

このカーブしているところを、円の半分だと考えてみます。そうすると、カーブしている部分の2か所をあわせた距離は円周と同じだということがわかります。

カーブしている部分全部の1コースの距離は、直径30メートル×円周率3.14で94.2メートルです。2コースは直径30＋2メートル×円周率3.14で、100.48メートルです。

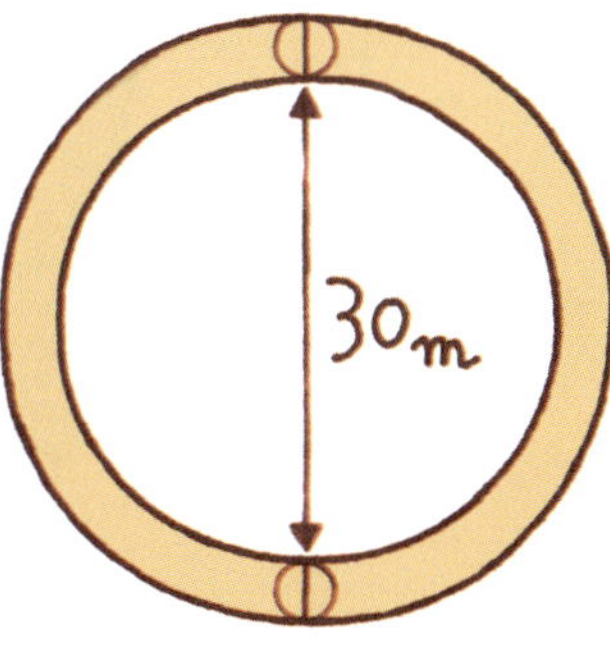

カーブしている部分の距離の差は、6.28メートルです。この6.28という数字を見て、なにか気づきませんか？

そう、これば直径が2メートルのときの円周です。2メートルというのはコースのはばの2倍ということ。コースのはばの2倍、円の直径がのびたので、その分、円周もふえたのですね。

知っ得ポイント

陸上競技では「トラックは左まわり」というルールがあります。左まわりのほうが速く走れるためだそうです。

アルファベットのはじまり

アルファベットはどんなふうにできたのでしょう

アルファベットってなに？

みなさんはもうアルファベットを習いましたか？ アルファベットとは、英語やフランス語・ドイツ語など、おもにヨーロッパのことばで使っている文字のことです。日本では、まずローマ字を勉強するときに、アルファベットを習いますね。

アルファベットはAからZまで26種類あります。それぞれ、大文字と小文字があるので、ぜんぶで52文字ある勘定になります。それぞれの文字は、音をあらわしています。日本語のひらがなやカタカナと同じですね。

アルファベットの祖先は、ギリシャ文字です。ですから、「アルファベット」という名前も、ギリシャ文字の最初の2文字αとβからとって「アルファ＋ベータ→アルファベット」となりました。

文字のなりたち

アルファベットの祖先はギリシャ文字ですが、そのギリシャ文字にも祖先があります。ギリシャ文字は、フェニキア文字から発展したものだと考えられています。

フェニキア文字ができたのは、今からおよそ3000年ぐらい前だと考えられていますが、どうやってできたのか、たしかなことはわかっていません。たぶん、エジプトの象形文字からきているのではないかといわれています。

象形文字というのは、かんたんにいうと絵文字のようなものです。ものの形からできた文字なのです。たとえば、アルファベットのAは牛の頭をさかさにしたものからできたと考えられています。

ほかにも、Mは海の波からできたといわれています。

Nはへびからできたといわれています。

Jは人の腕からできたといわれています。

こんなふうに、アルファベットはもともと、なにかの形からつくられた文字なのです。わたしたちが使っている漢字も、ものの形からできたものがありますよね。たとえば、「木」や「山」などがそうです。場所はちがっていても、文字のなりたち方はとてもにているのです。

知っ得ポイント

アルファベットの小文字は、大文字をくずして書いているうちに生まれたといわれています。

国語

オズの魔法使い

ライマン・フランク・ボーム

竜巻に飛ばされて、ついたところは魔法の国でした

7月24日のおはなし

ドロシーはアメリカのカンザスという町で、おじいちゃん、おばあちゃんと犬のトトと平和にくらしていました。ところがある日、大きな竜巻がやってきて、逃げおくれたドロシーは、トトといっしょに、家ごとふきとばされてしまったのです。

ドスンと落ちたところは、見たこともない場所。外に出ると、とんがった帽子をかぶった、奇妙な女の人が話しかけてきました。

「ようこそ、マンチキン国へ。東の悪い魔女を殺してくれてありがとう」

マンチキン国？　東の悪い魔女？　ドロシーにはわけがわかりません。

「あら、気づいてなかった？　家の下を見てごらん。魔女がつぶれているでしょう？　ちなみに、私は北のよい魔女です」

家の下からは、たしかに銀の靴をはいた足がのぞいています。知らないとはいえ、だれかをつぶしてしまったことにドロシーはショックをうけましたが、今はもっと気がかりなことがありました。

「私……カンザスに帰りたいんですけど、どうしたら帰れますか？」

「偉大な魔法使いのオズにお願いしてみるといいわ。オズのいるエメラルドの都は遠いけれど、黄色いレンガの道をいけば、迷わないでしょう。その銀の靴は役に立つでしょうから、はいておいきなさい」

ドロシーはしかたなく、つぶれた魔女の靴をはいて、黄色いレンガの道を歩きはじめました。

しばらくいくと、畑のかかしに話しかけられました。

「おおい、どこへいくんだい？」

ドロシーが願いをかなえてもらいにオズのところへいくのだというと、

「いっしょにいってもいいかい？　おいら、バカだから、りこうになりたいんだ。脳みそがほしいんだよ」

なかまがふえるのは、ドロシーにもうれしいことでした。ドロシーとトトとかかしが歩いていると、今度はブリキのきこりに会いました。これからオズのところに願いをかなえてもらいにいくのだと話すと、

「私は心がない冷たいやつだといわれているので、人を愛する心がほしいんだ。私も旅にくわえてください」

と、きこりもなかまに入りました。

やがて深い森にさしかかりました。するととつぜん、おそろしいうなり声とともに、ライオンがあらわれて、トトにおそいかかろうとしたのです。

「弱い者いじめをするなんて、ライオンのくせに臆病者！」

ドロシーがかんかんにおこると、ライオンはしゅんとうなだれました。

「そのとおり、おれは生まれつき臆病なんだ。ああ、少しだけでも勇気があればなあ」

ドロシーたちはライオンも旅のなかまにくわえることにして、みんなでエメラルドの都めざして出発しました。長い冒険はこうして幕をあけたのです。

知っ得ポイント

このあとドロシーたちはオズの魔法使いに会って、悪い西の魔女を殺すようにたのまれるのです。

カシオペヤ座

夏から秋の空高く、もっともきれいに見える星座です

Wの形

夏から秋の星空を見あげると、北極星の近くに、ローマ字のWの形にならんだ星座が見えます。これが、カシオペヤ座です。

カシオペヤ座は北極星のまわりをまわっているので、季節によってはWではなくて、反対のMの形や、3の形に見えたりすることもあります。そんなふうに見え方が変わっていくので、なにに見えるか、なんの形にたとえられるかも、場所によってちがいます。「山」とか、「船のいかり」とか、「らくだのこぶ」なんていう地方もあるようです。

カシオペヤという名前はどこからきているのでしょう？　カシオペヤというのは、ギリシャ神話に出てくる女王さまの名前です。Wの形をちょっとななめにすると、女の人が座っているように見えませんか？　その形――座っている女の人を女王さまに見立てたのです。

うぬぼれやの女王さま

カシオペヤは、古代のエチオピアの女王さまでした。とてもきれいな人でしたが、自分が美しいことをわかっていて、それを鼻にかけているところがありました。

そして、ある日、つい「わたしは海の妖精たちよりも美しい」と、いってしまったのです。

それをきいて、海の神さまポセイドンはたいそう腹を立てました。そして、海の怪物であるくじらをエチオピア近くの海に送りこんで大暴れさせたのです。さらに、カシオペヤの娘のアンドロメダを生贄にさしだすよう、命じました。

アンドロメダ姫は生贄として、あれくるう海の岩にくくりつけられましたが、ちょうどそこを通りかかったペルセウスという勇者に助けられました。そしてそのあと、ペルセウスとアンドロメダは結婚し、仲よくくらしたのだそうです。

秋の空には、カシオペヤ座の近くに、アンドロメダ座、ペルセウス座を見ることができます。アンドロメダ座の近くには、くじら座も輝いているのですよ。

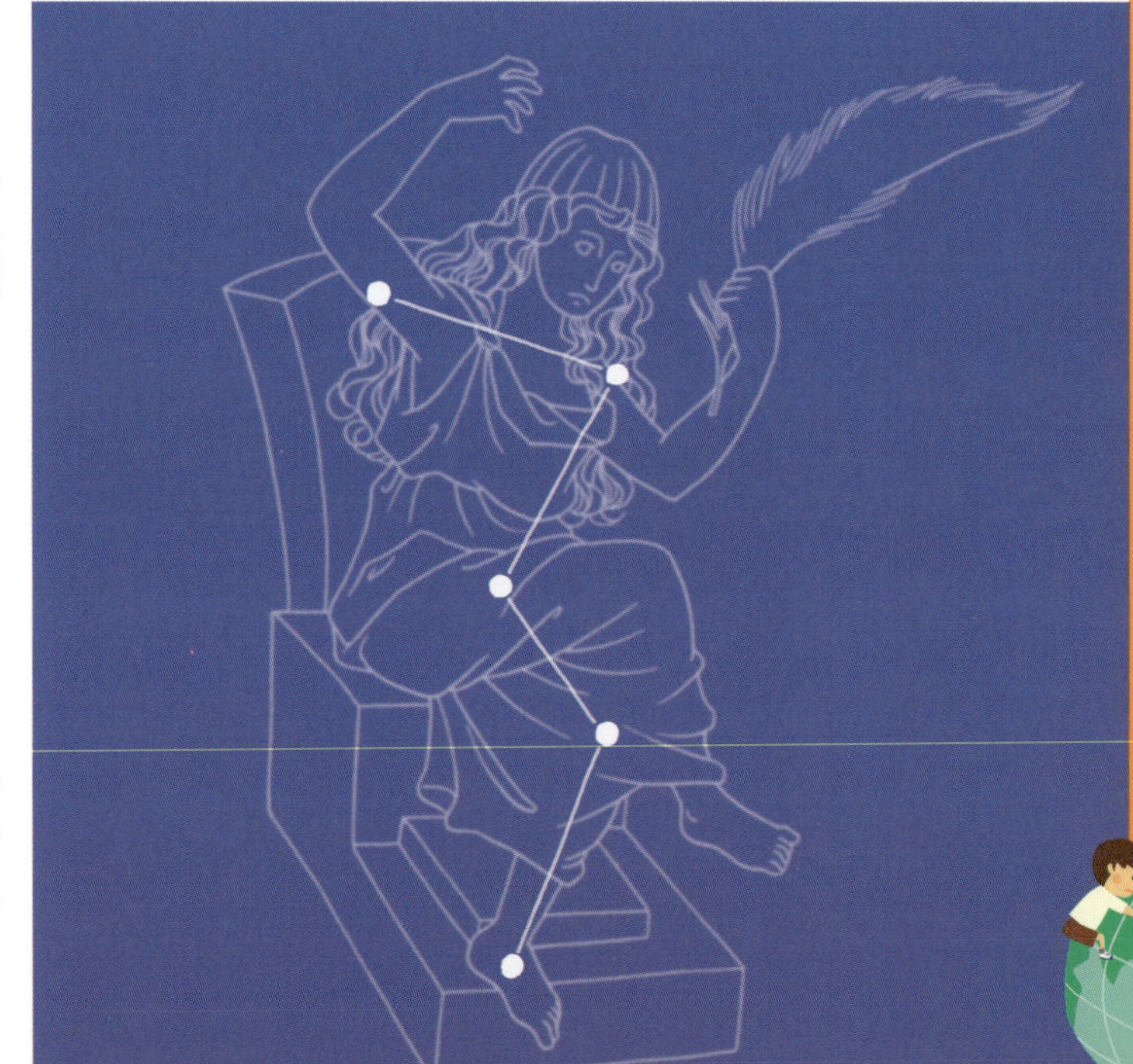

知っ得ポイント

8月ごろになると、ペルセウス座のあたりから、流星群が出てくる光景がよく見られます。

銀河鉄道の夜

宮沢賢治

銀河鉄道で
ふしぎな旅をした少年たちは……

星祭りの夜、クラスメートたちが川へ遊びにいく中、ジョバンニだけはいつものように活版所で働いていました。ジョバンニの家はお父さんがラッコの漁に出かけたきり便りがなく、お母さんは体の具合が悪かったので、ジョバンニが遊んでいるわけにはいかなかったのです。

そのあと家のおつかいで牛乳屋に出かけたジョバンニは途中で川へむかうクラスメートたちと会いましたが、「ラッコがくるよ」と口々にからかわれてしまいます。カムパネルラだけ、気の毒そうな目でジョバンニを見ていました。カムパネルラはその日の授業でも、先生にあてられて答えられなかったジョバンニをかばってくれたのでした。

クラスメートたちから逃げるように丘の上に走っていったジョバンニは、草の上に寝ころびました。子どもの歌う声や口笛が、きれぎれにきこえてきます。そのうち、ふしぎな声がきこえてきました。

「銀河ステーション、銀河ステーション」

気がつくと、ジョバンニは天の川にそって走る小さな汽車に乗っていました。前の席にはカムパネルラが座っています。

「みんなはね、ずいぶん走ったけれど遅れてしまったよ」

列車にはいろいろな人が乗ってきました。カトリックの尼さんに燈台守、鳥をとる人や、家庭教師の青年につれられた姉弟。その三人は、乗っていた客船がしずんだというのです。三人は天上へむかうためサウザンクロスの駅でおりていきました。

サウザンクロスの駅ではたくさんの人がおりていったので、汽車の中はがらんとさびしくなりました。

「カムパネルラ、ぼくたち、また二人きりになったね。どこまでもいっしょにいこう」

ジョバンニがそういうと。カムパネルラは目に涙をためてうなずき、とつぜん窓の遠くに見える野原をさしてさけびました。

「あの野原はなんてきれいなんだ。あそこがほんとうの天上なんだね」

ジョバンニはそちらを見ましたが、とてもそのようには思えません。カムパネルラのほうをふりかえると、座席にはもうだれもいませんでした。

目をひらくと、そこはもとの丘の上でした。ジョバンニはつかれて眠っていたのです。ジョバンニが走って丘をおりていくと、橋の上がざわついていました。きけば、子どもが川に落ちたのだといいます。

その子どもとはカムパネルラでした。ジョバンニは、カムパネルラがもうあの銀河のはずれにしかいないような気がしました。そのあと、ジョバンニはカムパネルラのお父さんから、自分の父親がまもなく帰ってくることを教えられました。ジョバンニは胸がいっぱいになって、いちもくさんに家へと走ったのでした。

知っ得ポイント

サウザンクロスというのは南十字星のこと。銀河鉄道は白鳥座、わし座、サソリ座……と星座の中を走ります。

日本近代医学の父

緒方洪庵

伝記（1810〜1863年　日本）

緒方洪庵は江戸の終わりのころ、今の岡山県で生まれました。武士の子でしたが、子どものころから体が弱かったので、医者になることにしたのです。

そこで、洪庵は十六歳で塾に入り、医学を学びはじめました。けれど、日本の医学はとても遅れていました。長いあいだ、鎖国（外国との交流をきびしく制限する政策）をしていたので、外国の進んだ知識や技術があまり入ってこなかったからです。そこで洪庵は、二十六歳のときに、外国との窓口だった長崎に出て、オランダ人医師のもとで医術を学びました。そして、その二年後、大阪で病院をひらきました。あわせて、若者に医学や西洋の知識を教える塾「適塾」をひらいたのです。

この適塾には、オランダ語を通じて西洋の事情や兵学を知ろうとする若者が全国から集まってきました。門下生はなんと、千人をこえるほどでした。その中から橋本左内、福沢諭吉など、その後の日本をつくり、ささえた人がたくさん出たのです。

適塾での教育はとてもうまくいっていましたが、洪庵は医者としての活動にも力をそそぎました。当時は、天然痘という伝染病がはやっていました。天然痘は、病気にかかった人の半数近くが命を落としてしまうというおそろしい病気。そんなとき、ちょうどイギリスで、天然痘にきく予防ワクチンがつくられたので、洪庵はそれを手にいれ、日本でも接種できるようにしたのです。

洪庵は、ワクチンを接種する特別な場所をつくったり、人々に予防ワクチンの効果をわかりやすく説明した絵入りのビラをつくったりしました。

当時は、もちろん、だれもワクチンのことなど知りませんし、わざわざ針を体にさすなんて、考えられませんでしたから、最初は理解してもらえませんでした。それでも、洪庵はあきらめずに、ワクチンの大切さを説いてまわりました。コレラが大流行したときにも、予防方法などをまとめた冊子をつくり、医師たちにくばりました。

ドイツの医学書三十巻のオランダ語版を、日本語に翻訳するという大仕事にもとりくみました。これは日本の近代医学の発展に、とても役に立ちました。その巻末に、こういうことばがあります――「人のために生活して、自分のために生活しないのが、医学である」。洪庵はそのことばを、じっさいにやってみせた医者だったのです。

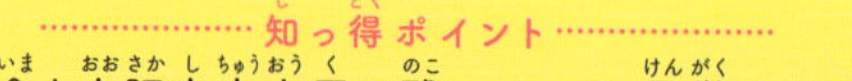

適塾の建物は今も大阪市中央区に残っていて、見学することができます。

飛びこめ

レフ・トルストイ

息子を心配した父親がいったこととは――

ある船が、世界一周をしたあと、国へ帰ろうと海を航海していた。

天気もよく、波も静かなその日、船の乗組員はほとんど甲板にいて、一ぴきのさるが飛びまわって、みんなを楽しませていた。変なかっこうをしたり、面白い顔つきをしたり、人まねをしたりしている。さるは、みんなが面白がっているのがわかるらしく、調子に乗って、いろいろな芸当をしているのだ。

そのうちに、さるは一人の少年のそばに飛んでいったかと思うと、いきなり少年の帽子をとり、それを自分の頭にひょいとのせて、するするとマストをのぼりはじめた。少年は、今年十二歳になる船長の息子だった。見ていた乗組員たちはどっと笑った。

さるはいちばん下の帆桁に座ると、口と手で帽子をやぶりはじめた。少年をからかうように、指をさしたり、変な顔をしてみせている。見ている人たちはいっそう大きな声で笑った。

少年は顔をまっ赤にして、上着をぬぎ、さるのあとを追ってマストをのぼっていった。あっというまに、いちばん下の帆桁までのぼりついたが、さるのほうがすばしこかった。少年が帽子をつかもうとした瞬間、もっと上へのぼったのだ。あれよあれよというまに、さると少年はいちばん上の帆桁までのぼってしまった。

すると、さるはかろやかに帆桁のはしまでいき、帽子を引っかけた。そうして自分はマストのてっぺんまでのぼり、歯をむきだして笑った。

少年はかっとなって、マストから手をはなし、帆桁の上を歩きはじめた。これには乗組員たちもぎょっとした。もし一歩でも足をふみはずせば、甲板までまっさかさまだ。みんな、はらはらしながら見ていた。そのうち、あまりのおそろしさに、だれかが「あっ」と声を出した。少年はその声に驚いて、下を見おろし、ふらついてしまった。

ちょうどそのとき、少年の父の船長が、かもめをしとめようと鉄砲をもって船室から出てきた。船長は帆桁の上でふらついている息子を見たとたん、鉄砲をかまえ、息子にねらいをつけた。そして、さけんだ。

「海へ飛べ。すぐに飛びこめ！　そうしないと、うつぞ！」

少年は父のことばがよくわからないようだ。船長はふたたびさけんだ。

「早く飛びこめ！　いいか、一、二……」

船長が「三！」というのと同時に、少年は海に飛びこんだ。そして、しばらくすると、ぽっかり水面にうかびあがってきた。乗組員達がすぐに少年を船に引きあげる。数分後、少年は口から水をはきだして、息をふきかえした。

それを見とどけた船長は、大きなうめき声をあげると、泣いているところを見られないように、急いで船室にかけこんだのだった。

知っ得ポイント

トルストイはロシアを代表する大文豪。おもな作品に『戦争と平和』や『アンナ・カレーニナ』などがあります。

リサイクル

社会

地球にある資源はかぎられているから……

ゴミ？　資源？

人間が生活していれば、ゴミが出ます。食べ物の残りかすや、商品が入っていた袋、紙パックや缶、ペットボトル……。

昔にくらべると、わたしたちはたくさんのゴミを出しています。モノが豊富にありますし、商品なども一つ一つていねいに包装されていますから、ゴミが出やすくなっているのです。

そんなゴミを全部捨てて、焼いたり、うめ立てに使ったりしていたら、たいへんです。モノをつくるための資源にも、ゴミを捨てる場所にも、かぎりがあるからです。そのために、考えられたのが「リサイクル」です。リサイクルとは、ゴミを資源にもどしてつくりかえること。

そして、今、日本でリサイクルできるものには、それぞれマークがついています。

リサイクルのマークはみなさんも見たことがあるでしょう。それぞれのマークの意味は知っていますか？

缶についているマーク

缶は鉄でできているスチール缶と、アルミニウムでできているアルミ缶があります。スチール缶はいろいろな鉄製品に、アルミ缶はアルミ缶や自動車の部品などに生まれかわります。

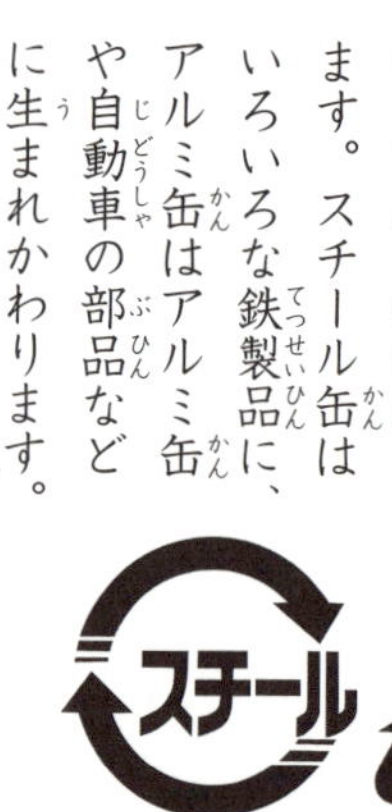

ペットボトルについているマーク

ペットボトルは石油でできています。回収されたペットボトルは、またペットボトルになったり、繊維になったりしています。

1
PET

プラスチック包装容器についているマーク

プラスチックでできた容器やつつみについています（バケツなどのプラスチック製品にはついていません）。ヨーグルトなどを入れるカップや卵などを入れる容器、お肉や魚がのったトレイ、お菓子の袋やレジ袋などです。

プラ

プラスチックも石油でできています。こうした包装容器は、プラスチック製品の原料などに生まれ変わります。

紙の包装容器についているマーク

紙でできた容器についています。紙でできているとはっきりわかるもの——新聞や雑誌、本にはついていませんが、そうした紙製品もリサイクルできます。段ボールや牛乳などの紙パックには別のマークがついています。

紙

リサイクルしてできた紙（古紙・再生紙）を使っているものにはこんなマークがついています。

R100

これは、回収された紙パックを再利用してつくられた製品についています。

R
牛乳パック再利用

知っ得ポイント

ゴミを処理するのに、日本では平均で1人1日約40円の費用がかかっているといわれています。

理科

大地のつくり

わたしたちがくらす大地はどんなふうにできたのでしょう

わたしたちがくらしている大地は、長い長い年月をかけてできあがったものです。

大地がどんなふうにできたのかは、場所によってさまざまです。でも、その歴史を見ることができる場所はあちこちにあります。

川の流れの力

海岸や崖を観察すると、断面にしまもようがあるところがあります。このしまもようを地層といいます。地層は、長い時間をかけて、川が運んできた土や砂、石がつみかさなったものです。土や砂が、海や川の流れのおそいところで、重たいものから下にたまっていくことを何度も何度もくりかえし、しまもようができていきました。

川の流れは、そんなふうに土や砂を運びますが、同時に、地面をけずっていく働きもします。川が地面をけずってできた大地のいちばんいい例が、アメリカにあるグランドキャニオンです。

グランドキャニオンがつくられはじめたのは、およそ7000万年前だといわれています。そのあたり一帯が、大地の変動でもりあがったのです。そして、とほうもない時間をかけて、コロラド川が地面をけずり、何百キロにもわたる深い渓谷をつくりあげました。

グランドキャニオンの深さはだいたい1200メートルあります。断面を見ると、たくさんの地層があるのがわかりますが、渓谷のいちばん底にある地層は、およそ20億年前にできたものです。

大地の変動

グランドキャニオンのはじまりは大地の変動で地面がもりあがったことでしたが、じつは地上でいちばん高い山エベレストがあるヒマラヤ山脈も、大地がもりあがってできたものです。

それは今からおよそ5000万年前のこと。インド大陸とユーラシア大陸が衝突し、ぶつかったところがもりあがって、山脈になりました。ヒマラヤ山脈は昔は海底だったのです。その証拠に、ヒマラヤの山からは貝の化石が見つかるのですよ。

アメリカにあるグランドキャニオン

知っ得ポイント

オーストラリア大陸は少しずつ北に動いていて、あと5000万年すれば、ユーラシア大陸にぶつかります。

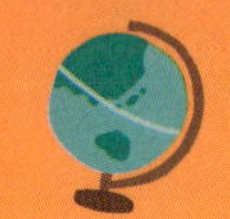

走れ

村中李衣

原典　ゆううつな運動会があたたかい思い出になった日

朝の日ざしがベランダからさしこむ。のぶよは、のそのそと三人分のふとんをたたむ。今日は、春の運動会。足のおそいのぶよには、ゆううつな日だ。

「ね、ね、今日はお母ちゃん、ぼくが走るまでにきてくれるよね」

歯みがきの途中で、けんじが顔をのぞかせる。

「ん……たぶんね」

のぶよは、お母ちゃんのしわしわの枕を、パンッとはたいて、おしいれにほうりこんだ。

のぶよたちのお母ちゃんは、駅前で、べんとうの仕出し屋さんをしている。お父ちゃんが亡くなってから、お母ちゃんが一人でがんばっているお店だ。遠足や運動会など、行事のある日は大いそがしで、朝まだ暗いうちから仕事に出かける。

去年の運動会には、お母ちゃんのかわりに、お店の手伝いのおばさんがお昼のべんとうをとどけてくれた。一年生だったけんじは、とびきりの一等を走ったあと、お母ちゃんがきていないことを知って、大べそをかいた。まだ三年生だったのぶよは、けんじをなぐさめるのと、そのあと始まる、びりまちがいなしの自分の短距離走のことで、心の中がぐしょぐしょだった。思い出したくない思い出だ。

「絶対にくるさ！　きのうの夜、ちゃんと約束したもん！」

けんじが、むきになって歯ブラシをふりまわした。

パッ、パパッ、パーンと、空をつきやぶるように、花火があがった。

明るい音楽といっしょに、プログラムはどんどん進んで、二年生の短距離走が始まった。のぶよは、けんじの走る番がくるぎりぎりまで、校門のところで待っていたが、お母ちゃんのバイクは見えなかった。

とうとう、けんじたちの番がきた。けんじは、保護者席をちらりと見た。が、すぐにまっすぐ前をにらんだ。そして、ピストルが鳴った瞬間、いっきにとびだした。速い。速い。

二位の子を五メートルも引きはなして、けんじはテープを切った。

「けんじはもう走っちゃったかい？」

かけつけたお母ちゃんが、肩で息をしながらグラウンドをのぞきこんだときには、二年生の短距離走は終わっていた。

お昼休み、お母ちゃんは、二年生の席までけんじをむかえにいった。

「お姉ちゃんにきいたよ。また一等だったんだって？　やるなあ、けんじは」

けんじは、下をむいて、返事をしない。

「店の人にあとをたのんで出かけようとしたら、まとめてべんとうの注

知っ得ポイント

運動会はイギリスではじまりましたが、全員参加でチームごとに団結しておこなう運動会は日本独特のものです。

文が入ったんだよ。三十個だからねえ。そのかわり、ほうら」

　お母ちゃんは、胸をはって、くいっと、べんとうづつみをのぶよに手わたした。のぶよがつつみをひらくと、けんじがつぶやいた。

「え？　これなの？」

「これって？」

　お母ちゃんが、笑いながらききかえした。

「ぼく、今日は特製のおべんとうつくってって、いったのに」

「だから、見てごらんよ。このからあげ、今日は、特上のもも肉ふんぱつしたんだから。あつ焼きたまごだって、いつもの三倍くらいあるよ。それにさ……」

「こんなんじゃいやだ。お店で売ってるのと同じじゃないか」

　お母ちゃんの笑顔が消えた。

「もういく」

　けんじが、だっと、かけだした。

　のぶよがとまどっているあいだに、お母ちゃんは、だまっておにぎりを食べはじめた。なんにもいわず、ゆっくり、ごはんをのみこんでいく。お母ちゃんのひざから、わりばしが二つ、かさりと落ちた。その紙の袋に、お母ちゃんのごちごちした文字で、一つずつ、

『けんじ、一等賞だ！』

『のぶよ、いけ！』

と書かれていた。

　のぶよは、わりばしをひろうと、ぎゅっとにぎって、けんじを追いかけた。

　けんじは、水飲み場のところで、水をがぶ飲みしていた。

「けんじ」

　けんじが水てきだらけの顔をあげた。

　のぶよは、だまって、わりばしを見せた。

　けんじは、しばらくその文字をにらんでいたが、帽子をぐっとかぶりなおすと、二年生の席へかけていった。

お昼ぬきで、午後の競技が始まった。

つな引きと、六年生のフォークダンスが終わって、四年生の短距離走になった。一列スタートするたびに、ぱっと砂ぼこりがあがる。次の列が、ざわざわと前進する。

（あと一列）

のぶよの心臓の音が、だんだん高くなる。

ザクッという音と砂ぼこりのあと、のぶよの目の前が急に広くなった。深呼吸して、体を前にたおす。頭の中がまっ白になっていく。

「ようい！」

耳のおくで、かすかにピストルの音をきいた。両わきからいちどきに風がおこる。一つおくれて、のぶよも体を前におしだした。

（がんばって走らなきゃ）

体が重い。

（お母ちゃん、ショックだったろうな。でも、けんじもさみしくて……わたしだってほんとうは……）

体がどんどん重くなる。一生けんめい走ろうとすればするほど、体がうしろへさがっていく。

（あ、もう走れない）

そのとき、ふいに背中に、二つの声がかぶさった。

「姉ちゃん、いけ！」

「のぶよ、いけっ！」

思わず、ぎゅんと足が出た。

「走れ！　そのまんま、走れ！」

おしりが、すわっと軽くなる。次の瞬間、体にからみついていたいろんな思いが、するするほどけていった。

走った。どこまでも走れる気がした。透明な空気の中に、体ごと飛びこんだ。

「はい、きみがラストね」

とつぜん、係の声がした。

体の中は、まだどくどく波うって走りつづけている感じだ。

ラストということばが、こんなに誇らしくきこえたことは、はじめてだった。

退場門から出ると、けんじとお母ちゃんが立っていた。

「へたくそ」

けんじが、ぷくりとふくれたくちびるを動かして、おこったようにいった。そばで、お母ちゃんがにかっと笑った。

いきなり、けんじが走りだした。ころがっている旗をとびこえ、だんボール箱をとびこえ、走る。走る。

のぶよも、追いかけて走りだした。

「おなか、へったぞお」けんじが、前を走りながら大きな声でいった。

「おなか、へったよお」

のぶよも、うしろから大きな声でいった。

二人は走った。走りながら、笑った。笑いながら、走りつづけた。

8月の
おはなし

原典　遠い故郷へ思いをはせて

椰子の実

島崎藤村

名も知らぬ遠き島より
流れよる椰子の実一つ

故郷の岸をはなれて
汝はそも波にいく月

もとの樹は生いやしげれる
枝はなお影をやなせる

われもまた渚を枕
孤身の浮寝の旅ぞ

実をとりて胸にあつれば
新たなり流離の憂

海の日のしずむを見れば
たぎり落つ異郷の涙

思いやる八重の潮々
いずれの日にか国に帰らん

名前も知らない遠い島から流れてきた椰子の実が一つ、落ちている。

故郷の岸をはなれて、この椰子の実はいったいどれくらい長いあいだ、波間をただよってきたのだろう。

椰子の実が実っていた木は、今もしげっているだろうか。枝はまだ影をつくれるほど太々とのびているだろうか。

わたしも、椰子の実と同じように、渚を枕にして眠っている。一人ぼっちのさすらいの旅の途中だ。

椰子の実を手にとって胸にあててみると、さすらいの身の悲しみが新たにわきおこってくる。

海に日がしずむのを見ると、よその土地にいる悲しみの涙がはらはらと流れだす。

はるか遠くつづいている海のかなたを思う。いつになったら、わたしは故郷へ帰るのだろう。

知っ得ポイント

民族学者の柳田國男さんがじっさいに浜で見つけた椰子の実がきっかけになって、この詩が生まれました。

国語

花のき村と盗人たち

新美南吉

盗みをするつもりだった盗っ人たちは……

昔、花のき村に五人の盗人がやってきました。村の入り口には、野原が広がり、子どもや牛が遊んでいました。なんとも平和でのどかな村です。盗人の親方は村に入るとすぐに、弟子たちを偵察にいかせました。

弟子たちを見送り、やぶのかげで待っていると「おじさん」と、うしろから声をかけられました。親方がふりかえると、小さな男の子が子牛をつれて立っています。これから旅に出ようというのか、新しい草鞋をはいています。

「この牛、もっていてね」

そういうと、たづなを親方にもたせて、ほかの子どもたちのほうへ走っていってしまいました。

親方は笑いだしました。なにしろ、弟子たちが村を偵察しているあいだに、こちらはもう牛を手にいれてしまったのですから。

親方はしばらく大笑いしていましたが、そのうち涙が出てきました。涙が流れて流れて止まらなくなりました。笑いすぎて涙が出てきたのではありません。ほんとうに泣いていたのです。親方はうれしかったのです。今まで、他人からは冷たい目で見られ、通りで出くわしてもさけられてきました。でも、あの男の子は盗人である自分に牛をあずけてくれたのです。人から信用してもらえるというのはなんと幸せなことなのでしょう。

やがて夕方になりました。でも、男の子はもどってきません。どうしたものかと思っていると、弟子たちが帰ってきたので、親方は、「牛を子どもからあずかったんだが、とりにこないので、その男の子をさがしてほしい」とたのみました。

弟子たちは驚きました。あずかったものを返すなんて、盗人らしくありません。けれど、親方がわけを話すと、弟子たちも親方の気持ちがわかったので、子どもをさがしにいきました。

ところが子どもは見つかりません。最後の手だてで、盗人たちは役人にたずねることにしました。村の役人はたいそうな老人でした。親方がわけを話すと、牛をあずかってくれたばかりか、ごちそうでもてなしてくれました。楽しくごちそうをいただいたあと、五人はお礼をいって、帰っていきました。でも、すぐに引きかえしてきました。

「わたしたちを信じてくださるご老人を、あざむくことはできません」

親方はそういうと、自分が今までしてきた悪いことを洗いざらい白状したのです。

こうして五人の盗人は改心したのですが、そのもとになったあの男の子はだれだったのでしょう。村人たちもその後子どもをさがしたのですが、見つけることはできませんでした。ただ、橋のたもとに昔からあるおじぞうさんに、その日も新しい草鞋がそなえられていたのだそうです。

知っ得ポイント

他人から冷たい目で見られれば心はすさみ、信用されれば幸福になれる――人とのつながりがだいじなのですね。

分数の誕生

はるか昔から、みんなでなにかを分けるときに使っていたのですね

分数って、なに？

たとえば、大きなピザを5人で食べるとき、みなさんはどうしますか？ 大きなピザを5つに切って、1人1枚ずつ食べますよね？

このように、大きなものをある数に分けて、そのうちの一部をあらわすときに使うのが分数です。

たとえば、先ほどのピザの話だったら、1人が食べるピザの大きさは、もとのピザの大きさの「$\frac{1}{5}$」とあらわして、「5分の1」と読みます。横棒の下の数字は分母。上の数字は分子といいます。ある数字やものを分母の数でわって、そのうちのいくつ分かを分子であらわすのです。

ちなみに、まんなかの横棒は「かっ線」といいます。「かっ」は「かっこ」の「かっ」と同じです。

分数のはじまり

ものを何人かで分けるとき、分数は必要です。だからでしょう、分数が誕生したのは、4000年以上も前の古代エジプトでした。

古代エジプトの遺跡からは、分数があったことがわかる証拠がいくつも出ています。

分数はありましたが、あらわし方は、今とはちょっとちがっていました。

分数だということをあらわすのは、こんな記号です。

なんだか口みたいな形ですね。たとえば、3分の1をあらわすときは、

この記号に下に、3をあらわす記号を書いていたのです。

今のように分母と分子を線で分ける形で分数をあらわすようになったのは、およそ千年前。イタリアの数学者フィボナッチが考えだし、それからヨーロッパじゅうに広まっていったといわれています。

知っ得ポイント

たいてい、小数は分数の形であらわすことができますが、それができない小数もあります。その1つは円周率です。

国語

パンドラのつぼ

ギリシャ神話

人間の世界に、災いと希望があるのはどうして？

これは、ギリシャにまだ神さまたちがすんでいたころのおはなしです。

古からいる神さまの中に、プロメテウスとエピメテウスという兄弟がいました。二人の仕事は、人間や動物たちに、力をさずけること。たとえば、鳥には空を飛ぶ翼を、貝には自分の身を守るためのからを、また狼やとらなどには、するどい爪や牙、すばしこさなどをあげました。

ところが、たいへん！　二人が気前よくみんなにいろいろな力をあたえたために、人間にあげられるものがなくなってしまったのです。

そのころの人間は、火を知りませんでした。ですから夜は暗闇におびえ、寒さにぶるぶるふるえていました。そこで、プロメテウスは、人間に火をあげることにしました。

火をもっているのは、太陽の神さまヘリオスです。ヘリオスは、四頭の馬が引く火の車で、東の宮殿から空にまいあがり、大空をかけて、西の宮殿に帰るのが日課でした。プロメテウスは赤々と燃える馬車の車輪にたいまつを近づけて火を盗み、それを人間に分けてあげました。プロメテウスから火をもらったおかげで、人間のくらしはとても便利になりました。でも、いちばんえらい神さま、ゼウスはかんかんです。

「人間どもに大切な火をあたえるとは、いったいどういうことだ！」

ゼウスはプロメテウスを山にくさりでつなぎ、体をわしに食べさせるという罰をあたえました。そして、人間たちにも罰をあたえようと、パンドラという女性をつくり、プロメテウスの弟エピメテウスのところへ送りこみます。エピメテウスは美しいパンドラをすぐに好きになり、二人は結婚しました。

さて、エピメテウスの家には、プロメテウスがおいていった小さなつぼがありました。けっしてあけてはいけないといわれているつぼです。

「つぼには、人間にとってよくないものが入っている。絶対にあけてはいけないよ」

エピメテウスのいいつけをパンドラはしばらく守っていましたが、気になってしかたありません。あるとき、とうとうそのつぼをあけて、中をのぞいてしまったのです。すると、つぼの中から、痛みや苦しみ、うらみ、憎しみ、ねたみなど、人間を不幸にする災いがいっきに飛びだしました。驚いたパンドラはあわててふたをしましたが、あとのまつり。たくさんの災いは、世界じゅうに飛んでいってしまいました。

そのとき、つぼがかすかに動きました。そっとふたをとってみると、つぼの底に一つだけ残っていたものがありました。それは「希望」でした。プロメテウスがそっと中にいれておいてくれたのです。そのおかげで、たとえ戦争や病気のようなつらいこと、悲しいことがあっても、わたしたちはいつも心の中に希望をもって生きることができるのですよ。

知っ得ポイント

この物語がもとで、「パンドラの箱をあける」（タブーをおかして手をつけること）という格言ができました。

土星

理科

うきわのような環が特ちょう的な惑星

土星の内側

土星は、太陽系の惑星の中で、木星についで2番目に大きい惑星です。直径はおよそ12万キロメートルで、地球の9倍もあります。

それほど大きい惑星ですが、中はすかすかなので、とても軽く、水にうかべたらういてしまいます。

土星は、木星と同じように、ほとんどはガスでできていて、いちばん外側は、アンモニアとメタンでできた雲でおおわれています。その雲が、木星と同じようにしまもようをつくっています。

太陽からとてもはなれているので、土星はとても寒く、表面の温度はマイナス180度です。また、軌道もとても長くて、太陽のまわりを29年かけて1周しています。でも、自転のスピードはとても速く、10時間ちょっとでひとまわりしてしまいます。

土星の環のなぞ

土星は、環があることでとても有名です。土星のまわりになにかがあることは、1600年ごろ、天文学者のガリレオ・ガリレイが発見しました。でも、倍率が低い望遠鏡を使っていたので、それが環であることはわからなかったのです。

今では、土星の環がじつは10本以上あることがわかっています。環は小さな氷のつぶでできていて、小さいものはちりぐらい、大きいものは数メートルはあるようです。そして、それぞれの環によって、つぶの大きさがちがっています。

環は見つかった順に、A、B、C……と記号がつけられています。地球からよく見える明るい環は、AからCまでの3本で、いちばんよく見えるBの環のはばは、2万5000キロメートル。地球の直径より広いのです。

そのほかの、よく見えない環は暗く、環をつくっているつぶは、1ミリにもみたない、ちりのような大きさです。

土星の環は、倍率が40～50倍くらいある望遠鏡があれば、はっきり見ることができます。見える時期は年によってちがうので、ネットなどで調べてみましょう。

知っ得ポイント

環をまとった姿が美しいので、土星は「太陽系の宝石」ともよばれています。

社会

原子爆弾

広島と長崎に落とされた、人類史上最悪の爆弾

8月6日のおはなし

悪魔の兵器

１９４５年８月６日午前８時15分、広島に原子爆弾が落とされました。そして、その３日後の８月９日午前11時２分、長崎にも原子爆弾が落とされました。

原子爆弾は地上からおよそ５００メートルのところで爆発し、一瞬にして、多くの人の命をうばいました。

原子爆弾はそれまでの爆弾とはまったくちがうおそろしい兵器でした。爆発した瞬間、たいへんな高温の熱線と、放射線、そしてすさまじい爆風を発するのです。

原爆が爆発したとき、直径３００メートルくらいの火の玉ができました。中心の温度は１００万度以上。原爆が爆発した近くでは、地表の温度が３０００度をこえて、あらゆるものが火をふきました。人々の肌は焼けこげ、一瞬で炭のようになったそうです。

爆風もすさまじく、あっというまに近くの建物はおしつぶされ、ふきとばされました。

けれど、原爆がなによりおそろしいのは、放射線を出すことです。放射線は目に見えませんが、体にあびると、いろいろな細胞をこわすのです。爆弾が爆発したところから１キロメートル以内にいた人は、大量の放射線をあびて命を落としました。

また、そのとき放射線をあびなくても、あとから原爆が爆発した近くにいっただけで、残っていた放射線をあびて、少しずつ体をこわして亡くなった人もいます。そして今でも、そのときにあびた放射線のせいで苦しんでいる人がいるのです。

その年の終わりまでに、広島では約14万人が、長崎では７万人が亡くなりました。たった１発の爆弾が、そんなにも多くの人の命をうばったのです。

原爆のきのこ雲

原爆のその後

そのあと、アメリカは水素爆弾という原子爆弾よりもさらにおそろしい爆弾をつくりました。原子爆弾や水素爆弾のことをまとめて核爆弾とよびます。核爆弾をつくっているのは、アメリカだけではありません。今は、ロシア、イギリス、フランス、中国、インド、パキスタン、北朝鮮が核爆弾をもっています。アメリカとロシアはそれぞれ４０００個以上。世界全体で、１万個の核爆弾があるといわれています。

核爆弾は無差別に、一瞬にして大量の人間を殺す兵器です。日本は、核爆弾を落とされたゆいいつの国として、そのおそろしさを世界にうったえていく義務があるのです。

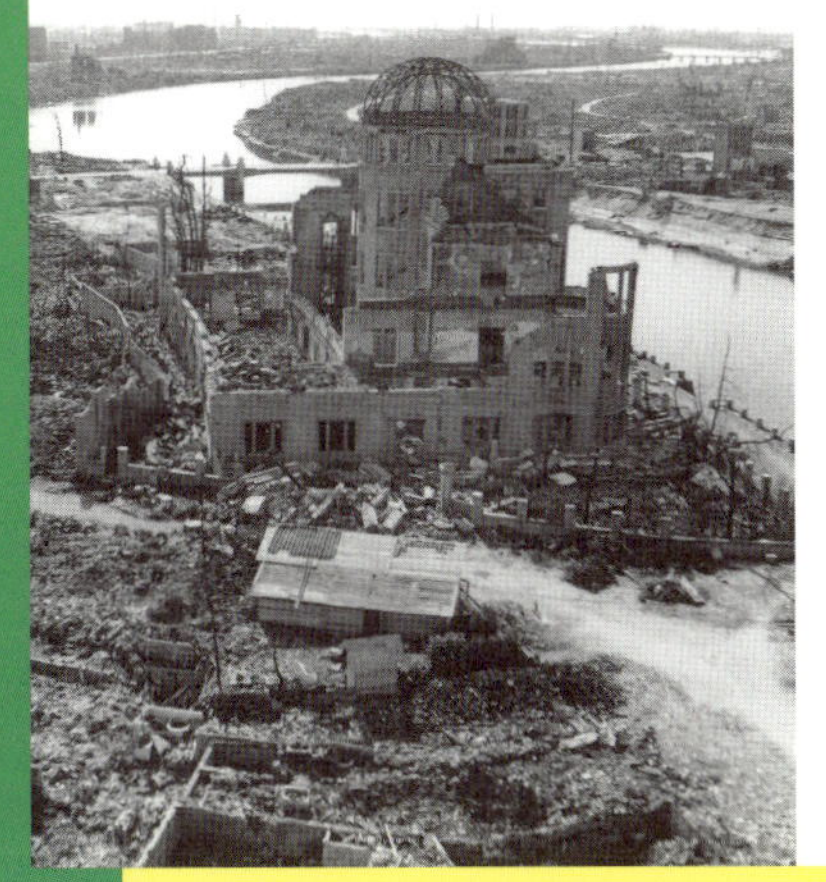
原爆が落とされたあとの広島市内

知っ得ポイント

広島に落とされた爆弾はリトルボーイ、長崎に落とされた爆弾はファットマンというあだ名でよばれています。

マザー・テレサ

国語

傷ついた人によりそいつづけた聖女

伝記（1910～1997年　インド）

マザー・テレサは東ヨーロッパのコソボという町（今はアルバニアの町）に生まれました。小さいときから両親につれられて教会へかよっていたマザー・テレサは、十四歳になるころには、貧しい人や社会の中でしいたげられている人たちの役に立ちたいと思うようになりました。

そして、十八歳になったとき、修道女となって、遠くはなれたインドへいくことを決めたのです。その時代、一度、外国の修道院にいったら、もう故郷へ帰ってくることはできませんでした。両親や家族、親しい友だちとも二度と会えないのです。それでも、まだ少女だったマザー・テレサは、自分の信じる道を進もうと決心したのでした。

インドではカルカッタという町のスラム（とくに貧しい地区）にある修道院で働きました。修道院にやってくる子どもたちに勉強を教えたり、病気の人の世話をしたのです。でも、修道院には決まりがあって、修道女は外に出て活動してはいけないことになっていました。

修道院の一歩外に出たら、そこは地獄のようでした。道ばたでのたれ死ぬ人や、食べるものもなくてガリガリにやせた人たちであふれかえっていたのです。

マザー・テレサは悩みました。

「私はこれでいいのだろうか？　修道院といういごこちのいい囲いの中で、やってくる人たちを助けているだけでいいのだろうか？」と。

迷い、悩みつづけたマザー・テレサは、ついにカルカッタにきてから十年後、大きな決意をしました。修道院を一人で出て、町でくらしはじめることにしたのです。

まず空き地を見つけて、そこでスラムの子どもたちに勉強を教えました。町を歩き、倒れた人がいれば介抱したり、病院に運んだりしました。そんなことをしているうちに、手をかしてくれる人が、次々にあらわれるようになりました。

そして二年近くたったころ、マザー・テレサは「神の愛の宣教者会」という修道会をなかまとつくりました。目的は、おなかをすかせた人、家がない人、体の不自由な人、病気の人、だれからも世話してもらえない人のために働くこと。この活動はそれから、インドだけではなく、世界じゅうに広がっていったのです。

マザー・テレサはこんなことをいっています。

「大きなことをしようとする人はたくさんいます。でも、小さなことをしようとする人はほんの少ししかいないのです」

マザー・テレサがしたのは、ほんの「小さなこと」でした。でも、その小さなことがつみかさなり、どんどん広がって、世界を変えることができたのです。

知っ得ポイント

貧しい人たちのための活動が評価されて、マザー・テレサは1979年にノーベル平和賞を受賞しました。

国語

おおくまぼし

レフ・トルストイ

夏の夜空を見あげてごらん

8月8日のおはなし

昔々、長いあいだ雨がふらなかったことがありました。大きな川にも、小川にも、湖にも水がなくなり、木や草はかれ、人や動物たちはたいへん困っていました。

ある晩のこと、一人の女の子が、ひしゃくをもって、水をさがしに家を出ました。女の子のお母さんは、病気だったのですが、水がないために病気が悪くなっていたのです。女の子はお母さんになんとか水を飲ませてあげたかったのです。

女の子は、夜道を歩きまわりました。けれども、どこにも水はありません。すっかりくたびれて、野原で横になると、眠ってしまいました。

しばらくして目をさますと、どうしたことでしょう。からっぽだったはずのひしゃくが、冷たい水でいっぱいになっています。

「わあ、うれしい！」

女の子は思わずさけびました。

ずっと水を飲んでいなかったので、水を見ると飲みたくて、のどが鳴りました。けれど、女の子はすぐにお母さんのことを思い出しました。まずお母さんに飲ませてあげなくちゃ。

女の子は走りだしました。ところが、そのとたん、足もとにいた子犬につまずいて、ひしゃくを落としてしまったのです。子犬は水をほしがって鳴いています。女の子は水がこぼれたと思って、急いでひしゃくをひろいあげました。でも、水は少しもこぼれていませんでした。

「ああ、よかった」

女の子は自分の手のひらに水を少しためて、鳴いている子犬にのませてあげました。

すると、木のひしゃくが銀のひしゃくに変わったのです。女の子はびっくりしましたが、そのままお母さんのところにもってかえりました。

「お母さん、お水よ」

そういって、お母さんに銀のひしゃくをわたします。でも、お母さんは首をふっていいました。

「ありがとう。でも、わたしの病気は重くてとても助からないのだから、この水はおまえがお飲みなさい」

お母さんがひしゃくを女の子にかえすと、銀のひしゃくが金のひしゃくに変わりました。

女の子ががまんできなくなって水を飲もうとしたそのとき、入り口からおじいさんが入ってきました。

「のどがかわいて死にそうです。水を飲ませてくださいませんか」

女の子は水のかわりにつばを飲みこみ、「はい、どうぞ」と、金のひしゃくをおじいさんにさしだしました。

そのとたん、ひしゃくの中に、七つの大きなダイヤモンドがころがりでてきました。そして、ひしゃくからは、冷たい水があふれでたのです。

七つのダイヤモンドはきらきら光りながら、天にむかって高く高くのぼっていきました。その七つのダイヤモンドは、おおくまぼしとなって、今でも夜空に美しく輝いています。

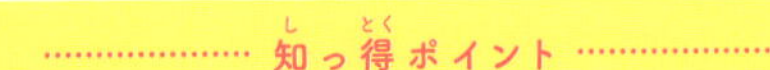

知っ得ポイント

おおくまぼしは、日本では北斗七星とよばれています。ほんとうにひしゃくの形をしていますよね。

ファーブル昆虫記・セミ

鳴き声で夏のおとずれをつげる虫

アンリ・ファーブル

セミの一生

夏になると「ミーンミンミーン」「ジージー」「ツクツクボウシ」「カナカナカナ」と、大音量で、セミの鳴き声がきこえてきます。鳴いているのは、みんなオス。セミはオスしか鳴きません。

セミは、2年から7年間、子どものまま土の中ですごします。そして、子どもから大人になる年の夏、ようやく地上に出てきて、大人のセミになるのです。

大人になったセミは、たったひと月しか生きられません。そのひと月のあいだに、メスはオスと結婚して、卵をうみます。セミのオスがあんなに大きな声で鳴くのは、このため。メスにプロポーズするためなのです。

メスは、どんなふうに卵をうむのか観察してみましょう。メスのおなかには、1センチメートルくらいの針があります。この針を、木の枝などに、ぐっとさしこみます。それから、おなかをのばしたり、ちぢめたりしながら、針がすっかり見えなくなるまで、深くさしこむのです。それからだいたい10分くらいかけて、卵をうみ、うみおわると針をぬいて、少し枝を上にのぼり、同じことをくりかえします。

こうして、メスのセミは、枝を上へ上へのぼりながら、針をさしては、卵をうむことを40回ぐらいくりかえすのです。ひとつの穴に、およそ10個の卵をうむので、合計すると400個。こんなにたくさんうむのは、絶滅しないためです。

この卵の全部が、セミになれるわけではありません。ハチの子に卵を食べられたり、ぶじに大人になれたとしても、すずめやヤブキリに食べられてしまったりするのです。

秋になると、卵がかえって、幼虫が出てきます。幼虫は、しばらく「どのあたりにもぐろうか?」と、場所をさがしまわったあとで、土の中にもぐります。そして、冬のあいだは、なにも食べずにじっとしています。管のような口で木の根から汁をすうようになるのは、春になってから。そんなふうに、1年、また1年とすごし、何年もたってから、地面の上に出てくるのです。

地上に出てきたセミは、小枝を見つけてよじのぼります。前足で小枝をがっちりつかみ、しばらくじっとしていると、前足ががっちりかたまって、がんじょうな足場ができます。脱皮のための足場です。観察していたら、胸と背中にわれ目ができて、中から緑色のセミが出てきました。とても弱々しい姿です。けれど、2時間もたてば、空へと力強く飛んでいけるようになります。

そして、それからひと月、セミは声をはりあげ、せいいっぱい生きるのです。

知っ得ポイント

大人のセミの寿命は7日間とよくいわれますが、ほんとうはひと月くらいなのです。

国語

きつねとやぎ

イソップ

きつねがずるいのか、
やぎがまぬけなのか

　ある井戸の底に、きつねがいました。なぜ井戸の底にいるかって？　草原をさっそうと走っているとき、井戸があることに気がつかないで、うっかり落ちてしまったのです。きつねは、上にあがることができずにすっかり困っていました。

　しばらくすると、のどがかわいたやぎが、その井戸の前にやってきました。

　井戸をのぞくと、きつねがいるのが見えたので、やぎは、

「やあ、きつねさん、その水はおいしいかい？」

と、たずねました。

　きつねは、いいアイデアを思いつきました。そこで、

「ああ、信じられないほどうまいよ。この水を飲まなかったら、一生後悔するぞ。なあ、やぎくん、こっちまでおりてこいよ」

と、やぎにすすめました。

　きつねにだまされているとも知らずに、やぎはうっかり井戸の底におりていきました。

　井戸の水を飲んで、のどもうるおったやぎは、

「ああ、生きかえったよ。さて、きつねさん、このあと、どうやって上にもどればいいんだい？」

と、きつねにたずねました。

　きつねは、しめしめとばかりに、

「きみが、前足を壁につっぱって、角を前に出してくれれば、おれが背中に乗って、外に飛びだして、あとからきみを引きあげてやるよ」

と、いいました。

　やぎは今度もきつねのいうとおりに、前足を壁につっぱって、角を前に出してやりました。

　きつねはさっそく、やぎの背中にぴょんと乗ると、そこから角をふみ台に、井戸の口までよじのぼりました。

　そして、

「じゃあな」

と、むこうにいこうとしたので、やぎはあわてて、

「ちょっと、きつねさん、約束がちがうじゃないか。早くわたしを引っぱりあげておくれよ」

と、声をかけました。

　すると、きつねはふりかえって、

「やぎくん、きみのあごにある毛の数ほど知恵があれば、出方もわからないのに、井戸の底におりるなんてバカなまねはしなかったろうよ」

といって、さっさとむこうにいってしまいましたとさ。

　自分で考えないで、他人のいうことをうのみにしていると、こういう目にあうものなのですよ。

知っ得ポイント

イソップ童話のきつねはずるがしこい役まわりですが、アメリカの民話ではまぬけ者として描かれています。

タバコ

保健体育

8月11日のおはなし

もくもくしたタバコの煙はみんなの迷惑です

タバコはガンの原因

あなたのまわりの大人で、タバコをすっている人はいますか？　タバコをすう人は、少しずつへっていきます。タバコは人間にとって、悪いものだとわかってきたからです。

タバコのなにが人間にとって悪いのでしょう？　タバコには２００種類以上の有害なものが入っています。とくにガンの原因になる発ガン性物質はたくさん入っています。

タバコをすう人は、肺ガンになるという話をきいたことがあると思います。ところが、じつは肺ガンだけではないのです。胃ガンや食道ガンなども、タバコをすっている人はすっていない人にくらべて、２倍近くかかりやすくなります。

人間の体に悪いのは、発ガン性物質だけではありません。タバコに入っているニコチンという成分には、血管をちぢめてしまう働きがあります。ですから、タバコをすっている人は、高血圧や心筋こうそくといった、血液の流れが悪くなっておこる病気にかかりやすくなります。

まわりの人にも迷惑

さて、タバコが悪いといわれるいちばん大きな理由は、なんだと思いますか？

それは、タバコをすっている人の近くにいる人まで、タバコの害をうけてしまうからです。タバコをすう人が体を悪くするのは、しかたのないことです。体に悪いとわかっていてすっているのですから。

タバコのいちばんいやなところは、副流煙といわれる煙です。火のついたタバコを思いうかべてみてください。先のほうから、うっすらと煙が立ちのぼっていますよね。あれが副流煙。この副流煙は、じっさいにタバコをすって体に入る煙より、ずっと毒があるのです。

成長しつづけている子どもの体は、細胞もどんどんふえています。ですから、もし発ガン性物質にさらされつづけてガンになってしまったら、ガン細胞もあっというまにふえてしまいます。

タバコは、自分ですわないのはもちろん、すっている人の近くにいかないことが大切です。もしまわりの大人でタバコをすっている人がいたら、タバコの害を教えて、やめてもらいましょう。

知っ得ポイント

タバコのパッケージには、タバコの害について書いた文章をのせることが法律で決められています。

お米づくり

日本のおいしいお米は世界一です

お米のルーツ

お米はイネという植物の実です。

イネの穂を見たことがありますか？秋のはじめごろ、黄金色にじゅくしたイネの穂が、太陽の光をあびて輝くさまはとてもきれいです。

イネは、今から1万年ぐらい前に、インドや中国のあたりで栽培されるようになりました。それが、日本に伝わったのは、およそ3000年前。縄文時代の終わりでした。そのころ、はおなべに水とお米をいれ、ぐつぐつ煮て、おかゆのようにして食べていました。今のごはんと同じようになったのは江戸時代のことです。食べ方は変わりましたが、そんな昔から、わたしたちはお米を食べつづけてきたのです。

田植えから白米になるまで

では、お米ができるまでを、順に見ていきましょう。

・苗づくり

日本では、田んぼに直接種をまくのではなく、10センチメートルくらいまで育ててから、田んぼにうつしかえます（そこまで育ったイネの赤ちゃんを苗とよびます）。だいたい3～4月に苗を育てながら、田んぼの土をほりおこして、イネが育ちやすい状態にします。

・田植え

5月ごろ、育った苗を田んぼにうつします。昔は人が手でやっていましたが、今はほとんど機械を使っています。

・田んぼの管理

あとは、お米ができるまで、田んぼの水を調整したり、雑草や虫をとりのぞいたりします。お米は土と水によって育ちます。水の調整は、おいしいお米をつくるのにとてもだいじなのです。

・収穫

お米が実って、イネの穂がその重みでたれさがるようになったら、いよいよイネかりです。イネをかったら、モミ（お米が入っているところ）をとって、カビがはえないようにかわかして、モミのからをとりのぞきます。この状態が玄米です。玄米のまわりにはぬかがついているので、お店で売るとき、好みにあわせて、ぬかを落とします。

玄米（右）と、ぬかをとった白米（左）

知っ得ポイント

お正月、お花見、お月見、すもう、能……お米の豊作を願って生まれた行事や芸能はたくさんあります。

仙人

芥川龍之介

仙人になりたい男はどんな苦労にもたえました

昔、大阪の町に、権助という男が仕事をさがしにきました。権助は、さっそく仕事をさがしてくれる口入れ屋にいって、こうたのみました。

「私は仙人になりたいので、そういうところをさがしてください」

口入れ屋は驚いて、しばらく口がきけませんでした。

「もしもし、きこえませんでしたか？　私は仙人になりたいので、そういうところをさがしてください」

「まことにお気の毒ですが、わたしどもでは、仙人なぞの口入れを引きうけたことがありませんから、どうぞほかへおいでなすってください」

それをきいた権助はおこりました。

「この店の看板には〈万口入れどころ〉と書いてありますよ。万っていうからには、どんな仕事でも見つけるのがほんとうじゃないんですか」

そういわれては、口入れ屋もいいかえせません。明日までおいでなさいと権助を帰し、近所の医者のところへ相談にいきました。仙人の修行ができるところを知らないかときかれた医者は困ります。ところが、話をきいていた医者の女房が、「だったら、うちへつれておいで」といったのです。

よく日、口入れ屋が権助をつれていくと、医者の女房はいいました。

「仙人になりたいなら、まずうちで二十年、ただで働きなさい。そうしたら、仙人になる術を教えてやりましょう」

権助は喜んで、それから二十年間、医者の家で働きました。水くみ、まきわり、飯たき、そうじに医者のおとも。そのうえ、給料は一銭もなしというのです。そして、ついに二十年がたちました。権助は医者夫婦のもとへいき、仙人になる術を教えてほしいとたのみました。

すると、女房は平気な顔で、「これから私のいうとおりにするのだよ。どんなにむずかしいことでも、いうとおりにしないと、仙人にはなれないからね」といったのです。

「はい、きっとやりぬきます」

いいつけを待つ権助に、女房はいいました。

「それではあの松におのぼり」

権助はするすると松にのぼります。

「もっと高く」

権助はてっぺんまでのぼりました。

「では、そこで右手をおはなし」

権助は右手をはなします。

「次は、左手もはなしておしまい」

権助は左手をはなしました。両手をはなしたのですから、落ちずにいるわけはありません。ところが、権助の体は空中にうかんでいるのです。

「ありがとうございます。おかげで私も一人前の仙人になれました」

権助はおじぎをすると、青空をふみながら雲の中へのぼっていきました。医者の夫婦がどうなったか、それはだれも知りません。ただ、庭の松はずっとあとまで残り、のちに大商人の淀屋辰五郎がわざわざ自分の家にうえかえたそうです。

知っ得ポイント

医者の夫婦がどうなったか――あなたならどう思いますか？　それがこの物語のミソかもしれません。

国語

宮沢賢治

(1896〜1933年　日本)伝記

人を愛し、人から愛された文学者

宮沢賢治は、今から百五十年ほど前、岩手県花巻のお金持ちの質屋に生まれました。生活に困った農民が、だいじなものを売りにくる姿を見て、育ったのです。だからでしょうか、賢治は小さいころから、困っている人を見ると助けずにいられない性格でした。

小学校のとき、いたずらをした同じクラスの子が、罰として水がなみなみと入った茶わんを胸の前でもたされ、廊下に立たされたことがありました。その子がとてもつらそうだったので、見かねた賢治は、その子を楽にしてやろうと、茶わんの水を飲みほしてしまったそうです。

賢治は、その後、農学校の先生になりました。そこで、教え子たちを通して、農民のつらくきびしい現実を知り、ショックをうけたのです。

「学校の先生などしていても、農民の役には立たない」

そう思った賢治は学校をやめ、農民の生活をよくするために働くようになりました。農家のくらしをよくするには、米や麦がたくさんとれることが必要です。賢治は、土や肥料、天気などの研究をおこない、そこでわかったことを、あちこちの村に教えにいきました。東北で「賢治の米」とよばれているお米の品種があります。ほんとうの名前は陸羽１３２号というのですが、寒さにとても強かったので、冷害が多い東北にはもってこいのお米でした。賢治が歩きまわって、そのよさを伝えてまわったため、「賢治の米」とよばれるようになったのです。賢治の詩、「雨ニモマケズ」の中にも、「ヒデリノトキハナミダヲナガシ　サムサノナツハオロオロアルキ」という一節がありますが、ここを読んだだけでも、賢治が農民の苦しみをいっしょに背負っていたことがわかります。

農業に心をくだくいっぽうで、賢治は詩や童話を書くことにも熱中していました。「春と修羅」「注文の多い料理店」「やまなし」「グスコーブドリの伝記」「銀河鉄道の夜」「風の又三郎」……ほかにもまだまだありますが、どれか読んだことのあるものはありますか？　賢治の作品には、自然や植物、動物と人間がいっしょになって生きていく姿が描かれています。そして、未来への希望がこめられています。

賢治は働きすぎて病気になり、三十八歳という若さでこの世を去りました。生きているあいだに本にできたのは『春と修羅』と『注文の多い料理店』の二冊だけです。けれど、賢治が死んでから、なかまが一生けんめい賢治の作品をしょうかいしたおかげで、世の中に広くみとめられるようになりました。賢治はもうこの世にいませんが、作品は今でも生きつづけているのです。

知っ得ポイント

賢治の作品に出てくる理想の地「イーハトーブ」は岩手がモデルで、名前も岩手をもじっているといわれます。

桃太郎

日本の昔話

昔々、あるところにおじいさんとおばあさんがおりました。おじいさんが山へしばかりに、おばあさんが川へ洗濯にいったときのこと。おばあさんが洗濯をしていると、川上から大きな桃が

どんぶらこ　どんぶらこ

と流れてきました。

「まあ、おいしそうな桃だこと」

おばあさんは桃をひろいあげて、家にもちかえりました。

「なんとうまそうな桃じゃろう」

おじいさんが包丁を手に、桃を切ろうとした瞬間――

「おぎゃあ　おぎゃあ」

桃が二つにわれて、中から男の子の赤ちゃんが出てきました。子どもがいなかったおじいさんとおばあさんは大喜び。桃から生まれたので、「桃太郎」という名前を赤ちゃんにつけて、大切に育てました。

桃太郎はすくすく育ち、たくましくてかしこい子になりました。ちょうどそのころ、オニが島のオニが村にやってきては悪さをして、村の人たちを困らせていました。

そこで、桃太郎は決めたのです。

「おいらがオニを退治してやろう」

桃太郎はおじいさんにたのんで刀を用意してもらい、おばあさんにたのんで、日本一のきびだんごをたくさんつくってもらいました。

さあ、いよいよオニが島にむけて出発です。村のはずれまでいくと、一ぴきの犬に会いました。

「桃太郎さん。そこにもっているきびだんごを一つくださいな」

「これからオニが島にオニ退治にいくんだけれど、手伝ってくれるなら、いくらでもあげよう」

こうして、犬はきびだんごをもらい、桃太郎の家来になりました。しばらくいくと、きじに会いました。

「きびだんごを一つくださいな」

「オニ退治を手伝ってくれるならね」

こうしてきじもなかまにくわわりました。またしばらくいくと、さるに会いました。

「きびだんごを食べさせてください」

「オニが島にいっしょにいくならね」

さるも家来になり、桃太郎と犬、きじ、さるはオニが島めざして進んでいきます。

オニが島につくと、桃太郎は大きな声でいいました。

「たのもう、たのもう！　われこそは日本一のほまれも高い桃太郎だ。オニ退治にきたぞ、覚悟しろ！」

島のおくから、オニたちがわらわらと出てきます。桃太郎は刀をふり、犬はかみつき、きじはつつき、さるは引っかいて、戦いました。日本一のきびだんごで力をつけた桃太郎たちが負けるはずはありません。

「おゆるしを！　もう悪さははたらきません」

オニたちは降参しました。桃太郎はオニが島から宝をもちかえって、村の人たちといっしょに幸せにくらしましたとさ。

知っ得ポイント

きびだんごというのは、キビというイネのなかまの植物からつくったおだんごです。おもちみたいなものです。

理科

猛暑日

とても暑い日のめやすです

夏日と真夏日？

夏、天気予報をきいていると「今日は夏日になるでしょう」とか「真夏日の暑さです」なんていうことばがよく出てきます。最近では「猛暑日」ということばもよくききますね。それぞれにどんなちがいがあるか知っていますか？

夏日は、日中の最高気温が25度以上の日のこと。真夏日は、30度以上の日のことです。さらに、猛暑日は、35度以上の日のことです。最高気温が5度あがると、名前が変わっていくのです。

猛暑日という名前ができたのは、2007年。それまでは、猛暑日ということばはありませんでした。つまり、最高気温が35度以上になることはそれほど多くなかったのです。でも、その数年前から、大都市を中心に、最高気温が35度をこえる日が多くなってきました。新聞などではそんな日を「酷暑日」とよんでいました。「酷暑」というのは、「ひどく暑い」という意味です。そしてついに、気象庁も新しく気象用語として「猛暑日」という名前をつくることにしたのです。

これからどんどん暑くなって、最高気温が40度をこえる日が多くなってきたら、また別の名前ができるかもしれません。

ちなみに、熱帯夜というのは、夕方から朝までのあいだの最低気温が25度以上になる夜のことです。

どうして暑くなったの？

なぜ、猛暑日という名前ができるほど、日本の夏は暑くなってしまったのでしょう。

いろいろな原因がつみかさなっていると考えられますが、いちばんの大きな原因は、地球温暖化でしょう。地球温暖化というのは、二酸化炭素などの「温室効果ガス」とよばれる気体が、地球の外に出ていくはずの赤外線を大気の中にためこんで、地球全体の気温があがっていることをいいます。地球温暖化を食いとめないかぎり、夏はますます暑くなっていくだろうといわれているのです。

知っ得ポイント

2016年8月を見ると、29日間も、日本のどこかしらで猛暑日になっています。

短歌

平安時代は、
いい短歌をつくれることがもてる条件でした

短歌は、千年以上も前からある、日本どくとくの短い詩です。時代をこえて、長いあいだ、日本人に愛されてきた詩なのです。

短歌は、五・七・五・七・七という三十一音でなりたっています。最初の五・七・五を上の句、おしまいの七・七を下の句とよびます。

短歌の内容はさまざまです。自然の風景や季節のようす、心で感じたことなどを、その短い文章であらわしています。

いくつか、有名な短歌をしょうかいしましょう。

秋きぬと　目にはさやかに
見えねども　風の音にぞ
おどろかれぬる
藤原敏行

(秋がきたと、目にははっきりわからないが、きこえてくる風の音で、急に、秋がきたことに気づいた)

いく山河　こえさりゆかば
さびしさの　はてなん国ぞ
きょうも旅ゆく
若山牧水

(いくつの山や川をこえていけば、さびしさがなくなる国があるのだろうか。わたしは、今日もそんな国を求めて旅をつづけている)

金色の　小さき鳥の
かたちして
いちょうちるなり
夕日のおかに
与謝野晶子

(秋、夕日がさしているおかに、イチョウの葉がちっている、そのイチョウの葉に日の光があたって、まるで金色の小鳥のようだ)

東海の　小島の磯の　白砂に
われ泣きぬれて　かにとたわむる
石川啄木

(さすらいぐらしをしている悲しさに涙を流しながら、浜辺でカニと遊んでいるよ)

死に近き　母にそい寝の
しんしんと　遠田のかわず
天にきこゆる
斎藤茂吉

(死期のせまった母のそばで寝ていると、夜もしんしんとふけてきて、静けさの中、遠くの田んぼで鳴くカエルの声が、まるで天で鳴いているかのようにきこえてきた)

知っ得ポイント
短歌は和歌の一種です。和歌は、短歌・長歌・旋頭歌(38音の詩)をまとめたよび方なのです。

算数

神秘の形 6角形

6角形がなぜ神秘的なのか、
その理由をお教えしましょう

8月18日のおはなし

いろいろな多角形

3本以上の辺でかこまれた図形を「多角形」といいます。多角形では、辺と角の数は同じで、その数をとって「○角形」という名前がつけられています。

いちばん辺と角が少ないのが、3角形ですね。では、いちばん大きいのは？ これには限度がありません。でも、辺や角が多くなればなるほど、円に近づいていきます。1万角形だって、書こうと思えば書けますが、見た目はほとんど円です。

完ぺきな多角形

無限大にある多角形の中で、自然の中でたくさん見られるものがあります。それが、6角形です。自然の中で、6角形はどこにあるでしょう？

たとえば、亀のこうら。すべての種類の亀のこうらが6角形というわけではありませんが、6角形のこうらをもつ亀はたくさんいます。

雪の結晶も6角形です。雪の結晶は、1つとして同じ形はないのですが、みんな6角形を基本にしています。

それから、ミツバチの巣。ミツバチは6角形をつなぎあわせて巣をつくります。

ほかにも、田んぼがカラカラにかわいて、地面がひびわれるとき、ひびの形は6角形になっていることが多いですし、宇宙まで話を広げれば、土星には、6角形のうずがあります。

どうして、自然の中に、そんなに6角形がたくさんあるのでしょう？

これには、ちゃんとした理由があります。

たとえば、ミツバチの巣は、蜜をたくわえておくためのものですから、たくさん蜜が入る形にする必要があります。そして、すきまなくぎっしりならべられて、なるべく材料は少なくつくりたいわけです。すきまなくならべられる形といえば、3角形や4角形もあるのですが、その中では6角形が短い辺でいちばん広い面積をつくれるのです。それに、6角形はとてもじょうぶで、上からおされてもなかなかつぶれません。

6角形には秘密の力がいっぱいつまっているのです。

知っ得ポイント

人間がつくったものにも6角形はたくさん。えんぴつ、サッカーゴール、飛行機の部品にも使われています。

二十年後

オー・ヘンリー

20年前に親友とかわした約束は守られるのでしょうか？

夜、ニューヨークの町をパトロール中の警官がゆっくり歩いていた。町はいたって静かで平和だったが、警官はふと足を止めた。明かりの消えた金物屋の入り口に、男が一人で立っているのだ。近づいていくと、男はあわててしゃべりだした。

「あやしいもんじゃありませんよ。二十年前にここで別れた親友と、今日会おうと約束しているんですよ」

「二十年前？」

男はマッチをすって、タバコに火をつけた。マッチの炎に、四角くごつい顔と、大きなダイヤモンドがついたネクタイピンがうかびあがる。

「ええ、二十年前の今夜、親友のジミーと、ここで別れたんですよ。よく日、私は西部にむけて出発する予定でした。むこうでひと旗あげてやるつもりでね。ジミーもさそったんですが、やつはこの町をはなれたくないといった。そこで、私たちは、それからきっかり二十年後に、ここで再会しようと約束したんです。どんなに遠くにすんでいようと、どんな生活をしていようと、ね」

「だが、二十年とはずいぶん長い時間だ。もう忘れてるんじゃないか」

「いいや。ジミーは昔から、誠実で友だち思いのやつでしたからね。絶対やってくるはずですよ」

そういって、男は宝石がちりばめられた懐中時計をとりだして、時間をたしかめた。

「西部では、かなりうまくやったんだね？」警官がたずねる。

「ええ、かなりのお金をもうけました。さあ、そろそろ約束の時間だ」

「友だちがきてくれるよう、いのっているよ」といって、警官はパトロールにもどっていった。

しばらくしてから、背の高い男が急ぎ足でやってきた。

「ボブかい？」

「ジミーだな？」入り口の男はうれしそうな声をあげた。「ずいぶん背が高くなったんだなあ」

「まあな。さあ、店にでもいって、ゆっくり話をしようじゃないか」

二人は腕を組んで歩きだした。が、電気のついた店の前を通りかかり、おたがいの顔が見えたとき、入り口の男はぴたりと足を止めた。

「おまえ、ジミーじゃないな」

「ようやく気づいたか。おまえは逮捕されたんだ、おたずねもののボブ。西部の警察から、おまえがこっちにくると連絡があったんだよ。ああ、おまえにパトロール担当の警官から手紙をあずかっているぞ」

入り口の男は、わたされた手紙を読んだ。手紙にはこう書かれていた。

ボブ

おれは時間どおりに、約束した場所にいった。だが、おまえがマッチをすったとき、おれは目の前にいる男が指名手配犯だとわかったんだ。だが、おれにはおまえを逮捕することはできなかった。だから同僚にたのむことにしたよ。

ジミー

知っ得ポイント

オー・ヘンリーはお金を盗んだ罪で刑務所にいれられ、そこで物語を書くようになりました。

飛鳥時代のくらし

しょ民と貴族——
どんなちがいがあるのでしょうか

社会

身分の差がはっきり

今からおよそ3000年前、イネが中国から入ってきて、日本でも農業が始まりました。すると、人々は家をつくって集まってすむようになり、ムラができました。農作業など、人の手がたくさん必要だったからです。

ムラができると、今度は、よりたくさんの土地や水を手にいれようとして、ムラ同士で戦いがおきるようになりました。戦いをするときには、リーダーが必要です。そうやって、リーダーが生まれ、豊かな人と貧しい人の差や、権力をもつ人とそういう人たちに使われる人の差が出てきたのです。

その差はどんどん大きくなり、豪族という地域のリーダーができ、その中から王さまが出てきて、国全体を支配するようになりました。

西暦600年ごろの飛鳥時代になると、身分の差が大きく、はっきりしてきます。貴族や豪族としょ民はまるでちがうくらしをするようになったのです。

豪族のくらし

飛鳥時代、しょ民は、田んぼや畑のそばに、ムラをつくってすんでいました。家も、縄文時代と変わらないたて穴式住居です。食べ物も玄米と汁、塩、という質素なものだったようです。

また、しょ民は、田んぼでできたお米を税金としておさめなければいけませんでした。決められた日数を都で働くか、布などをおさめるか、どちらかをしなければいけないという決まりもありました。そして、都から送りこまれた役人が、しょ民を管理していたのです。

反対に、貴族や豪族のくらしは豪華でした。家はとてもりっぱで、広い敷地を濠や柵でかこって、その中にいくつも建物がたっていました。建物は、正殿とよばれる、主人たちがくらすところや、料理をするところ、召使いがすむところなど、役割によって分かれていました。

食事も、玄米や汁ものにくわえて、魚や野菜など、いろいろな食べ物を食べていました。着るものも、きれいな色に染めた布でつくっていました。

知っ得ポイント

牛乳を飲むようになったのもこのころ。でも、天皇や貴族だけの飲みものでした。

つり橋わたれ

長崎源之助

原典

とつぜんあらわれたふしぎな子は、だれだったのでしょう

「やーい、もやしっ子。くやしかったら、つり橋わたって、かけてこい」

山の子どもたちがはやしました。

トッコは、きゅっとくちびるをかみしめて、ゆれるつり橋を見ました。

ふじづるでできた橋の下には、谷川がごうごうとしぶきをあげて流れています。

橋はせまいくせに、ずいぶん長くて、人が歩くと、よくゆれます。おまけに、今にもふじづるが切れそうなほど、ぎゅっ、ぎゅっと、きしむのです。だから、さすがに負けずぎらいなトッコも、足がすくんでしまいました。

「やあい、勇気があったら、とっとわたれ」

トッコの家は東京ですが、お母さんが病気になったので、この山のおばあちゃんの家にあずけられたのです。

おばあちゃんは、トッコがさびしがるといけないと思って、子どもたちを三人もよんできました。

サブとタケシとミヨです。

「トッコちゃんと遊んでやっておくれ。さあ、東京のおかしをお食べ」

そういって、サブたちのごきげんをとりむすんでくれたのです。それなのに、トッコときたら、山の子たちに弱みを見せたくないものだから、東京のじまんばかりしてしまったのです。だから、サブたちがおこるのはあたりまえです。そのあげくが、

「くやしかったら、つり橋わたれ」

ということになったのです。

「ふんだ。あんたたちなんかと、だれが遊んでやるもんか」

トッコは、べっかんこしてみせました。

おばあちゃんは、畑仕事をしたり、機を織ったりしなければなりません。だから、トッコとおままごとやおはじきばかりしてはいられないのです。

くる日もくる日も、トッコは一人で遊びました。花をつんだり、ちょうちょを追いかけたり、小鳥の巣をのぞいたり……。はじめのうちはめずらしかったが、一人では、なにをやっても面白くありません。

（ママ、今、なにしてるかな。早く病気、なおらないかな）

そう思うと、急に、ママが恋しくなりました。

「ママーッ」

重なりあった緑の山にむかって、大きな声でよびました。すると、「ママーッ」「ママーッ」「ママーッ」と大きく、小さく、声がいくつも返ってきました。そして、また、もとの静けさにもどりました。ただ、遠くのほうで、かっこうの鳴くのがきこえました。

「だれか、あたしの声をまねしてる」

トッコは、面白くなって、何度も何度もよんでみました。そのたびに、自分そっくりの声が返ってきました。

トッコは、うれしくなって、機を織っているおばあちゃんのところに飛んでいきました。

「あれは、山びこっていうんだよ」

と、おばあちゃんが教えてくれました。

そこで、トッコは、山にむかってよびかけました。

「おーい、山びこーっ」

すると、「おーい、山びこーっ」という声が、いくつもいくつも返ってきました。それがだんだん大きくなってきたかと思うと、とつぜん、さっと、目の前を、かっこうが横ぎ

知っ得ポイント

やまびこは、山の神さまが人間にこたえる声だともいわれています。日本には八百万の神さまがいるのです。

りました。

トッコはびっくりして、思わず目をつむりました。

そして、こわごわ目をあけると、そばに、かすりの着物を着た男の子が立っていたのです。

「あら、あんた、いつきたの」

と、トッコがきくと、男の子は、

「あら、あんた、いつきたの」

といって、にっこりしました。

「おかしな子ね」

「おかしな子ね」

「こらっ、まねするな」

トッコが手をふりあげると、男の子は、

「こらっ、まねするな」

といって、逃げました。

「まねすると、ぶつわよ」

「まねすると、ぶつわよ」

男の子は、笑いながら、つり橋をとんとんかけていきました。

トッコも、知らないうちに、つり橋をとんとんわたっていました。つり橋はゆれましたが、トッコは、もう怖いと思いませんでした。

つり橋をわたりおえると、男の子は、林の中へかけこんでいきました。

トッコも、もう、急いで追いかけました。でも、男の子の姿は見あたりませんでした。

シラカバのこずえが、さやさや鳴り、ホオの木の広い葉をとおしてくる日の光が、トッコの顔を緑色に染めました。

「おーい、どこにいるのーっ」

と、トッコはよびました。

すると、林のおくから、

「おーい、どこにいるのーっ」

という声が、きこえてきました。そして、ばたばたという、鳥の飛びたつ音がしました。

「なんだ、おめえか」

そばの、山ツツジのうしろから、サブがひょっこり顔を出しました。ミヨとタケシも出てきました。

「今、男の子を見なかった？」

「いんや、どんな子だい」

「着物を着た子」

「今どき、着物を着てるやつなんか、いるもんか。夢見てたんとちがうか」

あはははと、山の子たちは笑いました。

「おめえ、つり橋わたれたから、いっしょに遊んでやるよ」

と、サブがいいました。

それからです、トッコが山のくらしが楽しくなったのは。

でも、トッコは、もう一度、着物を着た男の子と遊びたいと思いました。ところが、いくらよんでも、遠くのほうで、まねをするだけで、あの子は、もう姿を見せませんでした。

天の川銀河

わたしたちの地球がある銀河系

天を流れる川？

七夕の伝説で有名な天の川。みなさんは見たことがありますか？

夏に夜空を見あげると、空を横ぎるぼんやりした長い雲のようなものが見えるはずです。これが天の川です。ちょっと雲と区別がつきにくいかもしれません。でも、天の川は遠くにある星々が集まってできているのです。

天の川はじつは、わたしたちの太陽系がある銀河です。銀河というのは、恒星（太陽のように、自分で輝いている星）が数百万～数千億個集まっているものです。太陽系がある銀河だけ、ほかの銀河とは区別して、「銀河系」または「天の川銀河」とよんでいます。

太陽系は、銀河系のはしっこにあるので、地球から見ると、細長い川のように見えます。でも、銀河系はじっさいは、うずまき型をしています。そして、円盤みたいに、まんなかが少しだけふくらんでいます。季節によって、地球のむいている方向がかわるので、天の川の見え方もちがうのですよ。

銀河系のなりたち

銀河系のまんなかには、星やガス・ちりがたくさん集まっていて、とても速いスピードで回転しています。そして、そのさらにまんなかには、大きなブラックホールがあるといわれています。ブラックホールというのは、謎が多くて、正体がよくわかっていない天体ですが、まっ黒でボールのような形をした空間と考えられています。まんなかにとても重い点があって、その点があらゆるものをすいこんでしまうので、そのまわりがからっぽの空間になっているのです。太陽系は、その中心から、約２万８０００光年はなれています。

銀河系全体には、２０００億個の星があるといわれています。地球から見える星はほとんど銀河系にある星です。

宇宙には銀河が１０００億個以上もあると考えられています。そのうち、銀河系のとなりにあるアンドロメダ銀河は、肉眼でも見ることができます。

知っ得ポイント

1光年は光が1年で進む距離です。およそ9.5兆キロメートルです。

音楽

滝廉太郎
（1879〜1903年　日本）

短い人生を生きぬいた悲劇の天才作曲家

8月23日のおはなし

「荒城の月」という歌を、知っていますか？　小学校で習うことが多い歌です。「春　こうろうの　花のえん」という歌詞で始まる、とても美しい歌です。この歌を作曲したのが、滝廉太郎です。

音楽との出会いで人生が変わる

滝廉太郎は、明治時代のはじめに、東京で生まれました。でも、お父さんが地方を担当する官僚だったので、廉太郎は小さいうちから、富山、大分、東京と、引っこしをくりかえしました。新しい学校になれたと思ったらまた転校、ということをくりかえしていたので、友だちがなかなかできず、廉太郎は学校にいやけがさしていました。

そんな気持ちが変わったのは、大分の竹田という町に引っこしたときです。学校で、渡辺先生という音楽の先生と出会い、音楽の面白さを知ったのです。

15歳になると、廉太郎は本格的に音楽を勉強したいと思うようになりました。そして、東京のいとこの家にお世話になりながら、東京音楽学校入学をめざして、先生についてってい的に受験勉強をしました。このとき、西洋の音楽をみっちりたたきこまれたのです。そして廉太郎はぶじに東京音楽学校に合格。それからは一生けんめい、ピアノと作曲にはげみました。

新しい試み

音楽学校にいるとき、文部省が、中学校むけの唱歌を募集しました。それまでの日本の唱歌は、西洋の音楽に日本語の訳詞をつけたものばかりで、とても歌いにくいものでした。日本人が口ずさめる新しい歌がつくりたいと思った廉太郎は、その募集に応募します。そのときつくったのが、「荒城の月」「豊太閤」「箱根八里」でした。

それまでの日本の曲には、ファとシの音がなかったのですが、廉太郎は「荒城の月」でファの音を使ってみました。次につくった「花」では、ファもシも使いました。こうして廉太郎は西洋の曲のつくり方を日本の歌にとりいれて、新しい唱歌をつくったのです。

そのよく年、廉太郎は文部省の命令で、ドイツへ音楽留学にいくことになりました。ところが、ドイツについてからおよそ半年で、結核という病気にかかり、ほとんどなにも勉強できないまま、日本に帰国します。帰国してからも、病気はどんどん悪くなり、廉太郎は23歳という若さで、この世を去りました。死の数か月前につくった曲は「憾」というタイトルのピアノ曲でした。憾というのは、心残りとか無念という意味です。廉太郎がもっと長く生きていたら、それまでの日本の音楽とはちがう、新しい歌や曲をたくさんつくったにちがいありません。

知っ得ポイント

「もういくつねるとお正月」で始まる「お正月」という歌も、滝廉太郎の作曲です。

つるの恩返し

日本の昔話

助けてもらったお礼がしたかったつるは……

昔々、ある山に、貧しいけれど心のやさしい若者がすんでいました。ある日、若者が山を歩いていると、一羽のつるが罠にかかって、ぐったりしていました。

「かわいそうに。今はなしてやろう」

若者は罠をはずし、傷ついた足に薬をぬってから逃がしてやりました。

次の晩、家の戸をだれかがトントンとたたきました。若者が戸をあけると、美しい娘が立っています。

「道に迷ってしまったので、ひと晩、泊めてくださいませんか」

娘がとても困っているようだったので、若者は泊めてあげることにしました。ところが、よく朝、娘は「あなたさまのお嫁さんにしてください」といいだしたのです。

若者は驚いて、「うちは貧しいから、お嫁さんなどむかえることはできません」とことわりました。

それでも娘は、ぜひそばにおいてほしいと熱心にたのむのです。とうとう若者は根負けして、娘を嫁にむかえることにしました。それから二人は仲よくくらしはじめました。

しばらくすると、嫁さまは布を織る仕事をしたいといいだしました。若者が部屋を用意してあげると、

「布を織っているあいだは、けっしてのぞかないでください」といいおいて、部屋にこもりました。

ほどなくして、

きい　ぱたん　きい　ぱたん

布を織る音がきこえてきました。嫁さまは朝から晩まで、休むことなく布を織りつづけます。若者は心配でしかたありませんでしたが、約束をやぶるわけにはいきません。じっと待っていると、嫁さまはようやく織りあがった布をもって、部屋から出てきました。

「これを町で売ってきてください」

嫁さまの織った布は、輝かんばかりに美しく、とても高い値段で売れました。

それからも嫁さまは布を織りつづけ、布は高い値段で売れつづけ、若者はすっかりお金持ちになりました。お金はもうかりましたが、嫁さまはどんどんやせ細っていきました。若者は心配でたまらなくなって、とうとう、嫁さまが布を織っているときに、部屋の戸をあけてしまいます。

部屋にいたのは、嫁さまではありません。一羽のやせたつるでした。つるは、自分の羽をくちばしでぬいては、布に織りこんでいたのです。

つるがふと顔をあげて、こちらを見ました。若者は驚いて、戸をしめました。しばらくすると、織りあげた布を手に、嫁さまが部屋から出てきました。

「わたしはあなたに助けられたつるです。恩返しがしたくて、こうして嫁となったのですが、正体を知られてしまった今、もうここでくらすことはできません」

そういいのこすと、嫁さまはつるの姿にもどり、空高く飛んでいってしまいました。

知っ得ポイント

このおはなしは、「つる女房」や「夕づる」というタイトルでも語られています。

国語

むじな

小泉八雲（ラフカディオ・ハーン）

怖い怖い、怪談を1つ

昔、東京に紀国坂とよばれた坂道があった。坂のかた側はとても深い堀になっていた。反対の側には皇居の高いへいが長くつづいている。街灯がまだないときだったので、夜暗くなると、紀国坂のあたりはとてもさびしかった。日がくれてから一人でこのあたりを通らなければならなくなったものは、ずいぶん遠くなったとしても、坂を通らず、まわり道をしたものだ。というのも、紀国坂には、人を化かすむじなが出るといわれていたからだ。

むじなを最後に見たのは、約三十年前に死んだ、年とった商人だった。

この商人がある晩おそく紀国坂を急いでのぼっていくと、堀のふちにかがんで、ひどく泣いている娘がいた。身を投げるのではないかと心配した商人は足を止め、娘をなぐさめてやろうとした。娘はこぎれいな身なりをしていて、髪は良家の子女のようにゆわえられていた。

「おじょうさん」

商人は娘に近よって声をかけた。

「おじょうさん、そんなに泣くのはおよしなさい。なにか困っていることでもあるのですか？　私に手助けできることなら、お助けしますよ」

娘は泣きつづけていたが、長い袖で顔をかくしながら立ちあがり、商人に背中をむけた。商人は軽く娘の肩に手をおいた。

「おじょうさん、さあ、話してごらんなさい。おじょうさん」

すると娘は商人のほうにむきなおり、袖をおろすと、手で顔をなでた――なんと、娘の顔には目も鼻も口もなかった。きゃっと声をあげて商人は逃げだした。

一目散に紀国坂をかけのぼる。ふりかえる勇気もなくて、ただひた走りに走りつづけたら、遠くにぼんやり光っている提灯が見えた。近づいていくと、それはそば屋の提灯だった。商人はそば屋の足もとに身を投げだして声をあげた。

「ああ！……ああ！」

「どうしたんだ？　だれかにおそわれでもしたのか？」

「いや……だれかにおそわれたわけじゃない。ただ……」

「ただ、おどかされたのかい？」

そば屋はたずねた。

「ここいらにも、強盗が出ることはあるらしいからな」

「強盗じゃない……」

商人はあえぎながらいった。

「私は見たんだよ……娘を見たんだ……堀のふちで……その娘が……見せたんだ……ああ、なにを見せたかなんて、いえやしない」

「ほう。娘が見せたというのは――もしや、こんなものじゃないかい？」

そば屋はそういいながら、自分の顔をなでた。それと同時に、そば屋の顔は卵のようにつるりとなった……そしてそれとともに、提灯の明かりがふっと消えた。

知っ得ポイント

この怪談はもともと英語で書かれたもの。『Kwaidan（怪談）』という本に入っている1篇です。

いろいろな体積・容積

体積・容積の単位は国やはかるものによって変わるのです

大きさや量をあらわす単位

体積というのは、立体の大きさで、容積というのは、その中に入るものの量のことです。ですから、体積は立方センチメートルなどの単位であらわして、容積はリットルなどの単位であらわします。

このほかに、知っている体積や容積の単位はありますか？

お米をはかるとき使う単位は「合」です。お米をはかるカップの目盛も、炊飯器についている目盛も、合を基準にしています。これは昔から今までずっと使われている単位です。

升という単位もまだ使われていますね。1升びんということばをきいたことがあるでしょう。ガラスでできたびんで、日本酒やおしょうゆなどがいれられていることが多いですね。昔、体積をはかるときに、日本ではマスを使っていました。そのマス1杯の容積が1升で、約1・8リットル。そのマスの1/10が1合なのです。そして、1升の10倍が1斗です。1斗缶ということばをきいたことはありますか？　1斗缶は、18リットルの容積がある缶で、サラダ油やペンキをいれるのによく使われています。

外国の容積の単位

リットルや立方センチメートルは世界じゅうで使われていますが、外国にはちがう単位もあります。

たとえば、ガロンやバレルという単位。よく石油やガソリンの話をするときに出てくる単位です。昔、アメリカの油田では、原油を樽につめて運んでいました。ですから、樽を単位にして数えていたのです。酒樽1つ分を1バレルといいます。リットルにすると、約160リットルです。

ガロンというのは、1ポンドの重さの水の体積です。アメリカやイギリスでは、メートルやキログラムという単位のかわりに、ヤードやポンドという別の単位を使って、長さや重さをあらわしていて、ヤードやポンドを基準に、体積も計算しているのです

このほか、香水をはかるときに使うオンス（約30ミリリットル）や、ビールを買うときに使うパイント（約570ミリリットル）など、いろいろあります。

知っ得ポイント

料理するときによく使う容量の単位は、大さじ1ぱいが15ミリリットル、小さじ1ぱいが5ミリリットルです。

国語

化け物つかい

落語

世の中には人使いのあらいご主人がいたもので

天下茶屋のご隠居は、人使いがあらいので有名です。仕事をしょうかいされて働きにきた人が、長くて三日、早ければその日の昼間にはもうやめさせてくれといいだすしまつ。

そんな天下茶屋で三年もつとまったのが権助でした。仕事にいった日から、炭もってこい、火をおこせ、縁の下のクモの巣をそうじしろ、ついでに天上裏もそうじしろ、へいの落書きを落とせ、どぶさらいしろ、お使いにいけ、外にいくならついでにもっと遠いところまでいってこい――と次々にいいつけられましたが、権助も意地っぱりなものですから、ちゃっちゃっと仕事をして、はや三年。あのご隠居のところで三年ももつなんて奇跡だと、もっぱらのうわさになっておりました。

ところがそんな権助が、「おひまをください」といいだしたのです。じつは天下茶屋は引っこしすることになっていて、その引っこし先というのが化け物が出ることで有名な屋敷でした。権助は大のおばけ嫌い。そんなことならしかたないと、ご隠居は権助をやめさせて、一人でばけもの屋敷にすみこんだのです。

引っこしした最初の日。なるほど、廊下に一つ目小僧があらわれました。ところがご隠居は化け物なんて怖くありません。一つ目にさっそく用事をいいつけます。

「わしがこの家の主やさかい、いうことをききなはれ」

皿洗いやそうじ、肩もみをやらせましたが、うまくできない一つ目をしかりとばしたところ、一つ目はしくしく泣きながら姿を消しました。

よく日あらわれたのは、大入道。ご隠居は大入道にも、皿洗いやそうじをやらせます。大入道は皿洗いはなれているのかうまいもの。そのあとは力仕事と屋根そうじ。大入道が雑な仕事をしたのでご隠居がくどくど小言をいったら、大入道も姿を消しました。

さてその次にあらわれたのは、のっぺらぼう。ご隠居は面白がって、のっぺらぼうの顔をさわりまくります。のっぺらぼうが女だったので、ご隠居は針仕事をいいつけました。のっぺらぼうの仕事ぶりが気にいったご隠居が、「あんた、これから毎日出てきとおくれ」というと、のっぺらぼうはふっと消えてしまいました。

そのよく日、ご隠居が今日はどんな化け物がやってくるのか楽しみに待っていると、廊下にたぬきがあらわれました。

「そうか、毎晩化けもんになって出てきたのはおまえかいな。正体はたぬきっちゅうことか。まあ、こっちへきなはれ。知ってるやろ。わしがここの主人や。たぬきでもなんでもかめへん。せいいっぱい働いてもらわなな」

ご隠居にこういわれたたぬきは、頭をさげてたのみました。

「どうぞ、おひまをくださいまし」

知っ得ポイント

「おひまをください」というのは「やめさせてほしい」ということを、やわらかくいったことばです。

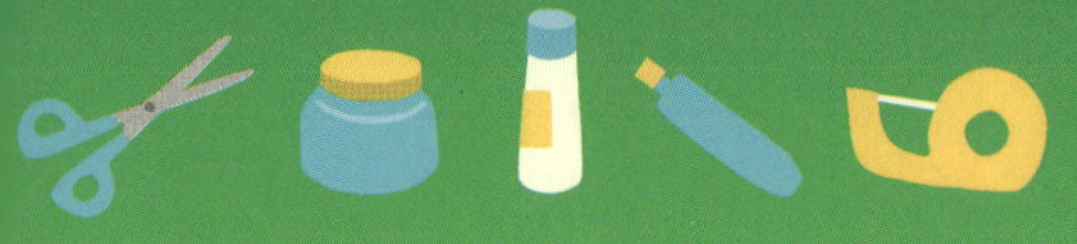

方言と共通語

日本語は1つだけではないのです

みなさんが家族や友だちと話すときに使っていることばと、テレビでアナウンサーが使っていることばは、同じですか？

日本語なのだから、あたりまえ？ でも、じつは、日本の中でも、地方によって少しずつちがうことばが使われているのです。

その地方で使われていることばを、方言といいます。江戸時代まで、日本は小さな国に分かれて、それぞれお殿さまが国をおさめていました。ですから、ことばはその地方の中で通じればよかったのです。

けれど、明治時代になって、日本が一つのまとまった国になると、みんなに通じることばが必要になりました。そこで、そのとき政府があった場所――東京のことばを「共通語」にすることになったのです。それから、共通語は学校で教えられるようになりました。

わたしたちが今、学校で習ったり、テレビでアナウンサーが使っていることばは、そのとき決まった共通語です。もともとは、東京地方で使われていたことばだったのです。

地方ごとに使われている方言では、ことばの発音やアクセントがちがうだけのこともありますし、使うことばがまったくちがうこともあります。

アクセントがちがう

花
関東地方では、はな
関西地方では、はな

さとう
関東地方では、さとう
関西地方では　さとう

というように、いろいろなことばで、強く発音する場所がちがいます。

ことばがちがう

関東地方では「すてる」
東北地方では「なげる」
関西地方では、「ほかす」
中国地方では「ほうる」

関東地方では「だるい」
関西地方では「しんどい」
北海道地方では「こわい」
中国地方では「えらい」

関東地方では「ありがとう」
関西では「おおきに」
四国地方の一部「だんだん」
富山・福井など「気の毒な」
沖縄地方「にへーでーびる」

ほかに、カタツムリ（ほかの名前は、デデムシ、マイマイ、ツブリなど）やメダカ（ほかの名前は、メ、メメン、ウキ、カンカンビイコ、ウキヨメンタカメなど）のように、生き物は地方によってちがう名前があるものが多いのです。

知っ得ポイント

方言は北関東、東海地方、九州地方も独特です。

商品についているマーク

リサイクル・マークのほかにもいろいろなものがあります

お店で売っているものには、よく見ると、リサイクル・マークのほかにもいろいろなマークがついています。ここに出ているマークはどんなものについているか、どんな意味があるか知っていますか？

食べ物についているマーク

JASマーク

法律にもとづいて国が決めた基準にあっている食べ物についています。基準は、食品それぞれに細かく決められていて、テストに合格しないと、マークをつけられません。

JASマークはこれだけでなく、ハムなど専用のマークや有機栽培をしている食品だけにつけるマークなど、いろいろな種類があって、デザインもちがいます。

特定保健用食品（特保）のマーク

血圧やコレステロールなどをちょうどいい状態にしたり、おなかの調子をととのえたりと、健康に役立つことが科学的に証明されている食べ物についています。

特別用途食品マーク

赤ちゃんや、病気の人、妊娠している人などが食べるのによい食品につけられています。

製品についているマーク

SGマーク

安全基準をみたした製品につけられています。赤ちゃん用の製品や家具、台所用品など、まちがったつくり方をしたり、よくない材料を使ってつくると危険な製品が対象です。

STマーク

安全基準のテストに合格したおもちゃにつけられています。

JISマーク

JISとは、「日本工業規格」という意味です。規格というのは、ものをつくるときに、形やサイズなどの標準を決めたもの。

たとえば、トイレットペーパーの形や大きさはほとんど同じですよね？　バラバラだったら、とても使いづらくなります。そんなふうに、たいてい製品ごとに決められた標準にしたがって、物はつくられているのです。JISマークは、「決められた標準にしたがってつくった製品ですよ」ということをあらわしています。

ほかにも……

エコマーク

環境のことを考えてつくられた製品につけられています。

FSC®マーク

木が次々切られて、森が破壊されることがないようにつくられたマーク。きちんと管理され、守られた森林からとった木を使っている製品についています。

知っ得ポイント

CEマークは、ヨーロッパの国々の安全基準をみたした製品についています。

ちいちゃんのかげおくり

原典　世界のどこかでは、今もこんなことがおこっています

あまんきみこ

「かげおくり」って遊びをちいちゃんに教えてくれたのは、お父さんでした。

　出征する前の日、お父さんは、ちいちゃん、お兄ちゃん、お母さんをつれて、先祖の墓まいりにいきました。その帰り道、青い空を見あげたお父さんが、つぶやきました。

「かげおくりのよくできそうな空だなあ」

「えっ、かげおくり」

と、お兄ちゃんがききかえしました。

「かげおくりって、なあに」

と、ちいちゃんもたずねました。

「十、数えるあいだ、かげぼうしをじっと見つめるのさ。十、といったら、空を見あげる。すると、かげぼうしがそっくり空にうつって見える」

と、お父さんが説明しました。

「父さんや母さんが子どものときに、よく遊んだものさ」

「ね。今、みんなでやってみましょうよ」

と、お母さんが横からいいました。

　ちいちゃんとお兄ちゃんを中にして、四人は手をつなぎました。そして、みんなで、かげぼうしに目を落としました。

「まばたきしちゃ、だめよ」

と、お母さんが注意しました。

「まばたきしないよ」

　ちいちゃんとお兄ちゃんが、約束しました。

「ひとーつ、ふたーつ、みーっつ」

と、お父さんが数えだしました。

「よーっつ、いつーつ、むーっつ」

と、お母さんの声も重なりました。

「ななーつ、やーっつ、ここのーつ」

　ちいちゃんとお兄ちゃんも、いっしょに数えだしました。

「とお！」

　目の動きといっしょに、白い四つのかげぼうしが、すうっと空にあがりました。

「すごーい」

と、お兄ちゃんがいいました。

「すごーい」

と、ちいちゃんもいいました。

「今日の記念写真だなあ」

と、お父さんがいいました。

「大きな記念写真だこと」

と、お母さんがいいました。

　次の日。

　お父さんは、白いたすきを肩からななめにかけ、日の丸の旗に送られて、列車に乗りました。

「体の弱いお父さんまで、戦にいかなければならないなんて」

　お母さんがぽつんといったのが、ちいちゃんの耳にはきこえました。

　ちいちゃんとお兄ちゃんは、かげおくりをして遊ぶようになりました。

　ばんざいをしたかげおくり。

　かた手をあげたかげおくり。

知っ得ポイント

「ざつのう」というのは肩からかけるかばんのこと。「ほしいい」といのはごはんをかわかした食べ物です。

足をひらいたかげおくり。

いろいろなかげを空におくりました。

けれど、戦がはげしくなって、かげおくりなどできなくなりました。

この町の空にも、焼夷弾や爆弾をつんだ飛行機が、飛んでくるようになりました。そうです。広い空は、楽しいところではなく、とても怖いところに変わりました。

夏のはじめのある夜、空襲警報のサイレンで、ちいちゃんたちは目がさめました。

「さあ、急いで」

お母さんの声。

外に出ると、もう、赤い火があちこちにあがっていました。

お母さんは、ちいちゃんとお兄ちゃんを両手につないで、走りました。

風の強い日でした。

「こっちに火がまわるぞ」

「川のほうに逃げるんだ」

だれかがさけんでいます。

風が熱くなってきました。炎のうずが追いかけてきます。お母さんは、ちいちゃんをだきあげて走りました。

「お兄ちゃん、はぐれちゃだめよ」

お兄ちゃんがころびました。足から血が出ています。ひどいけがです。お母さんは、お兄ちゃんをおんぶしました。

「さあ、ちいちゃん、母さんとしっかり走るのよ」

けれど、たくさんの人に追いぬかれたり、ぶつかったり……、ちいちゃんは、お母さんとはぐれました。

「お母ちゃん、お母ちゃん」

ちいちゃんはさけびました。

そのとき、知らないおじさんがいいました。

「お母ちゃんは、あとからくるよ」

そのおじさんは、ちいちゃんをだいて走ってくれました。

暗い橋の下に、たくさんの人が集まっていました。ちいちゃんの目に、お母さんらしい人が見えました。

「お母ちゃん」

と、ちいちゃんがさけぶと、おじさんは、

「見つかったかい。よかった、よかった」

と、おろしてくれました。

でも、その人は、お母さんではありませんでした。

ちいちゃんは、一人ぼっちになりました。ちいちゃんは、たくさんの人たちの中で眠りました。


朝になりました。町のようすは、すっかり変わっています。あちこち、煙が残っています。

どこがうちなのか……。

「ちいちゃんじゃないの」

という声。ふりむくと、はすむかいのうちのおばさんが立っています。

「お母ちゃんは。お兄ちゃんは」

と、おばさんがたずねました。ちいちゃんは、泣くのをやっとこらえていいました。

「おうちのとこ」

「そう、おうちにもどっているのね。おばちゃん、今から帰るところよ。いっしょにいきましょうか」

おばさんはちいちゃんの手をつないでくれました。二人は歩きだしました。

家は、焼けおちてなくなっていました。

「ここがお兄ちゃんとあたしの部屋」

ちいちゃんがしゃがんでいると、おばさんがやってきていいました。

「お母ちゃんたち、ここに帰ってくるの」

ちいちゃんは、深くうなずきました。

「じゃあ、だいじょうぶね。あのね、おばちゃんは、今から、おばちゃんのお父さんのうちにいくからね」

ちいちゃんは、また深くうなずきました。

その夜、ちいちゃんは、ざつのうの中にいれてあるほしいいを、少し食べました。そして、こわれかかった暗い防空壕の中で、眠りました。

(お母ちゃんとお兄ちゃんは、きっと帰ってくるよ)

くもった朝がきて、昼がすぎ、また暗い夜がきました。

ちいちゃんは、ざつのうの中のほしいいを、また少しかじりました。そして、こわれかかった防空壕の中で眠りました。

明るい光が顔にあたって、目がさめました。

(まぶしいな)

ちいちゃんは、暑いようなさむいような気がしました。ひどくのどがかわいています。いつのまにか、太陽は、高くあがっていました。

そのとき、

「かげおくりのよくできそうな空だなあ」

というお父さんの声が、青い空から

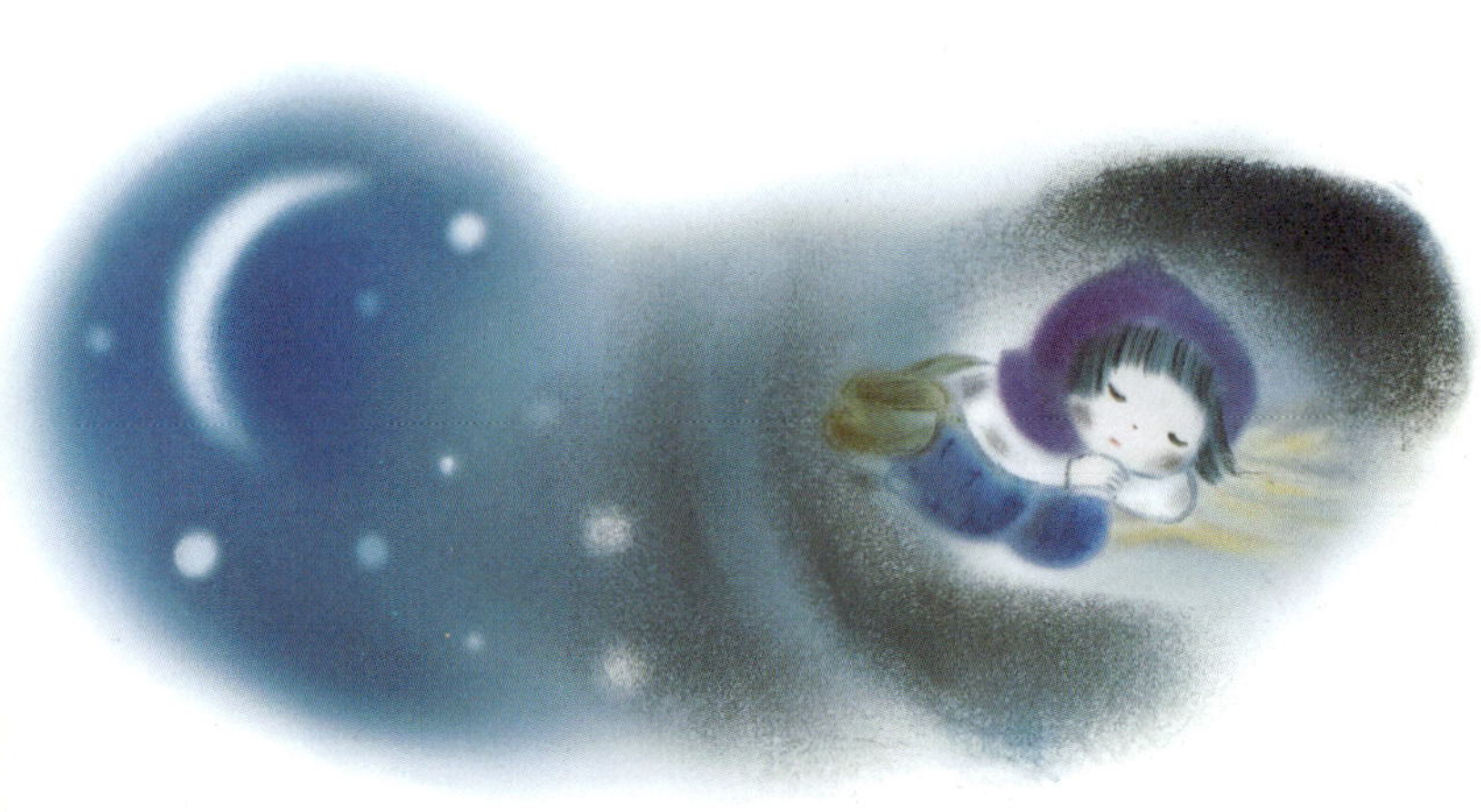

ふってきました。

「ね。今、みんなでやってみましょうよ」

というお母さんの声も、青い空からふってきました。

　ちいちゃんは、ふらふらする足をふみしめて立ちあがると、たった一つのかげぼうしを見つめながら、数えだしました。

「ひとーつ、ふたーつ、みーっつ」

　いつのまにか、お父さんの低い声が重なってきこえだしました。

「よーっつ、いつーつ、むーっつ」

　お母さんの高い声も、それに重なってきこえだしました。

「ななーつ、やーっつ、ここのーつ」

　お兄ちゃんの笑いそうな声も、重なってきました。

「とお！」

　ちいちゃんが空を見あげると、青い空に、くっきりと白いかげが四つ。

「お父ちゃん」

　ちいちゃんはよびました。

「お母ちゃん、お兄ちゃん」

　そのとき、体がすうっとすきとおって、空にすいこまれていくのがわかりました。


　一面の空の色。ちいちゃんは、空色の花畑の中に立っていました。見まわしても、見まわしても、花畑。

（きっと、ここ、空の上よ）

と、ちいちゃんは思いました。

（ああ、あたし、おなかがすいて軽くなったから、ういたのね）

　そのとき、むこうから、お父さんとお母さんとお兄ちゃんが、笑いながら歩いてくるのが見えました。

（なあんだ。みんな、こんなところにいたから、こなかったのね）

　ちいちゃんは、きらきら笑いだしました。笑いながら、花畑の中を走りだしました。

　夏のはじめのある朝。

　こうして、小さな女の子の命が、空に消えました。


　それから何十年。町には、前よりもいっぱい家がたっています。ちいちゃんが一人でかげおくりをしたところは、小さな公園になっています。

　青い空の下。

　今日も、お兄ちゃんやちいちゃんぐらいの子どもたちが、きらきら笑い声をあげて、遊んでいます。

風速

理科

風の強さを数字であらわせたら、とても便利です

風のスピード

天気予報を見ていると、ときどき「風速」ということばが出てきます。とくに、台風のときは必ず風速の話になりますね。

風速というのは、文字どおり、風のスピードのことです。風というのは空気が移動すること。空気がどれくらいのスピードで移動するかをあらわしたのが、風速なのです。

天気予報で、「風速」という場合、地面からおよそ10メートルの高さでふいている風をはかっています。風のスピードは、はかる場所によってずいぶんちがいます。高い木の上のほうが、風で大きくゆれているのに、地面のほうではそれほど強い風を感じないということがありますね。たいてい、風は地面から高いところのほうが速く、力強くふいています。地面に近いところでは、地面とのあいだにまさつがあって、スピードが弱まるのです。

でも、高いビルがたちならんでいるところでは、地上で急に突風がふくことがあります。建物にあたることで風のむきが変わったり、いろいろなむきの風がいっしょになったりしてスピードが速くなるのです。これはビル風とよばれています。

風の強さのめやす

風速が速ければ速いほど、風の強さも強くなります。天気予報では、風の強さを4つの段階に分けています。それぞれ、わたしたちにどんな影響があるのでしょうか。

・やや強い風
風にむかって歩きにくくなる。かさがさせない。電線が大きくゆれる。

・強い風
風にむかって歩けない。ころぶ人もいる。看板などが飛ばされる。

・非常に強い風
なにかにつかまっていないと、ころぶ。枝がおれたり屋根が飛ばされる。

・猛烈な風
立っていられない。木が根元からおれる。

非常に強い風や猛烈な風がふきそうなときは、暴風注意報や警報が出されるので、外に出ないようにしましょう。

やや強い風
風速
秒速10m以上15m未満

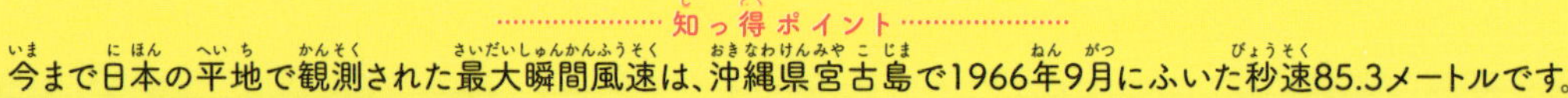

知っ得ポイント

今まで日本の平地で観測された最大瞬間風速は、沖縄県宮古島で1966年9月にふいた秒速85.3メートルです。

9月のおはなし

てつがくのライオン

原典 ライオンは、百獣の王らしくしようとしてみたのです

工藤直子

ライオンは「てつがく」が気に入っている。かたつむりが、ライオンというのは獣の王で哲学的な様子をしているものだと教えてくれたからだ。

きょうライオンは「てつがくてき」になろうと思った。哲学というのは坐りかたから工夫した方がよいと思われるので、尾を右にまるめて腹ばいに坐り、前肢を重ねてそろえた。首をのばし、右斜め上をむいた。尾のまるめ工合からして、その方がよい。尾が右で顔が左をむいたら、でれりとしてしまう。

ライオンが顔をむけた先に、草原が続き、木が一本はえていた。ライオンは、その木の梢をみつめた。梢の葉は風に吹かれてゆれた。

ライオンのたてがみも、ときどきゆれた。

(だれか来てくれるといいな。「なにしてるの?」と聞いたら「てつがくしてるの」って答えるんだ)

ライオンは、横目で、だれか来るのを見はりながらじっとしていたが誰も来なかった。

日が暮れた。ライオンは肩がこってお腹がすいた。(てつがくは肩がこるな。お腹がすくと、てつがくはだめだな)

きょうは「てつがく」はおわりにして、かたつむりのところへ行こうと思った。

「やあ、かたつむり。ぼくはきょう、てつがくだった」

「やあ、ライオン。それはよかった。で、どんなだった?」

「うん、こんなだった」

ライオンは、てつがくをやった時のようすをしてみせた。さっきと同じように首をのばして右斜め上をみると、そこには夕焼けの空があった。

「ああ、なんていいのだろう。ライオン、あんたの哲学は、とても美しくてとても立派」

「そう?…とても…何だって?もういちど言ってくれない?」

「うん。とても美しくて、とても立派」

「そう、ぼくのてつがくは、とても美しくてとても立派なの?ありがとうかたつむり」

ライオンは肩こりもお腹すきも忘れて、じっとてつがくになっていた。

知っ得ポイント

哲学というのは、「自分とは何者か」とか「生きることとは?」など、だいじなことを深く考える学問です。

地震

日本は地震と長いあいだつきあってきたのです

地震がおこるしくみ

日本は昔から、とても地震が多い国です。それは、日本がある場所のせいなのです。

地球のまんなかには、6000度という高温の核があって、そのまわりにやはり高温のマントルとよばれる部分があります。そして、マントルの外側には、岩の板である「地殻」があるのです。地殻は卵のからのようなものですが、地球の表面全体でつながっているわけではなく、10数枚のプレートがジグソーパズルのように組みあわさってできているのです。

地球の内側では、マントルが熱によってゆっくり動いています。それにあわせて、プレートも動いています。すると、プレートとプレートがくっついているところにひずみが出ます。

ひずみは少しずつ大きくなっていって、やがてたえきれなくなったときに、もとにもどろうとします。それが、地震を引きおこすのです。

ですから、プレートとプレートの境界では、地震がよくおこります。日本は、「ユーラシアプレート」と「北米プレート」「太平洋プレート」「フィリピン海プレート」という4つのプレートの境界線の上にあるので、とくべつ地震が多いのです。

被害を少なくするために

地震をおこさないようにすることはできませんが、被害を少なくすることはできます。そのために、いろいろな研究がされています。

まず、地震予知。はっきりした予知はまだむずかしいですが、大きな地震がきそうな地域の観測や調査をしています。とくに大地震がおこる可能性がいちばん高い東海地方は、24時間観測しています。

また、地震の前には、動物がいつもとちがう行動をしたり、変な形の雲が出たりするといわれていますが、そんな自然界の前兆についても研究が進められています。

それから、すばやい警報。緊急地震速報ということばをきいたことがありますか？　緊急地震速報は、地震がおこったらすぐに、各地域へゆれがとどく時間や震度を自動で計算して、携帯電話やテレビ、ラジオを通じて知らせるシステムです。ゆれがとどくまでにそんなに時間はありませんが、倒れやすいものの近くからはなれたり、火を消したり、自分の身を守る行動をとることができるのです。

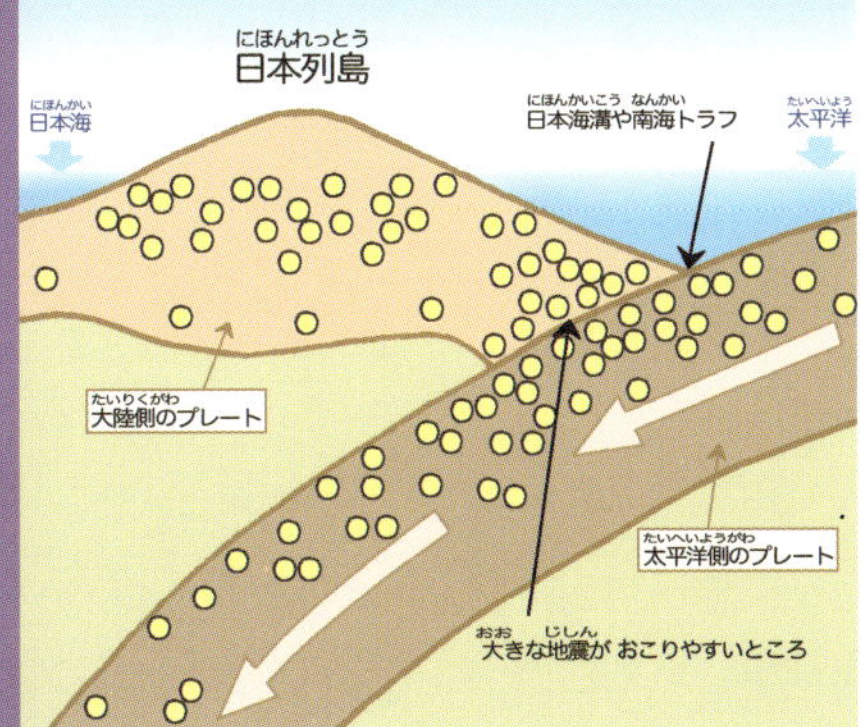

知っ得ポイント

東海地震がおこる確率は、30年以内に87パーセントといわれています。

風の又三郎

国語

青空で風が鳴ったある日、転校生がやってきました

宮沢賢治

どっどど　どどうど
どどうど　どどう
青いくるみもふきとばせ
すっぱいかりんもふきとばせ
どっどど　どどうど
どどうど　どどう

　さわやかな九月一日の朝、谷川の岸にある小さな学校に、おかしな赤い髪の男の子がやってきました。なにしろおかしな姿の子で、へんてこなねずみ色のだぶだぶの上着を着て、白い半ズボンをはいて、赤い革の半靴をはいているのです。顔といったらまるで熟したリンゴのよう、目はまん丸でまっ黒なのでした。

　学校の近くの山で鉱石がとれることがわかって、その仕事をするためにやってきたお父さんについてきたのです。名前は高田三郎といいましたが、三郎があらわれたとき、風がどうとふいて、窓ガラスががたがた鳴り、学校のうしろの山の木が青白くなってゆれたので、三郎は風の又三郎とよばれるようになりました。たしかに、三郎がなにかをすると、強い風がふくようなのでした。

　三郎は、ふしぎな子でした。えんぴつがなくて困っている子に、一本しかない自分のえんぴつをあげてしまったり、とってはいけないタバコ畑の葉をむしってしまったり。

　それでも、三郎は何日かたつと、だんだん男の子たちのなかまに入っていったのです。

　三郎が学校にきて六日目。みんなで川に遊びにいって、オニごっこをすることになりました。三郎がオニになると、みんなは大きな粘土の岩の上に逃げました。三郎はばしゃばしゃ岩に水をかけ、足をすべらせて落ちてくる子どもたちをかたっぱしからつかまえます。同級生の嘉助が泳いで逃げようとしましたが、三郎は追いついてつかまえると、腕をつかんでぐるぐる引っぱりまわしました。すると、嘉助は水を飲んでごほごほむせてしまい、「おいら、もうやめた」といって、岸にあがりました。そのあと、みんな岸にあがってしまったので、三郎もあがり、一人だけ別の場所に立ちました。

　そのとき、急に雷がごろごろ鳴りはじめ、山津波のような音がしたかと思うと、いきなり夕立がやってきたのです　すると、だれともなく

「雨はざっこざっこ雨三郎
　風はどっこどっこ又三郎」

とさけびはじめました。三郎はみんなのところに走ってきて、「今さけんだのはおまえらかい」とききました。でも、みんなしらばっくれたまま、雨があがるとめいめいの家に帰ったのです。それから数日たった月曜日、ひどい風がふきました。林はまるでほえるよう、青い葉はふきとばされ、クリは地面に落ち、空では雲がどんどんどんどん北のほうへ飛ばされていきました。その日みんなが学校にいくと、三郎は転校していなくなっていたのでした。

知っ得ポイント

東北では、風の神さまのことを「風の三郎さま」とよんでまつっているところがあるそうです。

国語

ストウ夫人

(1811～1896年　アメリカ)伝記

奴隷解放のきっかけをつくった主婦

ストウ夫人という名前を知らない人でも、『アンクル・トムの小屋』という物語は知っているでしょう。ストウ夫人は、その物語を書いた人です。そのころはまだ、女性が男性と同等の人間だということがみとめられていなかったので、著者名は夫の名字に「夫人」をつけた「ストウ夫人」となっていましたが、ほんとうの名前はハリエット・ストウといいます。

ハリエットが生きていた時代のアメリカの南部の州には、奴隷制度がありました。アフリカからつれてきた黒人を「所有」して、農場などで働かせる制度です。奴隷を所有している人にとって、奴隷は人間ではなく、「モノ」でした。ですから、働きが悪ければ、ムチで打ったりするような罰をあたえましたし、気にいらなければ、売りとばしました。

ハリエットがくらしていた地域には奴隷はいませんでしたが、その話をきいたり、じっさいに旅行をして、奴隷の姿を見たりするたびに、心を痛めていました。ハリエットの父親は神学者でしたから、ハリエットも幼いころから、人間は平等であることや、ほかの人へ愛情をそそぐことを教えられていたのです。

小さいときから、本を読むことや文章を書くことが大好きだったハリエットは、高等学校を卒業後、姉がつくった学校で教師をします。その後、ストウという大学の教授と結婚して、教師をやめましたが、文章を書くことはつづけていました。奴隷制度について書こうと決心したのは、逃亡奴隷法が定められたときです。逃亡奴隷法というのは、南部の奴隷所有者は、自分の奴隷が逃げたとき、奴隷が逃げた先が自由州（奴隷制度がない州）であっても、さがしだしてつれかえることができるし、奴隷捜索を助けるように自由州の人々に命令できるという法律です。反対に奴隷をかくまった人は、罰せられたのです。この法律のせいで、ハリエットがくらしていたボストンでは、南部から逃げてきた奴隷がたくさんつかまり、家族が引きはなされ、多くの悲劇がおこりました。

そのようすを見て、ハリエットは決意するのです――国じゅうの人が、奴隷制とはよくないものだということを感じる物語を書いてみせる、と。

そして、書きあげたのが『アンクル・トムの小屋』でした。物語の主人公、黒人のトムは、やさしくて愛情にあふれた人物です。そのトムが、奴隷としてあちこちの白人に売られ、たいへんな労働をさせられた上に、最後にはムチで打たれて死んでしまうまでが、物語には書かれていました。奴隷制度がいかに非人道的かを書いたこの本は、奴隷問題について大きな議論をよびおこしました。そして南北戦争とその後の奴隷解放のきっかけとなったのです。一人の主婦が、心をつきうごかされて書いた物語が歴史を変えたのでした。

知っ得ポイント

リンカーンは夫人に会ったとき「あなたのように小さな方がこの大きな戦争をおこしたのですね」といったそう。

天王星

青く輝く氷の星

遠い星の発見

天王星は、太陽系の惑星の中で、太陽から7番目の惑星です。太陽からとてもはなれたところをまわっているので、公転にかかる時間は84年です。自転は17時間ちょっとです。

天王星が見つけられたのは、今から２３０年ほど前の１７８１年です。じつはそれまでも、天王星は確認されていたのですが、惑星だとは考えられていなかったのです。イギリスの天文学者ウィリアム・ハーシェルが、天王星が動いていることを発見して、太陽系の惑星であることを確認したのです。

天王星は、太陽系の惑星の中で3番目に大きい星で、直径は地球の４倍です。ほとんどがガスと氷でできています。

惑星のまわりは、メタンでできた雲でおおわれているといわれています。メタンの雲が赤い光を吸収してしまうので、天王星は青みがかって見えるのだそうですよ。

横に倒れたまま？

天王星でいちばん面白い特ちょうは、横に倒れたまま自転している点です。なぜ、そんなことになったのでしょう？

それは、ちゃんとわかってはいないのですが、天王星ができたばかりのときに、とても大きな天体とぶつかって、倒れたからと考えられています。そのままもとの方向にもどることなく、まわりつづけているのです。

天王星には、土星のような環が13本あります。そのうちの11本は地球から観測して発見されましたが、あとの２本は惑星探査機ボイジャーによって発見されました。環も天王星といっしょに横に倒れているので、たてにまわっているように見えるのですよ。

また、天王星には27個も衛星が発見されています。その名前は、ほとんど、イギリスの作家シェイクスピアの物語に出てくる登場人物の名前からとられています。

知っ得ポイント

天王星以降に発見された惑星は、英語の名前を訳したものがそのまま日本名になりました。

レ・ミゼラブル

ビクトル・ユゴー

パンを盗んだ泥棒は だれよりりっぱな人間になりました

一八一五年、南フランスにあったミリエル神父の家のドアを、一人の男がたたきました。男の名はジャン・バルジャン。甥っ子たちのために、パンを一つ盗んでつかまり、十九年間、牢屋にいれられていたのですが、つい数日前に釈放された男でした。たずねる先々で追いはらわれ、神父さんの家にたどりついたのです。

たった一つ、子どもたちのためにパンを盗んだだけで、こんな目にあうなんて！　ジャンの心は、怒りとにくしみでいっぱいでした。

そんなジャンを、ミリエル神父はあたたかくむかえいれ、ごはんを食べさせてくれました。ところが、ジャンは、夜中に神父の家から銀の食器を盗みだし、こっそり姿を消したのです。

よく日、食器がなくなって大さわぎがおきていた神父の家に、警官がジャンを引ったててやってきました。

「あやしい風体だったのでつかまえてみたら、袋から銀の食器が出てきたのです。こいつは神父さまからもらったといっているのですが、きっとうそにちがいないと思いまして、確認しにまいりました」

すると、ミリエル神父はだんろの上から銀のろうそく立てをとって、ジャンにさしだしたのです。

「あなた、これもいっしょにあげるといったのに、どうしてもっていかなかったのです？」

ジャンは驚き、ぼう然とろうそく立てをうけとると、逃げるように町を出ました。その途中で少年とぶつかり、少年が落としたお金をとりあげてしまいます。少年の泣き声ではっとわれにかえりましたが、少年はどこかにいってしまいました。その後、ジャンはゆくえをくらましました。ただ、その夜、神父の家の前で一人の男がいのるようにひざまずいていたそうです。

その年の末、北の港町に、一人の男がすみつきました。男は町の名産品のかざり玉に改良をくわえて商売を広げ、工場をたてました。男はばく大な財産をきずき、町も豊かになりました。けれど男はつつましい生活をつづけ、困っている人のためにばかりお金を使っていました。そして、町にきて五年後、みんなからたのまれて町長になったのです。

そんなある日、町長のもとに知らせがまいこみます。それは「昔、子どもからお金をとったジャン・バルジャンという男が今度はリンゴを盗んだかどでつかまった。罪を二つも重ねたので、終身刑になった」というものでした。町長は驚きました。というのも、町長こそがジャンだったからです。ジャンは悩みに悩みましたが、結局裁判にいって、こう宣言しました。

「私こそがジャン・バルジャンです。さあ、私を逮捕しなさい」

ミリエル神父の分けへだてなく人を愛し、ゆるす心が、ジャンの心をも変えていたのでした。

知っ得ポイント

この物語が日本ではじめてしょうかいされたときの題名は『あゝ、無情』というものでした。

小数の誕生

小数点ができるまでは、表記が少し面倒だったのです

小数の誕生

小数は、1より小さくて0より大きい数です。今では、小数点「・」を使って、0・1などのようにあらわします。

小数のはじまりは、今からおよそ500年前のオランダだといわれています。ステヴィンという数学者が出版した『十進分数論』という本の中で、はじめて小数を発表したのです。

ですが、ステヴィンの発表した小数は、今の小数とは見かけがずいぶんちがっていました。

今の小数
5.678

ステヴィンの小数
5⓪6①7②8③

数字のあとに桁がわかるしるしがついていたのですね。小数点を使うようになったのは、ステヴィンから20年後。ネイピアという数学者が始めたといわれています。

中国の小数

ヨーロッパで今のような小数が使われはじめたのは、今から500年くらい前だといいましたが、中国ではそれよりずっと前から、小数の考え方がありました。

中国では、今から1700年前にはすでに、小数の考え方を使っていました。もちろん、小数点を使っていたわけではありません。

このときの小数は、0より小さい桁にそれぞれ、分や厘、毛などの名前をつけていたのです。0・1＝1分　0・01＝1厘　0・001＝1毛という感じです。

この小数のあらわし方は、江戸時代のはじめに中国から日本に伝わってきました。どこかで、この小数のあらわし方を見たことはありませんか？

たとえば、可能性が半々だというとき「五分五分」ということばを使いますね。また、ごはんはおなかいっぱいになるまで食べないほうが健康にいいというとき、「ごはんは腹八分までにしなさい」などといいます。日本には小数点が伝わってくるずいぶん前から、小数があったのです。

一男
分美
厘太郎
毛子

知っ得ポイント

野球の打率は、歩合というい方であらわしますね。たとえば、打率 0.315 は、「3割1分5厘」といいます。

国語

頭に柿の木

日本の昔話

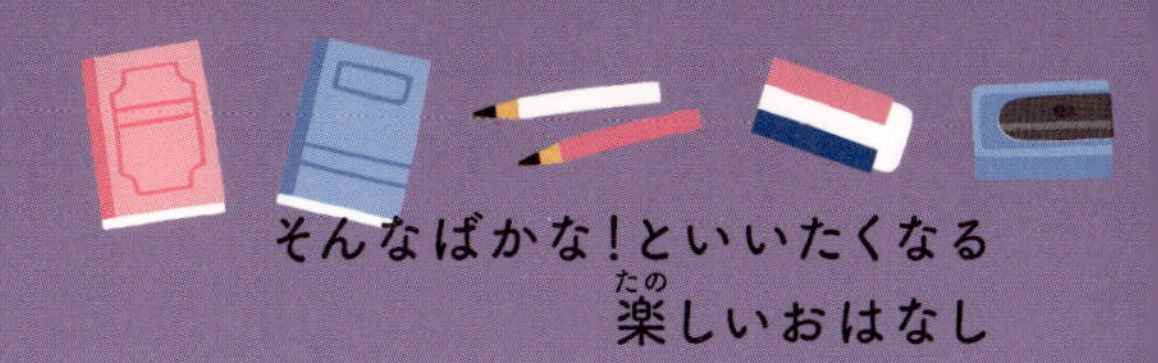

そんなばかな！といいたくなる
楽しいおはなし

9月8日のおはなし

昔、ある村に、大酒飲みの男がいました。男はよく主人のいいつけで、近くの町におつかいにいっていたのですが、その途中に茶屋があり、おつかいにいくときには必ずそこに立ちよって、酒をたらふく飲んでいました。

ある日、男は茶屋で酒をたくさん飲み、ぐーぐー寝てしまいました。そこへ、子どもたちが柿を食べながら、通りかかりました。一人の子どもが、柿の種を口からぷっとふきだします。種はみごと、男の頭に着陸。じきに根づいてしまいました。

目がさめた男はあわてて町にむかいました。しばらくすると、頭から柿の木がはえ、実がたわわになりました。

ちょうどよい、これで酒を飲ませてもらおう。

男はそう考えて、次におつかいに出かけたとき、また茶屋により、頭の柿とひきかえに、酒を飲ませてもらいます。そうしてまた、ぐーぐー寝てしまいました。

そこへ、植木屋が通りかかりました。植木屋は男の頭から木がはえているのを見て、幹を切ってやりました。

目がさめた男はあわてておつかいにいきました。そのうち、柿の木の切りかぶに、キノコがわらわらとはえてきました。

これでまた酒が飲めるぞ。

そう思った男は、次におつかいに出かけたとき、また茶屋により、キノコとひきかえに酒を飲ませてもらいました。そしてまた、ぐーぐー寝こんだのです。

そこへ通りかかったのが、きこりです。きこりは、男の頭に切り株があるのを見て、引っこぬいてやりました。

目がさめた男はあわてておつかいに町へいきました。その途中で、雨がふりだしました。雨はやむことなく、ざあざあふりつづけます。そのうち、男の頭から切りかぶをぬいたあとにできた穴に、水がたまり、池ができました。池には魚がたくさんすみつきました。

しめしめ、また酒と交換してもらおう。

男はさっそく、おつかいの帰りに茶屋にいき、魚と酒を交換してもらいました。そしてまたまたぐーぐーと眠りこけたのです。

寝ている男の頭にある池では、まだたくさんの魚が泳いでいました。それを見た通りすがりの人たちは、つりざおをもってきて、魚つりを楽しんだそうですよ。

知っ得ポイント

柿を食べたあと、種を土にうえると、ちゃんと木に育って、8年くらいで実がなるといわれています。

津田梅子

国語

女子の教育に夢をかけた教育者

伝記（1864～1929年　日本）

　東京にある津田塾大学のキャンパスのおくに、小さなお墓がひっそりとたっています。大学をつくった津田梅子のお墓です。大学の中にお墓があるなんて、あまりきいたことがありません。でも、それに象徴されるように、梅子の人生は教育――とくに女子の教育にささげられたものでした。

　津田梅子は、江戸から明治へ時代が移ろうとしていたとき、江戸幕府の家臣の家に生まれました。明治になって、父は政府の仕事をするようになり、ちょうど政府で募集していた女子留学生に梅子を応募させました。そのとき、梅子はわずか六歳。そんなに幼いときに、親元をはなれ、アメリカへわたることになったのです。

　梅子は、アメリカ人の家庭にすまわせてもらいながら、十一年間、アメリカの自由な教育をうけました。英語や英文学はもちろん、フランス語やラテン語、心理学や芸術など、さまざまな学問を学んだのです。

　けれど、日本に帰ってきた梅子には、学んだことを生かせる仕事がありませんでした。そのころの日本では、男のほうが女よりもえらいと信じられていて、女はいい奥さんになればそれでいいと思われていたのです。

　梅子は華族の女子がかよう女学校の先生になりましたが、その学校で教えていることといったら、エリートのいい奥さんになるための勉強だけ。梅子は心からがっかりしました。そして、日本の女性の考え方を変えるため、女子のための学校をつくろうと決心したのです。

　新しい女子教育の指導者になるために、梅子はふたたびアメリカへわたります。そして教育に必要な学問を学んで帰国すると、多くの人たちの援助をうけて、明治三十三年に「女子英学塾」という学校をつくりました。これがのちの津田塾大学です。教育方針に口を出されるのがいやだったので、政府からの援助はほとんどもらいませんでした。

　梅子は「妻は夫にしたがうもの」という日本人の考え方に反対だったので、一生結婚しないで、教育に人生をささげました。教師としての梅子はとてもきびしく、「熱血先生」そのものだったといいます。けれど、いったん教室をはなれれば、学生たちと楽しそうに話をしていたそうです。学生を教育することを、心から愛し、楽しんでいたのでしょう。

　今、「男のほうが女よりえらい」とか、「女は男にしたがうもの」などという人はいませんね。でも、それは、梅子のような人たちが、一生をかけて、人々の考え方を変えてきたからなのです。英学塾の最初の学生はわずか十人。小さな小さな一歩でした。けれど、その小さな一歩が、女性たちの現在の地位をつくりあげた大きな一歩となったのです。

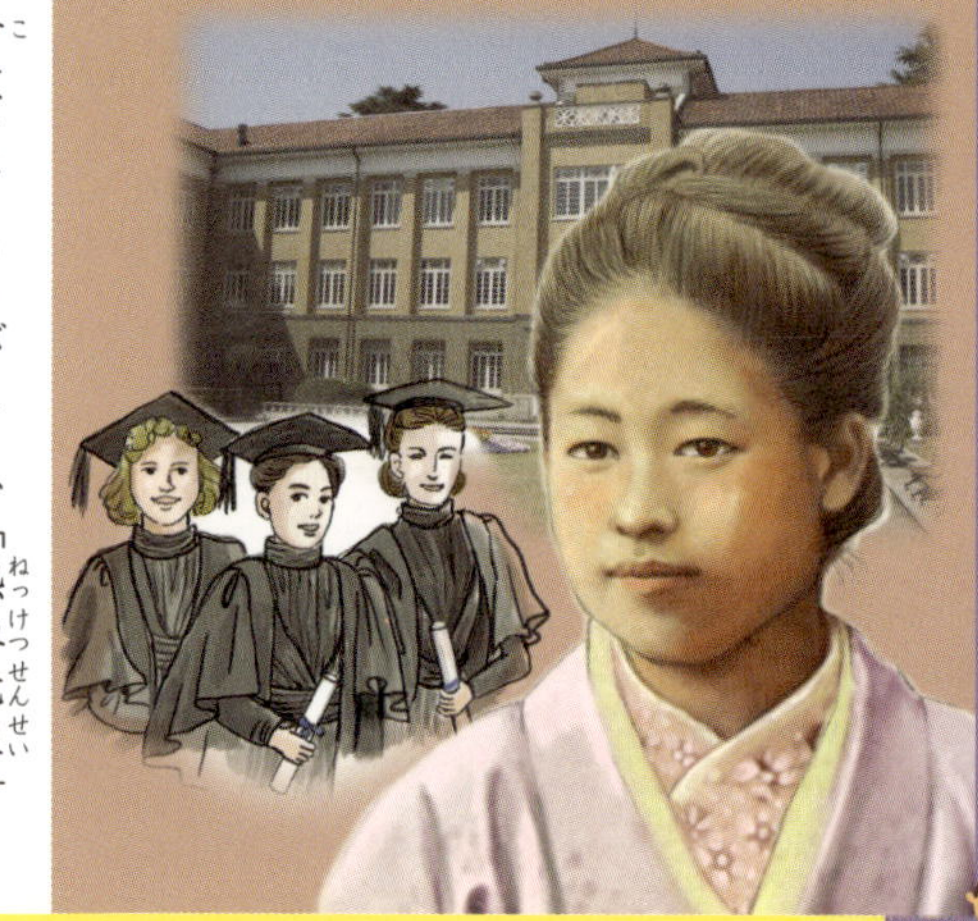

知っ得ポイント

津田塾大学には、津田梅子のお墓まいりをすると結婚できなくなるという都市伝説があります。

台風

日本は台風の通り道なのです

台風のしくみ

日本では、立春（春のはじまりの日。節分の前の日）から数えて210日目のことを、二百十日とよび、台風がよくくるころだから注意しなさいとよびかけてきました。それだけ、日本には台風がよくやってくるのです。

でも、台風とはなんなのでしょう？　台風は、赤道の近くで生まれる「熱帯性低気圧」の中で、風速が秒速約17メートルをこえるもののことです。では、熱帯性低気圧とはなんでしょうか。

赤道の近くは、海の温度が高いので、海から水蒸気がたくさん出ます。すると、発生した水蒸気は、時計と反対にまわりながら、空高くのぼっていって、大きな雲をつくります。さらに水蒸気が集まってくると、大きな空気の渦ができます。これが熱帯性低気圧です。この渦がどんどん大きくなって、空気の流れ（風）が強くなり、秒速17メートル以上になると、台風となるのです。

宇宙からとった台風の写真を見たことがありますか？　写真を見ると、台風が大きな渦だということがわかります。そして、まんなかに、ぽっかり雲がない場所があるのがわかります。それが「台風の目」です。そこだけ雲がふきとばされ、晴れているのです。

台風の進む道

じつは、台風は、ほとんど空の上をふく風に流されて進んでいるのです。日本の近くにくると、偏西風という、西から東にむかう風に影響をうけます。急にむきが変わるのは、そこで風の流れが変わるからです。

天気予報でよく見る台風の進路予想は、そうした風や大気のようすを見て、予測したものです。予報円は、その中のどこかを、台風の中心が通りますよという円です。台風の中心がどこを通るかによって、暴風域も変わってくるので、注意が必要です。とくに台風の進む方向にむかって右側は、強い風がふきます。

台風は、場所によって名前を変えます。インド洋で生まれたものはサイクロン、アメリカの近くの大西洋で生まれたものは、ハリケーンとよばれているのです。

知っ得ポイント
台風という名前は英語のtyphoon（タイフーン）からきているといわれています。

ハザードマップ

自分の町のどこが危険か、たしかめておきましょう

町のことを知ろう

ハザードマップという名前をきいたことがある人は多いと思いますが、どんなものか知っていますか？　英語の名前だからわかりにくいかもしれませんね。

ハザードというのは、「危険」という意味。マップは地図です。ハザードマップは災害がおこったときに、どこが危険でどこが安全か、ひと目でわかるようにした地図のことです。

災害といっても、いろいろあります。大雨で川がはんらんしたり、洪水がおきるとき。崖くずれや山くずれなどがおきるとき。大きな地震がおきたとき、火山が噴火したとき、津波警報が出されたとき……それぞれの災害にあわせて、ハザードマップがつくられています。

ハザードマップを見れば、たとえば、自分の家が安全な場所にあるかどうか、すぐわかります。地震のときはだいじょうぶそうでも、洪水の警報が出たときは、避難場所にいったほうがいいかなとか、逃げるときはあの道を通らないようにしようとか、地図を見ればわかるのです。

ハザードマップの見方

下の地図を見てください。これは洪水のハザードマップです。川がはんらんして洪水がおきたとき、水につかってしまう場所を、色で分けてあらわしています。青いところは水深2メートル以上、水色のところは水深1～2メートル、黄緑色のところは水深50センチ～1メートル、黄色いところは水深20～50センチメートルになってしまう危険があります。色であらわされているので、どこが危険なのか、だれでもすぐにわかるのです。できれば、災害がおこる前に見ておいて、危ない場所をだいたいわかっておくといいでしょう。

小学校からくばられる「地域安全マップ」も、ハザードマップのなかまです。地域安全マップには、よく事故がおこる道や、見とおしの悪い交差点、暗くて危険な場所がわかりやすいマークで書かれています。それに、逃げこめる場所などものっています。これもハザードマップといっしょで、前もって見ておくことがだいじです。

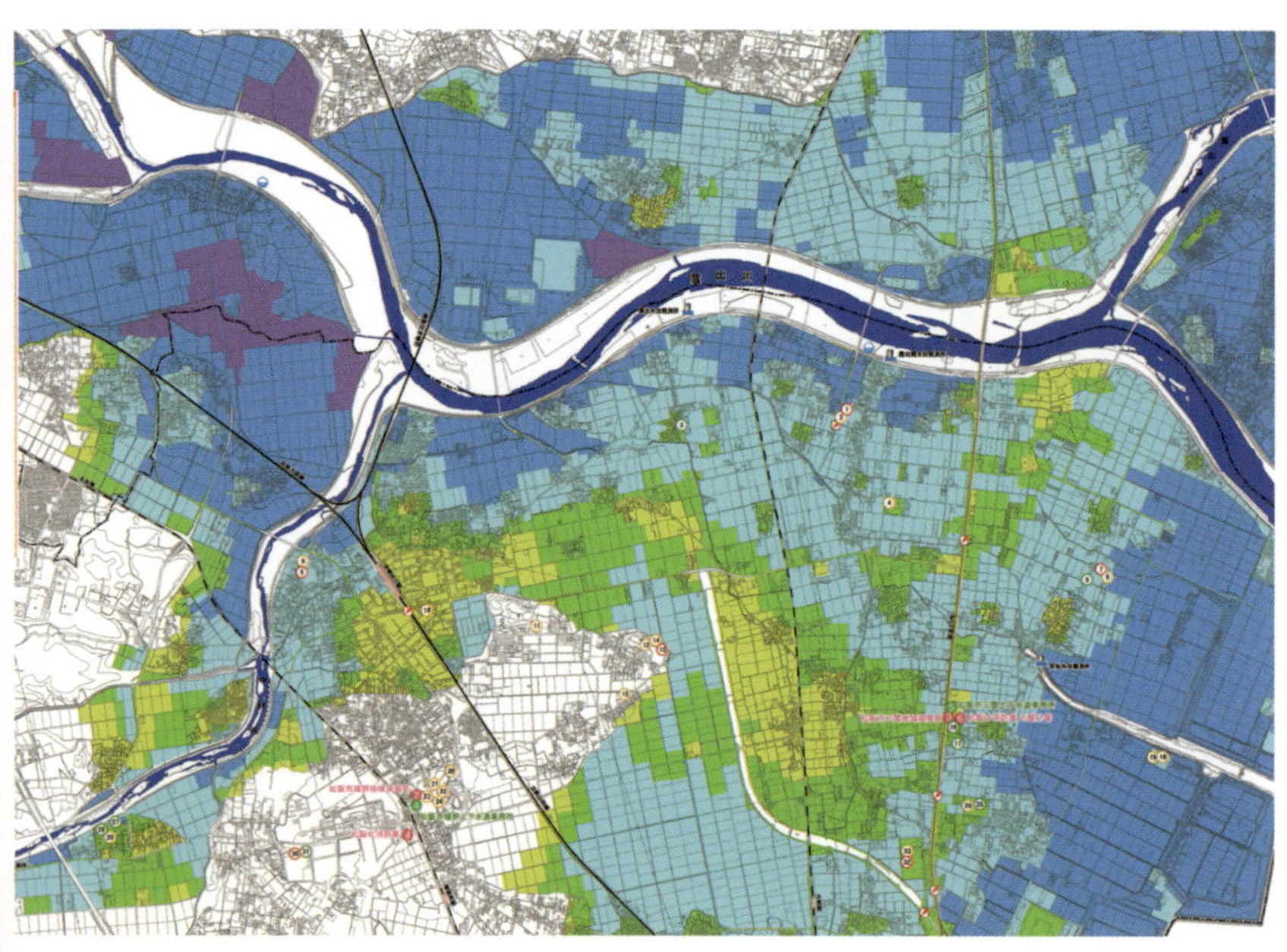

知っ得ポイント

国土交通省のハザードマップポータルサイトでは、インターネットで全国の町のハザードマップが調べられます。

国語

ドリトル先生物語

ヒュー・ロフティング

動物のことばがわかるお医者さんが大活やくします

9月12日のおはなし

　ドリトル先生は、イギリスのいなかで医者をしています。とても動物が好きだったので、屋敷は動物だらけ。診察室まで動物があふれかえっていました。あるとき、一人のおばあさんが、ソファで寝ていたハリネズミの上に座ってしまいました。

「ぎゃーっ！」おばあさんは悲鳴をあげて病院から逃げていくと、二度とやってきませんでした。同じように、一人、また一人と患者はへり、とうとうドリトル先生の病院にはだれもこなくなってしまいました。

　そんなとき、「先生は動物の医者になればいい」と、配達にきた肉屋にいわれたのです。「先生ほど、動物のことを知っている人はいないからね」

　ドリトル先生はなるほどなあと思いました。でも、今まで動物なんて治療したことがないですし、第一、話ができないと、どんなふうに具合が悪いかさえわかりませんから、あまり乗り気にはなりませんでした。

　肉屋が帰ると、オウムのポリネシアが飛んできていいました。「あの肉屋、よくわかってるじゃないの」

（ポリネシアはとてもかしこいので、人間のことばが話せるのです。）

「でも、動物の医者なんてたくさんいるから、わたしなんて」

「あいつらはみんなヤブ医者ですよ。動物のことなんてなんにもわかっちゃいないんだから」

「わたしだって、わからないよ」

「動物のことばをおぼえればいいんですよ、先生」

「動物にことばがあるのかい？」

「もちろん、ありますよ。ばかにしないでください」

　ドリトル先生はしんそこ驚きました。動物にことばがあるなんて、思ったこともありませんでしたから。

　ポリネシアはあきれています。

「人間なんて、勝手なもんです。何千年も動物とくらしているのに、動物語があることさえ知らないんですから」それからポリネシアは、たくさんの動物語を教えてくれました。

　あるとき、ドリトル先生のところに畑をたがやす馬がやってきました。先生が馬語で話しかけたら、大喜びでどんどんしゃべりだします。

「先生、おいら、目がよく見えないんだ。なのに、山のむこうの医者は『ひざの病気だね』といって、薬をたくさん飲ませるんだ。おいらがほしいのは、薬じゃなくて、メガネなんだよ。なのに、目をみようともしない。このあいだはカラシで湿布しようとしやがったから、けとばしてやったのさ」

　ドリトル先生がメガネをつくってあげたら、馬はすっかり元気になって、また働けるようになりました。

　それからは、動物から動物へドリトル先生の評判が伝わって、病院はだいはんじょう。ドリトル先生は動物の名医になって、動物たちといっしょにいろいろな冒険をすることになったのです。

知っ得ポイント

ドリトル先生の物語はたいへんな人気でシリーズになり、全部で12巻出版されています。

ゴミの分別

ゴミはなるべく出さないのがいちばんだけれど……

フクザツな分別

みなさんも学校で、家で、ゴミの分別をしていますね。ゴミは、どうやって処分するか――燃やすか、燃やさないか、リサイクルするか、工場で小さくしてもらうかなどによって、いろいろな種類に分けられます。そして、すんでいる場所によって、ゴミの処分のしかたもちがうので、分け方もちがってきます。おとなりの町どうしで、ゴミの分け方がちがうこともあるのです。また、場所によって、ゴミをもっていってもらうのにかかる料金もちがいます。ゴミの分別はとてもフクザツなのです。

ゴミの種類

ゴミはどんな種類に分けられているでしょう。

まずは**燃えるゴミ**。焼却炉で燃やせるゴミです。焼却炉のパワーによって、燃やせるものがちがいます。生ゴミもここに入ります。

それから、**プラスチックゴミ**。リサイクルされて、またプラスチック容器になったり、燃料になったりします。プラスチックといっても、商品を入れたもの（容器）や包んだもの（包装）のことです。たとえば、レジ袋やラップ、カップめんのカップ・卵や豆腐などのパック、肉がのっていた食品トレイなど。バケツなどのようにプラスチックでできた商品はちがいます。場所によって、プラスチックでできた商品は、燃えるゴミになったり、燃えないゴミになったりします。

燃えないゴミ。焼却炉で燃やせないゴミです。場所によって、どんなゴミが燃えないゴミになるかはちがいます。たとえば、アルミホイルやCD、使い捨てカイロなどは場所によって、燃やせる・燃やせないがずいぶんちがいます。

資源ゴミ。リサイクルして、使えるものに生まれ変わることができるゴミです。紙やびん、缶などですが、油のついたびんや缶などはリサイクルできないことがあるので注意が必要です。

粗大ゴミ。文字どおり、大きなゴミです。たいていの場所では、事前に予約をして引きとってもらいます。回収されたゴミは、細かくくだかれて、燃えるゴミ・燃えないゴミと同じように処理されます。

これだけたくさんゴミの種類はありますが、ゴミとして引きとってもらえないものもあるのです。冷蔵庫やテレビ、エアコン、洗濯機は、法律でリサイクルが決められているため、ゴミには出せません。また土やペンキ、かわら、ブロック（塀などに使われる）は、ゴミ処理場ではあつかえないので、引きとってもらえないのです。

知っ得ポイント

東京都江東区にある「夢の島」は、ゴミをうめたててつくった人工の島です。

フラメンコ

保健体育

9月14日のおはなし

情熱の国の情熱的な音楽と踊り

ダンスだけではない

フラメンコというと、長いスカートをひるがえし、かかとをふみならして踊るダンスをイメージする人が多いでしょう。

でも、フラメンコとは、踊りだけのことではありません。フラメンコとは、歌とギター演奏もふくめた全部をさすのです。

もともとは、歌だけだったところに、ギターの伴奏がくわわり、それから踊りがくわわって、今の形になりました。

フラメンコは、歌と踊りを通して、人間の喜び、悲しみ、怒り……あらゆる感情をあらわしています。人間の魂のさけびのようなものなのです。

そもそも、フラメンコは、人に見せるためではなく、家族やなかまたちで楽しむために始まりました。人に見せてお金をとるような見世物ではなかったのです。ですから、本来は決まったふりつけなどなく、歌にあわせて、その場で自由に踊っていました。今ではスペインを代表する芸術として、大きなホールで公演がおこなわれることもありますが、家族や友だちとテーブルをかこんで、歌い、かなで、踊るというのが、フラメンコの楽しみであり、喜び――フラメンコのほんとうの姿なのです。

フラメンコの歴史

フラメンコは、スペインの南のほうにあるアンダルシアという地方で生まれました。アンダルシアは昔から、中東やアフリカなど、ヨーロッパ以外の国の文化が入ってきていました。そして、1400年代のなかばごろから、ジプシーとよばれる人々が、アンダルシアへやってきて、すみつくようになったのです。

ジプシーはもともとインドを出発し、とほうもないほど長い年月をへて、中東を通り、ヨーロッパに流れついた人々です。ヨーロッパでは差別されたり、国から追いだされたり、迫害されたりと、悲しい歴史をもっています。

そんなジプシーの文化と、もともとアンダルシア地方にあったものがとけあって、フラメンコが生まれたと考えられています。

フラメンコをじっさいに見ると、その迫力に驚くそうですよ。きっと人間がもつパワーがむきだしで伝わってくるのでしょうね。

知っ得ポイント

ジプシーという名前は、今は使わないほうがいいとされていて、かわりに「ロマ民族」という名前を使います。

かぐや姫

日本の昔話

昔の人が考えた壮大なファンタジー

　昔、竹取の翁というおじいさんが、おばあさんと二人でくらしていました。ある日、おじいさんがいつものように竹やぶにいくと、一本の竹がきらきら輝いていました。ふしぎに思ったおじいさんはそっと竹を切ってみました。すると、中から光り輝く小さな女の子が出てきたのです。

　おじいさんはその子を家につれてかえりました。子どもがいなかったおばあさんはたいそう喜びました。そして女の子を「かぐや姫」と名づけ、二人で育てることにしたのです。

　かぐや姫はあっというまに、美しい娘に成長しました。かぐや姫がいるだけで、あたりは明るく輝き、だれもが幸せな気持ちになれました。

　やがて、かぐや姫の評判をききつけて、たくさんの男たちが姫と結婚したいとやってくるようになりました。中でも熱心だったのは、五人の貴族で、いくら姫がことわっても、あきらめずにやってくるのです。

　かぐや姫はしかたなく、それぞれに、めずらしい宝をもってきたら結婚してあげましょうと伝えます。仏さまが使う石の鉢に、海の中の山にあるという金と銀の木、火をつけても燃えない火ねずみの皮、竜の首にさがっている五色の玉とつばめの子安貝……もちろん、どれも手に入らず、五人は泣く泣くあきらめました。

　その話を、都の帝がききつけて、かぐや姫に会いにきました。帝はひと目で姫を気にいって結婚を申しこんだのですが、かぐや姫はどうしても結婚はできないというばかり。

　それからかぐや姫は夜になると、月を見ては泣くようになりました。あと三日で満月という夜、心配したおじいさんが、なぜ泣くのかききました。すると、かぐや姫はこう答えたのです。

「これまでだまっていましたが、わたしは月で生まれた天女です。次の満月の夜にむかえがきて、わたしは月に帰らなければいけないのです」

　おじいさんとおばあさんは驚き、ひどく悲しみました。悲しんだのは帝も同じです。満月の夜、帝は何千人もの侍を送りこみ、かぐや姫の屋敷を守らせました。

　真夜中。とつぜんあたりが昼のように明るくなり、空から輝く天人たちが雲に乗っておりてきました。

「さあ、かぐや姫、おいでなさい」

　侍たちはふしぎなことに、指一本動かせません。かぐや姫はおじいさんとおばあさんのもとへいき

「とうとうお別れです。月のいい晩にはどうぞわたしのことを思い出してください。そして、帝にこの不老不死の薬をお礼におわたしください」といって、天人たちとともに雲に乗り、月へ帰っていきました。

　帝は深く悲しみ、姫がいない世の中で長生きしてもむだだと、不死の薬を近くの山で焼きました。薬を焼いた火は消えず、山からはたえず煙がのぼるようになりました。そしてその山はふじの山とよばれるようになったのです。

知っ得ポイント

『かぐや姫』は『竹取物語』ともよばれ、日本でいちばん古い物語とされています。

理科

月のもよう

月は、地球のただ1つの衛星です

9月16日のおはなし

なにに見える?

まんまるのお月さまを見ると、なんだかもようが見えますね。日本ではよく、月の上で、うさぎがおもちをついているのだといわれています。

月のもようがなにに見えるかは、国によってちがいます。たとえば、中国では、うさぎが薬草をついているところだといわれていますし、同じヨーロッパでも、北のほうでは、カニ。ヨーロッパの南のほうでは、おばあさんが本を読んでいるところだといわれています。また、南アメリカでは、ろばやワニに見えるといわれています。中東のほうでは、ライオンがほえているところだと考えられているそうですよ。

今まであげたものは、影になっている部分がなんの形に見えるか考えたものですが、光があたっている部分を見る国もあります。アメリカでは、光があたっている部分が、髪の長い女の人に見えるそうです。

あなたは、なにに見えますか? 次の満月の夜、空を見あげてたしかめてみてください。

もようの正体

もようの形は国によってちがっていますが、月にはっきりしたもようがあることは事実です。月のもようは、いったいなんなのでしょう?

じつは、月のもようの正体——月の暗い部分は、月の「海」なのです。海といっても、水があるわけではありません。月の海のもとは、月が生まれてまもなくのころ、いん石の衝突でできた大きなくぼみ(クレーター)です。クレーターができたあと、どろどろにとけた溶岩が外にふきだして、くぼみにたまったのです。そして、溶岩がひえてかたまり、たいらな地形ができました。これが海の正体です。溶岩がかたまってできたので、海は黒い色をしていて、地球からだと暗く見えるのです。くぼみのまわりの、高くなっている部分は、白っぽい岩でできているので明るく見えるのです。

月の海は、「静かの海」や「豊かの海」、「晴れの海」や「雨の海」など、20個以上あります。海以外にも、湖や入り江、沼などもあるのですよ。

知っ得ポイント

満月のことを望月ともいいます。「もちづき」→うさぎの「もちつき」になったという説もあります。

平安貴族のくらし

社会

**優雅な貴族は
どんなくらしをしていたのでしょう**

平安貴族

農業が始まったことでできた身分の差は、平安時代になると、ずいぶん大きくなっていました。しょ民はまだほとんどがたて穴式住居にすんでいましたが、貴族たちは庭つきのりっぱなお屋敷にすんでいました。

とくに都の貴族がくらしていた寝殿造りのお屋敷は豪華でした。まず寝殿とよばれる主人がくらす建物がまんなかにあって、その正面に広い庭が、そして、左右にはいくつかの建物があって、わたり廊下でつながれていたのです。庭には、たいこ橋がかかった池までありました。

また、しょ民がアワやヒエなどといった雑穀を食べていたのに、貴族は米とたくさんのおかずを食べていました。

貴族はそんなはなやかなくらしをしながら、短歌をつくり、その中から『源氏物語』や『枕草子』など、今でも残る文学が生まれたのです。

貴族のお風呂事情

平安時代のお風呂は、ほとんどがむし風呂でした。たくさんのお湯をわかすことができなかったからです。むし風呂なら、少しのお湯でもたくさんの人が利用できます。むし風呂で出た汗やアカを、ふきとったり、水で流したりしていたのです。

ただ、貴族はあまりお風呂に入らなかったといわれています。貴族は、縁起や占い——たとえば、月のはじめの日にお風呂に入ると寿命がちぢむとか、戌の日に入ると恥をかくことがおきるとか——を信じていたので、お風呂に入れる日がかぎられてしまっていたようです。貴族たちの体はあまり清潔とはいえなかったのです。

また、このころ、トイレという個室が家になかったことが多かったので、ほとんどの貴族は箱を使っていました。今でいうおまるのようなものです。トイレにいきたくなった人は、部屋のすみにいって、箱の中に用を足していたのです。そして、召使いが箱の中身を川や穴に捨てにいっていたそうです。

平安時代の貴族のあいだでは、部屋でお香をたいたり、着物に香りをつけたりすることがはやりましたが、もしかしたら、それはにおいをごまかすためだったのかもしれません。

知っ得ポイント

フランスのベルサイユ宮殿にもトイレがなく、みんな携帯トイレや庭などで用を足していたそうです。

百人一首 秋

国語

日本語の美しい
ひびきとリズムを楽しみましょう

百人一首は、百人のすぐれた歌人の短歌を一つずつ集めたものです（短歌というのは、三十一文字でつくられた歌のことです）とくに有名なのは、今から八百年以上前の平安時代の終わりに藤原定家という人が集めた「小倉百人一首」でしょう。その中から、秋の歌をしょうかいします。秋の歌はたくさんあって、どれもとても有名です。

ちはやぶる　神代もきかず　竜田川
からくれなゐに　水くくるとは
在原業平朝臣

竜田川一面に紅葉がちって、流れる水をあざやかな紅の色にそめあげている。こんなこと、神々の時代にさえなかったものだ。

秋の田の　かりほの庵の　苫をあらみ
わが衣手は　露にぬれつつ
天智天皇

秋の田んぼのそばにつくった仮小屋に泊まることになったのだが、屋根をふいた苫の目があらくて、そのすきまから冷たい夜露がしのびこんでくる。私の着物の袖もすっかりぬれてしまったよ。

秋風に　たなびく雲の　たえまより
もれいづる月の　影のさやけさ
左京大夫顕輔

秋風にふかれてたなびいている雲の切れまから、もれでてくる月の光は、すみきって明るく、とても美しい。

奥山に　紅葉ふみわけ
鳴く鹿の
声きくときぞ
秋は悲しき
猿丸大夫

おく深い山の中で、紅葉をふみわけて鳴いている鹿の声をきくと、秋のさびしさが、いっそう悲しく感じられるなあ。

嵐ふく　三室の山の　もみぢ葉は
竜田の川の　錦なりけり
能因法師

嵐がふきあれて三室山の紅葉の葉が、竜田川一面にちっている。まるで錦の織物のように美しいなあ。

知っ得ポイント
竜田川は、奈良県を流れる川で、古くから紅葉の名所として有名でした。

かしこいお父さんが
息子たちに残したものは……

畑の中の宝物

イソップ

あるお百姓さんが、年をとって、重い病気にかかりました。そこで、三人の息子に、この先貧乏にならないよう、だいじなことを教えておこうと思いつきました。

お百姓さんは息子たちを自分のベッドのそばによびよせていいました。

「おまえたちに知らせておきたいことがある。わたしはだいじな宝物をブドウ畑にうめておいた。わたしが死んだら、ほりおこして、三人でだいじにするがいい」

それから、三日後、お百姓さんは死んでしまいました。息子たちはさっそく、すきやくわをもって、ブドウ畑に出かけました。

ブドウ畑はたいそう広かったので、どこに宝物がうめてあるのか、まったく見当がつきません。

しかたがないので、息子たちはそれぞれ、あちこちほりおこすことにしました。

けれど、いくらほりかえしてみても、宝物は出てきません。息子たちはぶつぶつ文句をいいながら、何日も何日も畑をほりつづけました。

何週間もかかって、息子たちはブドウ畑のすみからすみまで、ほりおこしおえました。けれど、やはり宝物は出てきませんでした。

息子たちは、がっかりしました。

「父さんはうそをついたんだろうか」

「宝物なんて、影も形もないぞ」

「あんなにがんばったのに、骨おりぞんもいいところだな」

と、口々にいいあいました。

やがて、秋になりました。ブドウ畑には、今まで見たこともないほどりっぱなブドウがたわわに実っています。息子たちは驚きました。だって、とく別なお世話をしたり、いい肥料を使ったわけではなかったのですから。

「どうしてこんなにいいブドウがなったんだろう」

「ふしぎなこともあるものだ」

三人はそのわけをいろいろ考えました。そうしてやっと、お父さんが残したことばの意味がわかったのです。

「そうか、ぼくたちが畑の土を深くほりおこしたから、ブドウの木が強く育って、りっぱな実がたくさんなったんだ。お父さんはそのことを、ぼくたちに教えてくれたんだ」

息子たちはそれから、ずっといっしょに力をあわせて、よく働くようになりました。

ブドウ畑には、毎年、りっぱでおいしい実がなったそうです。

知っ得ポイント

ヨーロッパのブドウの木は、高さ1メートルぐらい。日本のブドウの木とはずいぶんちがいます。

算数

いろいろな重さ

国や時代によって重さの単位がちがうって、知っていた？

重さの単位

知っている重さの単位を教えてくださいといわれて、まず頭に思いうかぶのは、どんな単位ですか？

きっと、グラムやキログラムが思いうかぶことでしょう。体重をあらわすときはキログラムを使っていますね。料理で砂糖や小麦粉の重さをはかるときはグラムを使います。トラックでたくさんの荷物を運ぶときは、トンという単位も使います。

でも、こうした単位は新しく外国から入ってきたもので、昔の日本ではちがう単位を使っていました。

「はないちもんめ」という遊びをしたことがある人はいますか？　集まった人たちが2つのグループに分かれて、「かってうれしいはないちもんめ　まけてくやしいはないちもんめ」と歌いながら、メンバーの交換をする遊びです。この「いちもんめ」というのは「1匁」という重さの単位です。花を1匁分買うときの、売り手と買い手のやりとりが遊びになっているのですね。

1匁は、古くは1文目と書きました。昔使われていたお金1文銭1枚の重さのことです。

1文銭1枚で1匁、10枚で1両、1000枚で1貫です。重さの単位はお金の重さを基準にしていたのです。

では1匁って、どのぐらいの重さなのでしょう？　じつは今の5円玉がちょうど1匁。グラムにすると、3・75グラムです。

外国の重さの単位

グラムやキログラムは、世界じゅうで使われていますが、イギリスやアメリカなどでは、おもにほかの単位――ポンド（パウンド）やオンスを使っています。

ボクシングの試合で選手をしょうかいするとき、「○○ポンド」といって、体重をいいますね。ボクシングは体重でランクが分けられているのですが、そのとき使っている重さの単位がポンドなのです。

1ポンドはだいたい450グラムです。イギリスやアメリカから輸入されたものには、よくポンドで重さが書かれています。オンスは$\frac{1}{16}$ポンド。だいたい30グラムです。おぼえておくと便利ですよ。

知っ得ポイント

ダイヤモンドなど宝石の重さは、カラットという単位であらわされます。1カラットは200ミリグラムです。

因幡の白うさぎ

心やさしい神さまの伝説です

日本神話

それはそれははるか昔、出雲の国に、オオクニヌシという若い神さまがおりました。オオクニヌシには、たくさんの乱暴な兄さんたちがいました。

ある日、出雲のとなりの因幡の国に、ヤガミ姫という美しい娘がいるときいて、兄さんたちは「兄弟の中で、だれがいちばん姫に気にいられるか競争しよう」と、みんなで因幡の国へ出かけることにしました。

でも、オオクニヌシは兄さんたちに荷物もちをいいつけられてしまいます。しかたなく、兄さんたちの荷物を大きな袋にいれて背負い、みんなのあとをついていきました。

兄さんたちにずいぶん遅れてしまったオオクニヌシが海のそばでひと休みしていると、草かげから泣き声がきこえてきました。のぞいてみると、体じゅうの毛をむしりとられた白うさぎが泣いています。体がまっ赤にはれあがって、痛そうです。オオクニヌシがわけをたずねると、うさぎはいいました。

「海のむこうの島で一人でくらしていたのですが、さびしくなって、こちらにわたってこようとしたときに、サメをだましたのです。『どちらの数が多いか、数くらべしよう』といって、サメを集めてならべ、数をかぞえるふりをしながら、サメの背中をぴょんぴょん飛んで、こちらまでわたろうとしたんです。でも最後の一ぴきになったとき、つい『海をわたりたかったから、おまえらをだましたのさ』と口をすべらせて、おこったサメたちに毛をむしりとられてしまいました」

でも、それだけではすみませんでした。はだかになった白うさぎのところに、神さまたちが通りかかったというのです。神さまたちが、「体を塩水で洗って、太陽にあたっていたら、すぐに毛が生えてくるよ」と教えてくれたので、そのとおりにしたら、痛みはますますひどくなったのでした。そう、この神さまたちというのは、オオクニヌシの兄さんたちです。

オオクニヌシは白うさぎに、兄さんたちのことをわびて、いいました。

「川の真水で体をよく洗い、ガマの穂の綿毛にくるまっていれば、すぐによくなるよ」

白うさぎがいうとおりにすると、痛みはすっかりなくなりました。

「ありがとうございます。ヤガミ姫はきっと、やさしいあなたを気にいることでしょう」

白うさぎがいったとおり、ヤガミ姫は、ほかの神さまたちではなく、オオクニヌシをいちばん気にいって、二人はむすばれたということです。

知っ得ポイント

もとの神話では、サメではなくワニが登場しますが、因幡の国ではサメのことをワニとよんでいたのです。

保健体育

お酒（アルコール）

どうして大人になるまで、飲んじゃいけないの？

9月22日のおはなし

脳がまひ？

　お酒はアルコールという成分が入った飲み物のこと。ほとんどの人はお酒を飲んで楽しそうにしている大人を見たことがあるでしょう。ビールを飲んで「うまい！」と喜んでいる大人はたくさんいます。

　お酒って、おいしそうで、飲むと楽しくなるみたいなのに、どうして子どもは飲んじゃいけないんでしょうね？

　日本だけでなく、世界じゅうで、お酒は大人になるまで飲めない決まりになっています。それには、ちゃんとした理由があるのです。

　お酒を飲むと、みんな楽しそうにしたり、おこりっぽくなったり、泣きだしたり――酔っぱらいますね。これは、アルコールが血液を通って、脳をまひさせているからです。脳がまひするので、考えることができなくなったり、感情をおさえることができなくなったり、体をコントロールすることができなくなるのです。

　いっときだけなら、脳がまひしても、それほど問題ではありません。でも、アルコールをたくさん飲みつづけていると、脳がちぢんでしまい、考える力や理性がなくなってしまうのです。

　人間の脳は、20歳すぎまで発達します。その発達する時期に、脳に影響をあたえるアルコールを飲むと、さまざまな問題がおきてきます。考える力や集中する力が弱くなり、記憶力が悪くなり、がまんができなくなり……。骨にも影響するので、背ものびにくくなります。たくさんの問題がおきるので、法律でアルコールを飲むのは20歳をすぎてからと決められているのです。

アルコールに強い人・弱い人

　また、体に入ったアルコールは、最後には肝臓にいって、酵素の働きで、さく酸という、体に無害なものに変えられます。この酵素の働きは、人によってちがいます。お酒に強い人、弱い人というのは、この酵素の働きのちがいによるものです。たとえば、体重60キログラムの人が、ビールをコップ1ぱい飲んだとしたら、アルコールが分解されるまでにはだいたい1時間かかります。お酒に弱い人や小柄な人はもっと時間がかかります。そして、そのあいだ、肝臓は働きつづけなくてはいけません。

　アルコールを飲める年齢になっても、お酒を飲むときはじゅうぶん注意しないと、怖いのですよ。

知っ得ポイント

短い時間にたくさんのお酒をいっきに飲むと、中毒をおこして、とても危険。死んでしまうこともあります。

原典 戦争の犠牲になったぞうのおはなしです

かわいそうなぞう

土家由岐雄

上野の動物園は、桜の花ざかりです。風にちる花。おひさまにかがやいている花。その下にどっと人がおしよせて、こみあっています。

先ほどから、長い鼻でラッパをふきならし、丸太わたりの芸当をつづけているぞうのおりの前も、動けないほどの人だかりです。

そのにぎやかな広場から少しはなれたところに、一つの石のお墓があります。気のつく人は、あまりありませんが、動物園で死んだ動物たちをおまつりしたお墓です。晴れた日は、いつもあたたかそうに、お日さまにてらされています。

ある日、動物園の人がそのお墓をしみじみとなでながら、ぼくに悲しいぞうのおはなしをきかせてくれました。

今、動物園には、三頭のぞうがいます。ずっと前にも、やはり三頭のぞうがいました。名前をジョン、トンキー、ワンリーといいました。

そのころ、日本はアメリカと戦争をしていました。戦争がだんだんはげしくなって、東京の町には、朝もばんも、爆弾が雨のように落とされました。その爆弾がもしも動物園に落ちたら、どうなることでしょう。おりがこわされて、おそろしい動物たちが街へあばれでたら、たいへんなことになります。それで、軍隊の命令で、ライオンも、とらも、ひょうも、くまも、大蛇も、毒薬を飲ませて、殺したのです。

いよいよ三頭のぞうも、殺されることになりました。まず、ジョンから始めることになりました。

ジョンは、ジャガイモが大好きでした。ですから、毒薬をいれたジャガイモを、ふつうのジャガイモにまぜて食べさせました。けれども、りこうなジョンは、毒薬の入ったジャガイモを長い鼻で口までもっていくのですが、すぐに、ぽんぽんと投げかえしてしまうのです。

しかたなく、毒薬を注射することになりました。馬に使うとても大きな注射の道具が、したくされました。

ところが、ぞうの体は、たいへん皮があつくて、太い針はどれもポキポキとおれてしまうのです。しかたなく、食べ物を一つもやらずにいますと、かわいそうに、ジョンは十七日目に死にました。

つづいてトンキーとワンリーの番です。この二頭はいつも、かわいい目をじっと見はった、心のやさしいぞうでした。わたしたちはこの二頭をなんとかして助けたいので、遠い仙台の動物園へ送ろうと考えました。

けれども仙台にも爆弾が落とされて町へぞうがあばれでたら、どうな

知っ得ポイント

戦争のときに殺されたのはぞうだけではありません。上野動物園には犠牲になった動物たちの慰霊碑があります。

ることでしょう。そこで、やはり上野の動物園で殺すことになりました。

毎日、えさをやらない日がつづきました。トンキーもワンリーも、だんだんやせほそって元気がなくなっていきました。そのうちに、げっそりとやせた顔に、あの小さな目がゴムまりのようにぐっと飛びだしてきました。耳ばかりが大きく見える悲しい姿に変わりました。

今までどのぞうも自分の子どものようにかわいがってきたぞう係の人は、

「ああ、かわいそうに。かわいそうに」

と、おりの前をいったりきたりして、うろうろするばかりでした。

ある日、トンキーとワンリーが、ひょろひょろと体をおこして、ぞう係の前に進みでてきました。おたがいに、ぐったりとした体を、背中でもたれあって、芸当を始めたのです。

うしろ足で立ちあがりました。前足をあげておりまげました。鼻を高く高くあげて、ばんざいをしました。しなびきった、体じゅうの力をふりしぼって、よろけながら一生けんめいです。芸当をすれば、もとのように、えさがもらえると思ったのでしょう。ぞう係の人は、もうがまんできません。

「ああ、ワンリーや、トンキーや」

と泣き声をあげて、えさのある小屋へ飛びこみました。走って、水を運んできました。えさをかかえてきて、ぞうの足もとへぶちまけました。

「さあ、食べろ、食べろ。飲んでくれ。飲んでおくれ。」

と、ぞうの足にだきすがりました。

わたしたちは、みんなだまって、見ないふりをしていました。園長さんも、くちびるをかみしめて、じっと、机の上ばかり見つめていました。ぞうに、えさをやってはいけないのです。水を飲ませては、ならないのです。けれども、こうして、一日でも長く生かしておけば、戦争も終わって、助かるのではないかと、どの人も、心の中で神さまにいのっていました。

けれども、トンキーもワンリーも、ついに動けなくなってしまいました。じっと、体を横にしたまま、ますます美しくすんでくる目で、動物園の空に流れる雲を見つめているのが、

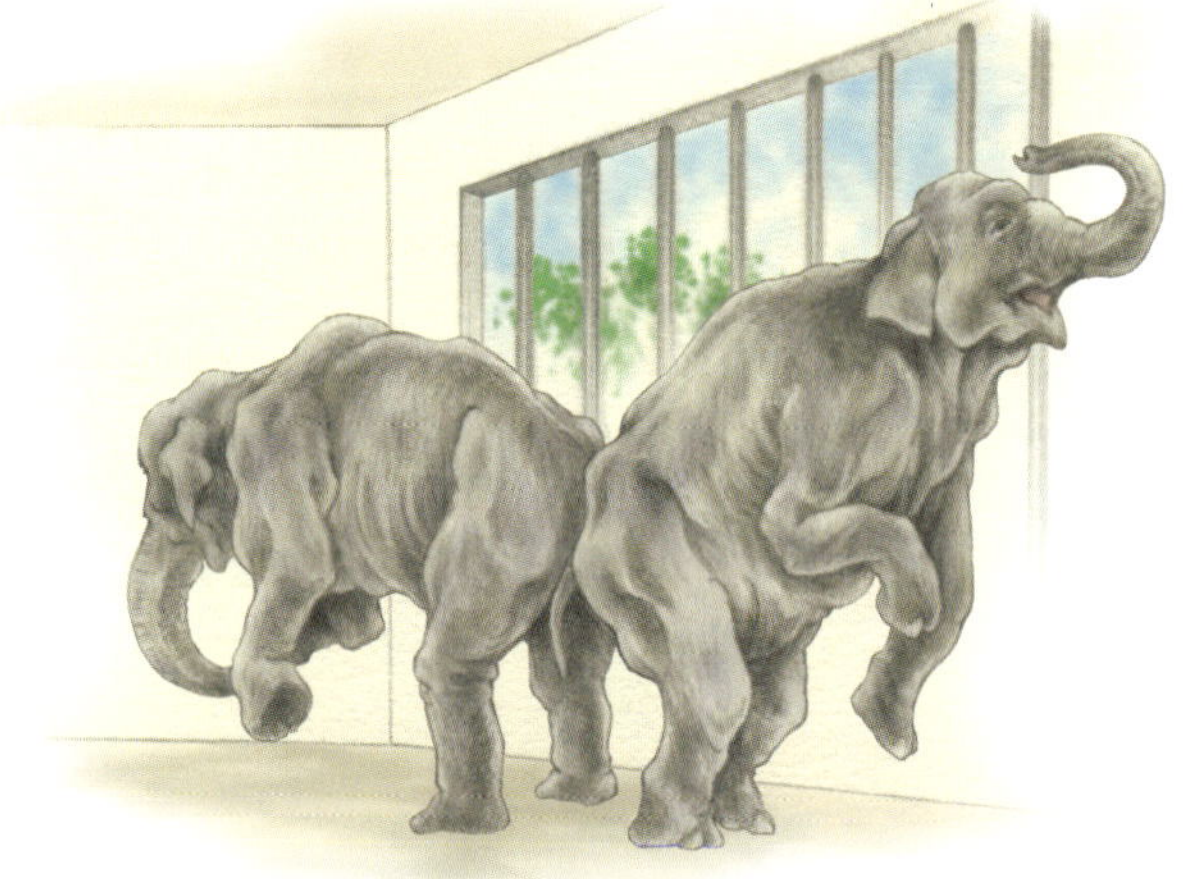

やっとでした。

こうなると、ぞう係の人は、もう、胸がはりさけるほど、つらくなって、ぞうを見にいく元気がありません。ほかの人たちも、苦しくなって、ぞうのおりから遠くはなれていました。

ついに、ワンリーもトンキーも死にました。鉄のおりにもたれ、鼻を長くのばして、ばんざいの芸当をしたまま、死んでしまいました。

「ぞうが死んだ。ぞうが死んだ」

ぞう係の人が、さけびながら、事務所に飛びこんできました。げんこつで、机をたたいて、泣きふしました。

わたしたちは、ぞうのおりにかけつけました。どっと、おりの中へころがりこんで、やせたぞうの体に、すがりつきました。ぞうの頭を、ゆすぶりました。足や鼻をなでまわしました。みんな、おいおいと、声をあげて泣きだしました。

その上を、またも、爆弾をつんだ敵の飛行機が、ゴーゴーと、東京の空にせめよせてきました。

どの人も、ぞうにだきついたまま、

「戦争をやめろ！　戦争をやめてくれ！　やめてくれ！」

と、心の中でさけびました。

あとでしらべますと、たらいぐらいもある大きな胃袋には、ひとしずくの水さえも、入っていなかったのです。

――その三頭のぞうも、今は、このお墓の下に、静かに眠っているのです。

動物園の人は、目をうるませて、話しおわりました。そして、ふぶきのように桜の花びらがちってくる、石のお墓をじっと見つめて、なでていました。

理科

星の明るさと色

空で輝く星にもいろいろあって……

星の明るさ

星空を見あげると、いろいろな明るさの星があることに気づきます。きらきら明るく輝いている星もあれば、ぼうっとかすかにしか見えない星もありますね。

星の明るさは、等級という単位であらわされています。基準になっているのは、こと座の星のベガです。ベガを0として、1等級、2等級……とだんだん暗くなっていきます。等級の数が小さいほど、明るいのです。等級が1つ小さくなると、明るさは2・5倍になります。ベガより明るい星は、マイナスであらわされます。おおいぬ座のシリウスは、マイナス1・5等級です（1等級より明るい星は全部まとめて1等星とよぶこともあります）。肉眼で見えるのはぎりぎり6等級くらいまでです。

でも、この等級は、見かけの明るさで、ほんとうの明るさをあらわしているわけではありません。地球からそれぞれの星までの距離はさまざまなので、星のほんとうの明るさは、地球からの距離を同じにした場合を計算して出すのです（絶対等級といいます）。ちなみに、太陽の絶対等級は、4・7です。

星の色

星はそれぞれ、明るさだけでなく色もちがいます。白い星や黄色っぽい星、赤い星……これは、星によって、表面の温度がちがうからです。

表面の温度が低い星は赤く見えます。それから温度が高くなるにしたがって、オレンジ→黄色→白となり、温度の高い星は青白く見えます。赤く見える星の表面の温度はだいたい3000度くらい。6000度くらいになると黄色く見え、2万度くらいまでいくと青白く見えます。

赤い星の代表は、さそり座の1等星アンタレスでしょう。黄色い星の代表は太陽、青白い星の代表は、おとめ座のスピカです。星の色によって、遠くはなれたところからでも、表面の温度がわかるのです。

星の明るさ

1等星　2等星　3等星　4等星　5等星　6等星

明るさ2.5倍

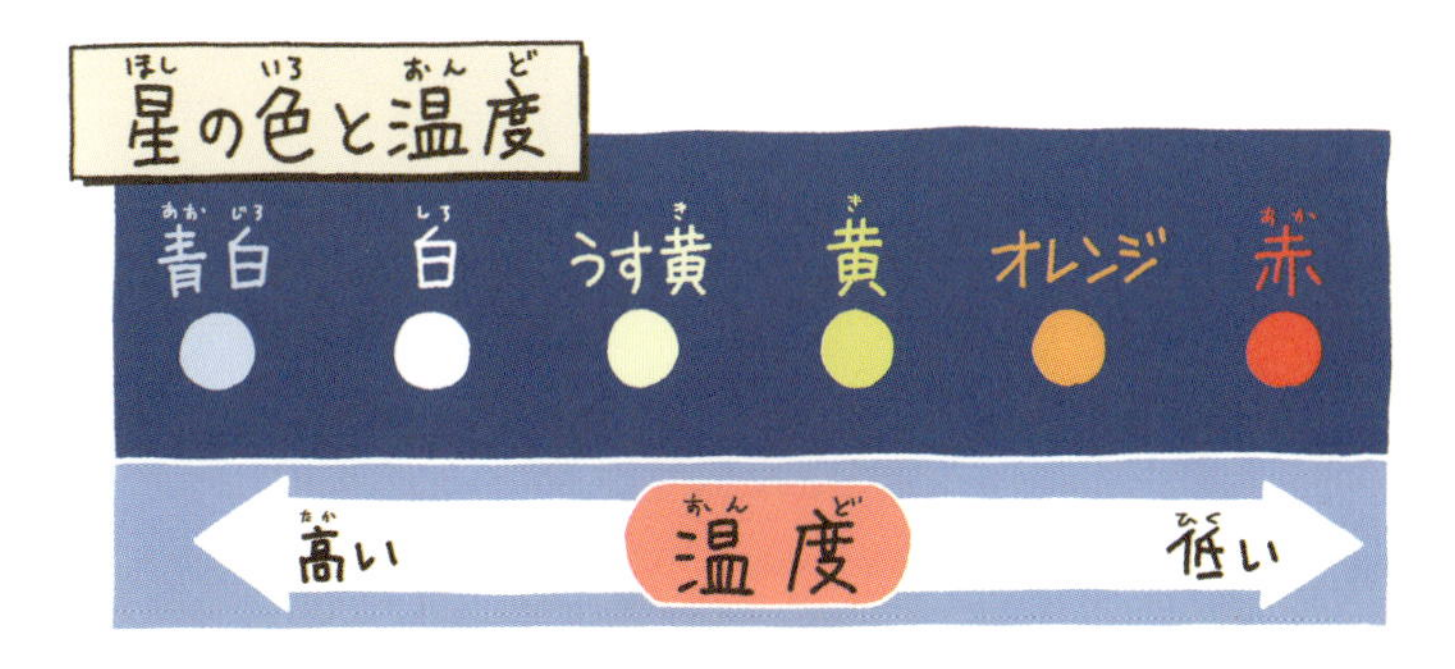

知っ得ポイント

北半球から肉眼でよく見える星で絶対等級が明るいのはカシオペヤ座のロー星で、マイナス7.5度です。

おくの細道

松尾芭蕉

世界でも知られている俳句ばかりです

月日は百代の過客にして、ゆきかう年もまた旅人なり。舟の上に生涯をうかべ、馬の口とらえて老をむかうるものは、日々旅にして、旅をすみかとす。

月日は永遠にとどまることのない旅人のようなものです。やってきては去ってゆく年もまた、旅人のようなものです。船の上で人生を送る船乗りや、馬で荷物を運びながら老いていく馬方などは、毎日が旅であり、旅の中にすんでいるようなものでしょう。

行く春や　鳥なき魚の　目はなみだ

ゆく春をおしんで、鳥が鳴き、魚が涙するように、旅に出るわたしたちも、また、それを見送る人たちも別れをおしんでいる。

夏草や　兵どもが　夢のあと

夏草が生いしげるばかりのこの場所でも、かつては武将たちが兵をまじえ、戦をしていた。そんな武将たちの栄華も、今はひとときの夢のように感じられる。

五月雨の　ふりのこしてや　光堂

五月雨も、この光堂のまわりだけはふらずいたのだろうか。なんとまあ、昔からの美しい姿で光り輝いていることよ。

閑さや　岩にしみいる　せみの声

セミの鳴く声が岩にしみいるようにきこえ、それがいっそう静けさを感じさせる。

五月雨を　あつめて早し　最上川

ふりつづいた五月雨を一つに集めたように感じるくらい、最上川の流れは速いものだ。

蛤の　ふたみにわかれゆく　秋ぞ

蛤のふたと身とが別れるように、わたしも見送る人々と別れて、二見が浦に出かけようとしている。秋のものさびしさと重なって、別れのさびしさがひとしお身にしみるものだ。

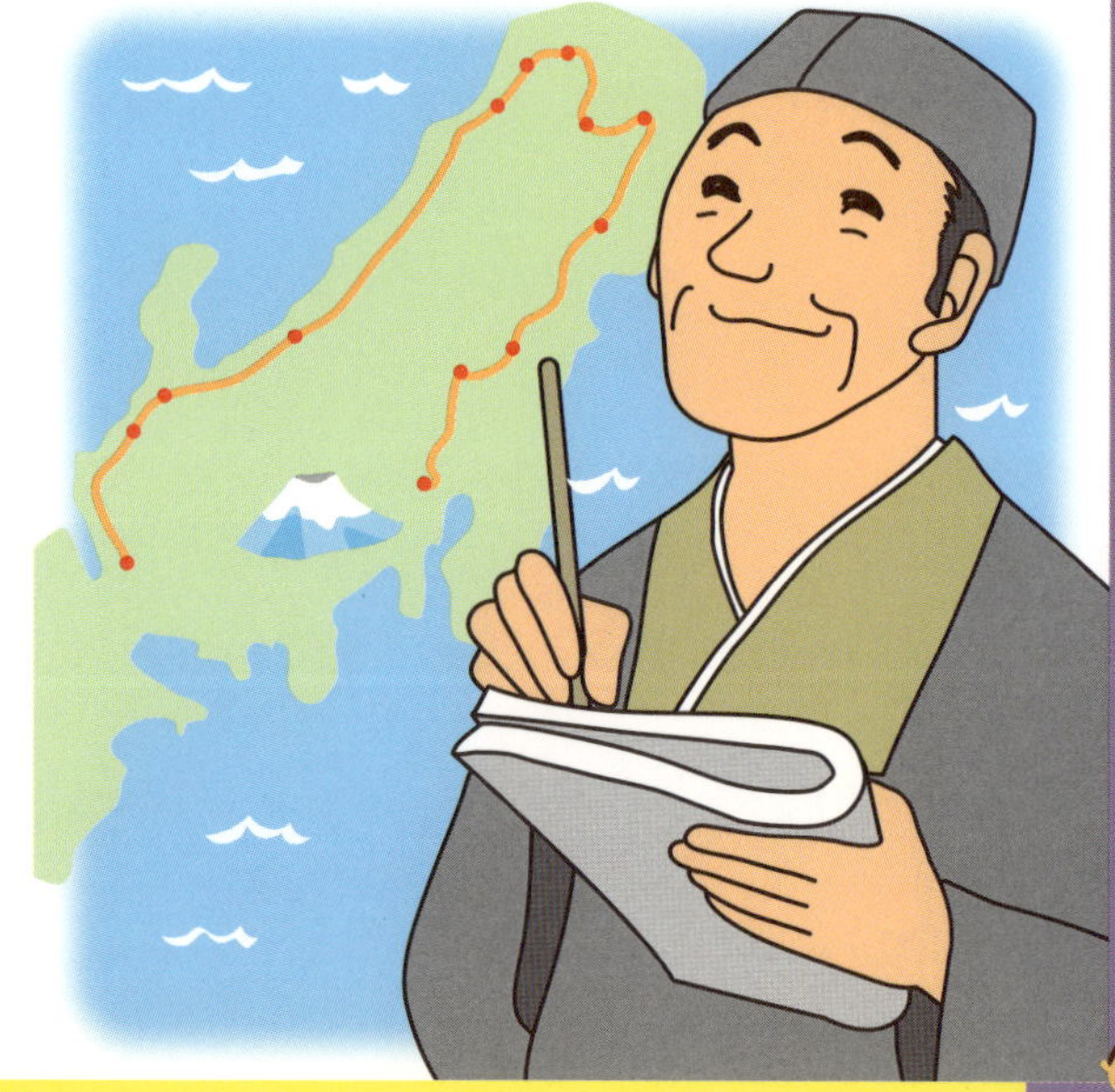

知っ得ポイント

江戸から、北陸・東北をへてまた江戸へ。芭蕉が150日かけて2400キロを歩いたときに詠んだ句です。

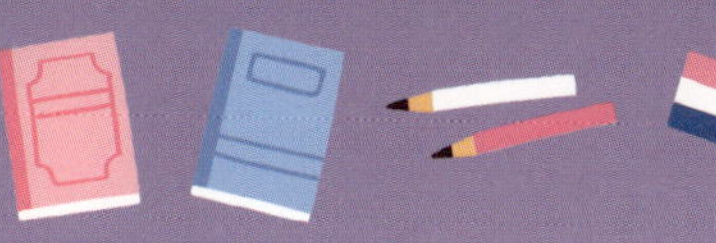

鉄道のはじまり

今は身近に鉄道が走っているのはあたりまえですが……

世界ではじめての鉄道

世界ではじめて、蒸気機関車ができたのは、およそ200年前のイギリスでした。イギリスでは、お湯がふっとうしたときに出る蒸気の力で機械を動かすしくみが発明されて、さまざまなところで使われていました。

そのしくみをモノを運ぶことに利用してできたのが、蒸気機関車です。石炭を燃やして、その熱でお湯をふっとうさせ、出てきた蒸気で、車輪を動かすのです。蒸気機関車はイギリスからあっというまに、ヨーロッパやアメリカに広がっていきました。

日本の鉄道

日本で鉄道が開業したのは、明治5年9月です。そのころ、明治政府は、進んだ技術を外国からどんどんとりいれようとしていました。

最初は、東京と大阪、神戸をむすぶ鉄道をつくる計画でしたが、政府にそれほどお金がなかったので、まずは東京と横浜のあいだに鉄道をつくって、モデルにしようと考えたのです。

鉄道は、新橋（今の汐留のあたり）と横浜（今の桜木町）、29キロメートルをむすぶことになりました。それに先立って5月、まず品川と横浜のあいだを走らせました。所要時間は35分。今、京浜東北線で、品川から桜木町までいくと約31分かかります。昔も今とそれほど変わらないスピードで走っていたのですね。

それまでは、そんなにすごいスピードで走るものは日本にはありませんでした。ですから、事故がおこらないよう、鉄道が通る町の人たちに、おふれが出されました。

おふれには、汽車が走っているときに

・線路を横切ること
・線路上をさまようこと
・線路上に荷物を落としたり、おいたりすること

はしないように、そして、踏切（横切道）に汽車が近づくのを見たら汽車が通過するのを待つようにと書かれていました。

けれど案の定、事故はおきてしまいます。日本ではじめての鉄道事故は、鉄道が開業したその日におきました。見物にきていた人が線路に入ってしまい、機関車にひかれて大けがをしたのだそうです。

鉄道ができたころ、横浜を走る機関車

知っ得ポイント

日本ではじめての駅弁は、明治18年に栃木県宇都宮駅で売られたおにぎりとたくわんだったといわれています。

フレデリック・ショパン

ピアノで詩をかなでた天才

（1810〜1849年　ポーランド）

ピアノにみせられた魂

　ショパンは、ピアノのための曲がとても有名な作曲家です。ショパン自身、すばらしいピアニストでもありました。たいていの作曲家は、交響曲など、いろいろな楽器で演奏する曲をつくりますが、ショパンはピアノのための曲ばかりつくっていました。

　ショパンがピアノを習いはじめたのは4歳のとき。お姉さんから教わったのが最初だといわれています。ショパンのお父さんもお母さんも、音楽にかかわっていたので、家族そろって、楽器ができました。とくにお母さんはピアノがじょうずでした。

　まだ小さいころ、お母さんのピアノをきいたショパンは感動して泣いてしまったことがあるそうです。それだけ、ピアノの音や、ピアノがかなでる調べの美しさにみせられていたのでしょう。ショパンがピアノの曲ばかりつくって、ずっとピアノからはなれなかったのも、小さいころのそんな経験があるからかもしれません。

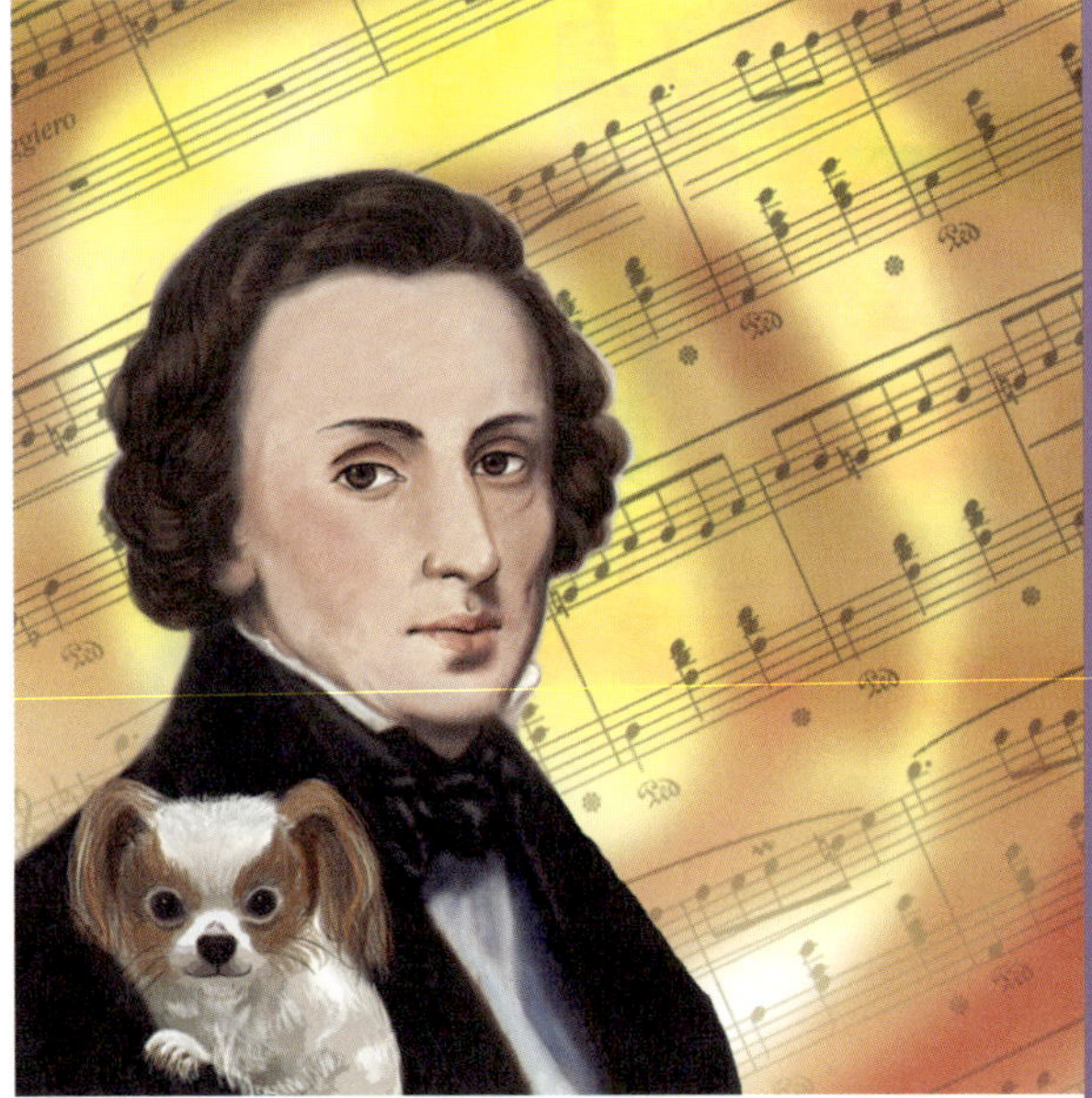

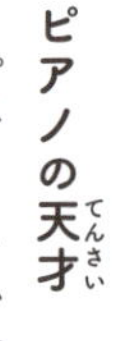

ピアノの天才

　ピアノをひけるようになると、ショパンはじきに曲をつくるようになりました。そして、7歳で「2つのポロネーズ」を作曲し、8歳で人々の前で演奏をして、天才だとさわがれるようになったのです。

　20歳になるころにはもう、ショパンは作曲家として、そして演奏家として成功して、高い評価をうけていました。ヨーロッパのほかの国でも、ショパンの才能は知られていました。

　ショパンは世界を舞台にした活やくをめざし、オーストリアへ旅立ちます。ですが、そのあいだに、母国ポーランドで戦いがおこり、ショパンは国に帰れなくなってしまうのです。しかたなく、ショパンはパリへいき、ピアノを教えながら、作曲をつづけました。ピアノを教えることでたくさんのお金をもらい、また、曲もよく売れたので、生活はとても豊かでしたし、有名にもなりました。

　けれど、ショパンは20代なかばくらいから、健康をくずしてしまいます。肺結核だったのではないかといわれていますが、きちんとしたことはわかっていません。ショパンは結局、病気のために39歳でこの世を去ることになりました。けれど死の直前まで、曲をつくることをやめませんでした。ショパンがつくった曲の美しい調べの中には、音楽とピアノへの愛情がこめられているのです。

知っ得ポイント

ショパンの曲では「英雄ポロネーズ」のほか、「子犬のワルツ」や「葬送行進曲」などが有名です。

利息

利息は、利子とよばれることもありますよ

お金をふやす

みなさんは貯金をしていますか？　貯金というのは、銀行にお金をあずけておくこと。手元にもっていると、ついつい使ってしまうので、銀行にあずけておくという人もいるでしょう。

でも、銀行にあずけておくのは、むだ使いをしないためだけではありません。銀行にお金をあずけておくと、「利息」がもらえるので、なにもしないでもお金がふえていくのです。なぜ、お金をあずけておくだけで、利息がもらえるのでしょうか？

銀行は、みなさんからあずかったお金を保管しているわけではありません。そのお金を、別の会社や人にかしているのです。住宅ローンということばをきいたことがありますか？　住宅ローンは、家を買いたい人が、足りないお金を銀行からかりることです。そんなふうに、銀行は、お金が必要な人に、あずかっているお金をかしているのです。そして、銀行からお金をかりた人は、かり賃として利息をはらいます。

利息をうけとった銀行は、そこから、今度はお金をあずけている人たちに利息をはらいます。銀行がうけとる利息のほうが、はらう利息より高くなっているので、銀行は損をしないですむのです。

かしこい貯金

利息は、そのときどきの「金利」で、いくらもらえるか決まります。

金利というのは、1年間お金をあずけたときにもらえる（お金をかりた場合は、はらう）利息の割合です。たとえば、金利が1パーセントのときに1万円お金をあずけておいたら、1年後には利息が100円もらえる計算です。

金利は、そのときどきでかわりますし、貯金の場合は、その種類でもちがいます。たとえば、定期貯金。定期貯金は、決められた期間はあずけたお金を引きだせない貯金ですが、その金利は、普通貯金より高いのです。どれくらいちがいがあるかというと、普通貯金の金利が0・001パーセントのとき、定期貯金は0・01パーセントぐらいです。10万円あずけていたら、1年で9円の差ができますね。

知っ得ポイント

銀行では、車を買うときの自動車ローンや、進学・留学のための教育ローンなどもあつかっています。

おみやげ

星新一

原典 人間が誕生するはるか昔、地球におりたったのは……

フロル星人たちの乗った一台の宇宙船は、星々の旅をつづける途中、ちょっと地球へも立ちよった。しかし、人類と会うことはできなかった。なぜなら、人類が出現するよりずっと昔のことだったのだ。

フロル星人たちは宇宙船を着陸させ、ひととおりの調査をしてから、こんな意味のことを話しあった。

「どうやら、わたしたちのやってくるのが、早すぎたようですね。この星には、まだ、文明らしきものはありません。もっとも知能のある生物といったら、サルぐらいなものです。もっと進化したものがあらわれるには、しばらく年月がかかります」

「そうか。それは残念だな。文明をもたらそうと思って立ちよったのに。しかし、このまま引きあげるのも心残りだ」

「どうしましょうか」

「おみやげを残して帰るとしよう」

フロル星人たちは、その作業にとりかかった。金属製の大きなタマゴ型の容器をつくり、その中にいろいろのものをいれたのだ。

かんたんに宇宙を飛びまわれるロケットの設計図。あらゆる病気をなおし、若がえることのできる薬のつくり方。みなが平和にくらすには、どうしたらいいかを書いた本。さらに、文字が通じないといけないので、絵入りの辞書をもくわえた。

「作業は終わりました。将来、住民たちがこれを発見したら、どんなに喜ぶことでしょう」

「ああ、もちろんだとも」

「しかし、早くあけすぎて、価値のあるものとも知らずに捨ててしまうことはないでしょうか」

「これはじょうぶな金属でできている。これをあけられるぐらいに文明が進んでいれば、書いてあることを理解できるはずだ」

「そうですね。ところで、これをどこに残しましょう」

「海岸近くでは、津波にさらわれて海の底にしずんでしまう。山の上では、噴火したりするといけない。それらの心配のない、なるべく乾燥した場所がいいだろう」

フロル星人たちは、海からも山からもはなれた砂漠の広がっている地方を選び、そこにおいて飛びたって

知っ得ポイント

星新一は、質も高くおもしろい、短い物語をたくさん書いたので、「ショートショートの神さま」とよばれています。

いった。

砂の上に残された大きな銀色のタマゴは、昼間は太陽を反射して強く光り、夜には月や星の光をうけて静かに輝いていた。あけられる時を待ちながら。

長い長い年月がたっていった。地球の動物たちも少しずつ進化し、サルのなかまの中から道具や火を使う種族、つまり人類があらわれてきた。

中にはこれを見つけたものがあったかもしれない。だが、気味悪がって近よろうとはしなかったろうし、近づいたところで、正体を知ることはできなかったにちがいない。

銀色のタマゴはずっと待ちつづけていた。砂漠地方なので、めったに雨はふらなかった。もっとも、雨でぬれてもさびることのない金属でできていた。

ときどき強い風がふいた。風は砂を飛ばし、タマゴをうめたりもした。しかし、うめっぱなしでもなかった。別な風によって、地上にあらわれることもある。これが何度となく、くりかえされていたのだった。

また、長い長い年月がすぎていった。人間たちはしだいに数がふえ、道具や品物もつくり、文明も高くなってきた。

そして、ついに金属製のタマゴのわれる日がきた。しかし、砂の中から発見され、喜びの声とともにひらかれたのではなかった。下にそんなものがうまっているとは少しも気づかず、その砂漠で原爆実験がおこなわれたのだ。

その爆発はすごかった。容器の外側の金属ばかりでなく、中につめてあったものまで、すべてをこなごなにし、あとかたもなく焼きつくしてしまったのだ。

乾電池のしくみ

乾電池の中って、いったいなにが入っているの？

乾電池の中身

乾電池とは、電気の池――電気がたくわえられているものです。でも、電気がどんなふうにたくわえられているのでしょう

乾電池は、２種類の金属と、電解液とよばれる液体でできています。２種類の金属をどう線（金属でできた、電気を通す線）でつなぐと、金属と電解液が反応して、電気のつぶ（電子）ができるのです。

電池が発明されたのは、今から約２００年前。イタリアのボルタという科学者が、銅と亜鉛の板を重ねて、そのあいだに、塩水でぬらした布をはさんで電気をつくったのがはじまりです。乾電池ができたのは、それから約70年後。ドイツの科学者が、電解液を石膏でかためて、中の液体がこぼれないようにしたのです。これが「乾いた電池」＝乾電池のはじまりです。

ボルタの方法をまねすれば、わたしたちにもかんたんに電池をつくることができます。

乾電池いろいろ

みなさんがよく使う乾電池には大きく２種類ありますね。マンガン電池とアルカリ電池です。

じつはこの２つ、中に入っている２種類の金属は、同じ二酸化マンガンと亜鉛です。ただ、その量や形、電解液がちがうのです。

マンガン電池は、長く使いつづけると電力が弱くなってしまいますが、休み休み使うと、電力が回復します。ですから、ときどき使うもの――たとえば、テレビのリモコンや懐中電灯などにむいています。

アルカリ乾電池はパワーがあるので、大きな電流が必要なものにむいています。

【乾電池のつくり方】

●材料

１円玉数枚、10円玉数枚、キッチンペーパー、食塩、どう線、豆電球

①濃いめの食塩水をつくって、キッチンペーパーをひたす。

②キッチンペーパーを適当な大きさに切って、10円玉、キッチンペーパー、１円玉、キッチンペーパーの順に重ねる。

③重ねおわったら、いちばん上の１円玉と電球のマイナスを、いちばん下の10円玉と電球のプラスをどう線でつなぐ。

さあ、豆電球は光るかな？

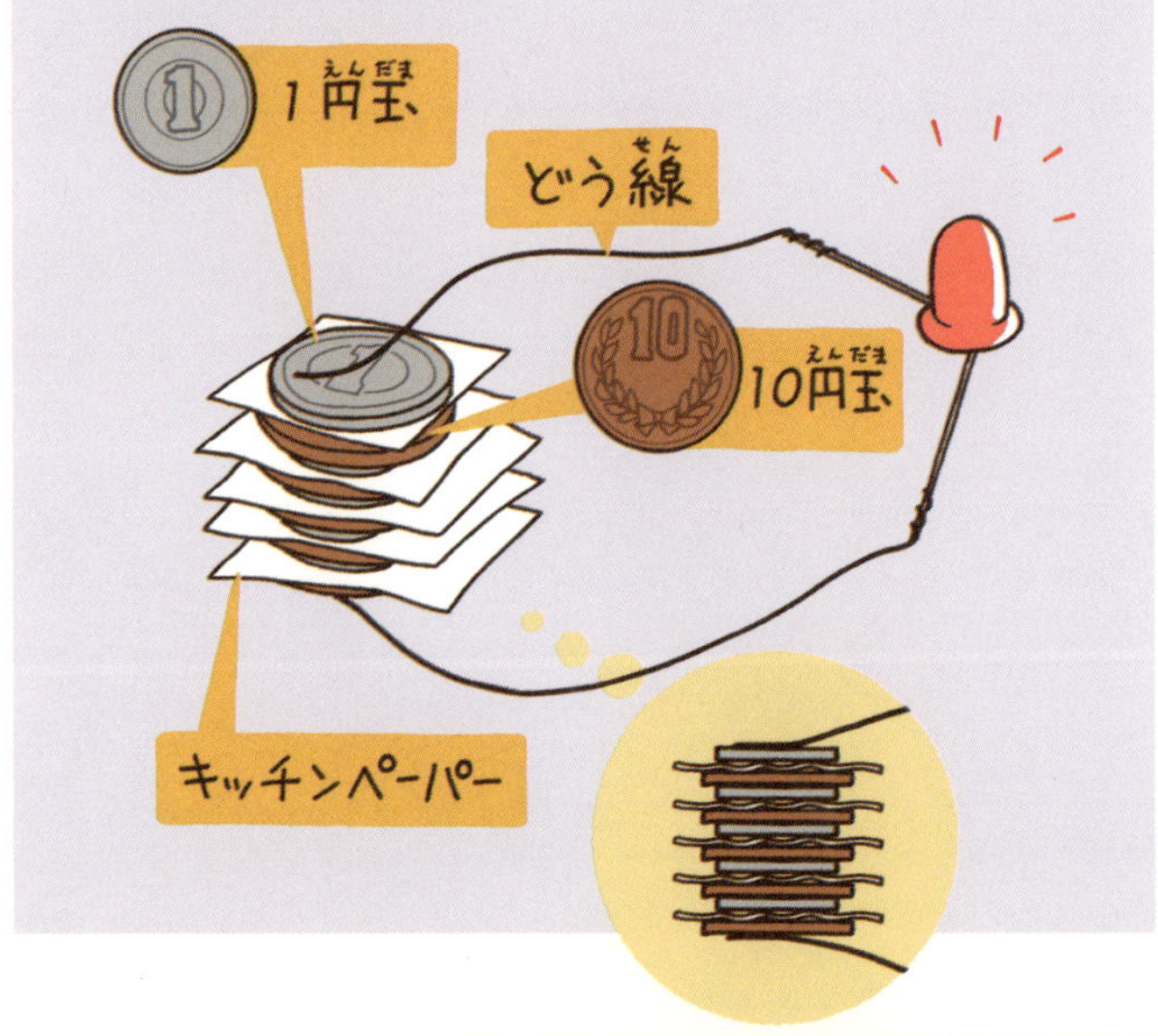

知っ得ポイント

乾電池には使いきりではなく、充電できるタイプのものもあります。

10月の

おはなし

山のあなた

カルル・ブッセ 作・上田敏 訳

山のあなたの空遠く
「幸」住むと人のいう。
噫、われひとと尋めゆきて、
涙さしぐみかえりきぬ。
山のあなたになお遠く
「幸」住むと人のいう。

山のずっとむこうに「幸せ」があると、みんないっています。だから、たずねていってみましたが、どうしても見つからずに、泣きながら帰ってきました。山のもっともっとむこうに「幸せ」はあるのだと、みんないうのです。

知っ得ポイント

上田敏の名訳のおかげで日本では有名なこの詩も、作者の祖国ドイツではあまり知られていないそうです。

モハンダス・ガンジー

(1869〜1948年 インド)伝記

非暴力で戦いぬいた平和の人

ガンジーが生まれた一八六九年、インドはイギリスの植民地でした。植民地というのは、別の国に、おもに武力によってねじふせられ、支配されている国のことです。イギリスやフランスの植民地だったインドの人々は、イギリス人やヨーロッパの白人に差別され、苦しめられていました。ガンジーはインドの人々を救うため、人間らしく誇りをもって生きられるようにするために、イギリスと戦った人物です。

戦ったといっても、武器をもって戦ったわけではありません。ガンジーの戦いは、「非暴力・不服従」というものでした。つまり、相手が暴力を使っても、自分はけっして暴力は使わない、また、差別する者のいいなりにはならないという態度をつらぬいたのです。

やられたらやりかえせという考え方をしていたら、問題はどんどんひどくなるだけだと、ガンジーは考えました。イギリス人が悪いのではなく、考え方が悪いだけなのだと考えたわけです。ですから、話をしつづければ、必ずわかってもらえるはずだと信じていたのです。

やがて、ガンジーの考えと行動は、たくさんの人々にうけいれられ、多くのインド人がガンジーと行動をともにするようになりました。ガンジーが人々におよぼす力をおそれたイギリス政府は、ガンジーを何度もつかまえ、牢屋にいれました。でも、ガンジーもインドの人々も、けっして屈しませんでした。

その結果、ガンジーがおこした「非暴力・不服従」の運動はインド全土に広がって、ついにインドはイギリスからの独立を勝ちとるのです。

その後、ガンジーは、みんなから「マハトマ(偉大な魂)・ガンジー」とよばれるようになりました。

インドは独立を勝ちとりましたが、今度はインドの中で、イスラム教とヒンドゥー教の対立がおきてしまいます。ガンジーは宗教のちがいをこえて、いっしょにインドという国をつくっていこうと考えていたため、断食をして、両者に歩みよるようによびかけました。しかし、ガンジーの意見に反対する一人のヒンドゥー教徒に銃でうたれ、命を落とすのです。

ガンジーがとなえた「非暴力・不服従」の考えは、世界じゅうに大きな影響をあたえました。そして、その後、人権を守り、平和をうったえる運動の中で生かされていったのです。

現在でも世界のあちこちに差別があり、人種や宗教のちがいによる争いがおこっています。それを解決していくのは、わたしたちにゆだねられているのです。

知っ得ポイント

ガンジーの誕生日にちなんで、国際連合は10月2日を「国際非暴力デー」にしました。

くじらぐも

国語

中川李枝子

原典 空にうかぶ雲といっしょに遊べたら……

四時間目のことです。

一年二組の子どもたちが体操をしていると、空に、大きなくじらがあらわれました。まっ白い雲のくじらです。

「一、二、三、四」

くじらも体操を始めました。のびたりちぢんだりして、深呼吸もしました。

みんながかけ足で運動場をまわると、雲のくじらも空をまわりました。

先生がふえをふいて、止まれの合図をすると、くじらも止まりました。

「まわれ、右」

先生が号令をかけると、くじらも、空でまわれ右をしました。

「あのくじらは、きっと学校が好きなんだね」

みんなは、大きな声で、

「おうい」

とよびました。

「おうい」

と、くじらもこたえました。

「ここへおいでよう」

みんながさそうと、

「ここへおいでよう」

と、くじらもさそいました。

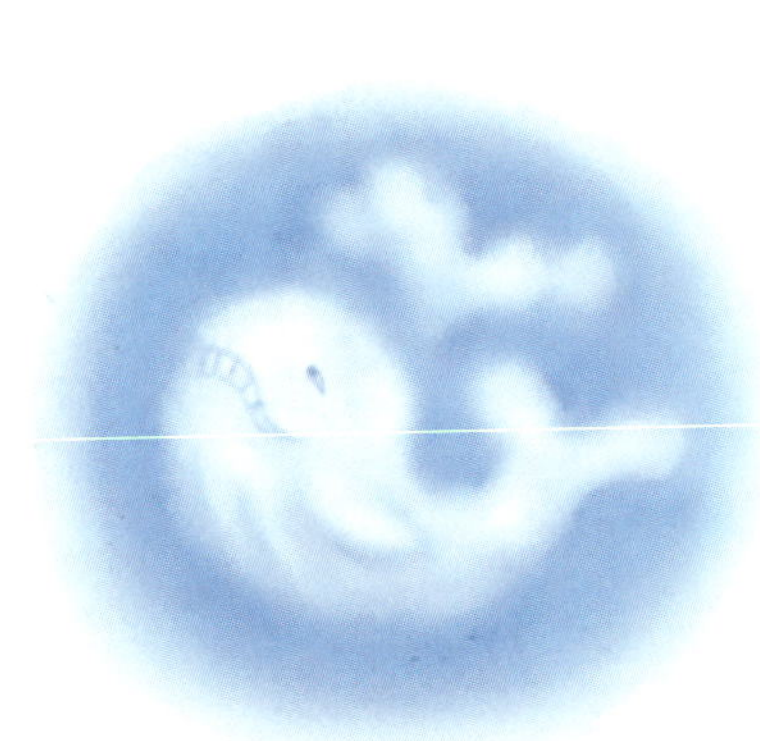

「よしきた。雲のくじらに飛びのろう」

男の子も、女の子も、はりきりました。

みんなは、手をつないで、丸い輪になると、

「天までとどけ、一、二、三」

とジャンプしました。でも、飛んだのは、やっと三十センチくらいです。

「もっと高く。もっと高く」

と、くじらが応援しました。

「天までとどけ、一、二、三」

今度は、五十センチぐらい飛べました。

「もっと高く。もっと高く」

と、くじらが応援しました。

「天までとどけ、一、二、三」

そのときです。

いきなり、風が、みんなを空へふきとばしました。そして、あっというまに、先生と子どもたちは、手をつないだまま、雲のくじらに乗っていました。

「さあ、泳ぐぞ」

くじらは青い青い空の中を、元気いっぱい進んでいきました。海のほうへ、村のほうへ、町のほうへ。

みんなは歌をうたいました。空は、どこまでもどこまでもつづきます。

「おや、もうお昼だ」

先生が腕時計を見て、驚くと、

「では、帰ろう」

と、くじらは、まわれ右をしました。

しばらくいくと、学校の屋根が見えてきました。くじらぐもは、ジャングルジムの上に、みんなをおろしました。

「さようなら」

みんなが手をふったとき、四時間目の終わりのチャイムが鳴りだしました。

「さようなら」

雲のくじらは、また、元気よく、青い空の中へ帰っていきました。

知っ得ポイント

雲の種類は10種類。くじらぐもはそのうちのどの種類の雲だったのでしょうか。

メビウスの輪

見ているだけで、目や頭の体操になりそうです

ありえない形

わたしたちの目は、じつは平面でモノを見ています。左右それぞれの目で見たものを組みあわせて、立体像をつくりあげているのです。

でも、ときどき、脳が平面の形にだまされて、現実にはありえない形を脳に見させることがあります。

そうした目の錯覚を使った、ありえない図形のことを不可能図形といいます。不可能図形の中で、とても有名なのが、「ペンローズの3角形」とよばれるものです。これは、イギリスの数学者、ペンローズが考えた図形です。左の絵を見てください。

どうですか？　よく見たら、じっさいにはありえない形だとわかるでしょう？　でも、3つある辺の1つをかくしてみると、ごくふつうの3角形に見えますね。

メビウスの輪

ふしぎな形としていちばん有名なのは、メビウスの輪でしょう。

発見したのは、ドイツの数学者アウグスト・フェルディナント・メビウス。発見した人の名前をとって、「メビウスの輪」という名前がつけられたのです。

メビウスの輪は、表と裏の区別ができない、ふしぎな形をしています。表と裏の区別ができないって、どういうことでしょう？　ちょっとわかりにくいですね。メビウスの輪は、細長い紙が1枚あれば、かんたんにつくれるので、じっさいにつくってたしかめてみてください。

■メビウスの輪のつくり方

①細長い紙を準備する。

②かたほうのはしを半回転させる。

③紙の両はしをはりあわせて、輪にする。

④できあがり！

よく見てください。細長い帯がねじれているでしょう？　では、紙の表側のまんなかに線を引いてみましょう。

表側に線を引いていると思ったら、あらふしぎ。いつのまにか裏側に線を引いています。そうして、最後には線がつながってしまうのです。これで、メビウスの輪は表と裏の区別がない形――かた面しかない形だとわかりました。

では、その線にそって紙を切ってみたら……さあ、どうなるでしょう？　ぜひ、たしかめてみてください。

知っ得ポイント

不可能図形はもっとあります。インターネットで「だまし絵」や「トリックアート」で検索してみましょう。

オーケストラ

音楽

おおぜいの人が1つになって、音楽をつくりだします

さまざまなパート

オーケストラは、日本語だと、管弦楽団といいます。管弦楽というのは、管楽器と弦楽器でかなでる音楽のこと。管楽器と弦楽器、それに、打楽器がくわわって音楽をかなでるグループのことを、管弦楽団＝オーケストラというのです。

オーケストラにはほとんど必ず指揮者がいます。オーケストラのまんなかで、短い棒をふっている人がいますよね。あれが指揮者です。指揮者は棒をふってリズムをとりながら、目で合図したり、ジェスチャーをしたりして、各楽器に、どう演奏するか指示を出しているのです。

オーケストラの人数はとくに決まっていません。どんな曲を演奏するかによって、必要な楽器の数は変わります。昔は、各管楽器がそれぞれ1人で、バイオリンやチェロが2人ずつ、そのほかの弦楽器は1人ずつぐらいのものでしたが、今ではだいたい70人くらいのオーケストラが標準のようです。

また、オーケストラの中でも、大規模なものは交響楽団とよばれています。小規模で弦楽器が中心のものは室内管弦楽団とか、室内オーケストラなどとよばれます。

楽器のならび方

オーケストラでは指揮者をまんなかに、各楽器はおうぎ形にならべられています。どの人も指揮者が見えるようにならんでいるのです。

楽器のならび方としては、指揮者のいちばん近くに弦楽器が、その次に管楽器、そしていちばんおくに打楽器となります。これは、オーケストラが最初は弦楽器だけで始まり、そのあと、管楽器、打楽器と順にくわわっていったからでもありますし、音の大きさを考えたためでもあります。打楽器のように音が大きいものが手前にきたら、ほかの音がきこえなくなってしまうからです。

弦楽器の中でのならび方は、いろいろあって、指揮者や曲によってちがいます。少し前までは、指揮者の左側と右側にそれぞれバイオリンが分かれていましたが、今は、左側にかたまってならんでいることが多いようです。

コンサートにいく機会があったら、楽器がどんなふうにならんでいるか観察してみてください。

知っ得ポイント

カラオケは「空のオーケストラ」という意味。オーケストラの生演奏ではなく録音された伴奏を使うからです。

海王星

太陽系の中でいちばん遠いところにある惑星です

太陽からいちばん遠い星

海王星は、太陽系の中で、太陽からいちばん遠い惑星で、１６４年かけて、1周、太陽のまわりをまわっています。

太陽の光があまりとどかないので、とても寒く、表面の温度は、マイナス２１８度です。風も強く、およそ秒速４００メートルの風がふいています。地球では、台風のときにふく風でも、秒速40メートルぐらいであることを考えると、想像できないほどの強風ですね。海王星は、極寒の惑星なのです。

海王星は天王星と同じように、おもに氷でできています。そして、同じように青っぽい色をしています。青く見える理由は天王星と同じように、メタンが入っている大気があって、赤い色を吸収してしまうからだと考えられていますが、海王星の色は、天王星よりずいぶん青く見えます。太陽系の中では、地球の次に青い星です。ここまで青い理由はまだよくわかっていません。大気のメタンの量が多いからだとか、大気の中に、メタンではない別のなにかが入っているからではないかなど、いろいろな説があるようです。なにしろ海王星は地球から遠く、観測もうまくできないので、まだたくさんの謎にみちているのです。

最大の衛星

海王星で今まで発見されている衛星は13個あります。その中でいちばん大きい衛星はトリトンです。

トリトンの直径はおよそ２０００キロメートル。氷におおわれた岩の星で、火山があります。火山といっても火をふくわけではありません。トリトンの火山は、マイナス１００度の溶岩をふきだす氷の火山なのです。

氷の火山があること以外で、トリトンのいちばんの特ちょうは、海王星の自転とは逆むきに海王星のまわりをまわっていることです。そのため、トリトンが動くスピードは少しずつおそくなっていて、だんだん海王星にむかって落ちていっています。なんと約3億年後には海王星に落ちて、こなごなになってしまうだろうといわれているのですよ。

知っ得ポイント

海王星の英語の名前ネプチューンは、ローマ神話に出てくる海の神さまにちなんで名づけられました。

ごんぎつね

新美南吉

ごんはただ、悪いことをしたつぐないをしたかったのです

昔、ごんぎつねというひとりぼっちの子ぎつねが森にすんでいました。ごんはとてもいたずら好きだったので、近くの村にいってはいたずらをして、村人たちを困らせていました。

ある秋のこと、ごんが川に遊びにいくと、だれかが川の中でなにかをしています。兵十という村の若者です。兵十は腰まで水につかりながら、魚をとるあみをゆさぶって、獲物をとっているようです。やがて兵十は獲物をいれたかごを岸において、川上のほうへのぼっていきました。

ちょっといたずらしてやろう。

ごんは兵十のいないすきにかごに近づくと、中の魚を一ぴき一ぴきつかまえては、川にぽんぽん投げこみました。しまいには顔をかごにつっこんで、底にいたウナギを口でくわえて引きずりだしました。ウナギがきゅっといって、ごんの首にまきつきます。ちょうどそのとき、川上から兵十がもどってきて、ごんをどなりつけたので、ごんは首にウナギをまいたまま、いちもくさんに逃げました。

十日ほどたってから、ごんが兵十の家にいってみると、なにやら人がたくさん集まっています。兵十の家ではお葬式をしていたのです。兵十が位牌をもって、がっくりとうなだれているのを見て、ごんははっとしました。

兵十のおっかあが死んだのか。きっと兵十は、あの日、病気のおっかあに食べさせてやりたくて、ウナギをつかまえたにちがいない。それをおいらがとってしまった。あんないたずら、しなければよかった……。

自分のしたことを心からくやんだごんは、イワシ売りのかごからイワシを五、六ぴき盗んで、兵十の家に投げこんでやりました。せめてものつみほろぼしです。

ところが、そのせいで兵十はイワシ売りから泥棒あつかいされてしまいます。兵十にすまなく思ったごんは、次の日、山を歩きまわってクリをひろい、兵十の家にとどけました。次の日も、その次の日も。兵十は毎日とどけられるクリがふしぎでなりませんでしたが、神さまからの贈り物だと考えることにしました。

そして、また次の日、ごんは山のようなクリをかかえて兵十の家にいきました。ごんが裏口からこっそり家に入るのを見つけた兵十は、「ごんぎつねがまたいたずらをしにきたな」とかんちがいしました。そして、火縄銃に火薬をつめて、戸口から出ていこうとするごんを、ドン、とうったのです。

ごんはぱたりと倒れました。兵十が家の中を見ると、土間にクリがおいてあるのが目に入りました。

「おまえだったのか、いつもクリをくれたのは」

ごんは、ぐったりと目をつぶったままうなずきました。青い煙が、まだ銃の口から細く出ていました。

知っ得ポイント

この物語は、作者のふるさと愛知県の猟師のあいだで語りつがれていた昔話がもとになっているそうです。

ことわざ

国語

古くからのいいつたえには人生の知恵がいっぱいです

みなさんはなにかことわざを知っていますか？

ことわざというのは、わたしたちが生きていくうえで役に立つ、知恵や教えを、短いことばであらわしたもの。昔の人たちが、子孫に残してくれたことばのプレゼントです。

わたしたちのまわりには、ことわざがたくさんあります。たくさんあることわざにも、いくつか特ちょうがあります。動物が出てくることわざや、同じようなことばをくりかえすもの、なにかにたとえているものなどは、とても多いですね。

動物が出てくることわざには、どんなものがあるでしょう。

「犬も歩けば、棒にあたる」（行動をおこすと、思いもかけないことに出あうという意味）

「犬が西むきゃ尾は東」（犬が西をむいていたら、しっぽは反対側の東をむく。とてもあたりまえであるという意味）

「飼い犬に手をかまれる」（とてもかわいがって、世話をしていた人に裏切られて、ひどい目にあうこと）

犬だけでもたくさんありますね。

今度は猫をとりあげたことわざを見てみましょう。

「猫に小判」（猫に小判をあげても意味がないように、価値のわからない人に高価なものをあげてもむだだという意味）

「猫をかぶる」（猫は一見、とてもおとなしくおだやかな動物のようだが、じっさいはねずみを狩るなど、どうもうな性格ももっている。そんなことから、ほんとうの性格をかくして、おとなしいふるまいをすること）

猫については、ほかにも「猫なで声」（猫がなでられたときに出す声。魂胆をかくして、人にとりいろうとするときに出す声という意味）や、「猫の手もかりたい」（気まぐれで、熱心に働こうとしない猫でもいいから、手伝ってほしいという意味）などもありますね。

たぬきのことわざもたくさんあります。

「たぬき寝入り」（都合の悪いときに寝たふりをしてごまかそうとすること）

「たぬきが人に化かされる」（だまそうとして、反対にだまされること）

ほかにも、馬やさる、鳥などのことわざは多くあります。昔から、人間となじみの深い動物たちです。

犬＝人間に忠実で、人なつこい
猫＝気まぐれで、わがまま
たぬき＝ずるがしこくて、人を化かす

など、それぞれの動物のイメージがはっきりしているので、それをうまく使って、ことわざにしたのでしょう。

知っ得ポイント

ことわざの語源は「言＋業」――つまり、「ことばの技術」や、「力のあることば」だといわれています。

チワンの錦

中国の昔話

お母さんがたった1つ、願ったことは……

昔、ある山に、美しい錦を織る母親がすんでいました。母親の錦に織られている花や鳥はみんな、本物のようでした。母親はがんばって錦を織って、三人の息子を育てていたのです。

錦を売りに町にいったある日、母親はある店で、美しい絵に目をとめました。広々とした美しい風景の中に、花園とりっぱな屋敷、青々とした田んぼと、野菜や果物がたっぷり実った畑があります。にわとりやあひるの群れもいますし、羊や馬、牛ものどかに草を食べています。母親はたいそうその絵が気にいったので、買って家にもちかえり、息子たちに見せました。

「こんな村にすんでみたいねえ」

でも、長男のロモと次男のロトは相手にしてくれません。末のロロだけが、

「お母さん、だったら、この絵を大きな錦にしておけば、この村でくらしている気持ちになれますよ」

と、いってくれました。

母親はさっそく、錦を織りはじめました。朝も、昼も、夜も。一年たち、二年がすぎ、手から血がにじみでて、目から涙がしたたりおちても、やめずに織りつづけました。そして、三年後、ようやく、世にも美しい錦ができあがったのです。

ところが、よく見ようと錦を広げようとしたとたん、強い風がふいて錦をさらっていってしまいました。

母親がすっかり力を落として病気になってしまったので、三人の息子は、順番に錦をさがしにいくことにしました。ところが、ロモもロトも、途中でいやになって、錦さがしをあきらめ、町にいってしまいます。

末のロロは、あきらめませんでした。ロロがけわしい山を歩いていると、白髪のおばあさんに会いました。おばあさんは、錦が天女のところにあるということを教えてくれました。

ロロはそれから三日三晩かけて、火の山をこえ、天女のすむご殿にたどりつきました。ご殿にはたしかに、お母さんの錦がありました。天女は

「ごめんなさい、あまりに美しい錦だったので、お手本におかりしていたのです」

といって、錦を返してくれました。

ロロは急いで錦をもちかえりました。今にも死んでしまいそうなほど弱っていた母親も、錦を見ると、元気をとりもどしました。二人が明るいところで見ようと、外で錦を広げてみると……なんということでしょう、錦はさらさらと音をたて、どこまでもどこまでも広がっていくではありませんか。とうとう村いっぱいに錦が広がると、ロロたちのみすぼらしい家はりっぱなお屋敷になり、田や畑、花のさきみだれる庭があらわれました。錦の風景が現実のものとなったのです。ロロと母親はその美しい村で、ずっとずっと幸せにくらしたということです。

知っ得ポイント

チワンというのは、中国の南のほうにすむ民族。チワン族の女の人は美しい錦を織ることで有名です。

社会

東京オリンピック

4年に1回のスポーツの世界的なお祭り

オリンピックの意味

オリンピックがはじめてひらかれたのは、今から2800年ぐらい前の古代ギリシャでした。オリンピックはそれから1000年ほどつづきましたが、その後いったんなくなりました。今のようなオリンピックが始まったのは、1896年でした。昔のオリンピックを記念して、ギリシャのアテネでひらかれたのです。

その時代、ヨーロッパでは戦争がつづいていて、人々は希望をうしなっていました。そこで、戦争をするかわりに、スポーツで競いあおうと考えたわけです。世界じゅうの若者が、武器をもって戦うのではなく、スポーツをして楽しみながら競いあえばいいと考えたのです。こうして、近代オリンピックは始まりました。だから、オリンピックは平和の祭典とよばれるのですね。

東京にオリンピックを！

1964年、東京でオリンピックが開催されることになりました。アジアではじめてのオリンピックでした。そのわずか20年前に第2次世界大戦で連合国に負けていた日本にとっては、ふたたび世界のなかまいりをするのにとてもいい機会でした。

日本では、オリンピックにむけて、さまざまな準備がされました。まず競技場として、国立競技場や、日本武道館などがつくられました。

交通の整備も猛スピードでおこなわれました。いちばん大きなことは、新幹線の開通です。東京と大阪をむすぶ新幹線は、オリンピック開催日のわずか9日前に開業しました。ほかに、首都高速道路や、羽田空港と東京の中心をむすぶモノレールなどがつくられました。東京には大きなホテルもたくさんできました。

人々のくらしも変わりました。たとえば、ゴミの出し方。それまでは道にすえつけれていたゴミ箱に捨てていたのですが、それぞれの家でポリバケツにゴミを捨てて、集める日だけバケツを道に出すようにしました。町の中にゴミをポイ捨てする人も少なくなって、東京は清潔な町になりました。テレビのある家も急激にふえました。みんな、オリンピックを見たかったのです。

1964年のオリンピックは貧しさからぬけだそうしていた日本にさまざまないい影響をあたえてくれました。2020年、また東京でオリンピックが開催されます。今度のオリンピックは日本にどんな影響をもたらすのでしょうか。

知っ得ポイント

じつは1940年にも東京はオリンピック開催地に決まっていましたが、戦争のため、とりやめになりました。

月のみちかけ

お月さまは毎晩、少しずつ姿を変えているのです

太ったりやせたり？

夜の空にのぼってくる月を観察すると、日によって、形がちがうことに気づくでしょう。やせていた月がだんだん太っていって、まんまるになったら、今度はだんだんやせていって、しまいには見えなくなってしまいます。

そんなふうに月の形が変化していくことを、月のみちかけとよびます。では、どうして、月のみちかけがおこるのでしょうか。

月は明るく輝いていますが、月自身が光を出しているわけではありません。月は、太陽の光を反射して、輝いているように見えるのです。明るく見えている部分は、太陽の光があたっているところで、暗くなっているところは、太陽の光があたらない影の部分です。

月は、地球のまわりをだいたい1か月でまわっています。月と地球と太陽の位置がどうなっているかによって、太陽の光があたるところが変わるので、明るく見える部分の形も変わっていくのです。

月の形と名前

月は、その形によって、いろいろな名前がつけられています。たとえば、三日月ということばはきいたことがあるでしょう。

地球にむいている月の面に、太陽の光があたらず、まっ黒になってしまって見えないときの月を新月といいます。

そのまったく逆、地球をむいている面全体に太陽の光があたっているときが満月。このとき、地球は太陽と月のちょうどあいだにあって、3つの星は一直線にならんでいます。

新月から、月は少しずつ太っていって、三日月→半月（上弦の月）→満月→半月（下弦の月）→新月とうつりかわっていくのです。

上弦・下弦という名前がどうしてついたかというと、半月が弓の形ににていることからきています。月がしずむとき、半月のまっすぐなほう（弓でいうと弦にあたる部分）を上にしてしずんでいくのが上弦の月、下にしてしずんでいくのが下弦の月です。

知っ得ポイント

上弦の月と下弦の月の見わけ方――夕方の空に見える半月は上弦の月、朝の空に見える半月は下弦の月です。

国語

平家物語

作者不詳

物語のはじまりの文章をぜひ味わって

祇園精舎の鐘の声、
諸行無常のひびきあり。
沙羅双樹の花の色、
盛者必衰のことわりをあらわす。
おごれる人も久しからず、
ただ春の夜の夢のごとし。
たけき者もついにはほろびぬ、
ひとえに風の前のちりに同じ。

祇園精舎の鐘の音をきくと、この世で永遠に変わらないものなどないということが思い出される。
沙羅双樹の花の白さを見ると、どんなにさかえた者もかならずほろびるということが感じられる。
おごりたかぶった人の栄華も、春の夜の夢のようにはかないものだ。
たけだけしい者も、最後には、風にふきとばされるちりのように、消えてなくなるだろう。

上の文章は、『平家物語』の最初の部分です。

祇園精舎というのは、今のインドにある、お坊さんが修行をする場所で、もともとは、お釈迦さまがつくったお寺です。また、沙羅双樹は、お釈迦さまが亡くなったときに、花が白くかれてしまったといわれている木です。この文章がいっているのは「なにごとも永遠につづくものはない」ということ。

『平家物語』は、「平家の者でなければ人ではない」といわれるほど、権力をふるっていた平家という一族が、しだいに力を弱めてほろびるまでを書いたおはなしです。

平家の大将、平清盛は、たいへん力のある武将でした。たくさんの戦をして、ライバルだった源氏をやぶると、武将のトップに立ちました。そうして、天皇を好きなようにあやつったのです。ライバルになりそうな人たちをかたっぱしからつぶしていったので、平家をうらみ、倒してやりたいと思っている人たちはたくさんいました。

その中の一人が源頼朝です。頼朝もまだ小さかったころ、家族を平清盛にみな殺しにされていたのです。

頼朝は少しずつ味方をふやし、ついに平家に戦いをいどみます。はげしい戦のさなか、平清盛は熱病にかかって命を落とし、平家はどんどん追いつめられていきました。そして、本州と九州のあいだにある海峡、壇ノ浦での合戦で、平家は負け、全員が――たった八歳の安徳天皇までもが海に身を投げて亡くなったのです。平家のおさめる世の中はいつまでもつづくと思われていましたが、結局はほろびました。なにものも、なにごとも、永遠につづくものなどないのです。

知っ得ポイント

平家が天下をおさめてから滅亡するまでを描いた『平家物語』は冒険活劇として読んでもとても楽しい物語です。

ランプのじまん

国語

ランプは光り輝く自分がじまんでした

イソップ

昔々のこと。

お日さまがしずんでずいぶんたちました。外はまっ暗です。外からやってきた旅人が、宿に入っていきました。宿の中はあかあかとしていました。ランプが部屋の中をてらしているのです。

ランプはどんな暗闇も明るくてらすことができる自分が、誇らしくてしかたありませんでした。

「昼はお日さまがいちばん明るいけれど、夜はだれがいちばん明るいんでしょうね」

ランプは旅人に話しかけました。

「さあ、どうだろうね」

旅人が答えます。するとランプは、笑っていいました。

「夜はもちろん、わたしがいちばん明るいにきまってます。わたしの火がなければ、どこもまっ暗なんですからね」

旅人はききました。

「きみはお星さまより、明るいというのかい？」

ランプはすぐにいいました。

「お星さまは空で光っているだけで、地面や家の中をてらすことはできませんからね」

旅人はまたききました。

「じゃあ、きみはお月さまより明るいというのかい？」

ランプはけらけらと声をあげて笑いました。笑ったので、火が消えそうになりました。

「お月さまは、くもった日や雨の日は休むけれど、わたしは毎日、休むことなくてらしていますよ」

ランプはそういうと、いきおいよくぼうっと燃えあがりました。部屋の中がふわっと明るく輝きました。旅人の顔も明るく輝きました。

ところが、そのとき、窓から風が入ってきて、ランプの火がふっと消えました。部屋の中はまっ暗になりました。

しばらくしても、ランプの火はともりません。部屋の中はまっ暗なままです。

旅人はランプのそばにいくと、マッチをすって、火をともしてやりました。

「たしかにきみはじょうずに部屋をてらしているけれどね。月も星も、こんなふうにだれかに火をつけてもらわなくても、ほら、ずっとああして輝いているよ」

外では、月とお星さまが、世界を明るくてらしていました。

知っ得ポイント

昔はろうそくやランプで部屋をてらしていました。ランプは、油をすわせた芯の先に火をつけて使っていました。

明治維新

新しい時代・新しい文化のはじまり

たくさんの変化

今からおよそ150年前、日本は江戸時代が終わって、明治という新しい時代になりました。新しい時代にはたくさんの変化がありました。そうした変化をまとめて、明治維新とよんでいます。

江戸時代が終わったのは、1867年。江戸幕府の将軍、徳川慶喜が政治をする権利を朝廷にかえしたのです。これを大政奉還といいます。

そのあと、日本は天皇を中心にした国になりました。天皇のもと、幕府を倒すときに活やくした人たちが政府をつくり、政治をおこないました。

明治政府がまずおこなったのは、版籍奉還と廃藩置県です。版籍奉還というのは、それまで地方をおさめていた藩主の領地を天皇にかえすことです。廃藩置県というのは、藩というしくみをなくすことです。これで、藩は県となり、役人によって管理されるようになったのです。

さらに、明治政府は、身分制度をやめました。それまで分かれていた、武士と農民、職人、商人の身分をなくして、皇族以外は平民になったのです。

文明開化

政治ががらりと変わるのと同時に、人々の生活もたくさん変化しました。

江戸時代、外国との交流がほとんどなかったために、日本の社会は世界からとりのこされていました。遅れをとりもどそうと、日本は西洋から、進んだ技術だけでなくさまざまな文明をとりいれたのです。

たとえば、髪型。「ザン切り頭をたたいてみれば、文明開化の音がする」という歌が明治のはじめによくうたわれていました。ちょんまげなんて古くさい、切りっぱなしの髪型こそ、文明的な髪型だというわけです。

食事もそうです。たとえば、それまで日本人は牛肉を食べる習慣がなかったのですが、明治に入ると、牛肉のすきやきを食べるのが文明的だとされるようになりました。服装も着物から洋服に変わっていきました。建物も、レンガづくりがはやり、通りには街灯がならぶようにもなりました。

暦も、月のみちかけをもとにした太陰暦から、太陽の動きをもとにした太陽歴に変わりました。

学校や郵便、警察などのしくみもつくられました。このときに、現代までつづく社会の形ができたのです。

大政奉還の図

知っ得ポイント
あんパンが誕生したのも、このころです。銀座の木村屋で発売され、たちまち大人気になりました。

グラフの発明

算数

わかりやすくて便利なのに、最初はおこられてしまったなんて！

数字を絵にする

折れ線グラフに、棒グラフ、円グラフ――社会や理科の教科書や新聞などでよく見ますね。

1年の気温のうつりかわりを見るとき、1月は8度、2月は5度……と数字をならべただけでは、どんなふうに気温が変化しているのか、なかなかわかりません。でも、折れ線で、気温が上がったり下がったりするのを見れば、ひと目で変化がわかります。グラフというのは、数字を図（絵）にして、見る人に一瞬でわからせるためのものなのです。

この3種類のグラフを発明したのは、ウィリアム・プレイフェアというイギリス人でした。

ウィリアムの人生

ウィリアムは、社会で成功してお金持ちになることを夢見ていた人でした。兄から、科学者になるための教育をうけて育ちましたが、まじめにコツコツ勉強することがいやで、14歳のときに家を出ます。そのあと脱こく機などの機械をつくっていた会社で仕事につきますが、数年であきて会社をやめ、蒸気機関車をつくったことで有名なジェイムズ・ワットのアシスタントになるものの、そこも数年でやめます。1か所に落ちついて仕事をするのが苦手だったのです。

ウィリアムは、お金がもうかる商売をさがしながら、雑誌に記事を書いたり、本を書いたりして、生活費をかせぐことにしました。

ある本を書いているときのこと。ウィリアムは表をうめるのに必要なデータを全部集めることができませんでした。表のあちこちに、虫が食べたような空白ができてしまい、困ったウィリアムは、たて軸と横軸を引いて図をつくり、データがあるところだけ点でしるしをつけ、点と点を線でむすんだのです。こうすれば、データがないところも、まるでデータがあるように見えます。

線グラフはこのようにして誕生しました。数字を絵にするととてもわかりやすいことに気づいたウィリアムは、その後、同じように棒グラフや円グラフを発明したのです。

けれど、当時、グラフのすばらしさはまったくみとめてもらえませんでした。まじめな数字をふまじめな絵にするなんて、けしからん！というわけです。グラフがすぐれていることがみとめられたのは、ウィリアムが亡くなってから何十年もたったあとでした。

1日の気温の変化

知っ得ポイント

棒グラフは量の大小、折れ線グラフは量の変化、円グラフは割合をあらわすのにむいています。

海さちひこと山さちひこ

日本神話

兄弟の神さまの伝説です

昔、日本の国に、兄弟の神さまがいました。兄の神さまは、海で魚をつるのがじょうずでした。弟の神さまは、山で狩りをするのがじょうずでした。それで、兄は海さちひこ、弟は山さちひことよばれていました。

ある日、山さちひこが兄に「今日はいくところをとりかえてみませんか。わたしの弓と矢をかしてあげるから、兄さんのつりざおとつり針をわたしにかしてください」といいました。

海さちひこはなかなか賛成しませんでしたが、弟があまり熱心にいうので、そうすることにしました。

海さちひこは、弓と矢をもって山へいきましたが、うさぎ一ぴきとれずに、おこって帰ってきました。山さちひこは海へいって、一日じゅうつり糸をたれていましたが、やっぱり魚はかかりません。そのうえ、つり針を魚にとられてしまいました。

しかたがないので、山さちひこは、自分の剣を細かくくだいて五百本のつり針をつくり、兄のところにもっていきました。でも、海さちひこはおこってうけとろうとしません。自分のつり針でなければだめだといって、ゆるしてくれないのです。

困った山さちひこがぼんやりと海を見つめていると、

「おやおや、どうしましたか」

という声がします。それは、海にすむしおつちの神でした。山さちひこがわけを話すと、しおつちの神は、

「それでは、海の中にあるご殿へおいでなさい。ご殿の前に井戸があって、そこに大きな木があります。その木にのぼって、お待ちなさい」

と、いき方を教えてくれました。

教えられたとおりにご殿へいって、木にのぼって待っていると、中から召使いが出てきて、井戸で水をくみはじめました。召使いが井戸をのぞくと、水面に、りっぱな若者がうつっているではありませんか。召使いは驚いて、ご殿にかけもどり、

「お姫さま、お姫さま。門の前の木に、りっぱな男の人がいます」

と、主人の姫に報告しました。

姫が外に出ると、たしかにりっぱな若者がいます。さわぎをきいて、父親の海の神も外に出てきました。

海の神は山さちひこを気にいって、手あつくもてなしました。そして、山さちひこは、姫と結婚することになったのです。

それから三年の月日がたったある日、山さちひこは急につり針のことを思い出しました。そして、

「毎日が楽しくて忘れていましたが、わたしはなくしてしまった兄のつり針をさがしていたのです」

と、姫に打ち明けました。すると、海の神はさっそく魚を全部調べあげ、タイののどに引っかかっていたつり針を見つけてくれたのです。こうして山さちひこは兄のつり針をぶじにとりもどすことができたのでした。

知っ得ポイント

この物語の舞台は、今の宮崎県。山さちひこのおはなしは、『浦島太郎』のもとになったといわれています。

レオナルド・ダ・ヴィンチ

美術

なんでもできた万能の天才

（1452～1519年　イタリア）

画家じゃないの？

レオナルド・ダ・ヴィンチという名前は、みなさんもきいたことがあるでしょう。ダ・ヴィンチは、パリのルーブル美術館にある「モナリザ」や、ミラノの修道院にある「最後の晩餐」という絵の作者として、世界じゅうで知られています。

でも、ダ・ヴィンチは、じつは絵だけでなく、いろいろなことに挑戦して、どの分野でもすばらしい結果を残しているのです。とくに、科学の分野では、のちの発明につながるアイデアをたくさん残しています。

万能の人

ダ・ヴィンチはイタリアのいなかにあるヴィンチ村の出身でした。レオナルド・ダ・ヴィンチというのは、ヴィンチ村のレオナルドという意味なのです。

小さいころから絵がうまかったので、ダ・ヴィンチは14歳のころ、フィレンツェという大きな町の工房に入って、絵のテクニックを習いながら、工房のお手伝いをしていました。絵だけではなく、彫刻やデザイン、木工など、さまざまなものをつくっていたそうです。

10年ほど工房にいたあと、独立して、個人で仕事を引きうけるようになりました。絵や彫刻などの芸術だけでなく、建築や土木にも手をそめて、軍事技術者として、要塞の設計のようなものまでしました。科学者として解剖学の研究もしました。解剖に立ちあったり、自分でも解剖したりして、体のつくりがどうなっているか、てってい的に知ろうとしました。ですから、ダ・ヴィンチの描いた絵はリアルだったのです。ダ・ヴィンチの中では、芸術と科学は別々なものではなく、しっかりつながったものだったのです。

そのほかにも、ダ・ヴィンチは天文学や物理学などの学問や、飛行機のデザインまでしていました。そうしたデッサンやメモを残したノートは、1万3000ページもあります。

そんなデッサンの中でもっとも有名なのが、「ウィトルウィウス的人体図」です。円のまんなかに男の人が手や足を広げて立っている絵です。これは、古代ローマ時代の建築家ウィトルウィウスがいっていたことをもとに描いたもので、人間の体の比率をあらわしています。たとえば、「両腕を広げた長さは、身長と同じ」というようなことです。ほかにもいろいろな比率が絵の中にかくされているので、じっくり見てみると面白いですよ。

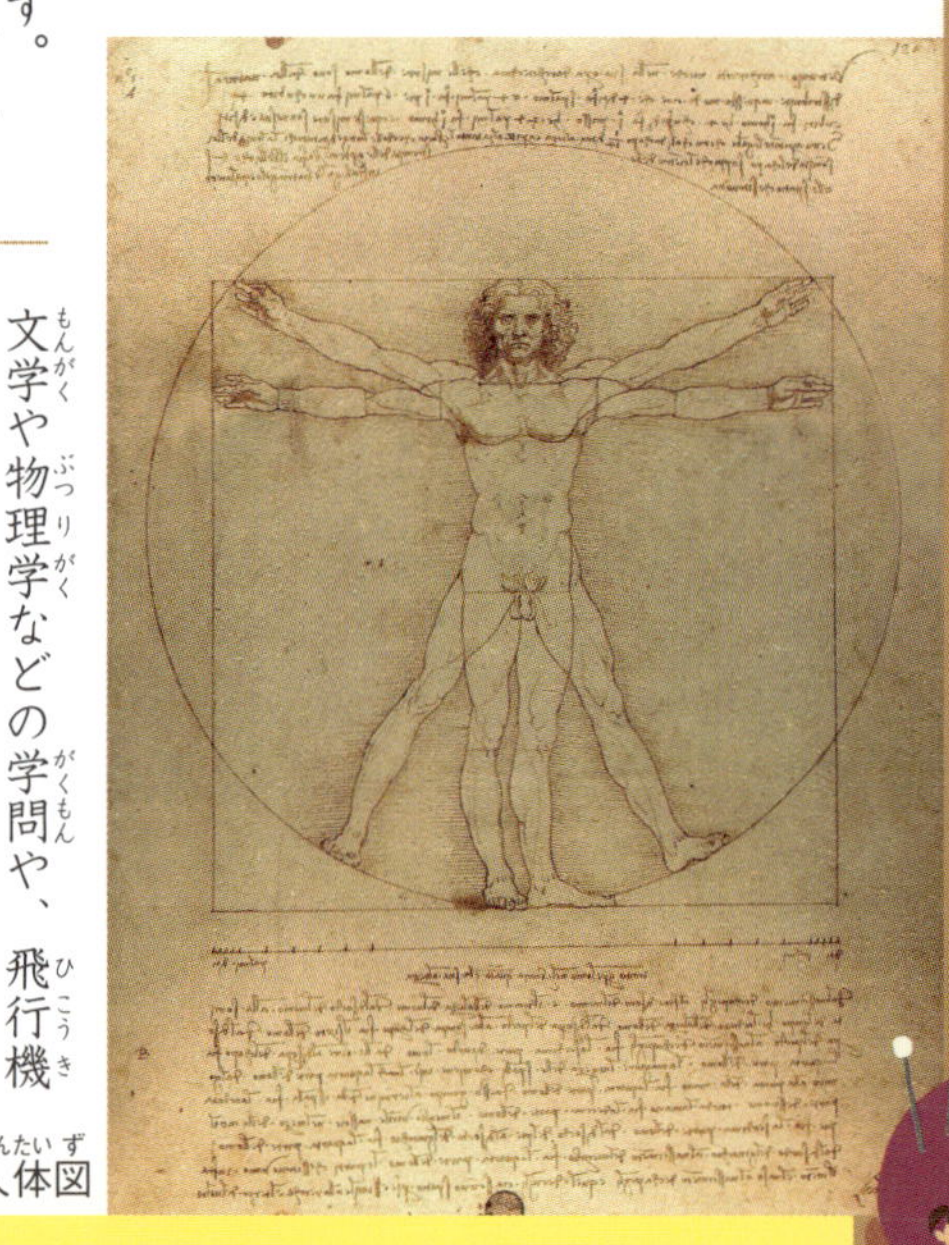

ウィトルウィウス的人体図

知っ得ポイント

ダ・ヴィンチが残したメモはほとんど鏡文字（左右が逆の文字）で書かれています。

国語

ひと房のブドウ

有島武郎

少年は友人の美しい絵の具がどうしてもほしかったのです

　僕は小さいとき絵を描くことが好きでした。僕の通っていた学校は西洋人が多い町にあったので、先生も西洋人ばかりでした。学校から帰るときは、海岸を通るのですが、まっ青な海に軍艦だの商船だのがいっぱいならんでいるようすは目が痛くなるほどきれいなのです。僕はよく岸に立ってその景色を見わたして、家に帰ると、できるだけ美しく絵に描いてみようとしていました。けれど、あのすきとおるような海の藍色と白い帆船などにぬられている紅色とは、僕がもっている絵の具ではどうしてもうまく出せないのです。

　そのとき思い出したのが、学校の友だち、ジムがもっている西洋絵の具です。ジムは僕より二つ上で背も見あげるほど大きな西洋人でした。ジムのもっている絵の具は舶来の上等なもので、どの色もとてもきれいなのですが、とくに藍色と紅色はびっくりするほど美しいのです。僕はそれから、毎日、ジムの絵の具のことを思いつづけました。

　そんな秋のある日の昼休み、みんなが校庭で遊んでいたとき、僕は一人で教室に残っていました。しばらくジムの机のほうを見ていた僕は、休みの終わりをつげる鐘が鳴ると同時にふらふらとそちらへいき、藍色と紅色の絵の具をポケットにおしこんでしまったのです。

　それから一時間はなにごともなくすぎましたが、授業が終わると、クラスの中でもいちばん大きいやつに校庭のすみによびだされ、「ジムの絵の具をとっただろう」とせめられました。ジムや三〜四人のクラスの子もいて、無理やりポケットに手をいれられて、絵の具を引っぱりだされてしまったのです。

　僕はそれから、担任の女の先生のところにつれていかれました。いつもやさしい先生を僕は好きでした。その先生に、ほんとうに盗ったのかときかれると、僕は泣きだしてしまいました。

　先生はクラスの子たちを教室に帰すと、僕の肩をだき、「あなたは自分のしたことをいやなことだったと思っていますか」とおっしゃいました。僕はもうたまりませんでした。涙があふれて止まらないのです。

　先生は、窓のところまでのびていたつるからブドウをひと房とって、泣きつづける僕にくれました。そして、明日は絶対に休まずに学校にくるのですよとおっしゃったのです。

　よく日、僕は休みたくてしかたなかったけれど、先生のことばを思い出して学校にいきました。学校につくとジムが飛んできて、まるできのうのことなんか忘れてしまったみたいに、僕の手をとって先生のもとにつれていったのです。先生は僕たちに握手させると、またブドウをひと房とり、二つに分けて、僕とジムにくれました。白い手に紫色のブドウがのっていたその美しさは、今でもはっきりと思い出すことができます。

知っ得ポイント

原文では、主人公の切ない心のようすがとてもていねいに、あざやかに描かれています。

いろいろな雲

理科

空にうかんでいる雲のこと、どれだけ知っていますか

雲の種類

空を見ると、いろいろな形をした雲が目に入ります。雲には、それぞれ、特ちょうによって名前がついています。どんな名前があるか、知っていますか？　雨雲や、入道雲、飛行機雲なんて名前は知っているかもしれませんね。

雲は、10種類に分けられています。これは世界共通の分け方です。そして、種類ごとに、空のどれくらいの高さにあらわれるかが決まっています。

空の高いところ（地上から5〜13キロメートルぐらい）

すじ雲（巻雲）
うろこ雲・いわし雲（巻積雲）
うす雲（巻層雲）

空の中くらいの高さ（地上から2〜7キロメートルぐらい）

ひつじ雲（高積雲）
おぼろ雲（高層雲）
雨雲（乱層雲）

空の低いところ（地面近く〜2キロメートル）

うね雲（層積雲）
きり雲（層雲）
わた雲（積雲）
入道雲（積乱雲）

※積乱雲は背が高いので、空の低いところから高いところまで広がります。

かっこの中にあるのが正式な名前で、上に書いてあるのは雲の形からつけられた日本独特のよび方です。

雲と天気

雨雲が広がっていると、「ああ、雨がふるのかな」とわかりますね。雲と天気はとても深い関係があります。たいてい、雲がたくさんあると雨がふる可能性が高くなるのですが、すじ雲や、ひつじ雲、うろこ雲などは、晴れた日に広がる雲。雲が広がっているからといって、天気が悪くなるわけではないのです。

また、飛行機雲は、こうした雲とはちょっとちがいます。飛行機の出す排気ガスに入っている水分が急にひえてこおることでできる雲で、空の高さや天気とは関係ない雲なのです。

上層　中層　下層
巻層雲　巻雲　巻積雲　高積雲　高層雲　積乱雲　乱層雲　積雲　層積雲　層雲

知っ得ポイント

うろこ雲やひつじ雲が広がっている空のことを英語だとmackerel sky（サバの空）といいます。

国語

三枚のお札

日本の昔話

ハエがこの世に生まれた理由は……

昔、あるお寺の小僧が山へクリひろいにいくことになりました。山にはオニババがいて、暗くなると住処から出てくるというので、和尚さんは小僧に三枚のお札をわたしました。

「困ったことがあったら、このお札にたのみなさい」

小僧はクリひろいに夢中になりました。気がつくと、あたりはずいぶん暗くなっています。小僧は急いでお寺に帰ろうとしましたが、もう手遅れ。目の前にオニババがあらわれて、つかまってしまったのです。

オニババは小僧を家につれていくと、柱にしばりつけ、お湯をわかしながら、包丁をとぎはじめました。

どうしよう、なんとかしないと…。小僧は必死に逃げる方法を考えて、オニババにいいました。

「食べられる前に、うんちをさせてくれ。うんちのつまったおいらはおいしくないぞ」

なるほどと思ったオニババは、小僧の腰に縄をつけて、便所にいかせてやりました。小僧は便所に入ると、腰の縄をはずして、柱にしばりつけ、お札を一枚はりました。

「おいらのかわりに返事しておくれ」

小僧は窓から外に逃げだしました。そうとは知らないオニババは、いらいらと待っていました。

「おーい、まだか」ときくと

「まあだだよ」とお札が答えます。

「まだか」「まあだだよ」何度きいても同じです。オニババががまんできずに縄を引っぱると、便所の柱がおれて、家がくずれてしまいました。

小僧に逃げられたと気づいたオニババは全速力で追いかけました。

小僧は二枚目のお札を出して、「大きな山になれ」とうしろに投げました。たちまち大きな山ができて、オニババをとおせんぼします。

お寺まであとちょっとというとき、またオニババがすぐうしろにせまってきました。小僧は三枚目の札を出して「大きな川になれ」と投げました。とたんに流れのはやい川ができました。オニババは泳いでも泳いでもなかなか前に進みません。そのあいだに小僧はお寺について、和尚さんにかくまってもらいました。

オニババがついにお寺にやってきました。

「さあ、小僧を出してもらおうか」

「その前に、わしと術くらべだ。おまえはどんなものにも化けられるか。だがまさか豆には化けられまい」

「ふん、そんなのかんたんさ」

オニババが豆に化けたとたん、和尚さんはぺろりと豆をたいらげました。

「さあ、これでオニババも一巻のおしまいだ」

ところが、急に和尚さんのおなかが痛くなりだしました。和尚さんが便所にかけこんでうんちをすると、そこから、たくさんのハエが飛びだしました。その日から、日本じゅうにハエが広がっていったんですって。

知っ得ポイント

ハエがこの世に誕生したのは1億年以上も前だといわれています。人間よりずいぶん前に誕生したのですね。

宝くじがあたる確率

夢がかなう確率ってどのくらい？

確率って、なに？

確率ということばは知っていますか？　確率というのは、あることがらがおこる可能性がどのくらいあるかを数字であらわしたものです。確率が50パーセントといえば、おこる可能性が半分、おこらない可能性が半分ということ。

つまり、未来を予想するようなものです。未来予想だなんて、なんとなくわくわくしませんか？

確率は計算で求めます。計算の方法は、とてもかんたん。まずおこるかもしれない結果がどれくらいの種類あるかを数えます。そして、そのうち確率を知りたいことがらがおこる割合がどれだけあるかを計算すればいいのです。

たとえば、サイコロをふって、1を出したいとします。サイコロをふったとき、出る目は1から6のうちのどれかですね。結果は6パターンあるわけです。そのうち1が出るのは、1パターンだけですから、確率は$\frac{1}{6}$ということです。

宝くじって、あたるの？

テレビでよく宣伝されている宝くじ。みなさんが知っている人で、あたったという人はいますか？

たとえば、ドリームジャンボ宝くじの場合、あたりは、1等から6等まであって、それぞれ、あたりの枚数がちがいます。

1等の5億円は、1千万枚に1枚。ですから、1等があたる確率は1千万分の1になります。わかりやすくいうと、宝くじを1千万枚買えば、1等があたるということです。宝くじは1枚３００円ですから、1千万枚買えば、30億円かかります。30億円買って、5億円があたっても、うれしくありませんね。

もう少し、あたる可能性が高そうな場合を考えてみましょうか。5等の3千円は、1千万枚のうち10万枚あります。ということは、確率は、なんと１００分の1！　１００枚買えば、1枚あたる計算です。では、１００枚買うには、いくら必要でしょう？

宝くじであたるのは、ほんとうに運なのです。だから、宝くじを買うのは、夢を買うようなものだといわれているのですね。

知っ得ポイント

世界の人口は72億人ですから、今あなたの目の前にいる人は、72億分の1の確率でめぐりあえた人なのですよ。

社会

戦国時代の合戦

戦国時代は
多くの武将が活やくしましたが……

戦国時代の兵士

戦国時代というと、みなさんはなにを思いうかべますか？

旗を立てて、馬に乗り、やりや刀で戦いあう合戦のようすを思いうかべる人は多いでしょう。

戦国時代というのは、今からおよそ500年くらい前。文字どおり、たくさん戦がおこなわれていた時代です。織田信長や武田信玄、伊達正宗、真田幸村など、戦国時代に活やくした有名な武将はたくさんいます。テレビのドラマやゲームなどでも、よくとりあげられているので、知っている人も多いでしょう。

そのころ、日本は小さな国に分かれていて、それぞれの国は戦国大名に支配されていました。戦国大名は、支配する土地を広げようとして、近くの国と戦をおこなうようになったのです。

戦の指揮をとるのは、もちろん戦国大名です。そして、じっさいに戦うのは……半分以上は農民でした。江戸時代になると武士という身分がしっかりできて、人数もたくさんいましたが、戦国時代はまだそれほど武士という身分がしっかりできていたわけではありません。

戦国大名といっても、各地域をおさめる豪族（リーダー）たちの中のリーダーみたいなもので、武士といえるのは、それぞれの豪族とその臣下数名ぐらいだけだったのです。

農民たちは、くらしている国の戦国大名からおよびがかかると、それぞれ武器をもって戦にいきました。そして、足軽という、いちばん下っぱの兵士として、戦に参加したのです。馬に乗れることも少なく、武器もたいしたものをもたされなかったので、まっさきに犠牲になるのは農民たちでした。

けれど、進んで戦に参加する者も多かったようです。というのも、ふだん、農民は、アワやヒエといった雑穀を、量を多くするために雑炊にして食べていましたが、戦に参加すると、玄米や、野菜などのおかずが食べられたからです。ときには、農民にはけっして手がとどかなかった白米を食べられることもあって、子連れで戦に参加しようとする農民もいたそうですよ。

知っ得ポイント

そば粉やキビ粉、きなこ、はちみつ、ゴマなどをまぜて丸めた兵糧丸は、戦国時代のだいじな携帯保存食でした。

最後の授業

アルフォンス・ドーデ

自分たちの文化への誇りと愛情をかけて

これは今から百五十年ほど前、フランスがドイツとの戦争に負けたときのおはなしです。

その日、朝寝ぼうをしたぼくは、学校へむかってダッシュしていた。役場の前を通りかかると、掲示板のそばにたくさんの人が立っているのが見える。また悪い知らせかな。この数年、戦争に負けたとか、ドイツからこんな命令がきたとか、いやなニュースは全部、この掲示板で発表されていたんだ。

ぼくはそのまま走りつづけ、学校へ入った。どうしたんだろう？　いつもなら、しゃべり声や、先生が定規で机をたたく音とか、とにかくさわがしいのに、ふしぎなことに、今日はしんと静まりかえっている。

全員がきちんと席についている中に、ぼくはおそるおそる入っていった。でも、先生は遅刻をおこることもなく、ただ「フランツ、早く席につきなさい」といっただけだった。

先生の服装もきみょうだった。上等のフロックコートに、ネクタイ、ししゅういりの帽子……こんな服装をするのは、なにか式があるときだけだ。でも、なによりぼくが驚いたのは、教室のうしろに、村の人たちがたくさんいたことだ。村長さんに、郵便屋さん。オーゼじいさんはぼろぼろの一年生の教科書を広げている。

先生が重々しい声で話しはじめた。

「私が授業をするのは今日で最後です。学校ではドイツ語以外教えてはいけないという命令がドイツ政府からきたのです。母国語であるフランス語の、これが最後の授業なのです」

ぼくは頭がまっ白になった。なんてことだ。ぼくはまだフランス語がろくに書けないのに、これから一生習えないかもしれないなんて。

するととつぜん、ぼくの名前がよばれた。ぼくが動詞の規則を暗唱する番だ。暗記も練習もしていなかったぼくは、もちろん最初からつかえ、立ちすくむだけだった。

先生がいった。

「フランツ、私はきみをしかりはしないよ。きみはもうわかっているだろうから。私たちはみんな思っている——時間はたっぷりあるんだから、勉強は明日にしよう、とね。きみだけが悪いわけじゃないんだ」

それから先生は、自分の国のことばはけっして捨ててはいけないこと、国のことばを捨てなければ、よその国の奴隷になったとしても、自分がとじこめられている牢屋の鍵をもっているようなものなのだということを話してくれた。そのあとの授業は、みんな真剣だった。

そして、ついにそのときがやってきた。授業が終わる鐘の音がひびいたのだ。先生はみんなのほうを見て口をひらきかけたが、急に黒板にむきなおると、チョークをにぎり、ありったけの力でこう書いたのだった。

ビバ・ラ・フランス！

知っ得ポイント

「ビバ」というのは、フランス語で「ばんざい」という意味。イタリア語やスペイン語でも同じ意味です。

国語

野口英世

(1876～1928年　日本)伝記

伝染病の研究にささげた命

　今からおよそ百三十年前、野口英世は福島県磐梯山のふもとに生まれました。家は貧しい農家でした。

　まだよちよち歩きのころ、英世は母親が農作業に出ているあいだに、いろりに落ちて、左手に大やけどをしてしまいます。命にもかかわるような大やけどで、左手は指同士がくっついて、ひらけなくなりました。

　それからは、学校にいけば、クラスの子たちに指のことをからかわれました。からかわれるのがいやで、英世はちょくちょく学校をずる休みするようになったのですが、「手が悪くても、頭は悪くないでしょう」と母親にはげまされ、勉強にはげむようになったのです。

　英世が十六歳のときのことです。英世のがんばる姿に心を動かされた学校の先生やなかまが、少しずつお金を出しあって、左手の手術をさせてくれました。やけどでくっついてしまっていた指がはなされたとき、英世はまわりの人たちへ強く感謝するとともに、医学のすばらしさに深く感じいり、医者になることを決意したのです。そうして、人々に恩返ししようと思ったのです。

　その後、一生けんめい勉強したおかげで英世は医者になることができました。医者になってからは、世界でもトップクラスのアメリカの研究所へ入り、細菌の研究にとりくみました。英世は寝る間もおしんで、研究をしました。その結果、病気の原因になる細菌をたくさん発見することができたのです。

　けれど、英世の情熱は、それではおさまりませんでした。もっと人の役に立つ研究がしたかったのです。

　そこで、英世は、南アメリカとアフリカで大流行していた黄熱病について研究することにしました。黄熱病というのは、蚊がウイルスを運ぶことによってうつされる伝染病で、うつされると、半分くらいの人が死んでしまう、おそろしい病気です。病気にきく薬も治療法もなかったので、黄熱病はどんどん広がり、犠牲者もふえていました。

　病気を研究するためには、病気のもとになる菌がたくさんある場所にいかなければいけません。英世は当時、あまり医者もいっていなかったアフリカへいくことを決めました。そして、アフリカで研究を進めているときに、黄熱病にかかり、命を落としたのです。五十一歳という若さでした。病原菌がたくさんある場所にいくのですから、アフリカいきを決めたときに、覚悟はしていたのでしょう。それでも、英世はアフリカへいきました。黄熱病を食いとめ、人々の役に立つために。

知っ得ポイント

野口英世の顔は、2004年から千円札に使われています。偽札をつくりにくい顔なのだそうですよ。

薬物

保健体育

薬物って、薬じゃないの？

薬物って、病気のときに飲む薬のこと？　いいえ、ここでいう薬物は、体にいい薬のことではなく、覚せい剤や麻薬、ドラッグとよばれる、怖い薬のこと。こうした薬物は、みなさんの体ばかりか心までぼろぼろにしてしまうのです。

薬物の種類はたくさんあります。

白い粉みたいな薬物
- 覚せい剤
- ヘロイン
- コカイン

錠剤みたいな薬物
- LSD
- MDMA

葉っぱみたいな薬物
- 大麻（マリファナ）
- 脱法ハーブ

こうした薬物は乾燥した葉っぱに火をつけて、タバコのようにしてすいます。人間にとってよくない薬物は、法律で禁止されていますが、麻薬性の高い葉っぱはたくさんあります。そんな、まだ法律で禁止されていない種類の麻薬の葉っぱが脱法ハーブ。「ハーブ」だなんて、体によさそうな名前ですが、体にとりいれたら、悪い影響があるかもしれない、おそろしい葉っぱです。

脳をこわす

では、薬物はどんな影響を体にあたえるのでしょう？

薬物は、体に入ると、血管を通って、脳までいきます。そして、脳の細胞をこわしてしまうのです。脳の細胞がこわれると、じっさいにないものが見えたり、鳴っていない音がきこえたりします。怖いものにおそわれていると思いこみ、まわりの人に暴力をふるったりします。一度こわれてしまった細胞は、なおりません。

薬物を体にいれると、最初は気持ちよくなったり、楽しくなったりします。ですから、薬物を売ってお金もうけをしたい人は、「楽しい気持ちになれるよ」といって、薬物を売りつけてきます。「一度だけなら……」と思って、買ってしまう人もいるかもしれません。でも、一度でも薬物を体にいれてしまうと、習慣になってしまい、なかなか自分ではやめられないのです。

だから、薬物には絶対に、手を出さないことがだいじなのです。

知っ得ポイント

薬物を使ったり売ったり買ったりすることはとても重い犯罪です。外国では、死刑になることもあります。

理科

日食

まるで太陽が神さまに食べられちゃったみたい？

太陽がかける？

太陽は、どんな形をしていますか？　月は、日によって形を変えますが、太陽はいつだって丸いですよね。でも、その丸い太陽が、数年に一度、部分的にかけて見えたり、完全に見えなくなったりすることがあります。これが「日食」です。お日さまが食べられてしまったように見えるから、日食というのです。

日食には、3つの種類があります。1つは、太陽が完全に見えなくなる「皆既日食」です。このときは、あたりが夜のように暗くなり、空気も急にひんやりします。

2つ目は、太陽が指輪のように見える「金環日食」で、3つ目は太陽の一部がかけて見える「部分日食」です。皆既日食や金環日食はとてもめずらしく、日本から見えるのは十数年に一度くらいです。

日食のしくみ

日食はどうしておこるのでしょうか？

日食がおきるのは、太陽と、地球や月の動きのせいです。

地球は太陽のまわりを1年かけて1周しています。そして、月は地球のまわりを約27日間で1周しています。そんなふうに地球が太陽のまわりをまわり、月が地球のまわりをまわっているため、毎日、太陽と地球と月のならび方は変わっています。

日食は、太陽と地球のあいだに月が入り、太陽―月―地球の順番に一直線にならんだときにおこります。

このとき、太陽の一部、またはすべてが月によってかくされるのです。かくされ方は、地球の上のどの場所から太陽を見ているかによってちがいます。

月が太陽の一部をかくすと、部分日食になり、全部かくすと皆既日食になります。月と太陽がぴっちり重なっていても、全部をかくしきれないで、月のまわりから太陽がはみでてしまうのが金環日食です。

21世紀中に日本で見られる皆既日食は6回、金環日食も6回です。日本といっても、日食が見られる場所はそのときどきでかぎられていますし、天気がよくないと見られませんから、皆既日食や金環日食を見られるのはとても貴重なことなのです。

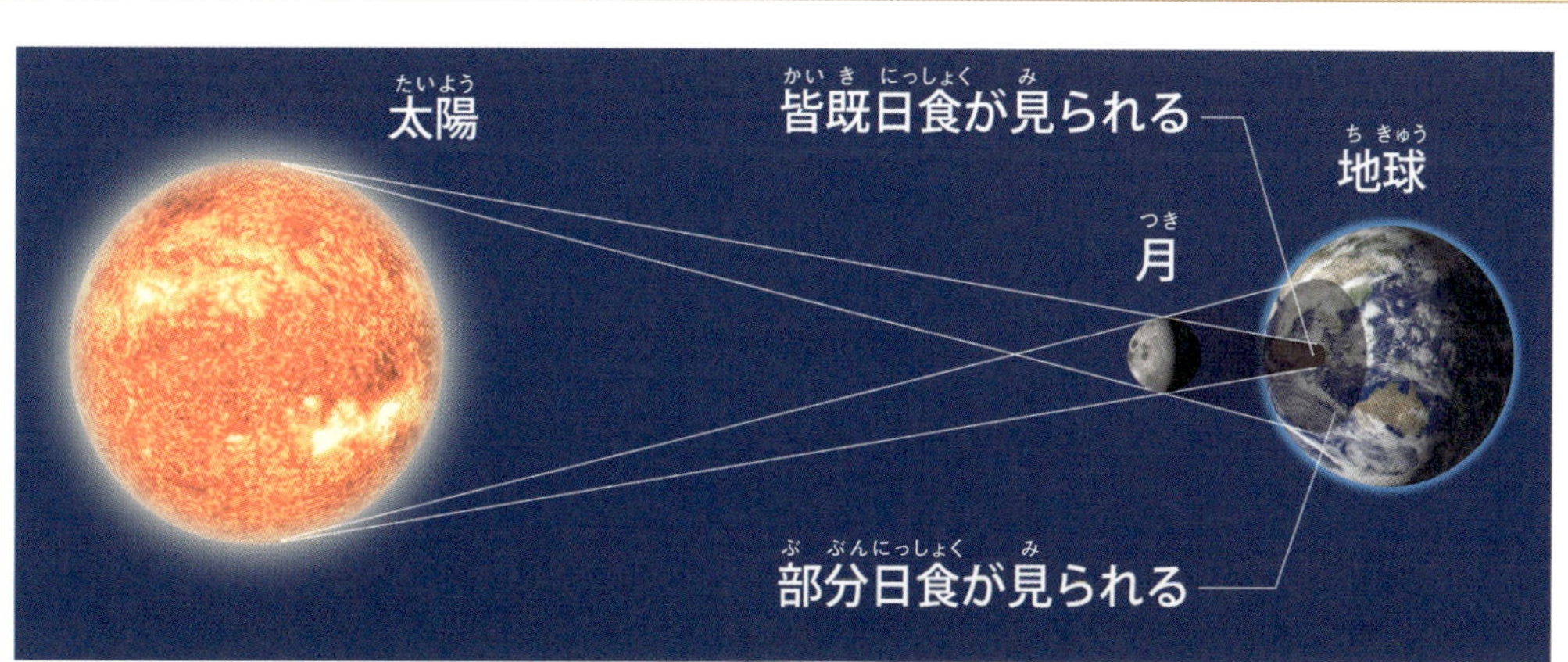

知っ得ポイント

次の金環日食は2030年6月1日北海道で、皆既日食は2035年9月2日に北陸や甲信越で見られます。

たぬきの糸車

日本の昔話

人を化かさないたぬきもいるのです

昔々、ある山おくに、きこりの夫婦がすんでいました。きこりが山で木を切っているあいだ、おかみさんは糸車をまわして、糸をつむいでいました。

きいから　きいから

おかみさんがいつものように糸車をまわしていると、しょうじのやぶれ目からまあるい目がのぞいていることに気づきました。その目が、糸車にあわせて、くるんくるんとまわっているのです。しばらくすると、しょうじに、糸車をまわすまねをしている影がうつりました。大きなしっぽがあるところを見ると、きっとたぬきなのでしょう。

おやまあ、かわいいたぬきだこと。

それからというもの、おかみさんが糸をつむぎはじめると、たぬきはやってきて、しょうじごしに糸車をまわすまねをするのでした。

そんなある日、家の裏で、

ぎゃーっ

という悲鳴があがりました。おかみさんがあわててかけつけると、たぬきが一ぴき、罠にかかって木につるされているではありませんか。じつは、このごろ、家の食べ物がなくなることがあったので、きこりが罠をしかけていたのです。

「かわいそうに。このままでいたら、たぬき汁にされてしまうよ」

おかみさんは罠からたぬきをはずしてやりました。たぬきはおかみさんに何度も頭をさげながら、山へ帰っていきました。

山に、冷たい風がふくようになりました。まもなく冬がやってきます。じきに雪もふりだすでしょう。冬のあいだ、きこりの夫婦はふもとの村におりてくらします。きこりとおかみさんはこの年も、村におりていきました。

さて、冬が終わって春になったころ。きこりの夫婦は山の家にもどってきました。戸をあけて、おかみさんはびっくり。ほこりをかぶっているはずの糸車がぴかぴかにみがかれて、そばに、つむいだ糸が山のようにつみあげられているではありませんか。

なんてふしぎなことがあるものだ。

おかみさんはこっそりかげにかくれて、ようすを見守ることにしました。しばらくすると、戸がそうっとあいて、たぬきが入ってきました。そして、とてもじょうずに糸車をまわしはじめたのです。

きいから　きいから

「おやまあ、うまくまわせるようになったんだね」

おかみさんがにっこり笑いながら見ていると、たぬきも見られていることに気づきました。たぬきははずかしそうに糸車からはなれると、おかみさんにぺこりとおじぎをして、山へ帰っていきました。ずっと、うれしそうににこにこしながらね。

知っ得ポイント

たぬきににた動物にむじな（あなぐま）がいます。むじなもたぬきと同じように人を化かすそうですよ。

ゴミのゆくえ

わたしたちが毎日出すゴミはどこへいっているのでしょう

たくさんのゴミ

わたしたちは、毎日どれくらいのゴミを出しているか知っていますか。なんと、1日に1人約1キロ（牛乳パック1本分）のゴミを出しているのだそうです。1か月で、1人で牛乳パック30本分ものゴミを出しているのです。

日本全体を見ると、1年に出るゴミの総量は5120万トン。東京ドーム138ぱい分です。そんなにたくさんのゴミをどうやって処分しているのでしょうか？

ゴミのゆく先

わたしたちは、ゴミを出すときに、種類によって分けていますね（9月13日のおはなし「ゴミの分別」を見てみましょう）。その中で、リサイクルにまわせない、燃えるゴミ（可燃ゴミ）と燃えないゴミ（不燃ゴミ）がどこへいって、どうやって処分されるのか追跡してみましょう。

燃えるゴミ

燃えるゴミはすぐに、その地域の焼却場へもっていかれて、燃やされます（途中、またゴミを分けるところにもっていって、生ゴミだけ分けて、肥料をつくる工場にもっていく場合もあります）。そして、焼却場で燃やしたあとの燃えかすは、最終処分場にもっていきます。

燃えないゴミは、そのまま最終処分場にもっていかれるか、燃えるゴミと同じように、ゴミを分けるところにもっていかれてくだかれ、資源としてリサイクルできる部品などをとりのぞかれます。そして、リサイクルできない部分は、最終処分場に運ばれます。

では、最終処分場とはどんなところなのでしょう。かんたんにいってしまうと、うめたて場です。地域によって、どんな場所にうめたてているかはちがいますが、東京の場合は、海にうめたて場をつくっています。運ばれてきたゴミや燃えかすは土の中にうめられます。そして、長い時間をかけて、土の中にいる微生物が分解してくれるのを待つのです。でも、プラスチックなどは分解できないので、いつまでも土の中に残ります。

この最終処分場は、どんどんなくなっています。日本はせまい国ですから、あいている場所なんてなかなかありません。海にうめたて場をつくるのもかんたんではありませんし、海の環境が悪くなってしまいます。だから、わたしたちは、ゴミをなるべく出さない方法を考えていかなくてはいけないのです。

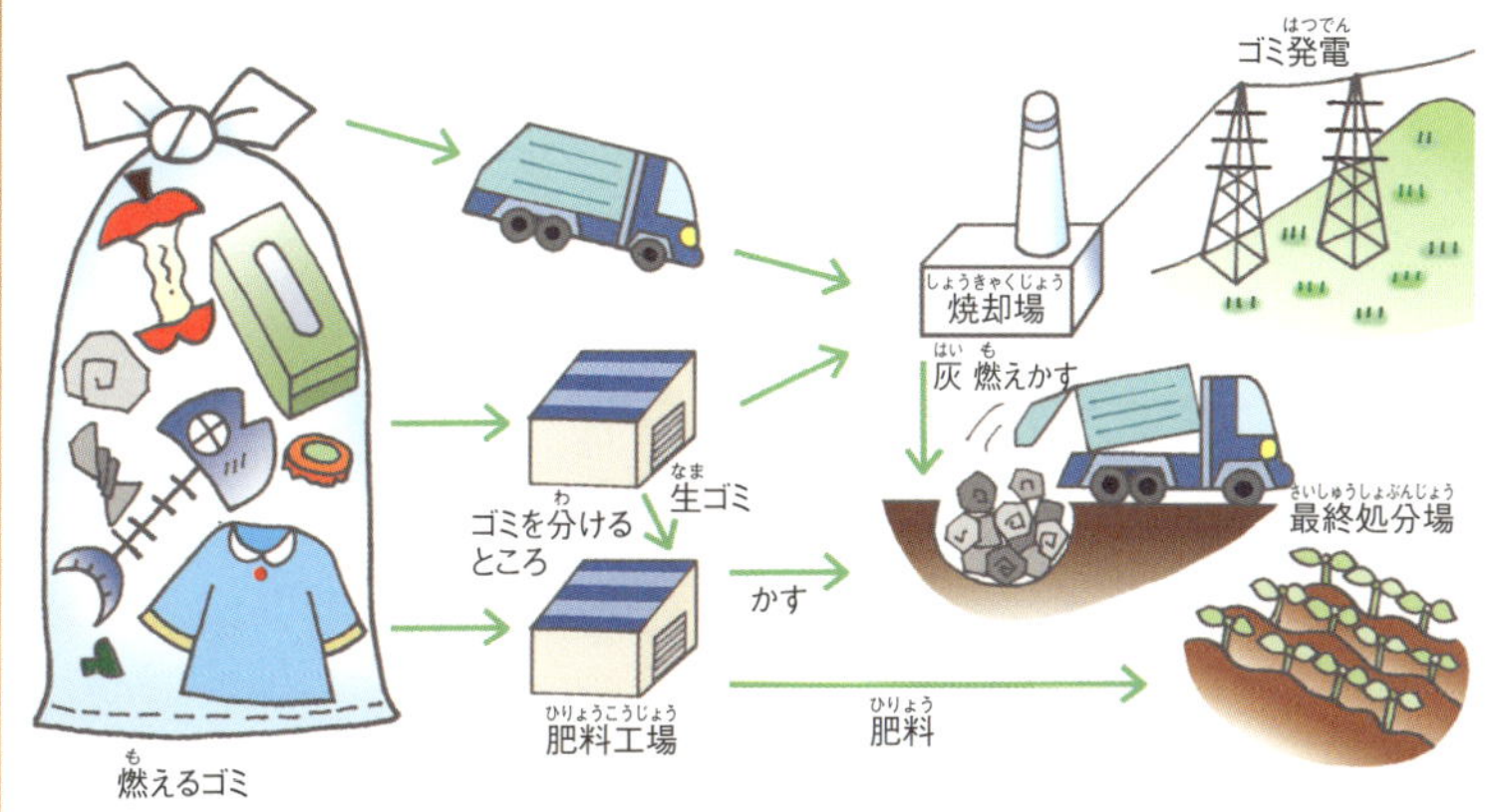

知っ得ポイント

政府の計算では、今の調子でゴミが出つづけると、あと20年でうめたてる場所がなくなってしまうそうです。

二年間の休暇（十五少年漂流記）

無人島に漂着した少年たちの大冒険

ジュール・ヴェルヌ

嵐で大あれの暗い海に、船が一せき、波でもみくちゃにされていた。マストはすべておれ、帆もやぶれて、今にも沈没しそうだ。甲板に人が四人いて、なんとか舵をとろうと必死になっている。この船の船員だろうか？　いや、四人とも少年だ！　まだ幼い少年たちだ。

じつは、この船には大人が乗っていなかった。船に乗っているのは、八歳から十四歳までの少年十五人。みんなニュージーランドのチェアマン小・中学校の生徒だった。夏休みの船旅に参加する予定だったのだが、待ちきれずに出発の前日から船に乗りこんでいたのだ。ところが、夜のあいだに、船を桟橋につないでいた綱がほどけ、漂流して港の外へ出てしまったところに、運悪く嵐にまきこまれ、もう何日も、こうして波にもまれているというわけだ。

するととつぜん、いちばん年上のゴードンが大声を出した。

「陸だ！　陸が見えるぞ！」

たしかに前方に陸が見え、船はそちらにむかって流されていく。ところが、陸の手前には大きな岩がたくさんあった。このまま流されていったら、岩にぶつかって、船はこなごなになってしまうだろう。強い風とはげしい波のうねりに乗って、船はどんどん流され、甲板にどんどん水が流れこんでくる。

だれもが、このまま沈没してしまうだろうと思ったが、船は運のいいことにするりと岩のあいだをぬけて、砂浜に乗りあげた。

しばらくすると、嵐がおさまってきた。少年たちはおそるおそる浜辺に上陸してみた。だが、人影もないし、人がくらしている気配もない。

「無人島かな？」

「いや、島かどうかはわからないよ。大陸につながっているかも」

さっそく年長の少年たちが数人で、探検に出ることになった。目の前に広がる林に入っていったが、すぐに絶壁にゆく手をはばまれ、南へむかうと、今度は川が流れていて、先に進めなかった。そこで、北側にあった岬へのぼった。岬のてっぺんで、少年たちが見たのは、はるか遠くにぼんやりと見える水平線だった。やはり、ここは島だったのだ。それはつまり、海に出る以外、ここから脱出する方法はないということ、そして、船がない以上、しばらくここでくらさないといけないということだ。

ほかにだれもいない島でくらさなくてはいけないと知った少年たちは、がっかりしたものの、すぐに気持ちを切りかえた。船の倉庫にはロープや炊事道具・大工道具・つり道具など、必要なものはなんでもあったし、島にはきれいな川もある。海には魚も貝もいるし、林には果物があり、空には鳥もいる。食べ物に困ることはなさそうだ。だいじょうぶ、力をあわせれば、なんとかなる。

この日から、十五人の新たな冒険が始まったのだった。

知っ得ポイント

この物語の作者ジュール・ヴェルヌは、「SF（サイエンス・フィクション）の父」とよばれています。

家庭科

ものの値段

お金は、考えて使わないと、あっというまになくなっちゃう

コンビニ？ スーパー？

みなさんは、お菓子を買うとき、どこで買いますか？ コンビニ？ それともスーパー？ もしかしたらディスカウントストアで買う人もいるかもしれませんね。

たとえば、ポテトチップスは、値段からいうと、コンビニが一番高くて、次にスーパー、さらにディスカウントストアだともっと安いです。どうして、そんなに値段がちがうのでしょう？

コンビニというのは、たいがい小さいですが、店員さんはいつも2〜3人はいますね。あまりお客さんがいなかったとしても、店員さんたちにはお給料がはらわれているわけです。それに、24時間お店をあけているので、電気代もたくさんかかります。

スーパーは、コンビニより広いですが、店員さんはそんなにたくさんいません。そして、商品の量もたくさんあります。一度にたくさん、安い値段で仕入れているのです。

ディスカウントストアになると、店員さんはさらに少ないですし、お店の中は商品でぎゅうぎゅうになっていたりして、あまりきれいに飾りつけされていません。電気も暗かったりします。

こんなふうに、お店によって、店員さんにはらう給料や、商品を仕入れる値段、電気代、場所の家賃などがちがうので、お店で売っている商品の値段もちがってくるのです。かかっているお金が高いほど、お店で売る商品の値段は高くなっているわけです。

いつ、なにを買うの？

では、買い物はいつもいちばん安いディスカウントストアですればいいのかというと、そういうわけにもいきません。ディスカウントストアはそのときどきで安く仕入れられる商品をおいてあることが多いので、ほしいものがほしいときにあるとはかぎらないからです。それに、ディスカウントストアは駅の近くなどにあることが多いですから、家からは遠いかもしれません。

なにかがすぐに必要！というときは、値段が高くても近くのコンビニで買うしかありません。でも、ちょっと時間があるなら、スーパーまでいくとか、いくつかお店をまわって値段をくらべたりするとか、ちょっとお金の使い方を考えてもいいかもしれませんね。

いつ、なにが必要かによって、買い物する店を選ばないと、とてももったいないのです。おこづかいはだいじに使わないとね。

知っ得ポイント

統計によると、全国にあるコンビニの数は5万5000店以上。スーパーはその半分もないようです。

一つの花

今西祐行

原典 戦争がどんどんはげしくなっていったころのおはなしです

「一つだけちょうだい」

これが、ゆみこのはっきりおぼえた最初のことばでした。

まだ戦争のはげしかったころのことです。

そのころは、おまんじゅうだの、キャラメルだの、チョコレートだの、そんなものはどこへいってもありませんでした。おやつどころではありませんでした。食べるものといえば、お米のかわりに配給される、おいもや豆やカボチャしかありませんでした。

毎日、敵の飛行機が飛んできて、爆弾を落としていきました。

町は、次々に焼かれて、灰になっていきました。

ゆみこは、いつもおなかをすかしていたのでしょうか。ごはんのときでも、おやつのときでも、もっともっとといって、いくらでもほしがるのでした。

すると、ゆみこのお母さんは、

「じゃあね、一つだけよ」

といって、自分の分から一つ、ゆみこに分けてくれるのでした。

「一つだけ……。一つだけ……」

と、これが、お母さんの口ぐせになってしまいました。ゆみこは、知らず知らずのうちに、お母さんのこの口ぐせをおぼえてしまったのです。

「なんてかわいそうな子でしょうね。一つだけちょうだいといえば、なんでももらえると思ってるのね」

あるとき、お母さんがいいました。

すると、お父さんが、深いため息をついていいました。

「この子は、一生、みんなちょうだい、山ほどちょうだいといって、両手を出すことを知らずにすごすかもしれないね。一つだけのいも、一つだけのにぎりめし、一つだけのカボチャの煮つけ……。みんな一つだけ。一つだけの喜びさ。いや、喜びなんて、一つだってもらえないかもしれないんだね。いったい、大きくなって、どんな子に育つだろう」

そんなとき、お父さんは、きまってゆみこをめちゃくちゃに高い高いするのでした。

それからまもなく、あまりじょうぶでないゆみこのお父さんも、戦争にいかなければならない日がやって

知っ得ポイント

物語に出てくるコスモスは明治のはじめに日本に入ってきた、おもに秋にさく草花。花言葉は「真心」です。

きました。

　お父さんが戦争にいく日、ゆみこは、お母さんにおぶわれて、遠い汽車の駅まで送っていきました。頭には、お母さんのつくってくれた、わた入れの防空頭巾をかぶっていきました。

　お母さんの肩にかかっているかばんには、包帯、お薬、配給の切符、そして、だいじなお米でつくったおにぎりが入っていました。

　ゆみこは、おにぎりが入っているのをちゃあんと知っていましたので、

「一つだけちょうだい、おじぎり、一つだけちょうだい」

といって、駅につくまでにみんな食べてしまいました。お母さんは、戦争にいくお父さんに、ゆみこの泣き顔を見せたくなかったのでしょうか。

　駅には、ほかにも戦争にいく人があって、人ごみの中から、ときどきばんざいの声がおこりました。また、別のほうからは、たえず勇ましい軍歌がきこえてきました。

　ゆみことお母さんのほかに見送りのないお父さんは、プラットホームのはしのほうで、ゆみこをだいて、そんなばんざいや軍歌の声にあわせて、小さくばんざいをしていたり、歌を歌ったりしていました。まるで、戦争になんかいく人ではないかのように……。

　ところが、いよいよ汽車が入ってくるというときになって、またゆみこの「一つだけちょうだい」が始まったのです。

「みんなおやりよ、母さん。おにぎりを……」

　お父さんがいいました。

「ええ、もう食べちゃったんですの……。ゆみちゃん、いいわねえ。お父ちゃん、兵隊ちゃんになるんだって。ばんざーいって……」

　お母さんは、そういってゆみこをあやしましたが、ゆみこは、とうとう泣きだしてしまいました。

「一つだけ、一つだけ」

といって。

　お母さんが、ゆみこを一生けんめいあやしているうちに、お父さんが、ぷいといなくなってしまいました。

　お父さんは、プラットホームのはしっぽの、ゴミ捨て場のようなところに、忘れられたようにさいていたコスモスの花を見つけたのです。あわてて帰ってきたお父さんの手には、一輪のコスモスの花がありました。

「ゆみ。さあ、一つだけあげよう。一つだけのお花、だいじにするんだよう……」

　ゆみこは、お父さんに花をもらうと、キャッキャッと足をばたつかせて喜びました。

　お父さんは、それを見てにっこり笑うと、なにもいわずに、汽車に乗っていってしまいました。ゆみこ

のにぎっている、一つの花を見つめながら……。

それから、十年の年月がすぎました。

ゆみこは、お父さんの顔をおぼえていません。自分にお父さんがあったことも、あるいは知らないのかもしれません。

でも、今、ゆみこのとんとんぶきの小さな家は、コスモスの花でいっぱいにつつまれています。

そこから、ミシンの音が、たえず遠くなったりおそくなったり、まるで、なにかおはなしをしているかのように、きこえてきます。それは、あのお母さんでしょうか。

「母さん、お肉とお魚と、どっちがいいの」

と、ゆみこの高い声が、コスモスの中からきこえてきました。

すると、ミシンの音がしばらくやみました。

やがて、ミシンの音がまたいそがしくはじまったとき、買い物かごをさげたゆみこが、スキップをしながら、コスモスのトンネルをくぐって出てきました。そして、町のほうへいきました。

今日は日曜日、ゆみこが小さなお母さんになって、お昼をつくる日です。

11月のおはなし

原典 世界でいちばん有名な詩集から

まざあ・ぐうす

北原白秋 訳

世界じゅうの海が

世界じゅうの海が一つの海なら、
どんなに大きい海だろな。
世界じゅうの木という木が一つの木ならば、
どんなに大きな木であろな。
世界じゅうの斧が一つの斧なら、
どんなに大きな斧だろな。
世界じゅうの人たちがひとりの人なら、
どんなに大きな人だろな。
大きなその人が、
大きな斧をとって、
大きな木をきり、
大きなその海にどしんとたおしたら、
それこそ、
どんなにどんなに大きい音だろな。

知っ得ポイント
『マザー・グース』の詩は、欧米の物語の中でよく引用されています。全部読んでおくといいですよ。

国語

ハーメルンの笛ふき

ドイツの昔話

約束をやぶれば、こういうことになるのです

11月2日のおはなし

今から何百年も昔、ドイツのハーメルンという町でほんとうにあったというおはなしです。

その年、ハーメルンではなぜかたくさんのねずみが出て、町の人たちは困っていました。食べ物がかじられたり、箱や壁に穴があけられたり、あちこちフンがころがっていたり。そこらじゅうをねずみが走りまわっていたので、ふんづけたりしないようにするのもたいへんでした。

そんなある日、背がひょろりと高い男が町にやってきて、町長にいいました。

「私はねずみ捕りの名人です。私が町からねずみを追いはらったら、金貨を千枚くれませんか」

ねずみを全部追いはらうことなんかできっこないと思った町長は、

「金貨千枚なんて、安いものだ」

と答えました。

男はにっこり笑うと、通りに出ていきました。そして、一本の笛をとりだして、ふきながら、歩きはじめたのです。

すると、どういうことでしょう、町のあらゆるところからねずみが走りでてきて、男のあとについて歩きだしたではありませんか。たちまち通りは、ねずみでうめつくされてしまいました。

男はそのまま町を出て歩きつづけ、大きな川にたどりつきました。男が川辺で笛をふきつづけると、ふしぎなことに、ねずみたちは次々に川に飛びこんでいったのです。こうして町のねずみは一ぴき残らず死んでしまいました。

驚いたのは町長です。金貨千枚なんて、用意してありません。

「金貨千枚なんて、高すぎる。百枚でいいだろう」

と、いいだしました。

それをきいた男は、

「約束をやぶるのですね。わかりました。今度は別の笛の音をきかせてさしあげましょう」

といって、また笛をふきはじめました。前より美しく、きいている人がうっとりするような音色です。すると、その音に引きつけらるように、あちこちから子どもたちが集まってきました。

男が歩きだすと、子どもたちも楽しそうに踊りながら、あとをついていきます。大人たちは必死に止めましたが、なんの役にも立ちません。

やがて男と子どもたちは、大きな山のふもとにつきました。男がそこでひときわ大きな音をかなでると、山の斜面にすうっと穴があきました。男は穴に入っていきます。子どもたちもあとにつづきます。全員が中に入ると、穴はまたすうっととじて、消えてしまいました。

「約束をやぶった罰なんだ……」

町の大人たちは心から悔いましたが、あとのまつり。子どもたちは二度と町にもどってきませんでした。

知っ得ポイント

このおはなしは、ハーメルンで1284年にほんとうにあったこととして伝えられています。

手塚治虫

まんがに革命をおこした天才

伝記（1928〜1989年　日本）

手塚治虫（本名は治）は、小さいころから絵を描くのが好きでした。家にはまんががたくさんあったので、読むだけでなく、見よう見まねでまんがを描いていました。

小学校のころは、いじめられていましたが、そのときいじめから治を救ってくれたのもまんがでした。治の描くまんががとても面白かったので、いじめっ子たちも一目おかずにはいられなかったのです。先生まで、「手塚は将来まんが家になるんじゃないか」といっていたほどでした。

まんがのほかにこん虫採集にも夢中になっていました。治の家には大きな庭がありましたし、家のまわりは緑がいっぱいで、こん虫の宝庫でした（まんが家になってからのペンネーム「治虫」は、治が好きだった「オサムシ」からとったのです）。けれど、まんがとこん虫に夢中になっていた幸せな時代は長くはつづきませんでした。日本が戦争を始めたからです。中学生になっていた治は、工場で働かなくてはいけなくなりました。それでも、治はまんがを描いては工場のトイレにはり、みんなに読んでもらいました。治のまんがから、工場の人たちは元気をもらっていたのです。

治が工場で働いていたとき、アメリカ軍の空襲がありました。体の横に爆弾が落ち、治は命からがら家に逃げかえります。道にはたくさんの死体がおりかさなり、けが人が助けを求め……まさに地獄です。このときの体験は、治の中に強く残り、その後、戦争の残酷さと命の大切さを描いた作品につながっていくのです。

戦争が終わると、治は本格的にまんがを描きはじめました。作品を新聞社や出版社にもちこんで、ついに十七歳のとき、四コマまんがを新聞に連載することになったのです。

それからはたてつづけに人気作品を描きました。治の描くまんがは、それまでのまんがとまったくちがっていました。幼いころから、家にあった映写機でたくさん映画を見ていた治は、映画のつくり方をとりいれて、場面を次々に切りかえたり、アップを使ったりと、まんがに動きとスピード感をあたえたのです。雑誌の連載もたくさん決まりました。「ジャングル大帝」「鉄腕アトム」「リボンの騎士」……さらに、まんがだけでなく、もう一つの夢だったアニメーションの仕事もするようになりました。

治はひたすら自分の好きな仕事に打ちこみました。ところが、六十歳に近づいたころ、ガンにかかってしまいます。病院のベッドの上でも、痛みやつらさにたえながら、治はまんがを描きつづけました。そして、一九八九年、六十歳でこの世を去りました。最後のことばは「たのむから、仕事をさせてくれ」。生涯で描いたまんがの原稿は十五万枚、作品の数は七百以上にものぼります。

知っ得ポイント

手塚治虫は人前ではベレー帽をかぶっていたことで有名。くせっ毛をかくすためだったといわれています。

国語

ふきの下の神さま

アイヌの昔話

昔、北海道にいた小さな神さまのおはなし

11月4日のおはなし

昔、北海道にはコロボックルという神さまがすんでいました。「コロボックル」というのはアイヌのことばで「ふきの下の神さま」という意味。この神さまはとても体が小さくて、よくふきの葉の下で休んでいました。だから、こんな名前がついたのです。

　さて、そのコロボックルはとてもいたずらが好きで、よく人間をからかっていたものでした。人間が魚や木の実をとりに山にやってくると、先まわりして全部とってしまうのです。でも、情け深い神さまでもあったので、そんなふうに先まわりしてとったものを、困っている人に分けてあげるのでした。姿をかくす「かくれみの」を着ていたので、姿を見たことがある人はだれもいなかったのですけれどね。

　ある日、コロボックルはとても貧乏なクシベシという男に、食べ物を分けてやろうと、かくれみのにくるまってやってきました。ところが、このクシベシは、たいへんななまけ者で、心もよくない男だったのです。

　コロボックルがもってきた食べ物をうけとろうとしたとき、クシベシは小さな手がちらっと見えたのに気づきました。そして、「おや、今、小さい手が見えたぞ。このさい、つかまえて、いうことをきかせてやれ」と考えたのです。クシベシはコロボックルの手をさっとつかみ、無理やりかくれみのから引きずりだしました。

　コロボックルは「かくれみのを返してください」とたのみます。

　するとクシベシは「返してほしかったら、一生分の食べ物をもってこい」といいました。コロボックルはしかたなくクシベシに約束して、かくれみのを返してもらいました。

　その晩、クシベシの家に、お米の俵が六個とどきました。

「なんだ、たった六個じゃ足りないぞ！」とクシベシはおこりましたが、コロボックルは「それで足りるはずですよ」ととりあいませんでした。

　よく日から、クシベシはお米をたいて食べようと、たきぎをひろいに山にいくようになりました。ところが、どこをさがしても、たきぎはありません。そう、コロボックルが先まわりして、たきぎを全部とっていたのです。クシベシはしかたなく家の壁をこわしてたきぎにしました。

　やがて、寒い冬がやってきました。クシベシの家にはもう壁がありません。冷たい風がふきあれた日、寒さにたえられず、クシベシは柱を一本ずつ切ってたきぎにし、火をおこしました。夜になると雪がふりはじめ、どんどんつもっていきました。

　よく朝、クシベシの家は見るかげもなくおしつぶされていました。その日から、クシベシの姿を見た者はだれもいません。同時に、コロボックルもどこかへいってしまったらしく、そのあと、どんなに困っている人がいても、食べ物がとどけられることはなくなってしまったそうです。

知っ得ポイント

「カムイ」もアイヌの神さまです。カムイは、この世界のあらゆるものに宿っているとされています。

南半球の星空

わたしたちがふだん見ることのできない星座たち

北半球とちがう星空

赤道より北側にある地球を北半球、南側を南半球といいます。わたしたちがくらす日本があるのは、北半球ですね。わたしたちがいつも見ている星座と、南半球で見える星座はずいぶんちがっています。

まず、日本では見ることのできない星座がたくさんあります。それに、日本で見える星座でも、見え方がちがいます。たとえば、狩人の形をしたオリオン座は、南半球では逆立ちをして見えるのです。

そして、南半球では、北極星やそのまわりにある星は、1年を通して見えません。北極星は天の北極にある星なので、南半球の地平線から上にのぼることはないのです。

天の南極には、北極星のような目印になる星はありません。でも、北半球の空と同じように、星たちは天の南極を中心に、右まわり（時計の針と同じ方向）にまわっています。

ケンタウルス
みなみじゅうじ
はえ
ほ
おおかみ
じょうぎ
さそり
コンパス
りゅうこつ
とも
さいだん
カメレオン
みなみのさんかく
とびうお
ふうちょう
テーブルさん
がか
くじゃく
レクチル
はちぶんぎ
かじき
ぼうえんきょう
みずへび
とけい
インディアン
きょしちょう
エリダヌス
つる
ほうおう

南半球の星座

南半球の星座でいちばん有名なのは、やはり南十字星でしょう。南十字星は十字の形をした星座です。オーストラリアやニュージーランド、パプアニューギニアの国旗には、南十字星がデザインされています。ブラジルの国旗にも、描かれています。

じつは、南十字星は、北半球の日本でも、沖縄や小笠原諸島などでは、季節によって見える場所があります。とくに、日本でいちばん南にある島、波照間島では、よく見えるのですよ。

先ほど、天の南極には目印がないといいましたが、南十字星を使えば、おおよその位置がわかります。

南十字星の長いほうの棒を、南天にむかって（星空の図でいえば、カメレオン座のほうにむかって）4・5倍のばしたところが、だいたい天の南極です。

天の南極に近い、はちぶんぎ座、テーブルさん座、カメレオン座は、日本のどこからも、まったく見えません。ほかの星座は、一部だけなら、日本のどこかしらで見ることができます。

知っ得ポイント

北半球の空と南半球の空をあわせて全天といいます。全天の星座はぜんぶで88個あります。

国語

最後のひと葉

オー・ヘンリー

葉っぱが全部落ちたら、命もなくなると信じた少女は……

11月6日のおはなし

ニューヨークの下町には絵描きがたくさんすんでいます。絵描きの卵のスーとジョンジーも、いっしょにアパートをかりてくらしていました。

冬が近づいたころ、肺炎という病気がはやりました。肺炎にかかると、高い熱が出て、息がしにくくなり……ひどくなると死んでしまいます。なんとジョンジーも、この病気にかかってしまいました。スーはとても心配しました。ジョンジーは、自分の命はもうおしまいと思いこんでいて、病気をなおそうという気がないようなのです。

医者もさじを投げました。

「このままでは助からないぞ。自分でなおろうという気がない患者には、なにもできない」

スーが部屋にもどると、ジョンジーがなにかを数えています。

「十……十一……十二……」

「なにを数えているの？」

ジョンジーは、窓から見えるレンガの壁をはうツタの葉を数えていたのです。

「こんなに少なくなっちゃった。あの最後の葉っぱが落ちるとき、わたしの命も終わるのよ」

「なにをいってるのよ！」

スーがしかっても、ジョンジーはききません。

その話をきいておこったのが、下の階にすんでいるベアマンさんです。ベアマンさんは年をとった絵描きでしたが、絵はまったく売れず、いつもお酒ばかり飲んでいました。いつか傑作を描いてやると、口癖のようにいっていましたが、カンバスはずっと白いまま。ベアマンさんはぽろぽろ泣きながら、いいました。

「最後の葉っぱがちったら死ぬだなんて、そんなばかな話があるか！あんないい子が死ぬなんて、そんなことがあっていいわけがない！」

外では、雪まじりの強い雨が、わずかに残ったツタの葉にふきつけていました。

次の朝、おそるおそる窓をあけてみると、ツタの葉は一枚だけ残っていました。そのあとも、雨だけでなく、強い風がしじゅうふいていたのに、最後の葉は、ずっと壁にしがみついていました。

「スー、ごめん。わたし、まちがってた。死のうと思うなんて。あの葉っぱはあきらめるなといってるのね」

ジョンジーはスープを口にするようになり、だんだん元気になっていきました。

もうだいじょうぶです。けれど、肺炎の患者はジョンジーだけではなかったのです。

「ジョンジー、じつはベアマンさんが亡くなったの。二日前に肺炎にかかって、あっというまに……。あの葉っぱ、おかしいと思わなかった？風がふいてもゆれないでしょう？あれはね、ベアマンさんの最後の傑作なの。二日前の晩、嵐の中でベアマンさんはあれを壁に描いたのよ」

知っ得ポイント

ツタには、紅葉してかれる種類と、ずっと緑の葉をつけたままの種類があるようです。

感染症

かぜも、食中毒も、結膜炎も、感染症です

感染症って、なに？

わたしたちのまわりには、目に見えない小さな微生物がたくさんいます。そんな微生物の中で、病気を引きおこすものを病原体といいます。

インフルエンザがはやるころになると、「インフルエンザ・ウイルス」ということばが、テレビや新聞などでとりあげられますが、ウイルスはそんな病原体の代表です。ほかに、細菌やカビなども、病原体です。

そんな小さな病原体が、わたしたちの体に入ったり、くっついたりして、どんどんふえていくと、病気を引きおこすことがあります。これが感染症です。

病原体が体に入ったからといって、必ず病気にかかるわけではありませんが、体が弱っていて、抵抗する力がないと、病気になってしまうのです。

どんなふうに感染するの？

病原体が体に入ってくるルートはいくつかあります。

まずは**接触感染**。手などでじかに病原体にさわったり、病原体のついたものを食べたり飲んだりすることで、感染します。食中毒や水虫などはこのルートで感染します。

飛まつ感染。病原体に感染している人がしたくしゃみやせき、話をしているときに飛ばしたつばから感染します。インフルエンザやかぜなどは、飛まつ感染でおこります。

空気感染。感染している人が飛ばしたつばなどから水分がなくなると、空中にただよいはじめます。その空中にういているものをすいこんだりして感染します。はしかや水ぼうそうなどは空気感染します。

また、病原体をもった蚊などに刺されて、感染することもあります。よくニュースになっているジカ熱は、蚊が病原体を運んだために、世界のあちこちに病気が広がりました。

こうして感染のルートを見ると、どうしたら感染しないかもわかってきますね。

そう、いちばんだいじなのは手洗いとうがいです。病原体をさわっても、きちんと手を洗えば、病原体は体の中に入りません。そして、万一病原体をすいこんでしまったとしても、うがいをして外に出せばいいのです。

睡眠をじゅうぶんとったり、運動をして、体の力をたくわえておくことも大切です。

知っ得ポイント

ペットを通した感染症もあります。猫引っかき病は、猫や犬に引っかかれたところから病原体が入ります。

国語

徒然草

兼好法師

毒舌エッセイの先がけ？

11月8日のおはなし

『徒然草』は今から七百年近く前の鎌倉時代に書かれたエッセイです。作者の兼好法師が、自分の身のまわりでおこったできごとや、人々、自然などについて、感想や意見を、二百四十四編、書いています。じつは兼好法師はとても口が悪いのです。読むと、思わずふきだしてしまうような悪口も書いているのですよ。ここでは、最初の序段と第一段を少しだけしょうかいします。

序段

つれづれなるままに、日暮らし、すずりにむかいて、心にうつりゆくよしなしごとを、そこはかとなく書きつくれば、あやしゅうこそものぐるほしけれ。

することもなく、たいくつだから、一日じゅう、すずりにむかい、心に次々とうかんでは消えていくさまざまなことを、なんというあてもなく書いている。そうしていると、みょうに心がみだれて、落ちつかないものだ。

第一段

いでや、この世に生まれては、願はしかるべきことこそ多かめれ。

人は、かたち・ありさまのすぐれたらんこそ、あらまほしかるべけれ。ものうちいいたる、聞きにくからず、愛敬ありて言葉多からぬこそ、飽かずむかはまほしけれ。めでたしと見る人の、心劣りせらるる本性見えんこそ、口をしかるべけれ。しな・かたちこそ生まれつきたらめ、心はなどか賢きより賢きにもうつさばうつらざらん。かたち・心ざまよき人も、才なくなりぬれば、しなくだり、顔憎さげなる人にも立ちまじりて、かけずけおさるるこそ、本意なきわざなれ。

この世に生まれたからには、こうありたいと願うことが多いものです。

人はたしかに見た目がいいほうがいいですが、ずっとつきあっていきたいのは、話し方がうまくて、愛敬もあり、べらべらしゃべりすぎるようなことがない人です。りっぱだと思っていた人に、くだらない本性を見せつけられると、残念です。家柄や見た目は生まれつきのものですが、心はいくらでもよくできます。とはいえ、見た目や心がいい人も、学問をしたり、才能をみがく努力をしなくなると、品位は落ちるし、下品な顔立ちの人とつきあうようになって、たちまち影響をうけてダメになってしまいます。これは、とても残念なことです。

知っ得ポイント

『徒然草』は清少納言の『枕草子』、鴨長明の『方丈記』とあわせて日本3大随筆といわれています。

ものぐさ太郎

日本の昔話

ものぐさにもほどがあるというものです

昔、信濃の国に、たいへんななまけ者がおりました。とにかく一日、なにもしないので、みんなから「ものぐさ太郎」とよばれていました。

ものぐさ太郎は道ばたの軒下に座りこんで、人がめぐんでくれる食べ物を食べてすごしていました。

あるときなど、五つもらったもちの一つが、道にころがりでてしまったことがありましたが、ひろいにいくのも面倒だからと、気づいた人がひろってくれるまで、三日もほうっておいたくらいです。

ものぐさ太郎がすることといったら、歌をよむことだけ。まあ、歌をよむことにかけてはなかなかじょうずで、いい歌をつくっていたのですが、歌はお金になりません。

そんなあるとき、帝から国じゅうの人におふれが出ました。みな、つくったものをおさめるか、なにもおさめるものがない者は、都にきて働けというのです。なにもおさめるものがないものぐさ太郎は、しかたなく都のお屋敷に働きにいくことにしました。

ところが、そのお屋敷で、ものぐさ太郎はとても美しい娘に会ったのです。娘に気にいってもらおうと、ものぐさ太郎はそれまでとは別人のようによく働きました。

そして、ついに娘に結婚を申しこんだのですが、なにしろものぐさ太郎はお風呂にも入っていないので、きたならしいし、服も気にしないのでぼろぼろなのです。娘はさすがにことわりました。

けれど、それでへこたれるものぐさ太郎ではありません。毎日のように、娘を思う気持ちを歌によんで、送りつづけたのです。その歌があまりにすばらしかったので、娘はものぐさ太郎と結婚することにしました。そして、ものぐさ太郎をお風呂にいれて、こぎれいな服に着がえさせたのです。

すると、どうでしょう。垢やよごれがとれたものぐさ太郎はたいへんな男前で、こぎれいな服を着せたら、とてもりっぱな若者になりました。

娘と結婚したものぐさ太郎は、それまで以上によく働きました。そのうち、働き者で男前、さらにとてもすばらしい歌をよむ男がいるという評判がたち、そのうわさは帝の耳にも入りました。

帝はさっそくものぐさ太郎をよびよせて、歌をよませました。その歌がすっかり気にいった帝は、ものぐさ太郎に信濃の国をあたえました。

信濃の国に帰ったものぐさ太郎は、国の人たちを大切にしました。昔、食べ物をめぐんでもらったことを忘れていなかったからです。それから、ものぐさ太郎は国の人たちに愛されて、ずっと幸せにくらしましたとさ。

知っ得ポイント

よくにた話に「三年寝太郎」があります。ものぐさ太郎と寝太郎のちがいを読みくらべてみましょう。

発電

電気がない生活なんて、なかなか想像できません

朝おきてから、夜眠るまで、あなたはどれくらい電気を使っていますか？ 昔の人は電気なしでも生活していましたが、便利なくらしになれてしまったわたしたちは、なかなか電気なしでは生活できません。電気はどこからやってくるのでしょう？

電気は発電所でつくられ、送電線を通って、わたしたちのもとに送られてきます。発電のしかたにはいくつか種類があります。今、わたしたちが使っているおもな発電の方法は、火力発電、水力発電、原子力発電の３つです。

火力発電

火力発電は、石油や石炭、天然ガスなどを燃やして蒸気をつくり、その蒸気の力で羽根車をまわして発電する方法です。たくさんの電気をつくることができますが、燃料を燃やすときに多くの二酸化炭素を出して、地球温暖化の原因になっています。それに、石油や石炭にはかぎりがあります。

水力発電

水が高いところから低いところへ落ちるときの力を使って水車をまわし、発電しています。燃料も必要ないし、二酸化炭素も出しませんが、ダムをつくるときにまわりの環境をこわしてしまうという欠点があります。

原子力発電

しくみは火力発電と変わりませんが、石油や石炭のかわりにウラン燃料を使って核分裂をおこさせ、熱を出して蒸気をつくります。大量の電気をつくれますし、二酸化炭素も出しません。でも、いっぽうで、事故がおこったときにたいへんな被害が出ること、十万年も放射線を出しつづける使用済みの燃料を保管したり捨てたりする場所が足りないことなどの問題があります。

今は、電気をつくる新しい方法がたくさん研究されています。太陽の光を利用する太陽光発電や、風を利用する風力発電、地下深くにあるマグマを利用する地熱発電、ゴミを燃やして電気をつくる廃棄物発電、動物のフンや植物を利用するバイオマス発電などです。自然にあるものを利用したり、いらなくなったものをもう一度使ったりする方法なので、地球にやさしいエネルギーとして、これから期待されているのです。

知っ得ポイント

日本ではじめて電気がともったのは、明治11年。東京大学でアーク灯をともしたのが最初です。

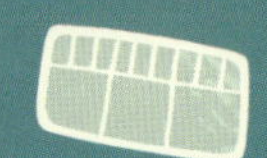

ヘンゼルとグレーテル

国語

森に捨てられると知った子どもたちは……

グリム

　昔々、森の中の小さな家に、貧しいきこりの夫婦がくらしていました。夫婦には二人、子どもがいました。兄のヘンゼルと妹のグレーテルです。

　ある夜、子どもが寝たあとで、夫婦は相談をしました。

「もう食べ物を買うお金がない。残った食べ物を四人で食べていたら、あっというまになくなってしまうぞ」

「だったら、森のおくへ子どもたちを捨ててきておくれ。そうすれば、あたしたちだけでも生き残れる」

　けれど、夜中におきてきたヘンゼルがその話をきいていたのです。ヘンゼルは家をぬけだして、白い石をいくつかひろって帰ってきました。

　よく日、きこりは子どもたちをつれて森へいきました。そして、「おまえたちはここで待っていろ」といって、いなくなってしまいました。

　けれど、じつはヘンゼルは、道の途中に、ひろっておいた石を落としてきていたのです。石をたどって、二人は家に帰ることができました。

　きこりはまたよく日、子どもたちを森へつれていきました。もう石がなかったので、ヘンゼルは今度はパンをちぎって、道に落として歩きました。きこりがいなくなると、二人はパンをたどって帰ろうとしました。でも、パンは見つかりません。小鳥が食べてしまっていたのです。

　二人が歩きに歩いて、くたくたになったとき、遠くに家の明かりが見えました。近くにいってみると、なんとお菓子でできた家があるではありませんか。屋根はふわふわのスポンジ、壁はビスケット、えんとつはウエハース、窓はキャンディでできています。二人がたまらずに、食べはじめると――

「だれだ！　私の家を食べるのは！」

　中からおばあさんが出てきました。

「おや、かわいい子どもじゃないか。食べ物をあげるから、中にお入り」

　おばあさんのことばにつられて中に入ると、二人はおりにいれられてしまいました。おばあさんは人食い魔女だったのです。魔女は次から次へヘンゼルに食べ物をあたえました。太らせてから食べるつもりなのです。グレーテルは、下働きとしてこき使われながら、なんとかヘンゼルを助けるチャンスがないか、うかがっていました。

　ある日、魔女はグレーテルにかまどの火をおこさせました。

「火かげんに気をつけるんだよ」

「火かげんって、これくらい？　おばあさん、ちょっと見てくださいな」

　魔女がかまどをのぞきこんだそのとき――グレーテルは思いきり、魔女をかまどの中めがけてつきとばし、ばたんと扉をしめました。

「ひぃぃぃぃ！」

　こうして魔女は焼け死に、ヘンゼルとグレーテルは魔女の宝を手にいれて、ずっと幸せにくらしたのでした。

知っ得ポイント

昔のヨーロッパでは、ひどい飢きんがあった年など、こうした子捨てがおこなわれたこともあったそうです。

月食

あっというまにお月さまが食べられちゃった!?

月のみちかけとはちがう

月は日によって形を変えていきますね。これは、月のどの部分に太陽の光があたっているかが日によってちがうからです。

この月の形のうつりかわり（みちかけ）とは別に、満月の丸い月がかけて見えたり、または全体がとても暗くなったりするのが月食です。

月のみちかけのとき、月はだんだん細くなっていったり、太っていったりしますが、月食のときはまるで丸いおせんべいをかじったみたいに、はしっこがかけていきます。月が食べられたように見えるので「月食」というのですね。

月食には2種類あります。1つは、月の一部だけがかけて見える部分月食で、もう1つは、月全体がぼんやりした暗い赤色になる皆既月食です。

月食のしくみ

月食はどうしておこるのでしょう。これは、日食と同じで、太陽と地球と月のならび方に関係があります。月食のときは、太陽と月のあいだに地球が入り、太陽—地球—月の順番に一直線にならんでいるのです。地球によって太陽の光がさえぎられて、影ができたところに月が入るのです。

でも、月が完全に地球の影に入る皆既月食のときでも、皆既日食のようにまったく見えなくなるのではなく、月はぼうっと赤色に見えます。

これはどうしてでしょう？

皆既月食の月が赤っぽく見えるのは、地球の空気のせいです。太陽の光が地球の空気やちりにあたると、青い光はちらばってしまい、赤っぽい光だけが月にとどくので、月が赤っぽい光でてらされるのです。

月食は、月食がおこる時間に月の見えるところにいれば、どこでも見ることができます。

でも、満月が地球の影の中に入ることは、1年に2回ぐらいしかありません。だいたい、日本で月食を見ることができるのは、5年のあいだに4回ぐらいです。そのほとんどが部分月食なので、皆既月食を見ることができるのはとても貴重なのです。

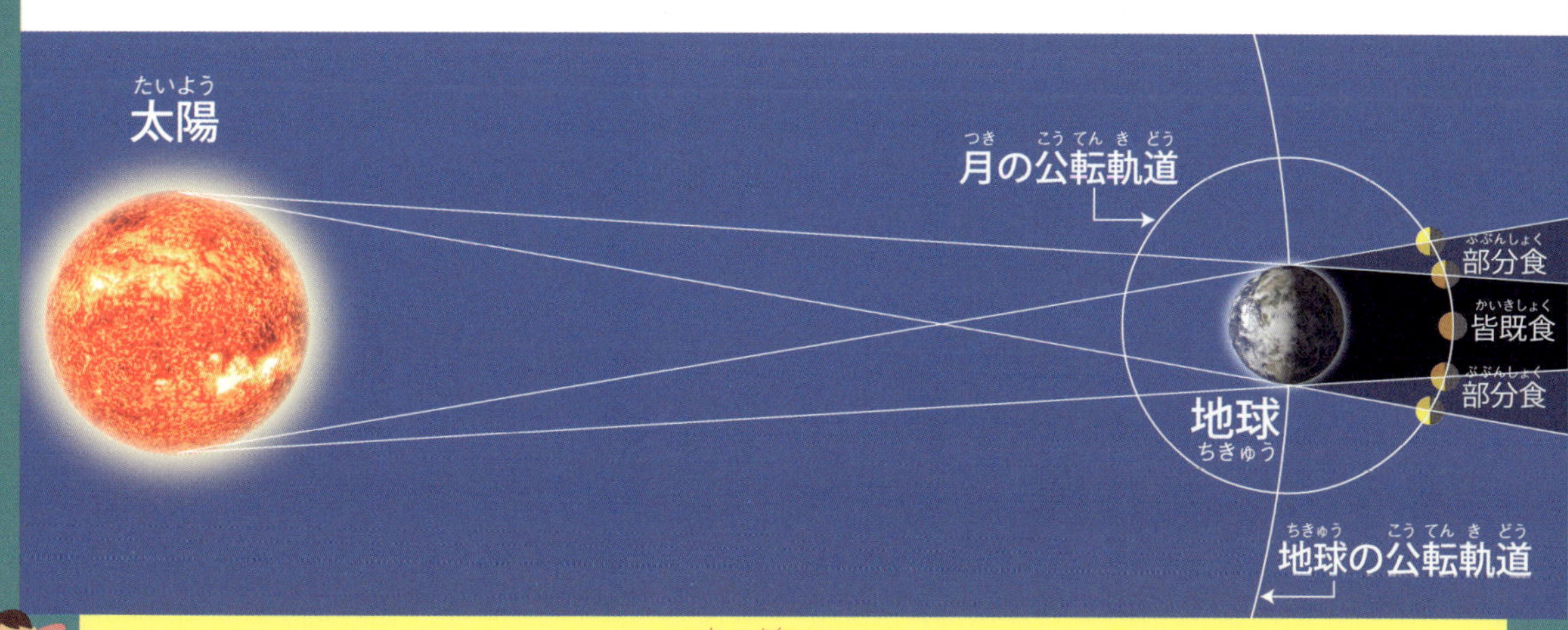

知っ得ポイント

次の皆既月食は、2018年1月31日と7月28日。こんなにたてつづけにおこるのはめったにありません。

黄金比

算数

美しいと感じるものには、なにか理由があるようです

魔法の力がある比？

比というのは、割合のあらわし方の1つです。たとえば、ドレッシングをつくるとき、酢大さじ1に対して、サラダ油を大さじ2まぜましょうというとき、酢とサラダ油の割合は、1対2といいます。これが、比です。比は「：」という記号を使ってあらわすので、「1：2」という書き方をします。みなさんもどこかで、こんなふうにあらわされている比を見たことがあるのではないですか。

さまざまな比の中でも、とくに、人間にとって美しいとされている比があります。それが黄金比。

黄金比の割合は、1：1.6180339887……数字は永遠につづきます。この1.6180339887……という数字はファイともよばれていて、ギリシャ文字の「φ」であらわされます。ファイとよばれるようになったのは、古代ギリシャの彫刻家ペイディアスがはじめて黄金比を使ったからといわれています。ペイディアスの名前の頭文字が、φだったのです。

ペイディアスは、パルテノン神殿をたてるときに、監督をつとめた人です。パルテノン神殿を前から見たとき、そのたてと横の比は黄金比になっているともいわれています。

黄金比いろいろ

ほかにも、黄金比はいろいろなところで見ることができます。有名なものでいうと、エジプトのピラミッド。ピラミッドの底辺と高さが黄金比だといわれています。ミロのビーナスという彫刻も、おへそから下の長さと、全身の長さが黄金比です。

もっと身近なものでいうと、名刺やクレジットカードのたてと横は黄金比に近いでしょう。また、さまざまな会社のロゴなどにも、黄金比は使われています。アイフォンで有名なアップル社のリンゴマークにも、黄金比がかくされているのです。

黄金比でつくられたものを見ると、人は美しいと感じると信じられています。だから、デザインの中で、たくさん黄金比がとりいれられているのです。ほんとうにそうなのでしょうか？　黄金比でできたものをじっさいに見て、たしかめてみるといいですよ。

知っ得ポイント

日本では白銀比（1:1.414……）も美しいとされ、法隆寺やふろしき、文庫本、そしてキティちゃんにも用いられています。

国語

おむすびころりん

日本の昔話

おむすびが落ちた穴の中は別世界

11月14日のおはなし

昔々、あるところに、おじいさんとおばあさんがおりました。ある日、おじいさんはおばあさんがにぎったおむすびをもって、山へたきぎひろいにいきました。

お昼までせっせとたきぎを集め、さあ、おむすびを食べてひと休み、というときのこと。包みをあけると、一つ、おむすびが落ちました。

おむすびはころりころりと山の斜面をころがっていきます。おじいさんは必死に追いかけましたが、おにぎりはころりん！と、木の根もとにあいていた穴に落ちてしまいました。

「こんなところに、穴があるなんて」

おじいさんが穴をそっとのぞくと

おむすびころりん　ころころりん

中からかわいい声がします。おじいさんはためしに、もう一つ、おむすびを穴に入れてみました。すると

おむすびころりん　ころころりん

またかわいらしい声がきこえました。楽しくなったおじいさんは、おにぎりを全部穴に入れてみました。

しばらくすると、一ぴきのねずみが穴から顔を出しました。

「おじいさん、おむすびをごちそうさま。お礼がしたいので、どうぞ中にお入りください」

ねずみについて穴に入ると、そこはりっぱなねずみのお屋敷。おじいさんはおもちやごちそうをふるまわれ、最後には、小判が入ったつづらをおみやげにもらいました。

家に帰ったおじいさんは、つづらをあけながら、おばあさんにねずみのお屋敷の話をしました。それを、家の外から、となりのよくばりじいさんがきいていたのです。

「これはいい話をきいたわい」

よくばりじいさんは、さっそく、次の日、おむすびをもって山に出かけました。そして、ねずみ屋敷へつづく穴をさがしだすと、おむすびを次々に落としていったのです。

あんのじょう、しばらくすると、ねずみが顔を出して、よくばりじいさんをお屋敷に案内しました。

ねずみたちはまたおもちやごちそうでおもてなしを始めましたが、よくばりじいさんがほしいのは小判だけ。なかなか小判が出てこないので、よくばりじいさんはいらいらしてきました。

よし、こうなったら、ねずみを追いはらって、小判をいただいてやれ。

そして

「にゃーん！」

と、猫のまねをしたのです。ねずみたちのあわてることあわてること。

「にゃーん　にゃーん！」

よくばりじいさんは鳴きまねをしながら、ねずみたちを追いまわしました。ところが、ねずみたちもそんなにばかではありません。すぐに、猫の声ではないことに気づきました。

「よくも、私たちをだましたな！」

おこったねずみたちは次々によくばりじいさんにかみつきました。じいさんはほうほうのていで穴から逃げだしたということです。

知っ得ポイント

となりのよくばりじいさんは、「花さかじいさん」や「こぶとりじいさん」にも登場しますね。

坂本竜馬

（1836〜1867年　日本）

時代の扉をおしあけた革命児

泣き虫だった子ども時代

坂本竜馬は江戸時代の終わりに、土佐藩（今の高知県）の大きな商家に生まれました。5人兄姉の末っ子で、小さいころは人一倍弱虫でした。10歳になってもおねしょをしていて、よく泣いていたので、まわりから「坂本の泣き虫、夜ばあ（おねしょ）たれ」といわれて、からかわれていました。けれど、14歳で剣術を始めると、竜馬はどんどん強くなりました。そして、江戸にいって、もっと修行をつむことにしたのです。

18歳で江戸に出た竜馬は、ちょうど、アメリカからやってきた黒船を目撃します。黒船は、そのころ外国と交流をしていなかった日本に、国をひらいて外国と貿易をするよう、おどしにやってきたのです。

それをきいた竜馬は、ほかの多くの若者たちと同じように、日本のためには、黒船や外国はやっつけなくてはいけないと考えました。そして、さっそく行動にかかります。開国をしようといっていた幕府の役人、勝海舟を斬りにいったのです。けれど、じっさいに勝海舟と会って話をしてみて、あっさり考えを変えました。日本の外に広がる世界の話をはじめてきいて、日本という国や幕府のちっぽけさを知ったからです。

日本を変えよう！

その後、竜馬は勝海舟のひきいる海軍訓練学校で、船や海軍のことを学びました。そして、新しい世の中はどうあるべきかを、考えるようになったのです。まわりは、尊王攘夷（天皇をリーダーにした政府をつくり、外国をうちはらうという考え）をめざす志士であふれていましたが、竜馬の考えはちがいました。世界は広いのだということや、外国から学べるものはたくさんあることを知っていたからです。

竜馬は新しい日本をつくるために、古くさい考え方しかできず、身分のちがいにこだわる幕府は倒すしかないと考えました。そこで、関係の悪かった薩摩藩と長州藩の仲をとりもって手を組ませ、新しい政府をつくることに力をそそいだのです。

けれど、幕府がまもなく倒れ、新しい時代をむかえようとしていたとき、竜馬はなにものかに暗殺されてしまいました。竜馬が思いえがいていた新しい日本は、どんな日本だったのでしょう。

知っ得ポイント

日本ではじめて新婚旅行をしたのは、坂本竜馬とお嫁さんのおりょうさんでした。

リア王

ウィリアム・シェイクスピア

世界でもっとも有名な劇作家が書いた悲劇

昔、英国にリア王という王がいた。王には三人の娘がいた。上から、ゴネリル、リーガン、コーディリアで、王はとくに末っ子のコーディリアをかわいがっていた。

年老いてきた王は、引退をすることにしたのだが、王国や遺産を娘たちにどのように分けるか、頭を悩ませた。そこで、娘たちそれぞれに、どれだけ父親を愛しているか、話させた。いちばん父親を愛する者に、いちばんたくさんのものをあたえようと思ったのだ。

ゴネリルとリーガンは、遺産ほしさに、思ってもいないお世辞をまくしたて、だれより父を愛しているといった。反対に、とても正直で、心から父親を愛していたコーディリアは、自分の気持ちなどことばにできるものではないといっただけだった。

それをきいて、リア王は激怒した。お世辞やうわべのことばにまんまとだまされ、コーディリアの真のことばを、愛情のないことばだとうけとってしまったのだ。

リア王はコーディリアを国から追いだし、ゴネリルとリーガンに王国と遺産を分けあたえた。もらえるものをもらったら、もう老いた父親に用はない。ゴネリルとリーガンは父親を自分たちの城から追いだした。

娘たちに裏切られたリア王は、正気をうしない、ぼろぼろになって荒野をさまよう。そんなリア王を助けたのが、王の忠実な部下だったグロスター伯爵の息子エドガーだった。じつはエドガーも、伯爵の座をねらう弟に罠にかけられて伯爵家から追放されていたのだ。

二人は、追放されただけでなく、命までねらわれるようになる。そこへコーディリアが救いの手をさしのべた。コーディリアは国を追放されたあと、フランスにいたのだが、父親がたいへんな目にあっているときいて、助けにもどってきたのだった。

コーディリアの助けをかりて、リア王は娘二人に戦いをいどんだ。だが、ゴネリルとリーガンは、エドガーを追放した弟エドモンドと手を組んでいた。エドモンドは兄を追放したあと、父まで裏切って両目をえぐりとったうえ追放し、伯爵の座をうばっていた。

エドモンドは伯爵家のかかえる騎士を戦いに送りこんできた。結局、リア王は戦いに負け、コーディリアともども、とらえられて、死刑を宣告されてしまう。

そのとき、エドガーが二人を救いに乗りこんできた。エドガーはエドモンドに決闘をいどみ、ついに勝つ。そして、ゴネリルとリーガンもその場で倒した。だが、おそかった。戦いに勝ったエドガーのところへ、リア王がコーディリアの死体をかかえてやってきた。一瞬の差で、コーディリアの死刑が執行されてしまったのだ。自分のおろかな判断がもとで、愛する娘を死なせてしまったリア王はあまりの悲しみに、その場で息たえたのだった。

知っ得ポイント

『リア王』『ハムレット』『オセロ』『マクベス』は4大悲劇といわれ、世界じゅうでおしばいになりました。

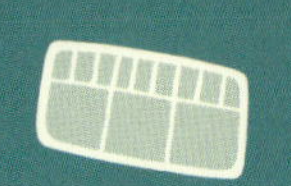

民謡

昔から、人は歌をうたっていたのです

人々の歌

民謡の「謡」とは、「うたうこと」です。ですから、民謡というのは、ふつうの人たちが、生活の中でうたってきた歌のこと。昔から口伝えで伝わってきた歌のことなのです。

ですから、くらしに関係した歌が多いのです。田植えをするときにうたう歌、大漁をお祝いするときにうたう歌、結婚式でうたう歌。子どもを寝かしつけるときにうたう歌……。同じようなことをうたった歌が、日本のあちこちに伝わっています。それぞれの地方に、それぞれ民謡があるのです。

地方ごとに有名な歌をあげてみると、青森は「津軽じょんがら節」、秋田は「どんぱん節」、宮城は「大漁歌いこみ」、山形は「花笠音頭」、神奈川の「箱根馬子唄」、静岡の「ちゃっきり節」、大阪の「河内音頭」、香川の「金毘羅船々」、福岡の「炭坑節」、長崎は「島原の子守唄」で熊本は「五木の子守歌」、沖縄の「安里屋ユンタ」など、数えあげたらきりがありません。みなさんも知っている歌がたくさんあるのではないですか。

どの民謡も、とても力強いうたい方をします。「コブシをまわす」とよくいわれるうたい方も多いです。「コブシ」とは「小節」と書くのですが、音を細かくふるわせるうたい方のことです。

外国の民謡

民謡は、ふつうの人たちが生活の中でうたいついできた歌のことですから、もちろん外国にもあります。たとえば、韓国の「アリラン」、デンマークの「糸巻きのうた」、スイスの「おおブレネリ」などは有名ですね。

みなさんが学校でよくうたう「大きなクリの木の下で」はイギリスの民謡ですし、「おおまき場は緑」はスロバキア、「オクラホマミキサー」はアメリカで、「クラリネットをこわしちゃった」はフランス、「カッコウ」はドイツの民謡です。どの歌も、とてもうたいやすくて、おぼえやすいです。それも、民謡の特ちょうです。

知っ得ポイント

民謡の中で、「エンヤコラ」など、かけあいのようなものが入る歌のことを音頭といいます。

故事成語

古の中国から伝わってきた、貴重な教え

11月18日のおはなし

みなさんはなにか故事成語を知っていますか？　故事成語というのは、昔から人々のあいだで伝えられてきた、人生の教訓や知恵のこと。だれにでもわかって、だれにでも使えることばです。

ことわざととてもにていますが、故事成語は、その中でも、昔、中国でおこったできごとから生まれたものです。ですから、故事成語には、もとになったおはなしがあるのです。もとになったおはなしを知っていると、故事成語の意味がよりわかるでしょう。

蛇足

今から二千年以上前の中国にあった楚という国のおはなしです。

あるとき、お屋敷の召使いたちにお酒が出されました。けれど、全員が飲めるほどの量がなかったので、ヘビの絵を描く競争をして、いちばん早く描きあげた人が一人で全部飲んでしまおうということになりました。

すると、あっというまに絵を描きあげた者がおりました。

「ふふん、おれがいちばんか。さっそく酒をいただこう」

男はお酒に手をのばしましたが、まわりを見ると、絵を描きあげるまでにまだまだ時間がかかりそうです。

「やれやれ、まだ時間がかかるというなら、おれはもっといい絵にしあげてやろうじゃないか」

召使いは調子に乗って、ヘビに足を描きたしました。そのうちに、もう一人、絵を描きあげました。そして、足のついたヘビの絵を見て、

「ヘビに足なんてないですよ。だから、あなたの描いた絵は、ヘビじゃない」

というと、お酒を飲みほしてしまいました。

このおはなしからできた故事成語が「蛇足」です。よけいなことをして、ものごとを台なしにするという意味です。

この「蛇足」というおはなしがはじめて使われたのは、戦国時代の中国でした。

楚という国が魏という国と戦をして勝ったあとのこと。楚の将軍は、さらに斉の国に攻めこもうとしました。

それをきいた斉の国の王さまは、将軍を説得して止めてほしいと、交渉人にたのみます。その交渉人は、楚の将軍のもとをおとずれ、蛇足の話をしたあとで、こういったのです。

「あなたはすでに魏の国に勝ち、将軍という地位にまでのぼりつめました。もうヘビの絵はできあがっているのです。このうえ斉の国に勝ったからといって、出世できるわけではなく、失敗して、将軍の座をおわれるかもしれません。斉の国を攻めるのは蛇足というものですよ」

将軍は斉を攻めるのを思いとどまり、「蛇足」ということばは有名になりました。

知っ得ポイント

故事というのは古くから伝わる物語のこと。故事から成った（できた）語（ことば）だから、故事成語なのです。

海の水はなぜしょっぱい

国語

川は真水なのに、どうして海は真水じゃないんでしょう？

日本の昔話

11月19日のおはなし

昔々、ある村に、正直者だけれど貧しい弟と、ずるがしこいけれどお金持ちの兄がくらしていました。

あまりに貧しくて、とうとう神さまにそなえるお米もなくなった弟は、兄の家をたずねてお米を分けてもらおうとしました。ところが、冷たく追いかえされてしまいます。

とほうにくれた弟の家に、その夜、白いひげをはやしたおじいさんがやってきました。旅の途中だけれど、泊まるところがなくて困っているというのです。弟はおじいさんを家に泊め、残り少ない食べ物をあげました。すると、よく日、出発するとき、おじいさんは石うすを弟にわたしていったのです。

「親切に泊めてくれたお礼に、これをさしあげよう。ほしいものをとなえながら、この石うすを右にまわすと、ほしいものが出てくるじゃろう。止めたいときは、左にまわすがいい」

そんなことがあるかしらと疑いながらも、弟は「米出ろ、米出ろ」といいながら、石うすを右にまわしました。すると、なんということでしょう。ほんとうに、米がぞくぞく出てきたのです。

「魚出ろ、魚出ろ」といえば、大量の魚が、「小判出ろ、小判出ろ」といえば、小判がざくざく出てきます。弟はそれですっかりお金持ちになって、幸せな毎日を送るようになりました。

そんなようすを見ていた兄は、「あんなに急に金持ちになるなんて、あやしいぞ。なにかからくりがあるにちがいない」と思って、こっそりようすを見にいきました。戸のすきまから中をのぞくと、弟が石うすをまわしてお米や魚を出しているではありませんか。

あの石うすさえ手に入れば、自分ももっと大金持ちになれるぞ、と思った兄は、弟が出かけたすきに石うすを盗みました。そして、船に乗って遠くの島に逃げようとしたのです。

海に出ると、おなかがすいてきたので、兄はもってきたおにぎりを食べようとしました。そこで、いいことを思いつきます。

「そうだ、おにぎりに塩をつけたら、おいしくなるぞ。ちょうどいい。石うすをためすいい機会だ」

そこで、兄は石うすを右にまわしながら「塩出ろ、塩出ろ」といいました。すると、出るわ出るわ。どんどん塩が出てきて、たちまち船いっぱいになってしまいました。兄はあわてて、「止まれ、止まれ」といいましたが、塩はもちろん止まりません。兄は止め方を知らなかったのです。

そのあとも塩は出つづけて、とうとう船は海の底にしずんでしまいました。船といっしょにしずんだ石うすは、今でも海の底でまわりつづけ、塩をどんどん出しているそうです。だから、海の水はあんなにしょっぱいんですね。

知っ得ポイント

海の水がしょっぱい理由を書いた物語は世界じゅうにあります。やっぱり、気になるところは同じなんですね。

国語

山椒大夫

森鴎外

安寿と厨子王――
愛情深い姉と弟の物語です

越後の国を、四人の旅人が歩いていました。母と乳母、二人の子どもです。姉の安寿は十四歳、弟の厨子王は十二歳。遠く九州に流された父のもとへむかっていたのです。

　日がくれるころ、四人が野宿の準備をしていると、一人の男が、うちに泊まりなさいと声をかけてきました。朝になったら、舟に乗れるように手配までしてくれるといいます。四人は男の家に泊まり、よく日、舟つき場につれていってもらいました。

　ところがそこで、大人と子どもは別々の舟に乗せられます。男は人買いだったのです。舟が北と南に分かれて進みだしたとき、だまされたことに気づいた母はさけびました。

「安寿は守本尊のじぞうさまを、厨子王は守り刀を大切にして、二人、けっしてはなれぬように！」

　母はとらえられ、佐渡島につれていかれました。そして、安寿と厨子王は、京都のお金持ち、山椒大夫の家に売られたのです。

　山椒大夫の家で、安寿は潮くみを、厨子王はしばかりをさせられました。一日の仕事が終わって小屋にもどってくると、二人はどうやって逃げだすか、毎日のように相談をしました。そんなあるとき、その相談を山椒大夫の息子にきかれてしまいます。

　その夜、二人は同じ夢を見ました。逃げようとした罰として、二人は額に焼けた火ばしをあてられ、気をうしないそうになるのですが、守本尊のじぞうさまが身がわりになってくれて助かるという夢でした。よく朝、ふしぎなことに、守本尊の額に十字の傷が二つできていました。

　その日から、安寿は無口になって思いつめるようになりました。そして春がくると、厨子王と同じ仕事がしたいと申しでました。男のように髪を短くしたらゆるしてやろうといわれ、安寿はすぐに髪を切りました。

　よく朝。二人はそろって山へしばかりに出かけました。山へつくと安寿は守本尊を厨子王にわたしました。

「私のことはかまわず、おまえはこれをもって一人で逃げなさい」

　安寿の決心がかたいのを見てとった厨子王は、必ず再会することを約束して逃げました。安寿はひっそりと沼に身を投げました。

　その後、守本尊に守られたのでしょう、厨子王はりっぱな若者に成長し、丹後の国をおさめる役人になりました。そして、安寿をまつるために尼寺をたて、人買いを禁止しました。ひと仕事終えた厨子王はようやく母をさがすことができるようになりました。佐渡島にわたった厨子王は、一人の盲目の老婆が歌をうたいながら、すずめを追いはらっているのを目にします。

「安寿恋しや、ほうやれほ。厨子王恋しや、ほうやれほ」

　厨子王は老婆のもとにかけよると、その前につっぷしました。すると老婆の目がひらき、二人はぴったりだきあったのです。

知っ得ポイント

しばかりというのは、たきぎに使うために、落ちた枝をひろったり、小さな木をかったりすることです。

江戸町人のくらしとトイレ

江戸時代、トイレはどんなふうにしていたのでしょう

長屋のくらし

テレビでは江戸時代を舞台にした時代劇がよく放送されていますから、みなさんも江戸時代の人たちのくらしぶりは、なんとなく知っているかもしれません。

江戸時代は武士と町人、農民などの身分がはっきり分かれていて、生活も身分によってずいぶんちがっていました。

町人とよばれる、商売をしている人や職人たちは、町にすみ、その多くは長屋でくらしていました。長屋というのは、今でいうアパートのようなもので、せまいひと間の部屋が横長にならんでいるのです。

長屋に入るとすぐに土間で、水がめやかまど、流しなどがあります。そのおくに畳がしかれた部屋があるのですが、広さはだいたい4畳半。そこに家族でくらしていたのです。

お風呂はありませんから、長屋ずまいの人は、銭湯にいっていました。銭湯は朝から夜まであいていて、江戸の人たちにとっては、体をきれいにするところだけでなく、社交場としても、とても人気だったのです。

江戸のトイレ事情

トイレも部屋にはありませんでした。長屋ごとに1つか2つ、トイレがあって、それをみんなで使っていたのです。男子トイレや女子トイレの区別はありません。

しかも、ドアも下半分しかありませんでした。上はあいているので、外からのぞきこめば丸見えです。

もちろんトイレは水洗ではありません。町なかにあるトイレは下に、糞尿をためていました。でも、じつはその糞尿が、農家にはだいじな肥料になったのです。ですから、長屋のトイレも一軒家のトイレも、農家の人が定期的に糞尿を買いにやってきました。

ほかにも、道のあちこちに、おけのようなものがおいてあって、歩いている人はそこで用を足していたようです。公衆トイレのようなものです。男の人だけでなく女の人も、道ばたで用を足していました。そして、おけにたまった糞尿はやはり農家の人が肥料に使っていたのです。

知っ得ポイント

糞尿には等級がありました。いいものを食べている武士の家の糞尿は高く、長屋の糞尿は安かったのです。

算数

語呂あわせ

数字を暗記するときに、とっても便利

数字と語呂あわせ

語呂というのは、ことばの調子やリズムのことです。語呂あわせというのは、ことばの調子や音をあわせること。

数字は語呂あわせによく使われます。たとえば、記念日のような日づけ。○○の日というのを決めるとき、数字の語呂あわせを使うことが多いのです。

たとえば、2月10日はふとんの日ですが、これは2（ふ）10（とう→とん）だからです。

虫歯予防デーは、6月4日ですが、これも6（む）4（し）→虫歯ということで決まったのです。

生活の中でも、数字の語呂あわせを使っていることは多いのですよ。よく見るのは、4649――そう、「よろしく」ですね。自動車のナンバープレートなども、語呂あわせで決める人がいて、2525――「にこにこ」など人気です。反対に42――「死人」や、49――「死苦」で終わる番号は、ほとんどないようです。

語呂あわせでおぼえる

歴史の年号や電話番号など、桁の多い数字は、おぼえるのがたいへんですね。そんなとき、語呂あわせを使うと、とても便利です。

97ページで出てきた円周率の場合はどうでしょう。何百桁もおぼえるのは、さすがに語呂あわせを使ってもむずかしいですが、10桁までだったら、こんなふうにおぼえられます。

3・141592653
→さんてんいちよん異国に婿さん

歴史の年号については、たくさん語呂あわせがあります。おぼえたほうがいい、だいじな年号をいくつかしょうかいしましょう。

710年　平城京に都がうつる
→**なんと**きれいな平城京

794年　平安京に都がうつる
→**なくよ**うぐいす平安京

1192年　鎌倉幕府ができる
→**いいくに**つくろう鎌倉幕府

1853年　ペリーが黒船でやってくる
→**いやでござんす**ペリーさん

いやでござんす
1853 ペリーさん

知っ得ポイント

会社の電話番号などは、語呂あわせでおぼえやすい番号をお金を出して買っていることもあります。

フランツ・ペーター・シューベルト

「歌曲の王」とよばれた作曲家

（1797〜1828年　オーストリア）

幼いシューベルト

「わらべは見たり　野なかのバラ」という歌詞で始まる歌をきいたことはありませんか。「野バラ」という歌ですが、その歌をつくったのがシューベルトです。シューベルトは歌がついた曲（歌曲）を600曲以上もつくり、「歌曲の王」として知られています。

　シューベルトは、オーストリアで生まれました。お父さんは農家の出身で、あまり裕福な家ではありませんでした。でも、お父さんは音楽が好きで、プロではありませんでしたが、自分でも楽器を演奏していたので、小さいころから子どもたちに音楽を教えていました。そのとき、小さいシューベルトに音楽の才能があることに気づいたのです。

　そこで、お父さんはシューベルトを教会の聖歌隊にいれることにしました。聖歌隊では、家が貧しかったシューベルトがピアノの練習をできないでいると、友だちがシューベルトをピアノの倉庫につれていって練習させてくれました。

　そんなふうに友だちに助けられながら、シューベルトは音楽の勉強をつづけ、ついには、奨学金をもらって神学校（のちにウィーン音楽大学になる学校）に入ったのです。

友だちに助けられた人生

　神学校でも、五線紙（楽譜を書く紙）を買うお金がないときは、友だちが自分たちのおこづかいで買ってくれました。このときの友情は大人になってからもつづきました。

　学校を出たシューベルトは、生活するために教師の仕事をしながら作曲をしていましたが、作曲に集中できなかったため、教師をやめ、音楽だけで食べていくようになりました。

　生活は苦しく、しばらくはお金に困る日々でした。そんなとき助けてくれたのが、神学校からの友だちです。彼らは、シューベルトが音楽でまったくかせげなかったときは、すむ場所をかしてくれたり、食べ物を分けてくれたり、楽譜を買ってくれたりと、みかえりを求めることなく、シューベルトを助けてくれたのです。シューベルトは残念ながら、あまりハンサムではなかったので、女の人にはぜんぜんもてませんでした。だから、死ぬまで独身だったのですが、まわりには、すばらしい友だちがいつもいっぱいいました。

　できた曲は友だちの集まりで演奏しました。友だちがいなかったら、おそらくシューベルトは音楽をつづけられなかったでしょう。

　シューベルトの作品で有名なのは「野バラ」のほか「魔王」や「シューベルトの子守歌」など、たくさんあります。

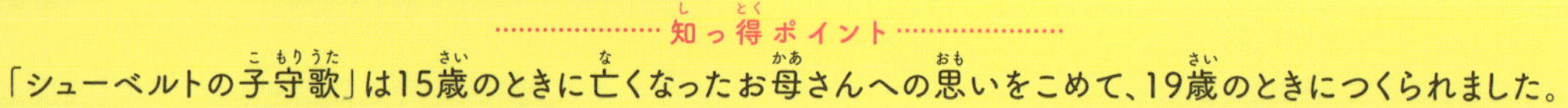

知っ得ポイント

「シューベルトの子守歌」は15歳のときに亡くなったお母さんへの思いをこめて、19歳のときにつくられました。

理科

生命の進化

人間が地球に誕生したのはつい最近のこと

生命の誕生

地球が誕生したのは今から46億年ほど前です。そのころ、地球は熱い火の玉で、火山は噴火をつづけ、地上では、溶岩がぶくぶくあわだっていました。空からはいん石がふってきますし、地の底からは黒くて熱いガスがふきだしていました。生き物が生きていけるような場所ではなかったのです。

生き物が誕生したのは、それから数億年たって、地球がひえてきてからです。地球がひえると、水蒸気が雨となってふりそそぎ、海ができました。そして海のおく深くで、目では見えないほど小さな細胞が生まれたのです。そして、バクテリア（細菌）が誕生しました。バクテリアの中には酸素を出すものがいて、大気の中の酸素がふえていきました。さらに、今から5億年ほど前になると、背骨のない動物たちが誕生しました。

陸の生き物

4億年前になると、陸上でもコケのような植物が育つようになりました。植物はぐんぐん育ち、地面をおおいました。海には魚もあらわれました。背骨のある脊椎動物の誕生でした。陸上でも脊椎動物があらわれました。こん虫もたくさん生まれました。

およそ2億5000万年前になると、地球の気候がかわいてきて、は虫類が誕生しました。は虫類はなかまをどんどんふやしていき、ついには恐竜が登場します。

ところが、6500万年ほど前、小さな天体が地球に衝突したのです。すると、地球は急に寒くなり、恐竜たちは絶滅してしまいました。

その後、地球はまたあたたかさをとりもどします。地上では鳥類とほ乳類がふえました。とくにほ乳類はどんどん進化をして、種類をふやしていったのです。ついに、人類の登場です。人類の祖先である猿人は、500万年ほど前に地球上にあらわれたといわれています。

地球ができた46億年前から現在までを1年という時間におきかえてみると、バクテリアが生まれたのは3月の終わりころで、人類が生まれたのは12月31日の夜の11時50分くらいなのだそうですよ。

46億年前 地球誕生
40億年前
30億年前
20億年前
10億年前
カンブリア紀
シルル紀
石炭紀
ジュラ紀
白亜紀
更新世
古生代
中生代
新生代
5億年前
4億年前
3億年前
2億年前
1億年前

知っ得ポイント

わたしたちと同じ人類＝ホモ・サピエンスは15万年くらい前にあらわれたといわれています。

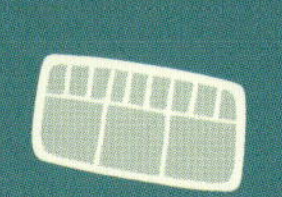

注文の多い料理店

こんなレストランがあったら、いってみたい？

宮沢賢治

二人の若い紳士が鉄砲をかつぎ、白くまのような犬を二ひきつれて、山おくで狩りをしていました。ところが、獲物はとれず、二ひきの犬は山のあまりのけわしさに、泡をふいて死んでしまうというありさま。

二人は山をおりようと思いましたが、困ったことに、帰り道がわかりません。ざわざわ鳴るススキの中で、二人はおなかをすかせてとほうにくれていました。そのとき、ふとうしろを見ると、りっぱな西洋風の家がありました。

西洋料理店　山猫軒

と札が出ています。

玄関にはガラスの扉があり、金の文字でこう書いてありました。

どなたもどうかお入りください
けっしてご遠慮はありません
ことに太った方や若い方は
大歓迎いたします

「ぼくらは太っているし、若いから、大歓迎されるね」

喜びながら先に進むと、水色の扉に黄色い文字でこうありました。

当店は注文の多い料理店です

次の扉のわきには、鏡とブラシがあって、こう書いてありました。

髪をとかして
靴の泥を落としてください

扉を一つ進むたびに、そんなふうに新しい注文が書いてあるのです。

二人は全部の注文にしたがいました。

その次の扉のところには、つぼが一つおいてありました。

つぼの中のクリームを
顔や手にぬってください

そのクリームは牛乳からできているようでした。二人はふしぎに思いながら、クリームをぬりました。

料理はもうすぐできます
早くあなたの頭にびんの中の
香水をふりかけてください

香水は酢のようなにおいでした。

注文が多くてお気の毒でした
もうこれだけです
からだじゅうに
塩をもみこんでください

二人はぎょっとして顔を見あわせました。もしかしたら、ここはきた人を料理して食べるお店だったのか。

逃げだそうとしましたが、うしろの扉はびくともしません。おくにはもう一枚扉がありました。

さあさあおなかにお入りください

鍵穴からは青い目玉がのぞいています。声もきこえてきました。

「お客さん、早くいらっしゃい。親方がナイフをもって、舌なめずりして、待っていますよ」

そのとき、「わん、わん」という声とともに、あの白くまみたいな犬たちが扉をつきやぶって飛びこんできました。まっ暗闇の中で「にゃあお、ごろごろ」という声がしたかと思うと、部屋が煙のように消えました。そして二人は草の中に立っていたのです。風がどうとふいてきて、草はざわざわ、木の葉はかさかさ、木はごとんごとんと鳴りました。

知っ得ポイント

この物語が入った本は宮沢賢治が生きているあいだに発売した唯一の童話集。まったく売れなかったそうです。

日本の漁業

日本は海の恵みをたくさんもらっているのです

海にかこまれた国

日本はまわりを海にかこまれています。はるか昔から、人々は海の恵みをもらって、生活していました。

海はどこまでも広く、世界じゅうつながっていますが、どこの海でも自由に魚をとっていいわけではありません。魚を自由にとっていい場所は、その国の岸から200海里（約370キロメートル）までと、世界のルールで決まっています。日本は小さな国ですが、まわりに島をたくさんもっているので、その分、魚をとっていい場所は広くなっています。

日本は、世界の中でもたくさん魚をとる国として、そして、たくさん魚を食べる国として有名です。

魚や貝などをとる仕事を漁業といいます。日本でおこなわれている漁業には、大きく分けて3つあります。

沿岸漁業

港から日帰りできるくらいの海で魚をとります。小さな船を使って、個人や家族で漁をします。日本のまわりの海にいる、ほとんどすべての魚をあつかいます。

魚をとるだけでなく、魚を育てる養殖もします。今は、のりやワカメなどの海藻や、ハマチやブリ、カキ、ホタテなど、いろいろな魚や貝が養殖されているのです。養殖もあわせると、沿岸漁業は全部の漁業の40パーセントにもなります。

沖合漁業

沿岸漁業よりは遠い海（でも、200海里の中）で魚をとります。大きな船で、魚の群れなどをねらい、一度にたくさんの量をとります。

遠洋漁業

200海里をこえた、遠い海で魚をとります。どこの国の200海里以内にもならない海（公海）でとることもありますし、よその国の200海里の内側で、お金をはらって漁をさせてもらうこともあります。

港を出ると、短くても数か月、長いと1年以上、帰ってきません。マグロやカツオのような値段の高い魚をとります。

魚屋さんで同じようにならべられていても、どんな海でとられた魚かは、さまざまなのですね。

知っ得ポイント

日本は、たくさん魚を輸入もしています。なんと、魚の輸入量はアメリカについで、世界第2位なのです。

メートルの誕生

算数

地球の大きさにも関係している「長さの単位」のおはなしです

大航海時代のあとで

わたしたちの生活の中で長さをあらわすときに使うメートル。メートルという単位を使ったことがない人は1人もいないでしょう。

メートルは、今、世界じゅうで使われていて、たいていどの国にいっても、通用します。メートルが使われるようになったのは、今からおよそ220年前。それまでは、国や地域によってばらばらの単位を使っていました。

昔は、それほど地域や国をこえた交流がなかったので、単位がばらばらでも、そんなに困ったことはなかったのです。ただ、大航海時代とよばれる時代に、国や地域をこえて人やものが動くようになると、単位をそろえる必要がでてきました。

そこで、「新しい単位をつくって、どの国もその単位を使おうじゃないか」といいだしたのが、フランスです。

フランスの科学者たちは、相談した結果、「赤道に直角にまじわって、北極と南極をむすぶ線（子午線といいます）の4千万分の1を1メートルに定めよう」と決めました。

正しい長さ

子午線の長さはある程度わかっていましたが、新しい単位をつくるにあたって、正確な長さを調べようということになりました。ほかの国が協力してくれなかったので、フランスは単独で測量隊をつくり、フランスから北はオランダ、南はスペインまでの距離をはかったのです。その数字をもとに、子午線の長さを計算し、正式に1メートルの長さを決めました。

1メートルの長さが決まったのはよかったのですが、それを使ってもらうようになるのはたいへんでした。なかなかメートルが広まらないので、フランスは、1メートルの長さをしめした器具をパリの街じゅうにおいたり、法律で、メートル以外の単位を使うことを禁止したり、ほかの国とメートルを使うという条約をむすんだりしました。そんな努力をした結果、今のようにメートルが世界じゅうで使われるようになったのです。

知っ得ポイント

「メートル」ということばは、「はかること」を意味する古代ギリシャ語からできました。

学問のすすめ

福沢諭吉

1万円札の顔、福沢諭吉の有名な本から

「天は人の上に人をつくらず、人の下に人をつくらず」といわれている。

つまり、人間はみんな平等なのだ。身分の上下などに関係なく、だれでも自由に、楽しく生きていけるよう、つくられているはずなのだ。だが、じっさいにまわりを見てみれば、かしこい人、おろかな人、金持ちの人、貧しい人がいる。どうしてそんな差がつくのだろう？　理由ははっきりしている。このような差は、学ぶか、学ばないかでできるものなのだ。

世の中にはまた、むずかしい仕事とかんたんな仕事がある。むずかしい仕事をしている人は、身分も高くなり、かんたんな仕事をしている人は、地位が軽くなる。このちがいのもとをたどっていくと、やはり学問の力があるかないかになる。

人は生まれたときには貴賤や貧富の区別はないが、そのあと、学問をしてものごとをよく知っている人は、地位も高く豊かになり、学ばない人は、地位も低く貧乏になるのだ。

だが、ここでいう学問とは、むずかしい字を知っているとか、むずかしい文章を読めるとかいうことではない。

私が学ぶべきだとする学問は、ふつうの生活に役に立つ学問だ。たとえば、手紙の書き方や、帳簿のつけ方、計算や、重さのはかり方、世界のなりたちや、歴史、宇宙のしくみ、家計から世の中全体のお金の流れ、人とのかかわり方や、社会でのふるまい……学ぶべきことはとても多い。

こうした学問は、人間が生きていくうえで必要で、役に立つ。身分の上下に関係なく、みなが身につけるべきなのだ。そうでなければ、個人も、家も、国家も、独立することはできないだろう。

世の中で、学問のない国民ほどあわれで、にくむべきものはない。あまりにも知恵がないと、恥も知らなくなる。無知だから貧乏になるのに、自分のおこないを反省しないで、ほかの人をうらやんだり、ひどくなると暴力をふるったりする。

こうしたおろかな国民を支配するには、道理をといてもむだなので、力でおどすことになる。「おろかな民の上にはきびしい政府がある」ということわざはこのことだ。

日本の国民が今、このレベルだから、今の政府がある。もし国民みんなが学問をこころざし、ものごとの道理を知って、文明を身につければ、国はもっとよくなっていくだろう。

だいじなのは、それぞれがおこないを正しくして熱心に学び、ものごとを知って、それぞれの役割にふさわしい知恵を身につけることだ。そうすれば、政府は政治がしやすくなり、国民も苦しむことがなくなって、この国の平和と安定を守ることができる。すべてこのために、私は学問をすすめているのである。（初編より）

知っ得ポイント

福沢諭吉は蘭学者であり、教育者でした。若者を教育するために慶應義塾大学をつくったのです。

おしゃべりなたまごやき

原典

たまごやきは、いったいなにを話したのでしょう

寺村輝夫

ある国のある王さまのはなしです。王さまは、まい朝、朝ごはんを食べると、〈あいさつの部屋〉へ出かけることになっていました。〈あいさつの部屋〉には、お城の人たちが、王さまに朝のあいさつをしようと、待っているのです。王さまがあいさつの部屋につくと、

テレレッテ　トロロット
プルルップ　タアー

ラッパが鳴りました。

まず、はじめは、大臣のあいさつです。

「王さま、おはようございます。ごきげんがよくて、けっこうですね」

「ああ、うん」次は、お城の、兵隊の隊長。

「王さま、おはようございます。兵隊たちは、みんな元気で、お城を守っております」

「あ、うん」その次が、勉強の先生。

「王さま、おはようございます。今日も、しっかり勉強して、りっぱな王さまになってください」

「あ、うん」次は、お医者さん。

「王さま、おはようございます。頭が、痛くはないですか。おなかの具合はいかがです」

「あ、うん」

王さまは、だれにも、ただ、「あ、うん」と、答えるだけです。歯医者さん、床屋さん、植木屋さん、おそうじのおばさん、みんなが、順にあいさつするのを、「あ、うん」と、きいているのでした。

いちばんあとは、コックさんです。

「王さま、おはようございます。ばんのおかずは、なににしましょうね」

王さまは、そこではじめて、いいました。

「たまごやきがいいな。目玉やきにしてくれ」

朝の勉強が終わると、王さまの休み時間です。

タラララッタ　トロロット
プルルップ　タタター

王さまは、「やれやれ」と、大きなあくびを一つして、庭へ出ました。

「遊ぶのが、いちばん楽しいな。……どれ、お城の中を、ひとまわりかけてくるか」

王さまは、**とっと、たったと**、走りだしました。

王さまの部屋のそばから、大臣の部屋、お城の玄関、兵隊たちの部屋、おいしそうなにおいのする台所から、ずっと裏にまわって……。

たったた　とっとと

すると、そこに、にわとり小屋がありました。中には、にわとりが、ぎゅうづめになって、**こけっこ　けっけ**と、鳴いていました。

「おお、かわいそうに、これじゃあ、きゅうくつで、遊ぶこともできないね。よし、王さまが戸をあけてやろう」

見ると、鍵がさしたままになっています。きっと、コックさんがしまうのを忘れたのでしょう。

知っ得ポイント

王さまが食べたのは目玉やき。ただの「たまごやき」だと、卵をといて焼いた料理のことをさします。

「よし、よし、待ってろよ」

王さまは、鍵を、がちゃりとまわしました。

すると、ぎゅうづめのにわとりが、戸をはじくようにして飛びだしてきました。

「わあっ、たいへんだ」王さまはびっくりして、逃げだしました。にわとりたちも、王さまのあとから、**こけっこ　けっけ**と、かけだしました。

このようすを、お城の見はりの兵隊が見つけました。サイレンが鳴りました。鐘が、**ちゃらんぽ、がらんぽ**、鳴りました。

「たいへんだ。王さまがにわとりに追いかけられている」兵隊たちが集まりました。隊長は、「だれか、とり小屋の戸をあけたな、よし、兵隊の半分は、犯人をさがして、つかまえろ、あとの半分は、王さまを助けるんだ。はじめっ」

ぱ　ぱーん
ピストルを空にむけてうちました。

すると、にわとりはびっくりして、**こけっこ　けっけ**と、鳴きながら、庭の木や、草や、石のかげに、かくれてしまいました。


隊長がまたさけびました。

「よし、王さまは助かった。あとは、戸をあけた犯人さがしだっ。みんなで、はじめっ」

王さまは、部屋に帰りました。

「ああ、驚いた。まさか、こんなさわぎになるとは思わなかったよ」

ほっとして、気がついてみると、王さまは手に鍵をもっています。

「しまった。鍵なんかもっていたら、戸をあけたことが、わかっちゃうな。ええい、こんなもの、捨ててしまえ」

王さまは、窓から、鍵を捨ててしまいました。

すると――、部屋のすみで、ごそごそ音がしました。王さまを追いかけてきためんどりでした。

「や、こんなところに、かくれていたのか」

王さまはめんどりを追いだそうとして、しっしっと、いっていましたが、そのうちに、ふと気がつきました。「待てよ。いま、ぼくが、鍵を捨てたのを、こいつ、見ていたな」

王さまはそこで、めんどりの首をつかまえると、顔に口をつけるようにして、いいきかせました。「ぼくが、とり小屋を、あけたのを、だれにも、いうなよ。だまっていろ」

そこへ、大臣とコックさんが入ってきました。大臣がいいました。

「王さま、この部屋は、なんともありませんか」「どうして？」

「いま、この部屋の下で、とり小屋の鍵を見つけたのです。犯人は、このへんにかくれているのではないかと思われます」「……」

「すぐに見つけだします。もう少し、待ってください」「あ、うん」

コックさんも、しきりに、あやまりました。「わたくしが鍵をさしたままにしたものですから、だれかが、

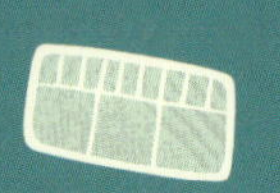

いたずらをしたのです。ごめんなさい」「あ、うん」

王さまは、心の中で、おかしくてしかたがありません。でもわざと、怖い顔をして、こういいました。

「鍵をあけた犯人を、牢屋にいれてしまえ。いいか、王さまのいいつけだぞ。なにしろ、ぼくは王さまだからな」「は、はい」

さあ、お城の中は、もう一度、大さわぎです。けれども、なかなか犯人は見つかりません。見つからないはずですよね。うふふふふ。

とうとう、お城の中でさがしていないところは、王さまの部屋だけになりました。兵隊の隊長は、王さまの部屋にきました。「王さま、部屋の中をさがさせてください。ここをさがせば、おしまいなのです」「あ、うん」

隊長は、ベッドの下から、戸だなの中まで、さがしました。

「あっ」いたのは、カーテンのかげにうずくまっていた、めんどりでした。

「こらっ、出ろっ」

隊長は、めんどりをつまみあげると、

「王さま、だいじょうぶです。犯人は、この部屋にはおりません」

と、にわとりをかかえて、部屋を出ていきました。

(うそです。犯人は、ちゃんといるのに、ね)

王さまは、隊長が帰ったあとで、にやっと笑いました。

「なあに、知っているのは、にわとりだけだ。だれにも、わかりはしない」

気がつくと、さっき、めんどりがすわっていたところに、たまごが一つ、落ちていました。

「わあ、うみたてのたまごだ、しめしめ、しまっておいて、あとで食べよう」

王さまは、机の引きだしにたまごをしまいました。

さて、その日の夕方です。

王さまの部屋に、また、大臣がやってきました。

「王さま、たいへんもうしわけありません。王さまのいいつけどおり、犯人をさがしましたが、見つかりません」

「あ、うん」王さまは、笑いたいのを、一生けんめいがまんしました。

それから、大臣はいうのです。

「王さま、もっともうしわけないことがあるのです。にわとりが、さっきのピストルにびっくりして、たまごをうまなくなってしまったのです。王さま、あいにく、台所にはたまごが一つもありません。……王さま、今日のばんごはんのおかずは、目玉やき、とコックにいいつけましたね。ですが、目玉やきはできなくなってしまったのです。コックは、もうしわけないといって、自分で、牢屋に入ってしまいました」

「なに、牢屋に……?」王さまは、机の中のたまごを、思いだしました。

「たまごがあれば、コックは牢屋から出してもらえるかい」

「は、は……い」

王さまは、机の中から、たまごを出して、きょとんとしている大臣にわたしました。

「さあ、たまごだ。コックを、牢屋から出してやれ。ぼくは、戸をあけた犯人を、牢屋にいれろ、といったのだ。犯人はコックではないだろう」

「はい、なんとやさしい王さまでしょう。ありがとうございます」

なんにも知らない大臣は、にこにこしながら帰っていきました。

テレレッテ　トロロット
プルルップ　タッタター

王さまのばんごはんのラッパが鳴りました。今夜のおかずは、たった一つの目玉やき。それから、サラダに、スープに、リンゴに、イチゴに、コーヒー、ミルク、ビスケット、チョコレート、それから、チュウインガム……

牢屋から出されたコックさんが、王さまの部屋に、運んできました。

「王さまのおかげで、助かりました。明日は、たまごやきをたくさんつくりますが、今日は、一つでがまんしてください」

王さまは、「あ、うん」といいながら、ナイフで目玉やきのまんなかを、ぷつり……。と、ふしぎふしぎ。とろっと流れだした黄身といっしょに、だれかさんの声が出てきました。

『ぼくが、とりごやを、あけたのを……』

びっくりしたコックさんは、「王さま、なにかいいましたか？」

そうです。王さまの声にちがいありません。王さまも驚いて、

「い、い、や」

もう一度、ナイフで、ぷつり……。

『だれにも、いうなよ……』

王さまが顔をまっ赤にして、ぺろっと、ひとのみにすると、

『だまっていろっ』

王さまの口の中で、黄身がいいました。

――さては、さっきのめんどりのしわざだな。ぼくのいったことを、たまごの中にしまっておいたんだ。しまったあ――

コックさんに、たまごのことばがきこえないはずはありません。ああ、そうだったのか、と思いましたが、コックさんは、そっといいました。

「だ、だまっています。王さまがとり小屋をあけたことは、だれにもいいません」

そして、王さまとコックさんは、顔を見あわせて、はずかしそうに笑いました。

「はっははははは」

国際宇宙ステーション

もしも、宇宙でくらしたら……

宇宙の実験室

国際宇宙ステーションは、地上から約400キロメートル上空につくられた実験室です。大きさは、大きなサッカー場くらい。だいたい90分かけて地球を1周まわりながら、実験をしたり、地球や天体の観測などをおこなっています。

国際宇宙ステーションを最初に考えたのはアメリカでした。1984年、当時のアメリカの大統領だったレーガンが、宇宙で人間が生活できる宇宙基地をつくりましょうといいだしたのです。そして、さまざまな国に協力をよびかけて、結局日本やカナダ、ロシア、ヨーロッパの15の国が宇宙基地づくりに参加することになりました。

ステーションは、実験するスペースと、生活するスペースに分けられています。それぞれの中は、宇宙服を着なくても生活できるように、地球の大気とほとんど同じになっています。

ステーションの横に、羽みたいに広がっているのは電池パドル。太陽の光を電気に変える電池パドルは、つねに太陽のほうへ自動でむくようにつくられています。ステーションには最大で6名の宇宙飛行士が6か月間滞在できるのです。

日本の「きぼう」

国際宇宙ステーションには、日本も「きぼう」という実験施設をもっています。「きぼう」は5つのパーツからできていて、4人がいっしょに作業できる広さがあります。「きぼう」では、2008年から、いろいろな実験がおこなわれているのです。みなさんから実験アイデアを募集したりもしているのですよ。

国際宇宙ステーションができたことで、人間は長いあいだ、宇宙で生活できるようになりました。ですから、重力の影響がほとんどなく、大気というバリアもない宇宙で生活すると、人間の体にどんな影響があるかも、調べることができるようになったのです。

国際宇宙ステーションでの実験や研究は、今後の宇宙開発にとって、とても重要な役割をになっているのです。

知っ得ポイント

国際宇宙ステーションは地上から肉眼で見えます。光る点がゆっくりと空を横切っていくのを観察してみましょう。

12月の
おはなし

せんねん まんねん

原典 長い長い時のつながりを感じさせてくれる詩を1つ

まど・みちお

いつかのっぽのヤシの木になるために
そのヤシのみが地べたに落ちる
その地ひびきでミミズがとびだす
そのミミズをヘビがのむ
そのヘビをワニがのむ
そのワニを川がのむ

その川の岸ののっぽのヤシの木の中を
昇っていくのは
今まで土の中でうたっていた清水
その清水は昇って昇って昇りつめて
ヤシのみの中で眠る

その眠りが夢でいっぱいになると
いつかのっぽのヤシの木になるために
そのヤシのみが地べたに落ちる
その地ひびきでミミズがとびだす
そのミミズをヘビがのむ
そのヘビをワニがのむ
そのワニを川がのむ

その川の岸に
まだ人がやって来なかったころの
はるなつあきふゆ　はるなつあきふゆの
ながいみじかい　せんねんまんねん

知っ得ポイント

千年万年ということばを使ったことわざ「鶴は千年、亀は万年」には、長生きをおいわいする意味があります。

理科

ビッグバン

宇宙はどんなふうに生まれたのでしょう

12月2日のおはなし

大爆発！

宇宙は「ビッグバン」がきっかけで生まれたといわれています。ビッグバンとはなんなのでしょう？ ビッグは大きい、バンは衝撃とか爆発という意味です。ビッグバンは英語です。ビッグバンは大爆発のことなのです。

今からおよそ140億年前、今の宇宙にあるものは、1か所に集まっていました。とてもたくさんのものが1点に集まっていたので、ぎゅうぎゅうで、たいへんな高温になっていました。そのころの宇宙はとても小さくて、そしてとても熱い、火の玉のようなものだったのです。そして、その火の玉が爆発して、どんどん大きく、ふくらんでいきました。これがビックバンで、この爆発をきっかけに宇宙ができあがっていったと考えられているのです。

大爆発のあと

ビッグバンがおこった直後の宇宙は1000億度をこえるほど高温でしたが、宇宙がどんどん大きくなるにしたがって、温度はさがっていきました。そして、宇宙が生まれてほぼ1秒後には電子や光が生まれました。そのあと3分のうちに、宇宙を形づくっている水素とヘリウムのもとになるものが生まれ、宇宙の基礎ができあがったと考えられています。

それから38万年たつと、ごちゃごちゃだった宇宙が晴れあがり、光が自由に飛びまわるようになりました。このころ、宇宙ではじめての星も生まれたと考えられています。

さらに、長い時間をかけて宇宙はひえていき、銀河のもとになるガスができてきました。銀河がつくられはじめたのは、ビッグバンから10億年ほどたってから。わたしたちの太陽系がある天の川銀河系も、このころつくられはじめたのではないかといわれています。

そのあと90億年ほどしてから、太陽系が生まれました。そのあいだも、それからも、そして今も、宇宙は大きくなっているのです。

未来の宇宙がどうなるかはまだはっきりわかっていません。どんどんふくらみつづけるかもしれませんし、反対にちぢみはじめるかもしれないのだそうです。

知っ得ポイント

宇宙が大きくなりつづけていることは、1929年、アメリカの天文学者ハッブルが発見しました。

どうしようもないほどやさしく切ない物語

幸せの王子

オスカー・ワイルド

とある町の広場の柱の上に、〈幸せの王子〉という名前の銅像がありました。金でおおわれた体に、青いサファイアの目、剣や洋服にも宝石がちりばめれた、とても豪華でりっぱな銅像でした。

ある寒い夜、一羽のつばめが王子の足もとにとまりました。なかまが待つあたたかい南の国にむかう途中で、この町にたどりついたのです。

くたくたにつかれていたつばめが眠ろうとしたそのとき――

ぽつん。

大きなしずくが落ちてきました。一つ、また一つ。次々に落ちてきます。驚いたつばめが上を見ると、王子が泣いているのです。

「どうして泣いているのですか?」

「高いところにいると、悲しいことがみんな見えてしまうんだよ」

町のむこうに一軒、貧しい家があり、熱を出した男の子が泣いています。でも、お母さんは病院にかかるお金もなく、どうすることもできません。王子は動けない自分のかわりに、剣のルビーをとってとどけてほしいとつばめにたのみました。これで、お母さんも、男の子を病院につれていくことができるでしょう。

次の日の夜。つばめはまた王子にたのまれて、お金がなくて食べ物も買えない若者に、王子の目のサファイアを一つ、とどけました。

町には冬がおとずれ、まもなく冷たい雪がふろうとしていました。ここはもうつばめには寒すぎます。けれど、つばめは出発をのばして、次の日も王子のたのみをきき、売り物のマッチをどぶに落としてダメにしてしまった女の子に、残っていたほうの目のサファイアをとどけました。

王子はもうなにも見えなくなってしまいました。つばめは南の国へいくのをやめ、王子の目のかわりをすることにしました。そして、町に気の毒な人がいると、王子の服の宝石をとり、ついには体の金を一枚ずつはがして、送りとどけていったのです。とうとう王子の体はすっかりきたない灰色になってしまいました。

やがて雪がふりはじめ、小さなつばめの体はどんどん冷たくなっていきました。自分の命がつきることがわかったつばめは、最後の力をふりしぼって王子のくちびるにお別れのキスをすると、王子の足もとに落ちて冷たくなりました。

ぴしっ。

その瞬間、鉛でできた王子の心臓がまっ二つにさけ、銅像はくずれおちました。そして、町長の命令で、王子とつばめの亡骸はゴミ捨て場に捨てられたのです。

そのようすを、神さまが天上から見ていました。神さまは天使をつかわして、王子の心臓とつばめの亡骸をひろってこさせると、二人をよみがえらせました。そして、天国でいつまでも幸せにくらせるようにとりはからったのでした。

知っ得ポイント

オスカー・ワイルドは5歳まで女の子として育てられたため、大人になってからもよく女装していたそうです。

フィボナッチ数列

自然の中の花や枝にも数列がかくれているって、ほんとう？

ふしぎな数列

数列ということばを知っていますか？　数列とは、あるルールやパターンにしたがってならんでいる数のことです。

たとえば、1、2、3、4、5、6……というのは、「となりあう2つの数の差が1」というルールにしたがってならんでいる数列です。

1、3、5、7……では、この次にくる数がなにかわかりますか？

そう、9ですよね。こんなふうに、なにかのルール通りにならんでいるのが数列です。

じつは、その数列の中に、とてもふしぎな数列があります。それは、イタリアの数学者フィボナッチという人が見つけた数列です。発見した人の名前をとって、「フィボナッチ数列」とよばれています。

【フィボナッチ数列】

1, 1, 2, 3, 5, 8, 13, 21, 34, 55, 89, 144, 233, 377, 610, 987, 1597, 2584, 4181, 6765, 10946, 17711, 28657 …

上の数列のルールがわかるでしょうか？

フィボナッチ数列のルールは、「すべての数は、前の2つの数をたした数」ということ。

これのいったいどこがふしぎなのでしょう？

フィボナッチ数列がふしぎなのは、このパターンが自然の中のいろいろなところにあるからなのです。

とくに、花びらの数や、種のつき方、枝のはえ方など、植物の中によく見られるのですよ。

フィボナッチのうずまき

フィボナッチ数列で有名なのは、ヒマワリの種です。ヒマワリの種のならび方には、フィボナッチ数列がかくれています。

マツボックリのうろこも同じです。左の図を見てみましょう。

うろこは、反対むきのうずまきが組みあわさってならんでいるのがわかるでしょう？　そのうずまきの数は、決まって、8と13――そう、フィボナッチ数列の数なのです。自然の中のどこでフィボナッチ数列が見つかるか、さがしてみると面白いですよ。

知っ得ポイント

パイナップルのうろこ、カタツムリや巻貝のから、サボテンのトゲのはえ方なども観察してみましょう。

ルートヴィヒ・ヴァン・ベートーヴェン

音楽

日本でいちばん有名な作曲家

（1770〜1827年　ドイツ）

音楽室によく、有名な作曲家の肖像画がかざってありますが、たくさんの肖像画の中でも、ベートーヴェンの顔はとても目を引きます。なにしろ、いかめしい顔で、髪をふりみだしているのですから。そんな肖像画からもわかるとおり、ベートーヴェンはとても情熱的で、けっしてくじけない心のもち主でした。

天才少年

ベートーヴェンの家は代々、音楽家でした。ベートーヴェンのお父さんも宮廷歌手といって、貴族に雇われて歌をうたう人だったのですが、才能がなく、お酒を飲んでばかりで、ほとんど仕事をしていませんでした。かわりに、ベートーヴェンのお父さんは、息子を有名な音楽家に育てあげて、お金もうけをしようとしました。ですから、ベートーヴェンは小さいころから、きびしい音楽のスパルタ教育をうけました。一時は音楽がとても嫌いになったそうです。

その教育のおかげか、ベートーヴェンはたった7歳で、演奏家としてデビューをかざりました。その後、少年演奏家として活やくをつづけ、10代のころにはもう、お父さんにかわって家計をささえていました。

そのころから、ベートーヴェンは作曲もするようになっていきました。そして23歳のときに、はじめて作品を発表したのです。

悲しい運命

でも、じつはそのとき、ベートーヴェンは耳がきこえにくくなっていたのです。28歳のころ、耳の具合はひどくなり、30歳をむかえるときには、もうほとんどきこえなくなってしまいました。

音楽家の命でもある耳がきこえなくなって、ベートーヴェンは絶望しました。死さえ考えましたが、ベートーヴェンは負けませんでした。耳がきこえなくても、心と頭でメロディーつくれると、思いなおしたのです。それからというもの、ベートーヴェンは演奏活動をやめ、作曲に力をそそぎました。そして、多くの名曲を生みだしたのです。

みなさんがよく知っているのはきっと、交響曲第5番「運命」や、年末によく歌われる交響曲第9番（通称第9）でしょう。「エリーゼのために」、「月光」のようなかれんな曲も有名です。

ベートーヴェンのすごいところは、一般の人たちにむけて、曲をつくったことです。それまでの作曲家は、貴族に雇ってもらって、その貴族のために曲をつくっていました。でも、ベートーヴェンは、作曲家はりっぱな芸術家だと誇りをもっていたので、それをしないで、すべての人にきかせるための音楽をつくったのです。こうして、ベートーヴェンは、音楽家の地位をいっきに高めたのでした。

知っ得ポイント

「エリーゼのために」は本来「テレーゼのために」という題名でしたが、字が下手だったのでまちがえられたそう。

かもとりごんべえ

日本の昔話

こんなふうに空を飛べたら、楽しそう

　昔々、かもをとってくらしているごんべえという男がおりました。ある冬の寒い朝、かもをとりに、ごんべえが池へいくと、あら、びっくり。池に氷がはって、かもが百羽ばかり、動けずにいるではありませんか。

「これはしめたものだ」

　ごんべえは縄をもってきて、一羽一羽のかもにむすびはじめました。ようやく最後の一羽に縄をつけたとき、

めりめりめり

のぼった太陽にあたためられた氷がわれたのです。かもたちはいっせいに飛びたち、ごんべえもろとも空高くまいあがりました。

　ごんべえは落ちてはたいへんと、縄をしっかりにぎっていましたが、だんだん手に力が入らなくなって、ついにまっさかさまに地面に落ちてしまいます。

　運のよいことに、ごんべえはやわらかいアワの畑のまんなかに落ちました。アワを何本もつぶされて、お百姓さんはかんかんです。ごんべえはしばらくお百姓さんを手伝うことになりました。そうしてアワをかっていたときのこと、ごんべえは特別大きなアワを見つけます。

「ああ、これをかったら、お百姓さんも喜ぶだろう」

　ごんべえがアワに手をかけて引っぱったそのとき

ぴょーん

アワにはじきとばされ、ごんべえはまた空高くまいあがりました。

　次に落ちた先は、かさ屋さんのかさの上。だいじなかさをつぶされて、かさ屋はかんかんです。ごんべえはここでもしばらく、かさづくりを手伝うことになりました。そうしてかさの骨に紙をはっているとき

ぶわーっ

と強い風がふいてきて、ごんべえはかさといっしょに空高くまいあがりました。

「ありゃりゃ、また空を飛ぶことになっちまったぞ」

　今度ごんべえが落ちたのは、最初にかもを見つけた池でした。

どぼーん

池のまんなかに落ちたごんべえは、やっとのことで、岸まで泳いではいあがって、あら、びっくり。ズボンの中になにかが入っているではありませんか。

　ズボンをぬいでみると、百ぴきばかりのドジョウがとびだしてきました。かもではなく、ドジョウが百ぴきとれたというわけで、ごんべえさんはそれはそれは喜びましたとさ。

知っ得ポイント

ごんべえは、お百姓さんにとても多い名前だったので、お百姓さんの代名詞としてよく使われていました。

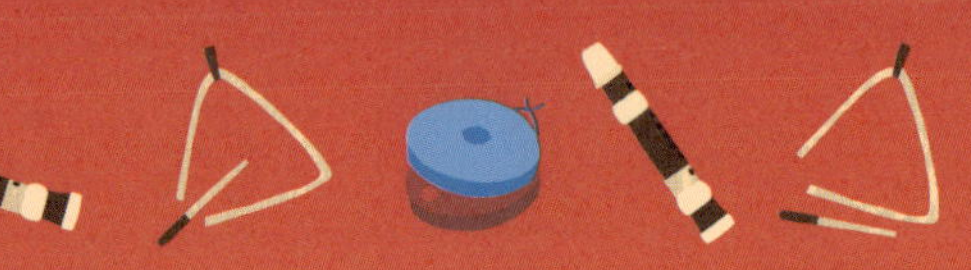

最初の文章がとても有名な名作です

坊っちゃん

夏目漱石

親ゆずりの無鉄砲で子どものときから損ばかりしている――坊っちゃんはそんな子どもだった。小学校にいるときは学校の二階から飛びおりて一週間ほど腰をぬかしたことがある。二階から首を出していたら、同級生の一人が「いくらいばっても、そこから飛びおりることはできまい。弱虫やーい」とはやしたから飛びおりてやったのだ。

母親を早くに亡くした坊っちゃんは、父親や兄とはそりがあわずに、お手伝いの清さんだけが味方だった。清さんだけが、「坊っちゃんは気持ちがまっすぐだ」とみとめてくれた。

そんなおり、父親まで亡くなった。仲よくなかった父親だけれど、遺産は残してくれたので、坊っちゃんはそのお金をもとに学校にいって中学校の先生になる。先生としていくことになったのは、遠い四国の中学校。

都会からいなかへ移って、なかなか生活になじめなかったが、そこは型やぶりの坊っちゃん、中学校で知りあった先生たちにあだ名をつけていく。ことなかれ主義の校長は「たぬき」、いつも赤いネルシャツばかり着ている陰険な教頭は「赤シャツ」、人はいいけれど、元気がなくて青白い顔の英語の先生は「うらなり」、教頭の顔色ばかりうかがっている美術の野田先生は「野だいこ」、そして自分と同じく数学を教えるいかつい先生は「山嵐」という具合だ。

坊っちゃんはやんちゃな生徒たちともうまくいかなかった。なにしろ、まっすぐな性格だったから、いたずらをされたり、からかわれたりするのが、がまんできなかったのだ。はじめての宿直の夜には、蚊帳の中にイナゴをいれられた。おこった坊っちゃんは、生徒たちに罰をあたえようとうったえるが、問題をおこしたくないほかの先生たちに無視される。このとき坊っちゃんの味方をしてくれたただ一人の先生が山嵐だ。だからだろう、坊ちゃんは山嵐のことは信頼し、二人は友だちになっていった。

そんなとき、赤シャツがうらなりの婚約者を横どりして、じゃまになったうらなりを遠くの学校へ転勤させるという事件がおこる。それに抗議した山嵐に、赤シャツはいろいろいやがらせをしているらしい。そして最悪なことに、生徒たちのけんかにまきこまれて乱闘さわぎを引きおこしてしまった山嵐が、赤シャツのさしがねでクビになった。

がまんできなくなった坊っちゃんは、ついに赤シャツをなぐってしまう――しかも、立ちあがれなくなるほどにぼこぼこに。なぐったあと、坊っちゃんは辞職願を書き、校長に送りつけた。そして次の日、四国を出て東京に帰った。先生だったのは、たった一か月だった。

東京に帰った坊っちゃんを、清は涙を流して喜んでむかえてくれた。坊っちゃんはその後、路面電車の技師になって、清とくらすことにしたのだった。

知っ得ポイント

夏目漱石はじっさいに、愛媛県の中学校で先生をしていました。その体験をもとにこの物語を書いたのです。

太平洋戦争と子どものくらし

戦争が始まると、子どもたちは……

戦争のはじまり

１９４１年の12月8日、日本はアメリカの真珠湾に攻撃をしかけて、戦争が始まりました。じつはその４年前から、日本は中国と戦争をしていました。アメリカが中国の味方をしたので、日本はアメリカとも戦争をすることになったのです。アメリカの味方だったイギリスやソ連、オランダ、フランスなどの国とも戦うことになりました。これを太平洋戦争といいます。

太平洋戦争は、国民をまきこんだ戦争になりました。日本の本土が爆撃されて、兵隊ではないふつうの人たちもたくさん死にました。学生も兵隊にかりだされたり、兵器をつくる工場で働かされたりしました。食べるものもなくなって、みな、貧しくて質素な生活を強いられました。「ほしがりません、勝つまでは」というスローガンとともに、日本は戦争をつきすすめていたのです。

子どものくらし

太平洋戦争にはもちろん子どもたちもまきこまれました。まず、それまで尋常小学校とよばれていた学校が「国民学校」に変わりました。国民学校では、体をきたえて、「強い日本国」をつくる人間になれるよう、教育をうけました。たとえば、女の子はなぎなたの練習や看護の訓練、男の子は木刀の訓練をしました。

学校が終わると、農家に手伝いにいって、畑をたがやしたり、サツマイモをうえたり、食料にするための木の実をひろったりしました。中学生になると、兵器をつくる工場で働かされました。

戦争がはげしくなって、大きな町に爆弾が落とされるようになると、子どもたちだけ、いなかに送られました。これを疎開といいます。町にいるとあぶないので、爆弾を落とされる心配がない山の中の村などで生活したのです。親とはなればなれで、食べ物も少ない、きびしい生活でした。

１９４５年8月15日、ようやく戦争が終わりました。しばらくして学校が始まると、子どもたちは、教科書を切ったり、黒くぬりつぶしたりさせられました。戦争のことをよくいったり、戦いたいと思わせるようなことが書いてある文章を、読めないようにしたのです。

戦争をしようと決めるのは大人ですが、いちばんたいへんな目にあうのは子どもかもしれません。

知っ得ポイント
今、学校によくある防空頭巾は、このころ、空襲から頭を守るためにつくられるようになったものです。

北極星

理科

わたしたちに方角を教えてくれる明るい星

12月9日のおはなし

天の北極にある星

北極星は、いつも真北の方角の空で輝いています。ほぼ天の北極にあるので、方角を知るにはとても便利なのです。

北半球であれば、どこにいても北の方角を教えてくれるので、昔から、船乗りたちは北極星を見て、方角をはかっていました。海の上からでも、北極星は見えますからね。船乗りたちにとって、北極星はとてもだいじな星だったのです。

真北にあって、けっして動かない星といわれてきた北極星ですが、じつはほんの少しだけ動いています。天の北極と少しだけ位置がずれているので、よく観察すると、北極星も円を描いて動いていることがわかります。天の北極のまわりをまわっているのです。

さらに、北極星は数千年ごとに交代します。地球の自転軸がちょっとずつぶれていっているので、それにあわせて天の北極の位置もずれていくからです。今はこぐま座のポラリスという星が北極星になっていますが、はるか昔は、りゅう座の星が北極星でした。北極星というのは、決まった星のことではなく、そのときいちばん天の北極に近い星のことをいうのです。今から1万2000年ぐらいたつと、こと座のベガが北極星になるといわれています。

北極星の見つけ方

たくさんある星の中で、どれが北極星なのか見わけるのは、とてもたいへんです。北極星を見つけるには、いくつか方法があります。

もっともわかりやすいのが、北斗七星を目印にする方法です。北斗七星は知っていますか？　北斗七星は大きなひしゃくの形をした星座で、どの星もとても明るいので、かんたんに見つけられるはずです。

その北斗七星のいちばん先にある2つの星のあいだの長さを、5倍のばしていくと、黄色っぽく輝く星にぶつかります。それが、北極星です。北斗七星は時間とともに動きますが、必ずその方法で北極星は見つかりますよ。

北斗七星

北極星

知っ得ポイント

天の北極というのは、地球の自転軸を北にのばした先のことです。

十二支のはじまり

中国の昔話

12の動物が、干支として選ばれたわけは……

昔々、神さまが動物たちにいいました。

「一月一日の朝に私のご殿へ、新年のあいさつにいらっしゃい。早くきたものから、十二番目にきたものまで、順番に年の守り神にしてあげよう」

神さまからだいじな役目をまかせてもらえるというのです。動物たちははりきって一月一日を待ちました。けれど猫だけは集まる日を忘れてしまい、ねずみにききにいきました。

ねずみは、悪だくみをしました。一人でもライバルがいなくなれば、自分が選ばれるチャンスはふえますからね。

「猫さん、神さまは一月二日にくるようにいっていたよ」

と、ねずみは答えました。

気のいい猫は、ねずみのことばをすっかり信じてしまったのです。

さて、一月一日の朝。動物たちは日の出とともに神さまのご殿へむかいました。ねずみは先頭を歩いている牛の背中に乗っていき、ご殿の門につくやいなや、背中から飛びおりて、一番に神さまのもとへつきました。

つづいてやってきたのが、牛です。それから、とらが走りこんできたかと思うと、うさぎがぴょんぴょんはねてきて、そのあと、大きな龍が空を飛んでくると、ヘビが地面をはってやってきました。さらに馬、羊とつづきます。次にやってきたのはさると犬でしたが、途中でけんかになり、にわとりがあいだに入ってけんかを止め、さる、にわとり、犬の順で門をくぐりました。さあ、残るは一ぴきです。すると、道のむこうから、なにかがすごいいきおいで近づいてきました。いのししが走ってきたのです。こうして、ねずみから始まって、いのししまで、十二の動物が、年の守り神になりました。

よく日、一月二日の朝。日の出とともに、猫が神さまのご殿へやってきました。ほかの動物たちがいないのを見た猫は、てっきり自分が一等だと思いました。

「神さま、わたしが一等ですね。どうぞ、年の守り神にしてください」

神さまはあきれて、猫にいいました。

「猫よ、なにをいっているんだ。わしは一月一日にくるようにといったはずだ。年の守り神は全部決まってしまったよ」

猫はねずみにだまされたことを知り、じだんだをふんでくやしがりました。

この年から、猫はねずみを追いかけまわすようになり、犬とさるは仲が悪くなったのだそうですよ。

知っ得ポイント

十二支をめぐっては、干支と干支になれなかった動物が戦う「十二類絵巻」というおとぎ話もあります。

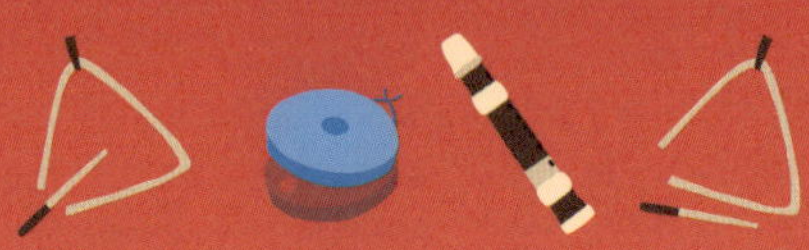

テストと偏差値

算数

中学・高校・大学に入るテストをうけるときに使われる数

テストの結果

学校で、勉強したことがちゃんとわかっているかをしらべるために、みなさんはテストをうけますね。

テストの結果が出たとき、みなさんはなにをいちばん気にしますか？　テストの点が高いか低いかでしょうか。70点と80点なら、80点のほうがよい点数だということはすぐにわかります。

順位が気になる人もいるかもしれません。全員の中で10番だった人と、20番だった人では、10番のほうが成績がよかったことはわかります。

平均点より上だったか下だったかが気になる人もいるでしょう。平均点より高い点をとっていれば、とりあえず安心。平均点より低いと、もっと勉強しなくちゃと思うかもしれません。

じつは、成績を見るとき、この3つの数字以外に、基準になる数値があります。偏差値という数値です。みなさんがこれから、中学や高校、大学に入るためのテストをうけるとき、目安としていちばんよく使われるのが、偏差値なのです。

ちがうものをくらべるものさし

先ほどあげた3つの基準――点数、順位、平均点は、そのときうけたテストの結果の中でしか使えません。

同じ人でも、80点とった国語と70点とった理科、どちらの成績がいいかはわかりません。国語のテストのほうが理科のテストよりかんたんだったかもしれないからです。算数で5番だった人と理科で10番だった人も、どちらの成績がいいかはわかりませんね。平均点も、うけたテストによって、ぜんぜんちがいます。

偏差値は、ちがうテストの結果同士でも、成績をくらべられるようにしたものさしのようなものなのです。

偏差値は、全体の中で、どれくらいの位置にいるかをあらわしています。かんたんにいうと、テストの結果を、平均を50とした点数に計算しなおしたのが偏差値なのです。

だから、偏差値50といったら、ちょうどまんなかの成績だということです。

知っ得ポイント

偏差値はたいてい25から75のあいだですが、マイナスや100以上になることもありえます。

山月記

中島敦

男がとらになったのには、
こういう理由がありました

昔、中国に李徴という男がいました。若いころから優秀で、すぐに役人にとりたてられましたが、たいへんな自信家だったので、「自分のような人間が役人なんかやっていられるか」と、役人をやめてしまいます。

死んでも名前が残るような詩人になろうと決めた李徴は詩をつくりつづけましたが、生活は苦しくなるばかり。生活のために役人にもどったら、昔より下っぱの立場になり、部下だった人たちに命令されるようになりました。

もともとプライドの高い李徴はそんな状態にたえられませんでした。そして、一年後の夜中、とつぜんさけびながら外に飛びだし、そのままゆくえしれずになったのです。

その次の年、袁傪という役人が山をこえようとしていたときのこと。人食いとらが出るといわれるあたりを用心しながら進んでいると、草むらから一頭のとらが飛びだしてきました。とらは袁傪におそいかかろうとしましたが、なぜかすぐに草むらにもどっていきました。そして、草むらから人の声がこういうのがきこえたのです。

「あぶないところだった」

袁傪はその声にききおぼえがありました。

「その声は、李徴ではないか」

そう、あのとらは李徴が姿を変えたものだったのです。袁傪は、人づきあいがきらいだった李徴の数少ない友人でした。

李徴は姿をかくしたまま、話しはじめました――一年前、自分はどこからかきこえてくる声にみちびかれて走っているうちに、いつのまにかとらになってしまった。今はまだ人間の心にもどることもあるが、そのうち人間であることを忘れて、ほんとうのとらになってしまうだろう。

「私は昔、人とつきあわずにえらそうにしていた。プライドは高いくせに、その実、臆病ではずかしがりやだった。詩の才能がないのをみとめられずに、かといって、師について教えをこおうとしたり、詩のなかまをつくって切磋琢磨したりしようともしなかった。私のそんな臆病なプライドが、心の中のとらだったのだ。そのとらはどんどん大きく育ち、そのうち、心ばかりでなく体までとらになってしまったのだ」

夜があけ、別れのときがやってきました。李徴は袁傪に、丘の上までいったら、こちらをふりかえるようにいいました。それは、袁傪に自分の姿を見せ、また会いにこようという気をおこさせないためでした。

丘の上で袁傪がふりかえると、草むらから一頭のとらがあらわれました。とらは月をあおいでほえると、草むらにもどり、その後ふたたび姿を見せることはありませんでした。

知っ得ポイント

この物語は、中国の昔話『人虎伝』がもとになっています。

自動車

だれもが利用している交通手段。ないと困りますよね

日本が世界に誇れるもの

　みなさんの家に自動車はありますか。昔、自動車はお金持ちしかもっていませんでしたが、今、数字だけ見ると、日本人の3人に2人は自動車をもっている計算になるそうです。自動車は、わたしたちの生活にはかかせないものなのです。

　自動車には、どの会社がつくったかひと目でわかるマークがつけられています。日本の中を走っている車の多くは、日本の会社がつくったもの。日本の自動車は、外国でもとても人気です。こわれにくいし、少しの燃料でたくさん走るし、性能がいいからです。日本がいちばんたくさん外国に輸出している工業製品は、自動車です。日本でつくっている自動車のおよそ半分は、外国に輸出しているのです。それに、製品としての自動車だけでなく、自動車の部品もたくさん輸出しています。自動車にかかわる産業は、日本が世界に誇れる産業なのです。

新しい車

　ただ、環境のことを考えると、あまり自動車がふえすぎるのはよくありません。自動車が出す排気ガスが、地球の大気をよごすからです。また、自動車の燃料のガソリンは石油からつくられますが、地球にある石油にはかぎりがあります。

　そこで、石油をあまり使わず、排気ガスも少ない自動車をつくる研究が、進められてきたのです。そうしてできたのが、電気自動車やハイブリッド車です。

　電気自動車は、電気で走る車です。燃料を燃やして走る車ではないので、排気ガスはまったく出ません。ただ、電気を充電させられる場所が町の中に少ないのと、値段が高いので、もっている人はそれほど多くありません。

　ハイブリッド車は、電気とガソリン、両方を使って走る車です。排気ガスは出しますが、電気自動車より値段が安く、使いやすいので、ハイブリッド車の数はどんどんふえています。2016年の数を見ると、ハイブリッドの台数は560万台。10年前は25万台しかありませんでしたから、とてもすごいスピードでふえています（電気自動車は、およそ6万台です）。

　自動車全体の台数が8000万台ですから、ハイブリッド車がふえたといっても、まだまだ少ないです。

　でも、環境や燃料のことを考えると、これから電気自動車やハイブリッド車はどんどんふえていくでしょう。みなさんが大人になるころには、もっと環境にやさしい、新しい車も発明されるかもしれません。

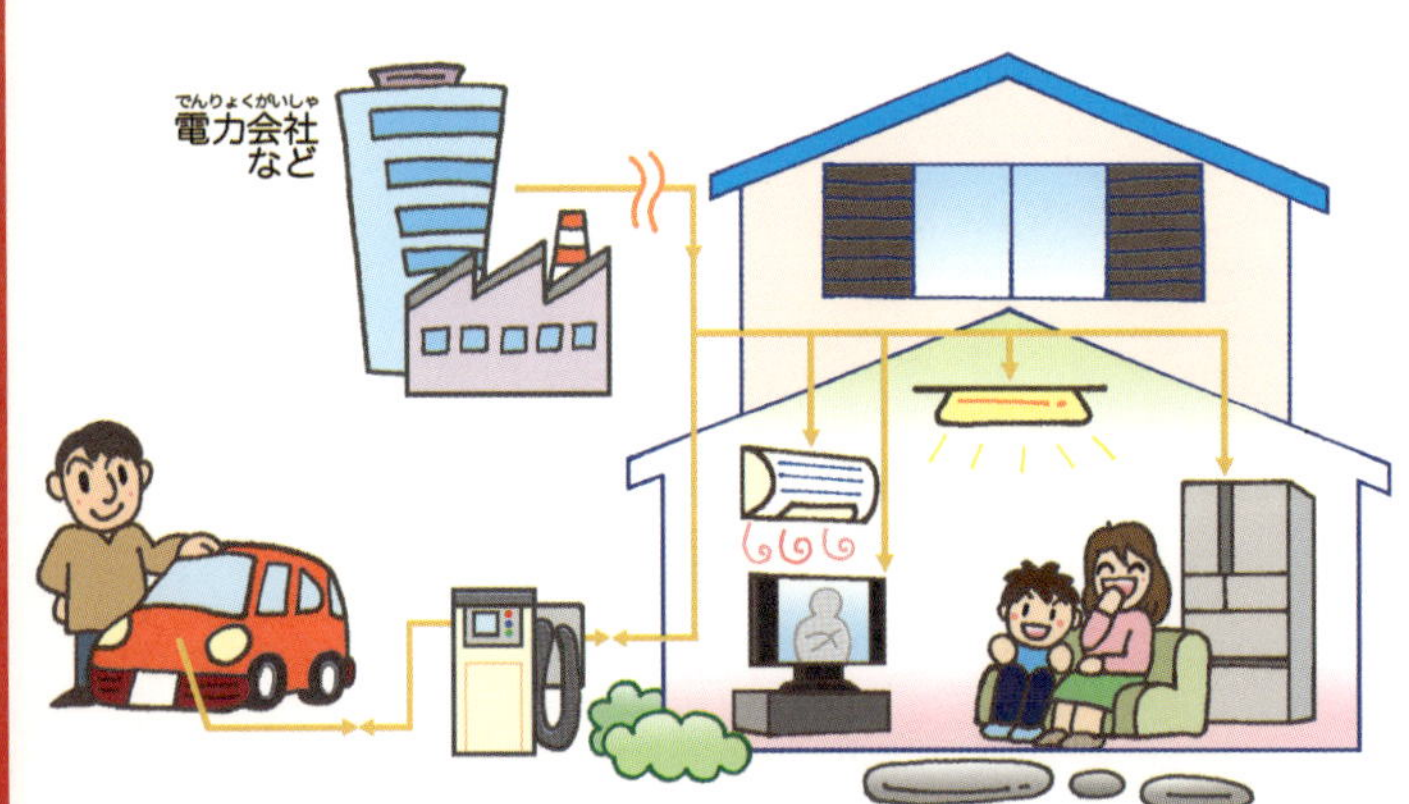

知っ得ポイント

日本の会社が外国に工場をたててつくっている車の数は、国内でつくっている車のおよそ2倍にのぼります。

フランダースの犬

ウィーダ

あまりにも悲しい少年と犬の物語

ベルギーのフランダース村に、ネロという少年がおじいさんと犬のパトラッシュとくらしていました。両親がいなかったネロは、牛乳を運ぶ仕事をしていました。ネロのそばには必ずパトラッシュがいました。道ばたで死にかけていたところをネロに助けられてから、パトラッシュはずっとネロといっしょなのです。

でも、牛乳運びでもらえるお金など、ごくわずか。ネロたちは毎日の食べ物にも困るほど、貧しいくらしをしていました。そんなネロの夢は、町の大聖堂にある有名な画家ルーベンスの絵をひと目見ることと、自分も画家になること。大聖堂の絵は、お金をはらわないと見ることができません。絵のコンクールで一等をとって賞金をもらって見にいくんだ──ネロはそう思って、毎日、大好きな絵を描いていたのでした。

ところが、そんなある日、ネロのたった一人の友だちアロアの家が火事になってしまいます。アロアの家は村いちばんのお金持ちでした。娘が貧乏人のネロと友だちでいることを気に食わないアロアのお父さんは、その火事をネロのしわざと決めつけました。おかげで、ネロは村の人たちから冷たくされ、仕事もへってしまいます。さらに、もうすぐクリスマスというある日、弱っていたおじいさんがついに亡くなりました。そして家賃をはらえなくなったネロは、家から追いだされてしまったのです。

食べるものも、すむ場所もなくなったネロに残されていたのは、絵のコンクールで賞をとれるかもしれないという、わずかな望みだけでした。けれど、その望みもかないませんでした。賞をとったのは、お金持ちの家の子だったのです。

絶望したネロはパトラッシュをアロアにたくし、吹雪の中を大聖堂にむかいました。もう自分に未来はないけれど、最後にひと目でいいから、ルーベンスの絵を見たい──そう思ったのです。アロアの家に残されたパトラッシュは、すきを見て逃げだし、ネロのあとを追いました。こおった道の上を全速力で走ったので、氷で足が切れて、血がにじみます。それでもかまわず、パトラッシュは大聖堂まで走りました。

ネロはルーベンスの絵の下で倒れていました。パトラッシュはネロに近づいて、顔に鼻をおしつけました。

「ああ、パトラッシュ、きてくれたんだね……ここは暗くて寒いね……」

二人が寒さに気をうしないかけたとき、とつぜん光がさしこみ、ルーベンスの絵をてらしだしました。夢だった絵を、とうとう見ることができたのです。ネロはパトラッシュをしっかりだきしめました。

よく朝、人々は教会でだきあって死んでいる少年と犬を見つけました。その日、コンクールに出したネロの絵に大きな才能を感じた画家が、ネロを引きとりにやってきましたが、もうなにもかもおそかったのです。

知っ得ポイント

ネロが見たがっていたルーベンスの絵は、今もベルギー・アントウェルペンの聖母大聖堂にあります。

正義をつらぬきとおした運動家

田中正造

伝記（1841〜1913年　日本）

田中正造は、江戸時代の終わりに、下野国小中村（今の栃木県佐野市）で生まれました。家は裕福な農家で、父親は村の名主をつとめていました。正造は若いころから正義感が強く、村の農民を守るために、領主と闘って牢屋にいれられたりしていました。県議会や衆議院の議員になってからも、つねに弱い立場の者たちの側に立って、政治や社会運動にかかわっていました。

田中正造の名前を有名にしたのは、足尾鉱毒事件です。明治時代になって、工業や産業がさかんになると、足尾の銅山で、多くの銅がとられるようになりました。すると、銅山近くを流れる渡良瀬川の下流で、ふしぎなことがおこりはじめます。まず、川の水がにごり、カエルや魚が大量に死にました。井戸水を飲むと下痢をしたり、小さい子の死亡率もふえました。また、山の木もどんどんかれて、はげ山になってしまったのです。木がなくなった山は、雨に弱くなります。雨がふると、水や土砂がたくさん流れだし、しまいには洪水がおこりました。そして、川の水が田畑をのみこみ、農作物もとれなくなってしまったのです。

足尾銅山が毒をたれながしているからにちがいない、と思った正造は、国会で演説をおこない、政府に被害を伝え、銅をとるのをやめさせてほしいとうったえたのです。けれど、軍事力を拡大しようとしていた政府は、銅をとることを優先し、正造の話をきこうとしませんでした。

何度国会でうったえてもらちがあかないことに気づいた正造は、議員をやめて、天皇に直訴するという最終手段に出ます。死を覚悟しての行動でした。けれど、直訴状をかかげて、天皇の乗った馬車にかけよる途中で、警官にとらえられてしまうのです。もっとも、この事件がニュースになったため、鉱毒事件のことが世の中に広まり、反対運動がもりあがるきっかけになりました。

反対運動がもりあがったおかげで、政府は足尾銅山の調査をしなければいけなくなりました。調査の結果、鉱毒の量はへっているので、あとは洪水をふせぐためのため池をつくればよいということになりました。

鉱毒がへったといっても、きちんと科学的な調査がされたわけではありません。正造はこのときも、反対の声をあげました。口うるさい正造がじゃまだったのでしょうか、政府はため池をつくる場所を、正造がすんでいた小中村に決めました。村人たちは土地を追い出され、遠い北海道に移住させられました。ただ、正造は最後まで村に残って抵抗しました。結局、正造はそのまま小中村で、病気によって亡くなります。亡くなったとき家にあったのは、憲法と聖書、日記と、足尾の小石数個だったそうです。命の灯が消えるまで、正義をつらぬきとおした人生でした。

知っ得ポイント

足尾銅山は今、一部が公開されています。トロッコに乗って、銅山の中を見学できます。

百人一首　冬

日本語の美しいひびきとリズムを楽しみましょう

百人一首は、百人のすぐれた歌人の短歌を一つずつ集めたものです（短歌というのは、三十一文字でつくられた歌のことです）とくに有名なのは、今から八百年以上前の平安時代の終わりに藤原定家という人が集めた「小倉百人一首」でしょう。その中から、冬の歌をしょうかいします。

田子の浦に　うちいでてみれば
白妙の
富士のたかねに　雪はふりつつ
山部赤人

田子の浦の海岸に出てみると、雪をかぶったまっ白な富士山の高い峰に、今もさかんに雪がふりつづいている。

鵲の　わたせる橋に　おく霜の
白きを見れば　夜ぞふけにける
中納言家持

かささぎがわたしたという天の橋ににた橋が宮中にあるが、その上に、まっ白い霜がおりている。夜もずいぶんふけたのだなあ。

山里は　冬ぞさびしさ　まさりける
人目も草も　かれぬと思へば
源宗于朝臣

山里はいつの季節でもさびしいが、やってくる人もいなくなり、草もかれてしまう冬は、とくにさびしく感じられるものだ。

心あてに
おらばやおらむ
初霜の
おきまどはせる
白菊の花
凡河内躬恒

無造作におろうとすれば、はたしておれるだろうか。一面にまっ白な初霜がおりているので、どれが霜でどれが白菊の花か見わけられないというのに。

朝ぼらけ　有明の月と　見るまでに
吉野の里に　ふれる白雪
坂上是則

夜が明けるころあたりを見てみると、まるで有明の月がてらしているのかと思うほどに、吉野の里にまっ白な雪がふりつもって、明るく輝いている。

知っ得ポイント

かささぎがわたした橋というのは、7月7日にかささぎが天の川にかけたとされる橋。七夕伝説の橋のこと。

万有引力

リンゴはどうして木から落ちるのでしょう

リンゴが落ちる

万有引力ということばを知っていますか。ちょっとむずかしいことばですね。

万有引力というのは、重さのあるモノはすべて、ほかのモノを引きよせる力があるということです。たとえば、えんぴつを机からころがすと、床に落ちますね。これは、えんぴつが地球に引っぱられているからです。じつは、えんぴつのほうも、地球を引っぱっているのですが、地球がえんぴつを引っぱる力のほうがはるかに大きいので、えんぴつは床に落ちるのです。

このルールを発見したのは、ニュートンというイギリスの学者です。ニュートンは、大学生だったとき、家の庭にあるリンゴの木から、リンゴが落ちるのを見て、なぜリンゴは地面に落ちるのに、空にある月は落ちてこないのかを考えて、万有引力を発見したといわれています。そして、数学の知識を使って、それを証明したのです。それまでも、月が落ちてこない理由を考えて、月と地球のあいだには力が働いていると考えた学者はいましたが、それをきちんと証明できたのはニュートンがはじめてでした。

引力と重力はちがうの？

引力とにたことばに、重力ということばがあります。引力と重力はちがうのでしょうか。

引力とは、モノがほかのモノを引っぱる力のこと。宇宙全体に、引力はあります。

反対に、重力とは、地球どくとくのものです。地球はくるくる自転していますね。ですから、地球の上にあるものは、地球の引力で引っぱられるだけでなく、地球が回転していることで生まれる別の力もかかっているのです。

この別の力というのは、遠心力というものです。たとえば、遊園地で回転するアトラクションに乗ると、外にむかって飛びだすような力がかかりませんか？あれが遠心力です。遠心力は引力とは逆むき――地球の外にむかって働くので、地球の上にあるものには、地球の引力から遠心力を引いた力がかかることになります。これが重力なのです。

知っ得ポイント

「私が価値ある発見をできたのは、ただじっと注意をはらいつづけてきたからだ」と、ニュートンはいいました。

国語

アイヌ神謡集

知里幸恵　訳

自然とともに生きていた
アイヌの人々に伝わる物語

原典

カエルがみずからをうたった謡
トーロロ　ハンロク　ハンロク！

トーロロ　ハンロク　ハンロク！
ある日に、草原を飛びまわって
遊んでいるうちに見ると、
一軒の家があるので
戸口へいってみると、
家の内に宝のつんであるそばに
高床がある。その高床の上に
一人の若者が鞘をきざんで
うつむいていたので、
私はいたずらをしかけようと思って
敷居の上に座って
「トーロロ　ハンロク　ハンロク！」
と鳴いた。
ところが、かの若者は刀もつ手を
あげ私を見ると、ニッコリ笑って、
「それはおまえの謡かえ？
おまえの喜びの歌かえ？
もっとききたいね」というので、
私は喜んで
「トーロロ　ハンロク　ハンロク！」
と鳴くと、かの若者のいうことには、
「それはおまえのユーカラかえ？
サケハウかえ？
もっと近くできききたいね」

私はそれをきいてうれしく思い
下座のほうの炉縁の上へ
ピョンと飛んで
「トーロロ　ハンロク　ハンロク！」
と鳴くと
かの若者のいうことには、
「それはおまえのユーカラかえ？
サケハウかえ？
もっと近くできききたいね」
それをきくと私は、
ほんとうにうれしくなって、
上座のほうの
炉縁のすみのところへ
ピョンと飛んで
「トーロロ　ハンロク　ハンロク！」
と鳴いたら
とつぜん！　かの若者がパッと
立ちあがったかと思うと、
大きな薪の燃えさしをとりあげて
私の上へ投げつけた音は
体の前がふさがったように思われて、
それっきりどうなったか
わからなくなってしまった。
ふと気がついてみたら
あくすて場の末に、
一つの腹のふくれたカエルが
死んでいて、その耳と耳とのあいだに

私は座っていた。
よく見ると、
ただの人間の家だと思ったのは、
オキキリムイ、神のように
強い方の家なのであった、そして
オキキリムイだということも
知らずに私が悪戯をしたのであった。
私はもう今このように
つまらない死に方、
悪い死に方をするのだから、
これからのカエルたちよ、けっして、
人間たちに悪戯をするのではないよ。
と、ふくれたカエルがいいながら
死んでしまった。

知っ得ポイント
アイヌ語は文字をもたなかったため、物語は口伝えで伝わりました。それを知里さんが日本語に訳したのです。

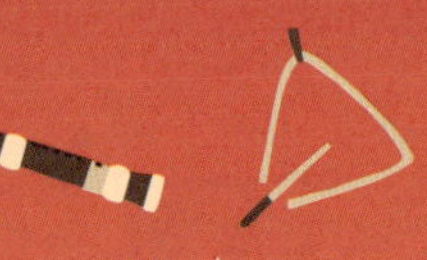

いろいろなスケール

算数

身のまわりには、思いもよらないスケールがあるのです

わたしたちは、いろいろなものをはかって数字にしています。たとえば、地震のときの震度。どれくらいゆれたかを数字にして、だれにでもわかりやすくしています。いろいろなものさし（スケール）があるようなものです。

中には面白いスケールがあるので、2つしょうかいしましょう。

トリノ・スケール

宇宙にはたくさんの小惑星があります。その中には、映画のように地球に衝突してくる小惑星があるかもしれません。小惑星が地球に衝突する確率や、衝突したときどれくらい被害が出るかを予測したのが、トリノ・スケールです。

0……まったく問題なし。
1……地球のそばを通るけれど、心配する必要はない。
2〜4…地球の近くにくるので、注意して観察する必要がある。
5〜7…衝突して被害が出る可能性がかなりある。
8〜10…衝突することは確実。

スコビル・スケール

トウガラシのからさをあらわすスケールで、0から1600万スコビルまであります。それぞれのトウガラシからとったエキスを何倍の砂糖水でうすめたら、からさを感じなくなるかで、はかって出します。わさびなどはからさの種類がちがうので、スコビル・スケールは使えません。

0……ピーマン
2500……ハラペーニョ
40000……鷹の爪
500000……ハバネロ
1100000……ウルトラデス ソース
2200000……キャロライナ・リーパー

最後のキャロライナ・リーパーは2012年に、世界一からいトウガラシとして、ギネスブックに認定されました。こんなにからいと、食べ物というより、毒に近いかもしれませんね。

知っ得ポイント

うんちの状態なら「ブリストル・スケール」。1はコロコロ、4はバナナ状、7は水状と、7タイプであらわします。

ブレーメンの音楽隊

グリム

人間に見すてられた動物たちは……

昔、ある町に、年をとって荷物を運べなくなったろばがいました。ある日、ろばが主人からこっぴどくおこられていると、かわいそうに思ったわたり鳥が「遠くブレーメンという町では、人間たちからかわいがられなくなった動物が音楽隊をつくって、楽しくくらしているらしいよ」と教えてくれました。

ろばはブレーメンめざして出発しました。しばらくいくと、傷だらけの犬に会いました。

「年をとって走れなくなったからって、主人にたたかれたんだ」

かわいそうに思ったろばが、「ぼくとブレーメンへいって、音楽隊に入らないか」とさそうと、犬はいっしょにいくことに決めました。

また少しいくと、今度は猫がしくしく泣いていました。きけば、年をとったので捨てられたといいます。

「だったら、ぼくたちといっしょにブレーメンへいって、音楽隊に入らないか」二ひきがさそうと、猫もいっしょにいくことになりました。

また歩いていると、今度はしょんぼりしているにわとりに会いました。

「私は明日、スープにされてしまうんです」

三びきはにわとりをブレーメンの音楽隊にさそいました。もちろん、にわとりもついていくことになりました。四ひきはブレーメンめざして歩きつづけましたが、道のりはとても遠いのです。夜になったので、どこかに泊まることにしました。

見ると、遠くに明かりがついている窓があります。四ひきが近づいていって、窓から中をのぞくと、人相の悪い男たちが、剣をとぎながら、なにやら話をしています。

「次はどの村をおそってやろうか」

「北のほうに金持ちのばあさんが一人ですんでいる村があるらしいぜ」

なんと、泥棒たちのあじとだったのです。たしかに家の中には金貨や宝石がたくさんならんでいます。四ひきは泥棒たちを追いだして、宝を手にいれられないか、相談しました。

「そうだ、いいことを思いついたぞ」

ろばが自分のアイデアをみんなに説明し、やってみることにしました。

まずろばが前足を窓わくにかけ、その上に犬が、犬の上に猫が、猫の上ににわとりが乗りました。そして、大声でいっぺんにさけんだのです。

「ひひーん！」

「わんわん！」

「にゃーっ！」

「こけこっこー！」

泥棒たちは驚いて引っくりかえりました。なにしろ、窓に、頭がギザギザで角もある、とんでもなく大きい怪物の影がうつっているのです。

「ば、ばけものだーっ！」

「助けてー！」

泥棒たちはあわてて逃げていき、もうもどってきませんでした。四ひきは、そのままその家で仲よくくらしたということです。

知っ得ポイント

ドイツの町ブレーメンには4ひきの銅像があって、ろばの足をさわると願いごとがかなうといわれています。

生活習慣病

保健体育

大きくなってメタボにならないために……

生活のしかたで病気になっちゃう？

生活習慣病ということばをきいたことがありますか？　きいたことがない人も、メタボということばは知っているのではないでしょうか。

メタボとは、メタボリック・シンドロームのこと。メタボというと、太っていることだと思っているかもしれませんが、ちょっとちがいます。メタボは、内臓のまわりに脂肪がついて、さまざまな病気を引きおこすこと。ひどくなると、命にかかわってくるのです。

メタボは生活習慣病です。生活習慣病とは、文字どおり、生活習慣のせいでおこる病気のこと。

どんな病気があるかというと、メタボをはじめ、ガン、高血圧、心臓病、肥満……などなど。生活習慣のせいで、こんな病気になっちゃうの？　と驚く人もいるかもしれませんね。

それだけ、生活習慣というのはだいじなのです。では、どんな生活習慣が病気を引きおこすのでしょうか。

よくない生活習慣

まず、食べ物にかんすること。食べすぎたり、肉ばかり食べるとか、パンばかり食べるとか、かたよった食事をしたり。寝るまぎわに食べたり。間食が多かったり、油っぽいものが好きだったり。

それから、不規則な生活。朝はいつまでも寝ていて、そのかわり夜ふかしをする。日曜日は昼すぎまで寝る、などです。

朝、人間は太陽の光をあびて、体の中にある時計をリセットします。そうして、自分の体のリズムをととのえているのです。ですから、朝は決まった時間におきて、太陽の光をあびることがだいじです。

運動不足も生活習慣病を引きおこします。運動といっても、そんなにたいへんなことをするわけではありません。エレベーターやエスカレーターのかわりに階段を使ったり、ちょっとした距離だったらバスに乗らないで歩いたりするだけでも、りっぱな運動です。

生活習慣病なんて、大人の病気と思っていてはいけません。規則正しい生活や、バランスのいい食事は、子どものころから心がけていなければ、大人になってもなかなかきちんとできないものなのです。

知っ得ポイント

生活習慣病の代表、高血圧の人は、およそ4000万人いると考えられます。大人の3人に1人以上の割合です。

論語

孔子

心を打つ教えやことばの宝庫です

「論語」は、今から二千年以上前に中国にいた思想家、孔子と、そのお弟子さんたちとの問答や、おこないを書いた本です。孔子の教えは、昔から、日本人にも大きな影響をあたえてきました。

孔子の教えは「子曰わく」ということばのあとにつづいて書かれていることが多いのですが、ここで「子」とは、先生である孔子のこと。「子曰わく」とは、「(孔子)先生はおっしゃった」という意味です。

子曰わく、「学びてときにこれを習う、また喜ばしからずや。朋あり遠方よりきたる、また楽しからずや。人知らずしてうらまず、また君子ならずや」

先生はおっしゃった。「昔からのいい教えを学び、それを実践する、それこそ喜びである。朋(同じ教えを学んでいる人)が遠くからやってきてくれる、それは実に楽しいことである。ほかの人が自分のことを正しく理解してくれなくても、心に不満をいだいたり、おこったりはしない、それでこそ君子である」と。

子曰わく「おのれの欲せざるところは、人にほどこすことなかれ」と。

先生はおっしゃった。「自分がされたくないことは、他人にしてはいけない」と。

子曰わく「過ちて改めざる、これを過ちという」と。

先生はおっしゃった。「人はだれでもあやまちをおかすが、あやまちをおかしてもそれを改めようとしないのが、ほんとうのあやまちというものだ」と。

子曰わく、「故きを温めて、新しきを知る、もって師となるべし」と。

先生はおっしゃった。「昔のことをじっくり学んで、そこに新しい考えを見つけることができれば、師となれるだろう」と。

子曰わく、「われ十有五にして学に志す。三十にして立つ。四十にして惑わず。五十にして天命を知る。六十にして耳したがう。七十にして心の欲するところにしたがいて、矩をこえず」と、

先生はおっしゃった。「わたしは十五歳のとき、学問を志した。三十歳のとき、なににも動じない立場をもてるようになった。四十歳では、迷いも消え、するべきことをした。五十歳でようやく生まれてきた意味を知った。六十歳になって、人の話をすなおにきける余裕が出てきた。七十歳ともなれば、心のままにふるまえるようになり、しかも道義からはずれることもない」と。

知っ得ポイント

「曰(い)わく」は「曰(のたま)わく」と読むこともあります。「曰(のたま)わく」と読むときは、相手に最大の敬意をあらわすときです。

遠野物語

柳田國男

昔から伝わる、ふしぎな世界とこちらの世界をつなぐ物語

マヨイガ

これは、今の岩手県遠野市に昔から伝わるお話です。

遠野から少しはなれた山おくに、三浦さんという人の家がありました。三浦さんは、村いちばんのお金持ちですけれども、二、三代前まではとても貧しい家でした。

そんな貧しいころ、ある日、この家の奥さんが、ふきをとろうと、門の前を流れる小川にそって歩いていきました。ところが、あまりいいふきを見つけることができません。奥さんは、ふきをさがして、どんどんどんどん谷のおく深くへ入っていき、道に迷ってしまいました。

さて、ふと気づくと、目の前に黒い門のりっぱなお屋敷がありました。ふしぎに思って、門をくぐり、中へ入ってみると、広い庭がありました。庭では、赤や白の花が一面にさき、にわとりもたくさん遊んでいます。

庭をまわって裏へいくと、牛小屋と馬小屋があって、たくさんの牛と馬がいました。けれど、人の姿はどこにもないのです。

そこで、玄関からあがってみました。玄関のとなりの部屋には、朱と黒のおぜんやおわんがたくさん用意されています。火鉢もあって、お湯がしゅんしゅんわいています。

でも、人の姿はどこにもないのです。奥さんは、「ここはもしかしたら山男の家かもしれない」と思い、怖くなって、そこから逃げだしました。

しばらくたったある日、外の小川で洗いものをしていると、川上から、赤いおわんが流れてきました。それがとてもきれいだったので、奥さんはひろいあげました。でも、これを食器に使ったら、落ちていたものを食器にするなんてきたないといって、おこられるかもしれません。そこで、奥さんは、お米などをはかる器として使うことにしました。

ところが、この器でお米をはかりはじめてから、いつまでたっても、お米がなくならなくなったのです。家の人たちもそれをあやしんで、奥さんに問いただしたところ、奥さんは、それまでのいきさつを全部打ちあけました。それから、この家には幸運がまいこむようになって、ついには村いちばんの大金持ちになったのでした。

遠野では、山の中にあるこのようなふしぎな屋敷のことを「マヨイガ」といいます。そして、マヨイガに入りこんだら、必ず屋敷の中にある食器や家畜など、なんでもいいからもって帰ってくることになっています。マヨイガにめぐりあうということは、神さまが、その人に幸運をさずけようとしているしるしなのです。このおはなしの奥さんはマヨイガからなにももってこなかったから、おわんが自分から流れてきたのだといわれているそうです。

知っ得ポイント

遠野物語は岩手県遠野地方に伝わる話を集めたもの。ざしきわらしや神かくし、かっぱの話も出てきます。

ゴスペル

教会でうたわれる迫力まんてんの聖歌

グッド・ニュースの音楽

ゴスペルソング(ゴスペル)ということばをきいたことがありますか? ゴスペルとは、福音の歌。「福音」なんてちょっとむずかしくきこえますが、英語でいうと「グッド・ニュース」——よい知らせという意味です。ゴスペルとは、教会でうたわれる歌——神さまにむかってうたわれる歌のことなのです。

賛美歌も教会でうたわれる歌ですが、賛美歌とはちょっとちがいます。ゴスペルはアメリカの黒人教会でうたわれる歌のこと。ゴスペルの誕生には、アメリカの黒人が経験してきた苦しくつらい歴史がかかわっているのです。

ゴスペル誕生

1600年代、ヨーロッパの国々は、アフリカ大陸にすむ人々を動物のようにつかまえては、安い働き手が必要な人たちに売りつけるという「奴隷貿易」をしていました。そのとき、たくさんの黒人が、アフリカからアメリカに送られたのです。

売られた黒人は、大きな農場やお金持ちの屋敷で、一日じゅう働かされました。「奴隷」は人間だとは思われていなかったので、黒人たちはつらい労働にたえながらくらしていました。その労働のあいまに、または、仕事が終わって、なかまうちで集まったときに、黒人たちは、自分たちをはげまし、神さまにいのるために、歌をうたいはじめました。これが、スピリチュアルとよばれる歌で、ゴスペルのもとになったものです。

奴隷の制度は、その後1863年に廃止されましたが、差別がなくなったわけではありませんでした。教育をうけてこなかった黒人たちがいい仕事につけるチャンスはありませんでした。自由にはなったけれど、生活の苦しさは変わらなかったのです。

そんな苦しくて貧しい生活をしていた黒人たちが、教会で、スピリチュアルと賛美歌をあわせた歌——ゴスペルをうたうようになっていったのです。ゴスペルは、苦しくて貧しい人たちによりそう、希望の歌です。ゴスペルに入っている「苦しくてもつらくても、神さまを信じて生きていこう」というメッセージは、貧しい黒人たちの心にしっかりとどきました。そうして、ゴスペルはアメリカじゅうに広がっていきました。

知っ得ポイント

世界の歌姫といわれていたホイットニー・ヒューストンも、若いころ、ゴスペル聖歌隊でうたっていました。

テーブルマナー

食事をするときのマナー、知っていますか？

和食の食べ方

みなさんは家で、お皿をならべるお手伝いをすることがありますか？お手伝いをする人は知っているかもしれませんが、お皿にはならべ方のルールがあるのです。

和食の基本は、一汁三菜といわれています。おみそ汁などの汁ものが一つ、おかずが三つという意味です。毎日の食事では、おかずが三つもないかもしれませんが、ならべ方をおぼえておくと、便利ですよ。

基本的なならべ方

・おはしはいちばん手前で、もつほうを右にむける
・ごはんは手前左
・汁ものは手前右
・むこう側の右にメインのおかず
・むこう側の左に、メインの次にあたるおかず
・まんなかに、いちばん小さいおかず

和食を食べるときに、いちばんだいじなのは、お茶わんや器を手にもって食べるということ。お茶わんをの四本の指にお茶わんの底をのせて、親指はふちにそっとそえるのが、きれいです。

テーブルにおいたままおはしでつつくのは、マナー違反なのです。お茶わんをもつときは、親指以外

洋食の食べ方

レストランなどで洋食を食べるときは、フォークやナイフを使います。フォークやナイフは、お皿の両わきにならんでいます。左側がフォークで、右側がナイフです。

洋食ではたいてい、お料理が順番に出てくるので、料理が出てきたら、外側においてあるナイフとフォークから順に使っていきます。

食べおわったら、お皿の上に、ナイフとフォークをならべてのせます。これが、「食べおわりました。お皿をさげてください」という合図です。料理が残っていても、ナイフとフォークがお皿にならべておかれたら、給仕する人はお皿をさげます。ですから、まだ食べるつもりのときは、ナイフとフォークはならべておかないこと。

食べている途中にひと休みするときは、ナイフとフォークを八の字におきます。こうすると、「まだ食べますから、さげないでくださいね」と給仕する人に伝わるのです。

知っ得ポイント

魚を食べるときは、まず上半分→下半分。それから、骨と頭をとって、また上半分→下半分の順で食べます。

徳川家康

(1543〜1616年　日本)

江戸幕府をつくった史上最大の武将

人質だった子ども時代

徳川家康の名前を知らない人はいないでしょう。徳川家康は、江戸(今の東京)に幕府をひらき、260年つづいた平和な世の中をつくった武将です。

徳川家康は、三河国(今の愛知県)をおさめていた武将の家に生まれました。ところが、家康の父は力の弱い武将だったため、家康は6歳から19歳まで、となりの駿河国をおさめていた今川氏のところに、人質としてあずけられていました。そのころ、力の弱い武将は、家をほろぼされないよう、強い武将のところに、人質として子どもをさしだしていたのです。

ところが、強かったはずの今川氏が、桶狭間というところで織田信長と戦をして、負けてしまいます。家康はそれをうまく利用して、今川氏から独立し、信長に協力することにしました。そして、信長がどんどん勢力をのばしていくのにあわせて、力をつけ、領地を広げていきました。

チャンスを待つ

そんなとき、織田信長が天下統一を目前に殺されてしまいます。信長が死んだあと、いち早く天下をとろうと動きだしたのが豊臣秀吉でした。家康はそれを止めようと、織田信長の息子と手を組んで、秀吉と戦いました。けれど、戦いに決着がつかなかったので、家康はいったん戦いをやめて、秀吉にしたがうことにしたのです。秀吉が天下統一をしたあとは、関東の領地をもらい、江戸城をきずいて、力をたくえていったのでした。

そしてついに1600年、秀吉が亡くなりました。待ち望んでいたチャンスがやってきたのです。家康は関ヶ原で豊臣家に勝利し、1603年に征夷大将軍になって、江戸幕府をひらきました。

徳川家康と豊臣秀吉、織田信長の3武将の性格を、ほととぎすにたくしてうたった歌があります。「鳴かぬなら、殺してしまえ、ほととぎす」、「鳴かぬなら、鳴かせてみせる、ほととぎす」、「鳴かぬなら、鳴くまで待とう、ほととぎす」という歌です。

家康のことをうたったのは、最後の歌。鳴かないつもりなら、鳴くまで気長に待っていようという意味です。天下統一をする機会を待ちつづけ、最後にそのチャンスをつかみとった家康の性格をとてもうまくいいあらわしています。

知っ得ポイント

家康が武田信玄の軍と戦をしたとき、追いつめられて、馬上でうんちをもらしてしまったという伝説があります。

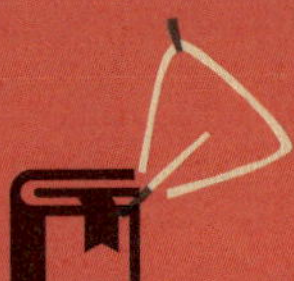

国語

ワニのおじいさんの宝物

原典 ワニのおじいさんがかくした宝物とは……

川崎洋

へビもカエルも、土の中にもぐりました。からすが寒そうに鳴いています。

ある、天気のいい日に、帽子をかぶったオニの子は、川岸を歩いていて、水ぎわで眠っているワニに出会いました。

ワニを見るのは生まれてはじめてなので、オニの子は、そばにしゃがんで、しげしげとながめました。

そうとう年をとっていて、鼻の頭からしっぽの先まで、しわしわくちゃくちゃです。人間でいえば、百三十歳くらいの感じ。

ワニは、ぜんぜん動きません。

死んでいるのかもしれない――と、オニの子は思いました。

「ワニのおじいさん」

とよんでみました。

ワニは、目をつぶり、じっとしたまま。

あ、おじいさんでなくて、おばあさんなのかもしれない――と思いました。

「ワニのおばあさん」

やっぱり、ワニはぴくりとも動きません。

死んだんだ――と、オニの子は思いました。

オニの子は、そのあたりの野山を歩いて、地面に落ちている、ホオの木の大きな葉っぱをひろっては、ワニのところに運び、体のまわりにつみあげていきました。

朝だったのが昼になり、やがて夕方近くなって、ワニの体は半分ほど、ホオの木の葉っぱでうまりました。

すると、

「ああ、いい気持ちだ」

と、ワニは、つぶやきながら目をあけたのです。

「きみかい、葉っぱをこんなにたくさんかけてくれたのは」

「ぼくは、あなたがじっとして動かないから、死んでおいでかと思ったのです」

「遠いところから、長い長い旅をしてきたものだから、すっかりつかれてしまってね、もう、ここまでくれば安心だと思ったら、急に眠くなってしまってさ。ずいぶん何時間も眠っていたらしいな。夢を九つも見たんだから」

そういうと、ワニは、むああっと長い口をいっぱいにあけて、あくびをしました。

「あの、ワニのおじいさん？ それとも、おばあさんですか？」

「わしは、おじいさんだよ」

「ワニのおじいさんは、どうして、長い長い旅をして、ここまでおいでになったのですか？」

「わしを殺して、わしの宝物をとろうとするやつがいるのでね、逃げて

知っ得ポイント

ワニの寿命は、種類によってちがいますが、およそ60～80年。なかには100歳以上生きるワニもいるそうです。

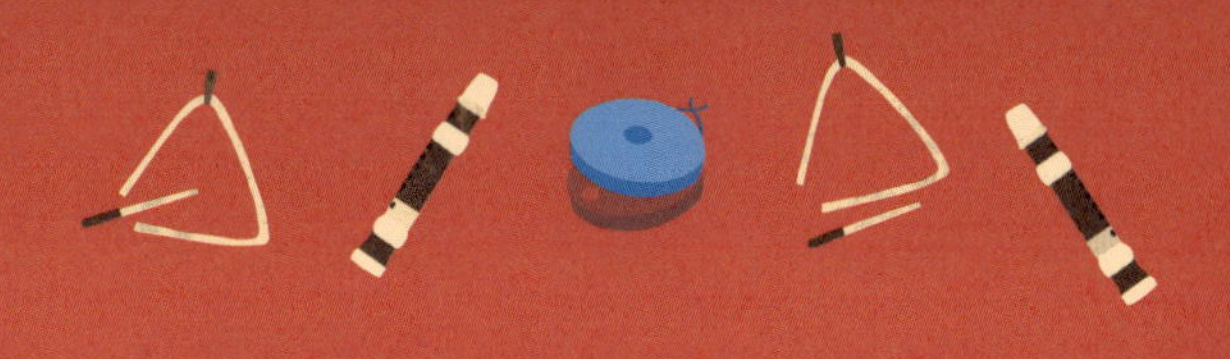

きたってわけさ」

　オニの子は、宝物というものが、どんなものだか知りません。宝物ということばさえ知りません。

　とんと昔の、そのまた昔、桃太郎がオニから宝物をそっくりもっていってしまってからというものは、オニは、宝物とはぜんぜん縁がないのです。

「きみは、宝物というものを知らないのかい？」

　ワニのおじいさんは、驚いて、すっとんきょうな声を出しました。

　そして、しばらくまじまじとオニの子の顔を見ていましたが、やがて、そのしわしわくちゃくちゃの顔で、にこっとしました。

「きみに、わしの宝物をあげよう。うん、そうしよう。これで、わしも心おきなくあの世へいける」

　ワニのおじいさんの背中のしわが、じつは、宝物のかくし場所を記した地図になっていたのです。

　ワニのおじいさんにいわれて、オニの子は、おじいさんの背中のしわ地図を、しわのない紙に書きうつしました。

「では、いっておいで。わしは、この葉っぱのふとんでもうひと眠りする。宝物ってどういうものか、きみの目でたしかめるといい」

　そういって、ワニのおじいさんは目をつぶりました。

　オニの子は、地図を見ながら、とうげをこえ、けもの道を横ぎり、つり橋をわたり、谷川にそってのぼり、岩あなをくぐりぬけ、森の中で何度も道に迷いそうになりながら、やっと地図の×じるしの場所へたどりつきました。

　そこは、切りたつような崖の上の岩場でした。

　そこに立ったとき、オニの子は目を丸くしました。口でいえないほど美しい夕やけが、いっぱいに広がっていたのです。

　思わず、オニの子は帽子をとりました。

　これが宝物なのだ——と、オニの子はうなずきました。

　ここは、世界じゅうでいちばんすてきな夕やけが見られる場所なんだ——と思いました。

　その立っている足もとに、宝物をいれた箱がうまっているのを、オニの子は知りません。

　オニの子は、いつまでも夕やけを見ていました。

発光ダイオード

クリスマスのイルミネーションの光はとてもきれいです

新しい光

　発光ダイオードというのは、LEDのことです。LEDということばはきいたことがあるでしょう。街のイルミネーションや、家の照明に、よく使われていますね。

　LEDはとても便利な光です。なにより、必要な電力が白熱灯より少ないというよさがあります。それに、寿命も長いのです。なぜそんなにちがいがあるかというと、LEDは、今までの白熱灯とは、光を出すしくみがまったくちがうからなのです。

　白熱灯は、フィラメントという金属部分に電気を流し、高温にすることで光を出しています。金属を高温にするために、たくさんの電気を使います。LEDの照明は、5ミリメートルくらいの小さなLEDチップをいくつかうめこんでつくられています。LEDチップの1つ1つが光を出すのです。

　LEDチップは半導体を2つくっつけてつくられています。かたほうには+の電気が、もうかたほうには−の電気が多くあります。ここに電気を流すと、+と−の電気のつぶが動きはじめて、合体し、光を出すのです（半導体は、電圧や温度によって、電気を通したり通さなかったりする部品のことです。半導体を使えば、電気をいつ流すか、コントロールできるのです）。

　この方法だと、電気を直接光にできます。だから、使う電気の量も少なくてすみますし、部品が熱でダメになってしまうこともありません。

LED

LEDチップ

ピカッ

P型半導体

N型半導体

光の3原色

　色には、すべての色のもとになる3原色があります。同じように、光の色にも、基本の3原色があります。それは、赤、緑、青。この3つの色があれば、すべての色をあらわすことができるのです。

　LEDはじつは1962年にはもう発明されていたのですが、そのときは赤色しか出せませんでした。その後、青ができて、最後に緑ができて、ついに3原色がそろいました。こうして今、LEDはあらゆる色の光を出すことができるようになっているのです。

光の三原色

知っ得ポイント

LEDは、Light Emitting Diode（光を発するダイオード）の頭文字をとったものです。

江戸の仕事

社会

江戸時代にはどんな仕事があったのでしょうか

形を変えた仕事

人間が生活するのに必要な仕事は、どんな時代にも変わらずあるものです。ただ、時代によって、少しずつ形や内容がちがっています。

江戸時代と今、どちらにもあるけれど、内容がずいぶんちがう仕事にはどんなものがあるでしょう。

いちばんわかりやすいのは消防士。江戸時代には火消とよばれていました。江戸時代の家は木でできていたので、いったん火事がおこると、あっというまに燃えひろがるのです。火消はとても重要な仕事でした。

消防車はもちろん、水道だってほとんどなかった時代に、火が出たら、どうやって消していたのでしょう？　おけに水をためて、バケツリレーみたいにして運んで……と思いますが、じつは、火消は火を消すのではなく、火が出たところのまわりの家をこわしてまわっていたのです。そうやって、火が広がるのを食いとめていたのです。ですから、現場にかけつけた火消がまずするのは、風むきを見ること。どちらの方角に火が広がりそうかを見て、その方向にある家をこわしたのでした。

ものを売る仕事

今は、スーパーにいけば、生活に必要なものはたいてい買うことができます。でも、江戸時代にそんな便利な場所はありません。かさはかさ屋、あめはあめ屋というように、それぞれお店がありました。お店といっても、売るものをかついで道を歩き、道ばたで売るほうが多かったのです。

たとえばおすし屋さんも、江戸時代は屋台で商売していました。そのころのおすしはファーストフードだったのですね。

水を売る「水屋」も江戸の町にはいました。江戸の町には、水道があって、川から水を引いていたのですが、雨でにごったり、塩分が入ったりして、飲み水にできないことが多かったのです。そこで、水売りは、飲み水にできる水を井戸や川の上流からおけにくみ、それをかついで、町の中を売り歩きました。砂糖を入れて、砂糖水にして売ることもあったようです。

知っ得ポイント

江戸時代には、猫のノミとり屋もいました。猫をお湯につけたあと毛皮をかぶせると、ノミがとれるのだとか。

モチモチの木

原典　山の夜は、それはそれは暗く、おそろしげでした

斎藤隆介

1

まったく、豆太ほど臆病なやつはない。もう五つにもなったんだから、夜中に一人でセッチンぐらいにいけたっていい。

ところが豆太は、セッチンは表にあるし、表には大きなモチモチの木がつったっていて、空いっぱいの髪の毛をバサバサとふるって、両手を「ワアッ！」とあげるからって、夜中には、じさまについてってもらわないと、一人じゃしょうべんもできないのだ。

じさまは、グッスリ眠っている真夜中に、豆太が

「ジサマァ」

って、どんなに小さい声でいっても、

「しょんべんか」

と、すぐ目をさましてくれる。いっしょに寝ている一枚しかないふとんを、ぬらされちまうよりいいからなァ。

それに、とうげの猟師小屋に、自分とたった二人でくらしている豆太がかわいそうで、かわいかったからだろう。

けれど、豆太のおとゥだって、クマと組みうちして、頭をブッさかれて死んだほどのキモ助だったし、じさまだって六十四の今、まだ青ジシを追っかけて、キモをひやすような岩から岩への飛びうつりだって、みごとにやってのける。

それなのに、どうして豆太だけが、女子みたいに色ばっかりナマッ白くて、こんなに臆病なんだろうか——。

2

モチモチの木ってのはな、豆太がつけた名前だ。小屋のすぐ前に立っている、デッカイデッカイ木だ。

秋になると、茶色いぴかぴか光った実をいっぱいふり落としてくれる。その実をじさまが木ウスでついて、石ウスでひいて、粉にする。粉にしたやつをもちにこねあげて、ふかして食べると、ホッペタが落っこちるほどうまいんだ。

「ヤイ、木ィ、モチモチの木ィ！　実ィオトセェ！」

なんて、昼間は木の下に立って、かた足で足ぶみして、いばってサイソクしたりするくせに、夜になると、豆太は、もうダメなんだ。木がおこって、両手で、

「オバケェ〜！」

って、上からおどかすんだ。夜のモチモチの木は、そっちを見ただけで、もうションベンなんか出なくなっちまう。

じさまが、しゃがんだヒザの中に豆太をかかえて、

「ああ、いい夜だ。星に手がとどきそうだ。奥山じゃァ、シカやクマめらが、ハナぢょうちん出して、ねっこけてやがるべ。それ、シイーッ」

っていってくれなきゃ、とっても出やしない。しないで寝ると、明日の朝、とこの中がコウ水になっちまうもんだから、じさまは、必ずそうしてくれるんだ。五つになって「シー」なんて、みっともないやなぁ。

でも、豆太は、そうしなくっちゃダメなんだ。

知っ得ポイント

トチの木には、クリににた丸い実がなります。その実をもち米といっしょにつくと、茶色いおもちができます。

3

そのモチモチの木に、今夜は灯がともる晩なんだそうだ。じさまがいった。

「シモ月二十日のウシミツにゃァ、モチモチの木に灯がともる。おきてて見てみろ、そりゃァキレイだ。おらも、子どものころに見たことがある。死んだおまえのおとぅも見たそうだ。山の神さまのお祭りなんだ。それは、一人の子どもしか見ることはできねえ、それも勇気のある子どもだけだ」

「……ソレジャア、オラワ、トッテモダメダ……」

豆太は、ちっちゃい声で、泣きそうにいった。だって、じさまも、おとぅも見たんなら、自分も見たかったけど、こんな冬の真夜中に、モチモチの木を、それもたった一人で見に出るなんて、トンデモネエ話だ。ブルブルだ。

木の枝々の細かいところにまで、みんな灯がともって、木が明るくボォーッと輝いて、まるでそれは、夢みてえにキレイなんだそうだが、そして豆太は――ヒルマ、ダッタラ、ミテエナァ……と、ソッと思ったんだが、ブルブル、夜なんて考えただけでも、オシッコをもらしちまいそうだ……。

豆太は、はじめっからあきらめて、ふとんにもぐりこむと、じさまのタバコくさい胸ン中にハナをおしつけて、よいの口からねてしまった。

4

豆太は、真夜中にヒョッと目をさました。頭の上でクマのうなり声がきこえたからだ。

「ジサマァッ〜！」

夢中でじさまにシガみつこうとしたが、じさまはいない。

「マ、豆太、しんぺぇすんな。じさまは、じさまは、ちょっと、はらがイテエだけだ」

枕もとで、クマみたいに体を丸めてうなっていたのは、じさまだった。

「ジサマッ！」

こわくて、びっくらして、豆太はじさまに飛びついた。けれども、じさまは、コロリとタタミにころげると、歯を食いしばって、ますますスゴクうなるだけだ。

――イシャサマオ、ヨバナクッチャ！

豆太は、子犬みたいに体を丸めて、表戸を体でフッとばして走りだした。ねまきのまんま。ハダシで。半ミチもあるふもとの村まで……。

外はすごい星で、月も出ていた。とうげの下りの坂道は、一面のまっ

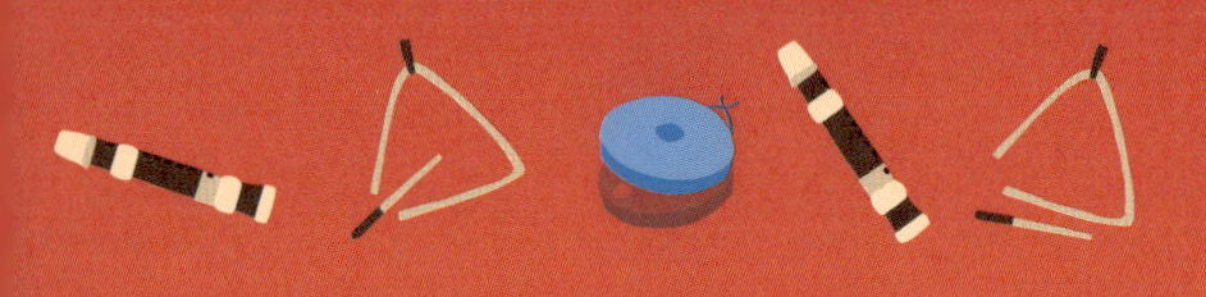

白い霜で、雪みたいだった。霜が足にかみついた。足からは血が出た。豆太は泣き泣き走った。痛くて、寒くて、怖かったからなあ。

でも、大好きなじさまの死んじまうほうが、もっと怖かったから、泣き泣きふもとの医者さまへ走った。

これも年よりじさまの医者さまは、豆太からわけをきくと、

「オゥオゥ……」

といって、ねんねこバンテンに薬箱と豆太をおぶうと、真夜中のとうげ道を、エッチラ、オッチラ、じさまの小屋へのぼってきた。

途中で、月が出てるのに雪がふりはじめた。この冬はじめての雪だ。豆太は、そいつをねんねこの中から見た。

そして、医者さまの腰を、足でドンドンけとばした。じさまが、なんだか、死んじまいそうな気がしたからな。

豆太は小屋へ入るとき、もう一つふしぎなものを見た。

「モチモチの木に、灯がついている！」

けれど、医者さまは、

「ア？　ほんとだ。まるで灯がついたようだ。だども、あれは、トチの木のうしろに、ちょうど月が出てきて、枝のあいだに星が光ってるんだ。そこに雪がふってるから、あかりがついたように見えるんだべ」

といって、小屋の中へ入ってしまった。だから、豆太は、そのあとは知らない。医者さまの手伝いをして、カマドにマキをくべたり、湯をわかしたりなんだり、いそがしかったからな。

5

でも、次の朝、はらイタがなおって、元気になったじさまは、医者さまの帰ったあとで、こういった。

「おまえは、山の神さまの祭りを見たんだ。モチモチの木には、灯がついたんだ。おまえは一人で夜道を医者さまよびにいけるほど勇気のある子どもだったんだからな。自分で自分を弱虫だなんて思うな。人間、やさしささえあれば、やらなきゃならねえことは、きっとやるもんだ。それを見て他人がびっくらするわけよ。ハハハ」

――それでも、豆太は、じさまが元気になると、その晩から、

「ジサマァ」

と、ションベンにじさまをおこしたとサ。

貧乏神と福の神

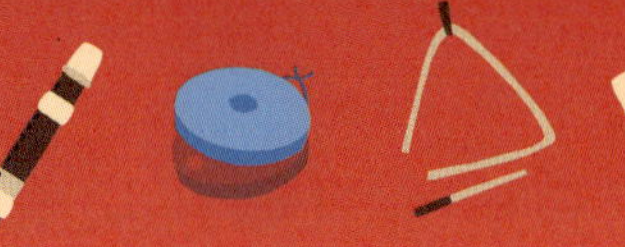

日本の昔話

きらわれものの貧乏神は……

12月31日のおはなし

昔々、山間の村に、貧乏だけれど働き者の若い夫婦がおりました。朝は夜が明けないうちから二人しておきだして畑にいき、夜はおそくまで一生けんめい働いていました。

ある年の大晦日のこと、二人は神棚におそなえをすると、がんばって働いたおかげで、今年はいい年こしができそうだとうれしそうに話をしていました。すると、どこからか

「うおーん、うおーん」

と泣き声がします。二人が驚いていると、天井からひょろりとやせたじいさまがおりてきていいました。

「おれはこの家にずっと前からすんでいる貧乏神だ。おまえたちが働いてかせぐものだから、もうこの家にいられなくなった。まもなく福の神がやってきて、おれは追いだされてしまうんだ。うおーん、うおーん」

この貧乏神のせいで自分たちは貧しかったのか、と夫婦は思いましたが、泣きじゃくる貧乏神を見ているうちに、なんだかかわいそうになってきました。

「ずっとこの家を守ってきてくれたんだから、ここにいればいいですよ」

「そうそう、福の神には帰ってもらいましょう」

驚いたのは貧乏神です。今まで長いあいだ貧乏神をやってきましたが、こんなことをいわれたのははじめてです。それなら、力をつけて福の神を追いかえそうと、ごはんをごちそうになって、福の神を待つことになりました。

やがて、でっぷり太ってえらそうな福の神がやってきました。貧乏神を見つけると「ふん、まだいたのか。さっさと出ていけ」といいます。

貧乏神は「いいや、おいらはここに残る。おまえこそ帰れ」と福の神にかかっていきました。二人の神さまのおしあいがはじまりました。でも、どうしたって、でっぷりした福の神のほうが強く、貧乏神は今にも投げとばされそうです。

「貧乏神さま、負けるな！」

「貧乏神さま、そこだ！」

夫婦は声をあげて応援しました。福の神はびっくりぎょうてん。自分を追いだそうとする家なんて、はじめてです。そのとき、すきをついた貧乏神が、えいやっと福の神を投げとばしました。

投げられた福の神はかんかんにおこって、「こんな家、二度とくるか！」と帰っていきました。あんまり、あわてたものだから、打ちでの小づちを落としたことにも気づきません。

「ありゃあ、いいものをおいていったわ。どれ、米出ろ、米出ろ」

貧乏神が小づちをふると、米がざくざく出てきました。「みそ出ろ、みそ出ろ」とふれば、みそが出ます。望みのものをたっぷり出して、夫婦はとてもいい年こしができました。

打ちでの小づちをもった貧乏神はそのまま福の神になりました。その家は、たいへんりっぱになって、長くさかえましたとさ。

知っ得ポイント

打ちでの小づちは、ふると願ったものがなんでも出てくる便利な道具。一寸法師にも出てきますね。

50音順さくいん

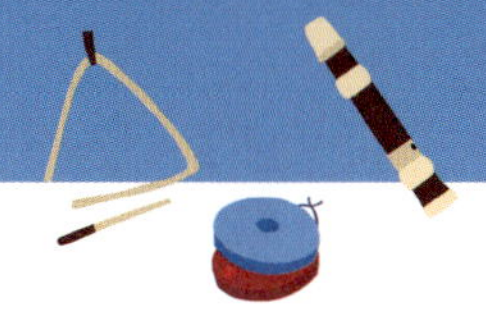

［国語］

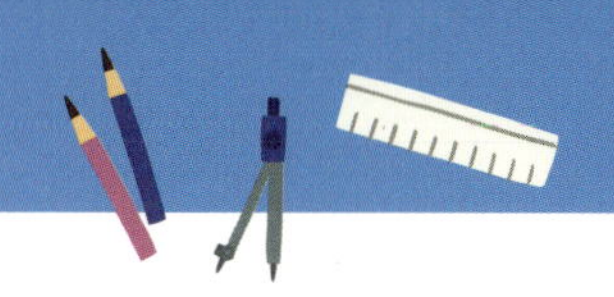

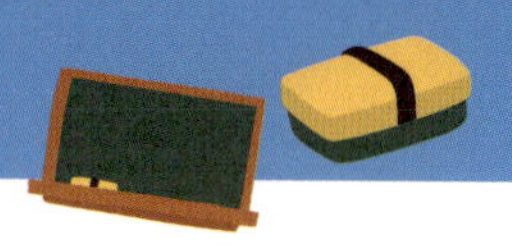

［算数］

［社会］

［理科］

［美術］

［家庭科］

［保健体育］

［音楽］

◉出典

「生きる」谷川俊太郎　『谷川俊太郎詩集』1998年角川春樹事務所
「サーカスのライオン」川村たかし　『日本の名作童話22　くじらの海』1997年　岩崎書店
「わたしと小鳥とすずと」金子みすゞ
　『金子みすゞ詩の絵本　みすゞこれくしょん　わたしと小鳥とすずと』2005年金の星社
「おにたの帽子」あまんきみこ　『おにたのぼうし』1969年ポプラ社
「春のうた」草野心平　『げんげと蛙』1984年教育出版センター
「母ぐま子ぐま」椋鳩十　『3年生の童話〈1〉母ぐま子ぐま』1991年　理論社
「風景純銀もざいく」山村暮鳥　『おうい 雲よ—山村暮鳥詩集』1995年岩崎書店
「大きな木がほしい」佐藤さとる
　『佐藤さとる全集2　つくえの上のうんどうかい／大きな木がほしい』1974年　講談社
「空にぐーんと手をのばせ」新沢としひこ　『空にぐーんと手をのばせ』2000年理論社
「海の命」立松和平　『海のいのち』1992年ポプラ社
「シャボン玉」ジャン・コクトー　堀口大学訳　『コクトー詩集』1954年　新潮文庫
「てがみ」森山京　『あたらしいこくご』一年（上）、平成16年検定済み、平成20年発行、東京書籍
「夕やけ」森山京　『こくご1　上かざぐるま』2015年小学校国語科用　光村図書出版株式会社
「きつねの窓」安房直子　『きつねの窓』1977年ポプラ社
「心に太陽をもて」ツェーザル・フライシュレン　山本有三訳　『心に太陽を持て』1981年　新潮文庫
「走れ」村中李衣　『日本の名作童話30』1997年　岩崎書店
「やしの実」島崎藤村　『藤村詩集』1968年　新潮文庫
「つりばしわたれ」長崎源之助　『日本の名作童話10　つりばしわたれ』1995年　岩崎書店
「ちいちゃんのかげおくり」　あまんきみこ　『ちいちゃんのかげおくり』1982年　あかね書房
「てつがくのライオン」工藤直子　『詩の散歩道　てつがくのライオン』1982年　理論社
「かわいそうなぞう」土家由岐雄　『かわいそうなぞう』1982年　金の星社フォア文庫
「おみやげ」星新一　『ボッコちゃん』1971年　新潮文庫
「山のあなた」カルル・ブッセ　上田敏訳　『日本少国民文庫　世界名作選（一）』1998年　新潮社
「くじらぐも」中川李枝子　『こくご1　下かざぐるま』2015年小学校国語科用　光村図書出版株式会社
「一つの花」今西祐行　『日本の名作童話9　一つの花』1995年　岩崎書店
「まざあ・ぐうす」北原白秋訳　『まざあ・ぐうす』1976年　角川書店
「おしゃべりなたまごやき」寺村輝夫　『おしゃべりなたまごやき』1972年　福音館書店
「せんねんまんねん」まど・みちお　『まど・みちお詩集』1998年　角川春樹事務所
「アイヌ神謡集」知里幸恵訳　『アイヌ神謡集』1978年　岩波文庫
「ワニのおじいさんの宝物」川崎洋　『ぼうしをかぶったオニの子』1979年　あかね書房
「モチモチの木」斎藤隆介　『モチモチの木』1971年　岩崎書店

◉イラスト

いなみさなえ　(115,116,117,118,184,185,186,254,255,256,316,317,318)
えんどうたかこ　(29,37,69,82,89,112,126,141,159,178,201,204,225,249,259,270,283,296,334,345,381,386,402,407)
大森真司　(20,28,38,53,65,80,86,97,103,122,131,139,161,169,175,197,203,213,226,234,245,260,275,284,300,313,323,331,342,348,374,383,388,399,406,414)
こじまさくら　(49,50,54,55,56,68,148,149,150,151,192,217,218,219,221,279,289,290,291,324,330,358,359,360,390,391,393,422,423,426,427,428)
酒井理子　(21,34,40,57,64,71,87,90,123,137,160,177,189,209,212,232,250,264,271,281,297,302,322,329,351,364,376,384,400,410,421
しむらともこ　(19,32,46,60,66,96,102,106,121,138,146,162,167,180,193,206,242,272,282,301,308,314,343,347,354,365,370,375,380,401,405,413,418,429)
角一葉　(30,59,108,125,147,170,191,210,231,246,268,306,307,315,332,352,357,368,378,416,419,420)
高野まどか　(33,39,94,105,110,129,134,142,164,229,236,240,243,277,295,310,337,349,355,371,382,387,403,408,425)
竹内香ノ子　(26,72,79,85,95,144,165,171,196,233,244,261,267,312,336,340,363,372,415)
多田あゆ実　(27,36,42,47,62,67,75,81,92,101,107,113,128,133,140,166,173,176,183,198,207,222,235,241,248,266,273,292,303,309,319,326,338,346,366,385,404,412,424)
橋爪かおり　(24,31,61,70,98,127,157,163,181,195,230,286,335,379)
長谷川正治　(22,58,88,124,158,194,200,228,262,298,333,353,373,394,397)
秦野佳子　(23,41,77,100,109,132,135,168,174,208,211,227,247,251,265,276,299,305,350,356,367,377,398,409)
福田紀子　(35,45,74,91,99,104,130,136,155,182,199,202,214,237,238,274,285,311,320,339,369,389,411,417)
見杉宗則　(143)
山崎由起子　(18,52,84,120,154,188,224258,294,328,362,396)

◉写真クレジット

P44　盲導犬：公益財団法人日本盲導犬協会提供
P145　線維芽細胞から樹立したヒトiPS細胞のコロニー（集合体）：京都大学教授 山中伸弥
P152　明治初期アイヌ風俗図巻：函館市中央図書館所蔵
P172　上州富岡製糸場之図　長谷川竹葉画　明治9年：富岡市立美術博物館・福沢一郎記念美術館所蔵
P179　「首里城正殿」写真提供：首里城公園
P190　米艦図並に江戸湾図付御固大名附：横浜開港資料館蔵
P205　野田校長先生を囲むひめゆり学徒（1944年）：ひめゆり平和祈念資料館提供
P263　米軍機より撮影したきのこ雲／広島県産業奨励館（原爆ドーム）と爆心地付近：撮影　米軍：広島平和記念資料館提供
P280　南半球から見た天の川　撮影　福島英雄
P309　満月　©国立天文台

教科書にでてくるおはなし366

2017年3月20日　第1版第1刷発行

編者　WAVE出版

装丁　krran（坂川朱音・西垂水敦）

装画・扉イラスト　スズキトモコ

DTP　つむらともこ

発行者　玉越直人

発行所　WAVE出版
〒102-0074 東京都千代田区九段南4-7-15
TEL 03-3261-3713　FAX 03-3261-3823
振替 00100-7-366376
E-mail : info@wave-publishers.co.jp
http://www.wave-publishers.co.jp/

印刷・製本　萩原印刷

NDC002　440p　23cm　ISBN978-4-87290-891-6